國學四大經典今釋

鄭張歡 著

《周易》

《論語》

《老子》

《孫子兵法》

齊魯書社

作者二〇〇六年盛夏攝於濟南

鄭張歡　男，一九四六年生，浙江省杭州市西湖區人。早年曾長期從事基層行政工作。愛好哲學、社會科學與自然科學，故長期業餘從事中華傳統文化的研究。始對《周易》產生濃厚興趣，經三十餘年研究、探索，先後撰成《周易今釋》、《論語今釋》、《老子今釋》、《孫子兵法今釋》，由齊魯書社出版。《國學四大經典今釋》是這四種釋解的合集，是一次對國學經典哲理與思想的重新闡釋與全面解讀。

總 序

張歡先生的大作《周易今釋》、《論語今釋》、《老子今釋》和《孫子兵法今釋》今合爲一册，以“國學四大經典今釋”爲名再行出版，邀我爲之作一總序，這讓我頗有從之有愧、拒之不恭的感覺。

何以從之有愧？因我雖然多年來一直在從事傳統文化的研究與出版工作，但學術根底既淺，所知所見亦陋，没有多大名聲和影響，純屬草根人物，現在却要爲人作序，實有愧不敢當的感覺。那麽拒之不恭又是爲何呢？蓋因我與鄭先生交往多年，由於性情接近，臭味相投，相互引爲知己，且又曾是他四部著作的責任編輯，他邀我作序，自有他的道理，若固辭之，實亦不妥。所以，再三考慮之後，以爲還是恭敬不如從命罷。

自一九九五年調入齊魯書社後，我從事出版行業至今已十五六年矣，應當説這是我人生道路上最長的一段工作經歷。十數年中，由於工作上的關係，我有機會結識了許多專家學者。這些專家學者，既有體制内的，也有體制外的。衆所周知，長期以來，尤其是改革開放後相當長一個時期内，學者在我們國家并不是一份多麽好的職業。他們需要常年安坐冷板凳，待遇既不高，收入亦很低，平日又要維持生計，又要購書訂報，常常會感到囊中羞澀。由於我也曾以散兵游勇的身份混迹其間，故而對他們當年的窘況略知一二。你想，體制内者尚且如此，體制外的就更不用説了。再説，與體制内的專家學者相比，體制外者還有一個缺乏基本研究條件和不容易爲社會認可的問題。所以，做一名有成就的體制内學者已屬不易，做一名有成就的體制外學者就更加困難。這些，是我對體制外從事學術研究的學者所以格外理解和同情的一個主要原因。

上述問題，有些鄭先生當年也同樣遇到了。比如，他的《周易今釋》完稿後，就曾經在很長時間裏找不到出版的地方。此書之所以從杭州北上濟南，到齊魯書社出版，實在是經歷了太多的艱辛和周折。

長期以來，齊魯書社陸續出版了一大批和《周易》有關的學術著作，但對此類書的出版一向至爲慎重。所以，鄭先生的大作交到社裏後，我還是按照社裏的規定，把它介紹給了山東大學的易學專家林忠軍教授審閱把關。林先生很快就審讀了書稿，認爲鄭先生的大作確有自己的獨到見解，值得出版，并且慨允爲之作序，這纔讓鄭先生一顆懸着的心終於放了下來。於是乎，剩下的問題也就迎刃而解了。

《周易今釋》出版之後，鄭先生又接連出版了《論語今釋》、《老子今釋》和《孫子兵法今釋》。在這四部著作中，他用分析比較的方法，將西方的思想文化和中國傳統的思想文化作了對比研究，提出了自己的見解，可謂言之成理，持之有故。這樣，他的著作便具有了學術生命力，從而也就往往會讓讀者産生思想上的共鳴，而我本人就是那衆多産生共鳴的讀者中的一個。

與五四新文化運動以來的大多數中國知識分子一樣，我原本也是一個比較徹底的崇拜西方的“唯美”主義者，認爲以歐美國家所遵循的以叢林法則爲特色的自由競爭、優勝劣汰的思想文化傳統，要遠勝於我中華民族所崇尚的以和諧共生、和而不同爲特色的自强不息、厚德載物、天下爲公的思想文化傳統。但是，經過長期的反復觀察、反復比較之後，事實却告訴我：絶非如此！因爲，幾十年來，西方思想文化所衍生出來的一整套價值觀體系外表美麗光鮮而内裏虚僞醜惡的特點，正日益清楚地顯現出來，表明它是不可能使整個人類有光明前途的。這一點，二戰結束以來直至近期的利比亞戰争，幾十年的冷戰、熱戰歷史，就是最好最有力的證明。假如您仍不肯相信的話，那麽您還可以瞭解一下一九九五年所謂的西方精英們在美國舊金山市費爾蒙特大飯店所召開會議的内容。我相信，有關事實所傳達出來的資訊，有可能會讓你感到極大的震驚和恐怖。而這也恰恰是我爲什麽越來越認可幾千年來一脉相承的中華民族的思想文化傳統，并認爲祇有它纔會讓這個歷經劫難、灾禍重重的瘋狂的世界回歸理性，且逐步走向坦途的原因所在。

當然，我這裏并不是説，自己的一切都好，人家的就一切都壞。中華民族的思想文化傳統要想爲世界其他民族所認可，并爲世界的和諧發展作出貢獻，也有一個如何吸收世界各民族思想文化傳統精華而進一步提升的問題。我這裏説的，祇是東西方兩種思想文化的主流、本質和大方嚮。然而，嚴重問題是：一個很長的時期以來，我們國内一些掌握着話語權的所謂精英人物，一直在自覺或不自覺地充當着西方價值觀念的吹鼓手，在自覺或不自覺地配合着心懷鬼胎的西方政客們，努力消解我們民族的凝聚力和向心力，以達到瓦解我人心并進而毁滅我國家和民族的邪惡目的，這不能不讓人感到深切的憂慮。

以此而論，鄭先生將中華傳統思想文化作爲自己的研究對象，是非常適時的；而他選擇《周易》、《老子》、《論語》和《孫子兵法》作爲研究的重點，則又是非常有眼光的。《周易》向被稱爲“群經之首”，無論研究哪家哪派文化，都不可不瞭解它、研究它，我們甚至可以説它藴藏了中華傳統思想文化的所有密碼；《老子》之道，從哲學的高度，究天人之理，實乃“非常”之“道”；《論語》和《孫子兵法》，一爲儒家文化元典，一爲兵家文化元典，所談則屬經天緯地之文武二道，是打天下、治天下者所不可不高度重視、不可不深入探究的著名經典。所以，這四部書實爲中華傳統思想文化最具代表性的經典著作，它們實際上蘊涵了中華傳統思想文化的精義甚至靈魂，而研究它們，則無疑是把握住了問題的關鍵。

在經過了大半生的艱苦努力之後，鄭先生的學術研究終於陸續結出了豐碩的學術成果，而《國學四大經典今釋》則完全可以看做是他學術研究工作的一個階段性總結。所以，此書的出版，可喜可賀！然而，我更加期待的是，他在今後的學術事業中能不斷推出新的成果，以繼續爲弘揚我中華傳統思想文化作出貢獻，同時也使自己的人生更爲豐富，更爲充實，更具光彩！

最後，我還要借此機會向分别爲鄭先生的四部“今釋”作序的林忠軍先生、劉蔚華先生、臧守虎先生、劉慶先生表示真誠的感謝！他們當中，劉蔚華先生不僅是學術界的老前輩，而且曾經是我的直接領導，對我一向關愛有加；忠軍、守虎和劉慶，則都是我在學術界交往多年相知甚深的朋友。他們雖然都是當今的知名學者，但肯於屈尊爲一位名不見經傳的民間學者作序，足見一代學人的高風亮節。他們的序言，客觀準確，要言不煩，不僅是對作者的直接指導和鼓勵，而且也是對出版社和我本人的莫大支持。

李興斌

辛卯年十月初一日於泉城寓所

目　録

周易今釋

序

産生於科學不發達、神明崇拜殷周時代的《周易》，本爲卜筮之書。然而，生活在春秋末孔子晚而喜《易》，韋編三絶。在傳《易》、解《易》時，“后亓（其）祝卜”，“觀亓（其）德義”，即在解説《周易》卜筮功能同時，更注重挖掘《周易》以德義爲核心的哲學思想。首次把《周易》納入學術視野，以儒家獨特的語言和思維對《周易》文本成書、主要概念、符號系統、卦爻辭、筮法和治《易》的方法等系列問題進行了系統的解説和闡發，極大限度地促進作爲卜筮之書的《周易》與儒家的思想會通，賦予了《周易》濃厚儒家思想。《易傳》成書是《周易》儒學化的重要標志。《易傳》雖然未必是孔子親作，但它與《論語》一樣，代表孔子的思想。由於孔子及其弟子解説和闡發，《周易》由原來卜筮之書變成了一部内涵了博大精深内容的哲學書。

就解《易》方法而言，《易傳》偏重義理兼顧象數。所謂象數方法，即以象數解《易》。《周易》有一套獨特的陰陽符號系統，這套符號系統就是卦爻象。按照《繫辭》解説，卦爻符號不僅是人們用於占筮的標記，也是《繫辭》的重要依據，即《周易》成書，先有卦爻符號，後有文辭，文辭依《易》象符號而作，所謂“觀象繫辭”。既然卦爻辭本於卦象，表達卦象的意義，那麽理解和詮釋卦爻辭，則必須揭示文辭背後《易》象符號、探尋象辭之間聯係。這就是所謂“觀象玩辭”。所謂義理方法，即以義理解《易》，是用現成的儒家理念解説《周易》文辭，或借《周易》文辭闡發出儒家人文精神。依《繫辭》之見，與天地合德的聖人之意，深奥玄妙，用語言無法窮盡，效法貫通天人之道或聖人之意的陰陽符號具有高度抽象性，立象可以盡意。意是立象根本，盡意是解釋《周易》終極目標。由於《易傳》本身包含這兩種解《易》思路，後世見仁見智，形成了《易》學史上漢之象數和宋之義理兩大不同的治《易》之路嚮。

漢儒依據《易傳》所提出“觀象繫辭”和“觀象玩辭”説，篤信《周易》中每一句話、每一個字并非聖人隨意而作，皆源於象，從而極力張揚象數符號在卦爻辭形成中主導作用，最大限度地挖掘、開顯《周易》文辭背後的象數，不遺餘力地探求其卦爻辭與卦爻象，甚至《易傳》之辭與卦象之間的内在聯係。爲了實現這個目標，漢儒除了繼承以《易傳》象數解《易》方法外，又多發明象數：或根據推演《易傳》現成的八卦之象，以增加象的數量，即所謂的“以象生象”，改變取象的方法，如互體法、卦變法、納甲法、爻辰法、升降法、旁通法、爻體法、消息法等皆是取象常用的方法，如王弼所言“互體不足，遂及卦變，變又不足，推致五行，一失其原，巧愈彌甚”（《周易略例·明象》），即所謂的“象外生象”。若數之不足，則又取五行之數、九宫之數、納甲之數、曆律之數等，即求數於《易》外。

與此相反，宋儒以《易傳》“立象盡意”爲據，張揚魏晋玄學《易》。玄學《易》關注的是《周易》文本的意義（或稱義理），認爲卦爻辭作用在於説明卦象，卦象的價值在於它彰顯《周易》的意義，解釋《周易》目的不是揭示繫辭根據，更不是解説《周易》文字意思，而是通過解讀《易》辭，把握卦爻象符號，追求文本中更爲深刻的意義。顯然他們不同意漢儒把揭示文辭背後的象數符號作爲《易》學解釋的目的、過分誇大象數在《周易》文本中作用的做法，在他們看來，這樣做的結果不但不能解釋出文本所包含的意義，反而掩蓋或者背離了《易》的本義。宋儒將玄學《易》的意象關係轉换爲理象關係，認爲理是無形的、抽象的，是宇宙之本。從先後言之，先有理後有象，有象而後有數。理和象的關係又是不分離的，二者是顯微、體用、動静的關係。因理無形，故可因象以明理，假象顯義。“理見乎辭，可由辭觀象”，有象後有數，可以由象知數。故得其義象數在其中矣。基於此，宋儒在恢復儒學道統的背景下，提倡以儒理解《易》，以史證《易》，重點開顯《易》學當中的聖賢之道，反對漢儒象數，從而《易》學高度哲理化成爲宋《易》一個重要特徵。宋儒反對漢儒象數，不是不講象數，相反，而是把象數置於義理之下，以象數作爲工具，闡發義理。而宋儒的象數，更多的是圖書之學、先天後天之學、太極圖之學等。圖書之學，發自陳摶，傳之於劉牧、邵雍，定之於朱子，自此，後世言《周易》起源皆説圖書，圖書之學成爲宋《易》重要分支。此爲宋《易》又一大特徵。除此之外，宋儒所説象數也包括與《周易》卦爻符號密切相關的八卦之象、反覆之象、爻位爻變之象，諸如此類。

鄭先生大作言河圖、洛書、太極、五行、八卦，并依多年學識，畫出圖式，探求其中深奥數理及其内在關聯，又論及象數理占，崇義理，後象數，輕筮占。其對《周易》的解説，由象而理，即由《周易》本身卦爻符號，推演出宇宙生化、陰陽消長之道，引由出社會治亂存亡之理和人之情僞善惡曲直之心，從而以《周易》究天人之際、通古今之變。其思路大抵本之宋《易》。鄭先生雖然本之宋《易》，却不囿於宋人之成説。如他對圖書之學的理解和對《易》學解釋方法的提煉以及對於《易》理的闡發，絶不能簡單地用本之宋《易》所能概括，這恐怕是他幾十年如一日對於《周易》元典及其著述仔細閲讀、反復思索、深刻理解和對於《易》道執著追求與體悟、融會貫通、融舊鑄新的結果，尤其是在解説《易》辭時所闡發處世之道和人生哲理，也當是鄭先生一生對於他所經歷的複雜社會生活的感悟和體驗。總之，鄭先生其人學有根基，扎實而深厚；其論恢弘旨遠，精微玄妙；其考言之成理，持之有故，是當今吾輩所罕見也。遺憾的是鄭先生未見近些年新出土的《歸藏》易、漢帛書《易》、戰國和漢竹簡《易》等《易》學文獻，若能以新出土《易》學文獻爲據，考之論之，則會錦上添花也。

鄭先生大作付梓，有幸成爲最早讀者之一。鄙人與鄭先生素未謀面，然拜讀其大作，推斷鄭先生是一位《易》學的前輩。爲一位演《易》前輩大作作序，實不敢當也，然蒙前輩不弃，受命作序，恭敬不如從命，略述數語如上，以爲序。

林忠軍

乙酉年底於山東大學

卷首

緒論·入經研究

中國的《周易》是產生於三千年前殷商末世時期的一部極爲高深的哲學與社會學合一的巨著，是迄今爲止世界最爲科學的一部事物邏輯學巨著，是一切國家一切時期與一切科學皆可取法的一部百科經典巨著，釋成今爲"討論叙述以天地人世萬物運行造化之理而爲之用典籍"經著書名。《周易》乾道坤道說與全經之義，概括着中華民族從五行說開始至河圖說而至八卦說，又由八卦說至帝出乎震說至十二月卦說直至洛書說之理以來，對宇宙、生命、思維、人世事物本來面目，及其運行造化認識過程之極深哲理天理認識所在；概括着從虞至夏成没、商成末以來中華民族對夏易《連山》之天理及其所成世理與制度，殷易《歸藏》之天理及其所成世理與制度弊害的根本認識，與爲鏟除人世黑暗、清除黑暗的世道根源，建立光明興盛之世極深社會天理認識所在。

全經深刻揭示了世界上的事物由於异性成陰陽薄順相錯而居，同性成協間而處而成天地之生化、四時之運行、生命之生成、萬物之造化、世事之演變與進程之理；深刻揭示了事物的本來面目與支配萬物和它的變化法則，及其事物由一種關係的變動到另一種關係必然過渡的規律與過程的邏輯所在，以及人們如何以此爲用之理。全經從根本上創立了天地人世萬物相互動態的全方位的立體相錯的空間、時間、情性、生息合一所處而造化，并由此决定着具體事物生息變化的理論；從根本上説明了天道地道運行變化與世間人道運行變化必然規律過程的一致性，天地萬物生息造化與人世萬物生息造化必然規律過程的一致性，天地萬物和它的生化如何與人世思想萬物和它的作爲如何必然規律過程的一致性之理；從根本上闡明了如何以人的生活與進程根本所需創立人間長治久安興盛之世，永葆人間長治久安興盛之世，成人心永嚮、萬邦永協而國成千秋不滅、族强盛不亡於世界民族之林之至道所在。

現今問題一是《周易》經著是否產生於殷商末世時期？近人多不認爲是商末時期

的作品，而認爲是西周時期的作品，或認爲是東周春秋時期的作品。這應該同世界上任何一部成體系的哲理著作一樣，應該從它産生的社會時代背景過程與哲理内容過程進行綜合研究方能最終真正確定。

從《周易》全經首以天地之道説明人世之道，闡述君子與民應如何相應相從隱潛立業而進至奮力而爲鏟除黑暗寒冽末世，清除黑暗的世道根源，創立光明興盛之世與永葆光明興盛之世的大綱大法乾坤二卦過程及其用語，接以如何在艱險中圖奮出求新生有屯卦，直至使世光明有離卦過程及其用語；下經始自如何造就世間通融、和合、道德、秩序的典要咸恒二卦過程及其用語，接以因何生活無法共存而應退遯有遯卦，直至如何成世更美有未濟卦過程及其用語觀之：其社會處於一個整體極其黑暗寒冽，世道極其冷酷，相抗極爲激烈而求光明再現、生機再起的時代。這樣的社會面貌不同於西周興盛時期的社會面貌與人們所求相像，也不同於西周末年天災頻發而幽王殘暴自取亡滅、然人心仍嚮而成平王東遷時期的社會面貌與人們所求相像，更不同於周室衰微春秋時期的社會面貌與人們所求相像，此其一也。而同商末時期的黑暗殘虐社會面貌與人們的所求對照，并對照經著用語極爲隱潛而表達極爲明白方絶然一致，此其二也。又上經乾坤二卦所述可印證商末《牧誓》、《武成》等篇章，下經咸恒二卦可印證周初《關雎》等篇章，此其三也。如作於西周興盛時期或西周末年，或周東遷春秋時期，因何離孔子“五十以學《易》”時隔不遠的《周易》卦圖所出所涵，經文所出所涵在之前與之後却如此鮮爲人知，此其四也。相反可見有記載的從《春秋左傳》莊公二十二年以來一直被視作卜筮所用，而鮮有他説，這祇能説明産生年代久遠，其哲理已被所歷生活淡化所致，此其五也。由此可見祇能産生於殷商末世時期無疑。《繫辭傳》所載“《易》之興也，其當殷之末世、周之盛德邪，當文王與紂之事邪”是可信的。

問題二是《周易》經著是否爲西伯姬昌所作？近人多不認爲是商末西伯姬昌所作，而認爲是多人前後相繼而成之作品，或乾脆認爲是由卜筮之詞凑集而成之作品。這同樣應該同世界上任何一部哲理著作一樣，從它的思想體系與哲理體系、行文體系進行綜合探究方能最終真正確定。

從思想體系觀之，全經首自乾坤直至既濟未濟絶然以深刻描述中華民族爲鏟除黑暗末世、革除昏命、清除黑暗的世道根源，建立順合人心的光明興盛之世成協和不斷排除艱險、克服困難、奮發進取爲一體之進程，而無有任何不協，更無相背之處，對此如無深有理念爲國爲民圖謀改天换世之明君非能成此，此其一也。從哲理體系觀之，全經首自乾坤直至既濟未濟六十四卦，每卦之旨皆不可限量而卦卦相通，首尾緊密相銜成序，三百八十四爻，每爻之義皆極爲錯綜、所涵極富而爻爻相證，變化萬千成章，全經一切有象、生象與卦象及其卦理達到了空前的絶然一體性，對事物進程之法則性、變化之規律性、過程之邏輯性具體所述與整體所述成一體之極致叙述過程，而無有任何不協，更無相背之處，對此絶不可能多人前後相繼而能成此，此其二也。又雖聖哲也非能一時而能成此，此其三也。從行文體系觀之，全經用語極爲隱潜，文字極爲簡約，然能揭示則叙事極爲明白，表達極爲形象，如乾與坤之過程所述，師之分明爲世有惡而爲義通之田有禽等成一體之叙述過程，而無有任何不協，更無相背之處，對此衹能説明深陷其險而成此，此其四也。將如此經著用卜筮外殻包裝起來，對此衹能説明爲能暗世而能行世，此其五也。由此可見爲西伯姬昌被商紂拘於羑里深陷其險期間，集所學所識潜心歷經多年，將世道成履霜堅冰至末世之哲理根源所在的殷易《歸藏》演成用卜筮外殻包裝的如何建成光明興盛之世的《周易》無疑。司馬遷所記“文王拘而演《周易》”是可信的。

問題三是作者究竟是如何演成《周易》的？一般而言，研究《周易》與殷《易》、夏《易》無關。但要研究《周易》哲理及其世理所出，就同夏《易》，特别是殷《易》及其所成世理極有相關，對要研究《周易》十翼所出也是如此。對夏《易》哲理之天理及其所成世理，人們現已知之不多，衹知一是其《易》以艮爲始（首），終而又始象山之出雲連連不絶。二是夏初有扈氏反抗夏理，夏啓征剿的有扈氏威侮五行、怠弃三正誓詞。三是夏末民極怨恨，要與日俱亡。而對此的研究恰與以天行爲圖式過程的帝出乎震説之理完全一致。一是因爲該圖式過程艮在東北爲萬物終而又始與夏《易》艮爲始象山之出雲連連不絶之理一致；二是因爲以五行過程而成該天行圖式過程，與夏初啓爲征剿有扈氏反抗夏理的威侮五行、怠弃三正之理一致；三是因爲該圖式坎在北下與離在南上相錯，君在上聽天下而民在下要從君晨起而作、日落而息與夏桀以夏《易》天理成極民要與日俱亡之理一致。故古往今來不少學者認爲帝出乎震説爲夏《連山》易遺文，也必因此。

對殷《易》哲理之天理及其所成世理，人們要知之更多一些，除知其《易》以坤爲始（首）與出自其十二月卦以天行陽氣過程藏而又始之理一致；知商末重臣箕子論五行從北水始同南火相錯過程，與十二月卦從北坤始同南乾相錯過程之理一致；知十二月卦乾南坤北、地應從天之天地相錯，與人世之君上民下、民應從君相錯之理一致；還知商紂以殷《易》天理成極不顧萬民之飢，掠取天下財粟歸於鹿臺、鉅橋而藏，對上下稍有异議或不滿之人大加排斥囚禁殺戮，昏君極行群小肆爲世道成極其黑暗，而與夏末相較圖除却極爲不易之理一致。今又可知附於《周易》的自屯至未濟六十二卦彖辭與三百七十二爻象辭及附於乾坤二卦的若干象與文言之辭，用《周易》之理釋解基本不通，而用所知的殷《易》之理與十二月卦消息過程之理釋解則無處不通，爲殷《易》之理參照《周易》卦爻辭而成之者也。并因此顯示出殷《易》充滿着唯心的深刻的事物辯證法之理，并因上述進而顯示出夏《易》之理不及其深，雖具一定的唯物的辯證法因素，但形而上學矛盾相錯的除斥而成過程之理極爲濃厚而必同殷《易》極有所别。

衆所周知，殷有始（首）坤至乾之殷易《歸藏》。至春秋孔子周游列國，在殷商微子之國得《坤乾》焉。《坤乾》即《歸藏》，這是因爲同樣始（首）坤至乾。二是對同一事物常有不同稱謂存在，如殷即是商等便是。三是適宋所得。四是孔子原爲宋氏之後，要取必爲有用之物。五是如得爲僞劣，不可能鄭重其事記載。孔子可得，可以斷言作爲當時西伯的姬昌不可能不知此《易》，作爲聖者之君更不可能不對此天理直至夏《易》天理進行探究，而知爻過程雖爲由下至上成爻象，但由於以天行之理之天象地形上下相錯、人世君旨臣爲上下相錯而卦必由上至下成易象（對此可證之賈疏，也可證之出自殷《易》的十二月卦消息過程的陰陽祇有剛柔微盛過程之理）而成卦爻皆上尊下卑、上主下從，而使爻過程皆成中主旁從、位別吉凶之理（見《周易》十翼《彖》、《象》之注釋）；而知其天理之敝對上層思維所在與決策所在與對世影響之巨所在（故曰夏有《連山》，殷有《歸藏》，否則何能如此而謂之）。可能夏《易》還祇是地要從天、民要從君而連連不絕勞作使君能擁萬物而行之天理及其所成世之天理與制度。至殷《易》則爲地應從天、民應從君而君應擁天下决萬物操生殺而行之天理及其所成世之天理與制度了（對此的不同可證之夏末商末的不同，伐桀易而伐紂難的不同，夏没無叛而商没仍以其理叛的不同而見一斑）。而知以此天理及其所成世之天理行之，必終造成國家破滅、民族衰亡末世的來臨。

對此作者又不能不成其理，若離經叛道直曰，不僅不能行世，且性命家國不保。由此必然決定了作者要除人世末世，必須對中國《易》學哲理與天理所淵源的伏犧氏八卦説何以通神明、類萬物之理進行深入探究，同時必須對八卦説産生之前至産生之後有關之説認識過程之理進行深入探究，又必須對夏《連山》、殷《歸藏》所涵價值進行探究而引以爲用。這也必然決定了作者要叙清如此深奥之哲理與衆説紛紜之世理，必須以其前夏易《連山》、殷易《歸藏》皆以八經卦重之成六十四卦易象配之卦辭爻辭而成著，這一爲世界至今仍是首屈一指之深奥哲理最簡捷表達、最明瞭叙述之體裁，而成如何鏟除黑暗末世與建成光明興盛之世的《周易》經著體裁。

正是出於作者對天地人世萬物之所以運行生息造化，是由於世界上的事物异性親順而存在薄斥、同性相協而存在間别的原因，而成陰陽异性薄順而居、同性協間而處而成相錯之運行進程，與因此陽有剛亢微盛、陰有堅柔終始之協間過程，與因此陰陽有種種薄順相互之變化過程而成事物豐富的生息造化進程之理的真知；對人與萬物之處由於存在着種種不同的异同、協間、微顯、薄順之關係及其過程，而生人的種種不同的感覺及其過程，因而是由人的實際生活和它的需要與可能的途徑如何决定着人們的思想和它的作爲及其進程之理，因此人是可以改變的之理的真知。將經著變爲由下至上而成《易》象，使與爻象過程由下至上而成之理一致。使卦爻再無上尊下卑、上主下從，爻再無中主旁從、位别吉凶。而祇有天地人世萬物生息造化進程之險易吉凶，祇有見群龍无首吉，時乘六龍以御天了（見《周易》經釋）。

由此不僅使殷商人所難知地從哲理上徹底改掉了自夏、商以來弊害越重的以天行之天理法則，也因由此而必將殷《易》的始坤至乾改爲《周易》的始乾至坤。從而將地應從天而行、民應從君而行而君應擁天下决萬物操生殺而行之天理及其所成世之天理，變成了天應爲地生機進程而行、君應爲民生活進程而行之天理，變成了天地合德而萬物生焉之天理及其人世君臣、上下、父母子女、夫妻、兄弟姐妹乃至萬民萬業之間應相互協和合德而成萬象興盛不衰焉世之天理。這是一個翻天覆地的哲理之天理與世理的變化（見《周易》經釋與十翼《彖》、《象》注釋）。這個《易》學哲理之天理與世理也是中國從根本上區別於歐洲始終小國所以林立，而能遂成衆多人口民族之聚合、遼闊疆域之一統根本所在。也是中國能數千年繁富興盛於世界民族之林的根本所在。

作者且爲避嫌等原因沿用了今人所知的殷易《歸藏》義可通的大多數卦名，衹作了極少數義實在不可通的卦名改動。如殷易《歸藏》從上至下爲説而爲止《易》象，九五爲陽剛之君，當然爲令出行必止之《欽》。而《周易》從下至上爲止而仍説《易》象，而爲不能止仍説取女吉之《咸》了。

從而根本上恢復了伏犧氏八卦説的世界上的事物由於异性成陰陽薄順北南相錯而居，同性成協間而處而成天地相錯之運行而成萬物相錯之空間、時間、情性、生息進程之理，及其天地陰陽异性應順合德而萬物盛長，相背薄斥而萬物避息，由薄轉順而萬物蕃生，由順轉薄而萬物肅殺之理。同時爲世興盛進取，全經自乾至未濟過程充分體現着帝出乎震説以艮爲始，終而又始象山之出雲連連不絶之義。又爲克服險難而進，全經自乾至未濟過程的如乾初九的“勿用”、九三的“夕惕若厲”、坤六四的“括囊”、屯六二的“十年乃字”等又明確體現着出自殷《易》的十二月卦消息所在與消息變化所在之理。同時以據所在而行，全經自乾至未濟過程及其卜筮外殼充滿着河圖的一始、二生、三通、四備、五運、六順、七成、八别、九極、十全奇耦數義爲用之理。又爲認識與改變萬物所處而爲，全經自乾至未濟過程則充滿着如乾初九的“潛龍”、九二的“利見”、九三的“終日乾乾”、九四的“或躍”、九五的“利見”、坤六二的“不習无不利”、屯六三的“即鹿无虞”等的洛書而成之理。

正是此又決定了作者在經著中必然所用的事物規則，如事物由於陰陽异性相錯而居而成相錯之運行過程，而成相錯之空間、時間、情性、生息變化過程的規則及其事物過程的空間、時間所處與世處的規則；事物异性親順而存在薄斥的規則，同性相協而存在間别的規則及其事物所處與世處的陰陽相錯、反錯過程的規則；事物陰陽异變的規則，逐變的規則，裂變的規則，迅變的規則，及其因柔剛所迭的必然有象、生象等規則（詳見《周易》經釋）。經由上述而成絶然一體的無有任何不協、更無相背的、隱潛的整個體系，極爲宏大幽深，彌綸天地之道與人世之道，詳盡勾畫宇宙永恒造化圖景的《周易》經著演成（參司馬遷、班固等記述）。對此也衹能説明由於作者在拘中歷經多年演成方鮮爲人知，方不書毁人亡，方不家國不保，方又逃過了其後的暴秦之火。

問題四是《周易》十翼究竟何出？《周易》如衹作爲卜筮之用，十翼便没有意義，衹有在需要探究《周易》之理之義所在時方會因此收集相關之説與形成。正是爲了探究《周易》全經之理，又由於全經極其隱潛難解，而有爲輔以入經的《彖上》、《彖下》、《象上》、《象下》、《文言》、《繫辭傳上》、《繫辭傳下》、《説卦傳》、《序卦傳》、《雜卦傳》十翼。從對《周易》全經所在及其淵源所在并對照傳世十翼深入研究，不僅可以明確看出《繫辭傳上》、《繫辭傳下》、《説卦傳》三翼是由《周易》產生前所源所遺之説，與產生同時所附所用之説，及其後來力加追尋闡釋之説三個部分而成篇章。其中有相當部分其理不見先秦有解，爲一直以來難解之説，當爲收集整理時因伏犧氏始作八卦前後以來由於年代久遠已成遺説所致。又有相當部分與《周易》經義根本不合或完全相背，疑爲當時力以追尋釋解而將仍有流傳的《連山》、《歸藏》二《易》相關之説拾入所致。并且可以明確看出《序卦傳》、《雜卦傳》二翼是由《周易》產生同時所附，而非爲他人或後人所能作（司馬遷也没有將此二篇列爲孔子所作）。這是因爲被認爲是孔子所作或後人所作膚淺之《序卦》，其所涵恰深合《周易》經義與六十四卦緊密相銜過程之理，而没有任何不合，更無任何相背之處（見經釋中《序卦》釋等）。而《雜卦》雖文極少，言極簡然其所涵正是《周易》全經之義與各卦之義所出，而無有任何不合，更無相背之處（見《雜卦傳》釋）。對此自春秋至秦漢以降無有能出，否則《周易》之理之義早已大白於天下，應早已焚於秦火了。同時可以明確看出《彖上》、《彖下》、《象上》、《象下》、《文言》五翼，與六十四卦衹有經首乾坤二卦及其十二爻、用九、用六有《文言》而及全經之義一樣。六十四卦也衹有經首乾坤二卦有《彖》、《象》及其十二爻、用九、用六有《象》而及全經之義，爲作者所附（且有若干亡佚而爲後人所補，見乾坤二卦經釋與乾坤二卦《彖》、《象》、《文言》釋）。這不僅因爲經首乾坤二卦《彖》、《象》、《文言》及其十二爻、用九、用六《象》、《文言》主體文辭深合二卦十二爻之理之義，且爲全經之理之義而出，比《序卦》、《雜卦》更成相輔。故而如同《序卦》、《雜卦》二翼，爲《周易》作者所附無疑，而非爲他人或後人所能出。否則同樣是《周易》之理之義早已大白於天下，早已焚於秦火了。

而且因爲餘自屯至未濟六十二卦《彖》、三百七十二爻《象》，皆以所知的殷《易》之理與出自殷《易》的十二月卦消息過程之理釋解成著，與《周易》經義基本不合、多有相背。這應該是當時由於不能釋解而以殷《易》之理釋解所致（孔子適宋時得殷易《坤乾》焉）。綜上所述，十翼爲釋解而出而集有伏犧氏始作八卦前後以來之説，有夏、商之説，有《周易》作者之説，有後人爲闡釋之説而成無疑。

問題五是《周易》之十翼究竟集於何時何人？正如問題四中提到的，衹有在需要探究《周易》全經之理之義所在時方會收集相關之説與形成，而這必有社會原因與思想原因。應該説春秋以來周室更加衰微，周道已衰落，天下不寧日進爲其主要社會原因（見《左傳》、《國語》等著述）。與夏道、商道相比，人們更認同周道（見孔子等語），這應該是當時社會的主要思想原因所在，也是當時周室雖相當衰微然能延續的原因所在。應該説正是這社會原因與思想原因促成着對西伯姬昌爲除黑暗末世、創立光明興盛之世而作的《周易》的探究，促成着對相關之説的收集與研究。

應該説這個收集探究時期不會早於世道不寧日進的春秋前期，因爲早了要如此收集探究似顯没有多少必要，因此没有見之於諸侯或有人收集探究。也不會晚至周道已無望、春秋已末、戰國已開、諸侯忙乎攻守、百姓困乎戰亂而成諸子百家的謀略、兵陣、戰策及避世、兼愛、心惡、除蠹等横空世行時期（如是何不見當時痕迹，而可見的恰皆是聖人、先王、君子與教化一類）。加之戰亂一開也極難再收集，極難再作相關探究了。而這時期中唯有被世不寧累及，思想上從周，爲濟世道不可終日的孔子及其弟子所成學派乃有可能（而此也不斷見諸十翼之中）。加之孔子得天獨厚，有學問，有地位，所成學派弟子彌衆，名聲遠播。自五十以學《易》，不僅手中握有《周易》，能與弟子韋編三絶地探究。且能周游列國收集相關之説以求釋解，故適宋又得殷易《坤乾》（自屯至未濟六十二卦彖及三百七十二爻象所由之理必出於此無疑，否則何來?）。手中能握有二《易》（據《左傳》記載連陳侯、晋侯這樣的人都可能没有《周易》，更何況殷易《坤乾》），這在當時絶非一般學者所能無疑。又孔子前没有人探究，這從《左傳》、《國語》中記載衹爲卜筮之用可證之。而這時期比孔子年長的老子説萬物負陰而抱陽、以柔克剛等等，孔子而後的莊子説過《易》以道陰陽，但著述不像。其他諸子百家也不像。綜上所述及對十翼的探究，應由孔子時爲主與弟子一起收集、研討、整理而成大體，經弟子最終成之無疑（約與恩格斯完成馬克思《資本論》三卷情形相類似）。又由於無孔子不能成此，因而司馬遷、班固等所記“孔子晚而喜《易》，序《彖》、《繫》、《象》、《説卦》、《文言》”（注：司馬遷記爲八篇），加之收集《序卦》、《雜卦》二篇而成十翼是完全可信的。

問題六是《周易》經著在秦時因何能逃過秦火而任世流傳?《周易》之理既然與秦王朝的暴虐統治水火不相容，而任世流傳。應該説夏易《連山》至殷易《歸藏》的天尊地卑、剛主柔從的相錯成章之哲理天理，及其所成的君尊民卑、上主下從的相錯成事成業之世天理，正是當時秦王朝實行暴虐統治的所需所用之理。《周易》之哲理天理及其世理雖决然反之，然由於經著文字極爲簡約、用語極爲隱潜而不經真正揭示便無可知其哲理及其世理面目所在（這是當時作者不書毁人亡於羑里的根本原因所在）。之前孔子時處春秋將末、戰國將始時期，爲從周樹周濟世與衆弟子爲力以釋解《周易》，用過以殷《易》之理釋解。并著成歷史上第一部完整、嚴密、貫通一體的釋解《周易》專著，即現在附於《周易》稱爲《彖上》、《彖下》、《象上》、《象下》之著是也。但由於該著仍是一部以《周易》爲軀殼的殷《易》而已，對《周易》之理仍多不可觸及，且多有不合與相背。孔子必當時有所疑與知，雖已成述而不作爲專著，以爲供輔入而用。同時爲供輔入而用所集所説的有《繫辭傳》開首的“天尊地卑，乾坤定矣”，《説卦傳》的“天地定位，乾爲天，坤爲地”，《序卦傳》的“有天地然後萬物生焉”，《雜卦傳》的“乾剛坤柔”等論。至秦時焚書，却因此幫了《周易》功德無量之忙。使秦認爲其《易》理雖更深而與《連山》、《歸藏》同屬，是於其政有利之籍，而必有政令使秦火連碰都碰不上，任世流傳。否則焚盡天下儒家典籍等書，將此排除於外，不加焚毀又任世流傳是不可思議的（不必細敘，其理自明）。

同時也應該是這樣的原因，秦亡後儒學重起，哲理深奧的《周易》在漢興後被尊爲群經之首，便是順理成章無可有奇了。加之《周易》哲理之深確非同一般，故可說其爲一直延續至今據《彖》、《象》釋解的多爲以殷《易》陰陽剛柔矛盾相錯的統一而成過程之理，與《周易》矛盾相錯的相合而成過程之理相雜其理越顯繁雜難通的著述。而此也應該是殷《易》所以亡佚的根本原因所在，又應該是被至今學界多數人所不重，以爲没有多少價值的根本原因所在。

最後是《周易》全經哲理於今的價值意義究竟如何?《周易》經著雖產生於中國三千年前的殷商末世，但其對世界的認識仍是人類至今絶無僅有。全經所涵對人的感覺、思想及作爲的如何與所在、所處萬物過程如何的合一，對萬物的形態與本來面目的合一，對萬物的陰陽關係變化過程與宇宙永恒造化過程的合一，對地體何以圍遶太陽運轉與地體運心何以成南北傾斜的合一，對萬物之空間、時間、情性、生息與過程弧形的合一，對生物生命生存過程與萬物陰陽造化過程的合一，對萬物豐富的生息造化過程與所在的陰陽薄順間協關係變化過程的合一，對以人的生活及進程根本所需過程與建成世間長治久安光明興盛之世過程的合一等的揭示。涉及世界至今的所有哲學學問，涉及世界至今的所有學科學問。必將極大地深化人們對世界的認識，給世人的學識注入新的生命力；必將推進人類嚮自由王國行進的步伐；必將有助於中華民族在世界民族之林中的進程。就此而言，《周易》哲理於今的價值絶非一般。

爲對《周易》哲理進行深入探究，徹底揭示全經之所在，徹底揭示十翼之所在。不僅需要深入研究全經所在與有關《易》說及其哲理所在。還需要深入研究所涉及源出所在。因此還涉及中國的文字學，這是因爲涉及全經極重要文字，如“周”、“易”、“孚”、“褫”等字的釋解；涉及充滿全經“一”、“三”、“六”、“七”、“八”、“九”、“十”數義，與河圖、洛書數義及卜筮外殼數義等的釋解。涉及經著陰陽符號究竟何出，說明什麽的釋解；八經卦究竟何出，說明什麽的釋解；六十四重卦究竟何出，說明什麽的釋解及其象變化與數變化所在等的釋解；涉及經著卦名、卦辭與爻辭究竟何出，說明什麽的釋解；涉及經著事物的種種陰陽薄順而居，同性協間而處其理其情如何的釋解。等等。因此在深入研究《周易》全經之前，將首先對中國的文字學、《周易》科學認識的產生由來以及《周易》象、數、理、占的問題進行研究，以入乎全經而爲之所用。

一、關於對中國文字學的研究

研究《周易》，必須研究中國的文字學，研究中國文字的產生法則和它的規律。否則，連《周易》之名何由，鬼神何論，“孚”字、“褫”字何意，河圖洛書天地陰陽之數何出、所涵何義、表示何爲，充滿《周易》經文的“一”、“三”、“六”、“七”、

"八"、"九"、"十"數表示何説都不能明白，還研究什麽《周易》？還研究什麽與《周易》有淵源關係的河圖與爲用的洛書？中國文字形意、自然、明白、嚴整、劃一，是世界上最好的文字，處處顯示着中國哲理的科學性。中國每一文字都有其特定的内容涵義，都是事物信息的體現，複雜文字更是事物豐富複雜内容的信息體現，它記載着中華民族對世界萬事萬物的科學認識。研究中國文字，不但可以知中國古代社會之生活，明當時人們之概念，極造字之本源，通文字音義之所在，可以知中國文字對中國人内容之表達、信息之接收、智商之增高、事理之明白，非一般民族可比擬，能簡要明白與正確表達複雜事物之複雜關係及其複雜變化之本來面目所在；可以糾正先秦諸侯异政文體之錯，秦漢以來改體之誤，後人釋字之偏，至今改字與讀音之失而劃一，而且可以幫助深入《周易》之道，進而窮盡萬物及其變化之理。

正如《周易》由表示陰陽兩種簡單符號而成八卦，又由八卦而成六十四卦、三百八十四爻一樣，中國文字也由極簡單的爲數不多的形意文字而成一般的數目更多的較爲複雜的形意文字，又由一般的數目更多的較爲複雜的形意文字而成全部複雜的中國形意文字；凡一切複雜文字也同八卦與六十四卦過程一樣，皆由下至上、從内至外、從右至左而成，其文義也同八卦、六十四卦之名義，三百八十四爻之爻義如出一轍，因此可見中國文字同中國《易》學哲理之關係。且每一中國文字也像八卦、六十四卦、三百八十四爻一樣，表示着所包含的信息内容，從而使中國文語能够充分體現自然、社會與人的心理，和萬事萬物及其種種變化之本來面目。

對中國文字的研究可看出，在中文起源之前，中國人對一般事物及其關係和它的變化表達同樣需要很複雜的語言方能表達清楚，也必同現今一般民族的倒轉表達一致。從中國文字産生以後，使中國人的語言逐漸發生着根本的變化，能表達簡潔而符合事物和它的變化面目，特别是中文成語，更是一般民族所望塵莫及。

漢代許慎之《説文》，其功莫大焉。然其《易》學不深而未能盡，存相當不足之處。下面首先將對中國文字之始"一"至"十"數之字作一些必要的研究。

（一）對中國文字之始"一"至"十"數之字的研究

中國文字十數之學概括着中華民族對世界的深刻認識，不僅體現在數字上，而且體現在文義上，還體現在哲理上，明此可同時明河圖洛書以始數奇數與生數耦數相錯對等而居之過程，表述天地陰陽薄順相錯的等同運行變化過程，與萬物之空間、時間、情性、生息變化過程而深入河圖之理、洛書之用。

一　一：始也，初始也。事物之初始也，始於物既爲無又爲有，始雖無物可見爲無，然成物可見爲有，天之理也（故與天地生化之始、萬物生化之始、子女生化之始聯係在一起，也與思慮於物爲無、作爲於物爲有聯係在一起）。也因此可見"或"源自於事一開始口説後就生戈而成字。《説文》開首曰："惟初太始，道立於一。"於物不可見爲無，又曰："造分天地，化成萬物。"於物可見爲有。中文"一"就這樣正確解決了有與無、無與有的命題，説明道、精神是事物之處性情而已，闡明了事物必然産生與必然消亡之法則，從根本上解決了人的可爲性問題，揭示了使事物長存之至道。

二　二：生也，生化也。事物之生化也，地之理也（故與天地之生化、萬物之生化、子女之生化聯係在一起，也與物之作爲聯係在一起）。也因此可見貫二者，作物之謂也。故作物爲“工”，大作爲“巨”，力左加“工”，即力之工爲“功”，對人所言所爲能貫天地爲“巫”，對人所言所爲能貫天地而使人能品到晴雨變化之正確性爲“靈”也。中文“二”從根本上説明宇宙之梯級、造化之次序。

三　三：通也，相通也。天道、地道、人道相通也，萬物之理相通也，通而成出爲也（三陽開泰源此之謂也）。也因此可見貫三者爲“王”也，王者，貫通天道、地道、人道而爲之者也。

四　四：備也，具備也。事之圖已具備也，備而成圖進也（四四一十六源此之謂也）。也因此可見貝上加四（秦漢改网爲四，四與网意通）即貝之四爲“買”，非上加四即非之四爲“罪”也。

五　五：運也，運行也。通而作爲與備而圖進相錯而行成造化過程也，天道出爲而右行，地道圖進而左行，成相錯運行過程而成春夏秋冬過程而成中土於萬物之生長收藏過程也。也因此可見中國中醫以肌體陰陽相錯運行過程，而成水木火金過程而成中土於具體萬物之生息造化過程也。

六　六：順也，順行也。事以其順行也，以其順而盛也。也因此可見曰六六順，即以其順而盛也。

七　七：成也，力成也。事之力成也，爲事而力成也。也因此可見刀左加七即刀之七成“切”也。

八　八：别也，相别也。事之别起也，爲需而别起也。也因此可見厶上加八即厶之八爲“公”，刀上加八即刀之八爲“分”，别左加扌即别之扌爲“捌”也。

九　九：極也，至極也。事之至極也，爲成而至極也。也因此可見九重即極重，九五之尊即極運之尊，九左加人即九之人爲“仇”也。

十　十：全也，完全也。事之完美也，事完美而行也。也因此可見地上加十即地之十爲“土”。一上加十即一之十爲“士”。十外加框界爲“田”。十全十美即完全全完全美也。“德”源於於事心從一開始就具備而完美行進而成字也。

對中國文字“一”至“十”數之字的研究完全可見不僅作數字之用，而且同中國文字的産生聯係在一起，又同哲理聯係在一起。

（二）對中國文字的形成與所包含信息和應用的研究

其二對中國文字與《易》一樣，由下而上、由内而外、由右而左使之爲數不多極簡單形意文字至成一般數目更多較爲複雜形意文字，又由一般數目更多較爲複雜形意文字至成全部複雜形意文字的形成，所包含信息與應用及使文語簡潔而明確作一些凡例研究：

主 ：《説文》曰："鐙中火主也。"

住：主字左加人字成"住"，其意爲人之住之謂。

注：主字左加水字成"注"，其意爲水之注之謂。

註：主字左加言字成"註"，其意爲言之註之謂。

柱：主字左加木字成"柱"，其意爲木之柱之謂。

砫：主字左加石字成"砫"，其意爲石之砫之謂。

蛀：主字左加蟲字成"蛀"，其意爲蟲之蛀之謂。

駐：主字左加馬字成"駐"，其意爲駐扎之駐之謂。

"主"、"住"、"注"、"註"、"柱"、"砫"、"蛀"、"駐"八字所反映的事物信息各不相同，然八字音通而字義劃一。或問主字左加雙人何成音不通而字義不劃一之"往"，使文字音與義錯亂？此秦漢以來改體之誤。

豊字左加骨字爲"體"，今改爲"体"，意亦通。豊字左加示字爲"禮"，原  字左加 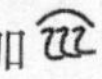 字爲"禮"，意亦通。 爲"華"，成完美而萬物蕃盛之意，此秦漢改體而成新意，勝原意也。

或：或字不能定之謂所用之字。或字左加土字成"域"，其意爲水土之域之謂。或字外加框界爲"國"，其意爲界國之謂。"或"、"域"、"國"三字所反映的事物信息各不相同，然可看出三字音通而字義劃一，皆有它的事物實在性、事物不定性，又有它的事物可爲性。"國"成今改爲"国"，成玉字外加框界，意成劣質玉石之謂，何謂界國？如木外加框界成"困"，人外加框界成"囚"等皆是，使音不通而字義不劃一，造成文字信息錯亂。

總之，大字上加小字成"尖"，力字上加田字成"男"，力字上加少成"劣"，曰字上加聿字成"書"，人字上加目字成"見"，八字上加目字成"貝"，貝字上加加字成"賀"，止字上加夭字成"走"，止字上加口字成"足"，勿字上加日字成"易"，口字上加用字成"周"，子字上加爪字成"孚"。月字左加日字成"明"，色字左加豐字成"艷"，刀字左加至字成"到"，刀字左加害字成"割"。袁字外加框界成"園"，卷字外加框界成"圈"，專字外加框界成"團"，等等。中國文字之音之義之信息無不由下至上、由右至左、由内至外而成，一切皆形意、自然、明白、嚴整、劃一。

（三）對中國文字記載着對世界萬事萬物的科學認識與事物原貌的研究

其三對中國文字完整地記載着中華民族對世界萬事萬物的科學認識與事物原貌，研究中國文字同時可昭古之認識、去時之僞敝而進行一些凡例研究：

築：築字下爲木字，中爲凡字、工字，上爲竹字。從築字反映的信息看，中國最早的建筑是堅固而有規律的木結構上加竹瓦而成，所説當時中國的建築是土墻一類非也。"築"改爲"筑"，下爲凡字、工字，上爲竹字，意成精製竹製品之謂，字義不相通而信息不相類。

貝：貝字下爲八字，上爲目字。從貝字反映的信息看，中國人視别起於目之物爲寶貝，文字形意，字義明白，與全部中文嚴整劃一，所説貝原本是指貝類、貝殼一類非也。“貝”改爲“贝”，下爲人字，上爲丌字，意成人而廣遠之謂，字義不相通而信息不相類。

神：申字左加示字爲神字。從神字反映的信息看，爲事物由必然法則支配，不以人爲意志轉移而向人們申示之意，字義明白而與全部中文嚴整劃一，所説中國人當時原始迷信、崇拜神靈之論非也。

鬼：下厶字左加人字，上加田字上突爲鬼字。從鬼字反映的信息看，與神字恰相反，爲雖所作所爲陰私隱形不見光明，然必有露於外而向人們暗示之意，字義明白而與全部中文嚴整劃一。對此凡有鬼字之成語皆可佐證之，所説中國人當時迷信有鬼之論非也。

明：月字左加日字爲明字。從明字反映的信息看，説明當時中國人已知月由日而明與月圓缺之理，字義明白而與全部中文嚴整劃一。《黄帝内經》之地憑“大氣舉之”、漢代記載以月知地圓等皆可佐證之，所説當時中國人認識必然低淺之論非也。

聖：聖字下爲壬字，上爲口字、耳字。從聖字反映的信息看，壬從口耳，爲壬音轉而意口耳皆順之謂。“聖”改爲“圣”，使文字之音之義之信息皆失，此近今改字之失。

孚：下爲子字，上爲爪字爲孚字。從孚字反映的信息看，爲有信心不畏艱難進取之意，字義明白而與全部中文嚴整劃一。孚釋成誠與信，使文字之義勉通。

褫：虒字左加衣字爲褫字。從褫字反映的信息看，爲凶悍角虎穿着服飾之意，字義明白而與全部中文嚴整劃一。褫被釋成被剥奪，與行剥奪相反。

娱：吴字左加女字爲娱字。語音應爲吴音轉，娱字讀爲現今推行語言，使文字音義不通。

江：工字左加水字爲江字。語音應爲工音轉，江字讀爲現今推行語言，使文字音義不通。

易：勿字上加日字爲易字，勿爲勿能，日爲太陽。從易字反映的信息看，説明當時中國人完全認爲連太陽都不能如一，况萬物乎？世界上的一切事物都是在運行變化之中的科學認識，字義明白而與全部中文嚴整劃一，所説當時中國人認爲萬物不變之論非也。

周（周）：周字原是口字上加用字爲周字，口爲討論與叙述，用爲應用與作爲。從周字反映的信息看，爲認真討論而成功應用之意，字義明白而與全部中文嚴整劃一。因此可見“周（周）朝”實爲討論以天地之道而爲之用朝代名也。“周”成“周”，成吉利而廣遠之意，使文字字義不通。

對此凡例研究，可見“周易”二字釋爲今日常用語實爲“討論叙述以天地人世萬物運行造化之理而爲之用典籍”名也。并由此可見由於中國文字包含着的各種不同信息之原因，使人們雖對不少經典之説不能入乎其中而深知其理，但能覺得有感知、有領悟，原因蓋此也。

結語

對中國文字學的研究説明，中國文字較之其他民族的拼音文字具有極大的獨特優越性，雖外民族之拼音文可縮寫、縮念，以簡潔文語指特定某事某物，但始終與中國文字之簡潔文語不能比擬。説明中國《易》學哲理不僅一統中國群經，還一統中國文語，這在人類至今爲止應該是無上的。説明爲保護中國文字這一重要文化遺産，必須加以必要的整理，使之絶然成形意、自然、明白、嚴整、劃一之一體，及其書寫雖可從簡而書印必須從正之理。

二、關於對《周易》科學認識産生的研究

研究《周易》，必須研究《周易》科學認識的産生由來。因此，必須對八卦説産生前的五行説、河圖説及八卦説産生之後的帝出乎震説、十二月卦説、洛書説進行研究，同時必須對殷之末世進行研究。方能明白《周易》經首合天道、地道、人道於一，又對人道進行調理的乾道坤道運行生化説；方能入乎《周易》全經，明白《周易》全經之科學哲理體系。否則，連《周易》經首的乾道坤道運行生化説都不能知道，還如何進而研究全經？因此，對八卦説産生之前的五行説、河圖説的研究，對八卦説産生之後的帝出乎震説、十二月卦説、洛書説直至《周易》乾道坤道生化説的研究，就是對《周易》全經科學哲理體系的研究。

（一）對五行説、河圖説至八卦説産生的研究

對五行説的研究

五行説在中華民族之科學認識論中占有極其重要的地位。五行説雖與《周易》無直接聯係，但同河圖説至八卦説有着前後直接相聯的過程，又同夏商之哲理有着直接的聯係。現今對五行説是否最古的研究已存在相當大的困難，一是因爲對河圖説産生前之説已無有明確的記載，二是河圖也言五行是否同時産生？同時對五行説的研究也有一定的困難，相當多見的是水木火土金圓形以天行過程相生與隔一相克説。但通過對最古的記載和對河圖説、八卦説的研究表明，五行説起源最古，并能够對五行説的各種流行説法去僞而知所在，又可證明其過程爲無五行説便無河圖説，無河圖説便不可能突發産生八卦説。因此在中國，五行説起源最古，爲中華民族認識論之始。

五行説祇有水木火金土五個字，附以北水、南火、東木、西金、中土等説明。對五行説最古、最權威的記載見於《尚書》之《甘誓》、《洪範》二篇所論。《甘誓》夏啓“有扈氏威侮五行，怠弃三正”之誓詞。《洪範》箕子“在昔鯀陻洪水，汩陳其五行”之論説，與五行列布之“一曰水、二曰火、三曰木、四曰金、五曰土”，過程之

“水曰潤下、火曰炎上、木曰曲直、金曰從革、土爰稼穡”，情性之“潤下作鹹、炎上作苦、曲直作酸、從革作辛、稼穡作甘”之論述。由此而足證五行水火木金土説，爲概括言天地异性之處親順與薄斥及其變化過程而成四時過程而成中土於萬物生長收藏過程之説，并由此而足證陰陽之義源於事物之處性相异之理。説明天地陰陽异性之處北下爲陰盛陽微之地，地陰盛而天陽微，天陽微而地陰厲异性相薄斥生寒生水克火而中土萬物避息（故中文人之背見爲北下、子、冬）。南上爲陽盛陰興之地，地陰由天陽入而地氣升，天陽由地氣升而陽越盛异性親順交舞生熱生火勝水而中土萬物盛長（故中文枝上成草爲南上、午、夏）。東左爲天陽地陰由薄斥轉變爲親順之地，天陽出而地陰順，地陰順而天陽增盛异性始相親順由寒轉温勝金而中土萬物蕃生（故中文日出生木爲東左、晨、春）。西右爲地陰天陽由親順轉變爲薄斥之地，地陰聚而天陽衰，天陽衰而地陰起异性始相薄斥由温轉寒克木而中土萬物肅殺（故中文巢上棲鳥爲西右、昏、秋）之理。説明天地陰陽异性之處親順與薄斥過程，是産生水火木金四象相勝相克過程成中土萬物生長收藏變化過程之根本所在。説明東春木勝金中土春機盎然、草木蕃生，南夏火勝水中土夏日炎炎、萬物盛長，西秋金克木中土秋風肅殺、萬物結果，北冬水克火中土千里冰封、萬物避息之理。説明天地人世萬物之處，包括天與地、君與臣、上與下、政與民、企與工、男與女、夫與妻、父母與子女、兄弟與姐妹等之處皆在内，凡陰陽异性之處親順而生火興盛，薄斥而生水避息，轉順而生木蕃繁，轉薄而生金凋落之理。説明萬物都不是孤立地産生與生息變化的問題，進而引申爲順事物規律辦事與如何改變事物而爲之的需其生要像春，要仁；需肅殺之物要像秋，要義；需催長之物要像夏，要禮；要護藏之物要像冬，要信；處事要像土，要智。説明如不按自然規律辦事的如春時爲秋便没有萬物蕃生，夏時爲冬便没有萬物盛長，秋時爲春便没有萬物結果，冬時爲夏便没有萬物護藏與冬時爲春百害叢生，春時爲夏物成畸狀，夏時爲秋結果不熟，秋時爲冬歸藏少有及其春爲冬必萬物不生，夏爲春必萬物不長，秋爲夏必萬物不果，冬爲秋必萬物不藏之理，使自然理論與人世理論合一。因此可見，有扈氏企圖東春以金克木，肅殺春生之物，便成威侮五行，怠弃天正、地正、人正，違反萬物生息法則，罪該剿絶；鯀圖築高土以克洪水，結果洪水泛濫，使日蒙水，成汨陳其五行而被帝殛。也因此可見木勝金、金克木、火勝水、水克火之五行木金關係相錯而相勝克，水火關係相錯而相勝克説與水生木、木生火、火生金、金生水及其水火木金與土相生相制之説是古已有之説。

五行説看似直觀、簡單，以言水火木金土過程而概括言天地陰陽异性親順與薄斥變化過程，而成四時過程而成中土於萬物生長收藏之過程；概括説明萬物空間、時間、情性、生息之變化過程之理，及其初步説明一種事物的變化到另一種事物的變化、事物的一種變化到事物的另一種變化必然有規律的過渡之理。雖還不能説明事物情性何以會産生變化，何以成天地之運行所在。還不能説明事物的千變萬化所在，還没有進而至天地陰陽异性相錯運行的認識程度。但五行説已包含着天地陰陽异性相錯而處過程成運行變化之理，更是在六千多年前就以天地陰陽异性之處説明了人類直至今日的一個極其重要的認識，即异性親順而存在薄斥的重要認識。開始説明陰陽异性之處親順而萬物盛長，背斥而萬物避息及其陰陽异性親順與薄斥成轉變之理；開始説明陰陽异性之處關係過程中，雙方之關係與情性會不斷地有規律地發生變化而成運行過程之理；開始説明陰陽异性雙方能否産生周而復始進程也是生命存在的根本現象之理及人們如何以此爲用之理。使人類早在六千多年前開始建立了天地人世萬物相互動態的，初具全方位的立體相錯的空間、時間、情性、生息合一所處而造化，并由此決定着具體事物生息變化過程的理論，開始了中華民族科學認識論的進程。

對五行説的研究還可知五行説所出已有父系萌芽，但母系仍占主導地位與庸俗平等占主導地位時代無疑。然也可知衹有在史傳燧人氏發明鑽木取火到火可使地礦生金而出現冶金術後方能得以産生，因而由此可推中國的冶金術當在六千多年前就已經出現無疑。

附圖：五行運行生化圖

南上陽盛陰順，天地陰陽异性相親
順生火勝水（午、夏、亨通、盛長）。

東左陽出陰始順，天地陰陽异性由薄斥轉變爲親順勝金生木（晨、春、元始、蓄生）。

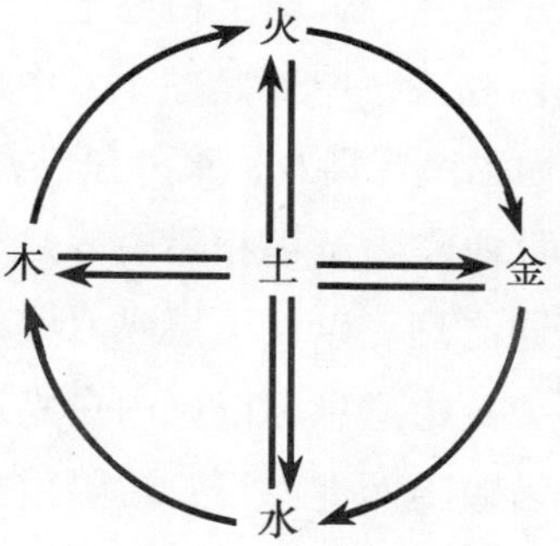

西右陽没而陰起，天地陰陽异性由親順轉變爲薄斥克木生金（昏、秋、利義、肅殺）。

北下陰盛陽微，天地陰陽异性相薄
斥生水克火（子、冬、貞固、避息）

1. 五行運行生化圖原本應如此，由水火木金相勝克與水木火金土相生相制過程成圖式，爲中華民族認識論之始。此圖明异性親順而存在薄斥成造化之理，明天地陰陽异性親順與薄斥過程而成中土萬物生長收藏過程之理。

2. 此圖明夏啓之誓詞所由，箕子之論説所在，明“播五行于四時”之理。

3. 此圖明世界上至今還不能解决的萬物空間、時間、情性、生息的如何合一問題，中國早在六千多年前就以此得到了初步的解决。

4. 此圖還不能説明事物之情性何以會産生變化，天地何以成運行所在。還不能説明事物的千變萬化所在。

5. 《孫子兵法》中的五行説即出此《五行》圖式而成之所用。

對河圖説的研究

河圖説在中華民族的科學認識論進程中也占有極重要的地位。河圖説繼五行説又超越其而出，雖與《周易》哲理似乎聯係不大，但《周易》事物所用奇耦薄順數義之理却出自河圖。對河圖説的研究也存在一定的困難，主要有把河圖説爲洛書、洛書説爲河圖的説法。這就必須研究河圖洛書二圖所涵之義，方能明白誰是河圖，誰是洛書。經研究根據其時其理及有關佐證説明朱熹所載之河圖是正確的。

河圖總共五十五點，其中代表陽點之白點二十五，代表陰點之黑點三十，附以天一、地二、天三、地四、天五、地六、天七、地八、天九、地十、北水、南火、東木、西金、中土等説明，但所涵之義却極大地超越了五行説的意義，是繼五行深入事物走嚮八卦説的重要一步。河圖的起源也很古，最早見於《尚書·顧命篇》和《竹書紀年》。後見於《禮記》、《論語》所記，并見於《繫辭傳》所載，史傳伏犧氏時龍馬負圖而出。河圖以一至十數之義，布成陰陽奇耦（注：耦從耒，與偶義不同）微與盛、出與進、成與生、極與別、運與美北南東西中相錯對等成過程之用，説明天地陰陽薄斥與親順、轉順與轉薄相錯依存的等同變化過程而成相錯之運行變化過程，而成中土相摩變化過程，而成萬物生長收藏變化過程之理。

河圖布爲北下黑點六，南下黑點二，南上白點七，北上白點一，東外黑點八，西内黑點四，西外白點九，東内白點三，中外黑點十，中内白點五。以北下黑點六、南下黑點二與南上白點七、北上白點一皆爲八，東外黑點八、西内黑點四與西外白點九、東内白點三皆爲十二，成北南東西陰陽奇耦相錯對等之列布，説明天地陰陽薄斥與親順、轉順與轉薄相錯依存的等同之理。以北下黑點六表示陰盛、北上白點一表示陽微陰陽相薄斥生寒生水克火而中土萬物避息，以東内白點三表示陽至東已通薄陰而出南上、西内黑點四表示陰至西已備順陽而進南下，陰陽由薄斥轉爲親順由寒轉温勝金而中土萬物蓄生，以南上白點七表示陽盛、南下黑點二表示陰生，陰陽相親順交舞生熱生火勝水而中土萬物盛長，以西外白點九表示陽至西已極而入陰於北上、東外黑點八表示陰至東已起別陽而進於北下、陰陽由親順轉爲薄斥由温轉寒克木而中土萬物肅殺，以中外黑點十表示中土陰完美、中内白點五表示中土陽運行而隨天地陰陽薄斥與親順、轉順與轉薄變化過程而成中土相摩過程而成萬物生長收藏變化過程，繼五行由天地陰陽异性薄斥與親順之處及其過程成四時過程，而成中土於萬物生長收藏過程説而出。河圖不僅由此説明北下陰盛與北上陽微相對，陽東出异性之地（即東内陽薄陰而出南上）與陰西進异性之地（即西内陰順陽而進南下）相對，南上陽盛與南下陰生相對，陽西入异性之地（即西外陽至西已極而入陰於北上）與陰東別异性之地（即東外陰至東已起別陽而進於北下）相對，而成天地陰陽薄順出入關係相對變化過程，而成天陽一三七九、地陰六四二八相錯運行變化過程之理（七高八低源此之謂也）。説明天地陰陽薄順出入成兩儀相錯運行與中土陰陽薄順成相摩之理。同時説明《周易》乾之用九是由於陽由一至三至七行至九而變起，明黑暗之降爲創葆而吉，坤之用六是由於陰由六而變起至四至二至八行，知黑暗之在爲求出而利永貞；《周易》筮法所以陽七不變九變，陰八不變六變是源於陽由七至九而變起，陰由八至六而變起之理。而且説明水火木金土及其萬物的産生奥秘與面目之理。更是繼五行説之後以天地陰陽异性之處，説明了人類直至今日的又一個極其重要的認識，即同性相協而存在間别的重要認識。説明由於异性親順而存在薄斥，同性相協而存在間别，所以成陰陽异性之處事物發生着演化與萬物生化，及其一種事物的變化到另一種事物的變化、事物的一種變化到事物的另一種變化必然有規律的過渡之理。説明在天地陰陽异性之處關係過程中，天地陰陽异性雙方事物之情性會不斷地有規律地發生相對之變化過程，而成相錯之運行過程而成四時過程而成中土相摩過程而成萬物生長收藏過程之理。進一步揭示了生命存在的根本現象之理，及其人們如何以此爲用之理。由此進一步説明了萬物不是孤立地産生存在與生息變化的問題。進而建立了天地人世萬物相互動態的更具全方位的立體相錯的空間、時間、情性、生息合一所處而造化，并由此而决定着具體事物的産生存在與生息變化的理論。河圖雖還不足以説明事物情性何以成相對之變化過程，何以成天地之運，但已深具因天地陰陽薄順出入關係相錯之運行而生四時變化過程而成中土陰陽薄順相摩過程，而成萬物之空間、時間、情性、生息變化過程之理，極大地深化了中華民族自五行説開始的科學認識論。

從對河圖説的研究還可知河圖説的所出已由母系占主導開始出現父系的時期，雖還没有進入父系的時代，但比母系占主導時期已發生了重大的演進，并由此可推中國的私産制在五千多年前已經開始萌芽無疑。

附圖：河圖運行生化圖

南上盛陽七生陰二陰陽相親順
生火勝水（午、夏、亨通、盛長）。

東左通陽三薄出，别陰八離去。出陰通陽三與進陽備陰四相順陰陽由薄斥轉爲親順勝金生木（晨、春、元始、蕃生）。

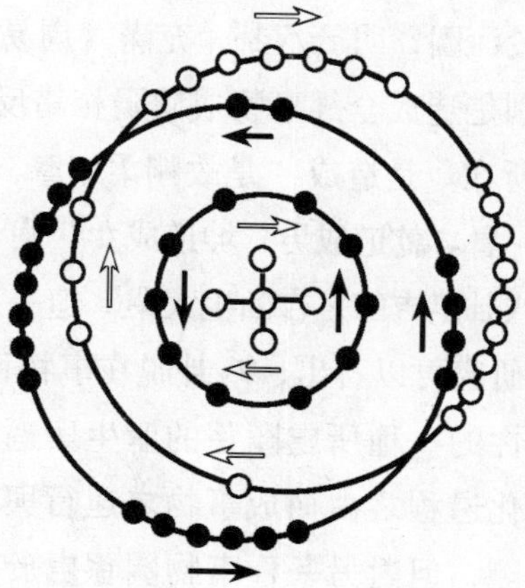

西右極陽九入陰，備陰四進陽。離陽别陰八與極而起之陽相薄陰陽由親順轉爲薄斥克木生金（昏、秋、利義、肅殺）。

北下盛陰六微陽一陰陽相薄斥
生水克火（子、冬、貞固、避息）。

1. 河圖以一至十數義，布成陰陽奇耦微與盛、出與進、成與生、極與别、運與美北南東西中相錯對等而處過程，説明天地陰陽薄斥與親順、轉順與轉薄相錯依存的等同變化過程而成相錯之運行過程而成圖式。説明天道由左至右行，地道由右至左行之理。説明由於异性親順而存在薄斥，同性相協而存在間别，所以成運行與生化之理。河圖説繼五行説而又超越五行説，是産生八卦説的極爲重要認識過程。

2. 此圖説明天地萬物之本來面目所在與萬物生化所在之理。説明一種事物的變化到另一種事物的變化，事物的一種變化到事物的另一種變化必然有規律的變化過渡之理。

3. 此圖明《繫辭傳》“天數五，地數五。五位相得而各有合。天數二十有五，地數三十。凡天地之數五十有五，此所以成變化而行鬼神也”之理。明陽七不變至九而變起、陰八不變至六而變起，《周易》乾之用九、坤之用六，及《周易》筮法陽七不變九變、陰八不變六變所在之理。

4. 此圖還不足以説明事物情性何以成相對之變化過程而成天地相錯運行過程之理。

對八卦説的研究

八卦説則起源於中國伏犧氏時代，史傳伏犧氏則河圖極天地運行萬物生息變化所在而作八卦。對八卦説的研究也有相當大的困難，首先涉及的是八卦原來如何列布？雖有宋以來先天八卦僞圖説，但這不難，可據其理與《繫辭傳》、《説卦傳》及所載圖語作全面研究，辨其真僞，説明原來八卦之列布，這是研究萬物運行變化之法則及其規律與入經的極重要所在。還有最難的是涉及如何大極生兩儀、兩儀生運行四象成萬物生化？即最難的是涉及《繫辭傳》所載成之系統的“是故易有大極，是生兩儀，兩儀生四象，四象生八卦，八卦定吉凶，吉凶生大業”這一系列進程如何而造就？這是研究萬物和它的變化與入經關鍵所在。要明此就必須系統研究五行説、河圖説至《周易》的乾道坤道説及全經方能明白。從對五行説、河圖説至《周易》乾道坤道説及全經的研究，説明源於五行，繼於河圖，明於八卦，充滿《周易》全經的事物异性親順而存在薄斥，同性相協而存在間别是造成全經事物成陰陽相錯反錯過程之處，使事物産生千變萬化有規律的進程之根本所在。是造成“是故剛柔相摩，八卦相盪。鼓之以雷霆，潤之以風雨。日月運行，一寒一暑。乾道成男，坤道成女”與“是故易有大極，是生兩儀，兩儀生四象，四象生八卦，八卦定吉凶，吉凶生大業”這一系列進程之根本所在。

從對八卦説的深入全面研究可以看出，八卦説在事物種種所處之關係及其過程中，專門研究了天地萬物具根本性的一種所處關係的産生與過程，作爲研究事物所處陰陽關係之由與事物情性相對變化過程之由而成事物之運行與演化所在；作爲研究一事物對一種事物關係處於陽處於剛，但對另一種事物關係處於陰處於柔與事物各種所處之關係及其變化進程，萬物之種種複雜所處及其複雜運行和它變化複雜的造化進程所在之範例。進而説明天地萬物之複雜所處和它們的複雜造化進程與人們對此如何爲用的問題。八卦説深刻説明世界上一切事物的關係都是陰陽之關係，祇不過是微與顯而已之理；深刻説明天地之生化，四時之運行變化之理；深刻説明生命存在的根本現象；深刻説明天地萬物相互動態的全方位的立體相錯的空間、時間、情性、生息合一所處而造化之理；深刻説明萬物之本來面目與支配萬物和它的變化法則，及其事物由一種關係的變化到另一種關係必然變化之規律所在。《繫辭傳》載曰："河出圖……聖人則之。"又曰："古者包犧氏之王天下也，仰則觀象於天，俯則觀法於地。觀鳥獸之文與地之宜。近取諸身，遠取諸物。於是始作八卦，以通神明之德，以類萬物之情。"《繫辭傳》所載深刻説明八卦説的產生源由與八卦説的以通天地性情之德，以類萬物造化之情所在。

八卦説首先繼五行入河圖而出極天地萬物，深刻説明事物因异性而生陰陽之處而所以有親有斥、有合有分成南陽北陰相錯之居中有薄順之大極，是因爲事物异性親順而存在薄斥，同性相協而存在間别所由（順注：因火炎上爲南爲天爲陽，水潤下爲北爲地爲陰，故爲南陽北陰）。即由於异性親而相順、薄而相斥，同性協而相合、間而相分所由使事物陰陽之處成南陽北陰相錯之居中有薄順之大極根本所在。

附圖：《易》有大極圖（此爲天地萬物因所處關係陰陽相錯而有大極圖）

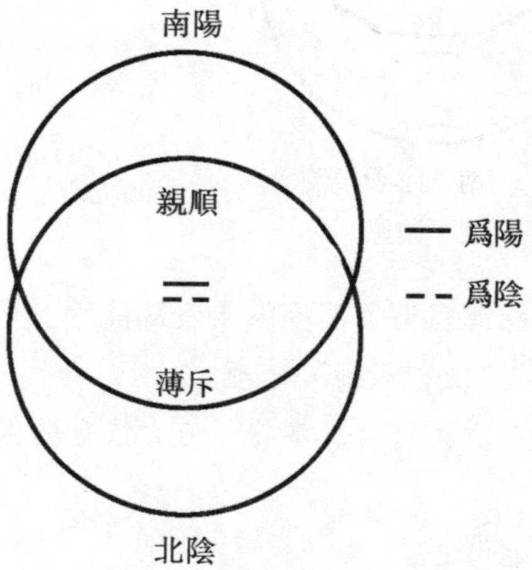

1. 此圖明事物陰陽之處所以成南陽北陰相錯之居之理，明中之⚍處爲事物陰陽相錯而處有薄順之大極之理。明"一陰一陽之謂道"之理。

2. 此圖明天地萬物陰陽相錯而處异性有親有斥、同性有合有分是因爲事物异性親順而存在薄斥，同性相協而存在間别所由之理。

3. 此圖明人與人，人與萬物，萬物之間陰陽所處之理。

4. 此圖明天體中星系太始之理。

5. 此圖明近代歐洲出於事物异性相吸、同性相斥而運動變化與出於事物异性相斥、同性相吸而運動發展之論非也。

八卦説繼而以是生剛柔兩儀，深刻説明事物由於陰陽相錯而處有薄順之大極，而使雙方事物之情性、關係内容及與其他事物所處之關係發生變化所由，即兩儀所由。説明事物因陰陽相錯而處有薄順之大極，陽因薄而生剛、因順而生盛，陰因薄而生堅、因順而生柔産生的作用使所處雙方事物各自的情性、關係内容及與其他事物所處之關係發生相對之變化，而使陽方變成剛與盛性情而處物，陰方變成堅與柔性情而處物，由此而産生北剛陽堅陰相薄與南柔陰盛陽相順兩儀之理。

附圖：是生兩儀圖（此爲天地萬物因陰陽相錯而處有薄順之大極而生陽剛陰柔兩儀圖）

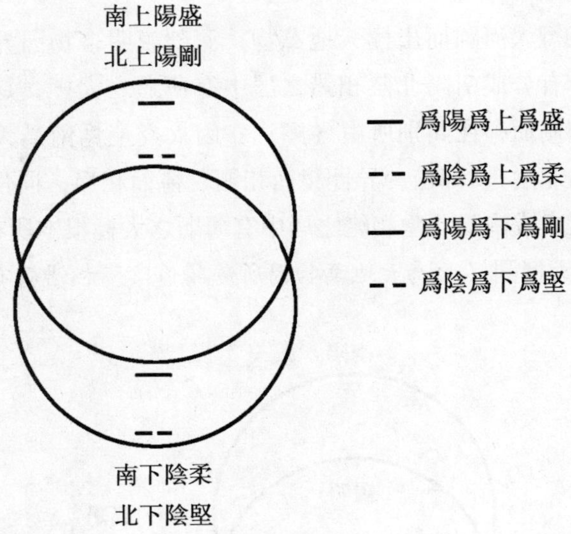

1. 此圖明北剛陽堅陰相薄與南柔陰盛陽相順兩儀所生是因爲事物陰陽相錯而處有薄順之大極而成之理。明“廣大配天地”之理。

2. 此圖明一事物之如何與相錯而處事物如何之依存關係及其一事物本身必然之關係狀態。

3. 此圖明天體中星系生化之理。

4. 此圖明邵雍之太極分而爲二生兩儀説非也。黑格爾之事物的對立統一、内在矛盾説非也。

八卦説接着以兩儀生運行四象深刻説明天地之運行、四時之變化所在，即造就事物運行之所在。説明事物由於异性親順而存在薄斥、同性相協而存在間別陰陽相錯而處有薄順之大極，因薄順之大極使所處雙方事物的情性、内容關係及與其他所處關係發生變化而産生陽剛陰柔兩儀。説明在北下陽因薄而生剛增剛，陰因薄而生堅增堅而增薄斥，由於南上陰陽异性相親順使北下剛堅之薄斥無有共存之餘地，更無阻止薄斥之可能使産生剛堅反向相推而别的剛向東、堅向西的運行；在南上陰因順而生柔增柔，陽因順而生盛增盛而增親順，由於北下陰陽异性相薄斥使南上柔盛之親順無有相合之餘地，又無阻止親順之可能使産生柔盛正向相錯而進的柔向東、盛向西的運行；及其北上剛陽因薄至東成至剛薄堅而出、北下堅陰因薄至西成至堅生變而進的，南下柔陰因順至東成至柔變起而别、南上盛陽因順至西成至亢生變而入的，東出剛陽與西進生變堅陰始順剛盛起堅被化柔起，至極順剛至西成至亢生變而入柔至東成至柔變起而别，别東柔極變起之陰與入西亢極生變之陽始薄堅勢起亢没剛起，至極薄堅至西成至堅生變而進剛至東成至剛薄堅而出的進程；使陽方不斷産生由北上出東左至南上入西右至北上之運行進程，陰方不斷産生由北下入西右至南下别東左至北下之運行進程。由此而産生陰陽异性北下相薄、南上相順、東左相出、西右相入過程之運行四象進程。從而説明事物産生運行的原由所在與必然規律過程所在，及其與其他事物所處關係發生變化而演化之理。説明天道右行、地道左行成陰陽剛柔薄順出入運行四象所在之理。説明東出剛陽與西進生變之陰始順，陰陽由薄斥轉爲親順剛盛起堅被化柔起而由寒轉温成春（晨）始；南上盛起剛陽與南下柔起之陰相親順，剛成盛堅成化柔興而由温生烈成夏（午）始；别東柔極變起之陰與西入亢極生變之陽始薄，陰陽由親順轉爲薄斥堅勢起亢没剛起而由温轉寒成秋（昏）始；北下堅勢起之陰與北上剛起之陽相薄斥，堅成至剛成增而由寒生冽成冬（子）始；由此而成天地之演化、四時之變化、萬物之生長收藏進程所在之理。

附圖：兩儀生四象圖（此爲天地萬物因陰陽剛柔薄順出入關係相錯而成運行變化圖）

南上陽盛，南上盛陽與南下柔陰相親順由温生烈成夏（午）始生火始。

東左剛陽至薄堅而出，柔陰極變起斥剛而别。東出剛陽與西進堅極生變之陰始順陰陽由薄斥轉爲親順剛盛起堅被化柔起而由寒轉温成春（晨）始生木始。

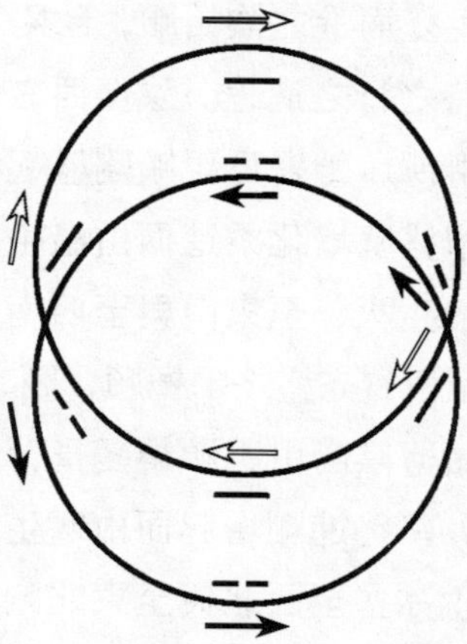

西右亢陽極入陰而行，堅陰極生變入陽而進。西入亢極生變之陽與别東柔極變起之陰始薄陰陽由親順轉爲薄斥堅勢起剛起而由温轉寒成秋（昏）始生金始。

北下陰堅，北下堅陰與北上剛陽相薄斥由寒生冽成冬（子）始生水始。

1. 此圖明陰陽剛柔薄順出入運行四象所生之理。明天道右行、地道左行東伏剛陽至薄堅而出，柔陰極斥剛而别之力；西靠亢陽極入陰而行，堅陰極入陽而進之功。明天地由此而成日成年四時之行，“六十甲子”之會之理。

2. 此圖明《周易》乾道坤道過程。明“變通配四時”之理。

3. 此圖明天地之情性四時相對應變化過程與地性四時變化之理。

4. 此圖明養生長壽需冬補剛陽、夏補柔陰及其如何取術之理。

5. 此圖明天體中星系運行之理。明地的這邊爲春夏則地的那邊必爲秋冬與地體運心所以成南北傾斜之理。

6. 此圖明邵雍兩儀分而爲二生四象説非也，黑格爾之事物質量互變説非也，所説運動是事物内在的屬性説非也，牛頓之第一推動力、萬有引力論非也。

八卦説進而以四象運行進程生八卦事物進程而成萬物造化進程，深刻説明陰陽剛柔薄順出入關係相錯之運行，使雙方事物隨着運行進程所發生的演化與規律過程問題。即不僅説明隨着運行進程成萬物造化進程的陽至東左薄堅剛極奮出，與至西右斥剛堅極生變而進之陰始順，陰陽由薄斥轉變爲親順剛盛起堅被化柔起而由寒轉温；至東南與至西南柔起之陰增順，剛增盛堅增化柔進而由温生熱；至南上與至南下柔進之陰進順，剛成盛堅成化柔成興而由熱生火；至西南與至東南柔興之陰至順，剛至盛堅至化陰至柔而由火生烈；至西右與至東左至柔之陰極順，剛亢極生變西入陰柔極變起别東，亢極生變之陽與柔極變起之陰始薄陰陽由親順轉變爲薄斥堅勢起剛起而由温轉寒；至西北與至東北堅勢起之陰增薄，堅勢進剛增起而由寒生霜；至北上與至北下堅勢進之陰進薄，陰成堅剛成增而由霜生冰；至東北與至西北成堅之陰至薄，陰至堅剛至增而由冰生冽；至東左與至西右至堅之陰極薄，陰堅極生變而進剛至極奮出又成至東左薄堅奮出剛陽與至西右斥剛堅極生變而進之陰始順，陰陽由薄斥轉變爲親順而成天道之運、天陽之變、天地之化、四時之行之進程。陰至西右斥剛堅極生變而進，與至東左薄堅剛極奮出之陽始順，陰陽由薄斥轉變爲親順剛盛起堅被化柔起而由寒轉温；至西南與至東南盛起之陽增順，剛增盛堅增化柔進而由温生熱；至南下與至南上增盛之陽進順，剛成盛堅成化柔興而由熱生火；至東南與至西南成盛之陽至順，剛至盛堅至化陰至柔而由火生烈，至東左與至西右亢盛之陽極順，剛亢極生變西入陰柔極變起别東，亢極生變之陽與柔極變起之陰始薄陰陽由親順轉變爲薄斥堅勢起剛起而由温轉寒；至東北與至西北剛起之陽增薄斥，堅勢進剛增起而由寒生霜；至北下與至北上剛增之陽進薄斥，陰成堅剛成增而由霜生冰；至西北與至東北剛成增之陽至薄斥，陰至堅剛至增而由冰生冽；至西右與至東左剛至增之陽極薄斥，陰堅極生變而進剛至極奮出又成至西右斥剛堅極生變而進之陰與至東左薄堅奮出剛陽始順，陰陽由薄斥轉變爲親順而成地道之運、地陰之變、地天之化、萬物之生化之進程。從而説明隨着陰陽剛柔薄順出入關係相錯運行進程，雙方事物都發生着相依存的等同的重大反差性質的演化過程與規律過程問題。説明南北爲事物逐變之地，東西爲劇變之地所在。而且説明隨着相錯運行進程而生下一爲薄堅而進剛之陽、中一爲薄堅剛出盛起之陽、上一爲應柔除堅而行盛之陽故爲健行性情過程之乾☰卦事物之象，下--爲斥剛而行堅之陰、中--爲斥剛堅極柔起之陰、上--爲順剛成興而進柔之陰故爲順行性情過程之坤☷卦事物之象；又生剛堅相薄斥但所處下--爲斥剛堅至之陰、中--爲斥剛至堅之陰、上一爲薄堅剛起之陽剛堅相抗相止薄斥而進性情過程之艮☶卦事物之象，生所處下--爲斥剛堅勢長之陰、中一爲薄堅剛勢進之陽、上--爲斥剛堅勢進之陰剛堅相險相陷薄斥而進性情過程之坎☵卦事物之象，所處下一爲薄堅至剛之陽、中--爲斥剛堅勢始起之陰、上--爲斥剛堅勢起之陰剛堅相除相動薄斥而進性情過程之震☳卦事物之象；盛柔相親順但所處下一爲應柔盛始起之陽、中一爲應柔盛起之陽、上--爲順剛至柔之陰盛柔相得相説親順而進性情過程之兑☱卦事物之象，所處下一爲應柔盛至之陽、中--爲順剛柔進之陰、上一爲應柔至盛之陽盛柔相勵相麗親順而進性情過程之離☲卦事物之象，所處下--爲順剛柔起之陰、中一爲應柔亢至之陽、上一爲應柔至亢之陽盛柔相進相入親順而進性情過程之巽☴卦事物之象所在。説明由此而成萬物生息造化進程之理。

附圖：四象生八卦圖（此爲天地萬物因陰陽剛柔薄順出入關係相錯而成運行不止、萬物生化不息之八卦圖）

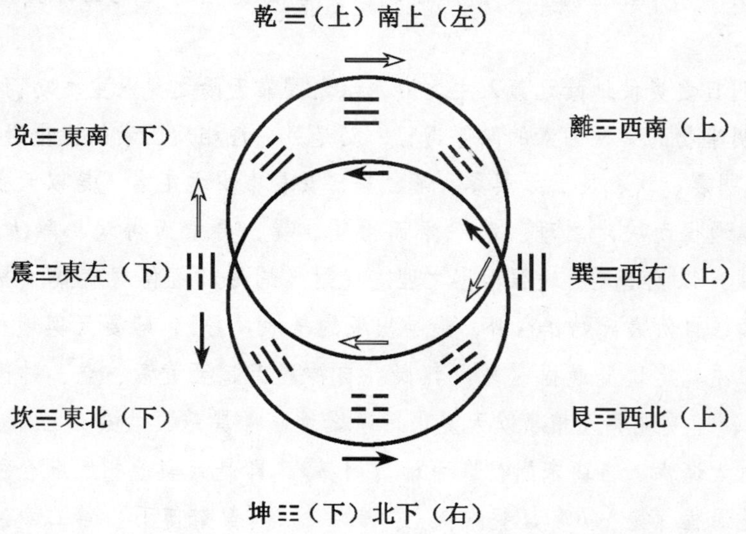

并可簡爲下八卦圖：

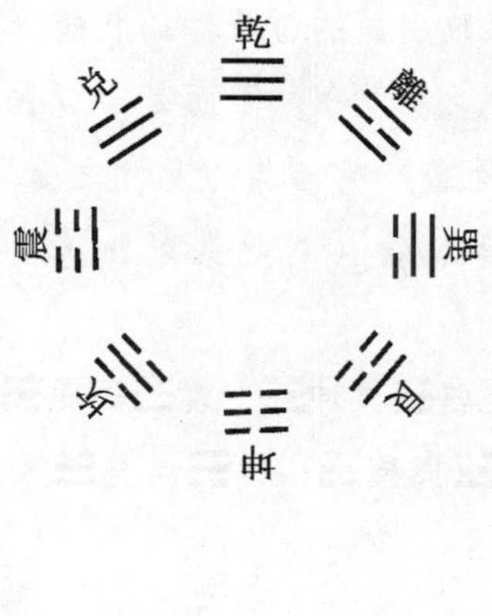

1. 此圖明事物因陰陽相錯而處有薄順之大極，而生剛柔兩儀而生剛柔薄順出入運行四象，而生八卦事物之象而成萬物造化之理。

2. 此圖明八經卦雖祇十二不同陽象、十二不同陰象共二十四不同陽象陰象，然以其之列與布天地之生之運、陰陽之變、四時之行、萬物之化之理，皆最簡明、最概括俱於其中之例而至於極。

3. 此圖明《説卦傳》所載“天地定位，山澤通氣，雷風相薄，水火不相射。八卦相錯。數往者順，知來者逆，是故易逆數也”圖語之所在。

4. 此圖明《繫辭傳》的“天尊地卑，乾坤定矣。卑高以陳，貴賤位矣。動靜有常，剛柔斷矣。方以類聚，物以群分，吉凶生矣。在天成象，在地成形，變化見矣”之理（詳見《繫辭傳上》第一章注釋）。

5. 此圖明《繫辭傳》“是故剛柔相摩，八卦相盪。鼓之以雷霆，潤之以風雨。日月運行，一寒一暑。乾道成男，坤道成女。乾知大始，坤作成物”之理。

6. 此圖明《周易》經首“乾，元、亨、利、貞”，“坤，元、亨，利牝馬之貞，君子有攸往。先迷後得主。利西南得朋，東北喪朋。安貞吉”卦辭所在之理。

7. 此圖明“剛柔相推而生變化”而成八卦事物變化進程之動，與列布不動之靜之理。

8. 此圖明日之炎仗地陰之氣入主之力，水之潤靠天陽之氣入主之功而成之理。

9. 此圖明事物的一種因素的關係過程，必是另一種相反因素的産生過程之理。

10. 此圖明震、坎、艮三男與巽、離、兑三女長中少之定名，是以天行按事物所處之作用與規律過程而决定之理。明一索而得震、巽，再索而得坎、離，三索而得艮、兑，係《歸藏》以乾道運行過程而出之理。從對《周易》經傳與有關《易》説的全面深入研究可知，自伏犧氏始作八卦，最早出現的是地《易》，即要天與地相應而地相機行事之坤巽離兑乾震坎艮過程《易》無疑。自神農氏起至黄帝、堯、舜氏直至夏商用的是天《易》，即要地與天相順以天變化行事之坤兑離巽乾艮坎震過程《易》，對此自是認識上極重大進步。自商末周初進而爲《周易》，即是天與地相應順合德行事之乾艮坎震坤巽離兑過程《易》（參《繫辭傳上》第一章、《繫辭傳下》第二章注釋與上經乾坤二卦之釋等）。明《歸藏》要坤從乾運行之《易》，是要地與天相順之《易》，因而是民從君主政體之《易》，是以政用民的哲學理論根據所在。《周易》以乾與坤相應順運行之《易》，是以天與地合德之《易》，因而是君以民生爲政體之《易》，是觀民用政的哲學理論根據所在。故《周書》有“惟人萬物之靈”，“天視自我民視，天聽自我民聽。百姓有過，在予一人”等政論（對此貫穿於《周易》乾道坤道説與全經）。并可明孔子從周樹周所在。

11. 此圖明八卦事物之象成乾☰與坤☷、震☳與巽☴、坎☵與離☲、艮☶與兑☱八相錯，乾☰與坤☷又對錯，震☳與艮☶、巽☴與兑☱又反錯之理。明乾☰下爲剛、中爲剛出盛起、上爲盛，雖同陽但下與中有間而中與下協，中與上有間而上與中協；坤☷下爲堅、中爲堅極柔起、上爲柔，雖同陰但下與中有間而中與下協，中與上有間而上與中協；震☳下爲至剛、中爲堅始起、上爲堅起，剛堅互相薄斥但中與上有間而上與中協；坎☵下爲堅長、中爲剛進、上爲堅進，剛堅互相薄斥但下與上有間而上與下協；艮☶下爲堅至、中爲至堅、上爲剛起，剛堅互相薄斥但下與中有間而中與下協；巽☴下爲柔起、中爲亢至、上爲至亢，盛柔互相應順但中與上有間而上與中協；離☲下爲盛至、中爲柔進、上爲至盛，盛柔互相應順但下與上有間而上與下協；兑☱下爲盛始起、中爲盛起、上爲至柔，盛柔互相應順但下與中有間而中與下協之理。

12. 此圖明配河圖之數即是乾☰下爲剛爲一，中爲剛出盛起爲三之至，上爲盛爲七；坤☷下爲堅爲六，中爲堅極柔起爲四之至，上爲柔爲二；震☳下爲至剛爲三之起，中爲堅始起爲八，上爲堅起爲八之至。坎☵下爲堅長爲八之極六之始，中爲剛進爲一之極三之始，上爲堅進爲六之起；艮☶下爲堅至爲六之至，中爲至堅爲六之極四之始，上爲剛起爲九之極一之起；巽☴下爲柔起爲四之至，中爲亢至爲九之起，上爲至亢爲九；離☲下爲盛至爲七之至，中爲柔進爲四之極二之起，上爲至盛爲七之極九之始；兑☱下爲盛始起爲三之至，中爲盛起爲三之極七之始，上爲至柔爲二之極八之始之理。

13. 此圖明天地都在演化，對研究天地之運行與演化，對研究人類的生活前景具有重大價值。

14. 此圖明生活在世界不同區域的男女老幼之生理、性格、喜怒有必然不同而造就不同區域民族産生不同生活内容之理。

15. 此圖明邵雍之四象分而爲二生八卦説非也，其先天八卦圖非也。黑格爾之事物由於内在的矛盾，由量變到質變的不斷否定之否定發展之論非也。

八卦説最後以八卦定吉凶、吉凶生大業深刻説明，由於天地陰陽剛盛柔堅之處性情，物在運行過程中必然存在全進程範疇的錯綜性、複雜性，而使每卦事物過程都會遇與其成之必然過程之各卦事物過程，即每卦事物都必然有它的各卦事物過程，因而産生六十四重卦事物過程所在。從而深刻説明陰陽之處雙方事物隨着運行進程而産生的種種過程對人、對世、對物的重大吉凶關係之所在，及其告知人們在天時、地理、人世事物運行而産生的種種過程中，能察凶之降、明吉之在，因勢利導，用吉化成天下、化成人世成大業之理。

從對八卦説是故《易》有大極至吉凶生大業系列各個過程的研究，完全可見八卦説以天地萬物具根本性的一種陰陽所處關係的産生，至雙方事物的情性、内容關係及與其他所處關係的變化至事物運行的産生，直至由運行引起事物更爲深刻之演化與造化的法則與規律及其變化過程，作了極爲科學的研究、説明。使人類在五千年前破天荒地找到了事物所以運行的根本原由所在，與事物的運行演化和造化之法則與規律過程所在。又由於它是歸納天地萬物之所處以事物具根本性的一種所處關係與規律過程作出的極爲科學的研究説明，因此不僅概括了天地萬物之種種所處關係，從根本上説明了天地萬物之種種複雜之處關係和它的種種複雜造化進程之理。而且説明八卦事物和它的過程所以產生六十四卦事物和它的過程之理。

八卦説以對事物异性親順而存在薄斥、同性相協而存在間别的科學認識深刻説明，事物因陰陽相錯而處有薄順之大極而生剛柔兩儀而生剛柔薄順出入運行四象，而生表示萬物造化的八卦事物之象及其六十四卦事物之象過程之理。深刻説明天地爲事物陰陽相錯之處有薄順之大極而生剛柔造分，中土爲天地剛柔薄順相摩之大極所生所成之理。深刻説明天地之外有天地，天地之内有天地，天地之旁有天地之理。深刻説明其大概括一切外，其内概括一切内之理。從而從根本上建立了天地人世萬物相互動態的全方位的立體相錯的空間、時間、情性、生息合一所處而造化，并由此決定着具體事物生息變化過程的科學哲理體系。

中華民族從五行説開始至河圖説至八卦説，都一脉相承説明萬物都不是孤立地產生存在與生息變化的問題。五行説以天地的大道理説明了人類至今爲止一個極其重要的認識，即事物异性親順而存在薄斥的認識。説明事物陰陽之義源出於事物之處性异之理，説明成四時進程與成萬物生長收藏進程之理。至河圖説繼五行説而出以天地的大道理説明了人類至今爲止又一個極其重要的認識，即事物同性相協而存在間别的認識。進一步説明了事物陰陽异性之處及其過程相錯依存之理，説明天地陰陽异性相錯運行而成四時而成萬物生長收藏進程之理，説明萬物的本來面目之理。至八卦説則繼五行説、河圖説事物异性親順而存在薄斥、同性相協而存在間别的認識而出，使人類在五千年前就破天荒地找到了事物所以運行的根本原由所在與必然規律過程所在之理。説明天地所以生化、運行，四時所以變化，萬物所以造化之理。説明成八卦事物過程所以產生六十四卦事物過程之理，使天地萬物之生息變化皆在其中之例而由始至極。

事實説明，河圖是五行説的最高成就，八卦説則是河圖説的深入窮盡與極大超越。是故五行直觀易知，八卦深奥難懂。八卦説的出現標志中華民族認識論嶄新科學面貌的出現，使中國的哲理完全進入了高深的科學領域。中華民族從五行説的產生開始排除“神”在天地萬物造化中的作用，開始解決萬物空間範疇與時間進程的合一問題，至八卦説的產生徹底摒弃了“神”在天地萬物造化中的作用，解决了萬物空間與時間的合一問題，這在至今爲止世界各民族的一切哲學中都是不能想象的。對此，中華民族對世界萬物和它的運行變化至少經歷了將近兩千年時間的不斷深入探討研究，并在五千年前就已經完成了。這也是中國人因何無有歐洲人從古希臘開始創造衆多供人崇拜的神到整個大地創造出萬能的供人崇拜的上帝存在，而受人崇拜的衹是有功業於後人的先聖、先祖而已的根本所在。

從對八卦説的研究還可知八卦説的所出已由母系爲主導逐漸進入以父系爲主導的

時期（并由此可推中國的私産制在五千年前左右已逐漸開始向成熟過渡的時代）。

（二）對八卦説産生後的帝出乎震説、十二月卦説、洛書説至《周易》乾道坤道運行生化説與全經産生的研究

自八卦説的産生至《周易》乾道坤道説的産生至全書的完成，又經歷了帝出乎震説的産生、十二月卦説的産生、洛書説的産生與夏王朝的覆滅，以及商王朝的由於社會與政體根源，商紂一人之變，大多紛紛趨炎附勢，天下迅速變成黑暗的社會變動歷程。

對帝出乎震説的研究

八卦説之後繼而出現的是重要的帝出乎震説。宋以來有人把帝出乎震説説成文王八卦，但從對五行説、河圖説、八卦説直至《周易》乾道坤道説的研究可看出是後於八卦説，大大超前於《周易》的乾道坤道説産生以前，是前於十二月卦説與洛書説的産物。因此根本不是什麽文王八卦説。帝出乎震説是要人們按天道四時八節運行過程辦事進取，其已超過現在一般人們所説按自然規律辦事的範疇，而賦予積極的意義。

帝出乎震圖式與八卦説圖式較之除震☳表示天剛陽至出東左萬物始出不動外，將下爲西右堅陰生變入陽與陽始順堅被化柔起生木之巽☴（故《説卦傳》有巽☴爲木之説）移至東南，將中爲西南與陽進順堅增化柔進長木之離☲移至南，將南下與陽成順堅成化柔興盛木之坤☷移至西南，將上爲東南與陽至順堅至化成至柔極木之兑☱移至西右，將下爲北上與堅相薄爲剛成木收之乾☰移至西北，將中爲東北與堅進之陰相薄剛進成木藏之坎☵移至北，將上爲西北與至堅之陰相薄剛起原木生長成終使新成始之艮☶移至東北。如此一移改既承八卦説陰陽南順北薄之旨，又成天《易》以天道四時八節運行過程辦事之理成圖式。

帝出乎震（即隨春雷之震、冬去春臨、萬物始出，人們必須爲迎萬物之出而動），齊乎巽（即隨春進之行，人們必須抓緊時機順萬物蕃衍生長而入，培育潔齊萬物之蕃之長），相見乎離（即已至夏天，此時萬物之生長如何已極爲明白顯見，人們必須致力萬物之生長如何而爲），致役乎坤（即隨夏進之行，人們必須進一步努力促成萬物理想之盛長），説言乎兑（即隨着人們不斷努力進程，必將在秋臨時得到萬物理想之求取），戰乎乾（即隨着秋之進，人們應不失時機與之抗争而進收），勞乎坎（即隨着冬之至，人們應不失時機作出種種努力與之進抗達到護藏而起之目的），成言乎艮（即隨着嚴冬將去新春將始，已是萬物重新將始之時，萬物之生長在於始之如何，人們應不失時機作好使原物成終、使新成始之種種努力達到進取之目的）。對此《説卦傳》所釋也完全證明此。

帝出乎震説成萬物四時八節相錯與立體過程之生息變化，成功地把按自然規律（生活規律）辦事，與按事物必然變化規律過程而爲進取之哲理貫通在一起，達到了至高的境界。《繫辭傳》所載："包犧氏没，神農氏作。斲木爲耜，揉木爲耒，耒耨之利以教天下，蓋取諸益”，“日中爲市，致天下之民，聚天下之貨。交易而退，各得其所，蓋取諸噬嗑”正與此合。説明神農氏時開始積極按天道運行規律過程創造有利條件教致萬民積極進取，達到繁富社會所在。

帝出乎震説以艮之終之始是從天道運行勝克之《易》，以八卦説、十二月卦説、洛書説論之，按其理其應是稱爲神農氏中天《易》之所在，也是夏《連山》易之所在（因爲帝出乎震説與夏《連山》易理爲一致）。鄭玄曰：“連山者，象山之出雲，連連不絶。”夏所以稱爲夏（夏有物盛長成世盛之意），直至夏民所以説與日俱亡，商湯所以指桀之“有夏多罪”。於此之極也。

從對帝出乎震説的研究還可知帝出乎震説的所出，已開始建立父系社會秩序制度與開始倡導社會平章的時代（參《繫辭傳》等對神農氏時代之所論）。

附圖：帝出乎震運行生化圖

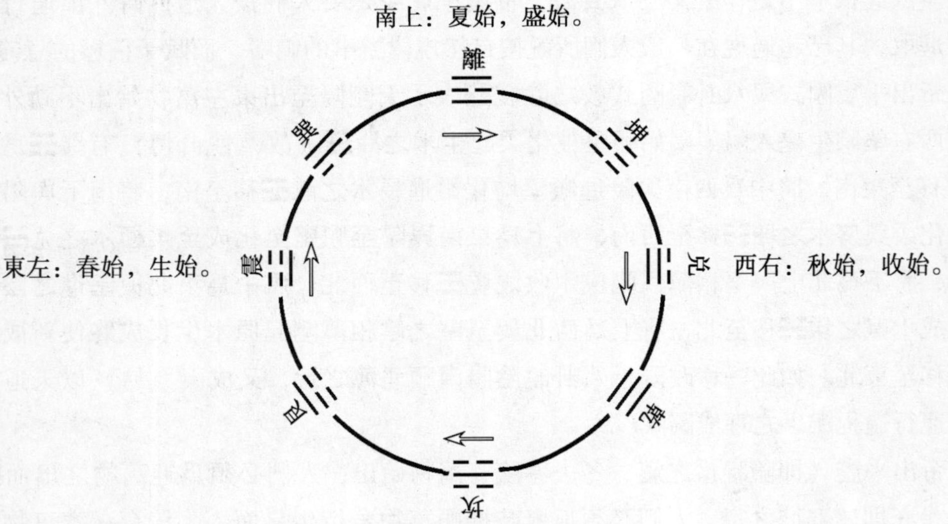

1. 帝出乎震運行生化説依據八卦之旨爲用，以天道運行過程成萬物生長收藏過程終而又始而出，主言是要人們積極按天道之運行規律過程辦事，方能獲得成功與進一步進取之理。

2. 此圖明《説卦傳》的“神也者，妙萬物而爲言者也。動萬物者莫疾乎雷，撓萬物者莫疾乎風，燥萬物者莫熯乎火，説萬物者莫説乎澤，潤萬物者莫潤乎水，終萬物始萬物者莫盛乎艮。故水火相逮，雷風不相悖，山澤通氣，然後能變化既成萬物也”之理。

3. 此圖説明按天道四時八節運行過程勝克規律辦事之重要性，這應該是《周易》以天地運行萬物造化規律過程而成六十四卦序之重要所在。

4. 尚秉和先生認爲帝出乎震説是《連山》易遺文，言之至確。
5. 此圖明事未至前不可認識之論非也。邵雍以此圖爲文王後天八卦説非也。
6. 中國道家的古太極等圖應源此帝出乎震等圖式而成之其理。

對十二月卦説的研究

繼帝出乎震説之後出現的究竟是十二月卦説還是洛書説？根據研究應該是重要的十二月卦説，因爲十二月卦説對帝出乎震説有着前後相繼更爲深入而出的關係。而洛書説則是建築在帝出乎震説之上，特别是十二月卦説理論基礎之上而成的另一個系統。可以説，没有帝出乎震説的出現至十二月卦説的出現，便不可能有洛書説的産生。因此十二月卦説應該出自帝出乎震説之後，洛書説之前。《竹書紀年》黄帝時已有明確日曆記載，至黄帝孫顓頊履帝位又有“十三年初作歷象”記載，至堯時又有“命羲和歷象”之記載。見於《尚書·堯典》有“乃命羲和，欽若昊天，歷象日月星辰，敬授人時”之記載。由此也可説明曆象敬授人時所成之十二月卦是始於顓頊的作品。

十二月卦説是進一步探討自然規律，在帝出乎震説的認識基礎上的産物。十二月卦説按天道之運，十二重卦之爲用，繼帝出乎震説以天道運行過程成萬物四時十二月生息變化過程而出。以復䷗、臨䷒、泰䷊、大壯䷡、夬䷪、乾䷀、姤䷫、遯䷠、否䷋、觀䷓、剥䷖、坤䷁十二重卦配一年之十二月。以顯示隨着天道之運，陰陽出入關係十二種之變化説明十二月的復䷗與姤䷫、臨䷒與遯䷠、泰䷊與否䷋、大壯䷡與觀䷓、夬䷪與剥䷖、乾䷀與坤䷁、姤䷫與復䷗、遯䷠與臨䷒、否䷋與泰䷊、觀䷓與大壯䷡、剥䷖與夬䷪、坤䷁與乾䷀十二種陰陽相錯關係之變化。十二月卦説成萬物四時十二月相錯與立體過程之生息變化，并以此作爲人們必須按天道運行過程之規律辦事進取達到預想目的之根本依據，從而進一步達到使生活富餘、社會繁榮、民族力量增長之目的。

十二月卦説的出現使人們的認識産生了一個極爲重要的進步。即使人們在事物由於陰陽相錯而生剛柔薄順運行致變化的哲理認識基礎上，明確而又哲理地進一步認識到事物的一種因素的變化進程必然是事物的另一種因素的由顯而微、由有而無過程與新的因素的由無而有、由微而顯進程及其隨着進程必然産生着另一種相反因素的由無而有、由微而顯進程的重要進步。從而使社會産生着重要的進步。《繫辭傳》的“神農氏没，黄帝、堯、舜氏作。通其變，使民不倦。神而化之，使民宜之。易窮則變，變則通，通則久。是以自天祐之，吉无不利，黄帝、堯、舜垂衣裳而天下治，蓋取諸乾坤”直至“上古結繩而治，後世聖人易之以書契。百官以治，萬民以察，蓋取諸夬”所載正與此合。説明黄帝、堯、舜氏時已達到進一步進取所在。

十二月卦説依據天道之運，爲生活目的進取而出。以天道四時十二月之行而言陽氣之始至陽氣之没，以明萬物隨陽氣出而出，隨陽氣之没而藏，達到獲取所需成果之理。故雖與帝出乎震説同樣主言按天道四時過程規律辦事進取，但十二月卦説以十二重卦相對錯之過程配十二月相對錯之過程，不僅更明確說明春秋、夏冬陰陽關係之根本變化，而且更明確說明春夏與夏秋、秋冬與冬春陰陽關係之根本變化與相反變化，從而所說明的是必須認識事物的一種因素的變化進程，必然是另一種因素的由顯而微、由有而無過程與新的因素的由無而有、由微而顯進程，及其隨着進程必然產生着另一種相反因素的進程之理，以爲達目的之用。如前所述，因此十二月卦說比帝出乎震說又大爲進了一步，故據其理其時應出自帝出乎震說之後無疑。

十二月卦說以從天道四時十二月之行和它的消息規律變化之過程辦事進取達到藏而又始目的而出，這也是商《歸藏》易之所在（因爲十二月卦說與殷《歸藏》易理爲一致）。鄭玄曰："歸藏者，言萬物莫不歸藏於其中。"商之所以稱爲殷（殷有物藏實成生活之意），直至商紂不顧萬民之饑集天下之財粟歸於鹿臺、鉅橋而藏。周武之所以指紂之"商罪貫盈"（順注：從夏末商末可看出，世道如何同上信奉之道所用如何密不可分）。於此之極也。

從對十二月卦說的研究還可知十二月卦說的所出，已開始建立最高一人掌握天下之變化而決政與逐漸進入社會平章的時代（參《繫辭傳》等對黃帝、堯、舜氏時代之所論）。

附圖：十二月卦運行生化圖

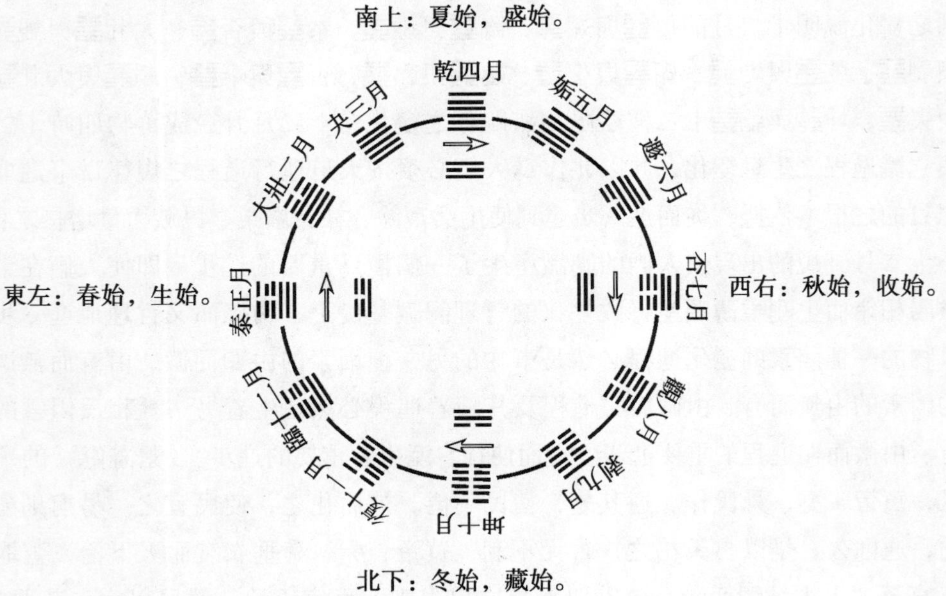

1. 十二月卦說依據天道之運、十二重卦之爲用，繼帝出乎震說以天道四時十二月運行過程成萬物生長收藏過程藏而又出而出。主言是要人們必須以天道四時十二月運行變化之理，掌握自然變化（人世變化）的規律辦事方能達到理想效果與進取之所在。

2. 十二月卦説説明在事物陰陽出入關係進程中，事物因素變化的必然性及其隨着進程出現相反因素過程的必然性，是人類極重要的認識進步。

3. 十二月卦説之理雖爲陰陽消息周而復始之理，與《周易》之理不能比擬，但應該是《周易》以天地之運、事物因素變化的必然過程成全經不斷由陰陽剛柔薄順出入關係過程而生進，由進而生變過程而成六十四卦過程，説明天道、地道、人道變化進程之理，以爲創立光明興盛之世重要所在。

4. 對十二月卦泰後爲否、臨後爲觀、剥後爲復、遯後爲大壯、夬後爲姤陰陽關係之根本變化與相反之進爲《周易》之用，對《周易》臨卦"至于八月有凶"之辭所出在此更是燦然可見，説明其爲《周易》全經所用之價值。

對洛書説的研究

自十二月卦説産生之後又出現了極爲重要的洛書説，史傳禹得洛書而治平洪水。《繫辭傳》曰："洛出書，聖人則之。"中國自五行説的産生至河圖説的産生，直至八卦説的産生過程，都一脉相承説明中華民族對天地萬物之所處，和它們的運行變化法則及其事物的變化規律不斷由淺入深至極的認識過程。而帝出乎震説的産生至十二月卦説的産生，則一脉相承説明中華民族達到自覺按自然變化規律辦事達到自己目的之成熟程度。洛書説的産生則説明人們已超出按自然變化規律辦事達到自己目的之要求，對自然變化的認識深度達到了可爲性的程度，達到了通過改變自然和它的有關規律達到自己目的之高度。

洛書説以"戴九履一、左三右七、二四爲肩、六八爲足，中心爲五"之圖式，説明人們如何順應天地之運、陰陽之化而調理改造陰陽奇耦薄順關係以達目的之理。

洛書説與帝出乎震説、十二月卦説相輔，與河圖説、八卦説一樣，都爲天地相錯運行成圖式。但帝出乎震説與十二月卦説出乎其間，而言隨着天道之運、四時八節與十二月陰陽關係變化與萬物生長收藏進程之關係，要人們努力按天道四時八節與十二月過程自然變化之規律辦事進取達到自己的目的。而洛書説則更是出乎其間，言天地陰陽奇耦薄順關係相錯運行與使萬物理想生長收藏之調理改造。因此該説理應出自帝出乎震説與十二月卦説之後。禹得之，説明當出於禹前或同時。這應該是《周易》作者調理經首乾道坤道説與全經六十四卦、三百八十四爻之義，使人道與天道、地道歸於一，達到建立光明興盛理想社會的目的，使中國漸成衆多人口民族之聚合、遼闊疆域之一統之重要所在。

至此人們可以看到，自五行説的産生至河圖説，自河圖説的産生至八卦説，自八卦説的産生又至帝出乎震説，自帝出乎震説的産生又至十二月卦説，十二月卦説之後又至洛書説，中華民族正由此一步步由初入深，一步步極着天人之際，窮着造化之源而爲之。但都可以從五行説中找出其淵源來，這進一步説明五行説爲中華民族認識論之始所在。

附圖：洛書運行生化圖

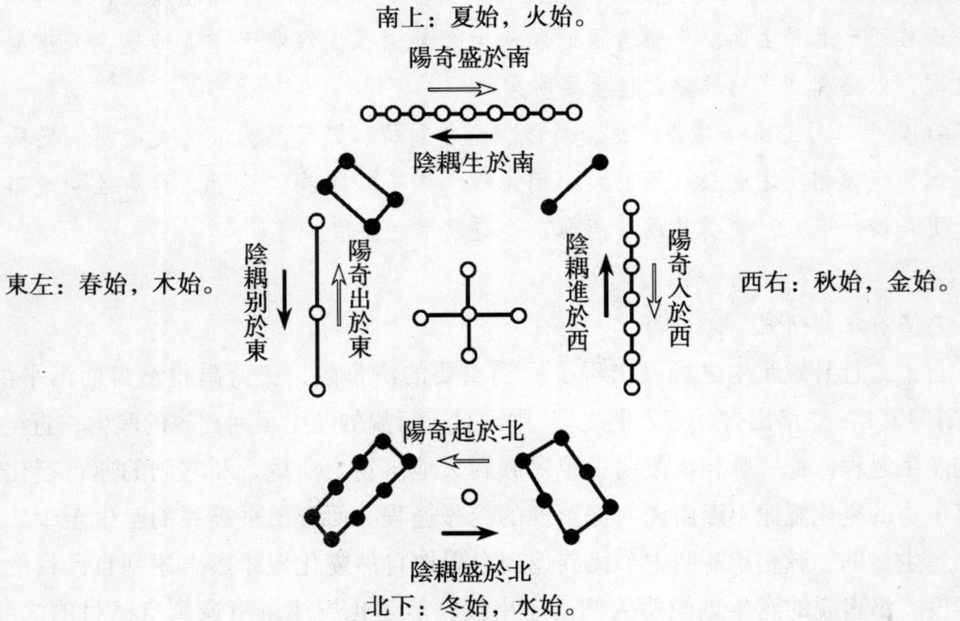

1. 洛書圖“蓋取龜象”。爲順應天地之運、四時之變、萬物之化，陰陽奇耦薄順關係已調順之圖。

2. 洛書圖爲天地陰陽奇耦薄順關係盛衰消長之圖，具順應天地之道而調理改變陰陽奇耦薄順關係爲用之理。

3. 洛書圖與河圖較之從數言少中外地十之數，以陽五運數居中主宰，爲四十五數。把南七西九改爲南九西七説明南北關係爲本之理。以天地運行陰陽奇耦薄順出入皆以十五之數相錯，而成爲東南西北、春夏秋冬、生長收藏相錯之列布。如此一改以陽五運數居對等又不同相錯二十陽數、二十陰數之中（對等又不同相錯説明欲成事，隨時隱伏着失敗的危機之理），其他皆以十五陰陽之數相錯，所不同的衹是陰陽奇耦薄順出入盛衰消長關係不同而已。由此既承五行、河圖、八卦天地運行萬物造化之旨，又説明人在力所能及的範圍内可以按事物和它的變化法則及其規律，對萬物如何生長收藏與人世如何進行調理改變以達目的之理。説明人是積極有爲的，世界不是不可改變的，萬物之生息不是不可改變的之理。

4. 此圖明《尚書·洪範》箕子所論合洛書調順而爲之理。

5. 此圖明所説自然規律過程不可抗拒之論非也。

6. 此圖對世之政治、經濟、生活具重大價值。

對《周易》乾道坤道運行生化説與全經産生的研究

自成湯革除昏夏之命後，所建立的商王朝隨着進程，由於在上一人與民相背之變，在下百官紛紛趨炎附勢日劣，國家灾難叢生，萬民備受痛苦。作者作爲西伯之侯，又是殷商王朝的皇親國戚，對天下迅速變成黑暗略有不能視，幾乎性命不保。這應該是《周易》的乾道坤道説與全經的産生所在，也是作者深知夏商以來以天道之行辦事，而生桀生紂害民之暗與所存在之黑暗社會根源，爲推翻黑暗的商道、清除黑暗的社會根源，使中國社會能貫穿仁義、和合、興盛、進取於一體，成千秋不滅之國的重要社會原因所致。是故《繫辭傳》載曰："《易》之興也，其於中古乎？作《易》者其有憂患乎？"又載曰："《易》之興也，其當殷之末世，周之盛德邪，當文王與紂之事邪。"又因爲建立光明的周道載曰："是故其辭危。危者使平，易者使傾。其道甚大，百物不廢。懼以終始，其要无咎。此之謂《易》之道也。"因此《周易》一書不僅是聖哲之書，同時又是王者之書，處處顯示聖哲之睿知，王者之仁之義之禮之智之信之治旨。

《周易》全經的産生是人類歷史上最偉大的事件，是人類對整個世界、及其變化與如何改變世界、創立世界登峰造極的認識。《周易》乾道坤道運行生化説繼五行、河圖、極八卦、帝出乎震、十二月卦、洛書説而出，統全經之綱要，爲入經之門户。從根本上説明天道地道運行變化與世間人道運行變化必然規律過程的一致性，天地萬物生息造化與人世萬物生息造化必然規律過程的一致性，從根本上揭示了如何創立人世長治久安興盛之世、葆人世長治久安興盛之世進取成人心永嚮、萬邦永協而成國家千秋不滅、民族强盛不亡於世界民族之林之至道所在。從根本上説明事物陰陽剛柔薄順出入關係相依存的等同過程，而成天地之運進、四時之行進、萬物之生進之理。進而從根本上説明天地萬物相互動態的全方位的立體相錯的空間、時間、情性、生息合一所處而造化并由此決定着具體事物的生息變化之理，及其如何以天地之道調理改變陰陽薄順出入之關係狀態而改變萬物生息、改變世界、化成天下以成光明興盛之世之理。從而使中國《周易》彌漫着天地之道，範圍着天地之化而不過，爲人世所用而皆在其中之例。

對《周易》的研究，還可知《周易》的産生時期中國社會已進入了成熟的父系社會時代，已開始告别以政决民進入以民爲政的時代。對此作者的天地陰陽剛柔薄順出入關係相依存的等同過程，而成天地之運進、四時之行進、萬物之生進的哲學理論，給了女性很高的地位，使中國女性出現了趙太后的當政、吕后的當政、武后稱帝的當政直至近代慈禧統治中國四十餘年的當政；使中國社會出現了受上下共爲仰拜的大慈大悲的觀音菩薩，使中國的文學作品出現了《紅樓夢》中擁有賈府至高權威的賈母。這是推行男女庸俗平等與推行男女自成功利的任何一個國家社會難以比擬和不可能達到的。男女相依存的等同理論使中國社會出現了無數的賢妻良母、助夫成器之女性，對於中國社會數千年的繁富、强盛於世界民族之林輝煌業績作出了極爲巨大的貢獻。

附圖：《周易》乾道坤道運行生化圖

南上陽盛，南上盛陽與南下柔陰陰
陽相親順生烈勝水成夏萬物盛長。

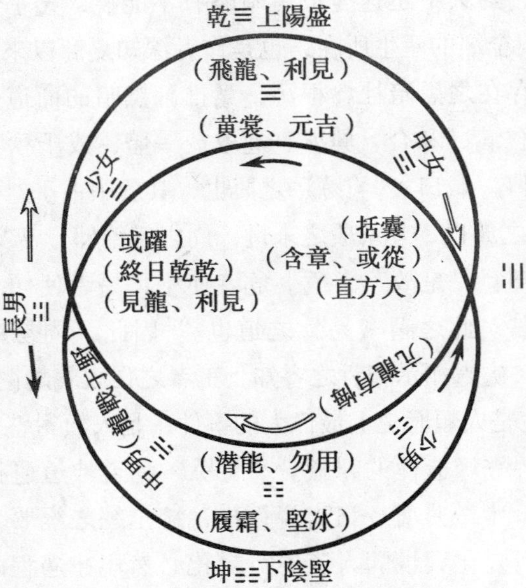

東左剛極薄堅而出與西右堅極生變而進之陰始順，陰陽由薄斥轉爲親順由寒轉温勝金成春萬物蓄生。

西右亢極入與東左柔極别極順進斥剛性之陽從剛之陰，堅勢起同時剛性之陽與從剛之陰與之抗薄剛起，陰陽由親順轉爲薄斥由温轉寒克木成秋萬物肅殺同時萬物結果。

北下陰堅，北下堅陰與北上剛陽陰
陽相薄斥生寒克火成冬萬物避息護藏。

1. 此圖説明自五行至河圖至八卦至帝出乎震至十二月卦至洛書説之理。説明天地萬物陰陽剛柔薄順出入相錯依存的等同過程，而成天地之運進、四時之行進、萬物之生進之理。

2. 此圖説明天道地道運行變化與世間人道運行變化必然規律過程的一致性，天地萬物生息造化與人世萬物生息造化必然規律過程的一致性之理。説明創立人世光明與盛理想之世過程的艱巨性，祇有積極按事物的本來面目和它的變化法則及其規律而爲達到人世萬物全方位的立體的合一協和方能最終成功之理。從而説明上經首自乾坤接以在艱險中爲圖奮出求新生之屯至於坎離，下經始自咸恒接以生活無法共存而應退遯之遯至於既濟未濟所在之理。同時説明此恰是世之政治家、思想家、理論家們所應認識、所應從事的事業所在。

3. 世之政治、經濟、軍事、生活之道，創世治世之道及其科技、醫術、武學、氣功、養生益壽乃至述命之道等萬術無不在此圖之義之蘊内。從根本上説明人在力所能及的範圍内，是可以按支配萬物和它的變化法則及其規律而爲達到目的之理。

結語

一部《周易》，五行、河圖、八卦、帝出乎震、十二月卦、洛書之理，世之政治、經濟、軍事、生活、創世治世及其科技、醫術、武學、氣功、養生益壽乃至述命之當，要推翻黑暗末世、建立光明盛世之要皆在其中之例。是中國三千年前建立的世界上第一個光明的具聯邦制性質君主與民生相結合政體與社會生活之政治、理論、哲理綱領所在。

中國從五行説的産生至河圖説直至八卦説的産生，説明對自然認識逐步深入直至達到根本的認識，從而徹底摒弃了“神”在天地萬物造化中的作用。自帝出乎震説至十二月卦説的産生，達到了如何積極按自然規律辦事以達目的之程度；至洛書説的産生，則進入通過改變自然和它的有關規律以達目的之高度；直至爲推翻黑暗的商道，建立光明的周道至《周易》全經的産生，中華民族至少經歷了將近四千年，對自然與人世萬物之本來面目及其變化不斷深入認識，集民族認識之精華、衆聖哲前後智慧之結晶方得以成。使《周易》成爲世界上唯一一部能説明事物的運行原因所在與必然規律過程問題，萬物之本來面目和它的造化之法則及其變化之規律所在問題，具天地萬物相互動態的全方位的立體相錯的空間、時間、情性、生息合一所處而造化，并由此決定着具體事物生息變化過程的哲學與社會學合一的巨著。成爲世界上對一種事物進程的説明能説明另一種事物進程，對事物的一種問題的説明能説明事物的另一種問題，對事物現在的説明能説明事物的過去與將來的最科學的一部事物邏輯學巨著。成爲世界上能説明如何改變事物、改變世界、創立生活、創立世界以及一切國家、一切時期與一切科學皆可取用的最完備的一部百科經典巨著。

三、關於對《周易》象、數、理、占有關問題的研究

研究《周易》，同時必須進一步對《周易》象、數、理、占有關問題進行研究，方能進一步明白《周易》經文中事物的陰陽之象之理，與八卦、六十四卦之象之理。方能進而明白《周易》經文天地之數與卜筮大衍之數區別所在。從而方能明白《周易》全經六十四重卦之卦名、卦辭與三百八十四爻之爻辭所出。因此，對《周易》象、數、理、占有關問題的研究是對《周易》極爲重要的研究。對此雖在關於對《周易》科學認識産生的研究中多有涉及，然對有關問題還有必要作進一步的研究。

（一）對《周易》之象的研究

對陰陽之象及其關係狀態與過程的有關研究

《周易》經文以⚊爲陽象陽爻，以⚋爲陰象陰爻，其源何出？説明什麽？其源何出特别是近代以來不斷争執之重要所在。根據對中國文字學與《周易》科學認識的産生及其《周易》經傳的研究其源於一爲始爲奇爲天爲陽，二爲生爲耦爲地爲陰而出。對此證之中國文字：數理一爲始爲天，二爲生爲地。證之河圖：陰陽之義有奇耦之理。證之《繫辭傳》：乾知大始，坤作成物；陽（薄）卦奇，陰（順）卦耦。證之《乾彖》：大哉乾元，萬物資始；《坤彖》：至哉坤元，萬物資生。皆説明⚊其源爲一爲奇爲

陽爲天爲始之謂，--其源爲二爲耦爲陰爲地爲生之謂。是一、三、七、九之陽之奇之始，六、四、二、八之陰之耦之生在《易》中科學説明之寫法也。也因此可見凡不同關係之奇數卦，皆爲不同剛陽與不同堅陰薄斥之卦。凡不同關係之耦數卦，皆爲不同柔陰與不同盛陽親順之卦。《繫辭傳》曰："是故《易》者，象也。象也者，像也。"此説明一、--所出與所象；説明在事物不同之剛柔薄順關係所處中一表示不同陽之象、天之象、始之象，--表示不同陰之象、地之象、生之象所由。

因此可見一、--不同之處不僅説明象天地陰陽不同關係狀態過程之象與萬物由不同陰陽關係狀態過程而成不同生化過程之象。而且説明效天地陰陽不同關係狀態過程成不同情性狀態過程之所在。因而可見爲天地萬物包括政與民、企與工、夫與妻、父母與子女、上與下、君與臣等都在内，不同陰陽之處過程之象與由此薄順關係過程而成不同生化所在。既包括政需民擁戴服從，民需政剛正仁和；企需工努力生産，工需企多有報酬；夫需妻生活幫助，妻需夫爲家圖進；父需子成才，子需父培育；上需下辦好事情，下需上理解支持；君需臣忠誠，臣需君恩幸等都在内，陰陽親順之關係過程與反之陰陽薄斥之關係過程及由不同薄順之關係過程成不同之性情過程而成不同之生化過程所在。從而可見事物在陰陽之處相應順占主導成合德時，是一種理想、和諧、興盛的依賴關係，絶不會發生對抗；衹有過或不及或成反不能合德時，方會産生薄斥與相抗之理。

對八卦之象及其關係狀態與過程的有關研究

《周易》經文以乾☰、坤☷、震☳、坎☵、艮☶、巽☴、離☲、兑☱爲三畫八經卦者，八幅概括天地萬物所處陰陽關係狀態與過程之卦象也。由天地不同陰陽剛柔薄順間協關係過程成不同性情過程而成萬物不同生化過程而出。因此以不同陰陽三畫成不同經卦者，不僅説明南上剛勢盛、北下堅勢行之關係狀態面目，而且説明剛陽於堅勢中行進增進、柔陰於盛勢中行進增進之關係過程面目，同時説明天地萬物由此而都由所處下爲起、中爲進、上爲成（反之其義同）之面目。因而可見三畫八經卦者不僅説明萬物都由所處之陰陽剛柔薄順間協關係内容而生成，都需要其相應的事物順協狀態過程而成就。同時説明萬物所以异同，性情所以有别之面目。故此《繫辭傳》曰："八卦成列，象在其中矣。"於此之謂也。

對六十四重卦之象及其關係狀態與過程的有關研究

《周易》經文以三畫八經卦重之爲六畫六十四重卦者，皆因八經卦之每卦事物過程都會遇與其成之過程之各卦事物過程所致。因此重之成世處既與八經卦之每卦關係狀態與過程相聯係，又與之發生着極大的變化。不僅説明事物之行如何由其性情的如何，與所處爲下、爲中、爲上不同薄順間協關係内容，并與世處事物之下、之中、之上不同薄順間協關係内容的整個複雜關係内容與複雜過程内容所確定。更是説明人之行如何由其性情的如何，與由所處之不同薄順間協關係内容，并與世處之不同薄順間協關係内容而生而成種種不同複雜關係狀態與複雜過程所確定；天地萬物之行如何由其性情的如何，與由所處之不同薄順間協關係，并與世處之不同薄順間協關係内容而生而成種種不同複雜關係狀態與複雜過程所確定。故而以三畫八經卦重之世處爲六畫六十四重卦者，爲六十四幅概括天地萬物由所處陰陽關係與世處陰陽關係而成複雜關係狀態與複雜過程之卦象也。故此《繫辭傳》曰："因而重之，爻在其中矣。"又曰："六爻相雜，唯其時物也。"皆此之謂也。

六十四重卦以八經卦重之世處而成，又説明六十四重卦事物過程必然成錯過程狀態所由。即説明事物關係狀態過程不僅同本身所處與世處之事物陰陽關係狀態過程如何，而且同必然成錯之事物陰陽關係狀態及過程如何密切相關，而成六十四重卦及其重卦過程之規律過程與邏輯過程所在。故此《繫辭傳》曰："《易》與天地準，故能彌綸天地之道。"又曰："六爻之動，三極之道也。"皆此之謂也。

六十四重卦皆以下（内）卦爲始，上（外）卦爲極過程又説明人之行進程不斷由其所處陰陽關係内容，與世處陰陽關係内容之状態過程如何而成章之理；天地萬物之行進程同樣不斷由其所處陰陽關係内容，與世處陰陽關係内容之狀態過程如何而成造化之理。這也是六十四重卦之卦名之出根本所在。所説卦名由象形而出等論非也。

六十四重卦始於乾坤、終於既濟未濟進程，皆説明天道地道之相錯運行而成萬物造化過程，與世間人道之相錯運行而成興盛求取過程必然規律過程的一致性；皆説明創立人世光明興盛之世事物變化的複雜性與過程的艱巨性所在。這也是六十四重卦之卦辭之出根本所在。所説卦辭由卜筮而出等論非也。

（二）對《周易》之數與大衍之數的研究

對《周易》之數的研究

對《周易》之數不少人以爲就是傳本經文所載陽爻九、陰爻六之數與六爻初、二、三、四、五、上之數，《繫辭傳》所載卜筮之數與此是一回事。此認識甚淺。因爲原本經文除有一、三、六、七、八、九、十（包括乾卦用九、坤卦用六）之數及爻初至上六畫六位之數外，其他凡爻九、六之數絶非爲經文原有。這是因爲如艮☶、坎☵、震☳、兑☱等陽爻之數絶非爲九，巽☴、離☲、兑☱、震☳等陰爻之數絶非爲六。加之孔子之前史傳皆無爻之九數、六數文字。由此皆可明其爲後人爲便所加（順注：應該爲孔子之後人爲便所加。又注：在此雖明，但在後經釋中爲釋之便與爲世人習慣之便將作習慣之用）。

如此《周易》之數究竟如何?《周易》之數首先是河圖天地陰陽奇耦薄順間協出入之數義與重卦下卦爲始、上卦爲極，六爻陰陽剛柔薄順間協出入之象義合一所成之數。説明以事物陰陽剛柔薄順間協關係爲支配法則，事物和它的整個所處關係與世處關係及其進程爲其變動必然規律的各象數之複雜關係變化進程。其次是經文以河圖一、三、六、七、八、九、十之數義爲用。把數成功地應用於萬物及其變化，表達萬物及其變化，是中華民族之認識已極爲成熟的表現。《繫辭傳》曰："凡天地之數五十有五，此所以成變化而行鬼神也。"又曰："參伍以變，錯綜其數。通其變，遂成天地之文。極其數，遂定天下之象。非天下之至變，其孰能與於此。"皆於此之謂也。

對大衍之數的研究

卜筮之數即大衍之數五十，其用四十有九之數。《繫辭傳》載曰："大衍之數五十，其用四十有九。分而爲二以象兩，掛一以象三，揲之以四以象四時，歸奇於扐以象閏，五歲再閏，故再扐而後掛。"大衍者，大模仿、大演也。其用四十有九，存一以模仿《易》有大極也。分而爲二以象兩模仿大極生兩儀也。掛一以象三模仿三極之道，即人於天地間事之行也。揲之以四以象四時模仿四時之行陰陽之變也。歸奇於扐以象閏，五歲再閏，故再扐而後掛模仿年歲時間進程而喻世事之進程也。"乾之策二百一十有六，坤之策百四十有四，凡三百有六十，當期之日。二篇之策萬有一千五百二十，當萬物之數也"之當期之日，當萬物之數皆模仿之謂也。人們從這裏也可看出大衍之數之模仿源於《周易》人在天地萬物造化進程中作爲之哲理而出，但由於模仿與天地萬物之造化進程有着天壤之别，也絕不可能達到目的，故大衍之數於天地之數中少五運數以明之。對其理證之中文五運數義，與洛書以五運數居中主宰之義同可明之。此大衍之數所由來者。《繫辭傳》曰："是故蓍之德圓而神。"此即模仿結果衹能是圓，然可通過模仿進而通一事物之行如何與天地萬物之種種造化、種種關係進程不可分割而神也。

（三）對《周易》之理的研究

《周易》之理即天地人世萬物有它相互動態的全方位的立體相錯的空間、時間、情性、生息合一所處而造化并由此決定着具體事物的生息變化進程之理，與天地萬物和它的造化、人世萬物和它的造化、人的思想萬物和它的作爲規律過程的一致性之理，以及人們如何爲用達到目的之理。簡言之，即以天地人世萬物造化之在而爲之理。

因此，就根本言之：經中一定的重卦事物過程和它的必然成錯過程及其必然之過渡過程，體現着一定的事物複雜關係内容過程并由此而決定着種種具體事物的生息變化過程之規律過程與邏輯過程。六十四重卦事物及其過程和它的必然成錯過程及其必然之過渡過程，體現着天地萬物全部的事物複雜内容過程，并由此而決定着不可窮盡的具體事物的不斷生息變化過程之規律過程與邏輯過程。

就具體言之：經中事物過程及其種種具體事物的生息變化過程之規律過程與邏輯過程如何，不僅取於該事物本身的性情如何、所處的如何與能行的如何，而且取於該事物世處事物的性情如何、世處該事物的其處如何與能行的如何及其人的爲之如何所確定。即取於事物的整個複雜關係内容的進程如何及其人的爲之如何所確定。

因此，經中事物過程及其由此種種具體事物的不斷生息變化過程在各種不同的所處與世處的承、乘複雜關係内容中及其人的爲之中，即事物在各種不同的複雜的陰陽親順、薄斥、相協、間别的承、乘關係内容中及人的爲之中成之不同的進程，及其不同的種種具體事物的不斷生息變化進程。

因此，經中事物過程及其種種具體事物的生息變化過程，有剛堅异性之處的所處不同與世處不同及其情形的不同而不同；有盛堅异性之處的所處不同與世處不同及其情形的不同而不同；有剛者、堅者、盛者、柔者同性之處的所處不同與世處不同及其情形的不同而不同；有堅柔之處的所處不同與世處不同及其情形的不同而不同；有剛盛之處剛亢之處的所處不同與世處不同及其情形的不同而不同；有剛柔异性之處的世處不同及其情形的不同而不同；有盛柔异性之處的世處不同及其情形的不同而不同；有亢堅异性之處的世處不同及其情形的不同而不同。也因此經中事物因進程之或异性親順或异性薄斥成迭之處，必成有象過程與生象過程而影響着事物的進程，并因有象過程與生象過程有其處與世處情形的不同，而影響事物進程的不同而成種種具體事物更爲豐富的生息變化進程的不同。從而產生着使事物過程必然的極爲錯綜複雜的活生生的進程，及其由此種種具體事物極爲豐富的生息變化進程的規律過程與邏輯過程。并由此説明人在力所能及的範圍内可以按事物和它的變化法則及其規律，對萬物之如何與人世之如何進行調理改變以達目的之理。説明人是積極有爲的，世界不是不可改變的，萬物之生息不是不可改變的之理。

如此等等，全經就是以此最科學、最詳盡地揭示和説明着天地人世萬物所以造化，所以生生不息之理。并且以此最科學、最詳盡地揭示和説明着不同事物在不同陰陽所處，與世處整個複雜關係内容過程中之必然不同生化進程；天地萬物在種種不同陰陽所處，與世處整個複雜關係内容過程中之必然不同造化進程之理。從而詳盡説明了事物必然變化過程的必然規律過程與邏輯過程所在，及其人的以此可爲所在。形成着以事物陰陽剛柔薄順間協之關係爲支配法則，事物和它的整個所處陰陽關係與世處陰陽關係及進程爲其變動必然規律過程與必然邏輯過程所在，説明事物由於必然法則支配而成極爲錯綜複雜但有規律的變化進程所在及其人的以此可爲所在。這也是六十四重卦三百八十四爻之爻辭之出根本所在。所説爻辭由卜筮所遇而出等論非也。

故此《繫辭傳》曰："仰以觀於天文，俯以察於地理。是故知幽明之故，原始反終。故知死生之説，精氣爲物，游魂爲變。是故知鬼神之情狀。""範圍天地之化而不過，曲成萬物而不遺。""剛柔相推，變在其中矣。""爻也者，效此者也。象也者，像此者也。"《説卦傳》曰："兼三才而兩之……分陰分陽，迭用柔剛。"皆於此之謂也。

（四）對《周易》之占的研究

以所識對未來之事進行占斷，古今中外皆多之，猶如近代歐洲以其不同所識占斷出不同社會未來。而對占斷所出所行是否符合人的生活與進程之所需，是否符合事物之本來面目與造化之進程，是科學正確占斷還是錯誤膚淺占斷之區别所在。祇要對事物及其變化有科學的認識是可以對未來之事進行占斷而爲之的。因此，占斷是一个需要重新認識的重要領域。

《周易》占斷之所説觀天象，即是觀天地有關陰陽剛柔薄順間協之象數及其變化進程如何而斷吉凶。所説觀世象，即是觀世間有關陰陽剛柔薄順間協之象數及其變化進程如何而斷世、斷政之吉凶（詳見《繫辭傳上》第二章注釋）。故知觀象而可知作爲，可知調理之所在。《繫辭傳》曰："是故君子居則觀其象而玩其辭，動則觀其變而玩其占。是以自天祐之，吉无不利。"又曰："以制器者尚其象。"《繫辭傳》此論與近代歐洲產生的實踐論與先驗論根本不同。《易》有二占，一是以象、數、理占斷，與天地同運，與萬物同化。即以其象數及其變化如何而制之、爲之是也。後漢諸葛孔明之"隆中對"便是典範，此政治、軍事與藝術大家所由爲也。二是以筮行占斷，與天地之運、萬物之化相脱離，即世之用卜筮相命等術是也，小術所由爲也。然圓而能通神者，可爲人之師增智益世也。

結語

爲對中國《周易》進行研究，首先已對《周易》之哲學體系、科學之價值所涉及的問題進行了研究。同時對涉及的中國文字學，《周易》科學認識的產生由來及其象、數、理、占的有關問題進行了研究。由於《周易》全經對天地萬物及其造化問題認識極爲深刻，故對全經所涉及的許多問題還有待於今後的研究計議。

《周易今釋》共分爲三卷：卷首爲《緒論·入經研究》，卷一爲《上經之釋》，卷二爲《下經之釋》，卷三爲《十翼之注釋》。雖通過卷首《緒論·入經研究》對《周易》全經之科學哲理體系已基本明白，對全經六十四卦三百八十四爻之辭所出也已基本明確，但要對絶然一體之全經與又獨立成章之卦爻釋之達到原著思想，還極爲艱難，因此祇是始成。故此提出爲使中國哲理思想文化之源、世界哲理瑰寶《周易》在中國、在世界放射出耀眼的光芒而求共同以成。

鄭張歡

戊寅年十月，西歷一九九八年十一月作於杭州。

卷一

上經之釋

商末世西伯姬昌作，周春秋孔子仲尼傳，後世學者鄭張歡釋。

《序卦傳》曰："有天地然後萬物生焉。"

【釋】

因此上篇以乾天之道爲首叙，明與地之理相應剛健出東而資始萬物成春生，南上而資成夏長，入西而資成秋收，北爲而資成冬藏具元亨利貞四德之天道，叙應有與世之理相應資始資成世間萬物生長收藏具仁禮義信之君道。接以坤地之道爲次叙，明與剛健具四德之天道相順成草木蕃生盛長之地道，叙應有與剛健爲萬民具仁禮義信之君道相順成世生機萬象興盛之臣道。

乾坤二卦統全經之綱要，爲衆卦之父母，造化之天地，入經之門户，文王之治綱所在。二卦共陽爻陰爻十二畫一百三十三字成一體宏大幽深、錯綜複雜、造化無窮、三道齊具之文。天地之運、陰陽之變、四時之行、萬物之化之理，包括君子如何處世立業治世成盛葆盛之道與民如何處世以世成盛守盛之道無不概括在内。叙述周全，奥義無窮，哲理深刻，氣勢磅礴，與日月同輝，萬世不變之真理皆具於内而至極。

乾☰乾上乾下

【釋】

乾下（内）健上（外）健。内外均爲從剛至盛之卦。與坤☷相錯并對錯。健而健，即健之行，陽於陰剛健之行也。陽在北剛微潜爲至東剛至薄堅而出盛起南上盛行至西亢極而入剛起於陰相錯成不斷相應運行進程之謂。有與地之理相應剛健之行資始資成萬物蕃生盛長結果護藏不斷進程之象。重乾者：陽於陰剛健之行成不斷進程之謂。

乾，元、亨、利、貞。

【釋】

“乾，元、亨、利、貞”叙與地之理世之理、相應剛健之行於萬物具出東成春資始、南上成夏通達、入西成秋益義、北爲成冬正固性情四德。《文言》曰：“元者，善之長也。亨者，嘉之會也。利者，義之和也。貞者，事之幹也。”“元”者，始也，善之長也，謂與春生相應東出剛健之行必能資始萬物、資長萬物之善也。“亨”者，通也，嘉之會也，謂與夏長相應南上剛健之行必能通達萬物、通會萬物之嘉也。“利”者，益也，義之和也，謂與秋收相應入西剛健之行必能益利萬物、益和萬物之義也。“貞”者，固也，事之幹也，謂與冬藏相應北爲剛健之行必能正固萬物、固幹萬物（順注：幹者，物之幹架之謂）之事也。又曰：“君子體仁足以長人，嘉會足以合禮，利物足以和義，貞固足以幹事。君子行此四德者，故曰：乾元亨利貞。”皆於此之謂也。

初九：潛龍，勿用。

【釋】

初九爲下健初，上承九二剛出盛起之陽而間，爲薄堅剛之陽。説明堅陰斥剛勢行，剛勢處下，力薄而不能出行作爲。上世處爲九四薄堅剛之陽，下乘爲九三之盛，間所承九五剛出盛起之陽，爲健。説明剛於世雖能得進，但世變未起，勢孤力微，離出行作爲還有漫長艱難道路過程，衹能不斷努力增勢逐起而爲，勿能爲用。初九因此呈堅陰斥剛勢行，剛勢處下，勢孤力微，於世離出行作爲還有漫長艱難道路過程，衹能不斷努力增勢逐起而爲勿能爲用之象。於空間、時間、情性、生息過程呈所處爲剛勢潛爲逐起於西北艮地至北坤地至東北坎地之域而進，其時爲北下堅陰行世斥剛肆虐至堅冰之寒冬季節，其情性爲一之進爲貞固之進，其生息爲資成護藏之時。於世呈萬民處天理公道被斥世行甚微之敝極暗世。商紂肆虐而行使生機遭受嚴重摧殘，君子之道不能行，文王受難被拘於羑里，君子爲鏟除黑暗末世，革除昏命，建立光明興盛之世，重成王道，此時衹能以研世識敝所由以正固，以志同而合以增勢，以隱潛不露以進取而勿能爲用。“潛龍”者，君子此時衹能以研世識敝所由爲要，以志同而合爲伍，以隱潛不露爲進之謂。“勿用”者，雖知世道黑暗之原因所在與改變世道應取之途徑，然堅陰行世肆虐，世變未起，剛勢在下勢孤力微衹能潛爲而進勿能爲用之謂。《象》曰：“潛龍勿用，陽在下也。”《文言》曰：“潛龍勿用，下也。”“潛龍勿用，陽氣潛藏。”皆於此之謂也。

【按】

世傳此爻象徵商紂肆虐而行，世道黑暗，文王被拘於羑里以研世識敝、志同而合、隱潛不露爲進之義，正與此合。

九二：見龍在田，利見大人。

【釋】

九二爲下健處中，下乘初九之剛而協，上承九三之盛而間，爲薄堅剛出盛起之陽。

説明堅陰斥剛肆虐使生機遭受之摧殘已極而生變，剛已至已奮出作爲，但堅勢很重，所處艱難，還不能盛行而作爲。上世處爲九五剛出盛起之陽，協所乘九四之剛，間所承上九之盛，爲健。説明剛於世還衹是始至，出行還衹是始起，勢行還很微，離勢盛行而作爲還有漫長艱難道路過程，但世變已起，衹要奮力進取必能逐成，衹要與民之所求相應而爲必能進取。九二因此呈堅陰斥剛肆虐使生機遭受之摧殘已極而生變，剛勢已至已奮出作爲，但堅勢很重，剛勢雖已至已出行，然於世衹是始至始出行，離勢盛行而作爲還有漫長艱難道路過程，但是世變已起，衹要奮力進取必能逐成，衹要與民之所求相應而爲必能進取之象。於空間、時間、情性、生息過程呈所處爲剛勢逐至由東北坎地開始奮出東左震地之域而進，其時爲堅陰斥剛肆虐至西已極而生變始出西右而進、東左始奮出而進剛陽與西右始出而進生變之陰始相應剛陽盛始起堅始化柔始起由寒始轉温寒冬之末之初春季節，其情性爲三之起元始之初，其生息爲資始資成孕育之時。於世呈商罪貫盈，萬民不堪黑暗世道爲生機世已孕變，君子之勢已初現，已開始奮出作爲，使世初見光明，然君子之勢還不足行，黑暗末世還不足去，離建立光明興盛之世還有漫長艱難道路過程，君子於世爲除黑暗末世，建立光明興盛之世不僅應奮力而爲之，而且應全力與民之所求相應方能圖進取之時。“見龍在田”者，世已變起，光明已始現，如經寒冬之田光明始現之謂。“利見大人”者，世雖初現光明，然君子之勢還不足行，黑暗末世還不足去，離建立光明興盛之世還有漫長艱難道路過程，《文言》曰：“夫大人者，與天地合其德，與日月合其明，與四時合其序，與鬼神合其吉凶。先天而天弗違，後天而奉天時。天且弗違，而况於人乎，况於鬼神乎。”君子爲大業必須向爲達到目的奮力而爲之君，進陳如何與民之所求相應而圖進取之謂。《象》曰：“見龍在田，德施普也。”《文言》曰：“見龍在田，時舍也。”“見龍在田，天下文明。”（順注：此文明二字與現文明二字義有不同，現謂文明即古謂昌明，此謂始明）皆於此之謂也。

【按】

世傳此爻象徵商罪貫盈，世變已起，文王得以出羑里，爲達到目的奮力而爲得姜尚輔佐之義，正與此合。

九三：君子終日乾乾，夕惕若厲，无咎。

【釋】

九三爲下健上，下乘九二剛出盛起之陽而協，爲應柔盛之陽。説明剛勢已行進，與民之所求已成相應。上承爲九四之剛，九四又間所承九五剛出盛起之陽。説明堅勢仍重，剛勢行進還非常困難。上世處爲上九應柔盛之陽，爲健。説明剛勢於世所應所行還很有限，離世盛行還有非常艱難的道路過程，但是世變已進，衹要始終不斷努力必能求成，衹要警惕從事必能進一步進取。九三因此呈剛勢已行進，與民之所求已成相應，但堅勢仍重，剛勢所應所行還很有限，離世盛行還有非常艱難的道路過程，但是世變已進，祇要始終不斷努力必能求成，祇要警惕從事必能進一步進取之象。於空間、時間、情性、生息過程呈所處爲剛勢進一步奮出東左震地之域而進，其時爲柔始起之陰進一步出西右而進、東左進一步奮出而進盛始起剛陽與西右進一步求出而進柔始起之陰增相應剛陽盛增堅增化柔增由寒進一步轉温然寒仍重之春增季節，其情性爲三之進元始之進，其生息爲資始資成萌生之時。於世呈商世變已進，然其敝其勢仍重，君子於世既要始終不斷努力以進，又要警惕從事以免造成毀折之時。“君子終日乾乾”者，君子爲除黑暗末世，建立光明興盛之世圖進需終日不斷努力方成之謂。“夕惕若厲”者，對其敝其勢仍重之世圖進必須警惕從事，以免造成毀折之謂。“无咎”者，祇有如此方能无咎之謂（順注：无與無字義有不同，謂經去除而无也）。《象》曰：“終日乾乾，反復道也。”《文言》曰：“終日乾乾，行事也。”“終日乾乾，與時偕行。”皆於此之謂也。

【按】

世傳此爻象徵紂世變進，文王積極奮發，警惕圖進之義，正與此合。

九四：或躍在淵，无咎。

【釋】

九四爲上健初，上承九五剛出盛起之陽而間，爲薄堅剛之陽。説明堅勢仍厥，剛勢還處於下，離成起而行還有一段艱難道路過程。下乘爲九三之盛，九三又協所乘九二剛出盛起之陽。説明剛之處勢已成起而進。下世處爲初九薄堅剛之陽，爲健。説明剛勢於世爲除堅勢之厥已成起成極力而進，世變已烈，祇要應用時機全力而爲必能進取，祇要奮力躍起進除必能得成。九四因此呈堅勢仍厥，剛勢還處於下，離成起而行還有一段艱難道路過程，但剛之勢於世爲除堅勢之厥已成起成極力而進，世變已烈，祇要應用時機全力而爲必能進取，祇要奮力躍起進除必能得成之象。於空間、時間、情性、生息過程呈所處爲剛勢已成奮出東左震地之域而進，其時爲柔增之陰已成出西右而進、東左已成奮出而進盛增剛陽與西右已成出而進柔增之陰進相應剛陽盛進堅進化柔進温增然寒仍厥之春進季節，其情性爲三之極元始之極，其生息爲資始資成蕃繁之時。於世呈世變已烈，君子之勢已成起成極力以進，商紂雖已窮途末路但勢仍厥，君子於世需應用時機全力而爲奮力躍起進除方能得成之時。“或躍在淵”者，爲除滅黑暗敝世所在，建立光明興盛之世應用時機全力而爲奮力躍起進除之謂（順注：此淵爲高下之淵，非爲深淵之淵）。“无咎”者，祇有如此而爲方能无咎之謂。《象》曰：“或躍在淵，進无咎也。”《文言》曰：“或躍在淵，自試也。”“或躍在淵，乾道乃革。”皆於此之謂也。

【按】

世傳此爻象徵武王應用時機全力而爲奮力躍起爲除滅商紂成進取之義，正與此合。

九五：飛龍在天，利見大人。

【釋】

九五爲上健處中，下乘九四之剛而協，上承上九之盛而間，爲薄堅剛出盛起之陽。説明堅勢已被進除，剛勢已成起而行，但堅勢之敝仍存，所處仍難，離成世盛行還有一定艱難道路過程。下世處爲九二剛出盛起之陽，協所乘初九之剛，爲健。説明世變已成，剛勢於世已成盛極起而行進，然堅勢之弊害仍重，祇有以天地萬物造化之理致力進行改變克除方成，祇有察失除誤於始方能從根本上得進取。九五因此呈堅勢已被進除，世變已成，剛勢於世已成盛極起而行進，然堅勢之敝害仍很重，使成世盛行還有一定艱難道路過程，祇有以天地萬物造化之理致力進行改變克除方成，祇有察失除誤於始方能從根本上得進取之象。於空間、時間、情性、生息過程呈所處爲剛勢已盛極起行進於東南兑地至南上乾天之域，其時爲柔進之陰行進於西南離地至南下、行進於東南至南上盛進剛陽與行進於西南至南下柔進之陰至相應剛陽成盛堅成化柔興温生烈之夏進季節，其情性爲七之進亨通之進，其生息爲資始資成盛長之時。於世呈黑暗商道已被鏟除，昏命已被革除，光明興盛之世正在建進，然黑暗商道於世弊害仍很重，使理想光明盛世之成還有相當艱難道路過程，君子爲大業必須向爲建成光明盛世奮力而爲之君，進陳如何與萬民之生活根本所需至相應，以天地萬物造化之理而爲除世弊害、察失除誤於始建成光明興盛之世永葆光明興盛之世之時。"飛龍在天"者，黑暗末世已被鏟除，昏命已被革除，王道已經重成，光明興盛之世正在建進之謂。"利見大人"者，君子爲大業必須向爲建成光明興盛之世奮力而爲之君，進陳如何與萬民之生活根本所需至相應，以天地萬物造化之理而爲治國治世除世弊害、察失除誤於始建成光明興盛之世永葆光明興盛之世之謂。《象》曰："飛龍在天，大人造也。"《文言》曰："飛龍在天，上治也。""飛龍在天，乃位乎天德。"皆於此之謂也。

【按】

世傳此爻象徵武王革商得天下後訪賢，箕子向武王陳《洪範》之義，正與此合。

上九：亢龍，有悔。

【釋】

上九爲上健上，下乘九五剛出盛起之陽而協，爲應柔盛之陽。説明剛勢已成世盛行，爲更成盛行而力進。下世處爲九三應柔盛之陽，上承爲九四之剛，協所乘九二剛出盛起之陽，爲健。説明剛勢於世已極已成凡事爲其之盛極而不顧事之可以亢極行進，使世速反變，上敝極起，君子無奈祇得退遯，下暗極起，民無法祇得退避。上九因此呈剛勢於世已極已成凡事爲其之盛極而不顧事之可以亢極行進，使世速反變，上敝極起，君子無奈祇得退遯，下暗極起，民無法祇得退避之象。於空間、時間、情性、生息過程呈所處爲剛勢已極已成亢極行進由西南離地至西右巽地之域而進，其時爲柔極之陰行進於東南兑地至東左震地之域而進、由西南離地行進西右巽地而進亢極之陽與由東南兑地行進東左震地而進柔極之陰極相應順進斥剛性之陽與從剛之柔堅勢起由温轉寒之秋進季節，其情性爲九之極利義之極，其生息爲資成結果之時。於世呈君不顧萬民之生活根本所需，爲其所需之盛極不顧事之可以而亢極行進成奸佞當道群小肆爲，敝暗極起，黑暗重降，君子於世上有亢君奸佞下有群小肆爲，雖欲極拯然不能爲容反遭殘害無奈祇得退遯而進待來日之時。"亢龍"者，不顧萬民之生活根本所需，爲其所需之盛極不顧事之可以而亢極行進之謂。"有悔"者，使世奸佞當道群小肆爲，敝暗極起，黑暗重降而成禍君終將被推翻命被革除後悔莫及之謂。《象》曰："亢龍有悔，盈不可久也。"《文言》曰："亢龍有悔，窮之灾也。""亢龍有悔，與時偕極。"皆於此之謂也。

【按】

此爻應是文王對夏桀爲盛有天下之富不顧事之可以而成亡滅，商紂爲藏有天下鹿臺之財、鉅橋之粟不顧事之可以而成難世所由之訓。

因此次叔世被堅陰肆虐成黑暗，生機被嚴重摧殘之坤初六履霜堅冰至也。

用九，見群龍无首，吉。

【釋】

"用九"（順注：九爲陽極之數），是作者以陽自一潛爲逐起至奮出而進至九而變起，即以陽自初爻逐起至上爻變起六爻過程之理之義爲用創成人間光明興盛、克除變起黑暗重降之非而成創葆之謂。《象》曰："大哉乾元，萬物資始，乃統天。雲行雨施，品物流形。大明終始，六位時成，時乘六龍以御天。乾道變化，各正性命，保合太和，乃利貞。首出庶物，萬國咸寧。"於此之謂也。是作者以天陽剛亢微盛變化進程與地陰堅柔始終變化進程的不可分離告世無有離地陰行之地化地盛，無有離民行之世化世盛，人世生機所以興盛衰亡的大道理以及如何以天地萬物造化之理除世弊害而成世化世盛，使君不忘"君子所其無逸"成人間盛世嚮更人間盛世進取以化成天下成萬邦咸寧興盛不衰所作的根本説明。乾之"用九，天德不可爲首也"。《文言》曰："乾元用九，天下治也。""乾元用九，乃見天則。"皆於此之謂也。何謂以天地萬物造化之理而進取而創？天地萬物之理都是在圖興之進而别衰之没進行着造化。世也同此世人之理，總是圖興盛而别衰亡，總是圖安寧而别紛亂，總是圖少有育、成有爲、老有敬、夫婦相依、父母子女相親、上下左右相合相輔相成而進取而創。按此理而進而創便是進創光明盛世，按此理而成而葆便是光明盛世之成之葆。世理之道即是以此爲道也。"見群龍无首"，是作者對無有離世之天道君道，君子於世該潛則潛、該出則出、該行則行、該取則取、該成則成、該遯則遯，處事應察世而决而爲，君子一刻不可離民，君者民之父母，政者行民所需，"百姓有過，在予一人"，斷不可離世離民而爲所作的深刻説明。"吉"，是作者進而對祇有如此察世、創世、進行整治方能從根本上創剛行而興盛祥和之世，葆剛行而興盛祥和之世進取所作的斷語。

坤☷坤上坤下

【釋】

坤下（内）順上（外）順。内外均爲從堅至柔之卦。與乾☰相錯并對錯。順而順，即順之行，陰於陽相順之行也。陰在北下履霜堅冰至西堅極生變而出柔起入南柔興至東柔極而别堅起於陽相錯成不斷相順運行進程之謂。有與天道君道相順之行成資生資成萬物蕃生盛長不斷進程之象。重坤者：陰於陽相順之行成不斷進程之謂。

坤，元、亨。利牝馬之貞，君子有攸往。先迷後得主。利西南得朋，東北喪朋。安貞吉。

【釋】

“坤，元、亨”叙與具四德之天道君道相順之行於萬物具出西成春資生，入南成夏資長性情之德。“元”者，謂西出柔起之陰與東出盛起之陽相順必成資生萬物之善也。“亨”者，謂入南柔興之陰與南上盛行之陽相順必成資長萬物之嘉也。“利牝馬之貞”叙地陰與天陽剛健之行必成相順性情之德。《象》曰：“牝馬地類，行地无疆，柔順利貞，君子攸行。”於此之謂也。“利牝馬之貞”者，謂地陰之行與天陽剛健之行必成相順而成事之始終益義正固也。“君子有攸往”者，謂君子行此道必能成就事業也。“先迷後得主”者，謂先時柔極迷惘别東斥剛堅起至北堅冰使世生機被摧殘扼殺，但至極至西必生變而出得東出剛陽重成世萬物生化也。“利西南得朋，東北喪朋”者，謂至西至極生變而出之陰得東出剛陽爲朋成世生化而與迷惘進東北斥剛履霜至堅冰摧殘扼殺生機之堅陰相訣别也。“安貞吉”者，謂安於與天道君道剛健之行相順之正固必成草木蕃、世道盛之吉也。《文言》曰：“坤道其順乎，承天而時行。”於此之謂也。

初六：履霜，堅冰至。

【釋】

初六爲下順初，上承六二堅極柔起之陰而間，爲斥剛堅之陰。説明斥剛勢行，生機遭受嚴重摧殘扼殺。上世處爲六四斥剛堅之陰，下乘爲六三之柔，間所承六五堅極柔起之陰，爲順。説明堅陰於世已經成勢在不斷力起而進，使世生機無有可見。初六因此呈堅陰斥剛勢行，生機遭受嚴重摧殘扼殺，於世已經成勢在不斷力起而進，使世生機無有可見之象。於空間、時間、情性、生息過程呈所處爲堅陰勢行肆虐於東北坎地至北下坤地至西北艮地之域而進，其時爲剛在北被斥力微之冷冽寒冬季節，其情性爲六之進爲極斥剛之性，其生息爲避息之時。於世呈商紂肆虐而進，世道黑暗冷酷，生機遭受嚴重摧殘扼殺，使世生機無有可見，君子於世遭殘害衹能潛爲而進之時。“履霜，堅冰至”者，堅陰行世斥剛肆虐而進使天下履霜至堅冰，世道黑暗冷酷生機被嚴重摧殘扼殺，使世生機無有可見之謂。《文言》曰：“履霜，堅冰至。蓋言順也。”於此之謂也。

六二：直方大，不習无不利。

【釋】

六二爲下順處中，下乘初六之堅而協，上承六三之柔而間，爲斥剛堅極柔起之陰。説明堅陰斥剛肆虐使生機無有可見終不爲衆陰衆民所受已至極生變而進與奮出剛陽始成相順而生機始成起，然堅勢很重，生機還無由興起。上世處爲六五堅極柔起之陰，協所乘六四之堅，間所承上六之柔，爲順。説明柔於世還祇是始起，還很微，離柔之興還有漫長艱難道路過程，但爲擺脱堅陰之虐，需剛勢之行，要生機之興志决而力爲行進。六二因此呈堅陰斥剛肆虐使生機無有可見終不爲衆陰衆民所受已至極生變而進與奮出剛陽始成相順而生機始成起，然堅勢很重，生機還無由興起，於世柔還祇是始起，還很微，離柔之興還有漫長艱難道路過程，但爲擺脱堅陰之虐，需剛勢之行，要生機之興志决而力以行進之象。於空間、時間、情性、生息過程呈所處爲堅陰斥剛肆虐已至極生變由西北艮地始出西右進於巽地之域，其時爲剛勢逐至開始奮出東左而進、西右始出而進生變之陰始得東左始出而進剛陽爲朋剛陽盛始起堅始化柔始起而與進東北迷惘斥剛至堅冰之堅陰相訣别由寒始轉温寒冬之末之初春季節，其情性爲四之起爲由極斥剛之性轉爲始順剛之性，其生息爲資生資成孕育之時。於世呈商罪貫盈使成難世終不爲衆民所受已至極生變得君子之爲而生機始起，雖離生機成興還有漫長艱難道路過程，但爲擺脱商紂之虐，需君子勢之行，要生機之興志决而力求進之時。“直方大”者，爲擺脱之直，需剛行之方，要生機之大之謂。“不習无不利”者，雖要生機之興需不斷努力求進，不斷克服困難艱險方能得成没經所習，但无有不利之謂。《文言》曰：“直方大，不習无不利。則不疑其所行也。”於此之謂也。

六三：含章可貞。或從王事，无成有終。

【釋】

六三爲下順上，下乘六二堅極柔起之陰而協，爲順剛柔之陰。説明柔已興進，生機已進。上承爲六四之堅，六四又間所承六五堅極柔起之陰。説明堅陰摧殘扼殺生機之勢仍重，柔之興進還非常困難艱險。上世處爲上六順剛柔之陰，爲順。説明柔於世之興還很有限，雖離成世之興還有非常艱難道路過程而求進，祇要以剛除堅勢之行而力進必能最終得成。六三因此呈柔雖已興進，生機已進，但堅陰摧殘扼殺生機之勢仍重，柔之興進還非常艱險，於世柔之興還很有限，雖離成世之興還有非常艱難道路過程而求進，祇要以剛除堅勢之行而力進必能最終得成之象。於空間、時間、情性、生息過程呈所處爲柔始起之陰進一步求出西右進於巽地之域而進，其時爲剛勢進一步奮出東左而進、西右進一步出而進柔始起之陰進得東左進一步奮出而進盛始起剛陽爲朋剛陽盛增堅增化柔增由寒進一步轉温然寒仍重之春增季節，其情性爲四之進爲由始順剛之性進爲增順剛之性，其生息爲資生資成萌生之時。於世呈衆民雖生機開始興進，但商紂扼殺勢仍重，雖興進道路非常困難艱險而求進，祇要以君子除商紂之勢而力進必能最終得成之時。“含章可貞”者，面對扼殺勢仍重，生機興進道路非常困難艱險而求進其志可章可貞之謂。“或從王事，无成有終者”，雖以剛除堅勢之行而力進不能立得生機之興，但必能得生機成興之終之謂。《文言》曰：“地道无成而代有終也。”於此之謂也。

六四：括囊，无咎无譽。

【釋】

六四爲上順初，上承六五堅極柔起之陰而間，爲斥剛堅之陰。説明堅勢仍厥爲斥剛扼殺生機興進拼力而爲。下乘爲六三之柔，六三又協所乘六二堅極柔起之陰。説明堅之處勢已極盡而爲。下世處爲初六斥剛堅之陰，爲順。説明堅勢於世爲斥剛勢行進扼殺生機興進已成竭力而行，柔必須力避其極盡竭力扼殺之勢而爲而進。六四因此呈堅勢仍厥爲斥剛扼殺生機興進拼力而爲，於世已成極盡竭力而行，柔必須力避其竭力扼殺之勢而爲而進之象。於空間、時間、情性、生息過程呈所處爲柔增之陰已成出西右更進於巽地之域而進，其時爲剛勢已成奮出東左而進、西右已成出而進柔增之陰增得東左已成奮出而進盛增剛陽爲朋剛陽盛進堅進化柔進温增然寒仍厥之春進季節，其情性爲四之極爲由增順剛之性進爲成順剛之性，其生息爲資生資成蕃繁之時。於世呈商紂勢仍厥爲除君子之勢，扼殺生機興進已成極盡竭力而行，民必須力避其竭力扼殺之勢渡過艱險而進之時。“括囊”者，力避堅扼殺之勢而爲之謂。“无咎无譽”者，面對堅勢極盡竭力扼殺生機之爲，不要驚慌失措成退縮自夭，也不要充能而進成招致之害，衹要能護好必能渡過難關而進之謂。《文言》曰：“括囊，无咎无譽。蓋言謹也。”於此之謂也。

六五：黄裳，元吉。

【釋】

六五爲上順處中，下乘六四之堅而協，上承上六之柔而間，爲斥剛堅極柔起之陰。説明堅勢終至覆没，生機已成興起，但堅勢之害仍存所行仍難，離成世生機興盛還有一定艱難道路過程。下世處爲六二堅極柔起之陰，協所乘初六之堅，爲順。説明柔於世雖成極起而進，然堅勢之禍害很深，柔要達到理想生機興盛還非常艱難，衹有以剛行力進以天地萬物造化之義努力而爲克除禍害所在方能成，方能達到生機理想興盛目的。六五因此呈堅勢終至覆没，生機已成世興起，於世柔雖成極起而進，然堅勢之禍害很深，要達到生機理想興盛還非常艱難，衹有以剛行力進以天地萬物造化之義努力而爲克除禍害所在方能成，方能達到生機理想興盛目的之象。於空間、時間、情性、生息過程呈所處爲柔進之陰已柔極起行進於西南離地至南下之域，其時爲盛進剛陽已盛極起行進於東南兑地至南上乾天之域、行進於西南至南下柔進之陰至得行進於東南至南上盛進剛陽爲朋剛陽成盛堅成化柔興温生烈之夏進季節，其情性爲二之進爲由成順剛之性進爲至順剛之性，其生息爲資生資成盛長之時。於世呈商紂終被民背弃、被剛勢進除而覆滅，生機雖成極起而進，然黑暗商道於世禍害很深，要達到理想興盛還非常艱難，衹有以君子之行力進以天地萬物造化之義努力而爲克除禍害所在方能成，方能達到理想興盛目的之時。“黄裳，元吉”者，黄色也，藉以喻地喻民，裳服也，藉以喻地草本蕃盛民生機興盛，元吉始吉之謂，即民生機興進開始吉祥之謂。《文言》曰：“君子黄中通理，正位居體，美在其中而暢於四支，發於事業，美之至也。”於此之謂也。

上六：龍戰于野，其血玄黄。

【釋】

上六爲上順上，下乘六五堅極柔起之陰而協，爲順剛柔之陰。説明柔已成世興盛，爲更成興盛而力進。下世處爲六三順剛柔之陰，上承爲六四之堅，協所乘六二堅極柔起之陰，爲順。説明柔於世已極已成凡事爲其之興極而不顧事之可行柔極行進，使事速反變，不義極起，君子不得不對此起而抗争，禍害極起，民爲生機不得不爲此起而抗争。上六因此呈柔於世已極已成凡事爲其之興極而不顧事之可行柔極行進，使事速反變，不義極起，君子不得不爲此起而抗争，禍害極起，民爲生機不得不爲此起而抗争之象。於空間、時間、情性、生息過程呈所處爲柔已極已成柔極行進由東南兑地至東左震地之域而進，其時爲亢極之陽行進於西南離地至西右巽地之域而進、由東南兑地行進東左震地而進柔極之陰與由西南離地行進西右巽地而進亢極之陽極相順相合進斥剛性之陽與從剛之柔剛起由温轉寒之秋進季節，其情性爲八之極爲由順剛之性轉爲斥剛之性，其生息爲肅殺之時。於世呈群小直起與亢君奸佞極相順相合肆行使不義極起、禍害叢生、灾難深降，君子與民深遭殘害，使君子與民不得不爲義爲生機起而抗争求進之時。“龍戰于野”者，君子與民在不義極起、禍害叢生、灾難深降時爲義爲生機與堅之勢起勢行起而抗争求進之謂。“其血玄黄”者，玄天黴色并喻君子勢黴色，黄地色并喻民色，即君子與民同爲極力抗争，然終因堅已勢起勢行不能敵而極受傷害之謂。文言曰：“坤至柔而動也剛。”又曰：“陰凝於陽必戰（順注：‘凝’原爲‘疑’，據《周易注疏》載荀爽虞翻姚信蜀才本爲‘凝’字改）。爲其嫌於无陽也，故稱龍焉。猶未離其類也，故稱血焉。夫玄黄者，天地之雜也，天玄而地黄。”皆於此之謂也。

【按】

因此次叙在艱險中爲圖奮出求新生之屯也。

用六，利永貞。

【釋】

“用六”（順注：六爲陰順之數），是作者以陰自六履霜堅冰至生變而進至八而别起，即以陰自初爻堅冰至上爻别起六爻過程之理之義爲用達到人世生機興盛，克除别起禍害叢生之非而成永吉之謂。《彖》曰：“至哉坤元，萬物資生，乃順承天。坤厚載物，德合无疆。含弘光大，品物咸亨。牝馬地類，行地无疆。柔順利貞，君子攸行。先迷失道，後順得常。西南得朋，乃與類行。東北喪朋，乃終有慶。安貞之吉，應地无疆。”於此之謂也。是作者以地陰堅柔始終變化進程與天陽剛亢微盛變化進程的不可分離，告世無有離天剛行之地化地盛，無有離君剛行之世化世盛，人世生機所以興盛衰亡的大道理以及如何以天地萬物造化之義除世禍害而成人世生機興盛不衰，使世不忘“亶聰明作元后，元后作民父母”成人世生機興盛向更興盛求取，促成天下協和而成盛世不亡所作的根本説明。坤之“用六永貞，以大終也”，於此之謂也。何謂以天地萬物造化之義而求取而成？天地萬物之義都是親協順仇間斥進行着演進。世也同此世人之義總是希大協順小間斥而仇小協順大間斥以求進以成。按此義而求而取便是求取萬國協和興盛咸寧之世，按此義而成而進便是萬國協和興盛咸寧之世之成之進。世義之道即是以此爲道也。“利永貞”，是作者進而對民爲生機興盛與美好生活之追求如何與天與世剛行相順成生機之盛、生活之美，不忘“厥父母，勤勞稼穡”以利草木成蕃、生機成盛、生活成美永不衰之正固所作的結語。

【乾坤二卦總述】

乾坤二卦，作者通過二卦十二爻對天地人世陰陽剛柔薄順間協出入運行變化過程而成萬物生長收藏、生機興盛衰亡過程之敘述，深刻説明天地人世陰陽親順與薄斥相依存的等同變化過程之理與成天道右行、地道左行過程之理。深刻説明天地運行變化必然規律過程與世間人道運行變化必然規律過程之一致性，天地萬物生息造化與人世萬物生息造化必然規律過程之一致性之理。完全建立了天地人世萬物相互動態的全方位的立體相錯的空間、時間、情性、生息合一所處而造化，并由此決定着具體事物的生息變化過程的理論。説明南上陽盛陰柔陰陽相親順萬物盛長，北下陰堅陽微陰陽相薄斥萬物避息之理。説明嚴寒由陰陽相薄斥而生，炎熱由陰陽相親順而成，南北爲逐變之地，東西爲劇變之地之理。進而生命現象過程所在以及天地之生化、治世之綱要皆在其中之例。開創了以天地之道説明人世之道的範例，勾畫了上飛龍在天、利見大人，下黄裳、元吉進取生機成理想興盛生活成理想美滿永不衰之人間盛世美景。并對“神”在天地萬物造化中的作用，包括君權“天”授、“神”授在内作了最徹底的否認與摒弃，完全指明革黑暗末世之命與革禍君之命的必然合理性。深刻説明由於天地陰陽親順與薄斥相依存的等同變化過程，而成四時正常之行與萬物正常生長收藏過程，説明絶不存在陰陽剛柔薄順間協出入關係能够庸俗平等而可以成事成業之理。説明天地、陰陽、上下、夫婦、父母子女之間所以親順合德而成人世生機生活萬事萬物興盛吉祥，所以相背斥而使人世生機生活所成事業避息凋謝及其如何守盛更盛之理。歸結二卦之叙説明作者憂患與故，百物不廢，懼以終始，其旨宏深，爲天地人世陰陽剛柔薄順間協出入關係過程根本規律過程與邏輯過程所在，同時是人們爲事過程根本思維過程與義理過程所在。是作者要推翻黑暗的商道，清除黑暗的世道根源，建立光明的周道的政治、理論、哲理綱領，爲入經之門户，乾坤二卦其意深矣。

《序卦傳》曰：“盈天地之間者唯萬物，故受之以屯。屯者，盈也。屯者，物之始生也。”

屯☵☳坎上震下

【釋】

屯下（內）動上（外）陷。內外均爲往錯剛薄之卦。與鼎☲☴相錯，與蒙☶☵反錯。動而陷。有事物動乎險陷中圖奮出之象，有人們在險陷中圖奮出求新生之意。“屯”者，在險陷中圖奮出求新生之謂。

屯，元亨利貞勿用。有攸往，利建侯。

【釋】

“屯，元亨利貞勿用”者，在險陷中圖奮出求新生前途必然光明，不能等待，在險陷中奮出方能得到光明之謂。“有攸往”者，在險陷中奮起必有攸往之謂。“利建侯”者，不要孤立離衆，應君子合志共圖之謂（順注：作者之屯卦卦辭爲一切在險陷中圖奮出求新生之事物應如何而爲之指導總綱）。

初九：磐桓。利居貞，利建侯。

【釋】

初九爲下動初，上承六二之堅、六三之堅而薄，爲薄堅至剛之陽。説明爲能在險陷中奮出求新生不顧艱難已至而力進。上世處爲六四斥剛堅長之陰，下乘爲六三斥剛堅起之陰，爲陷。説明於世爲此至爲險陷，求進相當艱難，衹有正固自己力以合志集勢方能得以行進。初九因此呈爲能在險陷中奮出求新生不顧艱難已至而力進，但於世爲此至爲險陷，求進相當艱難，衹有正固自己力以合志集勢方能得以行進之象。“磐桓”者，大石沉重艱難謂之磐，巨木阻攔險陷謂之桓，爲能圖奮出求新生不顧艱難而力進，但於世爲此至爲險陷，求進相當艱難之謂。“利居貞，利建侯”者，衹有正固自己力以合志集勢方能得以行進以往之謂。

六二：屯如邅如，乘馬班如。匪寇婚媾。女子貞不字。十年乃字。

【釋】

六二爲下動處中，下乘初九之剛而斥，上承六三之堅而間，爲斥剛堅始起之陰。説明始有所進，爲得在險陷中奮出求新生達到目的力斥有礙之爲使起而力進。上世處爲九五薄堅剛進之陽，而九五之剛對此有止而陷之蹇象，爲陷。説明於世爲此已極爲險陷蹇難，衹有等待時機尋找途徑方能得以進一步行進。六二因此呈始有所進，爲得在險陷中奮出求新生達到目的力斥有礙之爲使起而力進，然於世爲此已極爲險陷蹇難，衹有等待時機尋找途徑方能得以進一步行進之象。“屯如邅如，乘馬班如”者，難進謂之邅，迴轉謂之班，於世爲此已極爲險陷蹇難之謂。“匪寇婚媾”者，爲得奮出達到目的力斥有礙之爲而力進之謂。“女子貞不字”者，女子謂六二，致力等待時機尋找途徑而進志不移之謂。“十年乃字”者，十爲全數，通過不懈努力終於找到機會途徑得以行進以往之謂。

六三：即鹿无虞，惟入于林中。君子幾不如舍，往吝。

【釋】

六三爲下動上，下乘六二之堅而協斥初九之剛，爲斥剛堅起之陰。説明已有所進，爲得成在險陷中奮出求新生達到目的進斥有礙之爲得起而力進。上承爲六四斥剛堅長之陰。説明已能成起而進。又上承六四之堅與九五之剛處之生止，九五爲陷，有止而陷之蹇（下）象。説明雖已能成起而進然極蹇難。上世處爲上六斥剛堅進之陰，協六四之堅斥九五之剛而陷。説明於世爲此雖已能成起而進然、還極蹇難、還險陷，衹有克除蹇難方能利於行進。六三因此呈已有所進，爲得成在險陷中奮出求新生達到目的進斥有礙之爲得起而力進，於世爲此雖已能成起而進還極蹇難、還險陷，衹有克除蹇難方能利於行進之象。“即鹿无虞，惟入于林中”者，有獲取謂之即，行欺虐謂之虞，爲得成奮出達到目的進斥有礙之爲而力進，對所行在即阻止施虐，一概無欺施恩讓其出路之謂（順注：由此可見作者爲事業之成大義所在）。“君子幾不如舍”者，君子不應希冀施虐，應爲成奮出而捨之謂。“往吝”者，如不捨以往必於往極爲不利之謂。

六四：乘馬班如，求婚媾。往吉，无不利。

【釋】

六四爲上陷初，上承九五之剛而斥間上六之堅，爲斥剛堅長之陰。説明已得所進，爲成在險陷中奮出求新生不顧行難至起而力進。下乘爲六三斥剛堅起之陰，而六三之堅又協所乘六二之堅。説明已成得力而進。下世處爲初九薄堅至剛之陽，爲動。説明於世爲此已成得力對有礙之在至力除斥而行進。六四因此呈已得所進，爲成在險陷中奮出求新生不顧行難至起而力進，於世爲此已成得力對有礙之在至力除斥而行進之象。“乘馬班如”者，爲成奮出不顧行難至起而力進之謂。“求婚媾”者，於世爲此已成得力而進之謂。“往吉，无不利”者，已成得力對有礙之在至力除斥而行進以往必吉，无有不利之謂。

九五：屯其膏。小貞吉，大貞凶。

【釋】

九五爲上陷處中，下乘六四之堅而薄，上承上六之堅而薄，爲薄堅剛進之陽。説明已成所進，爲進成在險陷中奮出求新生不顧行難力斥有礙之爲成進而力進。又下乘六四之堅與六三之堅處之生止，六三爲動，有動而止之頤（上）象。説明爲成極以取聚頤實而進。下世處爲六二斥剛堅始起之陰，爲動。説明於世爲此極以取聚頤實已成對有礙之在極力除斥而行進。九五因此呈已成所進，爲進成在險陷中奮出求新生不顧行難力斥有礙之爲成進而力進，於世爲此極以取聚頤實已成對有礙之在極力除斥而行進之象。“屯其膏”者，爲進成奮出於世極以取聚頤實之謂。“小貞吉，大貞凶”者，極以取聚頤實對有礙之在極力除斥而行進以往雖似有吉，然必成凶之謂。

上六：乘馬班如，泣血漣如。

【釋】

上六爲上陷上，下乘九五之剛而斥協六四之堅，爲斥剛堅進之陰。說明已更所進，爲更成在險陷中奮出求新生不顧行難進斥有礙之爲成行而力進。下世處爲六三斥剛堅起之陰，而六三之堅對此有動而止之頤象，上承爲六四斥剛堅長之陰，協所乘六二之堅斥初九之剛而動。說明於世爲此雖對有礙之在極力除斥然由於極以取聚頤實而行進困難成凶仍陷於險不能出。上六因此呈已更所進，爲更成在險陷中奮出求新生不顧行難進斥有礙之爲成行而力進，於世爲此雖對有礙之在極力除斥然由於極以取聚頤實而行進困難成凶仍陷於險不能出之象。“乘馬班如，泣血漣如”者，爲更在險陷中奮出求新生不顧行難進斥有礙之爲成行而力進，於世爲此雖對有礙之在極力除斥然由於極以取聚頤實而行進困難成凶仍陷於險不能出之謂。

【按】

因此次敘爲成新生還應進行啓蒙除蒙之蒙也。

《序卦傳》曰：“物生必蒙，故受之以蒙。蒙者，蒙也，物之稺也。”

蒙䷃艮上坎下

【釋】

蒙下（内）陷上（外）止。内外均爲往錯剛薄之卦。與革䷰相錯，與屯䷂反錯。陷而止。有事物所陷被除止之象，有人們於事由於蒙處陷得除啓而出之意。“蒙”者，蒙瀆、蒙稺之謂。

蒙，亨。匪我求童蒙，童蒙求我。初筮告。再三瀆，瀆則不告。利貞。

【釋】

“蒙，亨”者，啓蒙除蒙必使之成通達之謂。“匪我求童蒙，童蒙求我”者，不能童蒙無事無有要求硬啓亂除，而應據事據要求告啓之謂。初筮告，再三瀆，瀆則不告者：凡再三告啓仍不醒不悟繼續（更加）蒙爲不應再告，而應示以桎梏之謂。“利貞”者，所告所啓所示應利於事之益義與正固之謂（順注：作者之蒙卦卦辭爲如何進行啓蒙，如何進行教育，如何進行司法之根本總綱）。

初六：發蒙，利用刑人。用說桎梏，以往吝。

【釋】

初六爲下陷初，上承九二之剛而斥間六三之堅，爲斥剛堅長之陰。說明爲能成其事蒙而不顧行難長起而力進。上世處爲六四斥剛堅至之陰，而六四之堅對此有動而止之頤象，下乘爲六三斥剛堅進之陰，間所承六五之堅斥上九之剛而止。說明於世爲奪取頤實雖已成起而進，但終爲世義理法規所不容而不能更得行進。初六因此呈爲能成其事蒙而不顧行難長起而力進，於世爲奪取頤實雖已成起而進，但終爲世義理法規所不容而不能更得行進之象。“發蒙，利用刑人”者，爲能成其事蒙而不顧行難長起而力進，於世爲奪取頤實已成起而進衹能利用蒙行而成刑人之例發蒙方能除啓之謂。"用説桎梏，以往吝"者，桎梏謂上九，用説爲世義理法規所不容使知以往吝而進行除啓之謂。

九二：包蒙吉。納婦吉，子克家。

【釋】

九二爲下陷處中，下乘初六之堅而薄，上承六三之堅而薄，爲薄堅剛進之陽。説明蒙始有所除，但爲得成其事仍蒙而不顧行難力斥有礙之爲得進而力進。又上承六三之堅與六四之堅處之生動，六四爲止，有動而止之頤（下）象。説明雖仍蒙但爲求得正常生養而進。上世處爲六五斥剛至堅之陰，爲止。説明於世爲此雖仍蒙但爲求得正常生養受到除啓而行進。九二因此呈蒙始有所除，但爲得成其事仍蒙而不顧行難力斥有礙之爲得進而力進，於世爲此雖仍蒙但爲求得正常生養受到除啓而行進之象。"包蒙吉"者，對以前爲求得正常生養之蒙行不必追究，衹作教訓之謂（順注：由此可見作者於世之仁義所在）。"納婦吉"者，婦謂六五，從所告所啓其蒙受到除啓而行進以往之謂。"子克家"者，子謂九二，如此之子必能成家成業之謂。

六三：勿用取女。見金夫不有躬，无攸利。

【釋】

六三爲下陷上，下乘九二之剛而斥協初六之堅，爲斥剛堅進之陰。説明蒙已有所除，然爲成其事仍蒙而不顧行難力斥有礙之爲得行而力進。上承爲六四斥剛堅至之陰。説明已得成起而進。上世處爲上九薄堅剛起之陽，爲止。説明於世爲此已得成起而進雖受到除啓却終不能被阻止繼續蒙而行進。六三因此呈蒙已有所除，然爲成其事仍蒙而不顧行難力斥有礙之爲得行而力進，於世爲此已得成起而進雖受到除啓却終不能被阻止繼續蒙而行進之象。"勿用取女"者，女謂六三，對爲成其事仍蒙而不顧行難力斥有礙之爲得行而力進，於世爲此已得成起而進之爲絶不能取用之謂。"見金夫不有躬，无攸利"者，金夫謂上九，雖受到除啓却終不能被阻止繼續蒙而行進以往必无攸利之謂。

六四：困蒙，吝。

【釋】

六四爲上止初，上承六五之堅而間斥上九之剛，爲斥剛堅至之陰。説明因蒙不被阻止，爲進成其事蒙而不顧進難成至而力進。下乘爲六三斥剛堅進之陰。説明其處還難。又下乘六三之堅與九二之剛處之生動，九二爲陷，有陷而動之解（上）象。説明由於還難爲成得解而進。下世處爲初六斥剛堅長之陰，斥所承九二之剛而陷。説明於世爲此由於還難爲成得解而進然終不得力助使蒙困而行進。六四因此呈因蒙不被阻止，爲進成其事蒙而不顧進難成至而力進，於世爲此由於還難爲成得解而進然終不得力助使蒙困而行進之象。"困蒙"者，於世爲此由於還難爲成得解而進然終不得力助使蒙困之謂。"吝"者，蒙困而行進以往於世必吝之謂（順注：由此可見作者爲啓蒙除蒙對世之要求所在）。

六五：童蒙，吉。

【釋】

六五爲上止處中，下乘六四之堅而協，上承上九之剛而斥，爲斥剛至堅之陰。説明因蒙被困，爲達成其事蒙而不顧進難至爲而力進。下世處爲九二薄堅剛進之陽，而九二之剛對此有陷而動之解象，爲陷。説明於世爲此雖蒙然爲得解已成對有礙（蒙陷）之在至以除斥而進使蒙得逐出而行進。六五因此呈因蒙被困，爲達成其事蒙而不顧進難至爲而力進，但於世爲此雖蒙然爲得解已成對有礙（蒙陷）之在至以除斥而進使蒙得逐出而行進之象。"童蒙"者，於世爲此雖蒙然爲得解已成對有礙（蒙陷）之在至以除斥而進使蒙得逐出之謂。"吉"者，使蒙得逐出而行進以往必吉之謂。

上九：擊蒙。不利爲寇，利禦寇。

【釋】

上九爲上止上，下乘六五之堅、六四之堅而薄，爲薄堅剛起之陽。説明蒙已得逐出，爲更成其事除去蒙行不顧進難力斥有礙之爲成起而力進。下世處爲六三斥剛堅進之陰，上承爲六四斥剛堅至之陰，協初六之堅斥所乘九二之剛，爲陷。説明於世爲除蒙已成對凡一切有礙（蒙陷）之在至力除斥而行進。上九因此呈蒙已得逐出，爲更成其事除去蒙行不顧進難力斥有礙之爲成起而力進，於世爲除蒙已成對凡一切有礙（蒙陷）之在至力除斥而行進之象。"擊蒙"者，爲更成其事除去蒙行不顧進難力斥有礙之爲成起而力進之謂。"不利爲寇，利禦寇"者，於世爲除蒙已成對凡一切有礙（蒙陷）之在至力除斥而行進以往使必不利爲寇，利禦寇之謂。

【按】

因此次叙爲成除蒙還需進行給養方能達目的之需也。

【屯蒙二卦概述】

屯蒙二卦爲上經自乾坤二卦之後具體入經所在。屯卦叙述事物爲在艱難中奮出求新生到衹爲自己出發而仍陷於險不能出，故應進行啓蒙除蒙。蒙卦叙述世對蒙行進行除啓到自己爲成其事對蒙陷進行除斥，説明人世無有超越人們之上的啓蒙除蒙救世主存在，相反而是揭示了由人們的生活和它的進程所需，方産生出要求啓蒙除蒙及其作爲這一世之真理。歸結二卦之叙思維之形成、事物之生化、義理之所在、邏輯之過程極致，爲首自乾坤二卦天道地道與世間人道之運行變化事物根本規律過程與根本邏輯過程之後至於坎離、至於既濟未濟六十二卦天地人世萬物陰陽剛柔薄順關係雜居過程，事物具體規律過程與具體邏輯過程，及其事物整體規律過程與整體邏輯過程開端之始。

《序卦傳》曰："物穉不可不養也，故受之以需。需者，飲食之道也。"

【注】

“飲食之道”，生活應爲之道也。

需䷄坎上乾下

【釋】

需下（內）健上（外）陷。內爲從剛至盛之卦，外爲往錯剛薄之卦。與晉䷢相錯，與訟䷅反錯。健而陷。有事物剛健而遇險陷之象，有人們應爲之事要不被險陷需進行給養、給育之意。“需”者，給養、給育之謂。

需，有孚，光亨，貞吉。利涉大川。

【釋】

“需，有孚，光亨，貞吉”者，給養要不畏艱難持續不斷以往，方能使之發出光彩成之通達成之正固而吉祥之謂（順注：子字上加爪字爲孚字，爲子用爪，爲不畏艱難滿懷信心而力爲力進之意。縱觀全經孚字皆此）。“利涉大川”者，如此之給養育人育物必利於涉險克難以往之謂。

初九：需于郊，利用恒。无咎。

【釋】

初九爲下健初，上承九二剛出盛起之陽而間，爲薄堅剛之陽。說明爲能應爲之事不被險陷不畏艱難而力進。上世處爲六四斥剛堅長之陰，下乘爲九三應柔盛之陽，爲陷。說明於世爲此至爲險陷，所事之進十分艱難需持續給養方能成行進（參屯初九“磐桓”、“利居貞”，大畜初九“有厲，利已”之義）。初九因此呈爲能應爲之事不被險陷不畏艱難而力進，然於世爲此至爲險陷，所事之進十分艱難需持續給養方能成行進之象。“需于郊，利用恒”者，郊爲西北與堅薄剛起之地，於世要應爲之事不被險陷需從始給養并持續不斷方能成行進以往之謂（順注：需初爻出現恒字請參恒初爻之義，作者以不同的爻義說明着不同的恒理）。“无咎”者，衹有如此給養方能无咎之謂。

九二：需于沙。小有言，終吉。

【釋】

九二爲下健處中，下乘初九之剛而協，上承九三之盛而間，爲薄堅剛出盛起之陽。說明始有給養，爲得應爲之事不被險陷力除所難得起而力進。上世處爲九五薄堅剛進之陽，薄所乘六四之堅、所承上六之堅而陷。說明於世爲此仍十分艱險，所事之進需給養始終警惕細察方能成行進（參節九二“不出門庭，凶”之義，又近相反）。九二因此呈始有給養，爲得應爲之事不被險陷力除所難得起而力進，但於世爲此仍十分艱險，所事之進需給養始終警惕細察方能成行進之象。“需于沙”者，沙者坦而陷者也，於世爲此需給養始終警惕細察方能成行進以往之謂。“小有言，終吉”者，雖於求而行進以往的有言，然終吉之謂。

九三：需于泥。致寇至。

【釋】

九三爲下健上，下乘九二剛出盛起之陽而協，爲應柔盛之陽。説明已有給養，爲成應爲之事不被險陷得行而力進。上承爲六四斥剛堅長之陰。説明所進艱難。上世處爲上六斥剛堅進之陰，協六四之堅斥所乘九五之剛，爲陷。説明於世爲此還仍相當險陷，所事之進仍很艱難，然終因給養求切行進而陷於險（参大壯九三“羝羊觸藩，羸其角”之義）。九三因此呈已有給養，爲成應爲之事不被險陷得行而力進，雖於世爲此還仍相當險陷，所事之進仍很艱難，然終因給養求切行進而陷於險之象。“需于泥”者，土之極謂之泥（参震九四“震遂泥”，極而行之謂），於世爲此還仍相當險陷，所事之進仍很艱難，然終因給養求切行進以往之謂。“致寇至”者，寇爲六四，給養求切行進以往而陷於險致寇至之謂。

六四：需于血。出自穴。

【釋】

六四爲上陷初，上承九五之剛而斥間上六之堅，爲斥剛堅長之陰。説明因給養求切被陷，爲得成應爲之事不被險陷不顧行難至起而力進。下乘爲九三應柔盛之陽。説明其處十分困難。下世處爲初九薄堅剛之陽，爲健。説明於世爲此雖十分困難但給養以對有礙（所難）之在至力除斥而得出行進（参泰六四“翩翩不富”之義，又成相反）。六四因此呈因給養求切被陷，爲得成應爲之事不被險陷不顧行難至起而力進，於世爲此雖十分困難但給養以對有礙之在至力除斥而得出行進之象。“需于血”者，艱辛謂之血，於世爲此雖十分困難但給養以對有礙之在至力除斥而進之謂。“出自穴”者，對有礙之在至力除斥而得出行進以往之謂。

九五：需于酒食。貞吉。

【釋】

九五爲上陷處中，下乘六四之堅而薄，上承上六之堅而薄，爲薄堅剛進之陽。説明進有給養，爲進成應爲之事不被險陷不顧行難力斥有礙之爲成進而力進。下世處爲九二剛出盛起之陽，協所乘初九之剛，爲健。説明於世爲此雖已得成起而進，然還很難需給養以爲之有序而行進。九五因此呈進有給養，爲進成應爲之事不被險陷不顧行難力斥有礙之爲成進而力進，於世爲此雖已得成起而進，然還很難需給養以爲之有序而行進之象。“需于酒食”者，進之有序謂之酒食，於世爲此雖已得成起而進，然還很難需給養以爲之有序而行進以往之謂。“貞吉”者，如此給養而行進以往必能正固而吉之謂（参節九五“甘節，吉。往有尚”之義，又有不同）。

上六：入于穴。有不速之客三人來，敬之終吉。

【釋】

上六爲上陷上，下乘九五之剛而斥協六四之堅，爲斥剛堅進之陰。説明更有給養，爲更成應爲之事不被險陷不顧行難力斥有礙之爲成行而力進。下世處爲九三應柔盛之陽，上承爲六四斥剛堅長之陰，協所乘九二剛出盛起之陽，爲健。説明於世爲此雖還很難由於給養對此不顧而顧己至以行進使事又被陷（参大壯上六“不能遂”，既濟上六“濡其首，厲”之義）。上六因此呈更有給養，爲更成應爲之事不被險陷不顧行難力斥有礙之爲成行而力進，於世爲此雖還很難由於給養對此不顧而顧己至以行進使事又被陷之象。“入于穴”者，於世爲此雖還很難由於給養對此不顧而顧己至以行進以往使事又被陷之謂。“有不速之客三人來，敬之終吉”者，由於給養對此不顧而顧己至以行進以往使事又被陷使斥之九五、協之六四、責之九三一齊上門來指斥評理（參解九二“田獲三狐”，巽六四“田獲三品”之義），上六面對三人衹有不得不讓不敬而終吉之謂。

【按】

因此次叙世間應爲之事給養衹顧自己不顧他人以往必會被陷生争執求决斷之訟也。

《序卦傳》曰：“飲食必有訟，故受之以訟。”

訟䷅乾上坎下

【釋】

訟下（内）陷上（外）健。内爲往錯剛薄之卦，外爲從剛至盛之卦。與明夷䷣相錯，與需䷄反錯。陷而健。有事物被險陷而求剛健之象，有人們應爲之事被陷而求剛正决斷之意。“訟”者，争訟、處訟之謂。

訟，有孚窒惕。中吉終凶。利見大人。不利涉大川。

【釋】

“訟，有孚窒惕”者，對應爲之事争訟、處訟應不畏艱難而爲而進始終警惕以往方能得以公正合理决斷之謂。“中吉終凶”者，雖能以訟勝而得吉，然訟不斷終將成凶之謂。“利見大人”者，訟事應利見爲世爲民之大人方能得合理决斷之謂。“不利涉大川”者，訟事不斷畢竟由世所起，故必不利於世往之謂（順注：作者之訟卦卦辭爲如何進行處訟，如何對待訟事而爲之根本所在）。

初六：不永所事。小有言，終吉。

【釋】

初六爲下陷初，上承九二之剛而斥間六三之堅，爲斥剛堅長之陰。説明爲能應爲之事出陷不顧行難長起而訟力進。上世處爲九四薄堅剛之陽，下乘爲六三斥剛堅進之陰，爲健。説明於世爲此極爲艱難而不永所事（參困初六“入于幽谷”之義，又近相反）。初六因此呈爲能應爲之事出陷不顧行難長起而訟力進，然於世爲此極爲艱難而不永所事之象。“不永所事”者，爲能應爲之事出陷不顧行難長起而訟力進，然於世爲此極爲艱難而不永所事之謂。“小有言，終吉”者，雖於力訟以往的有言，然終吉之謂。

九二：不克訟，歸而逋。其邑人三百户无眚。

【釋】

九二爲下陷處中，下乘初六之堅而薄，上承六三之堅而薄，爲薄堅剛進之陽。説明因有不永所事，爲得應爲之事出陷不顧行難力斥有礙之爲得進而訟力進。上世處爲九五剛出盛起之陽，協所乘九四之剛，間所承上九之盛，爲健。説明於世爲此仍極難雖力以成進然不能克訟而越深其陷（參困九二“征凶。无咎”之義，又近相反）。九二因此呈因有不永所事，爲得應爲之事出陷不顧行難力斥有礙之爲得進而訟力進，但於世爲此仍極難雖力以成進然不能克訟而越深其陷之象。“不克訟，歸而逋”者，於世爲此仍極難雖力以成進然不能克訟而越深其陷遭到緝捕之謂（順注：由辭可見商時一般人犯邑里有獄）。“其邑人三百户无眚”者，由於其遭到緝捕而使邑人三百户得以無有災眚之謂（順注：三爲通數。由辭也可見商時一般邑在百户以上至幾百户）。

六三：食舊德，貞厲。終吉。或從王事，无成。

【釋】

六三爲下陷上，下乘九二之剛而斥協初六之堅，爲斥剛堅進之陰。説明因越深其陷，爲得成應爲之事出陷不顧行難力斥有礙之爲得行而訟力進。上承爲九四薄堅剛之陽。説明所進艱難。上世處爲上九應柔盛之陽，協所乘九五剛出盛起之陽，爲健。説明於世爲此所進艱難且成極難而不以所事行進（參困六三“凶”之義，又近相反）。六三因此呈因越深其陷，爲得成應爲之事出陷不顧行難力斥有礙之爲得行而訟力進，於世爲此所進艱難且成極難而不以所事行進之象。“食舊德”者，爲得成應爲之事出陷不顧行難力斥有礙之爲得行而訟力進之謂。“貞厲”者，於世爲此所進艱難且成極難之謂。“終吉”者，所進艱難且成極難而不以所事行進以往之謂。“或從王事，无成”者，以其所求之理從事世事必將无成之謂（順注：作者之告誡是何等的正確，説明所求之理與所行之理之關係）。

九四：不克訟，復即命。渝。安貞吉。

【釋】

九四爲上健初，上承九五剛出盛起之陽而間，爲薄堅剛之陽。説明因所訟極難，爲成應爲之事出陷不畏艱難至力而訟力進。下乘爲六三斥剛堅進之陰。説明力除有礙之在而進。下世處爲初六斥剛堅長之陰，爲陷。説明於世爲此已成對有礙（訟陷）之在至力除斥而行進。九四因此呈因所訟極難，爲成應爲之事出陷不畏艱難至力而訟力進，於世爲此已成對有礙（訟陷）之在至力除斥而行進之象。“不克訟，復即命”者，爲成應爲之事出陷不畏艱難至力而訟力進，雖還不能克訟但已復進在即訟命之謂（順注：訟四爻出現復字請參復四爻之義）。“渝”者，於世爲此已成對有礙（訟陷）之在至力除斥而行進以往之謂。“安貞吉”者，安於此而行進以往必能正固而吉之謂（參困九四“有終”之義，幾近相類）。

九五：訟，元吉。

【釋】

九五爲上健處中，下乘九四之剛而協，上承上九之盛而間，爲薄堅剛出盛起之陽。説明訟已有所進，爲進成應爲之事出陷力除所難成起而訟力進。下世處爲九二薄堅剛進之陽，薄所承六三之堅而陷。説明於世爲此雖難但已成對有礙（訟陷）之在至以圖除而行進。九五因此呈訟已有所進，爲進成應爲之事出陷力除所難成起而訟力進，於世爲此雖難但已成對有礙（訟陷）之在至以圖除而行進之象。“訟”者，爲進成應爲之事出陷力除所難成起而訟力進之謂。“元吉”者，於世爲此雖難但已成對有礙（訟陷）之在至以圖除而行進以往使所訟始呈吉祥之謂（參困九五“利用祭祀”之義，幾近相類）。

上九：或錫之鞶帶，終朝三褫之。

【釋】

上九爲上健上，下乘九五剛出盛起之陽而協，爲應柔盛之陽。説明訟已成所進，爲更成應爲之事出陷成行而訟力進。下世處爲六三斥剛堅進之陰，上承爲九四薄堅剛之陽，協初六之堅斥所乘九二之剛，爲陷。説明於世已成爲己需要對凡一切有礙（訟陷）之在極以圖除而行進（參噬嗑上九“何校滅耳，凶”，无妄上九“行有眚，无攸利”之義）。上九因此呈訟已成所進，爲更成應爲之事出陷成行而訟力進，於世已成爲己需要對凡一切有礙（訟陷）之在極以圖除而行進之象。“或錫之鞶帶”者，爲更成應爲之事出陷成行而訟力進之謂。“終朝三褫之”者，凶悍角虎穿着服飾而爲謂之褫，三爲通數，於世已成爲己需要對凡一切有礙（訟陷）之在極以圖除而行進以往，即不斷凶悍而爲使之衹能按其行而成極害於世之謂（參困上六“征吉”之義，又極不相同）。

【按】

因此次叙爲征討得勢逞凶爲害萬民之師也。

《序卦傳》曰：“訟必有衆起，故受之以師。師者，衆也。”

師䷆坤上坎下

【釋】

師下（内）陷上（外）順。内爲往錯剛薄之卦，外爲從堅至柔之卦。與同人䷌相錯，與比䷇反錯。陷而順。有事物不顧險陷爲成順之象，有人們不顧險陷爲世成順之意。“師”者，不顧險陷爲人世成順之謂。

師，貞。大人吉。无咎。

【釋】

“師，貞”者，所成之師必須正固方成之謂。“大人吉”者，世所利見之大人帥師征討於世必吉之謂（順注：據卦象卦義、爻象爻義并證之全經應爲大，爲丈爲非，應爲筆誤)。"无咎"者，以利見之大人帥師征討得勢逞凶爲害萬民之惡必能使世成順而无咎之謂。

初六：師出以律，否臧凶。

【釋】

初六爲下陷初，上承九二之剛而斥間六三之堅，爲斥剛堅長之陰。説明爲能除去世惡成世順不顧行難長起而力進。上世處爲六四斥剛堅之陰，而六四之堅對此有動而順之復象，下乘爲六三斥剛堅進之陰，爲順。説明於世爲復進已得成起而行進。初六因此呈爲能除去世惡成世順不顧行難長起而力進。於世爲復進已得成起而行進之象。"師出以律"者，祇有以除世惡成世順爲其根本之律方能正固所成之師行進以往之謂。"否臧凶"者，如否此必不能真正成進而使世必致於凶之謂（順注：作者七字之旨爲辨别是否爲仁義之師之根本所在)。

九二：在師中吉，无咎。王三錫命。

【釋】

九二爲下陷處中，下乘初六之堅而薄，上承六三之堅而薄，爲薄堅剛進之陽。説明始有所進，爲得除去世惡成世順不顧行難力斥有礙之爲得進而力進。又上承六三之堅與六四之堅處之生動，六四爲順，有動而順之復（下）象。説明復進有着艱難過程。上世處爲六五堅極柔起之陰，協所乘六四之堅，爲順。説明於世爲此復進雖有着艱難過程但已成得從而行進。九二因此呈始有所進，爲得除去世惡成世順不顧行難力斥有礙之爲得進而力進，於世爲此復進雖有艱難過程但已成得從而行進之象。"在師中吉，无咎"者，爲得除去世惡成世順不顧行難力斥有礙之爲已得進而力進必使吉而无咎之謂。"王三錫命"者，王謂六五，三爲通數，於世爲此復進雖有艱難過程但已得從而行進以往之謂（順注：作者此王爲得世所望所從任重道難之隱語)。

六三：師或輿尸。凶。

【釋】

六三爲下陷上，下乘九二之剛而斥協初六之堅，爲斥剛堅進之陰。説明已有所進，爲成除去世惡成世順不顧行難力斥有礙之爲得行而力進。上承爲六四斥剛堅之陰。説明已能成起而進。上世處爲上六順剛柔之陰，協所乘六五堅極柔起之陰，爲順。説明於世爲此雖已能成起而進然進還極難而力成行進致遭重大挫折（参復六三"頻復。厲"，困六三"凶"之義)。六三因此呈已有所進，爲成除去世惡成世順不顧行難力斥有礙之爲得行而力進，於世爲此雖已能成起而進然進還極難而力成行進致遭重大挫折之象。"師或輿尸"者，於世爲此雖已能成起而進然進還極難而力成行進以往致遭重大挫折之謂。"凶"者，如此而力成行進以往必凶之謂。

六四：師左次。无咎。

【釋】

六四爲上順初，上承六五堅極柔起之陰而間，爲斥剛堅之陰。説明因遭挫折，爲得成除去世惡成世順達到目的至力而力進。下乘爲六三斥剛堅進之陰。説明得力而進。又下乘六三之堅與九二之剛處之生動，九二爲陷，有陷而動之解（上）象。説明爲成得解已得力而進。下世處爲初六斥剛堅長之陰，斥所承九二之剛而陷。説明於世爲成得解已得力而進然惡陷仍重而逐成行進。六四因此呈因遭挫折，爲得成除去世惡成世順達到目的至力而力進，於世爲成得解已得力而進然惡陷仍重而逐成行進之象。“師左次”者，爲成得解已得力而進謂之左次，於世爲成得解已得力而進然惡陷仍重而逐成行進以往之謂。“无咎”者，如此而行進以往必然无咎之謂。

六五：田有禽，利執言。无咎。長子帥師，弟子輿尸。貞凶。

【釋】

六五爲上順處中，下乘六四之堅而協，爲斥剛堅極柔起之陰。説明重成所進，爲進成除去世惡成世順摒弃其害成起而力進。下世處爲九二薄堅剛進之陽，而九二之剛對此有陷而動之解象，薄所承六三之堅而陷。説明於世爲成得解除世惡以萬民所求爲從（從剛）已成不顧行難而至力行進（參未濟六五“君子之光有孚”之義）。六五因此呈重成所進，爲進成除去世惡成世順摒弃其害成起而力進，於世爲成得解除世惡以萬民所求爲從已成不顧行難而至力行進之象。“田有禽”者，禽謂六三，世惡已處衆目睽睽之謂（順注：田有毁害莊稼之禽與世有爲害萬民之褫相對，又與恒九四“田无禽”相對。又注：分明爲世有惡，而用義通之田有禽，可見用語之隱潛，更可見爲作者在羑里所作無疑）。“利執言”者，面對世惡必須正義執言全力進除之謂。“无咎”者，面對世惡正義執言全力進除必无咎之謂。“長子帥師，弟子輿尸”者，於世爲成得解除世惡以萬民所求爲從已成不顧行難而至力行進以往，即長子帥師（注：剛進之陽得柔起之陰從而長爲至剛之長子）與世惡全力奮戰，弟子做好各種犧牲打算與準備之謂。“貞凶”者，不顧行難而力進取得成功但付出了極大代價之謂。

上六：大君有命。開國承家，小人勿用。

【釋】

上六爲上順上，下乘六五堅極柔起之陰而協，爲順剛柔之陰。説明進成所進，爲更成除去世惡成世順成行而力進。下世處爲六三斥剛堅進之陰，上承爲六四斥剛堅之陰，協初六之堅斥所乘九二之剛而陷。説明於世爲國爲家不顧所難已成對凡一切有害存在極力摒弃而行進（參訟上九“終朝三褫之”之義，又成相反）。上六因此呈進成所進，爲更成除去世惡成世順成行而力進，於世爲國爲家不顧所難已成對凡一切有害存在極力摒弃而行進之象。“大君有命”者，克除世惡成世順最高人物（世之大人）有命之謂。“開國承家，小人勿用”者，小人謂六三、初六，吸取世惡得勢逞凶爲害萬民教訓，不能讓險惡小人有機可乘之謂。

【按】

因此次叙世爲開國承家進用進行比較鑒别之比也。

《序卦傳》曰:“衆必有所比,故受之以比。比者,比也。”

比䷇坎上坤下

【釋】

比下(内)順上(外)陷。内爲從堅至柔之卦,外爲往錯剛薄之卦。與大有䷍相錯,與師䷆反錯。順而陷。有事物爲成順而需除險陷之象,有人們爲世成順而需除險惡小人之意。“比”者,相比、争比之謂。

比,吉。原筮元永貞,无咎。不寧方來,後夫凶。

【釋】

“比,吉”者,爲去除險惡小人而相比、争比必吉之謂。“原筮元永貞,无咎”者,以原本之意進行相比,争比必能使世開始永爲正固而无咎之謂。“不寧方來,後夫凶”者,同時險惡小人也會乘機而圖,如不能在争比中克除小人,則於世於後必凶之謂(順注:作者自屯至蒙至需至訟至師至比之過程爲世行一大規律與邏輯之過程)。

初六:有孚比之,无咎。有孚盈缶,終來有他吉。

【釋】

初六爲下順初,上承六二堅極柔起之陰而間,爲斥剛堅之陰。説明爲能去除險惡小人進用達到目的而比力進。上世處爲六四斥剛堅長之陰,下乘爲六三順剛柔之陰,斥所承九五之剛而陷。説明於世爲此至爲困難且險陷難行而力求行進。初六因此呈爲能去除險惡小人進用達到目的而比力進,然於世爲此至爲困難且險陷難行而力求行進之象。“有孚比之,无咎”者,爲能去除險惡小人進用達到目的而比力進必然无咎之謂。“有孚盈缶,終來有他吉”者,雖於世爲此至爲困難且險陷難行,但爲去除險惡小人而比力求行進以往必能使自己盈進,終來有他吉之謂。

六二:比之自内,貞吉。

【釋】

六二爲下順處中,下乘初六之堅而協,上承六三之柔而間,爲斥剛堅極柔起之陰。説明始得比進,爲得去除險惡小人進用摒弃其害得起而比力進。上世處爲九五薄堅剛進之陽,薄所承上六之堅而陷。説明於世爲此從剛不顧險陷行難而力以行進。六二因此呈始得比進,爲得去除險惡小人進用摒弃其害得起而比力進,於世爲此從剛不顧險陷行難而力以行進之象。“比之自内”者,由比而使自己成之盈進謂之比之自内。爲得去除險惡小人進用自己能摒弃其害得起而比力進之謂。“貞吉”者,於世爲此從剛不顧險陷行難而力以行進以往必能使自己正固而吉之謂。

六三:比之匪人。

【釋】

六三爲下順上，下乘六二堅極柔起之陰而協，爲順剛柔之陰。説明已得比進，爲成去除險惡小人進用得行而比力進。上承爲六四斥剛堅長之陰。説明進成艱難。上世處爲上六斥剛堅進之陰，協六四之堅斥所乘九五之剛而陷。説明於世爲此已成極爲艱難且險陷難行而求力成行進。六三因此呈已得比進，爲成去除險惡小人進用得行而比力進，但於世爲此已成極爲艱難且險陷難行而求力成行進之象。"比之匪人"者，不是人謂之匪人（順注：匪人比小人更尤，參"否之匪人"之義），於世爲此受險惡小人千方百計壓制阻撓使成極爲艱難且險陷難行之謂。

六四：外比之，貞吉。

【釋】

六四爲上陷初，上承九五之剛而斥間上六之堅，爲斥剛堅長之陰。説明因被壓阻，爲得成去除險惡小人進用不顧行難至起而比力進。下乘爲六三順剛柔之陰。説明已成極盡而進。下世處爲初六斥剛堅之陰，爲順。説明於世爲此已成極盡竭力而行進（參坤六四"括囊"、剥六四"剥牀以膚。凶"之義，又成相反）。六四因此呈因被壓阻，爲得成去除險惡小人進用不顧行難至起而比力進，於世爲此已成極盡竭力而行進之象。"外比之"者，於世爲此已成極盡竭力而行進以往之謂。"貞吉"者，如此而比行進以往必能使世正固而吉之謂。

九五：顯比。王用三驅，失前禽。邑人不誡。吉。

【釋】

九五爲上陷處中，下乘六四之堅而薄，上承上六之堅而薄，爲薄堅剛進之陽。説明已成比進，爲進成去除險惡小人進用不顧行難力斥有礙之爲成進而比力進。下世處爲六二堅極柔起之陰，協所乘初六之堅，爲順。説明於世爲此雖還難但已成得從而至力行進。九五因此呈已成比進，爲進成去除險惡小人進用不顧行難力斥有礙之爲成進而比力進，於世爲此雖還難但已成得從而至力行進之象。"顯比"者，爲進成去除險惡小人進用不顧行難力斥有礙之爲成進而比力進之謂。"王用三驅，失前禽"者，禽謂上六爲險惡小人（參恒九四"田无禽"之義），於世爲此雖還難但已成得從而至力行進以往使之不斷驅逐險惡小人，對不服驅逐還要抗拒的險惡小人加以懲處示戒之謂。"邑人不誡"者，下民皆可數險惡小人之爲而使世察上察，加以驅逐之謂。"吉"者，如此而比行進以往於世必吉之謂。

上六：比之无首，凶。

【釋】

上六爲上陷上，下乘九五之剛而斥協六四之堅，爲斥剛堅進之陰。説明大成比進，爲更成去除險惡小人進用不顧行難力斥有礙之爲成行而比力進。下世處爲六三順剛柔之陰，上承爲六四斥剛堅長之陰，協所乘六二堅極柔起之陰，爲順。説明於世已成爲已需要極盡而行進必將成凶（參需上六“入于穴”之義，又有不同）。上六因此呈大成比進，爲更成去除險惡小人進用不顧行難力斥有礙之爲成行而比力進，於世已成爲已需要極盡而行進必將成凶之象。“比之无首”者，於世已成爲已需要極盡而行進以往之謂。“凶”者，爲已需要極盡而行進以往必將成凶之謂（順注：此爲作者對事致極必將成凶之告）。

【按】

因此次叙世成去除險惡小人進用之比求進必成增財畜物之小畜也。

《序卦傳》曰：“比必有所畜，故受之以小畜。”

小畜☴☰巽上乾下

【釋】

小畜下（内）健上（外）入。内爲從剛至盛之卦，外爲往錯柔順之卦。與豫☳☷相錯，與履☰☱反錯。健而入。有事物剛健而入進之象，有人們奮力争比而入進必成增財畜物之意。“小畜”者，成增財畜物之謂。

小畜，亨。密雲不雨，自我西郊。

【釋】

“小畜，亨”者，增財畜物必成生活通達之謂。“密雲不雨，自我西郊”者，雲密而不下雨謂之密雲不雨，薄堅剛起之地謂之西郊，即有天災而無人禍自我不斷克服困難而進成增財畜物所以然之謂。

初九：復自道，何其咎。吉。

【釋】

初九爲下健初，上承九二剛出盛起之陽而間，爲薄堅剛之陽。説明爲能增財畜物不畏艱難而力進。上世處爲六四順剛柔起之陰，而六四之柔對此有説而入之中孚象，下乘爲九三之盛，爲入。説明於世爲此以中正取信而行已成得從而行進。初九因此呈爲能增財畜物不畏艱難而力進，於世爲此以中正取信而行已成得從而行進之象。“復自道，何其咎”者，爲能增財畜物不畏艱難而力進使生活更好何其咎之謂（順注：小畜初爻出現復字請參復初爻之義）。“吉”者，於世爲此以中正取信而行已成得從而行進以往之謂。

九二：牽復，吉。

【釋】

九二爲下健處中，下乘初九之剛而協，上承九三之盛而間，爲薄堅剛出盛起之陽。説明始有畜進，爲得增財畜物力除所難得起而力進。又上承九三之盛與六四之柔處之生説，六四爲入，有説而入之中孚（下）象。説明已得取信於衆共往。上世處爲九五應柔亢至之陽，而九五之盛對此有麗而入之家人象，應所乘之四之柔而入。説明於世爲此已得取信於衆爲家爲業共往而行進。九二因此呈始有畜進，爲得增財畜物力除所難得起而力進，於世爲此已得取信於衆爲家爲業共往而行進之象。“牽復”者，於世爲此已得取信於衆爲家爲業共往而行進之謂（順注：小畜二爻出現復字請參復二爻之義）。“吉”者，如此而成行進以往必吉之謂。

九三：輿説輻，夫妻反目。

【釋】

九三爲下健上，下乘九二剛出盛起之陽而協，爲應柔盛之陽。説明已有畜進，爲成增財畜物得行而力進。上承爲六四順剛柔起之陰。説明進成十分困難。又上承六四之柔與九五之盛處之生麗，九五爲入，有麗而入之家人（下）象。説明由於家人少理解使進成十分困難（參家人九三“終吝”，巽九三“吝”之義）。上世處爲上九應柔至亢之陽，協所乘九五之盛應六四之柔而入。説明於世爲此能得成進由於家人少理解使進成十分困難而争執反目。九三因此呈已有畜進，爲成增財畜物得行而力進，於世爲此能得成進由於家人少理解使進成十分困難而争執反目之象。“輿説輻”者，畐從車爲輪輻之謂（參大畜九二“輿説輹”之義），於世爲此能得成進由於家人少理解使進成十分困難之謂。“夫妻反目”者，夫謂九三爲輿，妻謂六四爲輻，由於家人少理解使進成十分困難而争執反目之謂。

六四：有孚。血去惕出，无咎。

【釋】

六四爲上入初，上承九五之盛、上九之盛而順，爲順剛柔起之陰。説明因畜進失和，爲得成增財畜物摒弃其害成起而力進。下乘爲九三應柔盛之陽。説明其處極成與共。又下乘九三之盛與九二之盛處之生説，九二爲健，有健而説之夬（上）象。説明祇有決除私益之害方能極成與共而進。下世處爲初九薄堅剛之陽，間所承九二剛出盛起之陽，爲健。説明於世爲決除私益之害極成與共而從剛不顧艱難至爲行進。六四因此呈因畜進失和，爲得成增財畜物摒弃其害成起而力進，於世爲決除私益之害極成與共而從剛不顧艱難至爲行進之象。“有孚”者，爲得成增財畜物摒弃其害成起而力進之謂。“血去惕出”者，艱辛而得謂之血去，防止半途而廢謂之惕出，於世爲決除私益之害極成與共而從剛不顧艱難至爲行進以往之謂。“无咎”者，爲惕出而不顧艱難至爲行進以往必使无咎之謂。

九五：有孚攣如，富以其鄰。

【釋】

九五爲上入處中，下乘六四之柔而應，上承上九之盛而間，爲應柔亢至之陽。説明進有畜進，爲進成增財畜物成至而力進。又下乘六四之柔與九三之盛處之生麗，九三爲健，有健而麗之大有（上）象。説明爲成大有之富而進。下世處爲九二剛出盛起之陽，而九二之盛對此有健而説之夬象，協所乘初九之剛，爲健。説明於世爲此還存在困難過程然爲决除私益之害成大有之富至以相協而行進。九五因此呈進有畜進，爲進成增財畜物成至而力進，雖於世爲此還存在困難過程然爲决除私益之害成大有之富至以相協而行進之象。“有孚攣如”者，於世爲此還存在困難過程然爲决除私益之害成大有之富至以相協而行進以往之謂（參中孚九五“有孚攣如”之義，又有不同）。“富以其鄰”者，鄰謂九二，自己能否成大有之富與其鄰之是否能相協行進以往息息相關之謂（順注：此富以其鄰與謙六五“不富以其鄰”相對。作者在此深刻説明人世祇有成協和方能真正成進取之理）。

上九：既雨既處。尚德載婦，貞厲。月幾望，君子征凶。

【釋】

上九爲上入上，下乘九五之盛而協應六四之柔，爲應柔至亢之陽。説明進成畜進，爲更成增財畜物至行而力進。下世處爲九三應柔盛之陽，而九三之盛對此有健而明之大有象，上承爲六四順剛柔起之陰，協所乘九二剛出盛起之陽，爲健。説明於世爲成大有之富雖至力相協而進然終被一己私益阻撓而行進困難。上九因此呈進成畜進，爲更成增財畜物至行而力進，於世爲成大有之富雖至力相協而進然終被一己私益阻撓而行進困難之象。“既雨既處”者，上九至亢之陽行進困難而與六四柔起之陰成雨成處知終爲私益阻撓之謂（參鼎九三“方雨虧悔”、大過九二“老夫得其女妻”之義）。“尚德載婦”者，婦謂六四，力以達婦私益目的而求行進之謂（順注：此婦分明爲作者被拘於羑里作《易》時對包括當政而作梗祇爲私益在内阻世成進之暗語也）。“貞厲”者，如此而求行進必貞厲之謂。“月幾望”者，成事謂之月望，爲更成增財畜物至行而力進，於世爲成大有之富至力相協而進之謂。“君子征凶”者，至力相協而進但終被一己私益阻撓而行進困難之謂。

【按】

因此次叙爲世成物畜人人應明祇有履禮行事方能成事吉祥之履也。

《序卦傳》曰：“物畜然後有禮，故受之以履。”

【注】

“物畜”者，物要畜之謂。“禮”者，大道理也，相輔相成謂之禮，履行相輔相成謂之履。禮概括理、法二者而又極高於二者。長期以來被否認抹殺的禮在此放射出真理的光芒。

履☰ 乾上 兑下

【釋】

履下（内）説上（外）健。内爲往錯柔順之卦，外爲從剛至盛之卦。與謙☷相錯，與小畜☴反錯。説而健，有事物説乎剛健而行之象，有人們以禮説乎所必之事而成事行之意。“履”者，履禮而行之謂。

履虎尾，不咥人。亨。

【釋】

“履虎尾，不咥人”者，履禮而行，哪怕觸犯了剛暴也不至被傷害之謂。“亨”者，履禮而行必能成事通達之謂。

初九：素履，往无咎。

【釋】

初九爲下説初，上承九二之盛而間應六三之柔，爲應柔盛始起之陽。説明爲能事成力除所難出起而力進。上世處爲九四薄堅剛之陽，下乘爲六三順剛至柔之陰，間所承九五剛出盛起之陽，爲健。説明於世爲此雖相當艱難因履禮而逐得行進（參歸妹初九“征吉”之義，幾近相類）。初九因此呈爲能事成力除所難出起而力進，於世爲此雖相當艱難因履禮而逐得行進之象。“素履”者，無彩謂之素，於世爲此雖相當艱難因履禮而逐得行進以往之謂。“往无咎”者，如此而得行進以往必无咎之謂。

九二：履道坦坦，幽人貞吉。

【釋】

九二爲下説處中，下乘初九之盛而協，上承六三之柔而應，爲應柔盛起之陽。説明始有所進，爲得事成進除所難得起而力進。上世處爲九五剛出盛起之陽，協所乘九四之剛，間所承上九之盛，爲健。説明於世爲此雖仍相當困難因履禮而逐成行進。九二因此呈始有所進，爲得事成進除所難得起而力進，於世爲此雖仍相當困難因履禮而逐成行進之象。“履道坦坦”者，於世爲此雖仍相當困難因履禮而逐成行進以往之謂。“幽人貞吉”者，不明謂之幽，衹要履禮而行進以往即使於事往如何還不明之人也能得以正固而吉祥之謂。

六三：眇能視，跛能履。履虎尾，咥人凶。武人爲于大君。

【釋】

六三爲下説上，下乘九二之盛、初九之盛而順，爲順剛至柔之陰。説明已有所進，爲成事成已至而力進。上承爲九四薄堅剛之陽。説明爲成從剛而進。上世處爲上九應柔盛之陽，協所乘九五剛出盛起之陽，爲健。説明於世爲成從剛弃禮不顧仍爲困難而力成行進被咥（参升九三“升虚邑”之義，又有不同）。六三因此呈已有所進，爲成事已至而力進，於世爲成從剛弃禮不顧仍爲困難而力成行進被咥之象。“眇能視，跛能履”者，於世爲成從剛而進之謂。“履虎尾，咥人凶”者，爲成從剛弃禮不顧仍爲困難而力成行進以往被咥之謂。“武人爲于大君”者，猶如武人爲事對于大君有持無恐必禍及於身之謂。

九四，履虎尾，愬愬終吉。

【釋】

九四爲上健初，上承九五剛出盛起之陽而間，爲薄堅剛之陽。説明因事被咥，爲得成事成不畏艱難至力而力進。下乘爲六三順剛至柔之陰。説明因警惕履禮已成得從。下世處爲初九應柔盛始起之陽，間所承九二之盛應六三之柔而説。説明於世爲此因警惕履禮已成得從得起而行進。九四因此呈因事被咥，爲得成事成不畏艱難至力而力進，於世爲此因警惕履禮已成得從得起而行進之象。“履虎尾”者，爲得成事成不畏艱難至力而力進之謂。“愬愬終吉”者，於世爲此因警惕履禮已成得從得起而行進以往之謂。

九五：夬履，貞厲。

【釋】

九五爲上健處中，下乘九四之剛而協，上承上九之盛而間，爲薄堅剛出盛起之陽。説明重成所進，爲進成事成力除所難成起而力進。下世處爲九二應柔盛起之陽，協所乘初九之盛，應所承六三之柔而説。説明於世爲此由於已成極起而夬履行進。九五因此呈重成所進，爲進成事成力除所難成起而力進，於世爲此由於已成極起而夬履行進之象。“夬履”者，夬，决也，於世爲此由於已成極起而據事之相成决以履禮行進以往之謂（順注：履五爻出現“夬”字請參夬五爻之義）。“貞厲”者，如此而决以履禮行進以往於事必貞厲之謂。

上九：視履考祥，其旋元吉。

【釋】

上九爲上健上，下乘九五剛出盛起之陽而協，爲應柔盛之陽。説明因進成厲，爲更成事成成行而力進。下世處爲六三順剛至柔之陰，上承爲九四薄堅剛之陽，爲説。説明於世爲此由於重以履禮而極得共成百川入江不斷克難成事而行進。上九因此呈因進成厲，爲更成事成成行而力進，於世爲此由於重以履禮而極得共成百川入江不斷克難成事而行進之象。“視履考祥”者，視初“往无咎”、二“幽人貞吉”、三“咥人凶”、四“愬愬終吉”、五“貞厲”、上“其旋元吉”而考，世間不論上下、不論權貴、不論百姓凡爲事履禮而行必无咎必吉，凡爲事弃禮而行必凶，凡爲事夬履而行必厲，考祥使明祇有履禮而行方能事吉之謂。“其旋元吉”者，爲事由於重以履禮而極得共成百川入江事成不斷克難呈現吉祥而行進以往之謂。

【按】

因此次叙人們於事履禮而行必使世成泰安之泰也。

《序卦傳》曰：“履而泰然後安，故受之以泰。泰者，通也。”

泰☷☰坤上乾下

【釋】

泰下（内）健上（外）順。内爲從剛至盛之卦，外爲從堅至柔之卦。與否☰☷相錯并反錯（順注：泰原爲十二月卦中陽勢進，陰勢退之正月卦。《周易》用之其意大有區别）。健而順。有剛健行進而陰相順之象，有世理行進而人們與之順之意。“泰”者，世成泰安、泰通之謂。

泰，小往大來。吉。亨。

【釋】

“泰，小往大來”者，世間小者非者去而大者是者至必成泰安之謂。“吉”者，如此之去之至必吉之謂。“亨”者，如此之去之至必使通達之謂。

初九：拔茅茹以其彙。征吉。

【釋】

初九爲下健初，上承九二剛出盛起之陽而間，爲薄堅剛之陽。説明爲能世成泰安不畏艱難而力進。上世處爲六四斥剛堅之陰，下乘爲九三應柔盛之陽，間所承六五堅極柔起之陰，爲順。説明於世爲此雖極艱難而力爲行進。初九因此呈爲能世成泰安不畏艱難而力進，於世爲此雖極艱難而力爲行進之象。“拔茅茹以其彙”者，爲能世成泰安對非應不畏艱難從産生根源上加以拔除方能得以成之謂（順注：作者對此閃耀着治世必須治本方能成之光輝）。“征吉”者，於世爲此雖極艱難但祇要至力行進以往必能得成之謂。

九二：包荒，用馮河。不遐遺，朋亡。得尚于中行。

【釋】

九二爲下健處中，下乘初九之剛而協，上承九三之盛而間，爲薄堅剛出盛起之陽。説明始有所進，爲得世成泰安力除所難得起而力進。上世處爲六五堅極柔起之陰，協所乘之四之堅，爲順。説明於世爲此雖已得共然仍難而力以行進。九二因此呈始有所進，爲得世成泰安力除所難得起而力進，於世爲此雖已得共然仍難而力以行進之象。“包荒，用馮河”者，爲得世成泰安力除所難以求大同而力進之謂。“不遐遺，朋亡”者，在求進中不能因其遠而遺，不能因其近而朋之謂。“得尚于中行”者，所以如此完全得尚于以中正行進以往方能成之謂。

九三：无平不陂，无往不復，艱貞，无咎。勿恤其孚，于食有福。

【釋】

九三爲下健上，下乘九二剛出盛起之陽而協，爲應柔盛之陽。説明已有所進，爲成世成泰安得行而力進。上承爲六四斥剛堅之陰。説明進成艱難。上世處爲上六順剛柔之陰，協所乘六五堅極柔起之陰，爲順。説明於世爲此雖成得共然進成艱難而力成行進。九三因此呈已有所進，爲成世成泰安得行而力進，於世爲此雖成得共然進成艱難而力成行進之象。“无平不陂，无往不復”者，於世爲此雖成得共然進成艱難之謂。“艱貞，无咎”者，在艱難中求進必能使之正固而无有咎之謂（順注：作者之思想在此可見一斑）。“勿恤其孚，于食有福”者，勿恤進之艱難，應知於世於民有福之謂。

六四：翩翩不富，以其鄰不戒以孚。

【釋】

六四爲上順初，上承六五堅極柔起之陰而間，爲斥剛堅之陰。説明因所進艱難，爲得成世成泰安達到目的至力而力進。下乘爲九三應柔盛之陽。説明其處困難。下世處爲初九薄堅剛之陽，爲健。説明於世爲此困難而對有礙（困難）之在至力除斥而行進（参需六四“出自穴”之義，又成相反）。六四因此呈因所進艱難，爲得成世成泰安達到目的至力而力進，於世爲此困難而對有礙（困難）之在至力除斥而行進之象。“翩翩不富”者，看似力爲，實是有害之謂（順注：此爲作者對不要艱難求進，而圖虛華成進之戒）。“以其鄰不戒以孚”者，鄰謂九三，以其鄰祇爲求進不能戒之祇有通過艱苦努力方能達到所求目的之謂。

六五：帝乙歸妹，以祉元吉。

【釋】

六五爲上順處中，下乘六四之堅而協，上承上六之柔而間，爲斥剛堅極柔起之陰。説明因所爲有害，爲達成世成泰安摒弃其害成起而力進。下世處爲九二剛出盛起之陽，協所乘初九之剛，爲健。説明於世爲此雖還難但已成與共而至力行進。六五因此呈因所爲有害，爲達成世成泰安摒弃其害成起而力進，於世爲此雖還難但已成與共而至力行進之象。“帝乙歸妹”者，爲達成世成泰安摒弃其害成起而力進，於世爲此雖還難但已成與共而至力行進以往之謂（順注：此爻出現“歸妹”二字請参歸妹五爻之義）。“以祉元吉”者，如此而行進以往必使世始呈吉祥之謂。

上六：城復于隍。勿用師，自邑告命。貞吝。

【釋】

上六爲上順上，下乘六五堅極柔起之陰而協，爲順剛柔之陰。説明已成所進，爲更成世成泰安成行而力進。下世處爲九三應柔盛之陽，上承爲六四斥剛堅之陰，協所乘九二剛出盛起之陽，爲健。説明於世爲此已成祇爲其進而不顧事之進難柔極行進致使辛苦所成遭致毁没。上六因此呈已成所進，爲更成世成泰安成行而力進，於世爲此已成祇爲其進而不顧事之進難柔極行進致使辛苦所成遭致毁没之象。“城復于隍”者，爲更成世成泰安成行而力進，於世爲此已成祇爲其進而不顧事之進難柔極行進致使辛苦所成遭致毁没之謂（順注：此爻出現“復”字請参復上爻之義）。“勿用師”者，世之泰安被毁没不是用武力可挽回之謂。“自邑告命”者，世之泰安被毁没使民必告命之謂。“貞吝”者，祇爲其進而不顧事之進難柔極行進必貞吝之謂。

【按】

因此次叙世由泰安成否没之否也。

《序卦傳》曰：“物不可以終通，故受之以否。”

【注】

此天不變道亦不變之自然與社會之至理也。

否䷋乾上坤下

【釋】

否下（内）順上（外）健。内爲從堅至柔之卦，外爲從剛至盛之卦。與泰䷊相錯并反錯（順注：否原爲十二月卦中陰勢進，陽勢衰之七月卦。《周易》用之其意大有區别）。順而健。有陰行進而剛健被斥之象，有小人行進而世理被斥之意。"否"者，世理被否認、否没之謂。

否之匪人。不利君子貞。大往小來。

【釋】

"否之匪人"者，泰安之世被匪人所否之謂。"不利君子貞"者，否世不利於君子正固行事之謂。"大往小來"者，世間大者是者去而小者非者至必成否没必使閉塞之謂。

初六：拔茅茹以其彙。貞吉，亨。

【釋】

初六爲下順初，上承六二堅極柔起之陰而間，爲斥剛堅之陰。説明爲能否没世理達到目的而力進。上世處爲九四薄堅剛之陽，下乘爲六三順剛柔之陰，間所承九五剛出盛起之陽，爲健。説明於世爲此遭到激烈抗斥而行進艱難。初六因此呈爲能否没世理達到目的而力進，但於世爲此遭到激烈抗斥而行進艱難之象。"拔茅茹以其彙"者，於世爲此遭到激烈抗斥其必行進艱難，衹要及時從根源上除否所在必可去否而重成泰安之謂。"貞吉，亨"者，衹要以此奮力而爲必能重成世之正固而吉祥、通達之謂。

六二：包承。小人吉，大人否，亨。

【釋】

六二爲下順處中，下乘初六之堅而協，上承六三之柔而間，爲斥剛堅極柔起之陰。説明始有否没所進，爲得否没世理摒弃其害得起而力進。上世處爲九五剛出盛起之陽，協所乘九四之剛，爲健。説明於世爲此以新的面目與共進行否没而行進。六二因此呈始有否没所進，爲得否没世理摒弃其害得起而力進，於世爲此以新的面目與共進行否没而行進之象。"包承"者，原先赤裸裸的否没之進因遭激烈抗斥而行難摒弃，以新的面目與共進行否没而行進以往之謂。"小人吉，大人否，亨"者，其所承所爲被包了起來對小人之爲更利，對君子正固行事更否，但君子在此情形下正固所行事於世將更顯通達之謂。

六三：包羞。

【釋】

六三爲下順上，下乘六二堅極柔起之陰而協，爲順剛柔之陰。説明已得否没之進，爲成否没世理得行而力進。上承爲九四薄堅剛之陽。説明爲成從剛强爲而進。上世處爲上九應柔盛之陽，協所乘九五剛出盛起之陽，爲健。説明於世爲成從剛强爲與共進行否没而不斷行進。六三因此呈已得否没之進，爲成否没世理得行而力進，於世爲成從剛强爲與共進行否没而不斷行進之象。“包羞”者，把强爲否没世理之進而不斷畢露之羞以其説法包了起來用以蒙世而成不斷行進以往之謂。

九四：有命，无咎。疇離祉。

【釋】

九四爲上健初，上承九五剛出盛起之陽而間，爲薄堅剛之陽。説明已成否没之進，由於世理被不斷否没羞成叢生使君子與民起來不畏艱難而至力相抗力進。下乘爲六三順剛柔之陰。説明相抗已成得從而進。下世處爲初六斥剛堅之陰，間所承六二堅極柔起之陰，爲順。説明於世爲此已成得從對否没要害之在極力除斥而行進。九四因此呈已成否没之進，由於世理被不斷否没羞成叢生使君子與民起來不畏艱難而至力相抗力進，於世爲此已成得從對否没要害之在極力除斥而行進之象。“有命”者，由於世理被不斷否没羞成叢生使君子與民起來不畏艱難而至力相抗力進之謂。“无咎”者，與否没至力相抗而力進必无咎之謂。“疇離祉”者，於世爲此已成得從對否没要害之在極力除斥而進一定能使人心逐明共爲福祉除斥否没而行進以往之謂。

九五：休否。大人吉。其亡其亡，繫于苞桑。

【釋】

九五爲上健處中，下乘九四之剛而協，上承上九之盛而間，爲薄堅剛出盛起之陽。説明始有除否所進，爲得除去否没力除所難成起而力進。下世處爲六二堅極柔起之陰，協所乘初六之堅，爲順。説明於世爲此雖還害深但已得共而行進。九五因此呈始有除否所進，爲得除去否没力除所難成起而力進，於世爲此雖還害深但已得共而行進之象。休否者：世根本之理最終是無法被否没之謂。“大人吉”者，君子爲得除去否没力除所難已成起而力進之謂。“其亡其亡，繫于苞桑”者，苞桑者，生活根本所需之謂，即被否没之世理源於人們生活所需故到時必會得共爲除去否没而行進以往之謂。

上九：傾否。先否後喜。

【釋】

上九爲上健上，下乘九五剛出盛起之陽而協，爲應柔盛之陽。説明已有除否所進，爲得成除去否没成行而力進。下世處爲六三順剛柔之陰，上承爲九四薄堅剛之陽，協所乘六二堅極柔起之陰，爲順。説明於世爲此已成得共爲除去否没克難而極力行進。上九因此呈已有除否所進，爲得成除去否没成行而力進，於世爲此已成得共爲除去否没克難而極力行進之象。“傾否”者，爲得成除去否没成行而力進之謂。“先否後喜”者，於世爲此已成得共爲除去否没克難而極力行進以往，先前之否没必將被除去而後成喜之謂。

【按】

因此次叙爲成除去否没君子之同人也。

《序卦傳》曰："物不可以終否，故受之以同人。"

【注】

物不可以終否，故受之以爲世理還衹有志同道合行進方成之同人也。

同人䷌乾上離下

【釋】

同人下（内）麗上（外）健。内爲往錯柔順之卦，外爲從剛至盛之卦。與師䷆相錯，與大有䷍反錯。麗而健（順注：麗有光明、光彩之意）。有光明而剛健之象，有人們光明磊落爲世理除否没行進必能志同道合之意。"同人"者，志同道合之謂。

同人于野。亨。利涉大川。利君子貞。

【釋】

"同人于野"者，被斥不能世行謂之野（參坤上六"龍戰于野"之義），同人於世理被否没之世志同道合而成之謂。"亨"者，志同道合而成必然通達之謂。利涉大川者：志同道合而成必利於涉險克難而往之謂。"利君子貞"者，志同道合而成必利於君子正固行事之謂。

初九：同人于門，无咎。

【釋】

初九爲下麗初，上承六二之柔而應間九三之盛，爲應柔盛至之陽。説明爲能志同道合除去否没得行而力進。上世處爲九四薄堅剛之陽，下乘爲九三應柔至盛之陽，間所承九五剛出盛起之陽，爲健。説明於世爲此還很艱難而力爲行進。初九因此呈爲能志同道合除去否没得行而力進，然於世爲此還很艱難而力爲行進之象。"同人于門"者，幾代聚居的大户謂之門，爲能志同道合除去否没得行而力進，然於世爲此還很艱難而于門之謂。"无咎"者，爲此而于門力爲行進以往必然无咎之謂。

六二：同人于宗，吝。

【釋】

六二爲下麗處中，下乘初九之盛而順，上承九三之盛而順，爲順剛柔進之陰。説明始有所進，爲得志同道合除去否没得進而力進。上世處爲九五剛出盛起之陽，協所乘九四之剛，爲健。説明於世爲此還很難而力以行進。六二因此呈始有所進，爲得志同道合除去否没得進而力進，於世爲此還很難而力以行進之象。"同人于宗"者，族人聚居的村坊謂之宗，爲得志同道合除去否没得進而力進，於世爲此還很難而于宗之謂。"吝"者，爲此而力以行進于宗必吝之謂（參節九二"不出門庭，凶"之義）。

九三：伏戎于莽。升其高陵，三歲不興。

【釋】

九三爲下麗上，下乘六二之柔而應協初九之盛，爲應柔至盛之陽。説明因所進吝，爲得成志同道合除去否没已行而力進。上承爲九四薄堅剛之陽。説明進而艱難。上世處爲上九應柔盛之陽，協所乘九五剛出盛起之陽，爲健。説明於世爲此還進而艱難且成仍困難而力成行進。九三因此呈因所進吝，爲得成志同道合除去否没已行而力進，於世爲此還進而艱難且成仍困難而力成行進之象。“伏戎于莽”者，於世爲此進而艱難而伏戎于莽之謂。“升其高陵，三歲不興”者，三爲通數，進而艱難且成仍困難雖用了許多辦法、花了許多時間還收效甚微之謂。

九四：乘其墉，弗克攻。吉。

【釋】

九四爲上健初，上承九五剛出盛起之陽而間，爲薄堅剛之陽。説明因所進艱難，爲成志同道合除去否没不畏艱難至力而力進。下乘爲九三應柔至盛之陽。説明已得極起而進。下世處爲初九應柔盛至之陽，應所承六二之柔而麗。説明於世爲此已成極起初顯進除光彩而行進。九四因此呈因所進艱難，爲成志同道合除去否没不畏艱難至力而力進，於世爲此已成極起初顯進除光彩而行進之象。“乘其墉”者，被否没重斥重阻之謂。“弗克攻”者，爲成志同道合除去否没不畏艱難至力而力進，於世爲此已成極起初顯進除光彩而行進以往使否没無法對此克攻之謂（順注：此爻“弗克攻”與大有九三“小人弗克”義同）。“吉”者，如此而成行進以往必吉之謂。

九五：同人先號咷而後笑。大師克相遇。

【釋】

九五爲上健處中，下乘九四之剛而協，上承上九之盛而間，爲薄堅剛出盛起之陽。説明已得所進，爲進成志同道合除去否没力除所難成起而力進。下世處爲六二順剛柔進之陰，順所乘初九之盛、所承九三之盛而麗。説明於世爲此已大爲得共進顯進除光彩而至力行進。九五因此呈已得所進，爲進成志同道合除去否没力除所難成起而力進，於世爲此已大爲得共進顯進除光彩而至力行進之象。“同人先號咷而後笑”者，先爲進除否没困難重重不能起而進除傷悲，後爲通過不畏艱難力進得起直至爲此已成大爲得共進顯進除光彩而至力行進以往歡笑之謂。“大師克相遇”者，非經不畏艱難之努力與顯進除之光彩斷無大爲得共可能之謂。

上九：同人于郊，无悔。

【釋】

上九爲上健上，下乘九五剛出盛起之陽而協，爲應柔盛之陽。説明已成所進，爲更成志同道合除去否没成行而力進。下世處爲九三應柔至盛之陽，上承爲九四薄堅剛之陽，協初九之盛應六二之柔而麗。説明於世爲此已成不顧進難更顯進除光彩而極力行進。上九因此呈已成所進，爲更成志同道合除去否没成行而力進，於世爲此已成不顧進難更顯進除光彩而極力行進之象。“同人于郊”者，郊爲西北薄堅剛起之地，不顧進難爲更成志同道合除去否没而極力行進以往之謂。“无悔”者，爲此而極力行進以往必將无悔之謂。

【按】

因此次叙同人成而否没除物必成歸之大有也。

《序卦傳》曰：“與人同者物必歸焉，故受之以大有。”

大有䷍離上乾下

【釋】

大有下（内）健上（外）麗。内爲從剛至盛之卦，外爲往錯柔順之卦。與比䷇相錯，與同人䷌反錯。健而麗。有剛健而絢麗之象，有人們志同道合而絢麗行進物必成歸之意。“大有”者，物必成歸之謂。

大有，元亨。

【釋】

“大有，元亨”者，物歸成大有必使世生活始而成通達之謂（順注：作者自小畜至履至泰至否至同人至大有之過程爲世行繼而又一大規律與邏輯之過程）。

初九：无交害，匪咎。艱則无咎。

【釋】

初九爲下健初，上承九二剛出盛起之陽而間，爲薄堅剛之陽。説明爲能物成大有不畏艱難而力進。上世處爲九四應柔盛至之陽，下乘爲九三應柔盛之陽，應所承六五之柔而麗。説明於世爲此能得進取已始顯大有光彩而力以行進。初九因此呈爲能物成大有不畏艱難而力進，於世爲此能得進取已始顯大有光彩而力以行進之象。“无交害，匪咎”者，爲能物成大有不畏艱難而力進必无交害，必不是咎之謂。“艱則无咎”者，雖於世爲此能得進取已始顯大有光彩但祇有通過艱辛努力以往方能達到、方能无咎之謂。

九二：大車以載，有攸往。无咎。

【釋】

九二爲下健處中，下乘初九之剛而協，上承九三之盛而間，爲薄堅剛出盛起之陽。説明已有所進，爲得物成大有力除所難得起而力進。上世處爲六五順剛柔進之陰，而六五之柔對此有説而麗之睽象，順所乘九四之盛、所承上九之盛，爲麗。説明於世爲此雖遭小人之妒但能成進取已成得共進顯大有光彩而力成行進。九二因此呈已有所進，爲得物成大有力除所難得起而力進，於世爲此雖遭小人之妒但能成進取已成得共進顯大有光彩而力成行進之象。“大車以載”者，爲得物成大有通過艱辛努力而進已初見成效之謂。“有攸往”者，祇要繼續努力行進必有攸往之謂。“无咎”者，雖遭小人之妒但已成得共而進取以往必无有咎之謂。

九三：公用亨于天子，小人弗克。

【釋】

九三爲下健上，下乘九二剛出盛起之陽而協，爲應柔盛之陽。説明已得所進，爲成物成大有得行而力進。上承爲九四應柔盛至之陽。説明可成所進。又上承九四之盛與六五之柔處之生説，六五爲麗，有説而麗之睽（下）象。説明遭到小人中傷。上世處爲上九應柔至盛之陽，協九四之盛應六五之柔而麗。説明於世爲此雖成進取更顯大有光彩但必須克服小人中傷方能繼續至成行進。九三因此呈已得所進，爲成物成大有得行而力進，於世爲此雖成進取更顯大有光彩但必須克服小人中傷方能繼續至成行進之象。"公用亨于天子"者，爲克服小人中傷成進取設法將情通達於爲世爲民興盛之君之謂。"小人弗克"者，終於達到目的繼續至成行進以往之謂。

九四：匪其彭，无咎。

【釋】

九四爲上麗初，上承六五順剛柔進之陰而應間上九之盛，爲應柔盛至之陽。説明更有所進，爲進成物成大有成行而力進。下乘爲九三應柔盛之陽。説明其處成協。下世處爲初九薄堅剛之陽，間所承九二剛出盛起之陽，爲健。説明於世爲此衹有克除所難方能成協而行進。九四因此呈更有所進，爲進成物成大有成行而力進，然於世爲此衹有克除所難方能成協而行進之象。"匪其彭，无咎"者，衹要爲民着想不爲形式必能克除所難成協而行進以往使之无咎之謂。

六五：厥孚。交如威如，吉。

【釋】

六五爲上麗處中，下乘九四之盛而順，上承上九之盛而順，爲順剛柔進之陰。説明因所進有難，爲達成物成大有成進而力進。又下乘九四之盛與九三之盛處之生説，九三爲健，有健而説之夬（上）象。説明衹有至力決除有害之在方能成進。下世處爲九二剛出盛起之陽，協所乘初九之剛，爲健。説明於世爲此衹有至力決除有害之在方能與共克除所難而成行進。六五因此呈因所進有難，爲達成物成大有成進而力進，於世爲此衹有至力決除有害之在方能與共克除所難而成行進之象。"厥孚"者，因所進有難，爲達成物成大有成進而力進之謂。"交如威如"者，於世爲此衹有至力決除有害之在方能與共克除所難而成行進以往之謂。"吉"者，衹要如此而行進以往必吉之謂。

上九：自天祐之，吉无不利。

【釋】

上九爲上麗上，下乘六五之柔而應協九四之盛，爲應柔至盛之陽。説明重成所進，爲更成物成大有成至而力進。下世處爲九三應柔盛之陽，而九三之盛對此有健而説之夬象，上承爲九四應柔盛至之陽，協所乘九二剛出盛起之陽，爲健。説明於世爲此對有害之在不斷決除使極成協而行進。上九因此呈重成所進，爲更成物成大有成至而力進，於世爲此對有害之在不斷決除使極成協而行進之象。"自天祐之，吉无不利"者，天是什么？民心也。祐是什麽？民力也。民心、民力極成協自是自天祐之，吉无不利也（順注：由此可見作者以民心爲天，以民力爲祐之社會天道觀，比起世上一些人以民爲下爲愚來，作者是何等的值得尊敬，這些人是何等的應該唾弃）。

【按】

因此次叙不能將有大成績歸功於己之謙也。

《序卦傳》曰："有大者不可以盈，故受之以謙。"

謙☷☶坤上艮下

【釋】

謙下（内）止上（外）順。内爲往錯剛薄之卦，外爲從堅至柔之卦。與履☰☱相錯，與豫☳☷反錯。止而順。有止己而順之象，有制止自己而成順之意。"謙"者，謙虛、謙遜之謂。

謙，亨。君子有終。

【釋】

"謙，亨"者，謙虛必然使之通達之謂。"君子有終"者，事成結果謂之終，君子謙虛以行必能受益終身，必能成事成業大終之謂。

初六：謙謙君子。用涉大川，吉。

【釋】

初六爲下止初，上承六二之堅而間斥九三之剛，爲斥剛堅至之陰。説明爲能對所取成績謙虛而行使事成順不顧進難得至而力進。上世處爲六四斥剛堅之陰，而六四之堅對此有陷而順之師象，下乘爲九三薄堅剛起之陽，間所承六五堅極柔起之陰，爲順。説明於世爲此雖極不易但爲除其害成事順而力爲行進。初六因此呈爲能對所取成績謙虛而行使事成順不顧進難得至而力進，於世爲此雖極不易但爲除其害成事順而力爲行進之象。"謙謙君子"者，能對所取成績謙虛而行使事成順之君子之謂。"用涉大川"者，君子爲能對所取成績謙虛而行使事成順不顧進難得至而力進，於世爲此雖極不易但爲除其害成事順而力爲行進以往之謂。"吉"者，如此爲事之謙謙君子必能不斷涉險克難而往成吉之謂（順注：從此叉可見作者對謙所定所賦之義是何等的明確而全面，是何等的積極而進取，事理是何等的明哲）。

六二：鳴謙，貞吉。

【釋】

六二爲下止處中，下乘初六之堅而協，上承九三之剛而斥，爲斥剛至堅之陰。説明始有所進，爲得對所取成績謙虛而行使事成順不顧進難已至而力進。又上承九三之剛與六四之堅處之生陷，六四爲順，有陷而順之師（下）象。説明爲能除其害成事順而進。上世處爲六五堅極柔起之陰，協所乘六四之堅，爲順。説明於世爲能除其害成事順雖仍不易但已成得進而行進（順注：對此運行機制過程與隨初九、旅六二運行機制過程理同）。六二因此呈始有所進，爲得對所取成績謙虚而行使事成順不顧進難已至而力進，於世爲能除其害成事順雖仍不易但已成得進而行進之象。“鳴謙”者，君子爲得對所取成績謙虚而行使事成順不顧進難已至而力進之謂。“貞吉”者，於世爲能除其害成事順雖仍不易但已成得進而行進以往之謂。

九三：勞謙君子，有終吉。

【釋】

九三爲下止上，下乘六二之堅、初六之堅而薄，爲薄堅剛起之陽。説明已有所進，爲成對所取成績謙虚而行使事成順不顧進難力斥有礙之爲得起而力進。上承爲六四斥剛堅之陰。説明進而艱難。上世處爲上六順剛柔之陰，協所乘六五堅極柔起之陰，爲順。説明於世爲此雖進而艱難但已成大爲得從而行進。九三因此呈已有所進，爲成對所取成績謙虚而行使事成順不顧進難力斥有礙之爲得起而力進，於世爲此雖進而艱難但已成大爲得從而行進之象。“勞謙君子”者，君子爲成對所取成績謙虚而行使事成順不顧進難力斥有礙之爲得起而力進之謂。“有終吉”者，於世爲此雖進而艱難但已成大爲得從而行進以往必有終吉之謂。

六四：无不利，撝謙。

【釋】

六四爲上順初，上承六五堅極柔起之陰而間，爲斥剛堅之陰。説明因進而艱難，爲得成對所取成績謙虚而行使事成順達到目的至力而力進。下乘爲九三薄堅剛起之陽。説明力斥有礙之在而進。又下乘九三之剛與六二之堅處之生陷，六二爲止，有止而陷之蹇（上）象。説明力斥有礙之在爲除去所難而進。下世處爲初六斥剛堅至之陰，間所承六二之堅斥九三之剛而止。説明於世爲此力斥有礙之在爲除去所難已成極力而行進。六四因此呈因進而艱難，爲得成對所取成績謙虚而行使事成順達到目的至力而力進，於世爲此力斥有礙之在爲除去所難已成極力而行進之象。“无不利”者，君子爲得成對所取成績謙虚而行使事成順達到目的至力而力進之謂。“撝謙”者，極力而爲謂之撝，於世爲此力斥有礙之在爲除去所難已成極力而行進以往之謂。

六五：不富以其鄰。利用侵伐，无不利。

【釋】

六五爲上順處中，下乘六四之堅而協，上承上六之柔而間，爲斥剛堅極柔起之陰。説明已成所進，爲進成對所取成績謙虚而行使事成順摒弃其害成起而力進。下世處爲六二斥剛至堅之陰，而六二之堅對此有止而陷之蹇象，協所乘初六之堅斥所承九三之剛而止。説明於世爲除去所難已成對一切有害存在至力摒弃而行進。六五因此呈已成所進，爲進成對所取成績謙虚而行使事成順摒弃其害成起而力進，於世爲除去所難已成對一切有害存在至力摒弃而行進之象。“不富以其鄰”者，鄰謂六二、初六，衹所以對所取成績還不能謙虛而行使事成順與其鄰存在之害至成相關之謂。"利用侵伐，无不利"者，於世爲除去所難已成對一切有害存在至力摒弃而行進以往必无有不利之謂。

上六：鳴謙。利用行師，征邑國。

【釋】

上六爲上順上，下乘六五堅極柔起之陰而協，爲順剛柔之陰。說明已更所進，爲更成對所取成績謙虛而行使事成順成行而力進。下世處爲九三薄堅剛起之陽，上承爲六四斥剛堅之陰，薄所乘六二之堅、初六之堅而止。說明於世從剛爲成除去一切有害存在不顧進難而行進。上六因此呈已更所進，爲更成對所取成績謙虛而行使事成順成行而力進，於世從剛爲成除去一切有害存在不顧進難而行進之象。"鳴謙"者，君子爲更成對所取成績謙虛而行使事成順成行而力進之謂。"利用行師，征邑國"者，於世從剛爲成除去一切有害存在不顧進難而行進以往之謂。

【按】

因此次敘世物有大而能謙行使順必成豫樂之豫也。

《序卦傳》曰："有大而能謙必豫，故受之以豫。"

豫☳☷震上坤下

【釋】

豫下（內）順上（外）動。內爲從堅至柔之卦，外爲往錯剛薄之卦。與小畜☴☰相錯，與謙☷☶反錯。順而動。有事物成順而動之象，有世人成順而動必豫之意。"豫"者，豫樂、豫悦之謂。

豫，利建侯行師。

【釋】

"豫，利建侯行師"者，爲成正常豫樂之世君子應建立於世合義合理之制，對出現的相背邪豫淫樂之害應與衆進討除之方能成之謂（順注：作者把世事如何始終與民衆之如何緊密聯係在一起，於此也可見一斑）。

初六：鳴豫，凶。

【釋】

初六爲下順初，上承六二堅極柔起之陰而間，爲斥剛堅之陰。說明爲能其所求豫樂達到目的而力進。上世處爲九四薄堅至剛之陽，下乘爲六三順剛柔之陰，爲動。說明於世爲此極爲艱難而力爲行進。初六因此呈爲能其所求豫樂達到目的而力進，於世爲此極爲艱難而力爲行進之象。"鳴豫"者，爲能其所求豫樂達到目的而力進之謂。"凶"者，於世爲此極爲艱難而力爲行進以往必凶之謂。

六二：介于石，不終日。貞吉。

【釋】

六二爲下順處中，下乘初六之堅而協，上承六三之柔而間，爲斥剛堅極柔起之陰。説明因所進凶，爲得其所求豫樂摒弃其害得起而力進。上世處爲六五斥剛堅始起之陰，斥所乘九四之剛而動。説明於世爲此仍相當艱難且情形不明而力以明情克難行進。六二因此呈因所進凶，爲得其所求豫樂摒弃其害得起而力進，然於世爲此仍相當艱難且情形不明而力以明情克難行進之象。“介于石，不終日”者，爲得其所求豫樂摒弃其害而力進，然於世爲此仍相當艱難且情形不明而力以明情克難行進以往之謂。“貞吉”者，如此而求行進以往必能正固而吉之謂。

六三：盱豫，悔遲有悔。

【釋】

六三爲下順上，下乘六二堅極柔起之陰而協，爲順剛柔之陰。説明始有所進，爲得成其所求豫樂得行而力進。上承爲九四薄堅至剛之陽。説明爲成從剛而進。上世處爲上六斥剛堅起之陰，協所乘六五之堅斥九四之剛而動。説明於世爲成從剛不顧仍然艱難且情形不明而力成行進有悔（參履六三“咥人凶”之義）。六三因此呈始有所進，爲得成其所求豫樂得行而力進，於世爲成從剛不顧仍然艱難且情形不明而力成行進有悔之象。“盱豫”者，爲得成其所求豫樂得行而力進之謂。“悔遲有悔”者，於世爲成從剛不顧仍然艱難且情形不明而力成行進以往必悔遲更有悔之謂。

九四：由豫，大有得。勿疑，朋盍簪。

【釋】

九四爲上動初，上承六五之堅、上六之堅而薄，爲薄堅至剛之陽。説明因所進有悔，爲成其所求豫樂不顧艱難成至而力進。下乘爲六三順剛柔之陰。説明已成得從得起而進。下世處爲初六斥剛堅之陰，爲順。説明於世爲此已成得從得起對有礙之在極力除斥而行進。九四因此呈因所進有悔，爲成其所求豫樂不顧艱難成至而力進，於世爲此已成得從得起對有礙之在極力除斥而行進之象。“由豫，大有得”者，爲成其所求豫樂不顧艱難成至而力進，於世爲此已成得從得起之謂（順注：豫九四出現“大有”二字請參“大有”九四之義）。“勿疑，朋盍簪”者，已成得從得起對有礙之在極力除斥而行進以往必朋更盍簪之謂。

六五：貞，疾恒不死。

【釋】

六五爲上動處中，下乘九四之剛而斥，上承上六之堅而間，爲斥剛堅始起之陰。説明已有所進，爲進成其所求豫樂達到目的力斥有礙之爲已起而力進。下世處爲六二堅極柔起之陰，協所乘初六之堅，爲順。説明於世爲此雖極盡而爲然相背之豫樂行起難以克除而成之行進。六五因此呈已有所進，爲進成其所求豫樂達到目的力斥有礙之爲已起而力進，於世爲此雖極盡而爲然相背之豫樂行起難以克除而成之行進之象。

"貞"者，爲進成其所求豫樂達到目的力斥有礙之爲已起而力進，於世爲此極盡而爲之謂。"疾恒不死"者，爲此雖極盡而爲然相背之豫樂行起難以克除而成之行進以往之謂（順注：豫六五出現"恒"字請參恒六五之義）。

上六：冥豫。成有渝，无咎。

【釋】

上六爲上動上，下乘六五之堅而協斥九四之剛，爲斥剛堅起之陰。說明因所進有難，爲更成其所求豫樂達到目的進斥有礙之爲成起而力進。下世處爲六三順剛柔之陰，上承爲九四薄堅至剛之陽，協所乘六二堅極柔起之陰，爲順。說明於世爲此祇要堅持極盡而爲力斥有礙之在必能成其所求而行進。上六因此呈因所進有難，爲更成其所求豫樂達到目的進斥有礙之爲成起而力進，於世爲此祇要堅持極盡而爲力斥有礙之在必能成其所求而行進之象。"冥豫"者，追求設想之豫樂謂之冥豫，爲更成其所求豫樂達到目的進斥有礙之爲成起而力進之謂。"成有渝，无咎"者，於世爲此祇要堅持極盡而爲力斥有礙之在必能成其所求而行進以往使无有咎之謂（參升上六"冥升，利于不息之貞"之義）。

【按】

因此次敘成之所求豫樂必會得到追隨相隨之隨也。

《序卦傳》曰："豫必有隨，故受之以隨。"

隨䷐兌上震下

【釋】

隨下（內）動上（外）說。內爲往錯剛薄之卦，外爲往錯柔順之卦。與蠱䷑相錯并反錯。動而說。有事物動而得說之象，有世人爲所求追隨相隨而得取之意。"隨"者，追隨、相隨之謂。

隨，元亨利貞无咎。

【釋】

"隨，元亨利貞无咎"者，追隨、相隨須具元亨利貞四德而行方能无咎之謂。

初九：官有渝，貞吉。出門交有功。

【釋】

初九爲下動初，上承六二之堅、六三之堅而薄，爲薄堅至剛之陽。說明爲能事成追隨不顧艱難已至而力進，上世處爲九四應柔盛始起之陽，間所承九五之盛應上六之柔而說。說明於世爲此已成得說得進而行進。初九因此呈爲能事成追隨不顧艱難已至而力進，於世爲此已成得說得進而行進之象。"官有渝，貞吉"者，爲共事謂之官，爲能事成追隨不顧艱難而力進必能正固而吉之謂。"出門交有功"者，於世爲此已成得說得進而行進以往必交有功之謂。

六二：係小子，失丈夫。

【釋】

六二爲下動處中，下乘初九之剛而斥，上承六三之堅而間，爲斥剛堅始起之陰。説明始有所進，爲得事成追隨達到目的力斥有礙之爲使起而力進。上世處爲九五應柔盛起之陽，協所乘九四之盛，應所承上六之柔而説。説明於世爲此已不能得説成難而行進困難（參困初六“臀困于株木”之義）。六二因此呈始有所進，爲得事成追隨達到目的力斥有礙之爲使起而力進，然於世爲此已不能得説成難而行進困難之象。“係小子，失丈夫”者，小子謂初九，丈夫謂九五，於世爲此已不能得説成難而行進困難仍係有礙小子失所求取丈夫之謂。

六三：係丈夫，失小子。隨有求得，利居貞。

【釋】

六三爲下動上，下乘六二之堅而協斥初九之剛，爲斥剛堅起之陰。説明因所進困難，爲得成事成追隨達到目的進斥有礙之爲得起而力進。上承爲九四應柔盛始起之陽。説明進仍困難。上世處爲上六順剛至柔之陰，順所乘九五之盛、九四之盛而説。説明於世爲此能有得起雖進仍難而力以行進（參益六三“有孚”之義）。六三因此呈因所進困難，爲得成事成追隨達到目的進斥有礙之爲得起而力進，於世爲此能有得起雖進仍難而力以行進之象。“係丈夫，失小子”者，於世爲此雖進仍難而力以行進以往係所求取丈夫必失（順注：此失爲别離之謂，參旅九三“喪其童僕”之義）有礙小子之謂。“隨有求得，利居貞”者，雖力以行進以往能有求得，因進仍難而需居貞之謂。

九四：隨有獲，貞凶。有孚在道，以明何咎。

【釋】

九四爲上説初，上承九五之盛而間應上六之柔，爲應柔盛始起之陽。説明已有所進，爲成事成追隨力除所難已起而力進。下乘爲六三斥剛堅起之陰。説明力以圖除有礙之在而進。下世處爲初九薄堅至剛之陽，薄所承六二之堅、六三之堅而動。説明於世爲此祇有至力圖除有礙之在克除所難方能成之行進。九四因此呈已有所進，爲成事成追隨力除所難已起而力進，但於世爲此祇有至力圖除有礙之在克除所難方能成之行進之象。“隨有獲，貞凶”者，雖成之行進以往能有獲，然祇爲獲必貞凶之謂。“有孚在道，以明何咎”者，因於世爲此祇有至力圖除有礙之在克除所難方能真正成之行進以往，方能有獲之謂（順注：作者之求獲與世上一些人之求獲比起來真乃天地之别）。

九五：孚于嘉，吉。

【釋】

九五爲上説處中，下乘九四之盛而協，上承上六之柔而應，爲應柔盛起之陽。説明因所進仍難，爲達成事成追隨進除所難成起而力進。下世處爲六二斥剛堅始起之陰，斥所乘初九之剛，爲動。説明於世爲此已成對有礙之在至力圖除而行進。九五因此呈因所進仍難，爲達成事成追隨進除所難成起而力進，於世爲此已成對有礙之在至力圖除而行進之象。“孚于嘉”者，於世爲此已成對有礙之在至力圖除而行進以往之謂。“吉”者，如此而成行進以往必吉之謂。

上六：拘係之，乃從維之。王用亨于西山。

【釋】

上六爲上説上，下乘九五之盛，九四之盛而順，爲順剛至柔之陰。説明已成所進，爲更成事成追隨至行而力進。下世處爲六三斥剛堅起之陰，上承爲九四應柔盛始起之陽，協所乘六二之堅斥初九之剛而動。説明於世爲此已成堅極起極力除斥有礙之在不顧進難而行進（順注：至柔之陰下世處爲堅起之陰其運行機制成極而堅極起行進。參漸上九之義）。上六因此呈已成所進，爲更成事成追隨至行而力進，於世爲此已成堅極起極力除斥有礙之在不顧進難而行進之象。“拘係之，乃從維之”者，爲加以制止之，從而維護世道之謂。“王用亨于西山”者，成世事謂之王，用通達謂之用亨，利義謂之西，阻止謂之山（順注：“王”、“用亨”、“西山”爲作者被拘於羑里存書之暗語，參師九二“王三錫命”、升六四“王用亨于岐山”之義），於世爲此已成堅極起極力除斥有礙之在不顧進難而行進，君子與民應起而爲世通達以利義力以除止之謂。

【按】

因此次叙追隨不能元亨利貞而行必使世事壞而需除治之蠱也。

《序卦傳》曰：“以喜隨人者必有事，故受之以蠱。蠱者，事也。”

蠱☶☴ 艮上 巽下

【釋】

蠱下（内）入上（外）止。内爲往錯柔順之卦，外爲往錯剛薄之卦。與隨☱☳相錯并反錯。入而止。有事物所入而被止之象，有人們對所入事應除止之意。“蠱”者，事蠱、事壞之謂。

蠱，元亨。利涉大川。先甲三日，後甲三日。

【釋】

“蠱，元亨”者，事壞進行除止必將重新成通達之謂。“利涉大川”者，事壞能除止必利於世涉險克難而往之謂。“先甲三日”者，三爲通數，對事壞應防患於未然之謂。“後甲三日”者，對事壞發現端倪應即進行除止之謂（順注：先甲三日、後甲三日爲作者除蠱成世興盛之根本所在）。

初六：幹父之蠱。有子考。无咎。厲，終吉。

【釋】

初六爲下入初，上承九二之盛、九三之盛而順，爲順剛柔起之陰。説明爲能除蠱摒弃其害得起而力進。上世處爲六四斥剛堅至之陰，下乘爲九三應柔至亢之陽，間所承六五之堅斥上九之剛而止。説明於世爲此雖極艱難然能得進而力以行進（参升初六“允升”之義，幾近相類）。初六因此呈爲能除蠱摒弃其害得起而力進，於世爲此雖極艱難然能得進而力以行進之象。“幹父之蠱”者，君隱喻爲父，固執謂父謂六四（順注：明明爲君父，却言父，同樣可見作者在羑里爲存書用語之隱潛），爲能除蠱摒弃其害得起而力進之謂。“有子考”者，於世爲此雖進極艱難而力以行進以往盡臣、盡子職之謂。“无咎”者，爲除蠱而力進必然无咎之謂。“厲，終吉”者，要除君父之蠱必厲但最終於世於君父都有利必將終吉之謂。

九二：幹母之蠱。不可貞。

【釋】

九二爲下入處中，下乘初六之柔而應，上承九三之盛而間，爲應柔亢至之陽。説明始有所進，爲得除蠱得至而力進。上世處爲六五斥剛至堅之陰，協所乘六四之堅，斥所承上九之剛，爲止。説明於世爲此雖仍難但已得從而行進。九二因此呈始有所進，爲得除蠱得至而力進，於世爲此雖仍難但已得從而行進之象。“幹母之蠱”者，非執謂母謂六五，爲得除蠱得至而力進之謂。“不可貞”者，於世爲此雖仍難但已得從而行進以往故不可貞之謂。

九三：幹父之蠱。小有悔，无大咎。

【釋】

九三爲下入上，下乘九二之盛而協應初六之柔，爲應柔至亢之陽。説明已有所進，爲得成除蠱已至而力進。上承爲六四斥剛堅至之陰。説明得從而進。上世處爲上九薄堅剛起之陽，薄所乘六五之堅、六四之堅而止。説明於世爲此雖能成進由於得從而行進困難（参歸妹六三“歸妹以須”之義）。九三因此呈已有所進，爲得成除蠱已至而力進，於世爲此雖能成進由於得從而行進困難之象。“幹父之蠱”者，父謂上九，爲得成除蠱已至而力進之謂。“小有悔，无大咎”者，於世爲此雖能成進由於得從而成行進困難故小有悔，无大咎之謂。

六四：裕父之蠱。往見吝。

【釋】

六四爲上止初，上承六五之堅而間斥上九之剛，爲斥剛堅至之陰。説明因所進困難，爲成除蠱不顧進難成至而力進。下乘爲九三應柔至亢之陽。説明相從而進。下世處爲初六順剛柔起之陰，順所承九二之盛、九三之盛而入。説明於世爲此從亢極爲而行進。六四因此呈因所進困難，爲成除蠱不顧進難成至而力進，於世爲此從亢極爲而行進之象。“裕父之蠱”者，父謂上九，於世爲此從亢極爲而（裕剛）行進以往故裕父之蠱之謂。“往見吝”者，如此以往必吝之謂。

六五：幹父之蠱。用譽。

【釋】

六五爲上止處中，下乘六四之堅而協，上承上九之剛而斥，爲斥剛至堅之陰。説明因所進見吝，爲達成除蠱不顧進難至爲而力進。下世處爲九二應柔亢至之陽，爲入。説明於世爲此已成變起摒弃其害而行進（順注：至堅之陰下世處爲亢至之陽甚運行機制成堅極柔起而行進。參損六五之義）。六五因此呈因所進見吝，爲達成除蠱不顧進難至爲而力進，於世爲此已成變起摒弃其害而行進之象。“幹父之蠱”者，父謂上九，爲達成除蠱不顧進難至爲而力進之謂。“用譽”者，於世爲此已成變起摒弃其害而（濟剛）行進以往故用譽之謂。

上九：不事王侯，高尚其事。

【釋】

上九爲上止上，下乘六五之堅、六四之堅而薄，爲薄堅剛起之陽。説明已成所進，爲更成除蠱不顧進難力斥有礙之爲成起而力進。下世處爲九三應柔至亢之陽，上承爲六四斥剛堅至之陰，協所乘九二之盛應初六之柔而入。説明於世已成極起爲除蠱務盡而高尚其事行進。上九因此呈已成所進，爲更成除蠱不顧進難力斥有礙之爲成起而力進，於世已成極起爲除蠱務盡而高尚其事行進之象。“不事王侯，高尚其事”者，王侯謂九三，於世已成極起爲除蠱務盡而不事王侯，高尚其事行進以往之謂。

【按】

因此次叙君父之蠱得以除止，事業又得成大之臨也。

《序卦傳》曰：“有事而後可大，故受之以臨。臨者，大也。”

臨䷒坤上兑下

【釋】

臨下（内）説上（外）順。内爲往錯柔順之卦，外爲從堅至柔之卦。與遯䷠相錯，與觀䷓反錯（順注：臨原爲十二月卦中陽勢長，陰勢减之十二月卦。《周易》用之其意大有區别）。説而順。有事物得説而成順之象，有世事得説而成順必能成大、光大之意。“臨”者，成大、光大之謂。

臨，元亨利貞。至于八月有凶。

【釋】

“臨，元亨利貞”者，世事須以元亨利貞四德而爲方能真正成大之謂。“至于八月有凶”者，八爲别數，如不以元亨利貞四德而爲雖也能得眼前之成大，但隨着進程必將會走向其反面之謂（順注：作者之臨卦卦辭爲世事如何成大，又如何保護成大之根本所在）。

初九：咸臨，貞吉。

【釋】

初九爲下説初，上承九二之盛而間應六三之柔，爲應柔盛始起之陽。説明爲能事業成大力除所難出起而力進。上世處爲六四斥剛堅之陰，下乘爲六三順剛至柔之陰，間所承六五堅極柔起之陰，爲順。説明於世爲此雖極艱難而力爲行進。初九因此呈爲能事業成大力除所難出起而力進，於世爲此雖極艱難而力爲行進之象。"咸臨"者，由相感而相依謂之咸，爲能事業成大力除所難出起而力進之謂。"貞吉"者，於世爲此雖極艱難而力爲行進以往必能正固而吉之謂。

九二：咸臨，吉无不利。

【釋】

九二爲下説處中，下乘初九之盛而協，上承六三之柔而應，爲應柔盛起之陽。説明始有所進，爲得事業成大進除所難得起而力進。上世處爲六五堅極柔起之陰，協所乘六四之堅，間所承上六之柔，爲順。説明於世爲此雖仍難但已得共而力成行進（參泰九二之義，略有不同）。九二因此呈始有所進，爲得事業成大進除所難得起而力進，於世爲此雖仍難但已得共而力成行進之象。"咸臨"者，爲得事業成大進除所難得起而力進之謂。"吉无不利"者，於世爲此雖仍難但已得共而力成行進以往之謂。

六三：甘臨，无攸利。既憂之，无咎。

【釋】

六三爲下説上，下乘九二之盛、初九之盛而順，爲順剛至柔之陰。説明已有所進，爲成事業成大已至而力進。上承爲六四斥剛堅之陰。説明能够得進。上世處爲上六順剛柔之陰，協所乘六五堅極柔起之陰，爲順。説明於世爲此雖能得進然成仍難而應克難力以行進（參姤九三"其行次且"之義）。六三因此呈已有所進，爲成事業成大已至而力進，於世爲此雖能得進然成仍難而應克難力以行進之象。"甘臨，无攸利"者，成美謂之甘（參節九五"甘節"之義），在此情形下爲成美不以力進必无攸利之謂。"既憂之，无咎"者，對此既憂而審克難行進以往則必能无咎之謂。

六四：至臨，无咎。

【釋】

六四爲上順初，上承六五堅極柔起之陰而間，爲斥剛堅之陰。説明因成仍難，爲得成事業成大達到目的至力而力進。下乘爲六三順剛至柔之陰。説明爲成極盡而進。下世處爲初九應柔盛始起之陽，間所承九二之盛應六三之柔，爲説。説明於世爲此雖然困難但爲成極盡而行進。六四因此呈因成仍難，爲得成事業成大達到目的至力而力進，於世爲此雖然困難但爲成極盡而行進之象。"至臨"者，於世爲此雖然困難但爲成極盡而行進以往之謂。"无咎"者，爲此而極盡行進以往必然无咎之謂。

六五：知臨，大君之宜。吉。

【釋】

六五爲上順處中，下乘六四之堅而協，上承上六之柔而間，爲斥剛堅極柔起之陰。説明已成所進，爲進成事業成大摒弃其害成起而力進。下世處爲九二應柔盛起之陽，協所乘初九之盛，應所承六三之柔，爲説。説明於世爲此雖還難但已成與共成説而至力行進。六五因此呈已成所進，爲進成事業成大摒弃其害成起而力進，於世爲此雖還難但已成與共成説而至力行進之象。“知臨”者，爲進成事業成大摒弃其害成起而力進之謂。“大君之宜”者，於世爲此雖還難但已成與共成説而至力行進以往之謂（參泰六五“帝乙歸妹”之義。又注：作者心目中的大君是什麼，在此又可見一斑）。“吉”者，如此而行進以往必吉之謂。

上六：敦臨，吉无咎。

【釋】

上六爲上順上，下乘六五堅極柔起之陰而協，爲順剛柔之陰。説明進成所進，爲更成事業成大成行而力進。下世處爲六三順剛至柔之陰，上承爲六四斥剛堅之陰，順所乘九二之盛、初九之盛而説。説明於世爲此已成不顧進難而極力行進（注意：此爻之義與坤上六之義别之所在）。上六因此呈進成所進，爲更成事業成大成行而力進，於世爲此已成不顧進難而極力行進之象。“敦臨”者，於世爲此已成不顧進難而極力行進以往之謂。“吉无咎”者，爲此而極力進行以往必吉而无咎之謂。

【按】

因此次叙對世事業成大如何進行觀察考查之觀也。

《序卦傳》曰：“物大然後可觀，故受之以觀。”

觀䷓巽上坤下

【釋】

觀下（内）順上（外）入。内爲從堅至柔之卦，外爲往錯柔順之卦。與大壯䷡相錯，與臨䷒反錯（順注：觀原爲十二月卦中陰勢更進，陽勢更衰之八月卦。《周易》用之其意大有區别）。順而入。有事物成順而入之象，有順事物而入方能真正得到觀察之意。“觀”者，觀察、考察之謂。

觀，盥而不薦。有孚顒若。

【釋】

“觀，盥而不薦”者，認真觀察考察，不開始就發議論之謂。“有孚顒若”者，尊重已取得成績，認真提出更可意見之謂（順注：作者自謙至豫至隨至蠱至臨至觀之過程爲世行繼而又一大規律與邏輯之過程）。

初六：童觀。小人无咎，君子吝。

【釋】

初六爲下順初，上承六二堅極柔起之陰而間，爲斥剛堅之陰。説明爲能觀察事物達到目的而力進。上世處爲六四順剛柔起之陰，下乘爲六三柔之陰，順所承九五之盛、上九之盛而入。説明於世爲此進難不能得入而力以所觀議進。初六因此呈爲能觀察事物達到目的而力進，然於世爲此進難不能得入而力以所觀議進之象。“童觀”者，幼稚謂之童，於世爲此進難不能得入而力以所觀議進以往之謂。“小人无咎，君子吝”者，進難不能得入而力以所觀議進以往對於幼稚之人來説當然无咎，但對於力求深入觀察事物之君子來説則必吝之謂。

六二：闚觀。利女貞。

【釋】

六二爲下順處中，下乘初六之堅而協，上承六三之柔而間，爲斥剛堅極柔起之陰。説明始有所觀，爲得觀察事物摒弃其害得起而力進。上世處爲九五應柔亢至之陽，爲入。説明於世爲此雖極與共得入但不知還很片面而至以所觀議進。六二因此呈始有所觀，爲得觀察事物摒弃其害得起而力進，於世爲此雖極與共得入但不知還很片面而至以所觀議進之象。“闚觀”者，由門縫視之謂之闚，於世爲此雖極與共得入但不知還很片面而至以所觀議進以往之謂。“利女貞”者，理家謂之女，力田謂之男，雖不知還很片面而至以所觀議進以往但必利於理家成正固而進之謂。

六三：觀我生，進退。

【釋】

六三爲下順上，下乘六二堅極柔起之陰而協，爲順剛柔之陰。説明已有所觀，爲得成觀察事物得行而力進。上承爲六四順剛柔起之陰。説明進觀很難。上世處爲上九應柔至亢之陽，爲入。説明於世爲此進觀很難，衹有克服進觀之難方成與共得入而進觀議進（参中孚六三“得敵”之義）。六三因此呈已有所觀，爲得成觀察事物得行而力進，但於世爲此進觀很難，衹有克服進觀之難方成與共得入而進觀議進之象。“觀我生”者，以觀自已生活所需與所觀事物如何之謂。“進退”者，由此而進一步觀察，退一步觀察而看事物之如何克服進觀之難成與共得入而進觀議進以往之謂。

六四：觀國之光，利用賓于王。

【釋】

六四爲上入初，上承九五之盛、上九之盛而順，爲順剛柔起之陰。説明進有所觀，爲成觀察事物摒弃其害成起而力進。下乘爲六三順剛柔之陰。説明已得極起。下世處爲初六斥剛堅之陰，爲順。説明於世爲此已成對有害觀察之在至力摒弃得極起而成觀議進。六四因此呈進有所觀，爲成觀察事物摒弃其害成起而力進，於世爲此已成對有害觀察之在至力摒弃得極起而成觀議進之象。“觀國之光”者，爲成觀察事物摒弃其害成起而力進故可觀國光彩如何之謂。“利用賓于王”者，於世爲此已成對有害觀察之在至力摒弃得極起成觀故可用賓于王議進以往之謂。

九五：觀我生，君子无咎。

【釋】

九五爲上入處中，下乘六四之柔而應，上承上九之盛而間，爲應柔亢至之陽。説明更有所觀，爲進成觀察事物成至而力進。下世處爲六二堅極柔起之陰，協所乘初六之堅，爲順。説明於世爲此衹有進一步克除有害觀察之在方成得共而進成觀議進。九五因此呈更有所觀，爲進成觀察事物成至而力進，於世爲此衹有進一步克除有害觀察之在方成得共而進成觀議進之象。“觀我生”者，以觀自己於世所需與所觀事物於世如何之謂。“君子无咎”者，君子衹有如此方成克除有害觀察之在方成得共而進成觀議進以往而无有咎之謂。

上九：觀其生，君子无咎。

【釋】

上九爲上入上，下乘九五之盛而協應六四之柔，爲應柔至亢之陽。説明更進所觀，爲更成觀察事物至行而力進。下世處爲六三順剛柔之陰，上承爲六四順剛柔起之陰，協所乘六二堅極柔起之陰，爲順。説明於世爲此衹有整治所在之非方成得共使世事合德而更成觀議進。上九因此呈更進所觀，爲更成觀察事物至行而力進，於世爲此衹有整治所在之非方成得共使世事合德而更成觀議進之象。“觀其生”者，以觀世觀民所需與所觀事物於世於民如何之謂。“君子无咎”者，君子衹有如此方更成觀而得出促成世事進程必需之在而議進以往无有咎之謂。

【按】

因此次叙衹有利用獄方能除所在之非使世事合德之噬嗑也。

《序卦傳》曰：“可觀而後有所合，故受之以噬嗑。嗑者，合也。”

噬嗑䷔離上震下

【釋】

噬嗑下（内）動上（外）麗。内爲往錯剛薄之卦，外爲往錯柔順之卦。與井䷯相錯，與賁䷕反錯。動而麗。有事物動而光明之象，有世事動進而成光明之意。“噬嗑”者，除非成合之謂。

噬嗑，亨。利用獄。

【釋】

“噬嗑，亨”者，世事通過除非必能成合使之通達之謂。“利用獄”者，衹有利用獄方能除世事之非而成世事之合之謂。

初九：屨校滅趾，无咎。

【釋】

初九爲下動初，上承六二之堅、六三之堅而薄，爲薄堅至剛之陽，説明爲能除非不畏艱難已至而力進。上世處爲九四應柔盛至之陽，下乘爲六三斥剛堅起之陰，應所承六五之柔而麗。説明於世爲此已成得進而行進。初九因此呈爲能除非不畏艱難已至而力進，於世爲此已成得進而行進之象。“屨校滅趾”者。爲能除非不顧艱難已至而力進，於世爲此已成得進而行進以往對非屨校滅趾之謂。“无咎”者，爲除非而進而爲必然无咎之謂。

六二：噬膚滅鼻，无咎。

【釋】

六二爲下動處中，下乘初九之剛而斥，上承六三之堅而間，爲斥剛堅始起之陰。説明始有所進，爲得除非達到目的力斥有礙之爲使起而力進。上世處爲六五順剛柔進之陰，順所乘九四之盛，所承上九之盛而麗。説明於世爲此已進難而力以行進（參渙初六“用拯馬壯”之義）。六二因此呈始有所進，爲得除非達到目的力斥有礙之爲使起而力進，於世爲此已進難而力以行進之象。“噬膚滅鼻”者，於世爲此已進難而力以行進以往遭非噬膚滅鼻之謂。“无咎”者，爲得除非而進而爲必无有咎之謂。

六三：噬腊肉，遇毒。小吝，无咎。

【釋】

六三爲下動上，下乘六二之堅而協斥初九之剛，爲斥剛堅起之陰。説明略有所進，爲得成除非達到目的進斥有礙之爲得起而力進。上承爲九四應柔盛至之陽。説明所進成難。上世處爲上九應柔至盛之陽，應所乘六五之柔協九四之盛，爲麗。説明於世爲此所進成極難而力成行進（參未濟六三“利涉大川”之義）。六三因此呈略有所進，爲得成除非達到目的進斥有礙之爲得起而力進，於世爲此所進成極難而力成行進之象。“噬腊肉，遇毒”者，腊肉冷冽成堅硬之物，爲得成除非達到目的進斥有礙之爲得起而力進，然於世爲此所進成極難之謂。“小吝，无咎”者，所進成極難而力成行進以往之謂。

九四：噬乾胏，得金矢。利艱貞，吉。

【釋】

九四爲上麗初，上承六五之柔而應間上九之盛，爲應柔盛至之陽。説明略更所進，爲成除非成行而力進。下乘爲六三斥剛堅起之陰。説明至以圖除有礙之在而進。下世處爲初九薄堅至剛之陽，薄所承六二之堅、六三之堅而動。説明於世爲圖除有礙之在克除所難而至以行進。九四因此呈略更所進，爲成除非成行而力進，於世爲圖除有礙之在克除所難而至以行進之象。“噬乾胏，得金矢”者，金矢謂初九（參解九二“得黄矢”之義），爲成除非成行而力進，於世爲此至以圖除有礙之在而得金矢之謂。“利艱貞，吉”者，爲圖除有礙之在克除所難而至以行進以往必能吉之謂。

六五：噬乾肉，得黄金。貞厲，无咎。

【釋】

六五爲上麗處中，下乘九四之盛而順，上承上九之盛而順，爲順剛柔進之陰。説明更有所進，爲進成除非成進而力行。下世處爲六二斥剛堅始起之陰，斥所乘初九之剛而動。説明於世爲此雖仍難但已對有害之在至力摒弃而行進。六五因此呈更有所進，爲進成除非成進而力進，於世爲此雖仍難但已對有害之在至力摒弃而行進之象。“噬乾肉，得黄金”者，黄金謂初九，於世爲此雖仍難但已對有害之在至力摒弃而得黄金之謂。“貞厲，无咎”者，雖仍難而至力行進以往必使无咎之謂。

上九：何校滅耳，凶。

【釋】

上九爲上麗上，下乘六五之柔而應協九四之盛，爲應柔至盛之陽。説明更得所進，爲更成除非成至而力進。下世處爲六三斥剛堅起之陰，上承爲九四應柔盛至之陽，協所乘六二之堅，爲動。説明於世爲此已成對凡一切有礙之在極力圖除而行進（參訟上九“終朝三褫之”、无妄上九“行有眚，无攸利”之義）。上九因此呈更得所進，爲更成除非成至而力進，於世爲此已成對凡一切有礙之在極力圖除而行進之象。“何校滅耳”者，爲更成除非成至而力進，於世已成對凡一切有礙其行之在極力圖除而行進以往之謂。“凶”者，對凡一切認爲之非如此極力圖除而行進以往必成人人自危而凶之謂。

【按】

因此次叙爲免遭凶害對事進行賁飾之賁也。

《序卦傳》曰：“物不可以苟合而已，故受之以賁。賁者，飾也。”

賁☶☲艮上離下

【釋】

賁下（内）麗上（外）止。内爲往錯柔順之卦，外爲往錯剛薄之卦。與困☱☵相錯，與噬嗑☲☳反錯。麗而止。有光明被阻止之象，有世事不能得以伸之意。“賁”者，賁飾、粉飾之謂。

賁，亨。小利有攸往。

【釋】

“賁，亨”者，以賁飾成事通達之謂。“小利有攸往”者，由於事需賁飾而行，世祇能小利有攸往之謂。

初九：賁其趾，舍車而徒。

【釋】

初九爲下麗初，上承六二之柔而應間九三之盛，爲應柔盛至之陽。説明爲能對所事成賁飾得行而力進。上世處爲六四斥剛堅至之陰，下乘爲九三至盛之陽，爲止。説明於世爲此雖極艱難而力爲行進。初九因此呈爲能對所事成賁飾得行而力進，於世爲此雖極艱難而力爲行進之象。“賁其趾”者，爲能對所事成賁飾得行而力進之謂。“舍車而徒”者，於世爲此雖極艱難而力行進以往之謂。

六二，賁其須。

【釋】

六二爲下麗處中，下乘初九之盛而順，上承九三之盛而順，爲順剛柔進之陰。説明始有所進，爲得對所事成賁飾得進而力進。上世處爲六五斥剛至堅之陰，協所乘六四之堅，斥所承上九之剛而止。説明於世爲此仍極艱難而力以行進（參豐六二“有孚發若”之義）。六二因此呈始有所進，爲得對所事成賁飾得進而力進，於世爲此仍極艱難而力以行進之象。“賁其須”者，過程謂之須，於世爲此仍極艱難而力以行進以往之謂。

九三：賁如濡如，永貞吉。

【釋】

九三爲下麗上，下乘六二之柔而應協初九之盛，爲應柔至盛之陽。説明略有所進，爲得成對所事成賁飾已行而力進。上承爲六四斥剛堅至之陰。説明所進艱難。上世處爲上九薄堅剛起之陽，薄所乘六五之堅、六四之堅而止。説明於世爲此仍爲艱難而力成行進（參明夷九三“明夷于南狩”之義）。九三因此呈略有所進，爲得成對所事成賁飾已行而力進，於世爲此仍爲艱難而力成行進之象。“賁如濡如”者，於世爲此仍爲艱難而力成行進以往之謂。“永貞吉”者，如此爲所事賁進必能使所事永爲正固而吉之謂。

六四：賁如皤如，白馬翰如。匪寇婚媾。

【釋】

六四爲上止初，上承六五之堅而間斥上九之剛，爲斥剛堅至之陰。説明已有所進，爲成對所事成賁飾不顧進難成至而力進。下乘爲九三應柔至盛之陽。説明變起而進。下世處爲初九應柔盛至之陽，爲麗。説明於世爲此已成變起而行進（順注：堅至之陰下世處爲盛至之陽其運行機制成堅趨極變起而行進。參損六四“損其疾”之義）。六四因此呈已有所進，爲成對所事成賁飾不顧進難成至而力進，於世爲此已成變起而行進之象。“賁如皤如，白馬翰如”者，爲成對所事成賁飾不顧進難成至而力進之謂。“匪寇婚媾”者，婚媾謂與上九，於世爲此已成變起而行進以往故爲匪寇婚媾之謂。

六五：賁于丘園，束帛戔戔。吝，終吉。

【釋】

六五爲上止處中，下乘六四之堅而協，上承上九之剛而斥，爲斥剛至堅之陰。説明更有所進，爲進成對所事成賁飾不顧進難至爲而力進。下世處爲六二順剛柔進之陰，順所乘初九之盛、所承九三之盛而麗。説明於世爲此極盡已成變進而行進（順注：至堅之陰下世處爲柔進之陰其運行機制成堅至極變進而行進。參剥六五“貫魚以宫人寵”之義）。六五因此呈更有所進，爲進成對所事成賁飾不顧進難至爲而力進，於世爲此極盡已成變進而行進之象。“賁于丘園”者，爲進成對所事成賁飾不顧進難至爲而力進之謂。“束帛戔戔”者，於世爲此極盡已成變進而行進以往故所賁束帛戔戔之謂。“吝，終吉”者，雖所賁吝然終吉之謂。

上九：白賁，无咎。

【釋】

上九爲上止上，下乘六五之堅、六四之堅而薄，爲薄堅剛起之陽。説明賁極變進，爲能更成所進不顧進難力斥有礙之爲成起而力進。下世處爲九三應柔至盛之陽，上承爲六四斥剛堅至之陰，協初九之盛應六二之柔而麗。説明於世爲此不顧所難已成極起而行進（参大畜上九“何天之衢，亨”之義，又成極不相同）。上九因此呈賁極變進，爲能更成所進不顧進難力斥有礙之爲成起而力進，於世爲此不顧所難已成極起而行進之象。“白賁”者，於世爲此不顧所難已成極起而成白賁行進以往之謂。“无咎”者，成白賁而行進以往必无咎之謂。

【按】

因此次叙所事皆需賁飾而行則世之通達必被剥去之剥也。

《序卦傳》曰：“致飾然後亨則盡矣，故受之以剥。剥者，剥也。”

剥䷖艮上坤下

【釋】

剥下（内）順上（外）止。内在從堅至柔之卦，外爲往錯剛薄之卦。與夬䷪相錯，與復䷗反錯（順注：剥原爲十二月卦中陰勢已盛，陽勢將盡之九月卦。《周易》用之其意大有區别）。順而止。有順事被阻止之象，有世成順之事被阻止剥去不能行之意。“剥”者，世成順之事被阻止剥去、剥除之謂。

剥，不利有攸往。

【釋】

“剥，不利有攸往”者，世成順之事被阻止剥去、剥除必不利有攸往之謂。

初六：剥牀以足。蔑貞，凶。

【釋】

初六爲下順初，上承六二堅極柔起之陰而間，爲斥剛堅之陰。説明爲能剥去世順之事達到目的而力進。上世處爲六四斥剛堅至之陰，下乘爲六三柔之陰，上承六五之堅而間斥上九之剛而止。説明於世爲此已成起而進但爲世理所阻不能更得行進（參蒙初爻之義）。初六因此呈爲能剥去世順之事達到目的而力進，於世爲此已成起而進但爲世理所阻不能更得行進之象。“剥牀以足”者、牀者人世順事之喻，爲能剥去世順之事達到目的而力進，於世爲此已成起而進但爲世理所阻不能更得行進以往故至剥牀以足之謂。“蔑貞，凶”者，爲達目的如此蔑世順之事而剥必凶之謂。

六二：剥牀以辨。蔑貞，凶。

【釋】

六二爲下順處中，下乘初六之堅而協，上承六三之柔而間，爲斥剛堅極柔起之陰。説明始有剥進，爲得剥去世順之事摒弃其害得起而力進。上世處爲六五斥剛至堅之陰，協所乘六四之堅，斥所承上九六剛而止。説明於世爲進剥以新的面目不顧進難而力以行進（參否六二之義）。六二因此呈始有剥進，爲得剥去世順之事摒弃其害得起而力進，於世爲進剥以新的面目不顧進難而力以行進之象。“剥牀以辨”者，於世爲進剥以新的面目不顧進難而力以行進以往故成剥牀以辨之謂。“蔑貞，凶”者，以新的面目蔑世順之事進剥更凶之謂。

六三：剥之，无咎。

【釋】

六三爲下順上，下乘六二堅極柔起之陰而協，爲順剛柔之陰。説明更有剥進，爲成剥去世順之事得行而力進。上承爲六四斥剛堅至之陰。説明進成艱難。上世處爲上九薄堅剛起之陽，薄所乘六五之堅、六四之堅而止。説明於世爲此進成艱難而從剛（世理）行進。六三因此呈更有剥進，爲成剥去世順之事得行而力進，於世爲此因進成艱難而從世理行進之象。“剥之”者，爲成剥去世順之事得行而力進之謂。“无咎”者，於世爲此因進成艱難而從世理行進以往故使无咎之謂。

六四：剥牀以膚。凶。

【釋】

六四爲上止初，上承六五之堅而間斥上九之剛，爲斥剛堅至之陰。説明因進成艱難，爲得成剥去世順之事不顧進難成至而力進。下乘爲六三順剛柔之陰。説明爲剥極盡而進。下世處爲初六斥剛堅之陰，上承六二堅極柔起之陰而間，爲順。説明於世爲此已成極盡竭力而行進（參比六四之義，又成相反）。六四因此呈因進成艱難，爲得成剥去世順之事不顧進難成至而力進，於世爲此已成極盡竭力而行進之象。“剥牀以膚”者，爲得成剥去世順之事不顧進難成至而力進，於世爲此已成極盡竭力而行進以往故成剥牀以膚之謂。“凶”者，如此極盡竭力而剥極凶之謂。

六五：貫魚以宫人寵，无不利。

【釋】

六五爲上止處中，下乘六四之堅而協，上承上九之剛而斥，爲斥剛至堅之陰。説明更成剥進，爲進成剥去世順之事不顧進難至爲而力進。下世處爲六二堅極柔起之陰，協所乘初六之堅，爲順。説明於世爲此已極盡成變起而行進（順注：至堅之陰下世處爲柔起之陰其運行機制成堅至極變起而行進。参賁六五之義）。六五因此呈更成剥進，爲進成剥去世順之事不顧進難至爲而力進，於世爲此已極盡成變起而行進之象。“貫魚以宫人寵”者，不斷謂之貫，對於世爲此已成不斷變起（醒悟）而行進以往以宫人寵之謂。“无不利”者，對此以寵將无有不利之謂。

上九：碩果不食。君子得輿，小人剥廬。

【釋】

上九爲上止上，下乘六五之堅、六四之堅而薄，爲薄堅剛起之陽。説明剥極變起，爲能更成變起不顧進難力斥有礙之爲成起而力進。下世處爲六三順剛柔之陰，上承爲六四斥剛堅至之陰，協所乘六二堅極柔起之陰，爲順。説明於世爲此已成大爲得從而克難行進。上九因此呈剥極變起，爲能更成變起不顧進難力斥有礙之爲成起而力進，於世爲此已成大爲得從而克難行進之象。“碩果不食”者，世之所順最終不可能被剥没之謂（参否九五“其亡其亡，繫于苞桑”之義）。“君子得輿”者，於世爲此已成大爲得從而克難行進以往之謂。“小人剥廬”者，爲剥去世之所順小人終將害已之謂。

【按】

因此次敘爲除剥復順而反復之復也。

《序卦傳》曰：“物不可以終盡，剥窮上反下，故受之以復。”

【注】

非作者不能成此述序，在此也可見一斑。

復䷗坤上震下

【釋】

復下（内）動上（外）順。内爲往錯剛薄之卦，外爲從堅至柔之卦。與姤䷫相錯，與剥䷖反錯（順注：復原爲十二月卦中陰勢雖盛陽勢已出之十一月卦。《周易》用之其意大有區别）。動而順。有事物動而成順之象，有世爲成順而復進之意。“復”者，除剥復順之謂。

復，亨。出入无疾。朋來无咎。反復其道，七日來復。利有攸往。

【釋】

“復，亨”者，除剥復順之進必成世通達之謂。“出入无疾，朋來无咎”者，除剥復順必使出入无疾，必成朋來而无咎之謂。“反復其道，七日來復”者，七爲成數，從極力剥世所順起衹經歷了七個清晰的過程就成了事之復進而被進除之謂。“利有攸往”者，除剥復進必利於世之攸往之謂（順注：從復卦卦辭完全可見作者之熱烈稱頌乃一心爲世爲民所出）。

初九：不遠復，无祇悔。元吉。

【釋】

初九爲下動初，上承六二之堅、六三之堅而薄，爲薄堅至剛之陽。説明爲能事復不顧艱難已至而力進。上世處爲六四斥剛堅之陰，下乘爲六三斥剛堅起之陰，間所承六五堅極柔起之陰，爲順。説明於世爲此至爲艱難而力以行進（參屯初九之義，又有不同）。初九因此呈爲能事復不顧艱難已至而力進，於世爲此至爲艱難而力爲行進之象。"不遠復，无祇悔"者，於世爲此至爲艱難而不遠復使无祇悔之謂。"元吉"者，以此而復進必能始而吉祥之謂。

六二：休復，吉。

【釋】

六二爲下動處中，下乘初九之剛而斥，上承六三之堅而間，爲斥剛堅始起之陰。説明始有所復，爲得事復達到目的力斥有礙之爲使起而力進。上世處爲六五堅極柔起之陰，爲順。説明於世爲此進成十分困難而力以行進（參噬嗑六二之義，又有不同）。六二因此呈始有所復，爲得事復達到目的力斥有礙之爲使起而力進，於世爲此進成十分困難而力以行進之象。"休復"者，於世爲此進成十分困難而休都復之謂。"吉"者，能以此而復進必吉之謂。

六三：頻復。厲，无咎。

【釋】

六三爲下動上，下乘六二之堅而協斥初九之剛，爲斥剛堅起之陰。説明已有所復，爲成事復達到目的進斥有礙之爲得起而力進。上承爲六四斥剛堅之陰。説明已得成起而進。上世處爲上六順剛柔之陰，協所乘六五堅極柔起之陰，爲順。説明於世爲此雖已得成起然進成至爲困難而力成行進（參師六三之義，又有不同）。六三因此呈已有所復，爲成事復達到目的進斥有礙之爲得起而力進，於世爲此雖已得成起然進成至爲困難而力成行進之象。"頻復"者，於世爲此雖已得成起然進成至爲困難而力成行進以往故而頻復之謂。"厲，无咎"者，進成至爲困難而力成行進以往雖厲但无咎之謂。

六四：中行獨復。

【釋】

六四爲上順初，上承六五堅極柔起之陰而間，爲斥剛堅之陰。説明因所復厲，爲得成事復達到目的至力而力進。下乘爲六三斥剛堅起之陰。説明其處還難。下世處爲初九薄堅至剛之陽，爲動。説明於世爲此雖然還難但已成對有礙（復礙）之在至力除斥而行進。六四因此呈因所進厲，爲得成事復達到目的至力而力進，於世爲此雖然還難但已成對有礙（復礙）之在至力除斥而行進之象。"中行獨復"者，於世爲此雖然還難但中正以行已成對有礙（復礙）之在至力除斥而行進以往之謂。

六五：敦復，无悔。

【釋】

六五爲上順處中，下乘六四之堅而協，上承上六之柔而間，爲斥剛堅極柔起之陰。説明已更所復，爲進成事復摒弃其害成起而力進。下世處爲六二斥剛堅始起之陰，斥所乘初九之剛而動。説明於世爲此已對有害（復害）之在至成摒弃而行進。六五因此呈已更所復，爲進成事復摒弃其害成起而力進，於世爲此已對有害（復害）之在至成摒弃而行進之象。“敦復，无悔”者，於世爲此已對有害（復害）之在至成摒弃而敦復行進以往必使无有悔之謂。

上六：迷復，凶。有災眚。用行師，終有大敗。以其國君，凶。至于十年不克征。

【釋】

上六爲上順上，下乘六五堅極柔起之陰而協，爲順剛柔之陰。説明更進所復，爲更成事復成行而力進。下世處爲六三斥剛堅起之陰，上承爲六四斥剛堅之陰，協所乘六二之堅斥初九之剛而動。説明於世爲其復已成對凡一切有害（有害其復）之在極力摒弃而行進（參師上六之義，又爲不同）。上六因此呈更進所復，爲更成事復成行而力進，於世爲其復已成對凡一切有害之在極力摒弃而行進之象。“迷復”者，於世爲其復已成對凡一切有害（有害其復）之在極力摒弃而行進以往必成迷復之謂。“凶”者，如此而復於世必凶之謂。“有災眚”者，如此而復必使世生災眚之謂。“用行師，終有大敗”者，以此而行師終必有大敗之謂。“以其國君，凶”者，以此而爲而進連國君也難免於凶之謂。“至于十年不克征”者，十爲全數，以此而爲而進也絶對不可能取得成效之謂（順注：從上六之辭完全可見作者深明天地萬物的完整衹是相對的而不完整是絶對的方成造化之理。爲世爲民出發凡對世事迷妄而爲之切切深戒，特別是對得政之切切深戒）。

【按】

因此次叙絶對不應於事迷妄而爲而進之无妄也。

《序卦傳》曰：“復則不妄矣，故受之以无妄。”

【注】

“復則不妄矣”，爲復則不可妄矣之謂。

无妄 ䷘ 乾上震下

【釋】

无妄下（内）動上（外）健。内爲往錯剛薄之卦，外爲從剛至盛之卦。與升䷭相錯，與大畜䷙反錯。動而健。有事物動而剛健之象，有人們行事以世以民爲之而不會迷妄之意。“无妄”者，行事无有迷妄之謂。

无妄，元亨利貞。其匪正有眚，不利有攸往。

【釋】

“无妄，元亨利貞”者，行事无有迷妄應具元亨利貞之德而爲方能做到之謂。“其匪正有眚，不利有攸往”者，其行如不正於世於民必有眚，必不利於世之攸往之謂（順注：作者之卦辭是何等的至明）。

初九：无妄，往吉。

【釋】

初九爲下動初，上承六二之堅、六三之堅而薄，爲薄堅至剛之陽。説明爲能處事无有迷妄不顧艱難已至而力進。上世處爲九四薄堅剛之陽，而九四之剛對此有止而健之遯象，下乘爲六三斥剛堅起之陰，間所承九五剛出盛起之陽，爲健。説明於世爲此雖相當不易且進艱難而把持力以行進。初九因此呈爲能處事无有迷妄不顧艱難已至而力進，於世爲此雖相當不易且進艱難而把持力以行進之象。“无妄”者，爲能處事无有迷妄不顧艱難已至而力進之謂。“往吉”者，於世爲此雖相當不易且進艱難而把持力以行進以往必往吉之謂。

六二：不耕獲，不菑畬，則利有攸往。

【釋】

六二爲下動處中，下乘初九之剛而斥，上承六三之堅而間，爲斥剛堅始起之陰。説明始有所進，爲得處事无有迷妄達到目的力斥有礙之爲使起而力進。又上承六三之堅與九四之剛處之生止，九四爲健，有止而健之遁（下）象。説明爲得事无有迷妄至以退遯而行。上世處爲九五剛出盛起之陽，協所乘九四之剛，爲健。説明於世爲成相當困難而至以退遯行進。六二因此呈始有所進，爲得處事无有迷妄達到目的力斥有礙之爲使起而力進，然於世爲成相當困難而至以退遯行進之象。“不耕獲，不菑畬，則利有攸往”者，於世爲成相當困難而至以退遯行進以往故祗有不耕能獲，不菑能畬則方能利有攸往之謂（順注：此爲作者以无妄而畏難之寫照）。

六三：无妄之灾，或繫之牛。行人之得，邑人之灾。

【釋】

六三爲下動上，下乘六二之堅而協斥初九之剛，爲斥剛堅起之陰。説明因退遯以往不成，爲能成處事无有迷妄達到目的進斥有礙之爲得起而力進。上承爲九四薄堅剛之陽。説明所進艱難。上世處爲上九應柔盛之陽，協所乘九五剛出盛起之陽，爲健。説明於世爲此所進艱難且成極難而力避行進。六三因此呈因退遁以往不成，爲能成處事无有迷妄達到目的進斥有礙之爲得起而力進，但於世爲此所進艱難且成極難而力避行進之象。“无妄之灾，或繫之牛”者，於世爲此所進艱難且成極難而力避行進以往故連耕牛也不再管之謂。“行人之得，邑人之灾”者，耕牛終被人得去而成邑人之灾之謂。

九四：可貞，无咎。

【釋】

九四爲上健初，上承九五剛出盛起之陽而間，爲薄堅剛之陽。説明因力避以往生灾，爲得成處事无有迷妄不畏艱難至力而力進。下乘爲六三斥剛堅起之陰。説明極力除斥有礙之在而進。又下乘六三之堅與六二之堅處之生止，六二爲動，有動而止之頤（上）象。説明爲得取頤實而進。下世處爲初九薄堅至剛之陽，薄所承六二之堅、六三之堅而動。説明於世爲得取頤實對有礙之在極力除斥已成極力而行進。九四因此呈因力避以往生灾，爲得成處事无有迷妄不畏艱難至力而力進，於世爲得取頤實極力除斥有礙之在已成極力而行進之象。“可貞”者，爲得成處事无有迷妄不畏艱難至力而力進，於世爲得取頤實極力除斥有礙之在已成極力而行進以往之謂。“无咎”者，如此而行進以往必使无咎之謂（順注：作者以對世之頤實如何作爲迷妄與无妄之分水嶺是何等的至確與值得推崇）。

九五：无妄之疾，勿藥有喜。

【釋】

九五爲上健處中，下乘九四之剛而協，上承上九之盛而間，爲薄堅剛出盛起之陽。説明已得所進，爲進成處事无有迷妄力除所難成起而力進。下世處爲六二斥剛堅始起之陰，而六二之堅對此有動而止之頤象，斥所乘初九之剛，爲動。説明於世爲更得取頤實已對有礙之在至成圖除而行進。九五因此呈已得所進，爲進成處事无有迷妄力除所難成起而力進，於世爲更得取頤實已對有礙之在至成圖除而行進之象。“无妄之疾”者，於世爲更得取頤實已對有礙之在至成圖除而行進以往必生无妄之疾之謂。“勿藥有喜”者，對此之疾應勿藥而有喜之謂。

上九：无妄。行有眚，无攸利。

【釋】

上九爲上健上，下乘九五剛出盛起之陽而協，爲應柔盛之陽。説明已成所進，爲更成處事无有迷妄成行而力進。下世處爲六三斥剛堅起之陰，上承爲九四薄堅剛之陽，協所乘六二之堅斥初九之剛，爲動。説明於世爲已目的已成對凡一切有礙之在極力圖除而行進（參訟上九“終朝三褫之”、噬嗑上九“何校滅耳，凶”之義）。上九因此呈已成所進，爲更成處事无有迷妄成行而力進，然於世爲已目的已成對凡一切有礙之在極力圖除而行進之象。“无妄”者，爲更成處事无有迷妄成行而力進之謂。“行有眚，无攸利”者，於世爲已目的已成對凡一切有礙之在極力圖除而行進以往必行有眚，无攸利之謂。

【按】

因此次叙世衹要无妄以行必成極多增財畜物之大畜也。

《序卦傳》曰：“有无妄然後可畜，故受之以大畜。”

【注】

“有无妄然後可畜”，因爲“有”字而上卦與此卦聯通。足證《序卦》非作者而不能爲。

大畜☶☰艮上乾下

【釋】

大畜下（内）健上（外）止。内爲從剛至盛之卦，外爲往錯剛薄之卦。與萃☱☷相錯，與无妄☰☳反錯。健而止。有剛健已成足止之象，有人們爲生活所創之財物已成滿盈之意。“大畜”者，極多增財畜物之謂。

大畜，利貞。不家食，吉。利涉大川。

【釋】

“大畜，利貞”者，極多增財畜物必利於世之益義與正固之謂。“不家食，吉”者，面對極多財物不貪私圖己必吉之謂。“利涉大川”者，極多增財畜物必利於世涉險克難以往之謂（順注：作者自噬嗑至賁至剥至復至无妄至大畜之過程爲世行繼而又一大規律與邏輯之過程）。

初九：有厲，利已。

【釋】

初九爲下健初，上承九二剛出盛起之陽而間，爲薄堅剛之陽。説明爲能多有增財畜物不畏艱難而力進。上世處爲六四斥剛堅至之陰，下乘爲九三應柔盛之陽，間所承六五之堅斥上九之剛，爲止。説明於世爲此進極艱難而力爲行進（參需初九“需于郊”之義）。初九因此呈爲能多有增財畜物不畏艱難而力進，但於世爲此進極艱難而力爲行進之象。“有厲，利已”者，於世爲此進極艱難而應立足已取力爲行進以往之謂。

九二：輿説輹。

【釋】

九二爲下健處中，下乘初九之剛而協，上承九三之盛而間，爲薄堅剛出盛起之陽。説明始有所進，爲得多有增財畜物力除所難得起而力進。上世處爲六五斥剛至堅之陰，協所乘六四之堅，斥所承上九之剛，爲止。説明於世爲此仍極艱難而力以行進。九二因此呈始有所進，爲得多有增財畜物力除所難得起而力進，然於世爲此仍極艱難而力以行進之象。“輿説輹”者，复從車爲車輹之謂（參大壯九四“壯于大輿之輹”之義），於世爲此仍極艱難祇能繼續克難力進而不能速求多有增財畜物之謂。

九三：良馬逐，利艱貞。日閑輿衛，利有攸往。

【釋】

九三爲下健上，下乘九二剛出盛起之陽而協，爲應柔盛之陽。説明已有所進，爲得成多有增財畜物得行而力進。上承爲六四斥剛堅至之陰。説明所進艱難。上世處爲上九薄堅剛起之陽，薄所乘六五之堅、六四之堅而止。説明於世爲此仍至爲艱難而力成行進。九三因此呈已有所進，爲得成多有增財畜物得行而力進，於世爲此仍至爲艱難而力成行進之象。“良馬逐，利艱貞”者，爲得成多有增財畜物得行而力進，於世爲此仍至爲艱難之謂。“日閑輿衛”者，雖仍至爲艱難但應抓緊一切日閑時機做好一切應做工作而力成行進以往之謂。“利有攸往”者，如此而力成行進以往必利有攸往之謂。

六四：童牛之牿，元吉。

【釋】

六四爲上止初，上承六五之堅而間斥上九之剛，爲斥剛堅至之陰。説明因進艱難，爲成多有增財畜物不顧進難成至而力進。下乘爲九三應柔盛之陽。説明變起而進。下世處爲初九薄堅剛之陽，爲健。説明於世爲此變起已始從剛不顧事難而行進。六四因此呈因進艱難，爲成多有增財畜物不顧進難成至而力進，於世爲此變起已始從剛不顧事難而行進之象。“童牛之牿”者，幼牛爲之投身獻力謂之童牛之牿，爲成多有增財畜物不顧事難連未成年孩子都似成人爲之投身獻力而行進以往之謂。“元吉”者，連未成年孩子都似成人不顧事難而投身獻力行進以往必使多有增財畜物之業開始呈現吉祥之謂。

六五，豶豕之牙，吉。

【釋】

六五爲上止處中，下乘六四之堅而協，上承上九之剛而斥，爲斥剛至堅之陰。説明已得所進，爲進成多有增財畜物不顧進難至爲而力進。下世處爲九二剛出盛起之陽，爲健。説明於世爲此變進已成柔起與共而行進（順注：至堅之陰下世處爲盛起之陽其運行機制成堅極柔起而行進）。六五因此呈已得所進，爲進成多有增財畜物不顧進難至爲而力進，於世爲此變進已成柔起與共而行進之象。“豶豕之牙”者，老豕爲之煥發活力謂之豶豕之牙，爲進成多有增財畜物連暮年老人都爲之煥發活力而與共行進以往之謂。“吉”者，連暮年老人都爲之煥發活力而與共行進以往必使多有增財畜物之業呈現一片吉祥之謂。

上九：何天之衢，亨。

【釋】

上九爲上止上，下乘六五之堅、六四之堅而薄，爲薄堅剛起之陽。説明已成所進，爲更成多有增財畜物不顧進難力斥有礙之爲成起而力進。下世處爲九三應柔盛之陽，上承爲六四斥剛堅至之陰，協所乘九二剛出盛起之陽，爲健。説明於世爲此不顧再難已成極起而行進。“何天之衢，亨”者，如此而行進以往必更成多有增財畜物更成萬事通達之謂。

【按】

因此次敘世成多有增財畜物而更成萬民所需生養之頤也。

《序卦傳》曰：“物畜然後可養，故受之以頤。頤者，養也。”

頤䷚艮上震下

【釋】

頤下（內）動上（外）止。內外均爲往錯剛薄之卦。與大過䷛相錯。動而止。有事物動進而被止之象，有生活所需養如過應被阻止之意。“頤”者，需生養、需所養之謂。

頤，貞吉。觀頤，自求口實。

【釋】

“頤，貞吉”者，所需生養、所養應正固而行方能吉祥之謂。“觀頤”者，對所需生養、所養應通過觀察探究以求進取之謂。“自求口實”者，歸結衹有通過民之自求口實進取創造方能提高世之所需生養、所養水準之謂（順注：短短幾字作者對頤所定之義是何等的正確與明白）。

初九：舍爾靈龜，觀我朵頤。凶。

【釋】

初九爲下動初，上承六二之堅、六三之堅而薄，爲薄堅至剛之陽。説明爲能求取所需生養不顧艱難已至而力進。上世處爲六四斥剛堅至之陰，下乘爲六三斥剛堅起之陰，爲止。説明於世爲此極遭阻壓而使求進極爲艱難。初九因此呈爲能求取所需生養不顧艱難已至而力進，於世爲此極遭阻壓而使求進極爲艱難之象。“舍爾靈龜，觀我朵頤”者，不知自己所擁之富貴（包括富貴象徵靈龜在內）正是民爲所養而成獲取，反而對民爲所需之生養極加阻壓之謂（順注：作者於古代對騎在民頭上作威作福之面目揭示比近代歐洲東方理論更爲深刻）。“凶”者，如此於世於民必凶之謂。

六二：顛頤，拂經于丘。頤征，凶。

【釋】

六二爲下動處中，下乘初九之剛而斥，上承六三之堅而間，爲斥剛堅始起之陰。説明因求進極爲艱難，爲得求取所需生養達到目的力斥有礙之爲使起而力進。上世處爲六五斥剛至堅之陰，協所乘六四之堅，斥所承上九之剛而止。説明於世爲此雖成得起而進但仍極遭阻壓而使求進仍極艱難。六二因此呈因求進極爲艱難，爲得求取所需生養達到目的力斥有礙之爲使起而力進，於世爲此雖成得起而進但仍極遭阻壓而使求進仍極艱難之象。“顛頤”者，世生養、所養關係被顛倒之謂。“拂經于丘”者，拂世常理于上之謂。“頤征”者，爲得求取所需生養達到目的力斥有礙之爲使起而力進之謂。“凶”者，於世爲此雖成得起而進但仍極遭阻壓而使求進仍極艱難之謂。

六三：拂頤，貞凶。十年勿用，无攸利。

【釋】

六三爲下動上，下乘六二之堅而協斥初九之剛，爲斥剛堅起之陰。説明因求進仍極艱難，爲得成求取所需生養達到目的進斥有礙之爲得起而力進。上承爲六四斥剛堅至之陰。説明已得成起而進。上世處爲上九薄堅剛起之陽，薄所乘六五之堅、六四之堅，爲止。説明於世爲此雖得成起而進然還極遭阻壓而使求進還很艱難。六三因此呈因求進仍極艱難，爲得成求取所需生養達到目的的進斥有礙之爲得起而力進，於世爲此雖得成起而進然還極遭阻壓而使求進還很艱難之象。“拂頤”者，拂世爲所需生養、所養求進之謂。“貞凶”者，如此於世於民生活之正固必凶之謂。“十年勿用”者，十爲全數，如此拂頤於世絶不可取用之謂。“无攸利”者，如此於世絶无攸利之謂（順注：在此可聽見作者當時爲世爲民生養疾呼之心聲）。

六四：顛頤，吉。虎視耽耽，其欲逐逐，无咎。

【釋】

六四爲上止初，上承六五之堅而間斥上九之剛，爲斥剛堅至之陰。説明因求進還很艱難，爲成求取所需生養不顧進難成至而力進。下乘爲六三斥剛堅起之陰。説明其處還難。下世處爲初九薄堅至剛之陽，爲動。説明於世爲此雖然還難但已成對有礙之在至力除斥而行進。六四因此呈因求進還很艱難，爲成求取所需生養不顧進難成至而力進，於世爲此雖然還難但已成對有礙之在至力除斥而行進之象。“顛頤”者，要把被顛倒的世之生養、所養關係重新顛倒過來之謂（順注：六四“顛頤”之義與六二“顛頤”之義大相徑庭。參豐九四“日中見斗”與六二“日中見斗”大相徑庭之義）。“吉”者，如此之顛倒過來於世必吉之謂。“虎視耽耽，其欲逐逐”者，爲成求取所需生養不顧進難成至而力進之謂。“无咎”者，於世爲此雖然還難但已成對有礙之在至力除斥而行進以往必使无咎之謂。

六五：拂經。居貞吉，不可涉大川。

【釋】

六五爲上止處中，下乘六四之堅而協，上承上九之剛而斥，爲斥剛至堅之陰。説明始得求進，爲達成求取所需生養不顧進難至爲而力進。下世處爲六二斥剛堅始起之陰，斥所乘初九之剛而動。説明於世爲此仍然還難而力成行進。六五因此呈始得求進，爲達成求取所需生養不顧進難至爲而力進，於世爲此仍然還難而力成行進之象。“拂經”者，要把被拂的世之常理重新拂過來之謂。“居貞吉，不可涉大川”者，於世爲此仍然還難故應居貞吉，力成行進以往而不可涉大川之謂。

上九：由頤。厲。吉，利涉大川。

【釋】

上九爲上止上，下乘六五之堅、六四之堅而薄，爲薄堅剛起之陽。説明已有求進，爲進成求取所需生養不顧進難力斥有礙之爲成起而力進。下世處爲六三斥剛堅起之陰，上承爲六四斥剛堅至之陰，協所乘六二之堅，爲動。説明於世爲此已成對凡一切有礙之在極力除斥而行進，上九因此呈已有求進，爲進成求取所需生養不顧進難力斥有礙之爲成起而力進，於世爲此已成對凡一切有礙之在極力除斥而行進之象。“由頤”者，爲進成求取所需生養不顧進難力斥有礙之爲成起而力進之謂。“厲”者，於世爲此已成對凡一切有礙之在極力除斥而行進以往必有厲之謂。“吉，利涉大川”者，但衹要爲求取正常所需生養而進於世必吉必利於涉險克難以往之謂（順注：作者頤之六爻文辭隱潛而其義非凡）。

【按】

因此次叙人們由於衹顧以自所求力進使世成不協太過之大過也。

《序卦傳》曰：“不養則不可動，故受之以大過。”

大過☱☴兑上巽下

【釋】

大過下（内）入上（外）説。内外均爲往錯柔順之卦。與頤☶☳相錯。入而説。有事物入進而求得説之象，有人們衹顧以自所求力進而求得説成太過之意。“大過”者，事成不協太過之謂。

大過，棟橈。利有攸往，亨。

【釋】

“大過，棟橈”者，衹顧以自所求力進使世不協太過嚴重失當之謂。“利有攸往”者，雖使不協然民衹要爲生養求取而進必使世利有攸往之謂（順注：作者可謂至明）。“亨”者，如此進必使之成通達之謂（順注：作者大過之卦辭與六爻之辭其旨極爲深廣）。

初六：藉用白茅。无咎。

【釋】

初六爲下入初，上承九二之盛、九三之盛而順，爲順剛柔起之陰。説明爲能所求事成摒弃其害得起而力進。上世處爲九四應柔盛始起之陽，下乘爲九三應柔至亢之陽，爲説。説明於世爲此雖難然能得起而與共行進以往必使事成過（參鼎初六“鼎顛趾”之義）。初六因此呈爲能所求事成摒弃其害得起而力進，於世爲此雖難然能得起而與共行進以往必使事成過之象。“藉用白茅”者，白茅爲潔韌之物，於世爲此雖難然能得起而與共行進以往必使事成過故應藉用白茅使之不過之謂。“无咎”者，使事不過必无咎之謂（順注：由此可見爲成協和之經濟體制應有政之積極調節）。

九二：枯楊生稊，老夫得其女妻。无不利。

【釋】

九二爲下入處中，下乘初六之柔而應，上承九三之盛而間，爲應柔亢至之陽。説明所事不過，爲得所求事成得至而力進。上世處爲九五應柔盛起之陽，協所乘九四之盛，應所承上六之柔而説。説明於世爲此進極困難雖力以行進而事成不過。九二因此呈所事不過，爲得所求事成得至而力進，於世爲此進極困難雖力以行進而事成不過之象。"枯楊生稊，老夫得其女妻"者，老夫謂九二，女妻謂初六，於世爲此由於進極困難而使亢難行與所乘初六之柔繼續成相應順故而使枯楊生稊，老夫得其女妻之謂。"无不利"者，事成不過必无有不利之謂。

九三：棟橈。凶。

【釋】

九三爲下入上，下乘九二之盛而協應初六之柔，爲應柔至亢之陽。説明事成不過，爲得成所求事成已至而力進。上承爲九四應柔盛始起之陽。説明進極困難。上世處爲上六順剛至柔之陰，順所乘九五之盛、九四之盛，爲説。説明於世爲此雖進極困難然已得共得説而力成行進以往使事成過（参革九三"有孚"、中孚六三"得敵"之義，又成相反）。九三因此呈事成不過，爲得成所求事成已至而力進，於世爲此雖進極困難然已得共得説而力成行進以往使事成過之象。"棟橈"者，於世爲此雖進極困難然已得共得説而力成行進以往使事成過之謂。"凶"者，使事成過必凶之謂。

九四：棟隆。吉，有它吝。

【釋】

九四爲上説初，上承九五之盛而間應上六之柔，爲應柔盛始起之陽。説明事已成過，爲成所求事成力除所難已起而力進。下乘爲九三應柔至亢之陽。説明已得成起而進。下世處爲初六順剛柔起之陰，爲入。説明於世爲此得共成起而至力行進糾過過之。九四因此呈事已成過，爲成所求事成力除所難已起而力進，於世爲此得共成起而至力糾過過之之象。"棟隆"者，於世爲此得共成起而至力糾過而使棟隆之謂。"吉，有它吝"者，至力糾過必使吉然糾過過之必有它吝之謂。

九五：枯楊生華，老婦得其士夫。无咎无譽。

【釋】

九五爲上説處中，下乘九四之盛而協，上承上六之柔而應，爲應柔盛起之陽。説明因糾過過之，爲達成所求事成進除所難成起而力進。下世處爲九二應柔亢至之陽，應所乘初六之柔而入。説明於世爲此已成極起而行進使糾又成過。九五因此呈因糾過過之，爲達成所求事成進除所難成起而力進，於世爲此已成極起而行進使糾又成過之象。"枯楊生華，老婦得其士夫"者，老婦謂上六，士夫謂九五，於世爲此極起而行進以往使與所承上六之柔成至爲應順故而使枯楊生華，老婦得其士夫之謂。"无咎无譽"者，雖爲糾過而力進无咎然使事致於此何來譽之謂。

上六：過涉滅頂。凶，无咎。

【釋】

上六爲上説上，下乘九五之盛、九四之盛而順，爲順剛至柔之陰。説明因糾又成過，爲進成所求事成至行而力進。下世處爲九三應柔至亢之陽，上承爲九四應柔盛始起之陽，協所乘九二之盛應初六之柔而入。說明於世爲此由於至成與共不顧事之進難而極力成没行進以往使事糾成大過。上六因此呈因糾又成過，爲進成所求事成至行而力進，於世爲此由於至成與共不顧事之進難而極力成没行進以往使事糾成大過之象。“過涉滅頂”者，於世爲此由於至成與共不顧事之進難而極力成没行進以往使事糾成大過之謂。“凶，无咎”者，雖糾成大過而凶但爲糾過極力行進以往无可言咎之謂。

【按】

因此次叙世因過而糾成大過災眚迅起之習坎也。

《序卦傳》曰：“物不可以終過，故受之以坎。坎者，陷也。”

【注】

過至一定程度而成災眚迅起而陷也。

坎☵☵坎上坎下

【釋】

坎下（内）陷上（外）陷。内外均爲往錯剛薄之卦。與離☲相錯。陷而陷。有險陷重重之象，有人世生活在重重災陷中之意。重“坎”者，重重災陷之謂。

習坎。有孚維心，亨。行有尚。

【釋】

“習坎”者，生活將要經歷重重災陷之謂。“有孚維心，亨”者，要取信於衆共爲克服災陷而進必須認真考慮災眚迅起的産生原因所在，與尋求真正解决的辦法行進方能通達之謂。“行有尚”者，衹有如此以往方能克除災陷而出之謂（順注：坎卦卦辭與全卦之辭是作者爲人世成協和克服災陷之作爲總綱所在）。

初六：習坎。入于坎窞，凶。

【釋】

初六爲下陷初，上承九二之剛而斥間六三之堅，爲斥剛堅長之陰。說明爲能出災陷不顧行難長起而力進。上世處爲六四斥剛堅長之陰，而六四之堅對此有動而陷之屯象，下乘爲六三斥剛堅進之陰，斥所承九五之剛而陷。說明於世爲此進而艱險雖成得起而行進以往然被更陷，初六因此呈爲能出災陷不顧行難長起而力進，但於世爲此進而艱險雖成得起而行進以往然被更陷之象。“習坎”者，爲能出災陷不顧行難長起而力進之謂。“入于坎窞，凶”者，於世爲此進而艱險雖成得起而行進以往然被更陷之謂。

九二：坎有險，求小得。

【釋】

九二爲下陷處中，下乘初六之堅而薄，上承六三之堅而薄，爲薄堅剛進之陽。說明因所進更陷，爲得出災陷不顧行難力斥有礙之爲得進而力進。又上承六三之堅與六四之堅處之生動，六四爲陷，有動而陷之屯（下）象。說明進極艱險。上世處爲九五薄堅剛進之陽，而九五之剛對此有止而陷之蹇象，薄所承上六之堅而陷。説明於世爲此行蹇難且進極艱險而力求所得行進。九二因此呈因所進更陷，爲得出灾陷不顧行難力斥有礙之爲得進而力進，然於世爲此行蹇難且進極艱險而力求所得行進之象。“坎有險，求小得”者，於世爲此行蹇難且進極艱險而力求所得行進以往之謂。

六三：來之坎坎，險且枕。入于坎窞，勿用。

【釋】

六三爲下陷上，下乘九二之剛而斥協初六之堅，爲斥剛堅進之陰。説明始有所得，爲能成出灾陷不顧行難力斥有礙之爲得行而力進。上承爲六四斥剛堅長之陰。説明所進困難。又上承六四之堅與九五之剛處之生止，九五爲陷，有止而陷之蹇（下）象。説明進極蹇難。上世處爲上六斥剛堅進之陰，協六四之堅斥所乘九五之剛而陷。説明於世爲此雖又得起然所進困難且極蹇難而不能妄爲行進。六三因此呈始有所得，爲能成出灾陷不顧行難力斥有礙之爲得行而力進，於世爲此雖又得起然所進困難且極蹇難而不能妄爲行進之象。“來之坎坎，險且枕”者，於世爲此雖又得起然所進困難且極蹇難之謂。“入于坎窞，勿用”者，如妄爲行進必入于坎窞故此時衹能探究尋求真正解決辦法以行而勿能爲用之謂。

六四：樽酒簋，貳用缶，納約自牖。終无咎。

【釋】

六四爲上陷初，上承九五之剛而斥間上六之堅，爲斥剛堅長之陰。説明已有所得，爲得成出灾陷不顧行難至起而力進。下乘爲六三斥剛堅進之陰。説明已成得力而進。又下乘六三之堅與九二之剛處之生動，九二爲陷，有陷而動之解（上）象。説明爲成得解而進。下世處爲初六斥剛堅長之陰，斥所承九二之剛而陷。説明於世爲成得解已更得力而進然險陷仍極重而逐成行進。六四因此呈已有所得，爲得成出灾陷不顧行難至起而力進，於世爲成得解已更得力而進然險陷仍極重而逐成行進之象。“樽酒簋，貳用缶，納約自牖”者，樽爲酒具，簋爲裝具，作二物用，牖爲窗，約爲勺，自牖以約將樽與簋裝來之酒納入而進，即於世爲成得解已更得力而進然險陷仍極重而逐成行進之謂。“終无咎”者，如此而行進以往必將終无咎之謂。

九五：坎不盈，衹即平。无咎。

【釋】

九五爲上陷處中，下乘六四之堅而薄，上承上六之堅而薄，爲薄堅剛進之陽。説明更有所得，爲成出灾陷不顧行難力斥有礙之爲成進而力進。又下乘六四之堅與六三之堅處之生止，六三爲陷，有陷而止之蒙（上）象。説明力除灾陷所在而進。下世處爲九二薄堅剛進之陽，而九二之剛對此有陷而動之解象，薄所承六三之堅而陷。説明於世爲成得解力除灾陷所在已得至而進然險陷仍重而力成行進。九五因此呈更有所得，爲成出灾陷不顧行難力斥有礙之爲成進而力進，於世爲成得解力除灾陷所在已得至而進然險陷仍重而力成行進之象。“坎不盈，祇即平”者，於世爲成得解力除災陷所在已得至而進之謂。“无咎”者，力除災陷所在已得至而進然險陷仍重而爲得解力成行進以往必使无咎之謂。

上六：係用徽纆，寘于叢棘。三歲不得，凶。

【釋】

上六爲上陷上，下乘九五之剛而斥協六四之堅，爲斥剛堅進之陰。説明更進所得，爲進成出災陷不顧行難力斥有礙之爲成行而力進。下世處爲六三斥剛堅進之陰，而六三之堅對此有陷而止之蒙象，上承爲六四斥剛堅長之陰，協初六之堅斥九二之剛而陷。説明於世雖爲力除災陷所在然却不顧仍爲險陷進難而竭力行進成凶不能出。上六因此呈更進所得，爲進成出災陷不顧行難力斥有礙之爲成行而力進，於世雖爲力除災陷所在然却不顧仍爲險陷進難而竭力行進成凶不能出之象。“係用徽纆，寘于叢棘”者，對爲出不顧仍爲險陷進難而竭力行進以往之爲應係用徽纆，寘于叢棘之謂。“三歲不得，凶”者，三爲通數，以此而行進以往也必不能得出而凶之謂。

【按】

因此次敘世爲出災陷而行進光明就在前之離也。

《序卦傳》曰：“陷必有所麗，故受之以離。離者，麗也。”

離☲離上 離下

【釋】

離下（內）麗上（外）麗。內外均爲往錯柔順之卦。與坎☵相錯。麗而麗。有光明普照之象，有人世生活光明普照之意。重“離”者，光明普照之謂。

離，利貞。亨。畜牝牛，吉。

【釋】

“離，利貞”者，光明普照利於生活益義與正固之謂。“亨”者，光明普照必使世事通達之謂。“畜牝牛，吉”者，畜養順光明而爲而進之性於世於己必吉之謂（順注：離卦卦辭與全卦之辭是作者爲人世光明普照永成協和之求進總綱所在。又注：作者自頤至大過至坎至離之過程爲世行繼而向着更爲光明進程又一大規律與邏輯之過程）。

初九：履錯然，敬之无咎。

【釋】

初九爲下麗初，上承六二之柔而應間九三之盛，爲應柔盛至之陽。説明爲能世光明普照得行而力進。上世處爲九四應柔盛至之陽，而九四之盛對此有入而麗之鼎象，下乘爲九三應柔至盛之陽，應所承六五之柔而麗。説明於世爲成新雖光明祇是初現，還很微，所及還很有限但爲世爲民不顧成難而力以行進。初九因此呈爲能世光明普照得行而力進，於世爲成新雖光明祇是初現，還很微，所及還很有限，但爲世爲民不顧成難而力以行進之象。"履錯然"者，於世爲成新雖光明衹是初現，還很微，所及還很有限，但爲世爲民不顧成難而力以行進以往之謂（順注：離初爻出望"履"字請參履初爻之義）。"敬之无咎"者，雖爲世爲民不顧成難而力以行進以往，但對民敬之而行必能无咎之謂。

六二：黄離，元吉。

【釋】

六二爲下麗處中，下乘初九之盛而順，上承九三之盛而順，爲順剛柔進之陰。説明始有所進，爲得世光明普照得進而力進。又上承九三之盛與九四之盛處之生入，九四爲麗，有入而麗之鼎（下）象。説明爲成新而進。上世處爲六五順剛柔進之陰，而六五之柔對此有説而麗之睽象，應所乘九四之盛、所承上九之盛而麗。説明於世爲克服小人阻撓使光明進現成新不顧成難而力成行進。六二因此呈始有所進，爲得世光明普照得進而力進。於世爲克服小人阻撓使光明進現成新不顧成難而力成行進之象。"黄離"者，黄爲地色喻民色，離爲光明，民得光明謂之黄離，於世爲克服小人阻撓使光明進現成新不顧成難而力成行進以往之謂。"元吉"者，如此而力成行進以往必使世始而成吉之謂。

九三：日昃之離。不鼓缶而歌，則大耋之嗟，凶。

【釋】

九三爲下麗上，下乘六二之柔而應協初九之盛，爲應柔至盛之陽。説明已有所進，爲成世光明普照已行而力進。上承爲九四應柔盛至之陽。説明進成相當困難。又上承九四之盛與六五之柔處之生説，六五爲麗，有説而麗之睽（下）象。説明遭受小人忌恨使進成相當困難。上世處爲上九應柔至盛之陽，協九四之盛應所乘六五之柔而麗。説明於世爲此衹有克除小人之阻方能成進使光明成現不顧成難而至爲行進。九三因此呈已有所進，爲成世光明普照已行而力進。於世爲此衹有克除小人之阻方能成進使光明成現不顧成難而至爲行進之象。"日昃之離"者，日過中至盛謂之日昃之離。爲成世光照普照已行而力進之謂。"不鼓缶而歌，則大耋之嗟，凶"者，如不能克除小人之阻成進則於世必凶之謂。

九四：突如其來如。焚如，死如，弃如。

【釋】

九四爲上麗初，上承六五之柔而應間上九之盛，爲應柔盛至之陽。説明因所進受阻，爲得成世光明普照成行而力進。下乘爲九三應柔至盛之陽。説明已得成起。又下乘九三之盛與六二之柔處之生入，六二爲麗，有麗而入之家人（上）象。説明衹有不畏困難齊心協力共往方能成起而進。下世處爲初九應柔盛至之陽，應所承六二之柔而麗。説明於世爲此由於不畏困難齊心協力共往已成極起而行進。九四因此呈因所進受阻，爲得成世光明普照成行而力行，於世爲此由於不畏困難齊心協力共往已成極起而行進之象。"突如其來如"者，爲得成世光明普照成行而力進，於世爲此由於不畏困難齊心協力共往已成極起而行進以往之謂。"焚如，死如，弃如"者，一切力圖阻撓光明行進之小人之事物在被掃除清除之謂。

六五：出涕沱若，戚嗟若。吉。

【釋】

六五爲上麗處中，下乘九四之盛而順，上承上九之盛而順，爲順剛柔進之陰。説明已成所進，爲進成世光明普照成進而力進。又下乘九四之盛與九三之盛處之生説，九三爲麗，有麗而説之革（上）象。説明爲革除不符世與不符民生活要求之事物而進。下世處爲六二順剛柔進之陰，而六二之柔對此有麗而入之家人象，順所乘初九之盛、所承九三之盛而麗。説明於世爲萬民家業爲革除不符世與不符民生活要求之事物已成極進而行進。六五因此呈已成所進，爲進成世光明普照成進而力進，於世爲萬民家業爲革除不符世與不符民生活要求之事物已成極進而行進之象。"出涕沱若，戚嗟若"者，一切與光明行進不相適應之事之物均不得不忍痛革除不相適應部分而爲而行之謂。"吉"者，能忍痛革除不相適應部分順光明行進以往必吉之謂。

上九：王用出征。有嘉折首，獲匪其醜。无咎。

【釋】

上九爲上麗上，下乘六五之柔而應協九四之盛，爲應柔至盛之陽。説明進成所進，爲更成世光明普照成至而力進。下世處爲九三應柔至盛之陽，而九三之盛對此有麗而説之革象，上承爲九四應柔盛至之陽，協初九之盛應六二之柔而麗。説明於世爲革除不符世與不符民生活要求之事物不顧進難已成極至而行進。上九因此呈進成所進，爲更成世光明普照成至而力進，於世爲革除不符世與不符民生活要求之事物不顧進難已成極至而行進之象。"王用出征"者，爲更成世光明普照成至而力進之謂。"有嘉折首，獲匪其醜"者，於世爲革除不符世與不符民生活要求之事物不顧進難已成極至而行進以往之謂。"无咎"者，衹有如此以往方能无咎之謂（順注：此爲作者爲人世光明普照永成協和求進之根本所在）。

【按】

因此上經世行天道地道過程終而又始下經世事天道地道過程。

上經完。

卷二

下經之釋

商末世西伯姬昌作，周春秋孔子仲尼傳，後世學者鄭張歡釋。

《序卦傳》曰："有天地然後有萬物，有萬物然後有男女。有男女然後有夫婦，有夫婦然後有父子。有父子然後有君臣，有君臣然後有上下，有上下然後禮義有所錯。"

【釋】

因此下篇以青少年男女婚戀爲世間生活之始叙，明要使人世成協和進取首先要有青少年男女人際婚戀之秩序方有夫婦家庭人際生活之相依與道德秩序，而方有世間父母子女上下及其整個人際生活之協和進取與道德義理秩序之理。接以家庭協和持恒進取之夫婦生活爲次叙，明要使人世興盛發達衹有萬民之夫婦協和爲生活美好奮進方能成功之理。

咸恒二卦爲下經之始，爲文王成世協和興盛發達所在，爲中華民族生活内容所本。二卦叙述周全，哲理深刻，與日月同輝，人世不變之真理皆具於内而至於極。

咸䷞兑上艮下

【釋】

咸下（内）止上（外）説。内爲往錯剛薄之卦，外爲往錯柔順之卦。與損䷨相錯，與恒䷟反錯。止而説。有事物止而仍説之象，有世間青少年男女間不能止相感而相依成夫婦之意。"咸"者，由相感成相依之謂。

咸，亨。利貞。取女吉。

【釋】

"咸，亨"者，由相感成相依必成事通達之謂。"利貞"者，由相感成相依應利於事之益義與正固之謂。“取女吉”者，由此必成夫婦生活吉祥之謂（順注：從成卦之辭與全卦之辭可見作者勾畫的是一幅青少年男女由相感交往成擇與雙方父母親朋贊持而成婚成協和進取之人世婚戀美景。對此《詩經》首篇《關雎》正與此合）。

初六：咸其拇。

【釋】

初六爲下止初，上承六二之堅而間斥九三之剛，爲斥剛堅至之陰。説明爲能相感成相依不顧進難得至而力進。上世處爲九四應柔盛始起之陽，下乘爲九三薄堅剛起之陽，爲説。説明於世爲此不顧成難而力以行進。初六因此呈爲能相感成相依不顧進難得至而力進，於世爲此不顧成難而力以行進之象。“咸其拇”者，於世爲此不顧成難而力以行進以往始得事共爲相依之謂（順注：據卦象卦義、爻象爻義，拇應爲手指，而絶非爲脚趾等説。參解九四“解而拇”之拇義）。

六二：咸其腓，凶。居吉。

【釋】

六二的下止處中，下乘初六之堅而協，上承九三之剛而斥，爲斥剛至堅之陰。説明始有所成，爲得相感成相依不顧進難已至而力進。上世處爲九五應柔盛起之陽，協所乘九四之盛，爲説。説明於世爲此不顧成仍難而力成行進。六二因此呈始有所成，爲得相感成相依不顧進難已至而力進，於世爲此不顧成仍難而力成行進之象。“咸其腓”者，於世爲此不顧成仍難而力成行進以往圖得事共行相依之謂（順注：據卦象卦義爻象爻義腓應爲腿，而絶非爲單單小腿等説。參艮六二“艮其腓。不拯其隨。其心不快”之義）。“凶”者，不顧成仍難而力成行進以往於後之相處必凶之謂。“居吉”者，冷静考慮成仍難所在而進於事必吉之謂。

九三：咸其股。執其隨，往吝。

【釋】

九三爲下止上，下乘六二之堅、初六之堅而薄，爲薄堅剛起之陽。説明因成仍難，爲得成相感成相依不顧進難力斥有礙之爲得起而力進。上承爲九四應柔盛始起之陽。説明能得所進然還難。上世處爲上六順剛至柔之陰，順所乘九五之盛、九四之盛，爲説。説明於世爲此至爲得從能得所進不顧成還難而極以行進。九三因此呈因成仍難，爲得成相感成相依不顧進難力斥有礙之爲得起而力進，於世爲此至爲得從能得所進不顧成還難而極以行進之象。“咸其股”者，於世爲此至爲得從而得共坐相依之謂。“執其隨”者，不顧還難情形執其隨而極以行進以往之謂（順注：咸三爻出現“隨”字請參隨三爻之義）。“往吝”者，如此而以往必吝之謂。

九四：貞吉，悔亡。憧憧往來，朋從爾思。

【釋】

九四爲上説初，上承九五之盛而間應上六之柔，爲應柔盛始起之陽。説明因成還難，爲成相感成相依力除所難已起而力進。下乘爲九三薄堅剛起之陽。説明其處困難。下世處爲初六斥剛堅至之陰，爲止。説明於世爲克除所難已成對有礙（困難）之在圖除而行進。九四因此呈因所成還難，爲成相感成相依力除所難已起而力進，於世爲克除所難已成對有礙（困難）之在圖除而行進之象。“貞吉，悔亡”者，爲相感成相依力除所難已起而力進，於世爲克除所難已成對有礙（困難）之在圖除而行進以往必貞吉悔亡之謂。“憧憧往來，朋從爾思”者，如此以往必使事成進而雙方父母親朋皆能從爾之思贊持之謂。

九五：咸其脢，无悔。

【釋】

九五爲上説處中，下乘九四之盛而協，上承上六之柔而應，爲應柔盛起之陽。説明事有所成，爲進成相感成相依進除所難成起而力進。下世處爲六二斥剛至堅之陰，協所乘初六之堅，爲止。説明於世爲此已成對凡一切有礙（困難）之在至以圖除而行進。九五因此呈事有所成，爲進成相感成相依進除所難成起而力進，於世爲此已成對凡一切有礙（困難）之在至以圖除而行進之象。“咸其脢”者，於世爲此已成對凡一切有礙（困難）之在至以圖除而行進以往成事相擁相依之謂（順注：據卦象卦義爻象爻義，“咸其脢”應爲婚戀成熟相依之擁抱，而絶非爲背部已感覺等説）。“无悔”者，如此而成婚戀成熟之相擁相依必无有悔之謂。

上六：咸其輔頰舌。

【釋】

上六爲上説上，下乘九五之盛、九四之盛而順，爲順剛至柔之陰。説明婚戀已成，爲更成相感成相依至行而力進。下世處爲九三薄堅剛起之陽，上承爲九四應柔盛始起之陽，薄所乘六二之堅、初六之堅而止。説明於世已成爲生活之美好從剛對一切有害之在至力除斥不顧進難而行進（順注：至柔之陰下世處爲剛起之陽其運行機制成柔没剛極起而行進）。上六因此呈婚戀已成，爲更成相感成相依至行而力進，於世已成爲生活之美好從剛對一切有害之在至力除斥不顧進難而行進之象。“咸其輔頰舌”者，生活相依而共商討成協和進取謂之咸其輔頰舌，即於世共爲生活之美好共商討成協和對一切有害之在至力除斥不顧進難而進取以往之謂。

【按】

因此次叙夫婦爲生活之美好進取需協和持恒方能成之恒也。

《序卦傳》曰：“夫婦之道不可以不久也，故受之以恒。恒者，久也。”

恒䷟震上巽下

【釋】

恒下（内）入上（外）動。内爲往錯柔順之卦，外爲往錯剛薄之卦。與益䷩相錯，與咸☱☴反錯。入而動。有事物入而成動之象，有夫婦協和共爲生活美好入爲而不斷取得成功之意。“恒”者，持恒、持久之謂。

恒，亨。无咎。利貞。利有攸往。

【釋】

“恒，亨”者，夫婦協和持恒進取必成事通達之謂。“无咎”者，協和持恒爲生活美好進取必能无咎之謂。“利貞”者，爲生活美好進取應利於事之益義與正固之謂。“利有攸往”者，夫婦協和持恒進取必利有攸往之謂（順注：恒卦之辭與全卦之辭爲作者人際衹有協和持恒進取方能成世興盛發達之進取總綱所在）。

初六：浚恒。貞凶，无攸利。

【釋】

初六爲下入初，上承九二之盛、九三之盛而順，爲順剛柔起之陰。説明爲能生活美好摒弃其害得起而力進。上世處爲九四薄堅至剛之陽，下乘爲九三應柔至亢之陽，薄所承六五之堅、上六之堅，爲動。説明於世爲此從剛不顧事成之可能而行進。初六因此呈爲能生活美好摒弃其害得起而力進，於世爲此從剛不顧事成之可能而行進之象。“浚恒”者，於世爲成從剛不顧事成之可能而行進以往求成之謂。“貞凶，无攸利”者，不顧事成之可能而行進以往求成必貞凶，无有攸利之謂。

九二：悔亡。

【釋】

九二爲下入處中，下乘初六之柔而應，上承九三之盛而間，爲應柔亢至之陽。説明因所進有凶，爲得生活美好得至而力進。上世處爲六五斥剛堅始起之陰，斥所乘九四之剛，爲動。説明於世爲此已成得從而行進。九二因此呈因所進有凶，爲得生活美好得至而力進，於世爲此已成得從而行進之象。“悔亡”者，於世爲此已成得從而行進以往求成必悔亡之謂。

九三：不恒其德。或承之羞，貞吝。

【釋】

九三爲下入上，下乘九二之盛而協應初六之柔，爲應柔至亢之陽。説明始有所進，爲成生活美好已至而力進。上乘爲九四薄堅至剛之陽。説明能够得進。上世處爲上六斥剛堅起之陰，協所乘六五之堅斥九四之剛，爲動。説明於世爲此以其所進而不顧所從以往而行進。九三因此呈始有所進，爲成生活美好已至而力進，於世爲此以其所進而不顧所從以往而行進之象。“不恒其德”者，於世爲此以其所進而不顧所從而行進以往之謂。“或承之羞，貞吝”者，不顧所從而行進以往必將承之羞而貞吝之謂。

九四：田无禽。

【釋】

九四爲上動初，上承六五之堅、上六之堅而薄，爲薄堅至剛之陽。説明因所進羞吝，爲得成生活美好不顧艱難成至而力進。下乘爲九三應柔至亢之陽，協所乘九二之盛。説明其處已得極起而進。下世處爲初六順剛柔起之陰，爲入。説明於世爲此已成得從盛極起而至力行進（順注：至剛之陽下世處爲柔起之陰其運行機制成剛出盛極起而行進）。九四因此呈因所進羞吝，爲得成生活美好不顧艱難成至而力進，於世爲此已成得從盛極起而至力行進之象。"田无禽"者，禽謂六五、上六，爲得生活美好不顧艱難成至而力進，於世爲此已成得從盛極起而至力行進以往求成之謂（順注：田无禽是莊稼備受護理培育有成，反之便是田有毀莊稼之禽无成）。

六五：恒其德，貞。婦人吉，夫子凶。

【釋】

六五爲上動處中，下乘九四之剛而斥，上承上六之堅而間，爲斥剛堅始起之陰。説明已成所進，爲進或生活美好達到目的力斥有礙之爲已起而力進。下世處爲九二應柔亢至之陽，應所乘初六之柔，爲入。説明於世爲此從亢成起而至以行進。六五因此呈已成所進，爲進成生活美好達到目的力斥有礙之爲已起而力進，於世爲此從亢成起而至以行進之象。"恒其德，貞"者，爲進成生活美好達到目的力斥有礙之爲已起而力進之謂。"婦人吉，夫子凶"者，婦謂六五，夫謂九四，於世爲此從亢成起而至以行進以往之謂（參小過六五"密雲不雨，自我西郊"之義，又有不同）。

上六：振恒，凶。

【釋】

上六爲上動上，下乘六五之堅而協斥九四之剛，爲斥剛堅起之陰。説明已更所進，爲更成生活美好達到目的進斥有礙之爲成起而力進。下世處爲九三應柔至亢之陽，上承爲九四薄堅至剛之陽，協所乘九二之盛應初六之柔，爲入。説明於世爲此更成從亢極起爲其目的不顧事之可能而極力行進。上六因此呈已更所進，爲更成生活美好達到目的進斥有礙之爲成起而力進，於世爲此更成從亢極起爲其目的不顧事之可能而極力行進之象。"振恒"者，於世爲此更成從亢極起爲其目的不顧事之可能而極力行進以成之謂。"凶"者，如此而極力行進以成於夫於事必凶之謂。

【按】

因此次叙被進逼協和持恒進取生活被破壞無法再共存下去而應退遯安身之遯也。

【咸恒二卦總述】

咸恒二卦，作者通過二卦十二爻對人世青少年男女由於相感成相依建立夫婦家庭共同生活而成協和進取之叙述，與家庭夫婦爲生活美好進取應協和持恒之叙述，深刻説明人們之間（區域之間）、上下之間由於生活相依的需要方成人世共同生活進取之理與人們之間（區域之間）、上下之間應協和方能持恒進取而成人世萬事萬物興盛發達之理。説明人世、家庭協和持恒進取之生活關係如遭受破壞必造成人世生活與家庭生活灾變之理。

咸恒二卦是作者要整治黑暗的商道生活，創立光明的周道生活的政治、理論、哲理綱領。爲下經之所係。咸恒二卦其旨遠矣。

《序卦傳》曰："物不可以久居其所，故受之以遯。遯者，退也。"

【注】

隨着事物不同的進程，協和之關係被破壞而無法再共居其所，衹能退也。

遯☶☰乾上艮下

【釋】

遯下（内）止上（外）健。内爲往錯剛薄之卦，外爲從剛至盛之卦。與臨☷☱相錯，與大壯☳☰反錯（順注：遯原爲十二月卦中陰勢起，陽勢退之六月卦。《周易》用之其意大有區别）。止而健。有事物被止而仍健之象，有人世事物被止而志仍在無法俯就退遯於外之意。"遯"者，退遯之謂。

遯，亨。小利貞。

【釋】

"遯，亨"者，由退遯而重成事通達之謂。"小利貞"者，退遯在外衹能從小處着手起方能利於事益義與正固之謂。

初六：遯尾，厲。勿用有攸往。

【釋】

初六爲下止初，上承六二之堅而間斥九三之剛，爲斥剛堅至之陰。説明爲能所事退遯出來不顧進難得至而力進。上世處爲九四薄堅剛之陽，下乘爲九三薄堅剛起之陽，爲健。説明於世爲此相當艱難而逐以行進。初六因此呈爲能所事退遯出來不顧進難得至而力進，然於世爲此相當艱難而逐以行進之象。"遯尾"者，於世爲此相當艱難而逐以行進退遯以往之謂。"厲"者，如此退遯以往必厲之謂。"勿用有攸往"者，衹有不顧所難力以尋求辦法退遯以往方能有攸往之謂。

六二：執之用黄牛之革，莫之勝説。

【釋】

六二爲下止處中，下乘初六之堅而協，上承九三之剛而斥，爲斥剛至堅之陰。説明始有退遯，爲得所事退遯出來不顧進難已至而力進。上世處爲九五剛出盛起之陽，協所乘九四之剛，爲健。説明於世爲此不顧成仍難而力成行進。六二因此呈始有退遯，爲得所事退遯出來不顧進難已至而力進，於世爲此不顧成仍難而力成行進之象。"執之用黄牛之革，莫之勝説"者，於世爲此不顧成仍難而力成行進退遯以往之謂。

九三：係遯。有疾，厲。畜臣妾，吉。

【釋】

九三爲下止上，下乘六二之堅、初六之堅而薄，爲薄堅剛起之陽。説明已有所進，爲得成所事退遯出來不顧進難力斥有礙之爲得起而力進。上承爲九四薄堅剛之陽。説明所進仍爲艱難。上世處爲上九應柔盛之陽，協所乘九五剛出盛起之陽，爲健。説明於世爲此雖能成進然進仍艱難而至爲行進。九三因此呈已有所進，爲得成所事退遯出來不顧進難力斥有礙之爲得起而力進，於世爲此雖能成進然進仍艱難而至爲行進之象。“係遯”者，爲得成所事退遯出來不顧進難力斥有礙之爲得起而力進之謂。“有疾，厲”者，於世爲此雖能成進然進仍艱難之謂。“畜臣妾，吉”者，臣妾謂六二、初六，進仍艱難而至以畜之以成行進退遁以往之謂（參大過九二“老夫得其女妻”之義）。

九四：好遯。君子吉，小人否。

【釋】

九四爲上健初，上承九五剛出盛起之陽而間，爲薄堅剛之陽。説明因進仍艱難，爲成所事退遯出來不畏艱難至力而力進。下乘爲九三薄堅剛起之陽。説明其處已得力起而進。下世處爲初六斥剛堅至之陰，爲止。説明於世爲此已得力起已成對有礙之在至力除斥而行進。九四因此呈因進仍艱難，爲成所事退遯出來不畏艱難至力而力進，於世爲此已得力起已成對有礙之在至力除斥而行進之象。“好遯”者，爲成所事退遯出來不畏艱難至力而力進之謂。“君子吉，小人否”者，於世爲此已得力起已成對有礙之在至力除斥而行進退遯以往於君子必吉，但於小人却勿能做到之謂（順注：遯九四出現“否”字請參否九四之義）。

九五：嘉遯，貞吉。

【釋】

九五爲上健處中，下乘九四之剛而協，上承上九之盛而間，爲薄堅剛出盛起之陽。説明更有所進，爲進成所事退遯出來力除所難成起而力進。下世處爲六二斥剛至堅之陰，協所乘初六之堅，爲止。説明於世爲此已成對凡一切有礙之在圖除而行進。九五因此呈更有所進，爲進成所事退遯出來力除所難成起而力進，於世爲此已成對凡一切有礙之在圖除而行進之象。“嘉遯”者，於世爲此已成對凡一切有礙之在圖除而行進退遯以往之謂。“貞吉”者，如此而行進退遯以往必成正固而吉之謂。

上九：肥遯，无不利。

【釋】

上九的上健上，下乘九五剛出盛起之陽而協，爲應柔盛之陽。説明更進所進，爲更成所事退遯出來成行而力進。下世處爲九三薄堅剛起之陽，上承爲九四薄堅剛之陽，薄所乘六二之堅、初六之堅而止。説明於世爲成克除一切所難而至成行進。上九因此呈更進所進，爲更成所事退遯出來成行而力進，於世爲成克除一切所難而至成行進之象。“肥遯”者，於世爲成克除一切所難而至成行進退遯以往之謂。“无不利”者，如此而行進退遯以往必无有不利之謂。

【按】

因此次叙君子與民爲重成事業壯大之大壯也。

《序卦傳》曰："物不可以終遯，故受之以大壯。"

【注】

"不可以終遯"，由遯成進之謂也。

大壯☳☰震上乾下

【釋】

大壯下（內）健上（外）動。內爲從剛至盛之卦，外爲往錯剛薄之卦。與觀☴☷相錯，與遯☰☶反錯（順注：大壯原爲十二月卦中陽勢壯大，陰勢更退之二月卦。《周易》用之其意大有區别）。健而動。有事物剛健而動進之象，有人們志決而動進必使事業成壯大之意。"大壯"者，事業壯大之謂。

大壯，利貞。

【釋】

"大壯，利貞"者，事業之壯大應利於益義與正固之謂。

初九：壯于趾。征凶。有孚。

【釋】

初九爲下健初，上承九二剛出盛起之陽而間，爲薄堅剛之陽。説明爲能事業壯大不畏艱難而力進。上世處爲九四薄堅至剛之陽，下乘爲九三應柔盛之陽，薄所承六五之堅、上六之堅而動。説明於世爲此相當艱難而逐以行進。初九因此呈爲能事業壯大不畏艱難而力進，然於世爲此相當艱難而逐以行進之象。"壯于趾"者，爲能事業壯大不畏艱難而力進之謂。"征凶"者，於世爲此相當艱難而衹能逐以行進以往之謂。"有孚"者，衹有努力克除困難所在方能求成之謂。

九二：貞吉。

【釋】

九二爲下健處中，下乘初九之剛而協，上承九三之盛而間，爲薄堅剛出盛起之陽。説明始有所進，爲得事業壯大力除所難得起而力進。上世處爲六五斥剛堅始起之陰，斥所乘九四之剛，爲動。説明於此爲此仍爲艱難然能得進而力以行進（參解九二"得黄矢"之義）。九二因此呈始有所進，爲得事業壯大力除所難得起而力進，於世爲此仍爲艱難然能得進而力以行進之象。"貞吉"者，於世爲此仍爲艱難然能得進而力以行進以往求成之謂。

九三：小人用壯，君子用罔。貞厲。羝羊觸藩，羸其角。

【釋】

九三爲下健上，下乘九二剛出盛起之陽而協，爲應柔盛之陽。説明已有所進，爲成事業壯大得行而力進。上承爲九四薄堅至剛之陽。説明所進艱難。上世處爲上六斥剛堅起之陰，協所乘六五之堅，爲動。説明於世爲此因切不顧仍爲艱難而力成行進使羸其角（參需九三“需于泥。致寇至”之義）。九三因此呈已有所進，爲成事業壯大得行而力進，於世爲此因切不顧仍爲艱難而力成行進使羸其角之象。“小人用壯”者，無知小人不知事之艱難祇知力成行進求成之謂。“君子用罔”者，君子應知事之艱難而知如何行進以往求成之謂。“貞厲”者，因切不顧仍爲艱難力成行進求成必貞厲之謂。“羝羊觸藩，羸其角”者，羊謂九三，藩謂九四，羸謂不能爲用、無法爲用之意，於世爲此仍爲艱難因切祇知力成行進以往求成所致之謂。

九四：貞吉，悔亡。藩决不羸，壯于大輿之輹。

【釋】

九四爲上動初，上承六五之堅、上六之堅而薄，爲薄堅至剛之陽。説明因所進受折，爲得成事業壯大不顧艱難成至而力進。下乘爲九三應柔盛之陽。説明其處已經成起而進。下世處爲初九薄堅剛之陽，爲健。説明於世爲此已經成起而至力行進。九四因此呈因所進受折，爲得成事業壯大不顧艱難成至而力進，於世爲此已經成起而至力行進之象。“貞吉”者，爲得成事業壯大不顧艱難成至而力進必使正固而吉之謂。“悔亡”者，於世爲此已經成起必使悔亡之謂。“藩决不羸，壯于大輿之輹”者，藩謂六五、上六，成起而至力行進以往必使得以求成之謂。

六五：喪羊于易，无悔。

【釋】

六五爲上動處中，下乘九四之剛而斥，上承上六之堅而間，爲斥剛堅始起之陰。説明已成所進，爲進成事業壯大達到目的力斥有礙之爲已起而力進。下世處爲九二剛出盛起之陽，協所乘初九之剛，爲健。説明於世爲此雖已困難而至以行進（參歸妹六五“吉”之義）。六五因此呈已成所進，爲進成事業壯大達到目的力斥有礙之爲已起而力進，於世爲此雖已困難而至以行進之象。“喪羊于易”者，喪者謂六五，小喪謂羊，大喪爲牛（參旅上九“喪牛于易”之義），於世爲此雖已困難而至以行進以往求成使之有所喪失之謂。“无悔”者，但爲求成无悔之謂。

上六：羝羊觸藩，不能退，不能遂。无攸利。艱則吉。

【釋】

上六爲上動上，下乘六五之堅而協斥九四之剛，爲斥剛堅起之陰。説明已更所進，爲更成事業壯大達到目的進斥有礙之爲成起而力進。下世處爲九三應柔盛之陽，上承爲九四薄堅至剛之陽，協所乘九二剛出盛起之陽，爲健。説明於世爲此已至成困難雖至以行進然不能遂（參需上六之義）。上六因此呈已更所進，爲更成事業壯大達到目的進斥有礙之爲成起而力進，但於世爲此已至成困難雖至以行進然不能遂之象。“羝羊觸藩，不能退，不能遂”者，羊謂上六，藩謂九四，於世爲此已至成困難雖至以行進然成不能退、不能遂之謂。“无攸利”者，不知已至成困難所在祇知至以行進更成必无攸利之謂。“艱則吉”者，祇有知已至成困難所在而奮力求進方能進一步取得成功而吉之謂。

【按】

因此次叙爲使進一步取得成功而成事業晋進之晋也。

《序卦傳》曰："物不可以終壯，故受之以晋。晋者，進也。"

【注】

"不可以終壯"，終壯最終於世於民無益反害，故需爲世爲民成物晋進方能除害成益也。

晋䷢離上坤下

【釋】

晋下（内）順上（外）麗。内爲從堅至柔之卦，外爲往錯柔順之卦。與需䷄相錯，與明夷䷣反錯。順而麗。有事物成順而絢麗之象，有人們爲事業成順而晋進之意。"晋"者，事業晋進之謂。

晋，康侯用錫馬蕃庶。晝日三接。

【釋】

"晋，康侯用錫馬蕃庶"者，業君（康侯）爲事業成順而晋進極力而爲之謂。"晝日三接"者，三爲通數，終使事業得以不斷晋進之謂。

初六：晋如摧如，貞吉。罔孚。裕，无咎。

【釋】

初六爲下順初，上承六二堅極柔起之陰而間，爲斥剛堅之陰。説明爲能事業晋進達到目的而力進。上世處爲九四應柔盛至之陽，下乘爲六三順剛柔之陰，應所承六五之柔，爲麗。説明於世爲此成很難而力以行進。初六因此呈爲能事業晋進達到目的而力進，雖於世爲此成很難而力以行進之象。"晋如摧如"者，爲能事業晋進達到目的而力進之謂。"貞吉"者，於世爲此成很難而力以行進以往求成必貞吉之謂。"罔孚"者，祇要不斷克服困難以往必能求成之謂。"裕，无咎"者，祇有使世使民知所晋進之利方能得以成功而无咎之謂（順注：短短三字作者把所晋進與世與民如何聯係了起來，中國哲學的特點在此也可見一斑）。

六二：晋如愁如，貞吉。受兹介福，于其王母。

【釋】

六二爲下順處中，下乘初六之堅而協，上承六三之柔而間，爲斥剛堅極柔起之陰。説明始有所進，爲得事業晋進摒弃其害得起而力進。上世處爲六五順剛柔進之陰，順所乘九四之盛、所承上九之盛而麗。説明於世爲此初顯晋進光彩能够得進而力成行進。六二因此呈始有所進，爲得事業晋進摒弃其害得起而力進，於世爲此初顯晋進光彩能够得進而力成行進之象。"晋如愁如"者，爲得事業晋進摒弃其害得起而力進之謂。

"貞吉"者，於世爲此初顯晋進光彩能够得進而力成行進以往求成必貞吉之謂。"受兹介福，于其王母"者，由此成進謂之介，王母謂六五、謂晋進光彩，由於通過不斷努力而顯晋進光彩成進以往求成之謂。

六三：衆允，悔亡。

【釋】

六三爲下順上，下乘六二堅極柔起之陰而協，爲順剛柔之陰。説明已有所進，爲成事業晋進得行而力進。上承爲九四應柔盛至之陽。説明能至成所進。上世處爲上九應柔至盛之陽，爲麗。説明於世爲此已成與共成進而至以行進。六三因此呈已有所進，爲成事業晋進得行而力進，於世爲此已成與共成進而至以行進之象。"衆允，悔亡"者，於世爲此已成與共成進而至以行進以往求成必悔亡之謂。

九四：晋如鼫鼠，貞厲。

【釋】

九四爲上麗初，上承六五之柔而應間上九之盛，爲應柔盛至之陽。説明更有所進，爲進成事業晋進成行而力進。下乘爲六三順剛柔之陰。説明其處得共。下世處爲初六斥剛堅之陰，間所承六二堅極柔起之陰，爲順。説明於世爲此雖已得共然祇有至力圖除有礙之在方能成之行進。九四因此呈更有所進，爲進成事業晋進成行而力進，然於世爲此雖已得共但祇有至力圖除有礙之在方能成之行進之象。"晋如鼫鼠"者，於世爲此雖已得共但祇有至力圖除有礙之在方能成之行進以往之謂。"貞厲"者，如此而方能成之行進以往必貞厲之謂。

六五：悔亡。失得勿恤。往吉，无不利。

【釋】

六五爲上麗處中，下乘九四之盛而順，上承上九之盛而順，爲順剛柔進之陰。説明因進有不易，爲達成事業晋進成進而力進。下世處爲六二堅極柔起之陰，協所乘初六之堅，爲順。説明於世爲此得協對有害之在至成摒弃而行進。六五因此呈因進有不易，爲達成事業晋進成進而力進，於世爲此得協對有害之在至成摒弃而行進之象。"悔亡"者，爲達成事業晋進成進而力進必使悔亡之謂。"失得勿恤"者，於世爲此得協對有害之在至成摒弃而行進以成之謂。"往吉，无不利"者，如此而行進以成必吉，无有不利之謂。

上九：晋其角。維用伐邑。厲，吉，无咎，貞吝。

【釋】

上九爲上麗上，下乘六五之柔而應協九四之盛，爲應柔至盛之陽。説明進成所進，爲更成事業晋進成至而力進。下世處爲六三順剛柔之陰，上承爲九四應柔盛至之陽，協所乘六二堅極柔起之陰，爲順。説明於世爲成祇嫌得共情形而極力行進。上九因此呈進成所成，爲更成事業晋進成至而力進，於世爲成祇嫌得共情形而極力行進之象。

“晋其角”者，爲更成事業晋進成至而力進之謂。“維用伐邑”者，於世爲成祇嫌得共情形而極力行進以往之謂。“厲，吉，无咎，貞吝”者，由於如此而極力以往使必有厲、吉、无咎、貞吝種種而使世使民不知如何適從之謂。

【按】

因此次叙世之真理由此受到極大傷害之明夷也。

《序卦傳》曰：“進必有所傷，故受之以明夷。夷者，傷也。”

明夷䷣坤上離下

【釋】

明夷下（内）麗上（外）順。内爲往錯柔順之卦，外爲從堅至柔之卦。與訟䷅相錯，與晋䷢反錯。麗而順。有光明應順從之象，有光明應順從非光明、真理應順從非真理之意。“明夷”者，光明、真理受到極大傷害之謂。

明夷，利艱貞。

【釋】

“明夷，利艱貞”者，光明、真理要重放光芒必須在艱難中正固以行進方能成之謂。

初九：明夷于飛，垂其翼。君子于行，三日不食。有攸往，主人有言。

【釋】

初九爲下麗初，上承六二之柔而應間九三之盛，爲應柔盛至之陽。説明爲能光明重現得行而力進。上世處爲六四斥剛堅之陰，下乘爲九三應柔至盛之陽，間所承六五堅極柔起之陰，爲順。説明於世爲此雖極艱難而力爲行進。初九因此呈爲能光明重現得行而力進，於世爲此雖極艱難而力爲行進之象。“明夷于飛”者，爲能光明重現得行而力進之謂。“垂其翼”者，於世爲此雖極艱難而力爲行進以往之謂。“君子于行，三日不食”者，三爲通數，君子爲能光明重現不顧爲此艱難而忘我力爲行進以往之謂。“有攸往，主人有言”者，主人謂六五、謂民所求（參豐初九“遇其配主”之義），即爲世能光明重現不顧艱難而力爲行進必有攸往必成民共之謂。

六二：明夷，夷于左股。用拯馬壯，吉。

【釋】

六二爲下麗處中，下乘初九之盛而順，上承九三之盛而順，爲順剛柔進之陰。説明始有所進，爲得光明重現得進而力進。上世處爲六五堅極柔起之陰，協所乘六四之堅，爲順。説明於世爲此進仍極難而力以行進。六二因此呈始有所進，爲得光明重現得進而力進，於世爲此進仍極難而力以行進之象。“明夷，夷于左股”者，爲得光明重現得進而力進，然於世爲此進仍極難之謂。“用拯馬壯”者，進仍極難而用拯馬壯行進以往之謂（參涣初六“用拯馬壯”之義）。“吉”者，用拯馬壯而成行進以往必吉之謂。

九三：明夷于南狩。得其大首，不可疾貞。

【釋】

九三爲下麗上，下乘六二之柔而應協初九之盛，爲應柔至盛之陽。說明已有所進，爲得成光明重現已行而力進。上承爲六四斥剛堅之陰。說明所進艱難。上世處爲上六順剛柔之陰，協所乘六五堅極柔起之陰，爲順。說明於世爲此雖仍還難不顧所進艱難而力成行進。九三因此呈已有所進，爲得成光明重現已行而力進，於世爲此雖仍還難不顧所進艱難而力成行進之象。“明夷于南狩”者，爲得成光明重現已行而力進之謂。“得其大首，不可疾貞”者，大首謂六四，於世爲此雖仍還難不顧所進艱難而力成行進以往故得其大首然不可疾貞之謂（參大壯九三“羝羊觸藩，羸其角”之義）。

六四：入于左腹。獲明夷之心，于出門庭。

【釋】

六四爲上順初，上承六五堅極柔起之陰而間，爲斥剛堅之陰。說明已更所進，爲成光明重現達到目的至力而力進。下乘爲九三應柔至盛之陽。說明其處還很困難。下世處爲初九應柔盛至之陽，應所承六二之柔，爲麗。說明於世爲此不顧困難種種而行進。六四因此呈已更所進，爲成光明重現達到目的至力而力進，於世爲此不顧困難種種而行進之象。“入于左腹”者，爲成光明重現達到目的至力而力進之謂。“獲明夷之心，于出門庭”者，心謂九三，於世爲此不顧困難種種而行進以成故獲明夷之心而于出門庭之謂。

六五：其子之明夷，利貞。

【注】

“其子”後爲“箕子”，參《周易》十翼《彖下》明夷卦彖與《象下》明夷六五爻象加注與釋，爲孔子及其弟子以殷《易》之理誤易。“其子”當爲尊之稱，與《周易》該爻及前後爻之象之義完全切合。如爲商末的箕子不僅同其所歷所爲不符，且同該爻及前後爻之象之義不符，更與全經之象之義不符，故更之。參晉的“康侯”及鼎、中孚的“其子”之義。

【釋】

六五爲上順處中，下乘六四之堅而協，上承上六之柔而間，爲斥剛堅極柔起之陰。說明已成所進，爲進成光明重現摒弃其害成起而力進。下世處爲六二順剛柔進之陰，順所乘初九之盛、所承九三之盛而麗。說明於世爲此得光明成現極起而至力行進。六五因此呈已成所進，爲進成光明重現摒弃其害成起而力進，於世爲此得光明成現極起而至力行進之象。“其子之明夷”者，爲進成光明重現摒弃其害成起而力進之謂。“利貞”者，於世爲此得光明呈現極起而至力行進必利於世事之益義與正固成往之謂。

上六：不明晦。初登于天，後入于地。

【釋】

上六爲上順上，下乘六五堅極柔起之陰而協，爲順剛柔之陰。説明進成所成，爲更成光明重現成行而力進。下世處爲九三應柔至盛之陽，上承爲六四斥剛堅之陰，應所乘六二之柔協初九之盛，爲麗。説明於世爲此已成光明更現不顧進難與共而極力行進。上六因此呈進成所進，爲更成光明重現成行而力進，於世爲此已成光明更現不顧進難與共而極力行進之象。“不明晦”者，一切有礙與傷害光明之物之謂。“初登于天，後入于地”者，一切有礙與傷害光明之物在光明受傷害時都曾登于天而行，然當光明於世重新成現時都不得不入于地而没之謂。

【按】

因此次叙世間生活光明重新成現之家人也。

《序卦傳》曰：“傷於外者必反其家，故受之以家人。”

【注】

“反其家”，反其根本也。

家人☴☲巽上離下

【釋】

家人下（内）麗上（外）入。内外均爲往錯柔順之卦。與解☳☵相錯，與睽☲☱反錯。麗而入。有光明入進之象，有世間光明、真理入於其間行進必使之昌明興盛之意。“家人”者，天下大家、家庭小家之謂。

家人，利女貞。

【釋】

“家人，利女貞”者，一國一家之生活是否能昌明興盛，要看女性生活是否能正固，是否能擔當起其社會職責與對下一代的社會教育職責之謂（順注：家人卦卦辭與全卦之辭體現着作者家庭與社會之合一的完整思想體系，永遠閃爍着不可磨滅的真理光芒。爲作者能使中華民族獨立於世界民族之林、强盛於世界民族之林所在。又注：作者自遯至大壯至晋至明夷至家人之過程爲世事一大規律與邏輯之過程）。

初九：閑有家，悔亡。

【釋】

初九爲下麗初，上承六二之柔而應間九三之盛，爲應柔盛至之陽。説明爲能家成昌盛得行而力進。上世處爲六四順剛柔起之陰，下乘爲九三應柔至盛之陽，爲入。説明於世爲此還相當困難而力以行進。初九因此呈爲能家成昌盛得行而力進，於世爲此還相當困難而力以行進之象。“閑有家，悔亡”者，於世爲此還相當困難而力以行進以成必使悔亡之謂。

六二：无攸遂，在中饋。貞吉。

【釋】

六二爲下麗處中，下乘初九之盛而順，上承九三之盛而順，爲順剛柔進之陰。説明始有所進，爲得家成昌盛得進而力進。上世處爲九五應柔亢至之陽，而九五之盛對此有麗而入之家人象，間所承上九之盛，爲入。説明於世爲家成興已成與共而至以行進。六二因此呈始有所進，爲得家成昌盛得進而力進，於世爲家成興已成與共而至以行進之象。"无攸遂，在中饋"者，於世爲家成興已成與共而至以行進以往之謂。"貞吉"者，如此而行進以成必使正固而吉之謂。

九三：家人嗃嗃。悔，厲，吉。婦子嘻嘻，終吝。

【釋】

九三爲下麗上，下乘六二之柔而應協初九之盛，爲應柔至盛之陽。説明已有所進，爲成家成昌盛已行而力進。上承爲六四順剛柔起之陰，説明進成十分困難。又上承六四之柔與九五之盛處之生麗，九五爲入，有麗而入之家人（下）象。説明由於家人（妻）少理解使進成十分困難（參小畜九三"輿説輻"之義）。上世處爲上九應柔至亢之陽，協所乘九五之盛應六四之柔而入。説明於世爲此能成進由於家人（妻）少理解使進成十分困難而力成行進。九三因此呈已有所進，爲成家成昌盛已行而力進，於世爲此能成進由於家人（妻）少理解使進成十分困難而力成行進之象。"家人嗃嗃"者，於世爲此能成進由於家人（妻）少理解使進成十分困難之謂。"悔，厲，吉"者，由於家人（妻）少理解使進成十分困難必使悔見厲，然能悔知厲而力成行進以往必使吉之謂。"婦子嘻嘻，終吝"者，但妻與子女如不能知家成昌盛之艱難而嘻嘻於進必終吝之謂。

六四：富家大吉。

【釋】

六四爲上入初，上承九五之盛、上九之盛而順，爲順剛柔起之陰。説明因進成困難，爲得成家成昌盛摒弃其害成起而力進。下乘爲九三應柔至盛之陽。説明其處至成與共。下世處爲初九應柔盛至之陽，爲麗。説明於世爲此已成極爲與共而至以行進。六四因此呈因進成困難，爲得成家成昌盛摒弃其害成起而力進，於世爲此已成極爲與共而至以行進之象。"富家大吉"者，於世爲此已成極爲與共而至以行進以成之謂。

九五：王假有家。勿恤，吉。

【釋】

九五爲上入處中，下乘六四之柔而應，上承上九之盛而間，爲應柔亢至之陽。説明已成所進，爲進成家成昌盛成至而力進。又下乘六四之柔與九三之盛處之生麗，九三爲麗，有麗而麗之離（上）象。説明爲使家更昌盛而進。下世處爲六二順剛柔進之陰，爲麗。説明於世爲成得共使家更昌盛而至力行進。九五因此呈已成所進，爲進成家成昌盛成至而力進，於世爲成得共使家更昌盛而至力行進之象。"王假有家"者，爲成家業目的之謂，爲進成家成昌盛成至而力進之謂。“勿恤，吉”者，於世爲成得共使家更昌盛而至力行進以成必吉之謂。

上九：有孚威如，終吉。

【釋】

上九爲上入上，下乘九五之盛而協應六四之柔，爲應柔至亢之陽。説明進成所成，爲更成家成昌盛至行而力進。下世處爲九三應柔至盛之陽，而九三之盛對此有麗而麗之離象，上承爲六四順剛柔起之陰，應所乘六二之柔而麗。説明於世爲家更昌盛不顧事之進難而極力行進使所成遭毀（參泰上六“城復于隍”之義）。上九因此呈進成所成，爲更成家成昌盛至行而力進，於世爲家更昌盛不顧事之進難而極力行進使所成遭毀之象。“有孚威如，終吉”者，此時衹要不畏困難齊心協力除去由於極力行進使所成遭毀之難，最終還能吉祥之謂。

【按】

因此次叙世道家道所成遭毀人們之間必生睽乖之睽也。

《序卦傳》曰：“家道窮必乖，故受之以睽。睽者，乖也。”

睽䷥離上兑下

【釋】

睽下（内）説上（外）麗。内外均爲往錯柔順之卦。與蹇䷦相錯，與家人䷤反錯。説而麗。有事物需説而方能得光明之象，有世道家道窮人們需説方能消除之間睽乖而得光明之意。“睽”者，睽异、乖异之謂。

睽，小事吉。

【釋】

“睽，小事吉”者，人們之間睽乖衹能從相聯的小事消除起方能吉之謂（順注：作者此論與今之一些人處事抓主要矛盾相反，抓主要矛盾者大都留下難以治愈的後遺症，貽害於世，貽害於民）。

初九：悔亡，喪馬勿逐自復。見惡人无咎。

【釋】

初九爲下説初，上承九二之盛而間應六三之柔，爲應柔盛始起之陽。説明爲能消除之間睽乖力除所難出起而力進。上世處爲九四應柔盛至之陽，而九四之盛對此有麗而麗之離象，下乘爲六三順剛至柔之陰，應所承六五之柔而麗。説明於世爲事光明能够成進而力以行進。初九因此呈爲能消除之間睽乖力除所難出起而力進，於世爲事光明能够成進而力以行進之象。“悔亡，喪馬勿逐自復”者，於世爲事光明能够成進而力以行進以成必使悔亡，必使喪馬自復之謂（順注：睽初九出現“復”字請參復初九之義）。“見惡人无咎”者，如此而力以行進以往即使見惡人也必无咎之謂。

九二：遇主于巷，无咎。

【釋】

九二爲下説處中，下乘初九之盛而協，上承六三之柔而應，爲應柔盛起之陽。説明始有所進，爲得消除之間睽乖進除所難得起而力進。又上承六三之柔與九四之盛處之生麗，九四爲麗，有麗而麗之離（下）象。説明爲事成光明而進。上世處爲六五順剛柔進之陰，爲麗。説明於世爲事光明已成得共而力成行進。九二因此呈始有所進，爲得消除之間睽乖進除所難得起而力進，於世爲事光明已成得共而力成行進之象。“遇主于巷，无咎”者，主謂六五（謂得共），於世爲事成光明已成得共而力成行進以往必无有咎之謂。

六三：見輿曳，其牛掣。其人天且劓。无初有終。

【釋】

六三爲下説上，下乘九二之盛、初九之盛而順，爲順剛至柔之陰。説明已有所進，爲成消除之間睽乖已至而力進。上承爲九四應柔盛至之陽。説明所進困難。上世處爲上九應柔至盛之陽，爲麗。説明於世爲此所進困難很重而至爲行進。六三因此呈已有所進，爲成消除之間睽乖已至而力進，於世爲此所進困難很重而至爲行進之象。“見輿曳，其牛掣”者，於世爲此所進困難很重之謂。“其人天且劓”者，所進困難很重而至爲行進遭致之謂。“无初有終”者，爲成消除之間睽乖而至爲行進以往必能有終之謂。

九四：睽孤。遇元夫交孚。厲，无咎。

【釋】

九四爲上麗初，上承六五之柔而應間上九之盛，爲應柔盛至之陽。説明因所進困難，爲得成消除之間睽乖成行而力進。下乘爲六三順剛至柔之陰。説明其處已成得共。又下乘六三之柔與九二之盛處之生麗，九二爲説，有説而麗之睽（上）象。説明祇有至力消除之間睽乖方成得共而進。下世處爲初九應柔盛始起之陽，間所承九二之盛應六三之柔而説。説明於世爲克除所難成協得共至力消除之間睽乖而行進。九四因此呈因所進困難，爲得成消除之間睽乖成行而力進，於世爲克除所難成協得共至力消除之間睽乖而行進之象。“睽孤”者，爲得成消除之間睽乖成行而力進之謂。“遇元夫交孚”者，元夫謂初九，於世爲克除所難成協得共之謂。“厲，无咎”者，爲克除所難成協得共至力消除之間睽乖而行進以往雖厲然必无咎之謂。

六五：悔亡。厥宗噬膚，往何咎。

【釋】

六五爲上麗處中，下乘九四之盛而順，上承上九之盛而順，爲順剛柔進之陰。説明重成所進，爲進成消除之間睽乖成進而力進。下世處爲九二應柔盛起之陽，而九二之盛對此有説而麗之睽象，協所乘初九之盛，爲説。説明於世爲至成消除之間睽乖與共克除所難而行進。六五因此呈重成所進，爲進成消除之間睽乖成進而力進，於世爲至成消除之間睽乖與共克除所難而行進之象。“悔亡”者，於世爲至成消除之間睽乖與共克除所難而行進使成必悔亡之謂。“厥宗噬膚，往何咎”者，通過艱苦努力而行進以成必使无有咎之謂。

上九：睽孤。見豕負塗，載鬼一車，先張之弧，後説之弧。匪寇婚媾，往遇雨則吉。

【釋】

上九爲上麗上，下乘六五之柔而應協九四之盛，爲應柔至盛之陽。説明進成所進，爲更成消除之間睽乖成至而力進。下世處爲六三順剛至柔之陰，上承爲九四應柔盛至之陽，爲説。説明於世爲此已極得共不顧進難而至以行進。上九因此呈進成所進，爲更成消除之間睽乖成至而力進，於世爲此已極得共不顧進難而至以行進之象。“睽孤”者，爲更成消除之間睽乖成至而力進之謂。“見豕負塗，載鬼一車，先張之弧，後説之弧”者，於世爲此雖已極得共然因睽未根除而見疑戒備，由於不顧進難不斷克除睽乖而至以行進使成之謂。“匪寇婚媾，往遇雨則吉”者，如此而不斷力往必能消除之間睽乖而成吉之謂（順注：遇雨謂至盛之陽力進以往與至柔之陰必成至相應而雨。參夬九三“獨行遇雨”之義）。

【按】

因此次叙要根本上消除之間睽乖衹有克除所進存在之難方成之蹇也。

《序卦傳》曰：“乖必有難，故受之以蹇。蹇者，難也。”

蹇䷦坎上艮下

【釋】

蹇下（内）止上（外）陷。内外均爲往錯剛薄之卦。與睽䷥相錯，與解䷧反錯。止而陷。有事物止而仍陷之象，有人們雖進行克除然仍陷之意。“蹇”者，蹇難、陷難之謂。

蹇，利西南，不利東北。利見大人，貞吉。

【釋】

“蹇，利西南，不利東北”者，西南光明（即離西南），東北險陷（即坎東北），對蹇難應向着光明克服險陷而出之謂。“利見大人”者，爲克服蹇難君子應向爲世爲民之大人陳述蹇難所在與如何克除之法以成克難而出之謂。“貞吉”者，如此以成克難而出必能正固而吉之謂（順注：由短短十四字之蹇卦卦辭可見，作者之指導是何等的全面，叙述是何等的完整）。

初六：往蹇，來譽。

【釋】

初六爲下止初，上承六二之堅而間斥九三之剛，爲斥剛堅至之陰。説明爲能克除蹇難不顧進難得至而力進。上世處爲六四斥剛堅長之陰，而六四之堅對此有陷而陷之坎象，下乘爲九三薄堅剛起之陽，斥所承九五之剛而陷。説明於世爲成求出相當險陷困難而力爲行進。初六因此呈爲能克除蹇難不顧進難得至而力進，於世爲成求出相當險陷困難而力爲行進之象。“往蹇”者，爲能克除蹇難不顧進難得至而力進之謂。“來譽”者，於世爲成求出雖相當險陷困難衹要力爲行進以往必能求成之謂。

六二：王臣蹇蹇，匪躬之故。

【釋】

六二爲下止處中，下乘初六之堅而協，上承九三之剛而斥，爲斥剛至堅之陰。説明始有所進，爲得克除蹇難不顧進難已至而力進。又上承九三之剛與六四之堅處的生陷，六四爲陷，有陷而陷之坎（下）象。説明求出極爲艱難。上世處爲九五薄堅剛進之陽，爲陷。説明於世爲求出已成極爲艱難險陷而行進困難。六二因此呈始有所進，爲得克除蹇難不顧進難已至而力進，然於世爲求出已成極爲艱難險陷而行進困難之象。“王臣蹇蹇”者，爲得克除蹇難不顧進難已至而力進之謂。“匪躬之故”者，於世爲求出已成極爲艱難險陷而行進困難之謂。

九三：往蹇，來反。

【釋】

九三爲下止上，下乘六二之堅、初六之堅而薄，爲薄堅剛起之陽。説明因所進艱難，爲得成克除蹇難不顧進難力斥有礙之爲得起而力進。上承爲六四斥剛堅長之陰。説明進仍極艱難。上世處的上六斥剛堅進之陰，爲陷。説明於世爲此更成艱難險陷而行進甚難。九三因此呈因所進艱難，爲得成克除蹇難不顧進難力斥有礙之爲得起而力進，但於世爲此更成艱難險陷而行進甚難之象。“往蹇”者，爲得成克除蹇難不顧進難力斥有礙之爲得起而力進之謂。“來反”者，於世爲此更成艱難險陷而行進甚難之謂。

六四：往蹇，來連。

【釋】

六四爲上陷初，上承九五之剛而斥間上六之堅，爲斥剛堅長之陰。説明因所進甚難，爲成克除蹇難不顧行難至起而力進。下乘爲九三薄堅剛起之陽。説明至力除斥有礙之在而進。又下乘九三之剛與六二之堅處之生陷，六二爲止，有止而陷之蹇（上）象。説明要除蹇難衹有至力除斥有礙之在而進方成。下世處爲初六斥剛堅至之陰，間所承六二之堅斥九三之剛而止。説明於世爲除蹇難至力除斥有礙之在已極得力而行進。六四因此呈因所進甚難，爲成克除蹇難不顧行難至起而力進，於世爲除蹇難至力除斥有礙之在已極得力而行進之象。“往蹇”者，爲成克除蹇難不顧行難至起而力進之謂。“來連”者，於世爲除蹇難至力除斥有礙之在已極得力而行進以往之謂。

九五：大蹇，朋來。

【釋】

九五爲上陷處中，下乘六四之堅而薄，上承上六之堅而薄，爲薄堅剛進之陽。説明已得所進，爲進成克除蹇難不顧行難力斥有礙之爲成進而力進。下世處爲六二斥剛至堅之陰，而六二之堅對此有止而陷之蹇象，協所乘初六之堅，爲止。説明於世爲除蹇難已成對凡一切有礙之在至力除斥而行進。九五因此呈已得所進，爲進成克除蹇難不顧行難力斥有礙之爲成進而力進，於世爲除蹇難已成對凡一切有礙之在至力除斥而行進之象。"大蹇"者，爲進成克除蹇難不顧行難力斥有礙之爲成進而力進之謂。"朋來"者，於世爲除蹇難已成對凡一切有礙之在至力除斥而成朋來行進以往之謂。

上六：往蹇，來碩。吉。利見大人。

【釋】

上六爲上陷上，下乘九五之剛而斥協六四之堅，爲斥剛堅進之陰。説明已成所進，爲更成克除蹇難不顧行難力斥有礙之爲成行而力進。下世處爲九三薄堅剛起之陽，上承爲六四斥剛堅長之陰，爲止。説明於世爲此已成對有礙之在極力除斥而行進。上六因此呈已成所進，爲更成克除蹇難不顧行難力斥有礙之爲成行而力進，於世爲此已成對有礙之在極力除斥而行進之象。"往蹇"者，爲更成克除蹇難不顧行難力斥有礙之爲成行而力進之謂。"來碩"者，於世爲此已成對有礙之在極力除斥而行進以往必來碩之謂。"吉"者，如此而行進以往必吉之謂。"利見大人"者，君子此時應向爲世爲民之大人陳述如何使世事出所陷成緩解而進之謂。

【按】

因此次叙人們爲世事出所陷成緩解而進之解也。

《序卦傳》曰："物不可以終難，故受之以解。解者，緩也。"

解䷧震上坎下

【釋】

解下（内）陷上（外）動。内外均爲往錯剛薄之卦。與家人䷤相錯，與蹇䷦反錯。陷而動。有事物在險陷中動出之象，有世事在險陷中動出成緩解之意。"解"者，緩解、緩轉之謂。

解，利西南。无所往，其來復吉。有攸往，夙吉。

【釋】

"解，利西南"者，要使世事出所陷成緩解而進衹有嚮着光明行進方成之謂。"无所往，其來復吉"者，此時其他慨无所可往，唯有嚮着光明求得緩解成來方能復吉之謂。"有攸往，夙吉"者，事成緩解必有攸往，必成吉終相隨之謂（順注：解卦之旨不可限量，由短短十六字之解卦卦辭可見，作者已將如何使世事出所陷成緩解及成緩解之益叙述得多麼明白）。

初六：无咎。

【釋】

初六爲下陷初，上承九二之剛而斥間六三之堅，爲斥剛堅長之陰。説明爲能事成緩解不顧行難長起而力進。上世處爲九四薄堅至剛之陽，下乘爲六三斥剛堅進之陰，爲動。説明於世爲此極爲艱難而力爲行進。初六因此呈爲能事成緩解不顧行難長起而力進，於世爲此極爲艱難而力爲行進之象。“无咎”者，於世爲此雖極爲艱難而力爲行進以成必无有咎之謂。

九二：田獲三狐。得黄矢，貞吉。

【釋】

九二爲下陷處中，下乘初六之堅而薄，上承六三之堅而薄，爲薄堅剛進之陽。説明始有所進，爲得事成緩解不顧行難力斥有礙之爲得進而力進。上世處爲六五斥剛堅始起之陰，而六五之堅對此有陷而動之解象，斥所乘九四之剛，爲動。説明於世爲得解不顧仍然艱難而力以行進。九二因此呈始有所進，爲得事成緩解不顧行難力斥有礙之爲得進而力進，於世爲得解不顧仍然艱難而力以行進之象。“田獲三狐”者，三狐謂初六、六三、六五，於世爲得解不顧仍然艱難而力以行進以往故獲此三狐之謂（參巽六四“田獲三品”之義）。“得黄矢”者，黄矢謂九四，得九四薄堅之力而行進之謂（參噬嗑九四“得金矢”、六五“得黄金”之義）。“貞吉”者，如此而成行進以往必能正固而吉之謂。

六三：負且乘，致寇至。貞吝。

【釋】

六三爲下陷上，下乘九二之剛而斥協初六之堅，爲斥剛堅進之陰。説明已有所進，爲成事成緩解不顧行難力斥有礙之爲得行而力進。上承爲九四薄堅至剛之陽。説明所進相當艱難。又上承九四之剛與六五之堅處之生陷，六五爲動，有陷而動之解（下）象。説明祇有克服所進之艱難方能得解而進。上世處爲上六斥剛堅起之陰，協所乘六五之堅斥九四之剛而動。説明於世爲克服所進之艱難得解不顧進難而力成行進使事遭殃。六三因此呈已有所進，爲成事成緩解不顧行難力斥有礙之爲得行而力進，於世爲克服所進之艱難得解不顧進難而力成行進使事遭殃之象。“負且乘”者，乘爲上六，於世爲克服所進之艱難得解不顧進難而力成行進以往之謂。“致寇至”者，寇爲九四，不顧進難而力成行進以往使事遭殃之謂（參需九三“致寇至”之義）。“貞吝”者，如此而力成行進以往必貞吝之謂。

九四：解而拇，朋至斯孚。

【釋】

九四爲上動初，上承六五之堅、上六之堅而薄，爲薄堅至剛之陽。説明因所進遭殃，爲得成事成緩解不顧艱難成至而力進。下乘爲六三斥剛堅進之陰。説明除斥有礙之在而進。下世處爲初六斥剛堅長之陰，爲陷。説明於世爲此已成對有礙（解陷）之在極力除斥而行進。九四因此呈因所進遭殃，爲得成事成緩解不顧艱難成至而力進，於世爲此已成對有礙（解陷）之在極力除斥而行進之象。"解而拇"者，共爲謂九二，於世爲此已成對有礙（解陷）之在極力除斥使必得共爲而行進以成之謂（"拇"字参咸初六"咸其拇"之義）。"朋至斯孚"者，如此而行進必朋至共爲事成解不顧艱難以往之謂。

六五：君子維有解，吉。有孚于小人。

【釋】

六五爲上動處中，下乘九四之剛而斥，上承上六之堅而間，爲斥剛堅始起之陰。説明已成所進，爲進成事成緩解達到目的力斥有礙之爲已起而力進。又下乘九四之剛與六三之堅處之生陷，六三爲陷，有陷而陷之坎（上）象。説明應知事還難不能操急而進。下世處爲九二薄堅剛進之陽，爲陷。説明於世爲此應知事還難不能操急而應對有礙（解陷）之在至以除斥而行進。六五因此呈已成所進，爲進成事成緩解達到目的力斥有礙之爲已起而力進，於世爲此應知事還難不能操急而應對有礙（解陷）之在至以除斥而行進之象。"君子維有解"者，維繫謂之維，於世爲此應知事還難不能操急而應對有礙（解陷）之在至以除斥而行進以成之謂。"吉"者，如此使事成解以往必吉之謂。"有孚于小人"者，如此使事成解以往必有孚于小人之謂（参屯六二"匪寇婚媾"之義）。

上六：公用射隼于高墉之上，獲之无不利。

【釋】

上六爲上動上，下乘六五之堅而協斥九四之剛，爲斥剛堅起之陰。説明進成所進，爲更成事成緩解達到目的進斥有礙之爲成起而力進。下世處爲六三斥剛堅進之陰，而六三之堅對此有陷而陷之坎象，上承爲九四薄堅至剛之陽，斥所乘九二之剛協初六之堅而陷。説明於世爲此已知事還難所在對有害之在極以除斥不顧進難而行進。上六因此呈進成所進，爲更成事成緩解達到目的進斥有礙之爲成起而力進，於世爲此已知事還難所在對有害之在極以除斥不顧進難而行進之象。"公用射隼于高墉之上"者，隼謂九二，高墉謂上六，爲更成緩解達到目的，於世爲此已知事還難所在之謂。"獲之无不利"者，已知事還難所在對有害之在極以除斥不顧進難而行進以成之謂。

【按】

因此次叙爲成世事緩解達到目的人們於事應至力止已不當而益人之損也。

《序卦傳》曰："緩必有所失，故受之以損。"

損䷨艮上兌下

【釋】

損下（内）説上（外）止。内爲往錯柔順之卦，外爲往錯剛薄之卦。與咸䷞相錯，與益☳反錯。説而止。有事物所説而應止之象，有人們對事所説應至力止已不當而益人之意。“損”者，損已不當益人之謂。

損，有孚。元吉。无咎。可貞。利有攸往。曷之用，二簋可用享。

【釋】

“損，有孚”者，能不畏艱難損已不當益人而進必能取信於衆共往之謂。“元吉”者，能損已不當益人而進必於己於行成始而吉祥之謂。“无咎”者，能損已不當益人而進必然於世於事无有咎之謂。“可貞”者，能損已不當益人而進必爲世爲人所可貞之謂。“利有攸往”者，能損已不當益人而進必利有攸往之謂。“曷之用，二簋可用享”者，損已不當而益人并非以人與事如何爲論，而是以於人於事品行如何爲論之謂（順注：在全經六十四卦之卦辭中，除乾坤二卦之卦辭外，損卦之卦辭是數一數二的吉利卦辭。由此可見作者爲中華民族團結友愛興盛發達之心神所在）。

初九：已事遄往，无咎。酌損之。

【釋】

初九爲下説初，上承九二之盛而間應六三之柔，爲應柔盛始起之陽。説明爲能所事損已不當益人力除所難出起而力進。上世處爲六四斥剛堅至之陰，下乘爲六三順剛至柔之陰，間所承六五之堅，爲止。説明於世爲此相當艱難而力爲行進（參乾九二之義）。初九因此呈爲能所事損已不當益人力除所難出起而力進，雖於世爲此相當艱難而力爲行進之象。“已事遄往”者，已所之事謂之已事（順注：“已”爲“巳”，理爲筆誤），從所事之初就莊重而往謂之遄往（順注：耑有初始、莊重之意，故從立爲端，從王爲瑞，從走爲遄），爲能所事損已不當益人力除所難出起而力進之謂。“无咎”者，於世爲此相當艱難而力爲行進以成必使无咎之謂。“酌損之”者，爲此而不斷酌情損之行進以往之謂。

九二：利貞，征凶。弗損益之。

【釋】

九二爲下説處中，下乘初九之盛而協，上承六三之柔而應，爲應柔盛起之陽。説明始有所進，爲得所事損已不當益人進除所難得起而力進。上世處爲六五斥剛至堅之陰，協所乘六四之堅，爲止。説明於世爲此更成艱難而行進困難。九二因此呈始有所進，爲得所事損已不當益人進除所難得起而力進，然於世爲此更成艱難而行進困難之象。“利貞”者，於世爲此更成艱難應利於益義與正固行進以往之謂。“征凶”者，更成艱難而行進困難如强求以往必凶之謂。“弗損益之”者，此時已無可再酌情損之而應益人之謂。

六三：三人行，則損一人。一人行，則得其友。

【釋】

六三爲下説上，下乘九二之盛、初九之盛而順，爲順剛至柔之陰。説明因進成艱難，爲得成所事損己不當益人已至而力進。上承爲六四斥剛堅至之陰。説明能够得進。上世處爲上九薄堅剛起之陽，薄所乘六五之堅、六四之堅而止。説明於世爲此能够得進不顧進難而至力行進。六三因此呈因進成艱難，爲得成所事損己不當益人已至而力進，於世爲此能够得進不顧進難而至力行進之象。“三人行，則損一人”者，三人謂六三之柔，九二、初九之盛，於世爲此能够得進不顧進難損己而益人至力行進以往之謂。“一人行，則得其友”者，如此而行進以往則必能得其友共往之謂。

六四：損其疾，使遄有喜。无咎。

【釋】

六四爲上止初，上承六五之堅而間斥上九之剛，爲斥剛堅至之陰。説明已有所進，爲成所事損己不當益人不顧進難成至而力進。下乘爲六三順剛至柔之陰。説明已極盡而爲。下世處爲初九應柔盛始起之陽，爲説。説明於世爲此極盡而爲變起摒弃其害而行進（順注：堅至之陰極盡而爲下世處爲盛起之陽其運行機制成堅趨極變起而行進。參賁六四“匪寇婚媾”之義）。六四因此呈已有所進，爲成所事損己不當益人不顧進難成至而力進，於世爲此極盡而爲變起摒弃其害而行進之象。“損其疾”者，於世爲此極盡而爲變起摒弃其疾害而行進以往之謂。“使遄有喜”者，極盡而爲變起摒弃其疾害而行進以往必有喜之謂。“无咎”者，如此而行進以往必使无咎之謂。

六五：或益之十朋之龜，弗克違。元吉。

【釋】

六五爲上止處中，下乘六四之堅而協，上承上九之剛而斥，爲斥剛至堅之陰。説明已成所進，爲進成所事損己不當益人不顧進難至爲而力進。下世處爲九二應柔盛起之陽，協所乘初九之盛，爲説。説明於世爲此已成變進摒弃其害而至以行進（順注：至堅之陰下世處爲盛起之陽其運行機制成堅極柔起而行進。參蠱六五“用譽”之義）。六五因此呈已成所進，爲進成所事損己不當益人不顧進難至爲而力進，於世爲此已成變進摒弃其害而至以行進之象。“或益之十朋之龜，弗克違”者，於世爲此已成變進摒弃其疾害而至以行進以往故即使益其十朋之龜都弗能使其克違之謂。“元吉”者，如此而摒弃其疾害行進以往必成始而吉祥之謂。

上九：弗損益之，无咎。貞吉。利有攸往。得臣无家。

【釋】

上九爲上止上，下乘六五之堅、六四之堅而薄，爲薄堅剛起之陽。説明進成所進，爲更成所事損己不當益人不顧進難力斥有礙之爲成起而力進。下世處爲六三順剛至柔之陰，上承爲六四斥剛堅至之陰，爲説。説明於世爲此已成極爲得從得説不顧事難而極力行進。上九因此呈進成所進，爲更成所事損己不當益人不顧進難力斥有礙之爲成起而力進，於世爲此已成極爲得從得説不顧事難而極力行進之象。“弗損益之”者，於世爲此已成極爲得從得説不顧事難而極力行進以往故終而不僅没有損己反而益己所事之謂（順注：此弗損益之之義與九二“弗損益之”之義大爲不同。參豐九四“日中見斗”與六二“日中見斗”大爲不同之義）。“无咎”者，如此而成益以往必然无咎之謂。“貞吉”者，如此而成益以往必然貞吉之謂。“利有攸往”者，如此而成益以往必利有攸往之謂。“得臣无家”者，從謂之臣，如此而成益以往者必極爲得從得説而无需再私圖之謂。

【按】

因此次叙人們於事損己不當益人終必反成益之益也。

《序卦傳》曰：“損而不已必益，故受之以益。”

益䷩巽上震下

【釋】

益下（內）動上（外）入。內爲往錯剛薄之卦，外爲往錯柔順之卦。與恒䷟相錯，與損䷨反錯。動而入。有事物動而入進之象，有人們動而入進取得益利之意。“益”者，益利之謂。

益，利有攸往。利涉大川。

【釋】

“益，利有攸往”者，人們爲益利而進必利有攸往之謂。“利涉大川”者，人們爲益利而進必利於涉險克難以往之謂（順注：作者自睽至蹇至解至損至益之過程爲世事繼而又一大規律與邏輯之過程）。

初九：利用爲大作，元吉。无咎。

【釋】

初九爲下動初，上承六二之堅、六三之堅而薄，爲薄堅至剛之陽。説明爲能事成益利不顧艱難已至而力進。上世處爲六四順剛柔起之陰，下乘爲六三斥剛堅起之陰，爲入。説明於世爲此得從而力以行進。初九因此呈爲能事成益利不顧艱難已至而力進，於世爲此得從而力以行進之象。“利用爲大作”者，於世爲此得從而力以行進以成故能利用爲大作之謂。“元吉”者，如此而力以行進以往於事之進必使始而吉祥之謂。“无咎”者，如此而力以行進以往必使无有咎之謂。

六二：或益之十朋之龜，弗克違。永貞吉。王用享于帝，吉。

【釋】

六二爲下動處中，下乘初九之剛而斥，上承六三之堅而間，爲斥剛堅始起之陰。説明始有所進，爲得事成益利達到目的力斥有礙之爲使起而力進。上世處爲九五應柔亢至之陽，爲入。説明於世爲此已成相從（從亢）而至以行進。六二因此呈始有所進，爲得事成益利達到目的力斥有礙之爲使起而力進，於世爲此已成相從而至以行進之象。“或益之十朋之龜，弗克違”者，於世爲此已成相從而至以行進以往故即使益其十朋之龜都弗能使其克違之謂。“永貞吉”者，如此而至以行進以往必使永爲正固而吉祥之謂。“王用享于帝，吉”者，萬物生長蕃盛謂之帝。如此而至以行進以往必能使世萬象興盛而吉祥之謂。

六三：益之用凶事，无咎。有孚，中行告公用圭。

【釋】

六三爲下動上，下乘六二之堅而協斥初九之剛，爲斥剛堅起之陰。説明已有所進，爲成事成益利達到目的進斥有礙之爲得起而力進。上承爲六四順剛柔起之陰。説明進成困難。上世處爲上九應柔至亢之陽，協所乘九五之盛應六四之柔，爲入。説明於世爲此更成相從然進成困難而力成行進。六三因此呈已有所進，爲成事成益利達到目的進斥有礙之爲得起而力進，於世爲此更成相從然進成困難而力成行進之象。“益之用凶事”者，於世爲此更成相從然進成困難之謂。“无咎”者，進成困難而力成行進以往必然无咎之謂。“有孚”者，祇有不斷克服困難行進以往方能取信於人成進之謂。“中行告公用圭”者，對此祇有中正以行一如既往而爲方能達到目的之謂。

六四：中行告公從，利用爲依遷國。

【釋】

六四爲上入初，上承九五之盛，上九之盛而順，爲順剛柔起之陰。説明因進成困難，爲得成事成益利摒弃其害成起而力進。下乘爲六三斥剛堅起之陰。説明力以摒弃有害之在而進。下世處爲初九薄堅至剛之陽，薄所承六二之堅、六三之堅而動。説明於世爲摒弃有害之在從剛不顧困難而至力行進。六四因此呈因進成困難，爲得成事成益利摒弃其害成起而力進，於世爲摒弃有害之在從剛不顧困難而至力行進之象。“中行告公從”者，於世中正以行一如既往爲摒弃有害之在從剛不顧困難而至力行進必成之謂。“利用爲依遷國”者，如此而行進以往必能克服困難而成利用爲依遷國益利大事之謂。

九五：有孚惠心，勿問。元吉。有孚惠我德。

【釋】

九五爲上入處中，下乘六四之柔而應，上承上九之盛而間，爲應柔亢至之陽。説明已成所進，爲進成事成益利成至而力進。下世處爲六二斥剛堅始起之陰，斥所乘初九之剛，爲動。説明於世爲此已成得從力斥有礙之在而至成行進（順注：亢至之陽下世處爲堅起之陰其運行成亢至極而行進。參漸九五“婦三歲不孕”之義）。九五因此呈已成所進，爲進成事成益利成至而力進，於世爲此已成得從力斥有礙之在而至成行進之象。“有孚惠心”者，惠有慰意，於世爲此已成得從力斥有礙之在而至成行進以成必能慰惠我心之謂。“勿問”者，爲進成事成益利勿問不顧至極而成行進以往之謂。“元吉”者，如此而勿問不顧以往必使事成始而吉祥之謂。“有孚惠我德”者，如此而勿問不顧以往必使慰惠我德之謂。

上九：莫益之，或擊之。立心勿恒，凶。

【釋】

上九爲上入上，下乘九五之盛而協應六四之柔，爲應柔至亢之陽。説明進成所進，爲更成事成益利至行而力進。下世處爲六三斥剛堅起之陰，上承爲六四順剛柔起之陰，協所乘六二之堅斥初九之剛，爲動。説明於世爲此更成得從進斥有礙之在不顧進難而亢没堅極起結伙呑益行進（順注：至亢之陽下世處爲堅起之陰其運行機制成亢没堅極起而行進。参咸上六“咸其輔頰舌”之義）。上九因此呈進成所進，爲更成事成益利至行而力進，於世爲此更成得從進斥有礙之在不顧進難而亢没堅極起呑益行進之象。“莫益之，或擊之”者，於世爲此更成得從進斥有礙之在不顧進難而亢没堅極起呑益行進故莫益之應該擊之之謂。“立心勿恒，凶”者，如此而立心勿恒行進必凶之謂（順注：益上九出現“恒”字請参恒上六之義）。

【按】

因此次叙爲世爲民應該决斷居尊結伙呑益而進之夬也。

《序卦傳》曰：“益而不已必決，故受之以夬。夬者。決也。”

夬䷪兑上乾下

【釋】

夬下（内）健上（外）説。内爲從剛至盛之卦，外爲往錯柔順之卦。與剥䷖相錯，與姤䷫反錯（順注：夬原爲十二月卦中陽勢已盛，陰勢將盡之三月卦。《周易》用之其意大有區别）。健而説。有事物剛健而説之象，有人們以世義而説居尊結伙呑益進行决斷之意。“夬”者，决斷之謂。

夬，揚于王庭。孚號。有厲告自邑。不利即戎。利有攸往。

【釋】

“夬，揚于王庭”者，對居尊結伙呑益加以决斷應揚於王庭使世皆知以儆後來之謂。“孚號”者，對居尊結伙呑益决斷應不畏艱難呼號而進使衆所皆知之謂。“有厲告自邑”者，將原本告知民之謂。“不利即戎”者，對居尊結伙呑益進行决斷不是一下子可用武力達目的或反不能達目的之謂。“利有攸往”者，决斷居尊結伙呑益必利於世之攸往之謂（順注：短短二十字夬卦卦辭可看出作者對居尊結伙呑益切齒之痛恨心情與有效之决斷辦法及於世之必然作用闡述得何等明白、何等入理）。

初九：壯于前趾，往不勝爲咎。

【釋】

初九爲下健初，上承九二剛出盛起之陽而間，爲薄堅剛之陽。説明爲能决斷居尊呑益不畏艱難而力進。上世處爲九四應柔盛始起之陽，下乘爲九三應柔盛之陽。間所承九五之盛應上六之柔而説。説明於世爲此能得圖進而力以行進。初九因此呈爲能决斷居尊呑益不畏艱難而力進，於世爲此能得圖進而力以行進之象。“壯于前趾”者，爲能决斷居尊呑益不畏艱難而力進之謂。“往不勝爲咎”者，於世爲此能得圖進而力以行進以成之謂（順注：夬初九出現“壯”字請參大壯初九之義）。

九二：惕號莫夜，有戎勿恤。

【釋】

九二爲下健處中，下乘初九之剛而協，上承九三之盛而間，爲薄堅剛出盛起之陽。説明始有所進，爲得决斷居尊呑益力除所難得起而力進。上世處爲九五應柔盛起之陽，協所乘九四之盛，應上六之柔而説。説明於世爲此圖進雖仍難而力成行進。九二因此呈始有所進，爲得决斷居尊呑益力除所難得起而力進，於世爲此圖進雖仍難而力成行進之象。“惕號莫夜”者，於世爲此圖進雖仍難而力成行進以往之謂。“有戎勿恤”者，不達目的决不罷休之謂。

九三：壯于頄，有凶。君子夬夬，獨行遇雨。若濡有愠，无咎。

【釋】

九三爲下健上，下乘九二剛出盛起之陽而協，爲應柔盛之陽。説明已有所進，爲成决斷居尊呑益得行而力進。上承爲九四應柔盛始起之陽。説明進成相當困難。上世處爲上六順剛至柔之陰，爲説。説明於世爲此已成得共得説能得進取然進成相當困難而至爲行進。九三因此呈已有所進，爲成决斷居尊呑益得行而力進，於世爲此已成得共得説能得進取然進成相當困難而至爲行進之象。“壯于頄，有凶”者，於世爲此已成得共得説能得進取然進成相當困難如若不顧而求强進必成凶之謂（順注：夬九三出現“壯”字請參大壯九三之義）。“君子夬夬，獨行遇雨”者，進雖成相當困難然君子至爲而行進以成之謂（順注：九三之盛至爲而進與上六至柔成至相應必雨）。“若濡有愠，无咎”者，若濡還不成决斷居尊呑益而有愠則必能无咎之謂。

九四：臀无膚，其行次且。牽羊悔亡，聞言不信。

【釋】

九四爲上説初，上承九五之盛而間應上六之柔，爲應柔盛始起之陽。説明進有所進，爲進成决斷居尊呑益力除所難已起而力進。下乘爲九三應柔盛之陽。説明已得成起而進。下世處爲初九薄堅剛之陽，爲健。説明於世爲此雖已成起然還難而至力行進。九四因此呈進有所進，爲進成决斷居尊呑益力除所難已起而力進，於世爲此雖已成起然還難而至力行進之象。“臀无膚，其行次且”者，於世爲此雖已成起然還難之謂。“牽羊悔亡，聞言不信”者，羊謂九三，已得成起雖還難而至力行進以成之謂。

九五：莧陸夬夬，中行无咎。

【釋】

九五爲上説處中，下乘九四之盛而協，上承上六之柔而應，爲應柔盛起之陽。説明更有所進，爲達成決斷居尊吞益進除所難成起而力進。下世處爲九二剛出盛起之陽。協所乘初九之剛，爲健。説明於世爲此雖更成起但祇有克除所難方能至成行進。九五因此呈更有所進，爲達成決斷居尊吞益進除所難成起而力進，於世爲此雖更成起但祇有克除所難方能至成行進之象。“莧陸夬夬”者，於世爲此雖更成起但祇有克除所難方能至成行進以成之謂。“中行无咎”者，中正以行對居尊吞益祇能據世而作出決斷以成故无咎之謂。

上六：无號，終有凶。

【釋】

上六爲上説上，下乘九五之盛、九四之盛而順，爲順剛至柔之陰。説明因進成不易，爲更成決斷居尊吞益至行而力進。下世處爲九三應柔盛之陽，上承爲九四應柔盛始起之陽，協所乘九二剛出盛起之陽，爲健。説明於世對此雖能與共但還相當難而行進困難。上六因此呈因進成不易，爲更成決斷居尊吞益至行而力進，於世爲此雖能與共但還相當困難而行進困難之象。“无號，終有凶”者，於世爲此雖能與共但還相當困難而行進困難故終有凶在之謂。

【按】

因此次敘祇有進除居尊結伙吞益對世造成之危害方成之姤也。

《序卦傳》曰：“決必有所遇，故受之以姤。姤者，遇也。”

姤☰乾上☴巽下

【釋】

姤下（内）入上（外）健。内爲往錯柔順之卦，外爲從剛至盛之卦。與復☷☳相錯，與夬☱☰反錯（順注：姤原爲十二月卦中陽勢雖盛陰勢已生之五月卦。《周易》用之其意大有區别）。入而健。有事已入乎剛健之象，有危害入乎世體必須進除之意。“姤”者，所遇危害之謂。

姤，女壯。勿用取女。

【釋】

“姤，女壯”者，所遇危害已重之謂。“勿用取女”者，君子與民絶不可與之同流合污而應至力進除之謂（順注：“女壯。勿用取女”皆爲作者在商末暗世被拘於羑里時憤發之暗語也）。

初六：繫于金柅，貞吉。有攸往。見凶羸，豕孚蹢躅。

【釋】

初六爲下入初，上承九二之盛、九三之盛而順，爲順剛柔起之陰。説明爲能除去對世危害摒弃其害得起而力進。上世處爲九四薄堅剛之陽，下乘爲九三應柔至亢之陽，間所承九五剛出盛起之陽，爲健。説明於世爲此從剛不顧進難而力以行進。初六因此呈爲能除去對世危害摒弃其害得起而力進，於世爲此從剛不顧進難而力以行進之象。“繫于金柅”者，金柅謂九四，於世爲此從剛不顧進難而力以行進以成之謂。“貞吉”者，如此行進以往必能正固而吉之謂。“有攸往”者，如此行進以往必有攸往之謂。“見凶羸，豕孚蹢躅”者，爲能除去對世危害不顧進難而力以行進以往之謂。

九二：包有魚，无咎，不利賓。

【釋】

九二爲下入處中，下乘初六之柔而應，上承九三之盛而間，爲應柔亢至之陽。説明始有所進，爲得除去對世危害得至而力進。上世處爲九五剛出盛起之陽，協所乘九四之剛，爲健。説明於世爲此仍極難而力爲行進。九二因此呈始有所進，爲得除去對世危害得至而力進，於世爲此仍極難而力爲行進之象。“包有魚”者，於世爲此仍極難而力爲行進以往之謂。“无咎”者，雖仍極難而力爲行進以往必无咎之謂。“不利賓”者，仍極難而不利世見成效之謂。

九三：臀无膚，其行次且。厲，无大咎。

【釋】

九三爲下入上，下乘九二之盛而協應初六之柔，爲應柔至亢之陽。説明略有所進，爲得成除去對世危害已至而力進。上承爲九四薄堅剛之陽。説明能够得進，上世處爲上九應柔盛之陽，協所乘九五剛出盛起之陽，爲健。説明於世爲此雖能得進然行仍難而力成行進。九三因此呈略有所進，爲得成除去對世危害已至而力進，於世爲此雖能得進然行仍難而力成行進之象。“臀无膚，其行次且”者，於世爲此雖能得進然行仍難之謂。“厲，无大咎”者，雖行仍難而厲但力成行進以往必能无大咎之謂。

九四：包无魚，起凶。

【釋】

九四爲上健初，上承九五剛出盛起之陽而間，爲薄堅剛之陽。説明因進仍難，爲成除去對世危害不畏艱難至力而力進。下乘爲九三應柔至亢之陽。説明已成極起而進。下世處爲初六順剛柔起之陰，爲入。説明於世爲此極起得從得入而行進。九四因此呈因進仍難，爲成除去對世危害不畏艱難至力而力進，於世爲此極起得從得入而行進之象。“包无魚”者，於世爲此極起得從得入而行進以成故不知魚在何處之謂（順注：多麼深刻的事成變化之理）。“起凶”者，如此而行進以往必然對除世危害起凶之謂。

九五：以杞包瓜。含章，有隕自天。

【釋】

九五爲上健處中，下乘九四之剛而協，上承上九之盛而間，爲薄堅剛出盛起之陽。説明因進起凶，爲達成除去對世危害力除所難成起而力進。下世處爲九二應柔亢至之陽，應所乘初六之柔而入。説明於世爲此已成盛極起能成入而行進。九五因此呈因進起凶，爲達成除去對世危害力除所難成起而力進，於世爲此已成盛極起能成入而行進之象。“以杞包瓜”者，爲達成除去對世危害力除所難成起而力進之謂。“含章”者，於世爲此已成盛極起能成入而行進以成之謂。“有隕自天”者，然還不成根除之謂。

上九：姤其角。吝，无咎。

【釋】

上九爲上健上，下乘九五剛出盛起之陽而協，爲應柔盛之陽。説明已成所進，爲更成除去對世危害成行而力進。下世處爲九三應柔至亢之陽，上承爲九四薄堅剛之陽，協所乘九二之盛應初六之柔而入。説明於世爲此已成極行能極入不顧進難而極力行進（注意：此爻之義與乾上九之義有别之所在）。上九因此呈已成所進，爲更成除去對世危害成行而力進，於世爲此已成極行能極入不顧進難而極力行進之象。“姤其角”者，爲更成除去對世危害成行而力進，於世爲此已成極行能極入之謂。“吝，无咎”者，已成極行能極入不顧進難而極力行進以成雖必有吝然无有咎之謂。

【按】

因此次叙危害得以除去而世得以聚萃之萃也。

《序卦傳》曰：“物相遇而後聚，故受之以萃。萃者，聚也。”

萃☱☷兑上坤下

【釋】

萃下（内）順上（外）説。内爲從堅至柔之卦，外爲往錯柔順之卦。與大畜☶☰相錯，與升☷☴反錯。順而説。有事物成順而説之象，有人們成順而説事必萃之意。“萃”者，聚萃之謂。

萃，亨。王假有廟。利見大人，亨。利貞。用大牲吉。利有攸往。

【釋】

“萃，亨”者，聚萃必成世事通達之謂。“王假有廟”者，爲成萃聚目的之謂。“利見大人，亨”者，要世事成聚萃需有深知如何方能達到目的之大人統籌而爲方能事成又成通達之謂。“利貞”者，事之聚萃應利於世之益義與正固之謂。“用大牲吉”者，要事成聚萃而進必須盡最大程度人力物力爲其用之謂。“利有攸往”者，事成聚萃而進必利於世之攸往之謂。

初六：有孚不終，乃亂乃萃。若號，一握爲笑。勿恤，往无咎。

【釋】

初六爲下順初，上承六二堅極柔起之陰而間，爲斥剛堅之陰。説明爲能事成聚萃達到目的而力進。上世處爲九四應柔盛始起之陽，下乘爲六三順剛柔之陰，爲説。説明於世爲此雖成難而力以行進。初六因此呈爲能事成聚萃達到目的而力進，於世爲此雖成難而力以行進之象。"有孚不終，乃亂乃萃"者，爲能事成聚萃達到目的看似所忙無章，實爲聚萃而力進之謂。"若號，一握爲笑"者，爲能事成聚萃達到目的衆情高漲相握爲笑力進之謂。"勿恤，往无咎"者，於世爲此雖成難而力以行進以往必无咎之謂。

六二：引吉，无咎。孚乃利用禴。

【釋】

六二爲下順處中，下乘初六之堅而協，上承六三之柔而間，爲斥剛堅極柔起之陰。説明始有所進，爲得事成聚萃摒弃其害得起而力進。上世處爲九五應柔盛起之陽，而九五之盛對此有入而説之大過象，協所乘九四之盛，爲説。説明於世爲求成與共應把握爲之而力成行進。六二因此呈始有所進，爲得事成聚萃摒弃其害得起而力進，於世爲求成與共應把握爲之而力成行進之象。"引吉，无咎"者，於世爲求成與共應把握而爲使吉无有咎之謂。"孚乃利用禴"者，爲求成與共應把握而爲鼓舞使看到希望在前而力成行進以往之謂。

六三：萃如嗟如，无攸利。往无咎，小吝。

【釋】

六三爲下順上，下乘六二堅極柔起之陰而協，爲順剛柔之陰。説明已有所進，爲成事成聚萃得行而力進。上承爲九四應柔盛始起之陽。説明進成相當困難。又上承九四之盛與九五之盛處之生入，九五爲説，有入而説之大過（下）象。説明祇有認真把握方能克服所進困難而進。上世處爲上六順剛至柔之陰，順所乘九五之盛、九四之盛而説。説明於世爲此能得圖進然祇有認真把握克服所進困難方能成進而行進困難。六三因此呈已有所進，爲成事成聚萃得行而力進，於世爲此能得圖進然祇有認真把握克服所進困難方能成進而行進困難之象。"萃如嗟如，无攸利"者，於世爲此能得圖進然祇有認真把握克服所進困難方能成進而行進困難如嘆息却步必无攸利之謂。"往无咎，小吝"者，祇要認真把握克服所進困難必能成進以往，困難祇是些小吝之謂。

九四：大吉，无咎。

【釋】

九四爲上説初，上承九五之盛而間應上六之柔，爲應柔盛始起之陽。説明因進困難，爲得成事成聚萃力除所難已起而力進。下乘爲六三順剛柔之陰。説明已成得共成起而進。下世處爲初六斥剛堅之陰，爲順。説明於世爲此已成得共成起對有礙之在至力圖除而行進。九四因此呈因進困難，爲得成事成聚萃力除所難已起而力進，於世爲此已成得共成起對有礙之在至力圖除而行進之象。"大吉，无咎"者，於世爲此已成得共成起對有礙之在至力圖除而行進以往必使大吉大利而无有咎之謂。

九五：萃有位，无咎。匪孚。元永貞，悔亡。

【釋】

九五爲上説處中，下乘九四之盛而協，上承上六之柔而應，爲應柔盛起之陽。説明已成所進，爲進成事成聚萃進除所難成起而力進。又下乘九四之盛與六三之柔處之生入，六三爲順，有順而入之觀（上）象。説明爲除存在之非（難）而進。下世處爲六二堅極柔起之陰，協所乘初六之堅，爲順。説明於世爲除存在之非（難）得共至以克除有害之在而行進。九五因此呈已成所進，爲進成事成聚萃進除所難成起而力進，於世爲除存在之非（難）得共至以克除有害之在而行進之象。“萃有位，无咎”者，於世爲除存在之非（難）得共至以克除有害之在而行進以往必能鞏固所成而无有咎之謂。“匪孚”者，對存在之非有害之在理應除去之謂。“元永貞，悔亡”者，如此而行進以往必使所成之事始而永爲正固且使悔亡之謂。

上六：賫咨涕洟，无咎。

【釋】

上六的上説上，下乘九五之盛，九四之盛而順，爲順剛至柔之陰。説明進成所進，爲更成事成聚萃至行而力進。下世處爲六三順剛柔之陰，而六三之柔對此有順而入之觀象，上承爲九四應柔盛始起之陽，協所乘六二堅極柔起之陰，爲順。説明於世爲除去存在之非（難）雖成協而至爲然行進困難（參小畜上九“君子征凶”之義，又有不同）。上六因此呈進成所進，爲更成事成聚萃至行而力進。於世爲除去存在之非（難）雖成協而至爲然行進困難之象。“賫咨涕洟”者，於世爲除去存在之非（難）雖成協而至爲然行進困難故賫咨涕洟之謂。“无咎”者，由此而悟行進困難之在以往必使不斷成進而无有咎之謂。

【按】

因此次叙要使事成不斷聚萃而進必需成升之升也。

《序卦傳》曰：“聚而上者謂之升，故受之以升。”

升䷭坤上巽下

【釋】

升下（内）入上（外）順。内爲往錯柔順之卦，外爲從堅至柔之卦。與无妄䷘相錯，與萃䷬反錯。入而順。有事物入而成順之象，有人們所爲之事入而成順必能成升之意。“升”者，成升、上升之謂。

升，元亨。用見大人，勿恤，南征吉。

【釋】

“升，元亨”者，人們所爲之事成升必成始而通達之謂。“用見大人”者，要所爲之事成升是艱難業蹟，應得深明如何成升方能既達目的又成通達之大人指導幫助使成之謂。“勿恤，南征吉”者，上謂之南，衹有不顧艱難奮進方能成升而吉祥之謂（順

注：作者通過升卦卦辭就成升必然元亨及如何成升作了明確精辟之論述。又注：作者自夬至姤至萃至升之過程爲世事繼而又一大規律與邏輯之過程）。

初六：允升，大吉。

【釋】

初六爲下入初，上承九二之盛、九三之盛而順，爲順剛柔起之陰。説明爲能所事成升摒弃其害得起而力進。上世處爲六四斥剛堅之陰，下乘爲九三應柔至亢之陽，間所承六五堅極柔起之陰，爲順。説明於世爲此雖極艱難然能得進而行進（參蠱初六之義，又有不同）。初六因此呈爲能所事成升摒弃其害得起而力進，於世爲此雖極艱難然能得進而行進之象。“允升，大吉”者，於世爲此雖極艱難然能得進而行進以往對所事成升必是大吉大利之謂。

九二：孚乃利用禴，无咎。

【釋】

九二爲下入處中，下乘初六之柔而應，上承九三之盛而間，爲應柔亢至之陽。説明始有所進，爲得所事成升得至而力進。上世處爲六五堅極柔起之陰，協所乘六四之堅，爲順。説明於世爲此已成進至難而力以行進。九二因此呈始有所進，爲得所事成升得至而力進，然於世爲此已成進至難而力以行進之象。“孚乃利用禴”者，於世爲此已成進至難應鼓舞使看到成升希望而力以行進以往之謂。“无咎”者，如此而行進以往必能无咎之謂。

九三：升虚邑。

【釋】

九三爲下入上，下乘九二之盛而協應初六之柔，爲應柔至亢之陽。説明因進成困難，爲得成所事成升已至而力進。上承爲六四斥剛堅之陰。説明得從而進。上世處爲上六順剛柔之陰，協所乘六五堅極柔起之陰，爲順。説明於世爲此由於得從急功近利不圖艱難奮進衹顧能升而力成行進（參履六三“咥人凶”之義，又成不同）。九三因此呈因進成困難，爲得成所事成升已至而力進，於世爲此由於得從急功近利不圖艱難奮進衹顧能升而力成行進之象。“升虚邑”者，於世爲此由於得從急功近利不圖艱難奮進衹顧能升而力成行進以往之謂（順注：作者此論爲真成升還是虚成升之根本分水嶺所在）。

六四：王用亨于岐山。吉，无咎。

【釋】

六四爲上順初，上承六五堅極柔起之陰而間，爲斥剛堅之陰。説明因所進爲虚，爲成所事成升達到目的至力而力進。下乘爲九三應柔至亢之陽。説明相從而進。下世處爲初六順剛柔起之陰，順所承九二之盛、九三之盛而入。説明於世爲此成之相從極爲而行進。六四因此呈因所進爲虚，爲成所事成升達到目的至力而力進，於世爲此成之相從極爲而行進之象。“王用亨于岐山”者，成世事謂之王，用通達謂之用亨，據爻義雖難然能力爲謂之岐山（參隨上六“王用亨于西山”之義），於世爲此成之相從極爲而行進以成之謂。“吉，无咎”者，如此而行進以往必吉而无有咎之謂（參井六四“无咎”之義，幾近相類）。

六五：貞吉，升階。

【釋】

六五爲上順處中，下乘六四之堅而協，上承上六之柔而間，爲斥剛堅極柔起之陰。説明已成所進，爲進成所事成升摒弃其害成起而力進。下世處爲九二應柔亢至之陽，應所乘初六之柔，爲入。説明於世爲此極成與共成入而至以行進。六五因此呈已成所進，爲進成所事成升摒弃其害成起而力進。於世爲此極成與共成入而至以行進之象。“貞吉”者，於世爲此極成與共成入而至以行進以成必使正固而吉之謂。“升階”者，如此而行進以往必成升階之謂。

上六：冥升，利于不息之貞。

【釋】

上六爲上順上，下乘六五堅極柔起之陰而協，爲順剛柔之陰。説明進成所進，爲更成所事成升成行而力進。下世處爲九三應柔至亢之陽，上承爲六四斥剛堅之陰，爲入。説明於世爲此雖極成與共成入而極力行進然陷入嚴重困境。上六因此呈進成所進，爲更成所事成升成行而力進，於世爲此雖極成與共成入而極力行進然陷入嚴重困境之象。“冥升”者，追求設想之成升而藐視其害之在謂之冥升，於世爲此雖極成與共成入而極力行進以成然陷入嚴重困境之謂。“利于不息之貞”者，爲此衹有不息以正固而進方成，否則必將陷入嚴重困境之謂（順注：作者是何等的知，何等的明）。

【按】

因此次叙不能不息以正固進升必使陷入嚴重困境之困也。

《序卦傳》曰：“升而不已必困，故受之以困。”

困䷮兑上坎下

【釋】

困下（内）陷上（外）説。内爲往錯剛薄之卦，外爲往錯柔順之卦。與賁䷕相錯，與井䷯反錯。陷而説。有事物因陷而説之象，有人們因陷于困境中而説求行之意。“困”者，陷于困境之謂。

困，亨。貞。大人吉。无咎。有言不信。

【釋】

“困，亨”者，人們在困境中求行必能使之通達之謂。“貞”者，人們在困境中求行必能使之正固之謂。“大人吉”者，君子在困境中求行必能使之吉之謂。“无咎”者，在困境中正固求行必使无咎之謂。“有言不信”者，在困境中應克服困難而求行進，絶不應聽信迷惑非言成害己之謂（順注：困卦卦辭充分體現作者對處困之精神世界與脚踏實地求行之所在）。

初六：臀困于株木。入于幽谷，三歲不覿。

【釋】

初六爲下陷初，上承九二之剛而斥間六三之堅，爲斥剛堅長之陰。説明爲能在困境中求行不顧行難長起而力進。上世處爲九四應柔盛始起之陽，下乘爲六三斥剛堅進之陰，爲説。説明於世爲此成難而力爲行進入于幽谷（參訟初六“終吉”之義，幾近相反）。初六因此呈爲能在困境中求行不顧行難長起而力進，於世爲此成難而力爲行進入于幽谷之象。“臀困于株木”者，陷入采木困境之謂。“入于幽谷”者，於世爲此成難而力爲行進以往越陷困境故入于幽谷之謂。“三歲不覿”者，三爲通數，見賣謂之覿，終長久不得覿之謂。

九二：困于酒食。朱紱方來，利用亨祀。征凶。无咎。

【釋】

九二爲下陷處中，下乘初六之堅而薄，上承六三之堅而薄，爲薄堅剛進之陽。説明因所進越陷，爲得在困境中求行不顧行難力斥有礙之爲得進而力進。上世處爲九五應柔盛起之陽，應所承上六之柔而説。説明於世爲此雖進難而力以行進。九二因此呈因所進越陷，爲得在困境中求行不顧行難力斥有礙之爲得進而力進，於世爲此雖進難而力以行進之象。“困于酒食”者，陷於生活困境之謂。“朱紱方來”者，富服謂之朱紱，富服又上門之謂。“利用亨祀”者，親朋相通之慶謂之亨祀，利用親朋之慶得以招待之謂。“征凶”者，如不顧所陷困境而力成行進以往於事必凶之謂（參訟九二“不克訟”之義，幾近相反）。“无咎”者，如此而力以行進以往於事必无咎之謂。

六三：困于石，據于蒺藜。入于其宫，不見其妻。凶。

【釋】

六三爲下陷上，下乘九二之剛而斥協初六之堅，爲斥剛堅進之陰。説明始有所進，爲得成在困境中求行不顧行難力斥有礙之爲得行而力進。上承爲九四應柔盛始起之陽。説明所事進難。上世處爲上六順剛至柔之陰，順所乘九五之盛、九四之盛而説。説明於世爲此不顧進極難而力成行進更深其陷。六三因此呈始有所進，爲得成在困境中求行不顧行難力斥有礙之爲得行而力進，於世爲此不顧進極難而力成行進更深其陷之象。“困于石，據于蒺藜”者，陷于搬石困境又處于蒺藜之謂。“入于其宫，不見其妻”者，於世爲此不顧進極，難而力成行進以往更深其陷故入于其宫，連其妻都離其而去之謂。“凶”者，如此而力成行進以往於事必凶之謂（參訟六三“終吉”之義，幾近相反）。

九四：來徐徐，困于金車。吝，有終。

【釋】

九四爲上説初，上承九五之盛而間應上六之柔，爲應柔盛始起之陽。説明因所進生凶，爲成在困境中求行力除所難已起而力進。下乘爲六三斥剛堅進之陰。説明力以圖除有礙之在而進。下世處爲初六斥剛堅長之陰，爲陷。説明於世爲此至力圖除有礙（困陷）之在而行進。九四因此呈因所進生凶，爲成在困境中求行力除所難已起而力進，於世爲此至力圖除有礙（困陷）之在而行進之象。“來徐徐，困于金車”者，應爲之陷于錢資困境而來徐徐之謂。“吝，有終”者，於世爲此至力圖除有礙（困陷）之在而行進以往雖來徐徐吝然有終之謂（參訟九四“渝”之義，幾近相類）。

九五：劓刖，困于赤紱。乃徐有説，利用祭祀。

【釋】

九五爲上説處中，下乘九四之盛而協，上承上六之柔而應，爲應柔盛起之陽。説明已有所進，爲進成在困境中求行進除所難成起而力進。下世處爲九二薄堅剛進之陽，薄所承六三之堅而陷。説明於世爲此雖難但已成對有礙（困陷）之在至以圖除而行進。九五因此呈已有所進，爲進成在困境中求行進除所難成起而力進，於世爲此雖難但已成對有礙（困陷）之在至以圖除而行進之象。“劓刖，困于赤紱”者，貴服謂之赤紱，應處之而陷于職權困境之謂。“乃徐有説，利用祭祀”者，祭祖之會謂之祭祀，於世爲此雖難但已成對有礙（困陷）之在至以圖除而行進以往終利用宗族祭祖之會宣其罪而處之謂（順注：宗族之會可處族人之罪情形，中國一直延續至近代仍有可見。參訟九五“元吉”之義，幾近相類）。

上六：困于葛藟，于臲卼。曰動悔，有悔。征吉。

【釋】

上六爲上説上，下乘九五之盛、九四之盛而順，爲順剛至柔之陰。説明已更所進，爲更成在困境中求行至行而力進。下世處爲六三斥剛堅進之陰，上承爲九四應柔盛始起之陽，協初六之堅斥所乘九二之剛而陷。説明於世爲此已成對有害存在極力摒弃而行進（參隨上六之義，又成相反）。上六因此呈已更所進，爲更成在困境中求行至行而力進，於世爲此已成對有害存在極力摒弃而行進之象。“困于葛藟，于臲卼”者，仍陷于還難困境之謂。“曰動悔，有悔”者，悔當初不以正固而進陷入嚴重困境之謂。“征吉”者，於世爲此已成對有害存在極力摒弃而行進以往必能成出而吉之謂。

【按】

因此次叙要成出困境祇有從生活根本所需上重新開創做起方成之井也。

《序卦傳》曰：“困乎上者必反下，故受之以井。”

【注】

“下”者，根本所需之謂。

井䷯坎上巽下

【釋】

井下（内）入上（外）陷。内爲往錯柔順之卦，外爲往錯剛薄之卦。與噬嗑䷔相錯，與困䷮反錯。入而陷。有事物入乎險陷中而進之象，有人們不畏艱難而入進取之意。“井”者，生活根本所需之謂。

井，改邑不改井。无喪无得，往來井井。汔至亦未繘井，羸其瓶凶。

【釋】

“井，改邑不改井”者，朝會改變但人們生活根本所在所需不會改變之謂（順注：語極隱潛而理極明白）。“无喪无得，往來井井”者，人們生活所在所需絶不可輕視忘懷之謂（順注：又語極隱潛而理極明白）。“汔至亦未繘井，羸其瓶凶”者，人們生活所在所需應不斷發掘開創，如不加發掘開創井至無水無法再用其瓶打水於生活必凶之謂（順注：井卦二十四字卦辭爲人們需不斷發掘利用世之資源以爲生活所用之積極進取思想所在，也是中華民族不斷積極進取而成擁有衆多人口民族與遼闊疆土之精神所在）。

初六：井泥不食，舊井无禽。

【釋】

初六爲下入初，上承九二之盛、九三之盛而順，爲順剛柔起之陰。説明爲能得生活所需摒弃其害得起而力進。上世處爲六四斥剛堅長之陰，下乘爲九三應柔至亢之陽，斥所承九五之剛而陷。説明於世爲此雖極艱難險陷然能得進而行進（參升初六之義，幾近相類）。初六因此呈爲能得生活所需摒弃其害得起而力進，於世爲此雖極艱難險陷然能得進而行進之象。“井泥不食，舊井无禽”者，於世爲此雖井都是泥不能食，舊井已无禽、已極艱難險陷然能得進而行進以成之謂。

九二：井谷射鮒，瓮敝漏。

【釋】

九二爲下入處中，下乘初六之柔而應，上承九三之盛而間，爲應柔亢至之陽。説明始有所進，爲得生活所需得至而力進。上世處爲九五薄堅剛進之陽，薄所承上六之堅而陷。説明於世爲此雖仍艱難險陷而力以行進。九二因此呈始有所進，爲得生活所需得至而力進，於世的此雖仍艱難險陷而力以行進之象。“井谷射鮒，瓮敝漏”者，於世爲此雖井水還很少，瓮還不能取水仍艱難險陷而力以行進以成之謂。

九三：井渫不食，爲我心惻。可用汲，王明并受其福。

【釋】

九三爲下入上，下乘九二之盛而協應初六之柔，爲應柔至亢之陽。説明略有所進，爲得成生活所需已至而力進。上承爲六四斥剛堅長之陰。説明得從而進。上世處爲上六斥剛堅進之陰，協六四之堅斥所乘九五之剛而陷。説明於世爲此已成得從能進雖還艱難險陷而力成行進。九三因此呈略有所進，爲得成生活所需已至而力進，於世爲此已成得從能進雖還艱難險陷而力成行進之象。“井渫不食，爲我心惻”者，泥水謂之渫，於世爲此已成得從能進雖井水不能取食還艱難險陷之謂。“可用汲，王明并受其福”者，王謂上六，謂成世事，雖還艱難險陷能力成行進以成使可用汲而受其福之謂。

六四：井甃，无咎。

【釋】

六四爲上陷初，上承九五之剛而斥間上六之堅，爲斥剛堅長之陰。説明已有所進，爲成生活所需不顧行難至起而力進。下乘爲九三應柔至亢之陽。説明已成相從而進。下世處爲初六順剛柔起之陰，順所承九二之盛、九三之盛而入。説明於世爲此已成相從極爲而行進。六四因此呈已有所進，爲成生活所需不顧行難至起而力進，於世爲此已成相從極爲而行進之象。“井甃”者，井圈謂之甃，於世爲此已成相從極爲而行進以往使井已至甃之謂。“无咎”者，如此而行進以成必无有咎之謂（參升六四“吉，无咎”之義，幾近相類）。

九五：井洌，寒泉食。

【釋】

九五爲上陷處中，下乘六四之堅而薄，上承上六之堅而薄，爲薄堅剛進之陽。説明已成所進，爲進成生活所需不顧行難力斥有礙之爲成進而力進。下世處爲九二應柔亢至之陽，應初六之柔而入。説明於世爲此已成極起而行進。九五因此呈已成所進，爲進成生活所需不顧行難力斥有礙之爲成進而力進，於世爲此已成極起而行進之象。“井洌，寒泉食”者，清澈謂之洌，水深謂之寒，甘謂之泉，美謂之食，於世爲此已成極起而行進以成使井已成清澈而水深甘美之謂（參需九五“貞吉”之義，又極有不同）。

上六：井收勿幕。有孚，元吉。

【釋】

上六爲上陷上，下乘九五之剛而斥協六四之堅，爲斥剛堅進之陰。説明進成所進，爲更成生活所需不顧行難力斥有礙之爲成行而力進。下世處爲九三應柔至亢之陽，上承爲六四斥剛堅長之陰，協所乘九二之盛，爲入。説明於世爲此已成至爲相從不顧還難而至成行進。上六因此呈進成所進，爲更成生活所需不顧行難力斥有礙之爲成行而力進，於世爲此已成至爲相從不顧還難而至成行進之象。“井收勿幕”者，已成謂之收，不能謂之勿，井雖已成然還難未竟之謂。“有孚，元吉”者，於世爲此已成至爲相從不顧還難而至成行進以往必使始而吉祥之謂。

【按】

因此次叙人們爲更成生活所需進行開創應對有礙之世道進行革除之革也。

《序卦傳》曰：“井道不可不革，故受之以革。”

【注】

作者此革爲更成生活所需進行開創應對有礙之世道進行改革、變革之革，而非爲乾道之革。

革䷰兑上離下

【釋】

革下（内）麗上（外）説。内外均爲往錯柔順之卦。與蒙䷃相錯，與鼎䷱反錯。麗而説。有光明而説之象，有人們爲世事光明而對有礙之世道進行改革、變革之意。“革”者，改革、變革之謂。

革，已日乃孚。元亨利貞，悔亡。

【釋】

“革，已日乃孚”者，應革除之有礙世道已經到了不可不革之時需不畏艱難而進之謂。“元亨利貞，悔亡”者，革有礙之世道應具元亨利貞四德而爲而進方能悔亡之謂。

初九：鞏用黄牛之革。

【釋】

初九爲下麗初，上承六二之柔而應間九三之盛，爲應柔盛至之陽。説明爲能革除有礙之世道得行而力進。上世處爲九四應柔盛始起之陽，而九四之盛對此有入而説之大過象，下乘爲九三應柔至盛之陽，間所承九五之盛應上六之柔而説。説明於世爲此雖進極難然能得進應把握爲之而行進。初九因此呈爲能革除有礙之世道得行而力進，於世爲此雖進極難然能得進應把握爲之而行進之象。“鞏用黄牛之革”者，於世爲此雖進極難然能得進故首先應固所革之志而行進以往之謂。

六二：已日乃革之。征吉，无咎。

【釋】

六二爲下麗處中，下乘初九之盛而順，上承九三之盛而順，爲順剛柔進之陰。説明始有所進，爲得革除有礙之世道得進而力進。又上承九三之盛與九四之盛處之生入，九四爲説，有入而説之大過（下）象。説明應認真把握爲之而進。上世處爲九五應柔盛起之陽，協所乘九四之盛，爲説。説明於世爲此雖進仍難祇要認真把握爲之必能得説成進而力以行進。六二因此呈始有所進，爲得革除有礙之世道得進而力進。於世爲此雖進仍難祇要認真把握爲之必能得説成進而力以行進之象。“已日乃革之”者，已經到了不可不革之時，於世爲此雖進仍難祇要認真把握爲之必能得説成進而力以行進以往之謂。“征吉，无咎”者，如此而力以行進以往必吉而无咎之謂。

九三：征凶。貞厲。革言三就，有孚。

【釋】

九三爲下麗上，下乘六二之柔而應協初九之盛，爲應柔至盛之陽。説明已有所進，爲成革除有礙之世道已行而力進。上承爲九四應柔盛始起之陽。説明進成至爲困難。上世處爲上六順剛至柔之陰，爲説。説明於世爲此雖得共得説然進成至爲困難而行進困難（注意：其意與中孚六三“得敵”之義相類，而與大過九三“棟橈”相反）。九三因此呈已有所進，爲成革除有礙之世道已行而力進，於世爲此雖得共得説然進成至爲困難而行進困難之象。“征凶”者，於世爲此雖得共得説然進成至爲困難之謂。“貞厲”者，進成至爲困難而行進困難之謂。“革言三就，有孚”者，三爲通數，革不可能一下成功，祇要不畏艱難而進必能取信於衆共往之謂。

九四：悔亡。有孚，改命吉。

【釋】

九四爲上説初，上承九五之盛而間應上六之柔，爲應柔盛始起之陽。説明因進困難，爲得成革除有礙之世道力除所難已起而力進。下乘爲九三應柔至盛之陽。説明已得至起。又下乘九三之盛與六二之柔處之生入，六二爲麗，有麗而入之家人（上）象。説明祇有不畏困難齊心協力而爲方能至起而進。下世處爲初九應柔盛至之陽，應所承六二之柔而麗。説明於世爲此不畏困難齊心協力而爲已成極起而行進（參小畜六四“有孚”之義）。九四因此呈因進困難，爲得成革除有礙之世道力除所難已起而力進。於世爲此不畏困難齊心協力而爲已成極起而行進之象。“悔亡”者，於世爲此不畏困難齊心協力而爲必使悔亡之謂。“有孚，改命吉”者，不畏困難齊心協力而爲已成極起而行進以往必成改命吉之謂。

九五：大人虎變，未占有孚。

【釋】

九五爲上説處中，下乘九四之盛而協，上承上六之柔而應，爲應柔盛起之陽。説明已成所進，爲進成革除有礙之世道進除所難成起而力進。下世處爲六二順剛柔進之陰，而六二之柔對此有麗而入之家人象，爲麗。説明於世爲此不畏困難齊心協力而爲已至成得共絢麗而行進。九五因此呈已成所進，爲進成革除有礙之世道進除所難成起而力進，於世爲此不畏困難齊心協力而爲已至成得共絢麗而行進以往之象。“大人虎變”者，大人已像虎一樣行進變革有礙之世道之謂。“未占有孚”者，於世爲此不畏困難齊心協力而爲已至成得共絢麗而行進以往故已不必疑慮祇要能取信於衆得民心必成之謂。

上六：君子豹變，小人革面。征凶，居貞吉。

【釋】

上六爲上説上，下乘九五之盛、九四之盛而順，爲順剛至柔之陰。説明進成所進，爲更成革除有礙之世道至行而力進。下世處爲九三應柔至盛之陽，上承爲九四應柔盛始起之陽，爲麗。説明於世爲此雖已至爲與共絢麗而進然被既得利益阻攔而行進仍難（參小畜上九之義）。上六因此呈進成所進，爲更成革除有礙之世道至行而力進，於世爲此雖已至爲與共絢麗而進然被既得利益阻攔而行進仍難之象。“君子豹變”者，君子像豹一樣行進變革有礙之世道之謂。“小人革面”者，對依附有礙之世道爲命之小人必須進行革面使成新之謂。“征凶”者，於世爲此雖已至爲與共絢麗而進然被既得利益阻攔而行進仍難如力往必凶之謂。“居貞吉”者，冷靜考慮既得利益所在而爲而進必能使之正固而吉祥之謂。

【按】

因此次叙爲使變革更成還需舉世深入共爲之鼎也。

《序卦傳》曰：“革物者莫若鼎，故受之以鼎。”

【注】

“鼎”者，世之大爐大鼎也。

鼎䷱離上巽下

【釋】

鼎下（内）入上（外）麗。内外均爲往錯柔順之卦。與屯䷂相錯，與革䷰反錯。入而麗。有事物入進而得光明之象，有舉世爲變革更成入進而爲必然光明之意。“鼎”者，變新、成新之謂。

鼎，元吉。亨。

【釋】

“鼎，元吉”者，舉世爲變革成新而進必成始而吉祥之謂。“亨”者，變革成新必使世成通達之謂（順注：短短四字，可見作者之論是何等的明哲，并扼要指明是否使世成通達是已得變革成新與否之所在）。

初六：鼎顛趾，利出否。得妾以其子，无咎。

【釋】

初六爲下入初，上承九二之盛，九三之盛而順，爲順剛柔起之陰。說明爲能世變革成新摒弃其害得起而力進，上世處爲九四應柔盛至之陽，下乘爲九三應柔至亢之陽，爲麗。說明於世爲此極顯變新光彩至以與共成起而行進。初六因此呈爲能世變革成新摒弃其害得起而力進，於世爲此極顯變新光彩至以與共成起而行進之象。“鼎顛趾，利出否”者，以下巽三爻喻鼎三趾，初六至以與共成起而行進以往故一趾顛起利於出否之謂。“得妾以其子”者，妾謂初六順九四之盛，子謂九二、九三。“无咎”者，如此而成行進以往必使无咎之謂。

九二：鼎有實。我仇有疾，不我能即。吉。

【釋】

九二爲下入處中，下乘初六之柔而應，上承九三之盛而間，爲應柔亢至之陽。說明始有所進，爲得世變革成新得至而力進。上世處爲六五順剛柔進之陰，爲麗，而六五之柔對此有説而麗之睽象。説明於世爲此雖受到小人阻撓進成難而力以行進。九二因此呈始有所進，爲得世變革成新得至而力進，於世爲此雖受小人阻撓進成難而力以行進之象。“鼎有實”者，於世爲得變革成新而進之謂。“我仇有疾，不我能即”者，仇謂六五，我謂九二，雖受小人阻撓進成難但祇要我力以行進以往必能得即之謂。“吉”者，如此而力以行進以往必吉之謂。

九三：鼎耳革，其行塞。雉膏不食。方雨虧悔，終吉。

【釋】

九三爲下入上，下乘九二之盛而協應初六之柔，爲應柔至亢之陽。説明略有所進，爲得成世變革成新已至而力進。上承爲九四應柔盛至之陽。説明所進困難。又上承九四之盛與六五之柔處之生説，六五爲麗，有説而麗之睽（下）象。説明因受小人忌恨力加阻撓使所進困難。上世處爲上九應柔至盛之陽，協九四之盛應所乘六五之柔而麗。説明於世爲此因受小人忌恨力加阻撓使進很難而行進困難。九三因此呈略有所進，爲得成世變革成新已至而力進，但於世爲此因受小人忌恨力加阻撓使進很難而行進因難之象。“鼎耳革，其行塞”者，於世爲此因受小人忌恨力加阻撓使物倒入很難，行被塞進很難之謂。“雉膏不食”者，由於進很難而使雉膏不能食之謂。“方雨虧悔”者，亢行進很難而與初六柔起之陰成雨成處知小人作祟所在而虧悔不除之謂（參小畜上九“既雨既處”之義）。“終吉”者，知小人作祟所在而虧悔不除以往必能終吉之謂。

九四：鼎折足，覆公餗。其形渥，凶。

【釋】

九四爲上麗初，上承六五之柔而應間上九之盛，爲應柔盛至之陽。説明因所進虧悔，爲成世變革成新成行而力進。下乘爲九三應柔至亢之陽。説明已得至起而進。下世處爲初六順剛柔起之陰，爲入。説明於世爲此雖得至起然不成得共而至力行進遭致嚴重挫折。九四因此呈因所進虧悔，爲成世變革成新成行而力進，於世爲此雖得至起然不成得共而至力行進遭致嚴重挫折之象。“鼎折足，覆公餗”者，以上離三爻喻鼎三足，雖得至起然不成得共初六而至力行進以往故一足折而覆公餗之謂。“其形渥”者，不成得共而至力行進以往造成鼎折足、覆公餗後其形必渥之謂。“凶”者，如此而至力行進以往必成凶之謂。

六五：鼎黄耳，金鉉。利貞。

【釋】

六五爲上麗處中，下乘九四之盛而順，上承上九之盛而順，爲順剛柔進之陰。説明因所進成渥，爲達成世變革成新成進而力進。又下乘九四之盛與九三之盛處之生説，九三爲入，有入而説之大過（上）象。説明爲求成力進。下世處爲九二應柔亢至之陽，爲入。説明於世爲求成已極與共成入而至以行進。六五因此呈因所進成渥，爲達成世變革成新成進而力進，於世爲求成已極與共成入而至以行進之象。“鼎黄耳，金鉉”

者，黄指地色借喻世色，黄耳謂鼎耳也成黄色，於世爲求成已極與共成入而至以行進以往使鼎耳都成黄色，連鉉都發出金色的光彩之謂。"利貞"者，已至以行進以成但應利於事之益義與正固之謂。

上九：鼎玉鉉。大吉，无不利。

【釋】

上九爲上麗上，下乘六五之柔而應協九四之盛，爲應柔至盛之陽。説明已成所進，爲更成世變革成新成至而力進。下世處的九三應柔至亢之陽，而九三之盛對此有入而説之大過象，上承爲九四應柔盛至之陽，協所乘九二之盛應初六之柔而入。説明於世爲求成已成極至不顧進難而極力行進。上九因此呈已成所進，爲更成世變革成新成至而力進，於世爲求成已成極至不顧進難而極力行進之象。鼎玉鉉者：於世爲求成已成極至不顧進難而極力行進以往使鉉都發出象物成熟玉色的光彩之謂。大吉，无不利者：如此而極力行進以成必大吉大利而无有不利之謂。

【按】

因此次叙對世變革成新成果還需力加護新除非而進之震也。

《序卦傳》曰："主器者莫若長子，故受之以震。震者，動也。"

【注】

"長子"者，已長大能繼之光大之謂。

震☳☳震上震下

【釋】

震下（内）動上（外）動。内外均爲往錯剛薄之卦。與巽☴☴相錯，與艮☶☶反錯。動而動。有事物不斷動進之象，有世爲護新除非不斷奮力動進之意。重"震"者，極以護新除非動進之謂。

震，亨。震來虩虩，笑言啞啞。震驚百里，不喪匕鬯。

【釋】

"震，亨"者，護新除非必使通達之謂。"震來虩虩，笑言啞啞"者，護新除非虩虩之進必使世笑言啞啞之謂。"震驚百里，不喪匕鬯"者，護新除非之進雖震驚百里但絶不會影響人們對生活的需要與創進之謂（順注：此作者指明是護新除非與否之根本所在）。

初九：震來虩虩，後笑言啞啞。吉。

【釋】

初九爲下動初，上承六二之堅、六三之堅而薄，爲薄堅至剛之陽。説明爲能護新除非不顧艱難已至而力進。上世處爲九四薄堅至剛之陽。而九四之剛對此有止而動之小過象，下乘爲六三斥剛堅起之陽，薄所承六五之堅、上六之堅而動。説明於世爲成得進雖艱難而力以行進。初九因此呈爲能護新除非不畏艱難已至而力進，於世爲成得進雖艱難而力以行進之象。“震來虩虩”者，於世爲成得進雖艱難而力以行進以往之謂。“後笑言啞啞”者，雖起初人們對護新除非虩虩之進少理解然後即知而笑言啞啞之謂（順注：此句若少一“後”字便不通）。“吉”者，如此而成行進以往必吉之謂。

六二：震來厲。億喪貝。躋于九陵，勿逐。七日得。

【釋】

六二爲下動處中，下乘初九之剛而斥，上承六三之堅而間，爲斥剛堅始起之陰。説明始得所進，爲得護新除非達到目的力斥有礙之爲使起而力進。又上承六三之堅與九四之剛處之生止，九四爲動，有止而動之小過（下）象。説明爲成得進力進。上世處爲六五斥剛堅始起之陰，而六五之堅對此有陷而動之解象，斥所乘九四之剛而動。説明於世爲成得進得解得起而行進。六二因此呈始得所進，爲得護新除非達到目的力斥有礙之爲使起而力進，於世爲成得進得解得起而行進之象。“震來厲”者，於世爲成得進得解得起而行進以往之謂。“億喪貝”者，衆多謂之億，世衆多有非（礙）事物被斥失去所在價值之謂。“躋于九陵”者，九爲極數，有非（礙）事物都遭斥被弃成積之謂。“勿逐”者，對有非（礙）但也可用事物被斥不必急切追逐之謂。“七日得”者，七爲成數，隨着進程可用事物必很快會去非而復得并將有更好事物可得之謂。

六三：震蘇蘇，震行无眚。

【釋】

六三爲下動上，下乘六二之堅而協斥初九之剛，爲斥剛堅起之陰。説明已得所進，爲成護新除非達到目的進斥有礙之爲得起而力進。上承爲九四薄堅至剛之陽。説明進成艱難。又上承九四之剛與六五之堅處之生陷，六五爲動，有陷而動之解（下）象。説明因進成艱難爲得解而進。上世處爲上六斥剛堅起之陰，協所乘六五之堅斥九四之剛而動。説明於世爲此因進成艱難爲得解得起而力成行進。六三因此呈已得所進，爲成護新除非達到目的進斥有礙之爲得起而力進，於世爲此因進成艱難爲得解得起而力成行進之象。“震蘇蘇”者，於世爲此進成艱難之謂。“震行无眚”者，爲得解得起而力成行進以往必无眚之謂。

九四：震遂泥。

【釋】

九四爲上動初，上承六五之堅、上六之堅而薄，爲薄堅至剛之陽。説明因進成艱難，爲得成護新除非不顧艱難成至而力進。下乘爲六三斥剛堅起之陰。説明極以除斥有礙之在而進。又下乘六三之堅與六二之堅處之生止，六二爲動，有動而止之頤（上）象。説明爲萬民頤食至以除斥有礙之在而進。下世處爲初九薄堅至剛之陽，薄所承六二之堅、六三之堅而動。説明於世爲萬民頤實至以除斥有礙之在成極而行進。九四因此呈因進成艱難，爲得成護新除非不顧艱難成至而力進，於世爲萬民頤實至以除斥有礙之在成極而行進之象。"震遂泥"者，土之極謂之泥（參需九三"需于泥"之義，極而行之謂），於世爲萬民頤實至以除斥有礙之在成極而行進以成之謂。

六五：震往來厲，億无喪。有事。

【釋】

六五爲上動處中，下乘九四之剛而斥，上承上六之堅而間，爲斥剛堅始起之陰。説明已成所進，爲進成護新除非達到目的力斥有礙之爲已起而力進。又下乘九四之剛與六三之堅處之生陷，六三爲動，有動而陷之屯（上）象。説明已無可能再進。下世處爲六二斥剛堅始起之陰，而六二之堅對此有動而止之頤象，斥所乘初九之剛而動。説明於世爲萬民頤實已無可能再進然繼續極爲而行進。六五因此呈已成所進，爲進成護新除非達到目的力斥有礙之爲已起而力進，於世爲萬民頤實已無可能再進然繼續極爲而行進之象。"震往來厲"者，於世爲萬民頤實已無可能再進然繼續極爲而行進以往之謂。"億无喪"者，雖對衆多無非事物无有傷害之謂。"有事"者，然如此而繼續極爲行進以往於世必使有事之謂。

上六：震索索，視矍矍。征凶。震不于其躬于其鄰，无咎。婚媾有言。

【釋】

上六爲上動上，下乘六五之堅而協斥九四之剛，爲斥剛堅起之陰。説明進成所進，爲更成護新除非達到目的進斥有礙之爲成起而力進。下世處爲六三斥剛堅起之陰，而六三之堅對此有動而陷之屯象，上承爲九四薄堅至剛之陽，協所乘六二之堅斥初九之剛而動。説明於世爲此已極難爲出所難已成竭力而行進。上六因此呈進成所進，爲更成護新除非達到目的進斥有礙之爲成起而力進，於世爲此已極難爲出所難已成竭力而行進之象。"震索索，視矍矍"者，於世爲此已極難之謂。"征凶"者，如不顧而力往必使生凶之謂。"震不于其躬于其鄰"者，鄰謂九四，所行已不能顧已以往而應顧民要求如何以往之謂。"无咎"者，衹有如此以成方能无咎之謂。"婚媾有言"者，人們希望接受世之意見并停止其於民已無益衹有事而竭力行進之謂。

【按】

因此次敘應止於民已無益衹有事所行之艮也。

《序卦傳》曰："物不可以終動，止之，故受之以艮。艮者，止也。"

艮䷳艮上艮下

【釋】

艮下（内）止上（外）止。内外均爲往錯剛薄之卦。與兑☱相錯，與震☳反錯。止而止。有事物所爲被止而又止之象，有世對無益衹有事所爲止而又止之意。重"艮"者，極以制止而進之謂。

艮其背，不獲其身。行其庭，不見其人。无咎。

【釋】

“艮其背，不獲其身”者，制止事物之爲應止其根本之謂。“行其庭，不見其人”者，制止事物之爲應止其初始之謂。“无咎”者，對該制止事物之爲止其根本，止其初始必然无咎之謂（順注：作者對該制止事物之爲如何加以制止其見深矣。又注：作者自困至井至革至鼎至震至艮之過程爲世事繼而又一大規律與邏輯之過程）。

初六：艮其趾，无咎。利永貞。

【釋】

初六爲下止初，上承六二之堅而間斥九三之剛，爲斥剛堅至之陰。説明爲能制止無益有事之爲不顧進難得至而力進。上世處爲六四斥剛堅至之陰，而六四之堅對此有陷而止之蒙象，下乘爲九三薄堅剛起之陽，間所承六五之堅斥上九之剛而止。説明於世爲除其蒙雖進難而力起行進。初六因此呈爲能制止無益有事之爲不顧進難得至而力進，於世爲除其蒙雖進難而力起行進之象。“艮其趾”者，爲能制止無益有事之爲不顧進難得至而力進，於世爲除其蒙雖進難而力起行進得止其趾行以往之謂。“无咎”者，如此以往必使无咎之謂。“利永貞”者，如此以往必利於事永爲正固之謂。

六二：艮其腓。不拯其隨。其心不快。

【釋】

六二爲下止處中，下乘初六之堅而協，上承九三之剛而斥，爲斥剛至堅之陰。説明始得所進，爲得制止無益有事之爲不顧進難已至而力進。又上承九三之剛與六四之堅處之生陷，六四爲止，有陷而止之蒙（下）象。説明力除其蒙而進。上世處爲六五斥剛至堅之陰，而六五之堅對此有動而止之頤象，協所乘六四之堅斥所承上九之剛而止。説明於世爲民生養力除其蒙不顧進難而至力行進。六二因此呈始得所進，爲得制止無益有事之爲不顧進難已至而力進，於世爲民生養力除其蒙不顧進難而至力行進之象。“艮其腓”者，於世爲民生養力除其蒙不顧進難而至力行進得止其腿爲以往之謂（參咸六二“咸其腓”之義）。“不拯其隨，其心不快”者，雖得止其腿爲以往然其蒙還在而不快之謂（順注：艮六二出現“隨”字，請參隨六二之義，并參旅九四“我心不快”之義）。

九三：艮其限，列其夤。厲薰心。

【釋】

九三爲下止上，下乘六二之堅、初六之堅而薄，爲薄堅剛起之陽。説明已得所進，爲得成制止無益有事之爲不顧進難力斥礙之爲得起而力進。上承爲六四斥剛堅至之陰。説明進成艱難。又上承六四之堅與六五之堅處之生動，六五爲止，有動而止之頤（下）象。説明爲民生養進成艱難。上世處爲上九薄堅剛起之陽，薄所乘六五之堅、六四之堅而止。説明於世爲民生養雖進成艱難而力成行進。九三因此呈已得所進，爲得成制止無益有事之爲不顧進難力斥有礙之爲得起而力進，於世爲民生養雖進成艱難而力成行進之象。“艮其限，列其夤”者，於世爲民生養雖進成艱難而力成行進得止其限，列其夤以往之謂（順注：從初六得止其趾行以往，六二得止其腿爲以往觀之，此止其限，列其夤當爲止其與腰相聯係的整個腰下際所爲之謂）。“厲熏心”者，雖得止其腰下際以往然仍爲之而厲薰心之謂（此“厲薰心”比前爻“其心不快”更爲過之）。

六四：艮其身，无咎。

【釋】

六四爲上止初，上承六五之堅而間斥上九之剛，爲斥剛堅至之陰。説明因所進艱難，爲成制止無益有事之爲不顧進難成至而力進。下乘爲九三薄堅剛起之陽。説明至力除斥有礙之在而進。又下乘九三之剛與六二之堅處之生陷，六二爲止，有止而陷之蹇（上）象。説明至力除斥有礙之在克除蹇難而進。下世處爲初六斥剛堅至之陰，間所承六二之堅斥九三之剛而止。説明於世爲此至力除斥有礙之在克除蹇難而進雖進仍難而至以行進。六四因此呈因所進艱難，爲成制止無益有事之爲不顧進難成至而力進，於世爲此至力除斥有礙之在克除蹇難而進雖進仍難而至以行進之象。“艮其身”者，於世爲此至力除斥有礙之在克除蹇難而進雖進仍難而至以行進得止其身爲以往之謂。“无咎”者，如此以往必使无咎之謂。

六五：艮其輔，言有序。悔亡。

【釋】

六五爲上止處中，下乘六四之堅而協，上承上九之剛而斥，爲斥剛至堅之陰。説明已成所進，爲進成制止無益有事之爲不顧進難至爲而力進。又下乘六四之堅與九三之剛處之生動，九三爲止，有止而動之小過（上）象。説明已使極進。下世處爲六二斥剛至堅之陰，而六二之堅對此有止而陷之蹇象，協所乘初六之堅，斥所承九三之剛而止。説明於世爲成克除蹇難極進雖進還難而極以行進。六五因此呈已成所進，爲進成制止無益有事之爲不顧進難至爲而力進，於世爲成克除蹇難極進雖進還難而極以行進之象。“艮其輔，言有序”者，於世爲成克除蹇難極進雖進還難而極以行進得止其輔爲使爲世之言不生“前言不搭後語，後語不搭前言”以往之謂（順注：非明哲斷不能如此，周恩來一生前言後語於此堪稱楷模）。“悔亡”者，如此以往必然悔亡之謂。

上九：敦艮，吉。

【釋】

上九爲上止上，下乘六五之堅、六四之堅而薄，爲薄堅剛起之陽。説明進成所進，爲更成制止無益有事之爲不顧進難力斥有礙之爲成起而力進。下世處爲九三薄堅剛起之陽，而九三之剛對此有止而動之小過象，上承爲六四斥剛堅至之陰，薄所乘六二之堅、初六之堅而止。説明於世爲此已得極進不顧所難而極起行進。上九因此呈進成所進，爲更成制止無益有事之爲不顧進難力斥有礙之爲成起而力進，於世爲此已得極進不顧所難而極起行進之象。“敦艮”者，爲更成制止無益有事之爲不顧進難力斥有礙之爲成起而力進之謂。“吉”者，於世爲此已得極進不顧所難而極起行進以往於事必吉之謂。

【按】

因此次叙制止無益有事之爲但對不明之事應漸漸以進定奪之漸也。

《序卦傳》曰：“物不可以終止，故受之以漸。漸者，進也。”

【注】

“終止”，不明之事怎麼辦？故必受之以漸也。

漸䷴巽上艮下

【釋】

漸下（内）止上（外）入。内爲往錯剛薄之卦，外爲往錯柔順之卦。與歸妹䷵相錯并反錯。止而入。有事物被止而漸入之象，有事被所止不明衹能漸漸入進定奪之意。“漸”者，漸漸以進定奪之謂。

漸，女歸吉。利貞。

【釋】

“漸，女歸吉”者，男女大事女應漸漸以進定奪而成事吉祥之謂。“利貞”者，所定奪以進應利於事之益義與正固之謂（順注：漸卦六字，作者以男女大事成女歸吉喻對世之大事成進吉，其意可謂深刻）。

初六：鴻漸于干。小子厲，有言。无咎。

【釋】

初六爲下止初，上承六二之堅而間斥九三之剛，爲斥剛堅至之陰。説明爲能明事不顧進難得至而力進。上世處爲六四順剛柔起之陰，下乘爲九三薄堅剛起之陽，順所承九五之盛、上九之盛而入。説明於世爲此進難而逐以行進定奪。初六因此呈爲能明事不顧進難得至而力進，於世爲此進難而逐以行進定奪之象。“鴻漸于干”者，爲能明事不顧進難得至而力進，於世爲此進難而逐以行進于水邊定奪以往之謂。“小子厲，有言”者，小子不知應此而有言之謂。“无咎”者，如此而行進定奪以往必无咎之謂。

六二：鴻漸于磐。飲食衎衎，吉。

【釋】

六二爲下止處中，下乘初六之堅而協，上承九三之剛而斥，爲斥剛至堅之陰。説明始有所進，爲得明事不顧進難已至而力進。上世處爲九五應柔亢至之陽，應所乘六四之柔，爲入。説明於世爲此雖相從（從亢）然進還難而逐成行進定奪。六二因此呈始有所進，爲得明事不顧進難已至而力進，於世爲此雖相從然進還難而逐成行進定奪之象。“鴻漸于磐”者，於世爲此雖相從然進還難而逐成行進于水旁磐石處定奪以往之謂。“飲食衎衎”者，慢慢啄食以進一步觀察考慮之謂。“吉”者，如此而行進定奪以往必吉之謂。

九三：鴻漸于陸。夫征不復，婦孕不育。凶。利禦寇。

【釋】

九三爲下止上，下乘六二之堅、初六之堅而薄，爲薄堅剛起之陽。説明已有所進，爲成明事不顧進難力斥有礙之爲得起而力進。上承爲六四順剛柔起之陰。説明得從而進。上世處爲上九應柔至亢之陽，協所乘九五之盛應六四之柔而入。説明於世爲此由於得從能得成進而至以行進定奪。九三因此呈已有所進，爲成明事不顧進難力斥有礙之爲得起而力進，於世爲此由於得從能得成進而至以行進定奪之象。“鴻漸于陸”者，於世爲此由於得從能得成進而至以行進于遠離水高地處定奪以往之謂。“夫征不復，婦孕不育”者，由漸而速至以行進于遠離水高地處定奪以往災難降臨之謂。“凶”者，如此而速行進定奪以往必凶之謂。“利禦寇”者，對此祇有加倍警惕方成之謂。

六四：鴻漸于木。或得其桷，无咎。

【釋】

六四爲上入初，上承九五之盛、上九之盛而順，爲順剛柔起之陰。説明因所進生凶，爲得成明事摒弃其害成起而力進。下乘爲九三薄堅剛起之陽。説明從剛不顧進難而進。下世處爲初六斥剛堅至之陰，間所承六二之堅斥九三之剛而止。説明於世爲此從剛不顧進難對有害之在至力摒弃而行進定奪。六四因此呈因所進生凶，爲得成明事摒弃其害成起而力進，於世爲此從剛不顧進難對有害之在至力摒弃而行進定奪之象。“鴻漸于木”者，於世爲此從剛不顧進難對有礙之在至力摒弃而行進于林木處定奪以往之謂。“或得其桷”者，或得林木高挑處觀察考慮之謂。“无咎”者，如此而行進定奪以往必无咎之謂。

九五：鴻漸于陵。婦三歲不孕，終莫之勝。吉。

【釋】

九五爲上入處中，下乘六四之柔而應，上承上九之盛而間，爲應柔亢至之陽。説明已成所進，爲進成明事成至而力進。下世處爲六二斥剛至堅之陰，協所乘初六之堅斥所承九三之剛而止。説明於世爲此已成至爲得從而力除其難行進定奪。九五因此呈已成所進，爲進成明事成至而力進，於世爲此已成至爲得從而力除其難行進定奪之象。“鴻漸于陵”者，於世爲此已成至爲得從而力除其難行進于高陵處定奪以往之謂。“婦三歲不孕，終莫之勝”者，已成至爲得從而力除其難行進于高陵處定奪成熟再行以往志不移之謂。“吉”者，如此而定奪以往必吉之謂。

上九：鴻漸于陸。其羽可用爲儀，吉。

【釋】

上九爲上入上，下乘九五之盛而協應六四之柔，爲應柔至亢之陽。説明進成所進，爲更成明事至行而力進。下世處爲九三薄堅剛起之陽，上承爲六四順剛柔起之陰，薄所乘六二之堅、初六之堅而止。説明於世爲此已成剛極起對一切有害之在極力除斥而行進定奪（順注：至亢之陽下世處爲剛起之陽其運行機制成極而剛極起行進。參隨上六之義）。上九因此呈進成所進，爲更成明事至行而力進，於世爲此已成剛極起對一切有害之在極力除斥而行進定奪之象。“鴻漸于陸”者，於世爲此已成剛極起對一切有害之在極力除斥而行進于高陸處定奪以成之謂（順注：已第二次“漸于陸”，與九三之“于陸”大相徑庭。參豐六二“豐其蔀，日中見斗”與九四“豐其蔀，日中見斗”之義）。“其羽可用爲儀”者，如此而行進定奪以成必使所成生輝之謂。“吉”者，如此而行進定奪以成必吉之謂。

【按】

因此次叙如此而行進定奪以成必成所歸之歸妹也。

《序卦傳》曰：“進必有所歸，故受之以歸妹。”

歸妹䷵震上兑下

【釋】

歸妹下（内）説上（外）動。内爲往錯柔順之卦，外爲往錯剛薄之卦。與漸䷴相錯并反錯。説而動。有事物説而動進之象，有人們説而成所歸行進之意。“歸妹”者，成所歸之謂。

歸妹，征凶，无攸利。

【釋】

“歸妹，征凶，无攸利”者，爲事成所歸不能操之過急而行，應據序而歸，否則必生凶而无攸利之謂（順注：歸妹卦七字，作者以歸妹大事喻對世之大事成歸吉，繼漸之義更爲深刻）。

初九：歸妹以娣。跛能履，征吉。

【釋】

初九爲下説初，上承九二之盛而間應六三之柔，爲應柔盛始起之陽。説明爲能事成所歸力除所難出起而力進。上世處爲九四薄堅至剛之陽，下乘爲六三順剛至柔之陰，薄所承六五之堅、上六之堅而動。説明於世爲此雖相當艱難然能逐進而力以行進。初九因此呈爲能事成所歸力除所難出起而力進，於世爲此雖相當艱難然能逐進而力以行進之象。“歸妹以娣”者，娣謂初九，謂初九之盛應六三之柔，於世爲此雖相當艱難然由於六三之柔從九四之剛而能逐進故歸妹以娣力以行進成往之謂（參鼎初六“得妾以其子”之義）。“跛能履，征吉”者，雖相當艱難而力以行進成往之謂（順注：歸妹初九出現“履”字請參履初九之義）。

九二：眇能視，利幽人之貞。

【釋】

九二爲下説處中，下乘初九之盛而協，上承六三之柔而應，爲應柔盛起之陽。説明始有所進，爲得事成所歸進除所難得起而力進。上世處爲六五斥剛堅始起之陰，斥所乘九四之剛，爲動。説明於世爲此雖仍爲艱難然能得進而力成行進（參解九二“田獲三狐。得黄矢”之義及履九二“幽人貞吉”之義）。九二因此呈始有所進，爲得事成所歸進除所難得起而力進，於世爲此雖仍爲艱難然能得進而力成行進之象。“眇能視”者，於世爲此雖仍爲艱難然能得進而力成行進以往之謂。“利幽人之貞”者，如此而力成行進以往即使所歸不明之人也能利於正固之謂。

六三：歸妹以須，反歸以娣。

【釋】

六三爲下説上，下乘九二之盛、初九之盛而順，爲順剛至柔之陰。説明已有所進，爲成事成所歸已至而力進。上承爲九四薄堅至剛之陽。説明爲成從剛而進。上世處爲上六斥剛堅起之陰，協所乘六五之堅斥九四之剛而動。説明於世爲此雖能成進由於從剛而行進困難（參蠱九三“小有悔”之義）。六三因此呈已有所進，爲成事成所歸已至而力進，於世爲此雖能成進由於從剛而行進困難之象。“歸妹以須”者，於世爲此雖能成進由於從剛而行進困難之謂。“反歸以娣”者，娣謂九二、初九，六三之柔由於從九四之剛而行進故所順九二、初九成反歸以娣之謂（參遯九三“畜臣妾”之義，又成不同）。

九四：歸妹愆期，遲歸有時。

【釋】

九四爲上動初，上承六五之堅、上六之堅而薄，爲薄堅至剛之陽。説明因所進困難，爲得成事成所歸不顧艱難成至而力進。下乘爲六三順剛至柔之陰。説明已成得從盛極起而進。下世處爲初九應柔盛始起之陽，間所承九二之盛應六三之柔而説。説明於世爲此雖成得從盛極起而進然存在困難過程而力協行進（參小畜九五“有孚攣如”之義）。九四因此呈因所進困難，爲得成事成所歸不顧艱難成至而力進，於世爲此雖成得從盛極起而進然存在困難過程而力協行進之象。“歸妹愆期”者，於世爲此雖成得從盛極起而進然存在困難過程故歸妹愆期之謂。“遲歸有時”者，雖存在困難過程而力協行進成往故遲歸有時之謂。

六五：帝乙歸妹，其君之袂不如其娣之袂良。月幾望，吉。

【釋】

六五爲上動處中，下乘九四之剛而斥，上承上六之堅而間，爲斥剛堅始起之陰。説明因所進愆期，爲達成事成所歸達到目的力斥有礙之爲已起而力進。下世處爲九二應柔盛起之陽，協所乘初九之盛，爲説。説明於世爲此雖然困難而至以行進（參大壯六五“喪羊于易，无悔”之義）。六五因此呈因所進愆期，爲達成事成所歸達到目的力斥有礙之爲已起而力進，於世爲此雖然困難而至以行進之象。“帝乙歸妹，其君之袂不如其娣之袂良”者，君謂六五，娣謂九二，於世爲此雖然困難不如其娣之袂良而至以行進成往之謂。“月幾望，吉”者，至以行進而往成之所歸而吉之謂。

上六：女承筐无實，士刲羊无血。无攸利。

【釋】

上六爲上動上，下乘六五之堅而協斥九四之剛，爲斥剛堅起之陰。説明已成所進，爲更成事成所歸達到目的進斥有礙之爲成起而力進。下世處爲六三順剛至柔之陰，上承爲九四薄堅至剛之陽，順所乘九二之盛、初九之盛而説。説明於世爲此雖竭盡而爲行進然終不能遂（參大壯上六“不能遂”之義）。上六因此呈已成所進，爲更成事成所歸達到目的進斥有礙之爲成起而力進，於世爲此雖竭盡而爲行進然終不能遂之象。“女承筐无實，士刲羊无血”者，女謂上六，士謂九四，於世爲此雖竭盡而爲行進成往然終不能遂使女承筐无實，士刲羊无血之謂。“无攸利”者，如此竭盡而爲成往必无攸利之謂。

【按】

因此次敘衹有得事成所歸者方能成大之豐也。

《序卦傳》曰：“得其所歸者必大，故受之以豐。豐者，大也。”

【注】

由“得”字更可見《序卦》非作者莫屬。

豐 ䷶ 震上 離下

【釋】

豐下（內）麗上（外）動。内爲往錯柔順之卦，外爲往錯剛薄之卦。與渙䷺相錯與旅䷷反錯。麗而動。有事物絢麗而動進之象，有人們所事絢麗而動進必豐之意。“豐”者，盛大之謂。

豐，亨。王假之。勿憂，宜日中。

【釋】

“豐，亨”者，豐必成事通達之謂。“王假之”者，爲成興盛目的之謂。“勿憂，宜日中”者，勿憂求取困難，衹要人們光明而正大求進必成之謂。

初九：遇其配主，雖旬无咎。往有尚。

【釋】

初九爲下麗初，上承六二之柔而應間九三之盛，爲應柔盛至之陽。説明爲能所事成豐得行而力進。上世處爲九四薄堅至剛之陽，下乘爲九三應柔至盛之陽，薄所承六五之堅、上六之堅而動。説明於世爲此雖十分艱難然能逐進而力爲行進（參歸妹初九“征吉”之義）。初九因此呈爲能所事成豐得行而力進，於世爲此雖十分艱難然能逐進而力爲行進之象。“遇其配主，雖旬无咎”者，配主謂九四（參明夷初九“主人有言”之義），爲能所事成豐得行而力進，於世爲此雖十分艱難然由於九四之剛下乘爲九三之盛而能逐進之謂。“往有尚”者，爲此而力爲行進以往必往有尚之謂。

六二：豐其蔀，日中見斗。往得疑疾，有孚發若。吉。

【釋】

六二爲下麗處中，下乘初九之盛而順，上承九三之盛而順，爲順剛柔進之陰。説明始有所進，爲得所事成豐得進而力進。上世處爲六五斥剛堅始起之陰，斥所乘九四之剛而動。説明於世爲此雖仍很艱難然能得進而力以行進。六二因此呈始有所進，爲得所事成豐得進而力進，於世爲此雖仍很艱難然能得進而力以行進之象。“豐其蔀，日中見斗”者，此蔀以屋而論謂初步之得進，於世爲此仍很艱難猶如日中祇有如斗大之亮光，其他皆漆黑一片之謂。“往得疑疾，有孚發若”者，疑疾謂六五之堅斥剛而動，雖得疑疾艱難然祇要與共取信於衆共爲必能得進以往之謂。“吉”者，如此而行進以往必吉之謂。

九三：豐其沛，日中見沬。折其右肱，无咎。

【釋】

九三爲下麗上，下乘六二之柔而應協初九之盛，爲應柔至盛之陽。説明略有所進，爲得成所事成豐已行而力進。上承爲九四薄堅至剛之陽。説明所進艱難。上世處爲上六斥剛堅起之陰，協所乘六五之堅，爲動。説明於世爲此仍爲艱難而力成行進（參既濟九三“高宗伐鬼方，三年克之”之義）。九三因此呈略有所進。爲得成所事成豐已行而力進，於世爲此仍然艱難而力成行進之象。“豐其沛，日中見沬”者，此沛以屋而論謂初步之成進，於世爲此仍然艱難猶如日中祇有如沬狀之散光，其他仍很黑之謂。“折其右肱”者，右臂謂之右肱，仍然艱難而力成行進以往所致之謂。“无咎”者，爲進而折必使无咎之謂。

九四：豐其蔀，日中見斗。遇其夷主，吉。

【釋】

九四爲上動初，上承六五之堅、上六之堅而薄，爲薄堅至剛之陽。説明因所進仍難，爲成所事成豐不顧艱難成至而力進。下乘爲九三應柔至盛之陽。説明已極成起而進。下世處爲初九應柔盛至之陽，應所承六二之柔而麗。説明於世爲此已成極起初有成豐光彩而至力行進。九四因此呈因所進仍難，爲成所事成豐不顧艱難成至而力進，於世爲此已成極起初有成豐光彩而至力行進之象。“豐其蔀，日中見斗”者，此蔀以屋而論謂成屋之得進（參漸上九“鴻漸于陸”與九三“鴻漸于陸”不同之義），於世爲此已成極起猶如日中黑暗由於如斗大之日光出而光明大現之謂（參頤六四“顛頤”與六二“顛頤”相別之義）。“遇其夷主，吉”者，夷主謂九三，因此而成極起至力行進以往使吉之謂。

六五：來章。有慶譽，吉。

【釋】

六五爲上動處中，下乘九四之剛而斥，上承上六之堅而間，爲斥剛堅始起之陰。説明已成所進，爲進成所事成豐達到目的力斥有礙之爲已起而力進。下世處爲六二順剛柔進之陰，順所乘初九之盛，所承九三之盛而麗。説明於世爲此已成極盡而進行。六五因此呈已成所進，爲進成所事成豐達到目的力斥有礙之爲已起而力進，於世爲此已成極盡而行進之象。“來章”者，成彩謂之章，於世爲此已成極盡而行進以往必使事豐而成彩之謂。“有慶譽，吉”者，如此行進以往必有慶譽而吉之謂。

上六：豐其屋，蔀其家。闚其户，闃其无人。三歲不覿，凶。

【釋】

上六爲上動上，下乘六五之堅而協斥九四之剛，爲斥剛堅起之陰。説明進成所成，爲更成所事成豐達到目的進斥有礙之爲成起而力進。下世處爲九三應柔至盛之陽，上承爲九四薄堅至剛之陽，爲麗。説明於世爲此不顧已極困難而至力行進成凶。上六因此呈進成所成，爲更成所事成豐達到目的進斥有礙之爲成起而力進，於世爲此不顧已極爲困難而至力行進成凶之象。“豐其屋，蔀其家”者，爲更成豐其屋，蔀其家達到目的進斥有礙之爲成起而力進之謂。“闚其户，闃其无人”者，由門縫視之、嗅之謂之闚、闃，於世爲此不顧已極爲困難而至力行進以往故闚其户，闃其无人之謂。“三歲不覿，凶”者，三爲通數，終長久不得覿而成凶之謂。

【按】

因此次叙爲能所事光明而出求之旅也。

《序卦傳》曰：“窮大者必失其居，故受之以旅。”

旅☶☲離上艮下

【釋】

旅下（内）止上（外）麗。内爲往錯剛薄之卦，外爲往錯柔順之卦。與節☵☱相錯，與豐☳☲反錯。止而麗。有事物被止而往明之象，有人們所爲之事被止而往求光明之意。“旅”者，出求之謂。

旅，小亨。旅，貞吉。

【釋】

“旅，小亨”者，出求光明衹能從相聯係小事通達起方成之謂。“旅，貞吉”者，出求光明應正固方能吉之謂（順注：旅卦六字，作者之意深明矣）。

初六：旅瑣瑣，斯其所取灾。

【釋】

初六的下止初，上承六二之堅而間斥九三之剛，爲斥剛堅至之陰。説明爲能所事求取光明不顧進難得至而力進。上世處爲九四應柔盛至之陽，下乘爲九三薄堅剛起之陽，爲麗。説明於世爲此不顧成難而力以行進。初六因此呈爲能所事求取光明不顧進難得至而力進，於世爲此不顧成難而力以行進之象。“旅瑣瑣，斯其所取災”者，於世爲此不顧成難而祇能力以行進以往皆其取災所由之謂。

六二：旅即次，懷其資。得童僕，貞。

【釋】

六二爲下止處中，下乘初六之堅而協，上承九三之剛而斥，爲斥剛至堅之陰。説明始有所進，爲得所事求取光明不顧進難已至而力進。上世處爲六五順剛柔進之陰，順所乘九四之盛，所承上九之盛而麗。説明於世爲此雖難然能得所進而力成行進。六二因此呈始有所進，爲得所事求取光明不顧進難已至而力進，於世爲此雖難然能得所進而力成行進之象。“旅即次”者，於世爲此雖難然能得所進之謂。“懷其資”者，六五之柔爲所乘九四之盛、所承上九之盛應而懷其資之謂。“得童僕”者，童僕謂初六，協初六之堅而進之謂。“貞”者，須正固而力成行進以往方成之謂。

九三：旅焚其次，喪其童僕。貞厲。

【釋】

九三爲下止上，下乘六二之堅、初六之堅而薄，爲薄堅剛起之陽。説明已有所進，爲成所事求取光明不顧進難力斥有礙之爲得起而力進。上承爲九四應柔盛至之陽。説明能成所進。上世處爲上九應柔至盛之陽，協九四之盛應所乘六五之柔而麗。説明於世爲此能極成所進而祇顧求取至以行進。九三因此呈已有所進，爲成所事求取光明不顧進難力斥有礙之爲得起而力進，於世爲此能極成所進而祇顧求取至以行進之象。“旅焚其次”者，於世爲此能極成所進而祇顧求取至以行進以往之謂。“喪其童僕”者，童僕謂六二、初六（參遯九三“畜臣妾，吉”之義），祇顧求取而至以行進以往與六二之堅、初六之堅不再成處之謂。“貞厲”者，如此而至以行進以成必貞厲之謂。

九四：旅于處，得其資斧。我心不快。

【釋】

九四爲上麗初，上承六五之柔而應間上九之盛，爲應柔盛至之陽。説明因所進成厲，爲得成所事求取光明成行而力進。下乘爲九三薄堅剛起之陽。説明其處很難。下世處爲初六斥剛堅至之陰，爲止。説明於世爲克除所難對有礙之在至力圖除而行進。九四因此呈因所進成厲，爲得成所事求取光明成行而力進，於世爲克除所難對有礙之在至力圖除而行進之象。“旅于處，得其資斧”者，於世爲克除所難對有礙之在至力圖除而行進以往故得其資斧之謂。“我心不快”者，雖得其資斧以往然爲所進已造成之厲不快之謂（參艮六二“其心不快”之義）。

六五：射雉，一矢亡。終以譽命。

【釋】

六五爲上麗處中，下乘九四之盛而順，上承上九之盛而順，爲順剛柔進之陰。説明已成所進，爲進成所事求取光明成進而力過。下世處爲六二斥剛至堅之陰，協所乘初六之堅斥所承九三之剛而止。説明於世爲此已成對凡一切有害之在至以摒弃而行進。六五因此呈已成所進，爲進成所事求取光明成進向力進，於世爲此已成對凡一切有害之在至以摒弃而行進之象。“射雉，一矢亡”者，一爲始數，射爲六五，亡爲六二、初六，於世爲此已成對凡一切有害之在至以摒弃而行進以成之謂。“終以譽命”者，爲求取終以譽命之謂。

上九：鳥焚其巢，旅人先笑後號咷。喪牛于易，凶。

【釋】

上九爲上麗上，下乘六五之柔而應協九四之盛，爲應柔至盛之陽。説明進成所進，爲更成所事求取光明成至而力進。下世處爲九三薄堅剛起之陽，上承爲九四應柔盛至之陽，薄所乘六二之堅、初六之堅而止。説明於世爲此不顧存在之難而極以行進使所譽成覆。上九因此呈進成所進，爲更成所事求取光明成至而力進，於世爲此不顧存在之難而極以行進使所譽成覆之象。“鳥焚其巢”者，所據謂之巢，於世爲此不顧存在之難而極以行進以往之謂。“旅人先笑後號咷”者，先爲極以行進以往笑後爲所譽成覆號咷之謂。“喪牛于易，凶”者，大得大失謂之牛，使之所譽成覆而凶之謂。

【按】

因此次叙要成真正求取衹有深入事物而行之巽也。

《序卦傳》曰：“旅而無所容，故受之以巽。巽者，入也。”

【注】

“旅而無所容”，因所譽成覆而凶故無所容受之以巽也。

巽䷸巽上巽下

【釋】

巽下（内）入上（外）入。内外均爲往錯柔順之卦。與震☳相錯，與兑☱反錯。入而入。有事物入而再入之象，有衹有深入於事物之中方能知事物之情狀方能求取之意。重“巽”者，極深入於事物之謂。

巽，小亨。利有攸往。利見大人。

【釋】

“巽，小亨”者，要成深入事物衹有從相聯係小事通達起使成之謂。“利有攸往”者，深入事物而行必利有攸往之謂。“利見大人”者，爲成深入事物應利見深知事物情狀之大人以達目的之謂。

初六：進退，利武人之貞。

【釋】

初六爲下入初，上承九二之盛、九三之盛而順，爲順剛柔起之陰。説明爲能深入事物作爲摒弃其害得起而力進。上世處爲六四順剛柔起之陰，而六四之柔對此有説而入之中孚象，下乘爲九三應柔至亢之陽，順所承九五之盛、上九之盛而入。説明於世爲中正無失道以行對還很難然能得進之事逐漸深入而行進。初六因此呈爲能深入事物作爲摒弃其害得起而力進，於世爲中正無失道以行對還很難然能得進之事逐漸深入而行進之象。“進退”者，於世爲中正無失道以行對還很難然能得進之事進一步看、退一步看，即對事物不斷克服片面性、增進全面性而行進以成之謂。“利武人之貞”者，猶如武人衹有對敵方做到全面深入瞭解方能利於自己正固而行進以往之謂。

九二：巽在牀下，用史巫紛若。吉，无咎。

【釋】

九二爲下入處中，下乘初六之柔而應，上承九三之盛而間，爲應柔亢至之陽。説明始有所進，爲得深入事物作爲得至而力進。又上承九三之盛與六四之柔處之生説，六四爲入，有説而入之中孚（下）象。説明爲成中正無失道而進。上世處爲九五應柔亢至之陽，而九五之盛對此有麗而入之家人象，應所乘六四之柔而入。説明於世爲家爲業爲成中正無失道以行對還仍難然能力進之事力求共識而行進。九二因此呈始有所進，爲得深入事物作爲得至而力進，於世爲家爲業爲成中正無失道以行對還仍難然能力進之事力求共識而行進之象。“巽在牀下，用史巫紛若”者，於世爲家爲業爲成中正無失道以行對還仍難然能力進之事虚心聽取各種可行意見力求共識而行進以成之謂。“吉，无咎”者，如此而行進以往必吉而无咎之謂。

九三：頻巽。吝。

【釋】

九三爲下入上，下乘九二之盛而協應初六之柔，爲應柔至亢之陽。説明已有所進，爲成深入事物作爲已至而力進。上承爲六四順剛柔起之陰。説明進成至爲困難。又上承六四之柔與九五之盛處之生麗，九五爲入，有麗而入之家人（下）象。説明由於家人少理解使進成至爲困難（参小畜九三、家人九三進成十分困難之在）。上世處爲上九應柔至亢之陽，協所乘九五之盛應六四之柔而入。説明於世爲此能得力進不顧家人少理解使進成至爲困難而力成行進（参小畜九三“夫妻反目”、家人九三“終吝”之義）。九三因此呈已有所進，爲成深入事物作爲已至而力進，於世爲此能得力進不顧家人少理解使進成至爲困難而力成行進之象。“頻巽”者，進成至爲困難而力成行進以往之謂。“吝”者，如此而力成行進以往必吝之謂。

六四：悔亡，田獲三品。

【釋】

六四爲上入初，上承九五之盛、上九之盛而順，爲順剛柔起之陰。説明因所進困難，爲得成深入事物作爲摒弃其害成起而力進。下乘爲九三應柔至亢之陽。説明其處已極與共。又下乘九三之盛與九二之盛處之生説，九二爲入，有入而説之大過（上）象。説明爲求成已極與共而進。下世處爲初六順剛柔起之陰，順所承九二之盛、九三之盛而入。説明於世爲求成已極與共成極起而行進。六四因此呈因所進困難，爲得成深入事物作爲摒弃其害成起而力進，於世爲求成已極與共成極起而行進之象。“悔亡”者，如此而成行進以往必悔亡之謂。“田獲三品”者，三品謂九三、九五、上九，於世爲求成已極與共成極起而行進以往與九三、九五、上九之盛成至爲應順故獲此三品之謂。

九五：貞吉，悔亡。无不利。无初有終。先庚三日，後庚三日，吉。

【釋】

九五爲上入處中，下乘六四之柔而應，上承上九之盛而間，爲應柔亢至之陽。説明已成所進，爲進成深入事物作爲成至而力進。又下乘六四之柔與九三之盛處之生麗，九三爲入，有入而麗之鼎（上）象。説明已經成新而進。下世處爲九二應柔亢至之陽，而九二之盛對此有入而説之大過象，應所乘初六之柔而入。説明於世爲求成已經成新得極至而行進。九五因此呈已成所進，爲進成深入事物作爲成至而力進，於世爲求成已經成新得極至而行進之象。“貞吉，悔亡”者，於世爲求成已成新得極至而行進以往必貞吉，悔亡之謂。“无不利”者，如此而行進以成必无有不利之謂。“无初有終”者，雖初深入事物難而後成新得極至而行進必成有終之謂。“先庚三日，後庚三日，吉”者，三爲通數，對初入難而後成新有終應自始之先至終之後探討總結對事物整個認識之過程以使更成之謂。

上九：巽在牀下，喪其資斧。貞凶。

【釋】

上九爲上入上，下乘九五之盛而協應六四之柔，爲應柔至亢之陽。説明進成所進，爲更成深入事物作爲至行而力進。下世處爲九三應柔至亢之陽，而九三之盛對此有入而麗之鼎象，上承爲六四順剛柔起之陽，協所乘九二之盛應初六之柔而入。説明於世爲成新有終不顧所行之難而亢極行進作爲成凶（參小畜上九“君子征凶”之義）。上九因此呈進成所進，爲更成深入事物作爲至行而力進，於世爲成新有終不顧所進之難而亢極行進使作爲成凶之象。“巽在牀下，喪其資斧”者，於世爲成新有終不顧所進之難而亢極行進以往使作爲成凶之謂。“貞凶”者，如此而行進以成必貞凶之謂。

【按】

因此次叙要大有作爲祇有得説方能成之兑也。

《序卦傳》曰：“入而後説之，故受之以兑。兑者，説也。”

兑☱ 兑上兑下

【釋】

兑下（内）説上（外）説。内外均爲往錯柔順之卦。與艮☶相錯，與巽☴反錯。

説而説。有事物説而再説之象，有人們大的作爲衹有説而再説方能達到目的之意。重“兑”者，於事極説之謂。

兑，亨。利貞。

【釋】

“兑，亨”者，得説而行進必使事通達之謂。“利貞”者，得説而行進應利於事之益義與正固之謂（順注：作者自漸至歸妹至豐至旅至巽至兑之過程爲世事繼而又一大規律與邏輯之過程。）

初九：和兑，吉。

【釋】

初九爲下説初，上承九二之盛而間應六三之柔，爲應柔盛始起之陽。説明爲能説以成事力除所難出起而力進。上世處爲九四應柔盛始起之陽，而九四之盛對此有麗而説之革象，下乘爲六三順剛至柔之陰，間所承九五之盛應上六之柔而説。説明於世爲除所礙雖還很難然能得進得説而力以行進。初九因此呈爲能説以成事力除所難出起而力進，於世爲除所礙雖還很難然能得進得説而力以行進之象。“和兑”者，於世爲除所礙雖還很難然能得進得説而力以行進以成之謂。“吉”者，如此而行進而往必吉之謂。

九二：孚兑，吉。悔亡。

【釋】

九二爲下説處中，下乘初九之盛而協，上承六三之柔而應，爲應柔盛起之陽。説明始有所進，爲得説以成事進除所難得起而力進。又上承六三之柔與九四之盛處之生麗，九四爲説，有麗而説之革（下）象。説明爲除所礙力進。上世處爲九五應柔盛起之陽，而九五之盛對此有入而説之大過象，協所乘九四之盛應所承上六之柔而説。説明於世爲除所礙雖還仍難然能力進力説應把握爲之而行進。九二因此呈始有所進，爲得説以成事進除所難得起而力進，於世爲除所礙雖還仍難然能力進力説應把握爲之而行進之象。“孚兑”者，於世爲除所礙雖還仍難然能力進力説應把握爲之而行進以成之謂。“吉”者，如此而行進以往必吉之謂。“悔亡”者，如此而行進以往必使悔亡之謂。

六三：來兑，凶。

【釋】

六三爲下説上，下乘九二之盛、初九之盛而順，爲順剛至柔之陰。説明已有所進，爲成説以成事已至而力進。上承爲九四應柔盛始起之陽。説明進成至爲困難。又上承九四之盛與九五之盛處之生入，九五爲説，有入而説之大過（下）象。説明因進成至爲困難應認真把握爲之説之而進。上世處爲上六順剛至柔之陰，順所乘九五之盛、九四之盛而説。説明於世爲此能得力進不顧進成至爲困難应認真把握爲之説之而力成行進。六三因此呈已有所進，爲成説以成事已至而力進，於世爲此能得力進不顧進成至爲困難應認真把握爲之説之而力成行進之象。“來兑”者，於世爲此能得進不顧進成至爲困難應認真把握爲之説之而力成行進以往之謂。“凶”者，如此而力進以往於説必凶之謂。

九四：商兑未寧，介疾有喜。

【釋】

九四爲上説初，上承九五之盛而間應上六之柔，爲應柔盛始起之陽。説明因所進生凶，爲得成説以成事力除所難已起而力進。下乘爲六三順剛至柔之陰。説明極爲得共。又下乘六三之柔與九二之盛處之生麗，九二爲説，有説而麗之睽（上）象。説明衹有成説除去睽乘方能極爲得共而進。下世處爲初九應柔盛始起之陽，間所承九二之盛應六三之柔而説。説明於世爲除去睽乖成説極爲得共成起而行進。九四因此呈因所進生凶，爲得成説以成事力除所難已起而力進，於世爲除去睽乖成説極爲得共成起而行進之象。“商兑未寧”者，於世爲除去睽乖成，極爲得共之謂。“介疾有喜”者，爲除去睽乖成説極爲得共成起而行進以往之謂。

九五：孚于剥，有厲。

【釋】

九五爲上説處中，下乘九四之盛而協，上承上六之柔而應，爲應柔盛起之陽。説明已成所進，爲進成説以成事進除所難成起而力進。又下乘九四之盛與六三之柔處之生入，六三爲説，有説而入之中孚（上）象。説明不顧一切以説而進。下世處爲九二應柔盛起之陽，而九二之盛對此有説而麗之睽象，協所乘初九之盛應所承六三之柔而説。説明於世爲除睽乖不顧一切以説極起而行進。九五因此呈已成所進，爲進成説以成事進除所難成起而力進，於世爲除睽乖不顧一切以説極起而行進之象。“孚于剥”者，於世爲除睽乖不顧一切以説極起而行進以往必使説被剥之謂（順注：兑九五出現“剥”字請参剥六五之義）。“有厲”者，如此而成行進以往必有厲之謂。

上六：引兑。

【釋】

上六爲上説上，下乘九五之盛、九四之盛而順，爲順剛至柔之陰。説明因所進有厲，爲更成説以成事至行而力進。下世處爲六三順剛至柔之陰，而六三之柔對此有説而入之中孚象，上承爲九四應柔盛始起之陽，順所乘九二之盛、初九之盛而説。説明於世爲除所難已成不顧一切而柔極行進引説成事。上六因此呈因所進有厲，爲更成説以成事至行而力進，於世爲除所難已成不顧一切而柔極行進引説成事之象。“引兑”者，於世爲除所難已成不顧一切而柔極行進引説成事以往之謂。

【按】

因此次叙真正得説必成遇事不畏所難涣然而進之涣也。

《序卦傳》曰："説而後散之，故受之以涣。涣者，離也。"

【注】

散發謂之"散"。"離"者，麗也。

涣☴☵巽上坎下

【釋】

涣下（内）陷上（外）入。内爲往錯剛薄之卦，外爲往錯柔順之卦。與豐☳☲相錯，與節☵☱反錯。陷而入。有事物不顧險陷而入之象，有人們不畏所難涣然而進之意。"涣"者，涣然而進之謂。

涣，亨。王假有廟。利涉大川。利貞。

【釋】

"涣，亨"者，遇事能涣然而進必成世事通達之謂。"王假有廟"者，爲成進取目的之謂。"利涉大川"者，涣然而進必利於世涉險克難以往之謂。"利貞"者，涣然而進應利於世事之益義與正固之謂。

初六：用拯馬壯，吉。

【釋】

初六爲下陷初，上承九二之剛而斥間六三之堅，爲斥剛堅長之陰。説明爲能遇事涣然而進不顧進難長起而力進。上世處爲六四順剛柔起之陰，下乘爲六三斥剛堅進之陰，順所承九五之盛、上九之盛而入。説明於世爲此進難而力以行進。初六因此呈爲能遇事涣然而進不顧行難長起而力進，於世爲此進難而力以行進之象。"用拯馬壯"者，於世爲此進難而用拯馬壯行進以往之謂（參明夷六二"用拯馬壯"之義）。"吉"者，進難而用拯馬壯行進以往必吉之謂（順注：有傳"吉"字後有"悔亡"二字，據此爻象爻義絶無"悔亡"二字）。

九二：涣奔其机，悔亡。

【釋】

九二爲下陷處中，下乘初六之堅而薄，上承六三之堅而薄，爲薄堅剛進之陽。説明始有所進，爲得遇事涣然而進不顧行難力斥有礙之爲得進而力進。上世處爲九五應柔亢至之陽，應所乘六四之柔而入。説明於世爲此能得成進而力成行進。九二因此呈始有所進，爲得遇事涣然而進不顧行難力斥有礙之爲得進而力進，於世爲此能得成進而力成行進之象。"涣奔其机"者，難事謂之机，於世爲此能得成進而力成行進以往之謂。"悔亡"者，如此而力成行進以往必使悔亡之謂。

六三：涣其躬，无悔。

【釋】

六三爲下陷上，下乘九二之剛而斥協初六之堅，爲斥剛堅進之陰。説明已有所進，爲成遇事渙然而進不顧行難力斥有礙之爲得行而力進。上承爲六四順剛柔起之陰。説明進成困難。上世處爲上九應柔至亢之陽，爲入。説明於世爲此進成困難從亢而至爲行進。六三因此呈已有所進，爲成遇事渙然而進不顧行難力斥有礙之爲得行而力進，於世爲此進成困難從亢而至爲行進之象。“渙其躬”者，於世爲此進成困難從亢而至爲行進以往之謂。“无悔”者，如此而至爲行進以往必无悔之謂。

六四：渙其群，元吉。渙有丘，匪夷所思。

【釋】

六四爲上入初，上承九五之盛、上九之盛而順，爲順剛柔起之陰。説明因所進不易，爲得成遇事渙然而進摒弃其害成起而力進。下乘爲六三斥剛堅進之陰。説明力摒其害而進。下世處爲初六斥剛堅長之陰，斥所承九二之剛而陷。説明於世爲此已成對有害（渙陷）之在至力摒弃而行進。六四因此呈因所進不易，爲得成遇事渙然而進摒弃其害成起而力進，於世爲此已成對有害（渙陷）之在至力摒弃而行進之象。“渙其群”者，衆共謂之群，爲得成遇事渙然而進摒弃其害成起而力進必渙其群之謂。“元吉”者，如此而力進必始而成吉祥之謂。“渙有丘，匪夷所思”者，小山謂之丘，於世爲此已成對有害（渙陷）之在至力摒弃而行進以往故所渙然而進力量像小山一樣匪夷所思之謂。

九五：渙汗其大號，渙王居。无咎。

【釋】

九五爲上入處中，下乘六四之柔而應，上承上九之盛而間，爲應柔亢至之陽。説明已成所進，爲進成遇事渙然而進成至而力進。下世處爲九二薄堅剛進之陽，薄所承六三之堅而陷。説明於世爲此祇有克除陷礙所在方能進成而至以行進。九五因此呈已成所進，爲進成遇事渙然而進成至而力進，於世爲此祇有克除陷礙所在方能進成而至以行進之象。“渙汗其大號”者，奮謂之汗，呼謂之號，於世爲此祇有克除陷礙所在方能進成而渙汗其大號之謂。“渙王居”者，成世事謂之王，成所需謂之居，爲克除陷礙所在進成世生活所需而至以行進以往之謂。“无咎”者，如此而至以行進以往必使无咎之謂。

上九：渙其血去逖出，无咎。

【釋】

上九爲上入上，下乘九五之盛而協應六四之柔，爲應柔至亢之陽。説明進成所成，爲更成遇事渙然而進至行而力進。下世處爲六三斥剛堅進之陰，上承爲六四順剛柔起之陰，協初六之堅斥所乘九二之剛而陷。説明於世爲此已成得從爲進一步克除陷礙所在不顧進難而極以行進。上九因此呈進成所進，爲更成遇事渙然而進至行而力進，於世爲此已成得從爲進一步克除陷礙所在不顧進難而極以行進之象。“渙其血去逖出”者，艱辛而獲謂之血去，保護血汗所得謂之逖出，於世爲此已成得從爲進一步克除陷礙所在保護所得不顧進難而極以行進以成之謂。“无咎”者，如此而極以行進以成必使无咎之謂。

【按】

因此次叙爲保護血汗所得應節儉爲用之節也。

《序卦傳》曰：“物不可以終離，故受之以節。”

【注】

“不可以終離”，不可能始終絢麗，故受之以節也。

節䷻坎上兑下

【釋】

節下（内）説上（外）陷。内爲往錯柔順之卦，外爲往錯剛薄之卦。與旅䷷相錯，與涣䷺反錯。説而陷。有事物所説有險陷之象，有人們説生活有險陷故應節儉節制之意。“節”者，節儉節制之謂。

節，亨。苦節不可貞。

【釋】

“節，亨”者，節儉節制以往必成生活通達之謂。“苦節不可貞”者，如不求進取衹求苦苦節儉節制爲用以往必不可能利於事之正固之謂（順注：作者七字之節卦卦辭對今之世界仍可謂至明）。

初九：不出户庭，无咎。

【釋】

初九爲下説初，上承九二之盛而間應六三之柔，爲應柔盛始起之陽。説明爲能節儉爲用以往力除所難出起而力進。上世處爲六四斥剛堅長之陰，下乘爲六三順剛至柔之陰，爲陷。説明於世爲此極爲艱難險陷而力爲行進。初九因此呈爲能節儉爲用以往力除所難出起而力進，於世爲此極爲艱難險陷而力爲行進之象。“不出户庭”者，家庭小户謂之户，於世爲此極爲艱難險陷而不能出户庭之謂。“无咎”者，雖極爲艱難險陷不能出户庭而力爲行進以往必无咎之謂。

九二：不出門庭，凶。

【釋】

九二爲下説處中，下乘初九之盛而協，上承六三之柔而應，爲應柔盛起之陽。説明始有所進，爲得節儉爲用以往進除所難得起而力進。上世處爲九五薄堅剛進之陽，薄所承上六之堅而陷。説明於世爲此仍極艱險而行進困難。九二因此呈始有所進，爲得節儉爲用以往進除所難得起而力進，然於世爲此仍極艱險而行進困難之象。“不出門庭”者，家族大户謂之門，於世爲此仍極艱險而行進困難不出門庭之謂。“凶”者，雖仍極艱險而行進困難然不出門庭以往於節儉必凶之謂。

六三：不節若，則嗟若。无咎。

【釋】

六三爲下説上，下乘九二之盛、初九之盛而順，爲順剛至柔之陰。説明因所進困難，爲得成節儉爲用以往已至而力進。上承爲六四斥剛堅長之陰。説明能有得進。上世處爲上六斥剛堅進之陰，協六四之堅斥所乘九五之剛而陷。説明於世爲此能有得進不顧仍爲艱險而力以行進。六三因此呈因所進困難，爲得成節儉爲用以往已至而力進，於世爲此能有得進不顧仍爲艱險而力以行進之象。“不節若，則嗟若”者，於世爲此能有得進不顧仍爲艱險而力以行進以往之謂。“无咎”者，雖仍爲艱險而力以行進以往於節儉必无有咎之謂。

六四：安節，亨。

【釋】

六四爲上陷初，上承九五之剛而斥間上六之堅，爲斥剛堅長之陰。説明已有所進，爲成節儉爲用以往不顧行難至起而力進。下乘爲六三順剛至柔之陰。説明竭盡而爲。下世處爲初九應柔盛始起之陽，爲説。説明於世爲此雖仍困難然竭盡而爲至以行進。六四因此呈已有所進，爲成節儉爲用以往不顧行難至起而力進，於世爲此雖仍困難然竭盡而爲至以行進之象。“安節”者，於世爲此雖仍困難然竭盡而爲至以行進以往之謂。“亨”者，如此而至以行進以往必成生活通達之謂。

九五：甘節，吉。往有尚。

【釋】

九五爲上陷處中，下乘六四之堅而薄，上承上六之堅而薄，爲薄堅剛進之陽。説明已成所進，爲進成節儉爲用以往不顧行難力斥有礙之爲成進而力進。下世處爲九二應柔盛起之陽，協所乘初九之盛，應所承六三之柔而説。説明於世爲此已成得起得説而至力行進。九五因此呈已成所進，爲進成節儉爲用以往不顧行難力斥有礙之爲成進而力進，於世爲此已成得起得説而至力行進之象。“甘節”者，成美謂之甘，爲進成節儉爲用以往不顧行難力斥有礙之爲成進而力進之謂。“吉”者，如此而力進必吉之謂。“往有尚”者，於世爲此已成得起得説而至力行進以往必成生活有尚之謂。

上六：苦節，貞凶。悔亡。

【釋】

上六爲上陷上，下乘九五之剛而斥協六四之堅，爲斥剛堅進之陰。説明進成所進，爲更成節儉爲用以往不顧行難力斥有礙之爲成行而力進。下世處爲六三順剛至柔之陰，上承爲六四斥剛堅長之陰，順所乘九二之盛、初九之盛而説。説明於世爲此已成不顧一切竭盡而爲極力行進。上六因此呈進成所進，爲更成節儉爲用以往不顧行難力斥有礙之爲成行而力進，於世爲此已成不顧一切竭盡而爲極力行進之象。“苦節”者，爲更成節儉爲用以往不顧行難力斥有礙之爲成行而力進之謂。“貞凶”者，於世爲此已成不顧一切竭盡而爲極力行進以成必貞凶之謂。“悔亡”者，如此而極力行進以往雖必貞凶但也必使生活悔亡之謂。

【按】

因此次敘成節儉爲用還必須中正無失道以行方能取信於衆爲生活奮進之中孚也。

《序卦傳》曰：“節而信之，故受之以中孚。”

中孚䷼巽上兑下

【釋】

中孚下（内）説上（外）入。内外均爲往錯柔順之卦。與小過䷽相錯。説而入。有事物説而入進之象，有人們中正以説而入爲之意。“中孚”者，中正取信之謂。

中孚，豚魚吉。利涉大川。利貞。

【釋】

“中孚，豚魚吉”者，中正無失道以行必信及豚魚成往之謂（順注：由此可見豚魚可成訓往在中國早在三千多年就已有之）。“利涉大川”者，中正無失道以行必利於世涉險克難而往之謂。“利貞”者，所取信以往應利於事之益義與正固之謂。

初九：虞吉，有他不燕。

【釋】

初九爲下説初，上承九二之盛而間應六三之柔，爲應柔盛始起之陽。説明爲能使事取信以往力除所難出起而力進。上世處爲六四順剛柔起之陰，下乘爲六三順剛至柔之陰，爲入。説明於世爲此得共能成所進而行進。初九因此呈爲能使事取信以往力除所難出起而力進。於世爲此得共能成所進而行進之象。“虞吉”者，似吉謂之虞吉，於世爲此自始得共能成所進故爲虞吉之謂。“有他不燕”者，佳謂之燕，自始就得共能成所進以往必有他往後不燕之謂。

九二：鳴鶴在陰，其子和之。我有好爵，吾與爾靡之。

【釋】

九二爲下説處中，下乘初九之盛而協，上承六三之柔而應，爲應柔盛起之陽。説明已有所進，爲得使事取信以往進除所難得起而力進。上世處爲九五應柔亢至之陽，而九五之盛對此有（大）麗而入之家人象，應六四之柔而入。説明於世爲家爲業力求共識成之所進而行進。九二因此呈已有所進，爲得使事取信以往進除所難得起而力進，於世爲家爲業力求共識成之所進而行進之象。“鳴鶴在陰，其子和之”者，鳴鶴謂九二，陰謂六三至柔上承六四柔起之陰，其子謂初九（參鼎初六“得妾以其子”之義），於世爲家爲業力求共識而進之謂。“我有好爵，吾與爾靡之”者，爵謂美、謂九五，靡爲與初九共享，力求共識成之所進而行進以往之謂（順注：此爻之義爲曾子修身、齊家、治國、平天下之理所在）。

六三：得敵。或鼓或罷，或泣或歌。

【釋】

六三爲下説上，下乘九二之盛、初九之盛而順，爲順剛至柔之陰。説明進有所進，爲成使事取信以往已至而力進。上承爲六四順剛柔起之陰。説明進成至爲困難。上世處爲上九應柔至亢之陽，協所乘九五之盛應六四之柔而入。説明於世爲此雖進成至爲困難然能與共力進而力成行進。六三因此呈進有所進，爲成使事取信以往已至而力進，於世爲此雖進成至爲困難然能與共力進而力成行進之象。“得敵”者，於世爲此進成至爲困難之謂。“或鼓或罷，或泣或歌”者，雖進成至爲困難然能與共力進而力成行進以往故或鼓或罷，或泣或歌之謂（參小畜九三之義）。

六四：月幾望。馬匹亡，无咎。

【釋】

六四爲上入初，上承九五之盛、上九之盛而順，爲順剛柔起之陰。説明因進成困難，爲得成使事取信以往摒弃其害成起而力進。下乘爲六三順剛至柔之陰。説明其處已得極起。下世處爲初九應柔盛始起之陽，爲説。説明於世爲此已得極起然爲成進至力與共而行進。六四因此呈因進成困難，爲得成使事取信以往摒弃其害成起而力進，於世爲此已得極起然爲成進至力與共而行進之象。“月幾望”者，於世爲此已得極起之謂。“馬匹亡”者，馬匹謂六三，已得極起然爲成進至力與共而行進以往之謂。“无咎”者，如此而至力行進以往必使无咎之謂。

九五：有孚攣如，无咎。

【釋】

九五爲上入處中，下乘六四之柔而應，上承上九之盛而間，爲應柔亢至之陽。説明又成所進，爲進成使事取信以往成至而力進。下世處爲九二應柔盛起之陽，而九二之盛對此有説而（大）麗之睽象，協所乘初九之盛，應所承六三之柔，爲説。説明於世爲除睽乖至以相協而行進。九五因此呈又成所進，爲進成使事取信以往成至而力進，於世爲除睽乖至以相協而行進之象。“有孚攣如”者，於世爲除睽乖至以相協而行進以往之謂（參小畜九五“有孚攣如”之義，又有不同）。“无咎”者，如此而行進以往必无咎之謂（順注：作者在此又重申人世祇有協和方能成真正進取之理）。

上九：翰音登于天，貞凶。

【釋】

上九爲上入上，下乘九五之盛而協應六四之柔，爲應柔至亢之陽。説明更有所進，爲更成使事取信以往至行而力進。下世處爲六三順剛至柔之陰，上承爲六四順剛柔起之陰，爲説。説明於世爲極成得共得説不顧事之進難而極力成没行進使事成過。上九因此呈更有所進，爲更成使事取信以往至行而力進，於世爲極成得共得説不顧事之進難而極力成没行進使事成過之象。“翰音登于天”者，於世爲極成得共得説不顧事之進難而極力成没行進以往之謂。"貞凶"者，如此而極力成没行進以往必使事成過而凶之謂。

【按】

因此次叙爲取信不顧事之進難而極力行進必使事成過之小過也。

《序卦傳》曰："有其信者必行之，故受之以小過。"

小過䷽震上艮下

【釋】

小過下（内）止上（外）動。内外均爲往錯剛薄之卦。與中孚䷼相錯。止而動。有事物止而仍動之象，有人們所爲之事被止而仍過之意。"小過"者，所事成過之謂。

小過，亨。利貞。可小事，不可大事。飛鳥遺之音，不宜上，宜下，大吉。

【釋】

"小過，亨"者，制事之過必成通達之謂。利貞者：制過應利於事之益義與正固之謂。"可小事，不可大事"者，制過應小心而行，切不可大肆而爲之謂。"飛鳥遺之音，不宜上，宜下"者，制過不應不顧遺害，應將遺害縮小到最低程度之謂。"大吉"者，如此而制止以往必大吉大利之謂（順注：由小過卦辭及全卦之辭可見作者對如何制過之認識是何等的全面深刻）。

初六：飛鳥以凶。

【釋】

初六爲下止初，上承六二之堅而間斥九三之剛，爲斥剛堅至之陰。説明爲能制止事過不顧進難得至而力進。上世處爲九四薄堅至剛之陽，下乘爲九三薄堅剛起之陽，爲動。説明於世爲此進極艱難而力爲行進。初六因此呈爲能制止事過不顧進難得至而力進，然於世爲此進極艱難而力爲行進之象。"飛鳥以凶"者，於世爲此進極艱難而凶之謂。

六二：過其祖，遇其妣。不及其君，遇其臣。无咎。

【釋】

六二爲下止處中，下乘初六之堅而協，上承九三之剛而斥，爲斥剛至堅之陰。説明因所進艱難，爲得制止事過不顧進難已至而力進。上世處爲六五斥剛堅始起之陰，而六五之堅對此有（大）陷而動之解象，斥所乘九四之剛而動。説明於世爲得解不顧進仍極難而力以行進。六二因此呈因所進艱難，爲得制止事過不顧進難已至而力進，於世爲得解不顧進仍極難而力以行進之象。"過其祖，遇其妣"者，祖父祖母謂之祖妣。於世爲得解不顧進仍極難而力以行進以往雖不及其祖父然遇其祖母之謂。"不及其君，遇其臣"者，其義同上。"无咎"者，如此而力以行進以往必使无咎之謂。

九三：弗過防之，從或戕之。凶。

【釋】

九三爲下止上，下乘六二之堅、初六之堅而薄，爲薄堅剛起之陽。説明始有所進，爲得成制止事過不顧進難力斥有礙之爲得起而力進。上承爲九四薄堅至剛之陽。説明雖能得進仍還艱難。上世處爲上六斥剛堅起之陰，協所乘六五之堅，爲動。説明於世爲此雖能得進，但還很爲艱難而力成行進。九三因此呈始有所進，爲得成制止事過不顧進難力斥有礙之爲得起而力進，於世爲此雖能得進但還很爲艱難而力成行進之象。“弗過防之，從或戕之”者，所防者、所戕者謂六二、初六（参旅九三“喪其童僕”之義），於世爲此雖能得進但還很爲艱難而力成行進弗過防之，從或戕之以往之謂。“凶”者，如此而力成行進從往必使制過成凶之謂。

九四：无咎，弗過遇之。往厲，必戒勿用。永貞。

【釋】

九四爲上動初，上承六五之堅、上六之堅而薄，爲薄堅至剛之陽。説明因所進生凶，爲成制止事過不顧艱難成至而力進。下乘爲九三薄堅剛起之陽。説明其處還難。下世處爲初六斥剛堅至之陰，爲止。説明於世爲此雖其處還難但已成對有礙之在至力除斥而行進。九四因此呈因所進出凶，爲成制止事過不顧艱難成至而力進，於世爲此其處雖還難但已成對有礙之在至力除斥而行進之象。“无咎，弗過遇之”者，所遇者謂初六，於世爲此雖其處還難但已成對有礙之在至力除斥而行進以往之謂。“往厲，必戒勿用”者，所厲者謂六五、上六，如不顧一切以往必厲而應必戒勿用之謂。“永貞”者，衹有必戒勿用方能永爲正固之謂。

六五：密雲不雨，自我西郊。公弋取彼在穴。

【釋】

六五爲上動處中，下乘九四之剛而斥，上承上六之堅而間，爲斥剛堅始起之陰。説明已有所進，爲進成制止事過達到目的力斥有礙之爲已起而力進。下世處爲六二斥剛至堅之陰，而六二之堅對此有止而（大）陷之蹇象，協所乘初六之堅，斥所承九三之剛而止。説明於世爲成克除蹇難極力而行進。六五因此呈已有所進，爲進成制止事過達到目的力斥有礙之爲已起而力進，於世爲成克除蹇難極力而行進之象。“密雲不雨，自我西郊”者，於世爲成克除蹇難得西郊斥剛至堅之陰之力而極力行進以往故密雲不雨，自我西郊之謂（参小畜“密雲不雨，自我西郊”之義，其義又有不同）。“公弋取彼在穴”者，箭有鈎帶綫謂之弋，爲成克除蹇難公弋取彼其上有九三、九四之剛而在穴六二之堅以成之謂。

上六：弗遇過之，飛鳥離之。凶，是謂災眚。

【釋】

上六爲上動上，下乘六五之堅而協斥九四之剛，爲斥剛堅起之陰。説明已成所進，爲更成制止事過達到目的進斥有礙之爲成起而力進。下世處爲九三薄堅剛起之陽，上承爲九四薄堅至剛之陽，薄所乘六二之堅、初六之堅，爲止。説明於世爲此對有礙之在不論如何極以除斥而行進使事反過成凶。上六因此呈已成所進，爲更成制止事過達到目的進斥有礙之爲成起而力進，於世爲此對有礙之在不論如何極以除斥而行進使事反過成凶之象。"弗遇過之，飛鳥離之"者，弗遇過之者謂初六、六二，鳥謂九四，於世爲此對有礙之在不論如何極以除斥而行進以往使事反過成凶使鳥興奮飛離而去之謂。"凶，是謂灾眚"者，如此極以除斥而行進以往使事必成凶必成灾眚之謂。

【按】

因此次叙由於制止事過成之反過使成灾眚而力濟之既濟也。

《序卦傳》曰："有過物者必濟，故受之以既濟。"

既濟䷾坎上離下

【釋】

既濟下（内）麗上（外）陷。内爲往錯柔順之卦，外爲往錯剛薄之卦。與未濟䷿相錯并反錯。有光明被險陷之象，有人世光明被險陷而力濟之意。"既濟"者，力濟之謂。

既濟，亨。小利貞。初吉終亂。

【釋】

"既濟，亨"者，能濟光明於險陷必使事通達之謂。"小利貞"者，力濟之時衹能從小處着手起成事之益義與正固之謂。"初吉終亂"者，對世由於制止事過成之反過使成灾眚之濟初時艱難能吉但隨着進程衹顧力進必致事亂之謂（順注：作者通過既濟卦辭説明對世成之反過使成灾眚之濟必須極爲警惕從事方成之理）。

初九：曳其輪，濡其尾。无咎。

【釋】

初九爲下麗初，上承六二之柔而應間九三之盛，爲應柔盛至之陽。説明爲能在灾陷中濟光明得行而力進。上世處爲六四斥剛堅長之陰，下乘爲九三應柔至盛之陽，爲陷。説明於世爲此十分艱難險陷而力爲行進。初九因此呈爲能在灾陷中濟光明得行而力進，於世爲此十分艱難險陷而力爲行進之象。"曳其輪"者，爲能在灾陷中濟光明得行而力進之謂。"濡其尾"者，於世爲此十分艱難險陷而力爲行進以成故濡其尾之謂。"无咎"者，如此而力爲行進以成雖濡其尾然必无有咎之謂。

六二：婦喪其茀。勿逐，七日得。

【釋】

六二爲下麗處中，下乘初九之盛而順，上承九三之盛而順，爲順剛柔進之陰。説明始有所進，爲得在灾陷中濟光明得進而力進。上世處爲九五薄堅剛進之陽，薄所承上六之堅而陷。説明於世爲此從剛不顧陷難而力以行進。六二因此呈始有所進，爲得在灾陷中濟光明得進而力進，於世爲此從剛不顧陷難而力以行進之象。“婦喪其茀”者，婦女頭上成片彩飾謂之茀，於世爲此從剛不顧陷難之謂。“勿逐，七日得”者，七爲成數，不顧陷難而力以行進成往雖喪然必成重得之謂。

九三：高宗伐鬼方，三年克之。小人勿用。

【釋】

九三爲下麗上，下乘六二之柔而應協初九之盛，爲應柔至盛之陽。説明已有所進，爲得成在灾陷中濟光明已行而力進。上承爲六四斥剛堅長之陰。説明所進艱難。上世處爲上六斥剛堅進之陰，爲陷。説明於世爲此雖相當艱難險陷而力成行進。九三因此呈已有所進，爲得成在灾陷中濟光明已行而力進，於世爲此雖相當艱難險陷而力成行進之象。“高宗伐鬼方”者，高宗謂九三，鬼方謂上六，於世爲此雖相當艱難險陷而力成行進以往之謂。“三年克之”者，三爲通數，雖相當艱難險陷而力成行進終至三年以成之謂（順注：由此可見當時鬼方力强而嚴重侵擾殷商安寧，殷商爲此而艱難抗擊進除終三年以成）。“小人勿用”者，小人謂六四，爲濟光明對險惡小人絶不能爲用之謂（参師上六“小人勿用”之義）。

六四：繻有衣袽，終日戒。

【釋】

六四爲上陷初，上承九五之剛而斥間上六之堅，爲斥剛堅長之陰。説明已得所進，爲成在灾陷中濟光明不顧行難至起而力進。下乘爲九三應柔至盛之陽。説明其處十分困難。下世處爲初九應柔盛至之陽，爲麗。説明於世爲此雖仍極困難而至爲行進。六四因此呈已得所進，爲成在灾陷中濟光明不顧行難至起而力進，於世爲此雖仍極困難而至爲行進之象。“繻有衣袽”者，於世爲此仍極困難而做着種種必要準備之謂。“終日戒”者，做着種種必要準備而終日戒備至爲行進以成之謂。

九五：東鄰殺牛不如西鄰之禴祭，實受其福。

【釋】

九五爲上陷處中，下乘六四之堅而薄，上承上六之堅而薄，爲薄堅剛進之陽。説明因所進仍難，爲達成在灾陷中濟光明不顧行難力斥有礙之爲成進而力進。下世處爲六二順剛柔進之陰，爲麗。説明於世爲此已成得從而至以行進。九五因此呈因所進仍難，爲達成在灾陷中濟光明不顧進難力斥有礙之爲成進而力進，於世爲此已成得從而至以行進之象。“東鄰殺牛不如西鄰之禴祭”者，西謂利、謂義、謂和（順注：此皆作者被拘羑里爲存書之暗語也，與姤“女壯。勿用取女”義同），爲達成在灾陷中濟光明不顧行難力進要靠使看到前程而鼓舞奮進之謂。“實受其福”者，於世爲此已成得從而至力行進以成之謂。

上六：濡其首，厲。

【釋】

上六爲上陷上，下乘九五之剛而斥協六四之堅，爲斥剛堅進之陰。説明已成所進，爲更成在灾陷中濟光明不顧行難力斥有礙之爲成行而力進。下世處爲九三應柔至盛之陽，應所乘六二之柔協初九之盛，爲麗。説明於世爲此不顧還十分困難所在而至以行進，使事被濟成陷亂（參需上六“入于穴”之義）。上六因此呈已成所進，爲更成在灾陷中濟光明不顧行難力斥有礙之爲成行而力進，於世爲此不顧還十分困難所在而至以行進使事被濟成陷亂之象。“濡其首”者，於世爲此不顧還十分困難所在而至以行進以成使事被濟成陷亂之謂。“厲”者，如此而至以行進以成必厲之謂。

【按】

因此次叙事被濟成陷亂人們在陷亂中向着光明力進之未濟也。

《序卦傳》曰：“物不可窮也，故受之以未濟終焉。”

未濟䷿離上坎下

【釋】

未濟下（内）陷上（外）麗。内爲往錯剛薄之卦，外爲往錯柔順之卦。與既濟䷾相錯并反錯。陷而麗。有事物在險陷中嚮着光明力進之象，有人們在陷亂中嚮着光明力進必能成物更美之始之意。“未濟”者，弗濟之謂。

未濟之時，濟不能濟之物已失去可能、失去意義，故君子不應再濟不能濟之物，而應力爲力成更美之始，而成萬物不斷向美造化之進程。故《周易》全經六十四卦至此結束而成又始，因此曰：“物不可窮也，故受之以未濟終焉。”

未濟，亨。小狐汔濟，濡其尾，无攸利。

【釋】

“未濟，亨”者，不濟不能濟之物而力爲力成更美之始必通達之謂。“小狐汔濟，濡其尾，无攸利”者，汔濟不能濟之物必反受其害而无攸利之謂（順注：作者自涣至節至中孚至小過至既濟至未濟之過程爲世事繼而嚮着更美成始進程又一大規律與邏輯之過程）。

初六：濡其尾，吝。

【釋】

初六爲下陷初，上承九二之剛而斥間六三之堅，爲斥剛堅長之陰。説明爲能陷亂中成美之始不顧行難長起而力進。上世處爲九四應柔盛至之陽，下乘爲六三斥剛堅進之陰，爲麗。説明於世爲此成極難而力爲行進。初六因此呈爲能陷亂中成美之始不顧行難長起而力進，於世爲此成極難而力爲行進之象。“濡其尾”者，於世爲此成極難而力爲行進以成之謂。“吝”者，如此而力爲行進以往必吝之謂。

九二：曳其輪，貞吉。

【釋】

九二爲下陷處中，下乘初六之堅而薄，上承六三之堅而薄，爲薄堅剛進之陽。説明因所進成吝，爲得在陷亂中成美之始不顧行難力斥有礙之爲得進而力進。上世處爲六五順剛柔進之陰，爲麗。説明於世爲此已成得從而力以行進。九二因此呈因所進成吝，爲得在陷亂中成美之始不顧行難力斥有礙之爲得進而力進，於世爲此已成得從而力以行進之象。"曳其輪"者，爲得在陷亂中成美之始不顧行難力斥有礙之爲得進而力進之謂。"貞吉"者，於世爲此已成得從而力以行進以往必能正固而吉之謂。

六三：未濟，征凶。利涉大川。

【釋】

六三爲下陷上，下乘九二之剛而斥協初六之堅，爲斥剛堅進之陰。説明已有所進，爲成陷亂中成美之始不顧行難力斥有礙之爲得行而力進。上承爲九四應柔盛至之陽。説明所進困難。上世處爲上九應柔至盛之陽，爲麗。説明於世爲此雖成還極難而力成行進。六三因此呈已有所進，爲成陷亂中成美之始不顧行難力有礙之爲得行而力進，於世爲此雖成還極難而力成行進之象。"未濟，征凶"者，於世爲此成還極難如征以往必凶之謂。"利涉大川"者，成還極難衹能涉險克難而力成行進以往之謂。

九四：貞吉，悔亡。震用伐鬼方，三年有賞于大國。

【釋】

九四爲上麗初，上承六五之柔而應間上九之盛，爲應柔盛至之陽。説明因所進很難，爲得成陷亂中成美始成行而力進。下乘爲六三斥剛堅進之陰。説明力除有礙之在而進。下世處爲初六斥剛堅長之陰，爲陷。説明於世爲此已成對陷礙之在至力圖除而行進。九四因此呈因所進很難，爲得成陷亂中成美之始成行而力進，於世爲此已成對陷礙之在至力圖除而行進之象。"貞吉，悔亡"者，於世爲此已成對陷礙之在至力圖除而行進以往必使正固而吉，必使悔亡之謂。"震用伐鬼方"者，效震以正除堅而進以正伐鬼方除陷亂之謂（順注：此約爲作者對其祖奉高宗之命以正伐鬼方除陷亂之史敘）。"三年有賞于大國"者，三爲通數，大國爲上九，終三年而成得殷商高宗重賞其功之謂（順注：此約爲作者對其祖歷艱辛而功成得賞之史記）。

六五：貞吉，无悔。君子之光有孚，吉。

【釋】

六五爲上麗處中，下乘九四之盛而順，上承上九之盛而順，爲順剛柔進之陰。説明已成所進，爲進成陷亂中成美之始成進而力進。下世處爲九二薄堅剛進之陽，薄所承六三之堅而陷。説明於世爲除陷礙之在從剛不顧行難而至以行進（參師六五"長子帥師"之義）。六五因此呈已成所進，爲進成陷亂中成美之始成進而力進，於世爲除陷礙之在從剛不顧行難而至以行進之象。"貞吉，无悔"者，於世爲除陷礙之在從剛不顧行難而至以行進以往必成正固而吉，必成无悔之謂。"君子之光有孚"者，君子爲世成美力除陷礙之在不顧行難而至以行進所顯光彩必能進一步取信於衆共往之謂。“吉”者，如此而成行進以往必吉之謂。

上九：有孚于飲酒，无咎。濡其首，有孚失是。

【釋】

上九爲上麗上，下乘六五之柔而應協九四之盛，爲應柔至盛之陽。説明進成所進，爲更成陷亂中成美之始成至而力進。下世處爲六三斥剛堅進之陰，上承爲九四應柔至盛之陽，斥所乘九二之剛協初六之堅，爲陷。説明於世爲此已成對凡一切陷礙之在極以圖除而行進。上九因此呈進成所進，爲更成陷亂中成美之始成至而力進，於世爲此已成對凡一切陷礙之在極以圖除而行進之象。“有孚于飲酒”者，進之有序謂之飲酒，雖於世爲此已成對凡一切陷礙之在極以圖除而行進以往但應有序而爲以成之謂（參需九五“需于酒食”之義）。“无咎”者，祇有如此而爲以成方能无咎之謂。“濡其首，有孚失是”者：如不顧進之有序祇顧極以圖除而行進以成必致濡其首而有孚失是之謂（順注：作者此上九之辭與《序卦傳》的“物不可窮也，故受之以未濟終焉”之辭爲對世成美最終之提示也）。

【按】

因此下經世事天道地道過程終而又成不斷進程之始。

下經完。

卷三

十翼之注釋

周春秋孔子仲尼集傳，後世學者鄭張歡注釋。

對《周易》經文之闡釋有《彖上》、《彖下》、《象上》、《象下》、《文言》、《繫辭傳上》、《繫辭傳下》、《説卦傳》、《序卦傳》、《雜卦傳》，統稱十翼。《彖》、《象》雖爲四翼，但合而爲一完整、嚴密、貫通之一部以殷《易》之理易著。自屯至未濟六十二卦之彖、三百七十二爻之象與所附乾坤二卦之《彖》、《象》，《文言》主體部分理有所別，闡述過程雖卦爻皆爲上尊下卑、上主下從，爻皆爲中主旁從、位別吉凶的相錯之理與消息過程之理，與《周易》極致之理多有不合與相背，却充滿着深刻的事物辯證法之理爲其天理。《彖》、《象》以事物陰陽剛柔矛盾相錯的發展、過渡與變化及其終而又始過程之理，展現出世界從古希臘以來所述事物辯證法之一切範疇而更爲深入簡明、具體形象（故今有學者認爲馬克思之前無與倫比），對此非孔子及其弟子不能爲也。

《繫辭傳上》、《繫辭傳下》、《説卦傳》三翼則由包括河圖説、伏犧説、神農説、黄帝堯舜説、洛書説、夏商説、文王説、孔子説而集成，顯然爲孔子及其弟子集所説爲之傳。《序卦傳》、《雜卦傳》二翼，《序卦傳》因深合全經緊密相銜過程之義，《雜卦傳》則簡而深合全經之義，顯然爲作者所出，孔子爲之傳。

一、彖上

大哉乾元，萬物資始，乃統天。雲行雨施，品物流形。大明終始，六位時成，時乘六龍以御天。乾道變化，各正性命，保合太和，乃利貞。首出庶物，萬國咸寧。

【注】

爲資始萬物而乃統天。乾彖深合經義，當爲作者所出無疑。

至哉坤元，萬物資生，乃順承天。坤厚載物，德合无疆。含弘光大，品物咸亨。牝馬地類，行地无疆，柔順利貞，君子攸行。先迷失道，後順得常。西南得朋，乃與類行。東北喪朋，乃終有慶。安貞之吉，應地无疆。

【注】

爲資生萬物而乃順承天。坤彖深合經義，當爲作者所出無疑。

屯，剛柔始交而難生。動乎險中大亨貞。雷雨之動滿盈，天造草昧，宜建侯而不寧。

【釋】

以殷《易》一陽動乎下而上六二柔中、六三、六四之柔皆應之。上九五剛中居險尊位上應上六之柔，下六二柔中、六三、六四之柔皆應之使志有不通。故剛柔始交而難生，動乎險中大亨貞，宜建侯而不寧也。

蒙，山下有險。險而止，蒙。蒙亨，以亨行時中也。匪我求童蒙，童蒙求我，志應也。初筮告，以剛中也。再三瀆，瀆則不告，瀆蒙也。蒙以養正，聖功也。

【釋】

以殷《易》初六之柔不當位，上應九二剛中開導。故初筮告，以剛中也，蒙以養正，聖功也。

需，須也。險在前也。剛健而不陷，其義不困窮矣。需，有孚光亨貞吉，位乎天位，以正中也。利涉大川，往有功也。

【釋】

以殷《易》上有九五剛中居險尊位。故剛健而不陷，位乎天位，以正中也，利涉大川，往有功也。

訟，上剛下險。險而健，訟。訟，有孚窒惕中吉，剛來而得中也。終凶，訟不可成也。利見大人，尚中正也。不利涉大川，入于淵也。

【釋】

以殷《易》消息過程有剛來而得中九二，上有九五剛中居乾尊位。故有孚窒惕中吉，剛來而得中也，利見大人，尚中正也。

師，衆也。貞，正也。能以衆正，可以王矣。剛中而應，行險而順，以此毒天下而民從之，吉又何咎矣。

【釋】

以殷《易》九二之剛雖不得位但得中，柔皆應之。故剛中而應，行險而順，吉又何咎矣。

比，吉也。比，輔也，下順從也。原筮元永貞无咎，以剛中也。不寧方來，上下應也。後夫凶，其道窮也。

【釋】

以殷《易》九五剛中居險尊位，柔皆應之。故比，輔也，下順從也，原筮元永貞无咎，以剛中也。

小畜，柔得位而上下應之曰小畜。健而巽，剛中而志行乃亨。密雲不雨，尚往也。自我西郊，施未行也。

【釋】

以殷《易》六四之柔得位，剛皆應之，九二之剛又居乾中位。故柔得位而上下應之曰小畜，健而巽，剛中而志行乃亨也。

履，柔履剛也。説而應乎乾，是以履虎尾不咥人，亨。剛中正履帝位而不疚，光明也。

【釋】

以殷《易》九二剛中，上九五剛中居乾尊位。故説而應乎乾，剛中正履帝位而不疚，光明也。

泰，小往大來吉亨，則是天地交而萬物通也，上下交而其志同也。内陽而外陰，内健而外順，内君子而外小人，君子道長，小人道消也。

【釋】

以殷《易》三陽勢進而柔皆應之，又卦從上至下爲順乎剛健。故君子道長，小人道消而泰也。

否之匪人，不利君子貞。大往小來，則是天地不交而萬物不通也，上下不交而天下无邦也。内陰而外陽，内柔而外剛，内小人而外君子，小人道長，君子道消也。

【釋】

以殷《易》三陰勢進而剛皆應之，又卦從上至下爲剛健而順。故小人道長，君子道消而否也。

同人，柔得位得中而應乎乾曰同人。同人曰同人于野亨，利涉大川，乾行也。文明以健，中正而應，君子正也。唯君子爲能通天下之志。

【釋】

以殷《易》六二之柔得位得中，上應九五剛中居乾尊位。故柔得位得中而應乎乾曰同人。故文明以健，中正而應，能通天下之志也。

大有，柔得尊位大中而上下應之曰大有。其德剛健而文明。應乎天而時行，是以元亨。

【釋】

以殷《易》六五賢明之君居麗尊位，剛皆應之，九二之剛又居乾中位。故柔得尊位大中而上下應之曰大有。故其德剛健而文明，應乎天而時行，是以元亨也。

謙，亨。天道下濟而光明，地道卑而上行。天道虧盈而益謙，地道變盈而流謙，鬼神害盈而福謙，人道惡盈而好謙。謙尊而光，卑而不可逾，君子之終也。

【釋】

以殷《易》九三之剛得位而居地道之下，柔皆應之。故天道下濟而光明，地道卑而上行。故謙尊而光，卑而不可逾也。

豫，剛應而志行。順以動，豫。豫順以動，故天地如之，而况建侯行師乎？天地以順動，故日月不過而四時不忒。聖人以順動，則刑罰清而民服。豫之時義大矣哉。

【釋】

以殷《易》九四之剛雖不當位，但柔皆應之。故剛應而志行，順以動，豫也。

隨，剛來而下柔。動而説，隨。大亨貞无咎而天下隨時，隨時之義大矣哉。

【釋】

以殷《易》消息過程剛來而居初得位，上應六二柔中、六三之柔，上九五剛中居説尊位。故剛來而下柔，動而説，大亨貞无咎而天下隨時也。

蠱，剛上而柔下。巽而止，蠱。蠱元亨而天下治也。利涉大川，往有事也。先甲三日，後甲三日，終則有始，天行也。

【注】

剛上而柔下、柔上而剛下爲孔子及其弟子以殷《易》消息之理發揮。

【釋】

以剛上而應柔，柔下而應剛。故剛上而柔下，巽而止，蠱元亨而天下治也。

臨，剛浸而長。説而順，剛中而應，大亨以正，天之道也。至于八月有凶，消不久也。

【釋】

以殷《易》剛長而得中，柔皆應之。故剛浸而長，説而順，剛中而應，大亨以正，天之道也。

大觀在上，順而巽。中正以觀天下。觀，盥而不薦，有孚顒若，下觀而化也。觀天之神道而四時不忒，聖人以神道設教而天下服矣。

【釋】

以殷《易》九五爲陽剛中正之君，下柔皆應之。故大觀在上，順而巽，中正以觀天下也。

頤中有物，曰噬嗑。噬嗑而亨，剛柔分。動而明，雷電合而章，柔得中而上行，雖不當位，利用獄也。

【釋】

以殷《易》一陽動乎下因受阻九四之剛而不能得六五賢明之君應。故頤中有物曰噬嗑，動而明，柔得中而上行，雖不當位，利用獄也。

賁，亨。柔來而文剛故亨。分剛上而文柔，故小利有攸往，天文也。文明以止，人文也。觀乎天文以察時變，觀乎人文以化成天下。

【注】

爲孔子及其弟子以殷《易》消息之理發揮，以下柔來而文剛，剛上而文柔。故柔來而文剛亨，分剛上而文柔，文明以止，故小利有攸往也。

剥，剥也。柔變剛也。不利有攸往，小人長也。順而止之，觀象也。君子尚消息盈虚，天行也。

【釋】

以殷《易》六五柔勢盛進之君又應上九之剛。故柔變剛也，不利有攸往也。

復，亨。剛反。動而以順行，是以出入无疾，朋來无咎。反復其道，七日來復，天行也。利有攸往，剛長也。復其見天地之心乎。

【釋】

以殷《易》一陽生而動乎下，柔皆應之。故剛反，動而以順行，利有攸往也。

无妄，剛自外來而爲主於内。動而健，剛中而應，大亨以正，天之命也。其匪正有眚不利有攸往，无妄之往，何之矣。天命不祐，行矣哉。

【釋】

以殷《易》一陽動乎下，上應六二柔中、六三之柔，而上有九五剛中居乾尊位。故剛自外來而爲主於内，動而健，剛中而應，大亨以正，其匪正有眚不利有攸往也。

大畜，剛健篤實輝光，日新其德。剛上而尚賢，能止健，大正也。不家食吉，養賢也。利涉大川，應乎天也。

【釋】

以殷《易》乾三陽勢進，上六五賢君居止尊位。故剛上而尚賢，能止健，日新其德，利涉大川也。

頤，貞吉，養正則吉也。觀頤，觀其所養也。自求口實，觀其自養也。天地養萬物，聖人養賢以及萬民，頤之時大矣哉。

【釋】

以殷《易》一陽動乎下而柔皆應之，上六五賢君居止尊位。故養正則吉，觀頤，觀其所養也，自求口實，觀其自養也。

大過，大者過也。棟橈，本末弱也。剛過而中，巽而說行。利有攸往，乃亨，大過之時大矣哉。

【釋】

以殷《易》九五剛中勢盛，上應上六之柔還未決進，然一陰已生於下而剛皆應之使志成不通。故大者過也，本末弱，棟橈也。

習坎，重險也。水流而不盈，行險而不失其信。維心亨，乃以剛中也。行有尚，往有功也。天險不可升也，地險山川丘陵也。王公設險以守其國，險之時用大矣哉。

【釋】

以殷《易》九五剛中居險尊位，下六三險體之柔、六四之柔與上六之柔皆應，下九二之剛居險中位而初六之柔與上六三之柔、六四險體之柔皆應。故重險，維心亨，乃以剛中也，行有尚，往有功也。

離，麗也。日月麗乎天，百穀草木麗乎上，重明以麗乎正乃化成天下，柔麗乎中正故亨，是以畜牝牛吉也。

【釋】

以殷《易》六五明君居麗尊位，下九三、九四之剛與上九之剛皆應，下六二之柔居麗中位得位而初九之剛與上九三、九四之剛皆應。故重明以麗乎正乃化成天下，柔麗乎中正故亨也。

二、彖下

咸，感也。柔上而剛下，二氣感應以相與。止而說。男下女，是以亨利貞，取女吉也。天地感而萬物化生，聖人感人心而天下和平。觀其所感而天地萬物之情可見矣。

【注】

爲孔子及其弟子以殷《易》消息之理發揮，以柔上而應剛，剛下而應柔。故男女二氣感應以相與，止而說，男下女是以亨利貞，取女吉也。

恒，久也。剛上而柔下，雷風相與。巽而動，剛柔皆應，恒。恒亨，无咎，利貞，久於其道也。天地之道恒久而不已也。利有攸往，終則有始也。日月得天而能久照，四時變化而能久成。聖人久於其道而天下化成，觀其所恒而天地萬物之情可見矣。

【注】

爲孔子及其弟子以殷《易》消息之理發揮，以剛上而應上柔，柔下而應上剛。故夫婦雷風相與，巽而動，剛柔皆應而利有攸往，終則有始也。

遯，亨。遯而亨也。剛當位而應，與時行也。小利貞，浸而長也。遯之時義大矣哉。

【釋】

以殷《易》二陰長而剛皆應之。故剛當位而應，與時行也，浸而長，君子遯而亨也。

大壯，大者壯也。剛以動，故壯。大壯利貞，大者正也。正大而天地之情可見矣。

【釋】

以殷《易》剛勢盛長而柔應之。故剛以動，壯也。

晋，進也。明出地上，順而麗乎大明，柔進而上行，是以康侯用錫馬蕃庶，晝日三接也。

【釋】

以殷《易》六五明君放手讓臣下作爲。故明出地上，柔進而上行，是以康侯用錫馬蕃庶，晝日三接也。

明入地中，明夷。内文明而外柔順，以蒙大難，文王以之。利艱貞，晦其明也，内難而能正其志，箕子以之。

【注】

孔子及其弟子將商末朝野之情，以殷《易》之理比爲明夷䷣之卦，并以此將文王、箕子比之在下的初九、九三之剛，六二柔中比之在下的邦國君主，六五柔君比之陰柔昏德之商紂，六四、上六之柔比之商紂身旁的陰柔陰險之近臣。由此構成了六五陰柔昏德之君總是猜疑排斥六二柔中，并因此忌恨與六二柔中相應順的初九、九三之剛，而上面相應的、管着初九、九三之剛的恰是商紂身旁陰柔陰險的六四、上六之柔，而初九、九三之剛雖力以争取又無法與六五柔君相應順，得到明辯。正因此必然受到在上位的六四、上六之柔的不斷算計而蒙大難，真理受到嚴重傷害，朝政變成嚴重黑暗。衹要上三爻中没有一爻能變爲剛爻，隨着相錯統一的演化進程必將導致商紂的滅亡。由此孔子及其弟子以此卦象爲用，以殷《易》勾畫了《易》學的事物辯證法的各種矛盾惟妙惟肖的必然發展直至終結過程的宏大場景。用如此簡單的卦象，能勾畫出如此複雜逼真、入木三分的事物辯證法的發展過程情景，這是歐洲自古希臘以來的辯證法説法連想都無法想象的事情。對此，也可證之孔子適宋所得的《坤乾》，即是殷易《歸藏》，而此深知殷《易》之理無疑。

【釋】

以殷《易》六五君道不明，有作爲賢明之臣被柔君近臣所掩所斥，初九之剛與九三之剛又無法應六五之君而蒙其難、晦其明。故明入地中，明夷，内文明而外柔順，以蒙大難，文王以之；利艱貞，晦其明也，内難而正其志，箕子以之也。

家人，女正位乎内，男正位乎外。男女正，天地之大義也。家人有嚴君焉，父母之謂也。父父、子子、兄兄、弟弟、夫夫、婦婦而家道正，正家而天下定矣。

【注】

此爲孔子及其弟子對恒卦之義之發揮也。

睽，火動而上，澤動而下。二女同居，其志不同行。説而麗乎明，柔進而上行，得中而應乎剛，是以小事吉。天地睽而其事同也，男女睽而其志通也。萬物睽而其事類也。睽之時用大矣哉。

【釋】

以殷《易》六五柔君所以下應有限，多爲六三之柔所應。故二女同居，其志不同行而睽，是以小事吉也。

蹇，難也。險在前也，見險而能止，知矣哉。蹇利西南，往得中也。不利東北，其道窮也。利見大人，往有功也。當位貞吉，以正邦也。蹇之時用大矣哉。

【釋】

以殷《易》下柔由於九三之剛而不能與居險尊位九五剛中應。故蹇，難也，利見大人，往有功也。

解，險以動。動而免乎險，解。解利西南，往得衆也。其來復吉，乃得中也。有攸往夙吉，往有功也。天地解而雷雨作，雷雨作而百果草木皆甲坼，解之時大矣哉。

【釋】

以殷《易》九二之剛居險中位，上應六五動體柔中。故險以動，動而免乎險，其來復吉，乃得中也，往有功也。

損，損下益上，其道上行。損而有孚，元吉，无咎，可貞，利有攸往，曷之用，二簋可用享。二簋應有時，損剛益柔有時，損益盈虚，與時偕行。

【注】

爲孔子及其弟子以殷《易》消息之理發揮，以九三剛上而上六柔下。故損下益上，其道上行。也故損剛益柔有時，損益盈虚，與時偕行。

益，損上益下，民説无疆。自上下下，其道大光。利有攸往，中正有慶。利涉大川，木道乃行。益，動而巽，日進无疆，天施地生，其益无方。凡益之道，與時偕行。

【注】

爲孔子及其弟子以殷《易》消息之理發揮，以九四之剛下而初六之柔上。故損上益下，民説无疆，自上下下，其道大光也。

夬，决也，剛决柔也。健而説，决而和。揚于王庭，柔乘五剛也。孚號有厲，其危乃光也。告自邑，不利即戎，所尚乃窮也。利有攸往，剛長乃終也。

【注】

以殷《易》九五剛中之君勢盛進上應上六之柔而决進。而此的“揚于王庭，柔乘五剛也”應是對《雜卦傳》之“夬，决也，剛决柔也”的一種見解。如屯六二的“六二之難，乘剛也”等乘剛説也必源於此，不像是殷《易》之理，更不是《周易》之理。

姤，遇也，柔遇剛也。勿用取女，不可與長也。天地相遇，品物咸章也。剛遇中正，天下大行也。姤之時義大矣哉。

【注】

以殷《易》陽極而陰必生。而此的“姤，遇也，柔遇剛也。勿用取女，不可與長也”應是對《雜卦傳》與卦辭的一種見解，不像是殷《易》之理，更不是《周易》之理。

萃，聚也。順以説，剛中而應，故聚也。王假有廟，致孝享也。利見大人，亨，聚以正也。用大牲吉，利有攸往，順天命也。觀其所聚而天地萬物之情可見矣。

【釋】

以殷《易》九五陽剛之君下應六二柔中而任用近臣作爲。故順以説，剛中而應，聚也。

柔以時升。巽而順。剛中而應，是以大亨，用見大人，勿恤，有慶也。南征吉，志行也。

【釋】

以殷《易》九二剛中上應六五順體柔中。故巽而順，剛中而應，是以大亨，志行也。

困，剛揜也。險以説，困而不失其所亨，其唯君子乎。貞大人吉，以剛中也。有言不信，尚口乃窮也。

【釋】

以殷《易》九二之剛雖居險中位，下應初六之柔，上應六三之柔，但上與居説九五剛中不應。故剛揜也，險以説，有言不信，尚口乃窮也。

巽乎水而上水，井。井養而不窮也。改邑不改井，乃以剛中也。汔至亦未繘井，未有功也。羸其瓶，是以凶也。

【釋】

以殷《易》九二剛中雖上與居險九五剛中不應，但九三之剛上應六四之柔，而六四之柔上應九五剛中。故巽乎水而上水，改邑不改井，乃以剛中也，羸其瓶，是以凶也。

革，水火相息。二女同居，其志不相得曰革。已日乃孚，革而信之。文明以説，大亨以正，革而當其悔乃亡。天地革而四時成，湯武革命順乎天而應乎人，革之時大矣哉。

【釋】

以殷《易》六二柔中下應初九之剛，上九三、九四、九五剛中皆應之，上六之柔下九五剛中、九四、九三之剛皆應之。故水火相息，二女同居，其志不相得曰革也。故湯武起而革命順乎天而應乎人也。

鼎，象也。以木巽火，亨飪也。聖人亨以享上帝，而大亨以養聖賢。巽而耳目聰明，柔進而上行，得中而應乎剛，是以元亨。

【釋】

以殷《易》六五明君上應上九之剛而下九二剛中、九三、九四之剛皆應之，初六之柔又上九二剛中、九三、九四之剛皆應之。故以木巽火，亨飪也，巽而耳目聰明，柔進而上行，得中而應乎剛，是以元亨也。

震，亨。震來虩虩，恐致福也。笑言啞啞，後有則也。震驚百里，驚遠而懼邇也。出可以守宗廟社稷，以爲祭主也。

【釋】

以殷《易》初九之剛上應六二柔中、六三之柔，九四之剛下應六二、六三之柔而上應六五柔中、上六之柔。故震來虩虩，震驚百里，驚遠而懼邇也，出可以守宗廟社稷，以爲祭主也。

艮，止也。時止則止，時行則行。動静不失其時，其道光明。艮其止，止其所也。上下敵應，不相與也。是以不獲其身，行其庭不見其人，无咎也。

【釋】

以殷《易》九三之剛下應初六之柔、六二柔中而上應六四、六五之柔，上九之剛下應六五柔中、六四之柔而由於受阻九三之剛不與初六、六二之柔應。故上下敵應，不相與也，是以不獲其身，行其庭不見其人也。

漸之進也，女歸吉也。進得位，往有功也。進以正，可以正邦也。其位剛得中也，止而巽，動不窮也。

【釋】

以殷《易》九五剛中居入尊位，下六四之柔、六二柔中皆應，而六二柔中又上應九三之剛。故漸之進也，女歸吉也，其位剛得中也，止而巽，動不窮也。

歸妹，天地之大義也。天地不交而萬物不興。歸妹，人之終始也。說以動，所歸妹也。征凶，位不當也。无攸利，柔乘剛也。

【釋】

以殷《易》九二剛中上應六三之柔、六五動體柔中，而六五柔中下應九四之剛。故說以動，所歸妹也，征凶，位不當也。

豐，大也。明以動，故豐。王假之，尚大也。勿憂，宜日中，宜照天下也。日中則昃，月盈則食，天地盈虛，與時消息，而況於人乎？況於鬼神乎？

【釋】

以殷《易》六五柔中居動尊位而下九三、九四之剛皆應，六二之柔居麗中位而上九三、九四之剛皆應。故王假之，尚大也，勿憂，宜日中，宜照天下也。

旅，小亨。柔得中乎外而順乎剛，止而麗乎明，是以小亨，旅貞吉也。旅之時義大矣哉。

【釋】

以殷《易》六五柔中居麗尊位，上應上九之剛而下九三、九四之剛皆應，六二之柔居止中位上九三、九四之剛皆應。故柔得位乎外而順乎剛，止而麗乎明，是以小亨，旅貞吉也。

重巽以申命。剛巽乎中正而志行，柔皆順乎剛，是以小亨，利有攸往，利見大人。

【釋】

以殷《易》卦從上至下爲入而入，九五剛中居入尊位，當然是向下決事申命，剛巽乎中正而志行也。

兌，說也。剛中而柔外。說以利貞，是以順乎天而應乎人。說以先民，民忘其勞。說以犯難，民忘其死，說之大，民勸矣哉。

【釋】

以殷《易》卦從上至下爲說而說，九五剛中居說尊位，當然是剛中而柔外，說以先民，民忘其勞，說以犯難，民忘其死也。

渙，亨。剛來而不窮，柔得位乎外而上同。王假有廟，王乃在中也。利涉大川，乘木有功也。

【釋】

以般《易》九二剛中下應初六之柔，上六三、六四之柔皆應，上九五剛中居入尊位而下六三、六四之柔皆應。故剛來而不窮，柔得位乎外而上同，王假有廟，利涉大川也。

節，亨。剛柔分而剛得中，苦節不可貞，其道窮也。説以行險，當位以節，中正以通。天地節而四時成。節以制度，不傷財，不害民。

【釋】

以般《易》九二剛中上六三、六四之柔皆應，上九五剛中居險尊位上應上六之柔，下六三、六四之柔皆應。故剛柔分而剛得中，説以行險，當位以節，中正以通也。

中孚，柔在内而剛得中。説而巽，孚乃化邦也。豚魚吉，信及豚魚也。利涉大川，乘木舟虚也。中孚以利貞，乃應乎天也。

【釋】

以般《易》九二剛中上六三、六四之柔皆應，上九五剛中居入尊位下六三、六四之柔皆應。故柔在内而剛得中，説而巽，孚乃化邦也；豚魚吉，信及豚魚也；利涉大川，乘木舟虚也。

小過，小者過而亨也。過以利貞，與時行也。柔得中，是以小事吉也。剛失位而不中，是以不可大事也。有飛鳥之象焉。飛鳥遺之音不宜上，宜下大吉，上逆而下順也。

【釋】

以般《易》六二柔中上九三、九四之剛皆應，上六五柔中居動尊位而下九三、九四之剛皆應。故柔得中，是以小事吉也，剛失位而不中，是以不可大事也。

既濟，亨。小者亨也。利貞，剛柔正而位當也。初吉，柔得中也。終止則亂，其道窮也。

【釋】

以般《易》九五剛中居險尊位上應上六之柔，下六四之柔、六二柔中皆應，而六二柔中下應初九之剛，上應九三之剛。故小者亨也，初吉，柔得中也，終止則亂，其道窮也。

未濟，亨。柔得中也。小狐汔濟，未出中也。濡其尾无攸利，不續終也。雖不當位，剛柔應也。

【釋】

以般《易》六五柔中居麗尊位上應上九之剛，下九四之剛、九二剛中皆應，九二剛中下應初六之柔，上六三之柔、六五柔中皆應。故柔得中也，雖不當位，剛柔應也。

三、象上

天行健，君子以自强不息。

【注】

言君子應效法天陽應地剛行資始萬物不止爲萬民所需不斷開創而自强不息。

潛龍勿用，陽在下也。見龍在田，德施普也。終日乾乾，反復道也。或躍在淵，進无咎也。飛龍在天，大人造也。亢龍有悔，盈不可久也。用九，天德不可爲首也。

【注】

乾象之義與六爻象之義及其用九象之義深合經義，當爲作者所出無疑。

地勢坤，君子以厚德載物。

【注】

言君子應效法地勢承天柔行資生萬物不息爲世盛日進不斷求取而厚德載物。

履霜堅冰，陰始凝也；馴致其道，至堅冰也。六二之動，直以方也；不習无不利，地道光也。含章可貞，以時發也；或從王事，知光大也。括囊无咎，慎不害也。黄裳元吉，文在中也。龍戰于野，其道窮也。用六永貞，以大終也。

【注】

坤象之義深合經義，當爲作者所出無疑。坤六爻象之義及其用六象之義有所符合經義，疑時已亡佚而爲孔子據辭所補。

雲雷，屯。君子以經綸。

雖磐桓，志行正也，以貴下賤，大得民也。

【釋】

一陽動出而上六二柔中、六三、六四之柔皆應之，但正應六四爲險體之柔。故以貴下賤雖大得民也，然行仍磐桓也（參需、節、既濟初爻象義。象上附注爲各爻象義雜參）。

六二之難，乘剛也；十年乃字，反常也。

【釋】

六二柔中下應初九之剛而難正應九五剛中。故十年乃字也（參隨、无妄、益二爻象義）。

即鹿无虞，以從禽也；君子捨之，往吝窮也。

【釋】

六三之柔爲上應九五剛中而行。故從禽，君子捨也（参比三爻象義）。

求而往，明也。

【釋】

六四之柔居上險之初，正應初九之剛，上應九五剛中而行。故求而往，明也（参節四爻象義）。

屯其膏，施未光也。

【釋】

九五剛中上應上六之柔而下六二動體柔中、六三、六四之柔皆應之。故施未光也（参比、節五爻象義）。

泣血漣如，何可長也。

【釋】

上六之柔已居屯之極，以下應九五剛中而行。故泣血漣如也（参比上爻象義）。

山下出泉，蒙。君子以果行育德。

利用刑人，以正法也。

【釋】

初六之柔居下險之初，上應九二剛中以正法開導。故知以往吝也（参師、涣初爻象義）。

子克家，剛柔接也。

【釋】

九二剛中下應初六之柔而上六三、六四之柔、六五止體柔中皆應之。故子克家，剛柔接也（参師、涣二爻象義）。

勿用取女，行不順也。

【釋】

六三之柔下應九二剛中而難正應上九之剛。故勿取，行不順也（参涣三爻象義）。

困蒙之吝，獨遠實也。

【釋】

六四之柔居上止之初，爲上應上九之剛而受阻六五柔中。故困吝，獨遠實也（参損四爻象義）。

童蒙之吉，順以巽也。

【釋】

六五柔中正應九二剛中，上應上九之剛。故順以巽，蒙吉也（参頤、損五爻象義)。

利用禦寇，上下順也。

【釋】

上九之剛下六三險體之柔、六四之柔、六五柔中皆應之。故上下順，利用禦寇也(參剥、頤、損上九爻象義)。

雲上於天，需。君子以飲食宴樂。

需于郊，不犯難行也；利用恒无咎，未失常也。

【釋】

初九之剛居下乾之初，正應六四險體之柔。故需于郊，利用恒，未失常也(參屯、節初爻象義)。

需于沙，衍在中也；雖小有言，以吉終也。

【釋】

九二剛中爲上應六四之柔而行。故衍在中，以吉終也(參小畜二爻象義)。

需于泥，灾在外也；自我至寇，敬慎不敗也。

【釋】

九三之剛上應六四之柔，正應上六險體之柔。故灾在外也，敬慎不敗也(參井三爻象義)。

需于血，順以聽也。

【釋】

六四之柔居上險之初，下初九、九二、九三之剛皆應之，上應九五剛中。故順以聽也(參屯、節四爻象義)。

酒食貞吉，以中正也。

【釋】

九五剛中下應六四之柔，上應上六之柔。故以中正也(參井、節五爻象義)。

不速之客來，敬之終吉；雖不當位，未大失也。

【釋】

上六之柔已居需之極，下應九五剛中，正應九三乾體之剛。故乾三陽進而不速之客來也(參泰上爻象義)。

天與水違行，訟。君子以作事謀始。

不永所事，訟不可長也；雖小有言，其辯明也。

【釋】

初六之柔居下險之初，上應九二剛中而難正應九四乾體之剛。故不永所事，其辯明也（参解、困初爻象義）。

不克訟，歸捕竄也；自下訟上，患至掇也。

【釋】

九二雖剛中，下應初六之柔，上應六三之柔，然無正應。故自下訟上，患至掇也（参困、涣二爻象義）。

食舊德，從上吉也。

【釋】

六三之柔下應九二剛中，上九四、九五、上九之剛皆應之。故從上吉也（参蒙三爻象義）。

復即命，渝；安貞不失也。

【釋】

九四之剛居上乾之初，下應六三之柔，正應初六險體之柔。故復即命，渝，安貞不失也（参困四爻象義）。

訟元吉，以中正也。

【釋】

九五剛中居乾尊位。故訟元吉也（参履、姤五爻象義）。

以訟受服，亦不足敬也。

【釋】

上九之剛已居訟之極，正應六三險體之柔。故以訟受服，亦不足敬也（参涣上爻象義）。

地中有水，師。君子以容民畜衆。

師出以律，失律凶也。

【釋】

初六之柔居下險之初，上應九二剛中。故師出以律也（参蒙、涣初爻象義）。

在師中吉，承天寵也；王三錫命，懷萬邦也。

【釋】

九二剛中下應初六之柔，上六三、六四之柔、六五柔中、上六之柔皆應之。故在師中吉，懷萬邦也（参蒙、解、未濟二爻象義）。

師或輿尸，大无功也。

【釋】

六三之柔下應九二剛中而上無有所應。故大无功也（参習坎三爻象義）。

左次无咎，未失常也。

【釋】

六四之柔居上坤之初，爲下應九二剛中而行。故左次，未失常也（參臨四爻象義）。

長子帥師，以中行也；弟子輿尸，使不當也。

【釋】

六五柔中正應九二剛中而行。故弟子輿尸，使不當也（參臨五爻象義）。

大君有命，以正功也；小人勿用，必亂邦也。

【釋】

上六之柔爲下應九二剛中而行。故正功，小人勿用也（參臨上爻象義）。

地上有水，比。先王以建萬國親諸侯。

比之初六，有他吉也。

【釋】

初六之柔居下坤之初，爲上應九五剛中而行。故比有他吉也（參大有初爻象義）。

比之自内，不自失也。

【釋】

六二柔中正應九五剛中。故比不自失也（參大有二爻象義）。

比之匪人，不亦傷乎。

【釋】

六三之柔爲上應九五剛中而受阻六四之柔。故比之匪人，不亦傷乎（參大有三爻象義）。

外比於賢，以從上也。

【釋】

六四之柔居上險之初，上應九五剛中。故比以從上也（參大有四爻象義）。

顯比之吉，位正中也，舍逆取順，失前禽也；邑人不誡，上使中也。

【釋】

九五剛中下初六之柔，六二柔中，六三、六四之柔皆應之，上應上六之柔。故顯比之吉，邑人不誡也（參屯、蹇五爻象義）。

比之无首，无所終也。

【釋】

上六之柔已居比之極，以下應九五剛中而行。故比之无首，无所終也（參屯、習坎、節上爻象義）。

風行天上，小畜。君子以懿文德。

復自道，其義吉也。

【釋】

初九之剛居下乾之初，正應六四入體之柔。故復自道，其義吉也（參泰、大畜初爻象義）。

牽復在中，亦不自失也。

【釋】

九二剛中爲上應六四之柔而受阻九三之剛。故牽復在中，亦不自失也（參泰、大畜、大壯二爻象義）。

夫妻反目，不能正室也。

【釋】

九三之剛上應六四之柔，而六四之柔又上應九五剛中、上九之剛。故不能正室而夫妻反目也（參巽三爻象義）。

有孚惕出，上合志也。

【釋】

六四之柔居上入之初，下初九、九二、九三之剛皆應之，上應九五剛中。故有孚惕出，上合志也（參家人四爻象義）。

有孚攣如，不獨富也。

【釋】

九五剛中下應六四之柔。故有孚攣如，不獨富也（參中孚五爻象義）。

既雨既處，德積載也；君子征凶，有所疑也。

【釋】

上九之剛已居小畜之極，爲下應六四之柔而行。故既雨既處也，君子征凶也（參巽上爻象義）。

上天下澤，履。君子以辯上下，定民志。

素履之往，獨行願也。

【釋】

初九之剛居下說之初，爲上應六三之柔而行。故素履之往，獨行願也（參歸妹、兑初爻象義）。

幽人貞吉，中不自亂也。

【釋】

九二剛中上應六三之柔而行。故幽人貞吉，中不自亂也（參兑、中孚二爻象義）。

眇能視，不足以有明也，跛能履，不足以與行也；咥人之凶，位不當也；武人爲于大君，志剛也。

【釋】

六三柔居陽位，下應初九之剛、九二剛中，上九四、九五、上九之剛皆應之而行。故眇視跛履而被咥凶也（參睽三爻象義）。

愬愬終吉，志行也。

【釋】

九四之剛居上乾之初，下應六三之柔而行。故終吉，志行也（參无妄、兑四爻象義）。

夬履貞厲，位正當也。

【釋】

九五剛中居上乾尊位爲下應六三之柔而行。故夬履貞厲，但位正當也（參訟五爻象義）。

元吉在上，大有慶也。

【釋】

上九之剛正應六三説體之柔而行。故元吉在上，大有慶也（參否上爻象義）。

天地交，泰。后以財成天地之道，輔相天地之宜以左右民。

拔茅征吉，志在外也。

【釋】

初九之剛居下乾之初，正應六四順體之柔而行。故征吉，志在外也（參小畜初爻象義）。

包荒得尚于中行，以光大也。

【釋】

九二剛中正應六五順體柔中而行。故得尚于中行，以光大也（參大有、大畜、大壯二爻象義）。

无往不復，天地際也。

【釋】

九三之剛上六四、六五、上六之柔皆應之。故无往不復，天地際也（參升三爻象義）。

翩翩不富，皆失實也；不戒以孚，中心願也。

【釋】

六四之柔居上順之初，下初九、九二、九三之剛皆應之。故翩翩不富，中心願也

（參大畜、明夷四爻象義）。

以祉元吉，中以行願也。

【釋】

六五柔中正應九二剛中而行。故中以行願，以祉元吉也（參臨、升五爻象義）。

城復于隍，其命亂也。

【釋】

上六之柔正應九三乾體之剛。故乾三陽進而其命亂，城復于隍也（參需上爻象義）。

天地不交，否。君子以儉德辟難，不可榮以祿。

拔茅貞吉，志在君也。

【釋】

初六之柔居下坤之初，正應九四乾體之剛而行。故貞吉，志在君也（參咸初爻象義）。

大人否亨，不亂群也。

【釋】

六二柔中正應九五剛中而行。故否亨，不亂群也（參革二爻象義）。

包羞，位不當也。

【釋】

六三柔居陽位而上九四、九五、上九之剛皆應之。故包羞也（參无妄三爻象義）。

有命无咎，志行也。

【釋】

九四之剛居上乾之初，下初六、六二、六三之柔皆應之。故志行也（參革四爻象義）。

大人之吉，位正當也。

【釋】

九五剛中正應六二順體柔中。故位正當而吉也（參同人五爻象義）。

否終則傾，何可長也。

【釋】

上九之剛已居否之極，以正應六三順體之柔而行。故否終則傾也（參履上爻象義）。

天與火，同人。君子以類族辨物。

出門同人，又誰咎也。

【釋】

初九之剛居下麗之初，上應六二柔中而行。故出門同人也（參豐初爻象義）。

同人于宗，吝道也。

【釋】

六二柔中下應初九之剛，上九三、九四之剛，九五剛中，上九之剛皆應之。故于宗，吝道也（參革二爻象義）。

伏戎于莽，敵剛也；三歲不興，安行也。

【釋】

九三之剛下應六二柔中而無上應。故敵剛而三歲不興，安行也（參遯三爻象義）。

乘其墉，義弗克也；其吉則困而反則也。

【釋】

九四之剛居上乾之初，爲下應六二柔中而行。故義弗克也，其吉則困而反則也（參遯四爻之義）。

同人之先，以中直也；大師相遇，言相克也。

【釋】

九五剛中正應六二麗體柔中而行。故中直而大師相遇相克也（參遯五爻象義）。

同人于郊，志未得也。

【釋】

上九之剛爲下應六二柔中而行。故于郊而志還未得也（參師上爻象義）。

火在天上，大有。君子以遏惡揚善，順天休命。

大有初九，无交害也。

【釋】

初九之剛居下乾之初，爲上應六五柔中而行。故无交害也（參大壯初爻象義）。

大車以載，積中不敗也。

【釋】

九二剛中正應六五麗體柔中而行。故大車以載而行也（參大壯二爻象義）。

公用亨于天子，小人害也。

【釋】

九三之剛爲上應六五柔中而受阻九四之剛。故受害而用亨于天子也（參比三爻象義）。

匪其彭无咎，明辨晳也。

【釋】

九四之剛居上麗之初，上應六五柔中而行。故匪其彭无咎也（參離四爻象義）。

厥孚交如，信以發志也；威如之吉，易而无備也。

【釋】

六五柔中下初九之剛，九二剛中，九三、九四之剛皆應之，上應上九之剛。故信以發志也，易而无備也（參鼎五爻象義）。

大有上吉，自天祐也。

【釋】

上九之剛下應六五柔中而行。故上吉也（參鼎上爻象義）。

地中有山，謙。君子以裒多益寡，稱物平施。

謙謙君子，卑以自牧也。

【釋】

初六之柔居下止之初，爲上應九三之剛而受阻六二柔中。故卑以自牧也（參漸初爻象義）。

鳴謙貞吉，中心得也。

【釋】

六二柔中上應九三之剛而行。故貞吉，中心得也（參履二爻象義）。

勞謙君子，萬民服也。

【釋】

九三之剛下應初六之柔、六二柔中，上六四、六五、上六之柔皆應之。故萬民服也（參明夷三爻象義）。

无不利撝謙，不違則也。

【釋】

六四之柔居上坤之初，下應九三之剛而行。故撝謙而不違則也（參升四爻象義）。

利用侵伐，征不服也。

【釋】

六五柔中爲下應九三之剛受阻六四之柔。故利用侵伐，征不服也（參履五爻象義）。

鳴謙，志未得也；可用行師，征邑國也。

【釋】

上六之柔正應九三之剛而行。故鳴謙行師，征邑國也（參履上爻象義）。

雷出地奮，豫。先王以作樂崇德，殷薦之上帝以配祖考。

初六鳴豫，志窮凶也。

【釋】

初六之柔居下坤之初，正應九四之剛意欲即得。故志窮凶也（參革初爻象義）。

不終日貞吉，以中正也。

【釋】

六二柔中爲上應九四之剛受阻六三之柔而不終日。故貞吉也（參晋二爻象義）。

盱豫有悔，位不當也。

【釋】

六三柔居陽位，上應九四之剛而盱豫。故有悔也（參震三爻象義）。

由豫大有得，志大行也。

【釋】

九四之剛居上動之初，下初六、六二、六三之柔皆應之，上應六五柔中、上六之柔。故由豫大有得，志大行也（參小畜四爻象義）。

六五貞疾，乘剛也；恒不死，中未亡也。

【釋】

六五柔中下應九四之剛，而九四之剛又下初六、六二、六三之柔皆應之。故貞疾，中未亡而恒心不死也（參震五爻象義）。

冥豫在上，何可長也。

【釋】

上六之柔已居豫之極，爲下應九四之剛而行。故冥豫在上，何可長也（參歸妹上爻象義）。

澤中有雷，隨。居子以嚮晦入宴息。

官有渝，從正吉也；出門交有功，不失也。

【釋】

初九之剛居下動之初，上應六二柔中、六三之柔。故出門交有功也（參无妄初爻象義）。

係小子，弗兼與也。

【釋】

六二柔中下應初九之剛而難正應九五剛中。故係小子也（參屯二爻象義）。

係丈夫，志舍下也。

【釋】

六三之柔上應九四、九五之剛而行。故志捨下也（參蠱三爻象義）。

隨有獲，其義凶也；有孚在道，明功也。

【釋】

九四之剛居上説之初，以下應六二、六三之柔而行。故隨有獲，其義凶也（參蠱四爻象義）。

孚于嘉吉，位正中也。

【釋】

九五剛中正應六二動體柔中，上應上六之柔而行。故位正中而嘉吉也（參蠱五爻象義）。

拘係之，上窮也。

【釋】

上六之柔雖下應九五剛中、九四之剛，然已無正應。故拘係之，上窮也（參萃上爻象義）。

山下有風，蠱。君子以振民育德。

幹父之蠱，意承考也。

【釋】

初六之柔居下入之初，上應九二剛中、九三之剛而行。故幹父之蠱，意承考也（參升初爻象義）。

幹母之蠱，得中道也。

【釋】

九二剛中下應初六之柔，正應六五止體柔中而行。故幹母之蠱，得中道也（參升二爻象義）。

幹父之蠱，終无咎也。

【釋】

九三之剛上六四、六五之柔皆應。故終无咎也（參大畜三爻象義）。

裕父之蠱，往未得也。

【釋】

六四之柔居上止之初，下九二、九三之剛皆應而上無應。故裕父之蠱，往未得也（參隨四爻象義）。

幹父用譽，承以德也。

【釋】

六五柔中正應九二剛中，上應上九之剛。故幹父用譽，承以德也（參損五爻象義）。

不事王侯，志可則也。

【釋】

上九之剛下應六五柔中、六四之柔而行。故不事王侯，志可則也（參艮上爻象義）。

澤上有地，臨。君子以教思无窮，容保民无疆。

咸臨貞吉，志行正也。

【釋】

初九之剛居下説之初，正應六四坤體之柔而行。故貞吉，志行正也（參泰初爻象義）。

咸臨吉无不利，未順命也。

【釋】

九二剛中雖上六三、六四之柔，六五坤體柔中、上六之柔皆應之而吉，然事還未順命也（參損二爻象義）。

甘臨位不當也，既憂之，咎不長也。

【釋】

六三柔居陽位，雖下應九二剛中、初九之剛而無上應。故既憂之，咎不長也（參師三爻象義）。

至臨无咎，位當也。

【釋】

六四之柔居上坤之初，正應初九之剛而行。故无咎也（參復四爻象義）。

大君之宜，行中之謂也。

【釋】

六五柔中正應九二剛中而行。故大君之宜，行中也（參升五爻象義）。

敦臨之吉，志在内也。

【釋】

上六之柔爲下應九二剛中而行。故敦臨之吉，志在内也（參升上爻象義）。

風行地上，觀。先王以省方觀民設教。

初六童觀，小人道也。

【釋】

初六之柔居下坤之初，爲上應九五剛中而行。故爲童觀，小人道也（參大壯初爻象義）。

闚觀女貞，亦可醜也。

【釋】

六二柔中雖正應九五剛中而行，然闚觀女貞。故亦可醜也（參否二爻象義）。

觀我生進退，未失道也。

【釋】

六三之柔正應上九之剛而行觀進退。故未失道也（參剥三爻象義）。

觀國之光，尚賓也。

【釋】

六四之柔居上入之初，上應九五剛中、上九之剛而行。故觀國之光，尚賓也（參渙四爻象義）。

觀我生，觀民也。

【釋】

九五剛中下初六之柔，六二坤體柔中，六三、六四之柔皆應之。故觀民也（參比五爻象義）。

觀其生，志未平也。

【釋】

上九之剛已居觀之極，雖正應六三坤體之柔而行，然所觀志還未平也（參益上爻象義）。

雷電，噬嗑。先王以明罰勑法。

屨校滅趾，不行也。

【釋】

初九之剛居下動之初，雖上應六二柔中、六三之柔，然無正應。故滅趾而不行也（參井初爻象義）。

噬膚滅鼻，乘剛也。

【釋】

六二柔中下應初九之剛而無上應。故欲行被噬膚滅鼻也（參頤二爻象義）。

遇毒，位不當也。

【釋】

六三柔居陽位，上應九四之剛，而難正應上九之剛。故遇毒也（參晋三爻象義）。

利艱貞吉，未光也。

【釋】

九四之剛居上麗之初，雖上應六五柔中而下六二、六三之柔皆應，然無正應。故未光而利艱貞吉也（參晋四爻象義）。

貞厲无咎，得當也。

【釋】

六五柔中雖下應九四之剛，上應上九之剛，然無正應。故貞厲，得當而无咎也（參晋、旅五爻象義）。

何校滅耳，聰不明也。

【釋】

上九之剛下應六五柔中，正應六三動體之柔而何校滅耳。故聰不明也（參晋、未濟上爻象義）。

山下有火，賁。君子以明庶政，无敢折獄。

舍車而徒，義弗乘也。

【釋】

初九之剛居下麗之初，上應六二柔中，正應六四止體之柔。故捨車而徒，義弗乘也（參家人、明夷初爻象義）。

賁其須，與上興也。

【釋】

六二柔中雖下應初九之剛，上應九三之剛而上無正應。故須，與上興也（參明夷、豐二爻象義）。

永貞之吉，終莫之陵也。

【釋】

九三之剛下應六二柔中，上應六四之柔、六五柔中而行。故吉，終莫之陵也（參大畜三爻象義）。

六四當位疑也，匪寇婚媾，終无尤也。

【釋】

六四之柔居上止之初，下應九三之剛而正應初九之剛。故疑，匪寇婚媾，終无尤也（參明夷四爻象義）。

六五之吉，有喜也。

【釋】

六五柔中上應上九之剛而行。故吉，有喜也（參剥五爻象義）。

白賁无咎，上得志也。

【釋】

上九之剛下應六五柔中、六四之柔而行。故上得志也（參艮上爻象義）。

山附於地，剥。上以厚下安宅。

剥牀以足，以滅下也。

【釋】

初六之柔居下坤之初，柔起然難應上九之剛。故以足，以滅下也（參觀初爻象義）。

剥牀以辨，未有與也。

【釋】

六二柔中勢長仍難應上九之剛。故以辨，未有與也（參豫二爻象義）。

剥之无咎，失上下也。

【釋】

六三柔勢進正應上九之剛而行失上下。故剥之无咎也（參觀三爻象義）。

剥牀以膚，切近灾也。

【釋】

六四之柔居上止之初，柔勢盛長，爲應上九之剛以膚。故切近灾也（參蒙四爻象義）。

以宫人寵，終无尤也。

【釋】

六五柔中勢盛進上應上九之剛而受以宫人寵。故終无尤也（參賁五爻象義）。

君子得輿，民所載也；小人剥廬，終不可用也。

【釋】

上九之剛下柔皆應之而行。故得輿民載，小人露出剥廬面目也（參頤、損上爻象義）。

雷在地中，復。先王以至日閉關，商旅不行，后不省方。

不遠之復，以修身也。

【釋】

初九之剛居下動之初，一陽動出而柔皆應之。故應修身以復也（參益、姤初爻象義）。

休復之吉，以下仁也。

【釋】

六二柔中下應初九之剛而復。故吉，以下仁也（參姤二爻象義）。

頻復之厲，義无咎也。

【釋】

六三之柔爲應初九之剛而頻復。故義无咎也（參姤三爻象義）。

中行獨復，以從道也。

【釋】

六四之柔居上坤之初，正應初九之剛而獨復。故以從道也（參姤四爻象義）。

敦復无悔，中以自考也。

【釋】

六五柔中爲應初九之剛而敦復。故中以自考也（參姤五爻象義）。

迷復之凶，反君道也。

【釋】

上六之柔已居復之極，難應初九之剛而迷復。故反君道也（參姤上爻象義）。

天下雷行，物與无妄。先王以茂對時育萬物。

无妄之往，得志也。

【釋】

初九之剛居下動之初，一陽動出而上應六二柔中、六三之柔。故往，得志也（參隨、震初爻象義）。

不耕獲，未富也。

【釋】

六二柔中下應初九之剛而難正應九五剛中。故不可能不耕而獲也（參屯、益二爻象義）。

行人得牛，邑人災也。

【釋】

六三之柔上應九四之剛而難正應上九之剛。故行人得牛，邑人災也（參噬嗑、晋三爻象義）。

可貞无咎，固有之也。

【釋】

九四之剛居上乾之初，下六二、六三之柔皆應。故可貞无咎也（參隨四爻象義）。

无妄之藥，不可試也。

【釋】

九五剛中正應六二動體柔中而行。故藥不可試也（參遯五爻象義）。

无妄之行，窮之災也。

【釋】

上九之剛已居无妄之極，以正應六三動體之柔而行。故窮之災也（參小過上爻象義）。

天在山中，大畜。君子以多識前言往行，以畜其德。

有厲利已，不犯灾也。

【釋】

初九之剛居下乾之初，正應六四止體之柔而行。故有厲利已，不犯灾也（參需初爻象義）。

輿説輹，中无尤也。

【釋】

九二剛中正應六五止體柔中而行。故輿説輹，中无尤也（參大壯二爻象義）。

利有攸往，上合志也。

【釋】

九三之剛上六四、六五之柔皆應而行。故利有攸往，上合志也（參泰三爻象義）。

六四元吉，有喜也。

【釋】

六四之柔居上止之初，下初九、九二、九三之剛皆應之而行。故吉，有喜也（參泰四爻象義）。

六五之吉，有慶也。

【釋】

六五柔中上應上九之剛，正應九二剛中而行。故吉，有慶也（參損五爻象義）。

何天之衢，道大行也。

【釋】

上九之剛下應六五柔中、六四之柔而行。故道大行也（參損上爻象義）。

山下有雷，頤。居子以慎言語，節飲食。

觀我朵頤，亦不足貴也。

【釋】

初九之剛居下動之初，一陽動出而上六二柔中，六三、六四、六五之柔皆應之，但正應六四爲止體之柔。故觀我朵頤，亦不足貴也（參屯初爻象義）。

六二征凶，行失類也。

【釋】

六二柔中下應初九之剛而上無有所應。故征凶，行失類也（參復二爻象義）。

十年勿用，道大悖也。

【釋】

六三之柔正應上九之剛而行但道大悖。故十年勿用也（參咸、剥三爻象義）。

顛頤之吉，上施光也。

【釋】

六四之柔居上止之初，正應初九之剛而行。故吉，上施光也（參恒四爻象義）。

居貞之吉，順以從上也。

【釋】

六五柔中上應上九之剛而行。故吉，順以從上也（參剥、頤五爻象義）。

由頤厲吉，大有慶也。

【釋】

上九之剛下六二、六三、六四之柔，六五柔中皆應之而行。故吉，大有慶也（參剥、損上爻象義）。

澤滅木，大過。君子以獨立不懼，遯世无悶。

藉用白茅，柔在下也。

【釋】

初六之柔居下入之初，上九二剛中，九三、九四、九五之剛皆應之。故應藉用白茅也（參姤初爻象義）。

老夫女妻，過以相遇也。

【釋】

九二剛中下應初六之柔而上無有應。故老夫少婦，過以相遇也（參姤二爻象義）。

棟橈之凶，不可以有輔也。

【釋】

九三之剛正應上六説體之柔而行。故凶，棟橈也（參咸三爻象義）。

棟隆之吉，不橈乎下也。

【釋】

九四之剛居上説之初，正應初六入體之柔而行。故吉，棟隆也（參咸四爻象義）。

枯楊生華，何可久也；老婦士夫，亦可醜也。

【釋】

九五剛中上應上六之柔而下無有應。故枯楊生華，老婦士夫也（參夬五爻象義）。

過涉之凶，不可咎也。

【釋】

上六之柔已居大過之極，下九二、九三、九四之剛，九五剛中皆應之而行。故凶，不可咎也（參夬上爻象義）。

水洊至，習坎。君子以常德行習教事。

習坎入坎，失道凶也。

【釋】

初六之柔居下險之初，上應九二剛中而無正應習坎入坎。故失道凶也（參蒙初爻象義）。

求小得，未出中也。

【釋】

九二剛中雖下應初六之柔，上六三、六四之柔皆應，但無正應。故未出中，求小得也（參訟二爻象義）。

來之坎坎，終无功也。

【釋】

六三之柔下應九二剛中而無上應。故來之坎坎，終无功也（參師三爻象義）。

樽酒簋貳，剛柔際也。

【釋】

六四之柔居上險之初，上應九五剛中而無下應。故樽酒簋貳也（參比四爻象義）。

坎不盈，中未大也。

【釋】

九五剛中下六三、六四之柔皆應，上應上六之柔，但無正應。故中未大，坎不盈也（參需五爻象義）。

上六失道，凶三歲也。

【釋】

上六之柔已居習坎之極，以下應九五剛中而無正應行之。故失道，凶三歲也（參比上爻象義）。

明兩作，離。大人以繼明照于四方。

履錯之敬，以辟咎也。

【釋】

初九之剛居下麗之初，上應六二柔中而無正應。故敬，以辟咎也（參同人初爻象義）。

黃離元吉，得中道也。

【釋】

六二柔中下應初九之剛，上九三、九四之剛皆應。故吉，得中道也（參豐二爻象義）。

日昃之離，何可久也。

【釋】

九三之剛下應六二柔中而無上應。故日昃之離，何可久也（参同人三爻象義）。

突如其來如，无所容也。

【釋】

九四之剛居上麗之初，上應六五柔中而行。故突如其來如，无所容也（参大有四爻象義）。

六五之吉，離王公也。

【釋】

六五柔中上應上九之剛，下九三、九四之剛皆應。故吉，離王公也（参噬嗑五爻象義）。

王用出征，以正邦也。

【釋】

上九之剛已居離之極，以下應六五柔中而行。故王用出征，以正邦也（参鼎上爻象義）。

四、象下

山上有澤，咸。君子以虚受人。

咸其拇，志在外也。

【釋】

初六之柔居下止之初，正應九四之剛而行。故咸其拇，志在外也（参遯初爻象義。象下附注爲爻所在經卦象義参）。

雖凶居吉，順不害也。

【釋】

六二柔中上應九三、九四之剛而難正應九五剛中。故雖凶居吉，順不害也（参遯二爻象義）。

咸其股，亦不處也；志在隨人，所執下也。

【釋】

九三之剛雖下應六二柔中、初六之柔，但正應上六説體之柔。故志在隨人，所執下也（参小過三爻象義）。

貞吉悔亡，未感害也；憧憧往來，未光大也。

【釋】

九四之剛居上説之初，正應初六止體之柔而無上應。故憧憧往來，未光大也（参大過四爻象義）。

咸其脢，志末也。

【釋】

九五剛中正應六二止體柔中，上應上六之柔。故咸其脢，志末也（參晋五爻象義）。

咸其輔頰舌，滕口説也。

【釋】

上六之柔下九三、九四之剛，九五剛中皆應之而行。故滕口説也（參革上爻象義）。

雷風，恒。君子以立不易方。

浚恒之凶，始求深也。

【釋】

初六之柔居下入之初，上應九二剛中、九三之剛難正應九四之剛而求。故凶，始求深也（參訟初爻象義）。

九二悔亡，能久中也。

【釋】

九二剛中下應初六之柔，正應六五動體柔中而行。故能久中，悔亡也（參蠱二爻象義）。

不恒其德，无所容也。

【釋】

九三之剛正應上六動體之柔，不顧初六之柔而行。故不恒其德也（參咸三爻象義）。

久非其位，安得禽也。

【釋】

九四之剛居上動之初，剛居陰位，雖上應六五柔中、上六之柔，正應初六入體之柔，然非其位。故安得禽也（參小過四爻象義）。

婦人貞吉，從一而終也；夫子制義，從婦凶也。

【釋】

六五柔中下九二剛中，九三、九四之剛皆應之。故婦人貞吉，從一而終也；夫子制義，從婦凶也（參大壯五爻象義）。

振恒在上，大无功也。

【釋】

上六之柔已居恒之極，以正應九三之剛，不顧九四之剛而行。故振恒在上，大无功也（參大壯上爻象義）。

天下有山，遯。君子以遠小人，不惡而嚴。

遯尾之厲，不往何灾也。

【釋】

初六之柔居下止之初，正應九四乾體之剛而遯尾。故厲，不往何灾也（參咸初爻象義）。

執用黄牛，固志也。

【釋】

六二柔中上九三、九四之剛，九五剛中、上九之剛皆應之。故執用黄牛，固志也（參咸二爻象義）。

係遯之厲，有疾憊也；畜臣妾吉，不可大事也。

【釋】

九三之剛下應六二柔中，初六之柔而上無應。故厲，有疾憊，不可大事也（參旅三爻象義）。

君子好遯，小人否也。

【釋】

九四之剛居上乾之初而正應初六止體之柔。故君子好遯，小人否也（參姤四爻象義）。

嘉遯貞吉，以正志也。

【釋】

九五剛中正應六二止體柔中而遯。故正志，貞吉也（參否五爻象義）。

肥遯无不利，无所疑也。

【釋】

上九之剛已居遯之極，爲應六二柔中而遯。故无不利，无所疑也（參否上爻象義）。

雷在天上，大壯。君子以非禮弗履。

壯于趾，其孚窮也。

【釋】

初九之剛居下乾之初，爲上應六五柔中而行。故壯于趾，其孚窮也（參大有初爻象義）。

九二貞吉，以中也。

【釋】

九二剛中正應六五動體柔中而行。故以中，貞吉也（參大有二爻象義）。

小人用壯，君子罔也。

【釋】

九三之剛正應上六動體之柔而行。故小人用壯也（參恒三爻象義）。

藩決不羸，尚往也。

【釋】

九四之剛居上動之初，上應六五柔中、上六之柔而行。故不羸，尚往也（參豐四爻象義）。

喪羊于易，位不當也。

【釋】

六五柔中下初九之剛、九二剛中，九三、九四之剛皆應之而陰居陽位。故位不當，喪羊于易也（參恒五爻象義）。

不能退，不能遂，不詳也；艱則吉，咎不長也。

【釋】

上六之柔已居大壯之極，以正應九三之剛而行。故不能退，不能遂，不詳也；艱則吉，咎不長也（參豐上爻象義）。

明出地上，晋。君子以自昭明德。

晋如摧如，獨行正也；裕无咎，未受命也。

【釋】

初六之柔居下坤之初，以正應九四之剛而行。故雖晋如摧如獨行正，然未受命也（參否初爻象義）。

受兹介福，以中正也。

【釋】

六二柔中爲上應九四之剛而行。故中正，受兹介福也（參豫二爻象義）。

衆允之志，上行也。

【釋】

六三之柔上應九四之剛而難正應上九之剛使上行，衆允之志也（參无妄三爻象義）。

鼫鼠貞厲，位不當也。

【釋】

九四之剛居上麗之初，雖下初六、六二、六三之柔皆應之而上應六五柔中，然陽居陰位。故而貞厲也（參旅四之象義）。

失得勿恤，往有慶也。

【釋】

六五柔中下應九四之剛，上應上九之剛而失得勿恤。故往有慶也（參旅五爻象義）。

維用伐邑，道未光也。

【釋】

上九之剛已居晉之極，雖下應六五柔中、正應六三坤體之柔而道還未光。故維用伐邑也（參噬嗑上爻象義）

明入地中，明夷。君子以莅衆，用晦而明。

君子于行，義不食也。

【釋】

初九之剛居下麗之初，上應六二柔中，正應六四坤體之柔于行。故義不食也（參家人初爻象義）。

六二之吉，順以則也。

【釋】

六二柔中下應初九之剛，上應九三之剛而行。故吉，順以則也（參豐二爻象義）。

南狩之志，乃大得也。

【釋】

九三之剛下應六二柔中，上六四、六五、上六之柔皆應之而行。故南狩之志，乃大得也（參既濟三爻象義）。

入于左腹，獲心意也。

【釋】

六四之柔居上坤之初，下應九三之剛，正應初九之剛而行。故入于左腹，獲心意也（參泰四爻象義）。

箕子之貞，明不可息也。

【注】

與《彖》中提到的，同樣是明夷䷣之卦，但就箕子而論，因箕子就朝野而是朝臣處難，爻就成六五之柔君位。卦的因事因情而變可謂無窮，這就是中國《易》學之卦在應用上的變化無常、無可窮盡之所在。

【釋】

六五柔中上下無有所應，爲下應九三之剛而行。故箕子之貞，明不可息也（參謙五爻象義）。

初登于天，照四國也；後入于地，失則也。

【釋】

上六之柔已居明夷之極，以正應九三之剛而行。故初登于天照四國，後入于地也（參升上爻象義）。

風自火出，家人。君子以言有物而行有恒。

閑有家，志未變也。

【釋】

初九之剛居下麗之初，上應六二柔中，正應六四入體之柔。故閑有家，志未變也（參賁初爻象義）。

六二之吉，順以巽也。

【釋】

六二柔中下應初九之剛，上應九三之剛難正應九五剛中。故其吉，順以巽也（參既濟二爻象義）。

家人嗃嗃，未失也；婦子嘻嘻，失家節也。

【釋】

九三之剛雖下應六二柔中，上應六四之柔，然無正應而嗃嗃。故婦子嘻嘻，失家節也（參同人三爻象義）。

富家大吉，順在位也。

【釋】

六四之柔居上入之初，陰居陰位，下應九三之剛，正應初九之剛，上應九五剛中、上九之剛而行。故富家大吉，順在位也（參小畜四爻象義）。

王假有家，交相愛也。

【釋】

九五剛中下應六四之柔，正應六二麗體柔中而行。故王假有家，交相愛也（參漸五爻象義）。

威如之吉，反身之謂也。

【釋】

上九之剛已居家人之極，爲下應六四之柔而行。故吉反身之謂也（參漸上爻象義）。

上火下澤，睽。君子以同而异。

見惡人，以辟咎也。

【釋】

初九之剛居下説之初，爲上應六三之柔而行。故見惡人，以辟咎也（參履初爻象義）。

遇主于巷，未失道也。

【釋】

九二剛中上應六三之柔，正應六五麗體柔中而行。故遇主于巷，未失道也（參歸妹二爻象義）。

見輿曳，位不當也；无初有終，遇剛也。

【釋】

六三之柔下應初九之剛、九二剛中，上應九四之剛而難正應上九之剛。故見輿曳，无初有終也（參履三爻象義）。

交孚无咎，志行也。

【釋】

九四之剛居上麗之初，下應六三之柔，上應六五柔中而行。故无咎，志行也（參大有四爻象義）。

厥宗噬膚，往有慶也。

【釋】

六五柔中下應九四之剛，正應九二剛中，上應上九之剛而行。故往有慶也（參大有五爻象義）。

遇雨之吉，群疑亡也。

【釋】

上九之剛已居睽之極，以下應六五柔中、正應六三説體之柔而行。故遇雨之吉，群疑亡也（參噬嗑上爻象義）。

山上有水，蹇。君子以反身修德。

往蹇來譽，宜待也。

【釋】

初六之柔居下止之初，爲上應九三之剛而行。故蹇雖能來譽，但宜待也（參漸初爻象義）。

王臣蹇蹇，終无尤也。

【釋】

六二柔中上應九三之剛而難正應九五剛中。故蹇蹇，終无尤也（參漸二爻象義）。

往蹇來反，内喜之也。

【釋】

九三之剛下應初六之柔、六二柔中，上應六四之柔，正應上六險體之柔。故蹇來反，內喜之也（參謙三爻象義）。

往蹇來連，當位實也。

【釋】

六四之柔居上險之初，柔居陰位，下應九三之剛，上應九五剛中。故蹇來連，當位實也（參井四爻象義）。

大蹇朋來，以中節也。

【釋】

九五剛中下應六四之柔，正應六二止體柔中，上應上六之柔。故以中節，大蹇朋來也（參既濟五爻象義）。

往蹇來碩，志在內也；利見大人，以從貴也。

【釋】

上六之柔下應九五剛中，正應九三之剛。故蹇來碩，志在內也；利見大人，以從貴也。（參井上爻象義）。

雷雨作，解。君子以赦過宥罪。

剛柔之際，義无咎也。

【釋】

初六之柔居下險之初，上應九二剛中而難正應九四之剛。故剛柔之際，義无咎也（參訟初爻象義）。

九二貞吉，得中道也。

【釋】

九二剛中下應初六之柔，上應六三之柔，正應六五動體柔中。故得中道，貞吉也（參蒙二爻象義）。

負且乘，亦可醜也；自我致戎，又誰咎也。

【釋】

六三之柔下應九二剛中，上應九四之剛而無正應行之。故負且乘，自我致戎也（參困三爻象義）。

解而拇，未當位也。

【釋】

九四之剛居上動之初，雖下應六三之柔，正應初六險體之柔，上應六五柔中、上六之柔，然剛居陰位。故解而拇，未當位也（參恒四爻象義）。

君子有解，小人退也。

【釋】

六五柔中下應九四之剛，正應九二剛中而行。故君子有解，小人退也（參恒五爻象義）。

公用射隼，以解悖也。

【釋】

上六之柔已居解之極，爲下應九四之剛而行。故射隼，以解悖也（參歸妹上爻象義）。

山下有澤，損。君子以懲忿窒欲。

已事遄往，尚合志也。

【釋】

初九之剛居下説之初，正應六四止體之柔而行。故已事遄往，尚合志也（參中孚初爻象義）。

九二利貞，中以爲志也。

【釋】

九二剛中上六三、六四之柔，六五止體柔中皆應之。故利貞，中以爲志也（參臨二爻象義）。

一人行，三則疑也。

【釋】

六三之柔下應初九之剛、九二剛中而難正應上九之剛。故一人行，三則疑也（參中孚三爻象義）。

損其疾，亦可喜也。

【釋】

六四之柔居上止之初，正應初九之剛而行。故損其疾，亦可喜也（參頤四爻象義）。

六五元吉，自上祐也。

【釋】

六五柔中正應九二剛中，上應上九之剛而行。故吉，自上祐也（參蠱五爻象義）。

弗損益之，大得志也。

【釋】

上九之剛下六三、六四之柔，六五柔中皆應之而行。故弗損益之，大得志也（參頤上爻象義）。

風雷，益。君子以見善則遷，有過則改。

元吉无咎，下不厚事也。

【釋】

初九之剛居下動之初，上六二柔中，六三之柔、六四入體之柔皆應之而行。故吉，不厚事也（參復初爻象義）。

或益之，自外來也。

【釋】

六二柔中下應初九之剛而難正應九五剛中。故或益之，自外來也（參屯二爻象義）。

益用凶事，固有之也。

【釋】

六三之柔正應上九之剛而行。故益用凶事，固有之也（參頤三爻象義）。

告公從，以益志也。

【釋】

六四之柔居上入之初，正應初九之剛，上應九五剛中、上九之剛而行。故告公從，以益志也（參中孚四爻象義）。

有孚惠心，勿問之矣；惠我德，大得志也。

【釋】

九五剛中下六二動體柔中，六三、六四之柔皆應之而行。故有孚惠心，大得志也（參中孚五爻象義）。

莫益之，偏辭也；或擊之，自外來也。

【釋】

上九之剛正應六三動體之柔而行。故莫益之，偏辭也；或擊之，自外來也（參觀上爻象義）。

澤上於天，夬。君子以施祿及下，居德則忌。

不勝而往，咎也。

【釋】

初九之剛居下乾之初，難應上六之柔。故不勝而往，咎也（參大壯初爻象義）。

有戎勿恤，得中道也。

【釋】

九二剛中雖仍難應上六之柔，但居中位。故有戎勿恤，得中道也（參小畜二爻象義）。

君子夬夬，終无咎也。

【釋】

九三之剛正應上六説體之柔而行。故君子夬夬，終无咎也（参大壯三爻象義）。

其行次且，位不當也；聞言不信，聰不明也。

【釋】

九四之剛居上説之初，然剛居陰位。故其行次且，聞言不信也（参革四爻象義）。

中行无咎，中未光也。

【釋】

九五剛中上應上六之柔而下无應。故无咎，中未光也（参大過五爻象義）。

无號之凶，終不可長也。

【釋】

上六之柔已居夬之極，下初九、九二、九三、九四之剛，九五剛中皆應之而行。故不知有凶而无號也（参大過上爻象義）。

天下有風，姤。后以施命誥四方。

繫于金柅，柔道牽也。

【釋】

初六之柔居下入之初，一陰起而九二剛中，九三、九四、九五、上九之剛皆應之。故應繫于金柅也（参大過初爻象義）。

包有魚，義不及賓也。

【釋】

九二剛中下應初六之柔而上無應。故包有魚，義不及賓也（参大過二爻象義）。

其行次且，行未牽也。

【釋】

九三之剛爲下應初六之柔而行。故其行次且，行未牽也（参鼎三爻象義）。

无魚之凶，遠民也。

【釋】

九四之剛居上乾之初，正應初六入體之柔而無有他應。故无魚之凶，遠民也（参同人四爻象義）。

九五含章，中正也；有隕自天，志不舍命也。

【釋】

九五剛中爲應初六之柔而行。故含章，有隕自天，志不捨命也（参履五爻象義）。

姤其角，上窮吝也。

【釋】

上九之剛已居姤之極，雖應初六之柔而姤其角。故上窮吝也（参同人上爻象義）。

澤上於地，萃。君子以除戎器，戒不虞。

乃亂乃萃，其志亂也。

【釋】

初六之柔居下坤之初，正應九四之剛而行忙。故乃亂乃萃，其志亂也（參豫初爻象義）。

引吉无咎，中未變也。

【釋】

六二柔中正應九五剛中而行。故中未變，引吉也（參觀二爻象義）。

往无咎，上巽也。

【釋】

六三之柔上九四、九五之剛皆應而行。故往无咎，上巽也（參比三爻象義）。

大吉无咎，位不當也。

【釋】

九四之剛居上説之初，雖下初六、六二、六三之柔皆應之，然剛居陰位。故吉无咎，位不當也（參困四爻象義）。

萃有位，志未光也。

【釋】

九五剛中雖正應六二坤體柔中，上應上六之柔而行，然還未達目的。故志未光也（參隨五爻象義）。

賫咨涕洟，未安上也。

【釋】

上六之柔雖下應九五剛中、九四之剛，然無正應。故賫咨涕洟，未安上也（參隨上爻象義）。

地中生木，升。君子以順德，積小以高大。

允升大吉，上合志也。

【釋】

初六之柔居下入之初，上應九二剛中、九三之剛而行。故吉，上合志也（參蠱初爻象義）。

九二之孚，有喜也。

【釋】

九二剛中下應初六之柔，正應六五順體柔中而行。故九二之孚，有喜也（參恒二爻象義）。

升虛邑，无所疑也。

【釋】

九三之剛上六四、六五、上六之柔皆應之而行。故无所疑也（參井三爻象義）。

王用亨于岐山，順事也。

【釋】

六四之柔居上坤之初，下九二、九三之剛皆應而行。故順事也（參謙四爻象義）。

貞吉升階，大得志也。

【釋】

六五柔中正應九二剛中而行。故升階，大得志也（參師五爻象義）。

冥升在上，消不富也。

【釋】

上六之柔正應九三之剛而行。故冥升在上，消不富也（參謙上爻象義）。

澤无水，困。君子以致命遂志。

入于幽谷，幽不明也。

【釋】

初六之柔居下險之初，上應九二剛中而難正應九四之剛。故入于幽谷也（參解初爻象義）。

困于酒食，中有慶也。

【釋】

九二剛中下應初六之柔，上應六三之柔而行。故雖困于酒食，但中有慶也（參渙二爻象義）。

據于蒺蔾，乘剛也；入于其宫，不見其妻，不祥也。

【釋】

六三之柔下應九二剛中，上應九四、九五之剛而行。故據于蒺蔾，入于其宫，不見其妻，不祥也（參解三爻象義）。

來徐徐，志在下也；雖不當位，有與也。

【釋】

九四之剛居上説之初，下應六三之柔，正應初六險體之柔而行。故來徐徐，志在下也；雖不當位，然有與也（參萃四爻象義）。

劓刖，志未得也；乃徐有説，以中直也；利用祭祀，受福也。

【釋】

九五剛中上應上六之柔，雖无下應而志未得行，但以中直利用祭祀，受福也（參兑五爻象義）。

困于葛藟，未當也；動悔有悔，吉行也。

【釋】

上六之柔下應九五剛中、九四之剛而行，雖未當困于葛藟，但動悔有悔而吉行也（參兑上爻象義）。

木上有水，井。君子以勞民勸相。

井泥不食，下也；舊井无禽，時舍也。

【釋】

初六之柔居下入之初，上應九二剛中、九三之剛而無正應。故下也，時捨也（參巽初爻象義）。

井谷射鮒，无與也。

【釋】

九二剛中下應初六之柔而上無應。故井谷射鮒，无與也（參姤二爻象義）。

井渫不食，行惻也；求王明，受福也。

【釋】

九三之剛上應六四之柔，正應上六險體之柔而行。故行惻求王明，受福也（參升三爻象義）。

井甃无咎，修井也。

【釋】

六四之柔居上險之初，下九二、九三之剛皆應，上應九五剛中而行。故修井至井甃也（參蹇四爻象義）。

寒泉之食，中正也。

【釋】

九五剛中下應六四之柔，上應上六之柔而行。故中正，寒泉之食也（參節五爻象義）。

元吉在上，大成也。

【釋】

上六之柔下應九五剛中，正應九三之剛而行。故元吉在上，大成也（參蹇上爻象義）。

澤中有火，革。君子以治歷明時。

鞏用黄牛，不可以有爲也。

【釋】

初九之剛居下麗之初，上應六二柔中而無正應。故不可以有爲也（參同人初爻象義）。

已日革之，行有嘉也。

【釋】

六二柔中下應初九之剛，上九三、九四之剛皆應而難正應九五剛中。故已日革之，行有嘉也（參同人二爻象義）。

革言三就，又何之矣。

【釋】

九三之剛下應六二柔中，正應上六説體之柔而行。故革言三就，又何之矣（參明夷三爻象義）。

改命之吉，信志也。

【釋】

九四之剛居上説之初，爲上應上六之柔而行。故改命之吉，信志也（參兑四爻象義）。

大人虎變，其文炳也。

【釋】

九五剛中上應上六之柔，正應六二麗體柔中而行。故大人虎變，其文炳也（參咸五爻象義）。

君子豹變，其文蔚也；小人革面，順以從君也。

【釋】

上六之柔下九三、九四、九五剛中皆應之而行。故君子豹變，小人革面順以從君也（參咸上爻象義）。

木上有火，鼎。君子以正位凝命。

鼎顛趾，未悖也；利出否，以從貴也。

【釋】

初六之柔居下入之初而上九二剛中，九三、九四之剛皆應之。故鼎顛趾，利出否以從貴也（參恒初爻象義）。

鼎有實，慎所之也；我仇有疾，終无尤也。

【釋】

九二剛中下應初六之柔，正應六五麗體柔中而行。故鼎有實，我仇有疾，終无尤也（參恒二爻象義）。

鼎耳革，失其義也。

【釋】

九三之剛爲上應六五柔中而行。故鼎耳革，失其義也（参姤三爻象義）。

覆公餗，信如何也。

【釋】

九四之剛居上麗之初，雖上應六五柔中，正應初六入體之柔而行，但剛居陰位。故覆公餗也（参旅四爻象義）。

鼎黄耳，中以爲實也。

【釋】

六五柔中下九二剛中，九三、九四之剛皆應之，上應上九之剛而行。故鼎黄耳，中以爲實也（参睽五爻象義）。

玉鉉在上，剛柔節也。

【釋】

上九之剛下應六五柔中而行。故玉鉉在上，剛柔節也（参大有上爻象義）。

洊雷，震。君子以恐懼修省。

震來虩虩，恐致福也；笑言啞啞，後有則也。

【釋】

初九之剛居下動之初，上應六二柔中、六三之柔而行。故震來虩虩，笑言啞啞，後有則也（参无妄初爻象義）。

震來厲，乘剛也。

【釋】

六二柔中下應初九之剛而行。故震來厲也（参噬嗑二爻象義）。

震蘇蘇，位不當也。

【釋】

六三之柔雖上應九四之剛，但柔居陽位。故震蘇蘇也（参隨三爻象義）。

震遂泥，未光也。

【釋】

九四之剛居上動之初，下六二、六三之柔皆應，上應六五柔中、上六之柔而行。故震遂泥，未光也（参歸妹四爻象義）。

震往來厲，危行也；其事在中，大无喪也。

【釋】

六五柔中下應九四之剛而行。故震往來厲，其事在中而大无喪也（参豐五爻象義）。

震索索，中未得也；雖凶无咎，畏鄰戒也。

【釋】

上六之柔爲下應九四之剛而行。故震索索，雖凶无咎，畏鄰戒也（參歸妹上爻象義）。

兼山，艮。君子以思不出其位。

艮其趾，未失正也。

【釋】

初六之柔居下止之初，爲上應九三之剛而爲。故艮其趾，未失正也（參漸初爻象義）。

不拯其隨，未退聽也。

【釋】

六二柔中上應九三之剛而爲。故不拯其隨，未退聽也（參小過二爻象義）。

艮其限，危熏心也。

【釋】

九三之剛下應六二柔中、初六之柔，上六四、六五之柔皆應而爲。故艮其限，危熏心也（參漸三爻象義）。

艮其身，止諸躬也。

【釋】

六四之柔居上止之初，下應九三之剛而上無應。故艮其身，止諸躬也（參蠱四爻象義）。

艮其輔，以中正也。

【釋】

六五柔中上應上九之剛而爲。故艮其輔，以中正也（參賁五爻象義）。

敦艮之吉，以厚終也。

【釋】

上九之剛下應六五柔中、六四之柔而爲。故敦艮，以厚終也（參蠱上爻象義）。

山上有木，漸。君子以居賢德善俗。

小子之厲，義无咎也。

【釋】

初六之柔居下止之初，爲上應九三之剛而行。故小子之厲，義无咎也（參蹇初爻象義）。

飲食衎衎，不素飽也。

【釋】

六二柔中上應九三之剛而難正應九五剛中。故飲食衎衎，不素飽也（參蹇二爻象義）。

夫征不復，離群醜也；婦孕不育，失其道也；利用禦寇，順相保也。

【釋】

九三之剛下應六二柔中、初六之柔，上應六四之柔而行。故夫征不復，婦孕不育；應利用禦寇，順相保也（參旅三爻象義）。

或得其桷，順以巽也。

【釋】

六四之柔居上入之初，下應九三之剛，上應九五剛中、上九之剛而行。故或得其桷，順以巽也（參巽四爻象義）。

終莫之勝吉，得所願也。

【釋】

九五剛中下應六四之柔，正應六二止體柔中而行。故終莫之勝吉，得所願也（參益五爻象義）。

其羽可用爲儀吉，不可亂也。

【釋】

上九之剛爲下應六四之柔而行。故其羽可用爲儀吉，不可亂也（參小畜上爻象義）。

澤上有雷，歸妹。君子以永終知敝。

歸妹以娣，以恒也；跛能履，吉相承也。

【釋】

初九之剛居下説之初，爲上應六三之柔而行。故歸妹以娣，跛能履，吉相承也（參兑初爻象義）。

利幽人之貞，未變常也。

【釋】

九二剛中上應六三之柔，正應六五動體柔中而行。故利幽人之貞也（參臨二爻象義）。

歸妹以須，未當也。

【釋】

六三之柔下應九二剛中、初九之剛，上應九四之剛而行。故歸妹以須，未當也

（參節三爻象義）。

愆期之志，有待而行也。

【釋】

九四之剛居上動之初，下應六三之柔，上應六五柔中、上六之柔而行。故愆期之志，有待而行也（參震四爻象義）。

帝乙歸妹，不如其娣之袂良也；其位在中，以貴行也。

【釋】

六五柔中因下應九四之剛，正應九二剛中而行。故帝乙歸妹，不如其娣之袂良也，以貴行也（参大壯五爻象義）。

上六无實，承虛筐也。

【釋】

上六之柔爲下應九四之剛而行。故无實，承虛筐也（參豫上爻象義）。

雷電皆至，豐。君子以折獄致刑。

雖旬无咎，過旬灾也。

【釋】

初九之剛居下麗之初，上應六二柔中而行。故雖旬无咎，過旬灾也（參同人初爻象義）。

有孚發若，信以發志也。

【釋】

六二柔中下應初九之剛，上九三、九四之剛皆應而行。故有孚發若，信以發志也（參革二爻象義）。

豐其沛，不可大事也；折其右肱，終不可用也。

【釋】

九三之剛下應六二柔中，正應上六動體之柔而行。故豐其沛，不可大事也；折其右肱，終不可用也（參革三爻象義）。

豐其蔀，位不當也；日中見斗，幽不明也，遇其夷主，吉行也。

【釋】

九四之剛居上動之初，雖上應六五柔中、上六之柔而下无應，又陽居陰位。故豐其蔀，位不當也；日中見斗，幽不明也；遇其夷主，吉行也（參歸妹四爻象義）。

六五之吉，有慶也。

【釋】

六五柔中下九三、九四之剛皆應而行。故吉，有慶也（參小過五爻象義）。

豐其屋，天際翔也；闚其户，闃其无人，自藏也。

【釋】

上六之柔已居豐之極，以正應九三之剛而行。故豐其屋，闚其户，闃其无人，自藏也（參恒上爻象義）。

山上有火，旅。君子以明慎用刑而不留獄。

旅瑣瑣，志窮灾也。

【釋】

初六之柔居下止之初，正應九四之剛而出行。故旅瑣瑣，志窮灾也（參咸初爻象義）。

得童僕貞，終无尤也。

【釋】

六二柔中上九三、九四之剛皆應而行。故得童僕貞，終无尤也（參謙二爻象義）。

旅焚其次，亦以傷矣；以旅與下，其義喪也。

【釋】

九三之剛下應六二柔中、初六之柔而上无應。故旅焚其次，以旅與下，其義喪也（參遯三爻象義）。

旅于處，未得位也；得其資斧，心未快也。

【釋】

九四之剛居上麗之初，雖上應六五柔中，正應初六止體之柔，但陽居陰位。故未得位也，得其資斧，心未快也（參鼎四爻象義）。

終以譽命，上逮也。

【釋】

六五柔中下九三、九四之剛皆應，上應上九之剛而行。故終以譽命，上逮也（參噬嗑五爻象義）。

以旅在上，其義焚也；喪牛于易，終莫之聞也。

【釋】

上九之剛已居旅之極，以下應六五柔中而行。故其義焚也，喪牛于易也（參鼎上爻象義）。

隨風，巽。君子以申命行事。

進退，志疑也；利武人之貞，志治也。

【釋】

初六之柔居下入之初，上應九二剛中、九三之剛而無正應。故進退，志疑也；利武人之貞，志治也（參升初爻象義）。

紛若之吉，得中也。

【釋】

九二剛中下應初六之柔而無上應。故得中以紛若之吉也（參大過二爻象義）。

頻巽之吝，志窮也。

【釋】

九三之剛上應六四之柔而無正應。故頻巽，志窮吝也（參蠱三爻象義）。

田獲三品，有功也。

【釋】

六四之柔居上入之初，下九二、九三之剛皆應，上應九五剛中、上九之剛而行。故田獲三品，有功也（參漸四爻象義）。

九五之吉，位正中也。

【釋】

九五剛中下應六四之柔而行。故吉，位正中也（參中孚五爻象義）。

巽在牀下，上窮也；喪其資斧，正乎凶也。

【釋】

上九之剛已居巽之極，爲下應六四之柔而行。故巽在牀下，上窮也；喪其資斧，正乎凶也（參家人上爻象義）。

麗澤，兑。君子以朋友講習。

和兑之吉，行未疑也。

【釋】

初九之剛居下説之初，爲上應六三之柔而行。故和兑之吉，行未疑也（參歸妹初爻象義）。

孚兑之吉，信志也。

【釋】

九二剛中上應六三之柔而行。故孚兑之吉，信志也（參履二爻象義）。

來兑之凶，位不當也。

【釋】

六三之柔下應九二剛中、初九之剛，上九四、九五之剛皆應，但陰居陽位。故來兑之凶，位不當也（參歸妹三爻象義）。

九四之喜，有慶也。

【釋】

九四之剛居上説之初，下應六三之柔而行。故喜，有慶也（參隨四爻象義）。

孚于剥，位正當也。

【釋】

九五剛中上應上六之柔而無下應。故位正當，孚于剥也（參大過五爻象義）。

上六引兑，未光也。

【釋】

上六之柔下應九五剛中而無正應。故未光，引兑也（參大過上爻象義）。

風行水上，涣。先王以享于帝立廟。

初六之吉，順也。

【釋】

初六之柔居下險之初，上應九二剛中而行。故吉，順也（參師初爻象義）。

涣奔其机，得願也。

【釋】

九二剛中下應初六之柔，上六三、六四之柔皆應而行。故涣奔其机，得願也（參蒙二爻象義）。

涣其躬，志在外也。

【釋】

六三之柔下應九二剛中而難正應上九之剛。故涣其躬，志在外也（參蒙三爻象義）。

涣其群元吉，光大也。

【釋】

六四之柔居上入之初，上應九五剛中、上九之剛而行。故涣其群元吉，光大也（參觀四爻象義）。

王居无咎，正位也。

【釋】

九五剛中下六三、六四之柔皆應而行。故王居无咎，正位也（參益五爻象義）。

涣其血，遠害也。

【釋】

上九之剛正應六三險體之柔而行。故涣其血，遠害也（參益上爻象義）。

澤上有水，節。君子以制數度議德行。

不出户庭，知通塞也。

【釋】

初九之剛居下説之初，正應六四險體之柔。故不出户庭，知通塞也（參中孚初爻象義）。

不出門庭凶，失時極也。

【釋】

九二剛中上六三、六四之柔皆應。故不出門庭凶，失時極也（參兑二爻象義）。

不節之嗟，又誰咎也。

【釋】

六三之柔下應九二剛中、初九之剛而行。故不節之嗟，又誰咎也（參臨三爻象義）。

安節之亨，承上道也。

【釋】

六四之柔居上險之初，上應九五剛中，正應初九之剛而行。故安節之亨，承上道也（參屯四爻象義）。

甘節之吉，居位中也。

【釋】

九五剛中下六三、六四之柔皆應，上應上六之柔而行。故甘節之吉，居位中也（參比五爻象義）。

苦節貞凶，其道窮也。

【釋】

上六之柔已居節之極，以下應九五剛中而行。故苦節貞凶，其道窮也（參屯上爻象義）。

澤上有風，中孚。君子以議獄緩死。

初九虞吉，志未變也。

【釋】

初九之剛居下説之初，正應六四入體之柔。故虞吉，但志未變也（參損初爻象義）。

其子和之，中心願也。

【釋】

九二剛中上六三、六四之柔皆應。故其子和之，中心願也（參兑二爻象義）。

或鼓或罷，位不當也。

【釋】

六三之柔下應九二剛中、初九之剛而難正應上九之剛，又陰居陽位。故或鼓或罷，位不當也（參損三爻象義）。

馬匹亡，絶類上也。

【釋】

六四之柔居上入之初，上應九五剛中，上九之剛，正應初九之剛。故馬匹亡，絶類上也（参益四爻象義）。

有孚攣如，位正當也。

【釋】

九五剛中下六三、六四之柔皆應。故有孚攣如，位正當也（参益五爻象義）。

翰音登于天，何可長也。

【釋】

上九之剛已居中孚之極，以正應六三説體之柔而行。故翰音登于天，何可長也（参益上爻象議）。

山上有雷，小過。君子以行過乎恭，喪過乎哀，用過乎儉。

飛鳥以凶，不可如何也。

【釋】

初六之柔居下止之初，正應九四之剛。故飛鳥以凶也（参咸初爻象義）。

不及其君，臣不可過也。

【釋】

六二柔中上九三、九四之剛皆應但無正應。故不及其君，臣不可過也（参旅二爻象義）。

從或戕之，凶如何也。

【釋】

九三之剛下應六二柔中、初六之柔，正應上六動體之柔。故從或戕之，凶如何也（参咸三爻象義）。

弗過遇之，位不當也；往厲必戒，終不可長也。

【釋】

九四之剛居上動之初，雖上應六五柔中、上六之柔，正應初六止體之柔，但陽居陰位。故弗過遇之，往厲必戒，終不可長也（参恒四爻象義）。

密雲不雨，已上也。

【釋】

六五柔中下九三、九四之剛皆應。故密雲不雨，已上也（参豐五爻象義）。

弗遇過之，已亢也。

【釋】

上六之柔已居小過之極，以正應九三之剛而行。故弗遇過之，已亢也（参恒上爻象義）。

水在火上，既濟。君子以思患而豫防之。

曳其輪，義无咎也。

【釋】

初九之剛居下麗之初，上應六二柔中，正應六四險體之柔。故曳其輪，義无咎也（參明夷初爻象義）。

七日得，以中道也。

【釋】

六二柔中下應初九之剛，上應九三之剛而難正應九五剛中。故七日得，以中道也（參家人二爻象義）。

三年克之，憊也。

【釋】

九三之剛下應六二柔中，上應六四之柔，正應上六險體之柔。故三年克之，憊也（參革三爻象義）。

終日戒，有所疑也。

【釋】

六四之柔居上險之初，下應九三之剛，上應九五剛中，正應初九之剛。故終日戒，有所疑也（參需四爻象義）。

東鄰殺牛，不如西鄰之時也；實受其福，吉大來也。

【釋】

九五剛中下應六四之柔，上應上六之柔，正應六二麗體柔中。故東鄰殺牛，不如西鄰之時也；實受其福，吉大來也（參蹇五爻象義）。

濡其首厲，何可久也。

【釋】

上六之柔已居既濟之極，以下應九五剛中，正應九三之剛而行。故濡其首厲，何可久也（參屯上爻象義）。

火在水上，未濟。君子以慎辨物居方。

濡其尾，亦不知極也。

【釋】

初六之柔居下險之初，上應九二剛中而難正應九四之剛。故濡其尾，亦不知極也（參訟初爻象義）。

九二貞吉，中以行正也。

【釋】

九二剛中下應初六之柔，上應六三之柔，正應六五麗體柔中而行。故貞吉，中以行正也（參解二爻象義）。

未濟征凶，位不當也。

【釋】

六三之柔下應九二剛中，上應九四之剛而難正應上九之剛。故征凶，位不當也（參訟三之象義）。

貞吉悔亡，志行也。

【釋】

九四之剛居上麗之初，下應六三之柔，上應六五柔中，正應初六險體之柔而行。故貞吉悔亡，志行也（參晋四爻象義）。

君子之光，其暉吉也。

【釋】

六五柔中下應九四之剛，上應上九之剛，正應九二剛中而行。故君子之光，其暉吉也（參睽五爻象義）。

飲酒濡首，亦不知節也。

【釋】

上九之剛下應六五柔中，正應六三險體之柔而行。故飲酒濡首，亦不知節也（參噬嗑上爻象義）。

彖象簡短結語

從對殷《易》之理與十二月卦消息過程之理的探究及對彖象所具之理觀之，其《易》於《繫辭上傳》首章首節之理，則皆在其中之例。但無有《説卦傳》首章、二章的分陰分陽、迭用柔剛之理存在，也無所説互卦現象存在。其《易》也無有《周易》爻之所處與世處關係過程之理，而祇有籠統的其處關係過程之理，與《周易》卦與卦、爻與爻關係之理極不相同當是事實。與《周易》完全爲不同哲理天理之《易》，當爲無可置疑。

五、文言

乾文言

元者，善之長也。亨者，嘉之會也。利者，義之和也。貞者，事之幹也。君子體仁足以長人，嘉會足以合禮，利物足以和義，貞固足以幹事。君子行此四德者，故曰：乾元亨利貞。

【注】

此節深合經義，爲全經之義所出。斷非他人能爲，當爲作者所出無疑。

初九曰：潛龍勿用。何謂也？子曰：龍德而隱者也，不易乎世，不成乎名，遯世无悶，不見是而无悶，樂則行之，憂則違之，確乎其不可拔，潛龍也。

九二曰：見龍在田，利見大人。何謂也？子曰：龍德而正中者也，庸言之信，庸行之謹，閑邪存其誠，善世而不伐，德博而化。《易》曰：見龍在田，利見大人。君德也。

九三曰：君子終日乾乾，夕惕若厲，无咎。何謂也？子曰：君子進德修業，忠信所以進德也。修辭立其誠，所以居業也。知至至之，可與幾也。知終終之，可與存義也。是故居上位而不驕，在下位而不憂。故乾乾因其時而惕，雖危无咎矣。

九四曰：或躍在淵，无咎。何謂也？子曰：上下无常，非爲邪也。進退无恒，非離群也。君子進德修業，欲及時也。故无咎。

九五曰：飛龍在天，利見大人。何謂也？子曰：同聲相應，同氣相求。水流濕，火就燥，雲從龍，風從虎，聖人作而萬物覩。本乎天者親上，本乎地者親下，則各從其類也。

上九曰：亢龍有悔。何謂也？子曰：貴而无位，高而无民，賢人在下位而无輔，是以動而有悔也。

潛龍勿用，下也。見龍在田，時舍也。終日乾乾，行事也。或躍在淵，自試也。飛龍在天，上治也。亢龍有悔，窮之災也。乾元用九，天下治也。

【合注】

以上六爻文言過程及用九文言過程，爲《周易》乾六爻之辭過程及用九之辭過程問答形式。但從初爻的不易乎世，不成乎名，樂則行之，憂則違之與下也。二爻的龍德而正中者也與時捨也。三爻的君子進德修業，居上位而不驕，在下位而不憂與行事也。四爻的君子進德修業欲及時也與自試也。五爻的本乎天者親上，本乎地者親下，則各從其類也與上治也。上爻的貴而无位，高而无民，賢人在下位而无輔，是以動而有悔也與窮之灾也觀之。雖爲教化，但過程爲殷《易》十二月卦消息過程的陰陽由下微至上逐盛直至極盛而陰生、陽生之理所出，卦爲殷《易》的上尊下卑、卑高以陳，爻爲中主旁從、位別吉凶之理所出。又所述不像文言，而像殷《易》之象。當爲孔子及其弟子以殷《易》之理參照《周易》卦爻辭而出無疑。

潛龍勿用，陽氣潛藏。見龍在田，天下文明。終日乾乾，與時偕行。或躍在淵，乾道乃革。飛龍在天，乃位乎天德。亢龍有悔，與時偕極。乾元用九，乃見天則。

【注】

此節深合經義，斷非他人能爲，當爲作者所出無疑。

乾元者，始而亨者也（順注：由乾奮出剛陽與坤始進柔陰相應順而成由始致通達也）。利貞者，性情也（順注：隨着進程乾入西之剛陽與坤别東之堅陰相薄斥而成萬物利義致正固也。對此皆事物陰陽异性相錯之處過程性情與情性過程所致也）。乾始能以美利利天下，不言所利，大矣哉（順注：此爲始與坤柔陰相應順而致通達而資始資成萬物之謂）。大哉乾乎，剛健中正，純粹精也（順注：不偏不私謂之中，不畏邪惡謂之正，爲民而自强不息謂之純粹精也）。六爻發揮，旁通情也（順注：此謂效者，旁通坤道與萬物情也）。時乘六龍，以御天也（順注：此爲效法六爻過程而爲之謂）。雲行雨施，天下平也（順注：平爲平章之謂。此爲效法乾之德爲之必使天下百姓平章，萬邦協和而世必興盛之謂）。

【注】

此節乾卦文言，合乎經義。但從文義觀之，該文言當時已有殘缺亡佚，爲孔子參照乾彖所補無疑。

君子以成德爲行，日可見之行也。潜之爲言也，隱而未見，行而未成，是以君子弗用也。

君子學以聚之，問以辨之，寬以居之，仁以行之。《易》曰：見龍在田，利見大人。君德也。

九三重剛而不中，上不在天，下不在田。故乾乾因其時而惕，雖危无咎矣。

九四重剛而不中，上不在天，下不在田，中不在人，故或之。或之者，疑之也，故无咎。

【合注】

以上四爻文言過程與殷《易》消息過程的乾陽由下微至上盛之理一致，也與殷《易》卦爲上尊下卑、卑高以陳，爻爲中主旁從、位别吉凶之理一致。又所述不像文言，而像殷《易》之象。但從後二爻文言觀之，該四爻文言當時已亡佚，當爲孔子以殷《易》之理所增補無疑。

夫大人者，與天地合其德，與日月合其明，與四時合其序，與鬼神合其吉凶。先天而天弗違，後天而奉天時。天且弗違，而况於人乎？况於鬼神乎？

【注】

此節言以天理世理而爲之行之者爲大人也。深合經義，斷非他人能爲，當爲作者言大人所出無疑。但也可看出後段爲孔子所附言。

亢之爲言也。知進而不知退，知存而不知亡，知得而不知喪。其唯聖人乎？知進退存亡而不失其正者，其唯聖人乎？

【注】

此節言陽言事剛亢微盛之理。深合經義，斷非他人能爲，當爲作者言陽有剛亢微盛之理所出無疑。同樣也可看出後段爲孔子所附言。

【又注】

正是後二節孔子附言而使與前四節文成一體。

坤文言

坤至柔而動也剛（順注：抗逆從剛而動故剛，爲作者闡述事物陰陽异變所在），至静而德方（順注：剛行逆被除而静心成萬物資生故德方）。後得主而有常，含萬物而化光，坤道其順乎，承天而時行。

【注】

此節坤卦文言，言陽剛亢微盛與陰堅柔終始過程之理。深合經義，斷非他人能爲，當爲作者所出無疑。但也可看出後段爲孔子所附言。

積善之家必有餘慶，積不善之家必有餘殃。臣弑其君，子弑其父，非一朝一夕之故，其所由來者漸矣。由辯之不早辯也。《易》曰：履霜，堅冰至。蓋言順也。

【注】

“履霜，堅冰至”，蓋言順也。言世言事所以成履霜堅冰至，是以其所據之理不斷行之必然所致也。深合經義，當爲作者所出無疑。而前段主體部分可看出爲孔子據此之義所發揮。

直其正也，方其義也。君子敬以直内，義以方外，敬義立而德不孤。直方大，不習无不利。則不疑其所行也。

【注】

“直方大，不習无不利，則不疑其所行也”，言世所事爲人之天理所求，故不疑其所行也。深合經義，當爲作者所出無疑。而前段主體部分可看出爲孔子據此之義所發揮。

陰雖有美含之，以從王事，弗敢成也。地道也，妻道也，臣道也。地道无成而代有終也。

【注】

“弗敢成也”與“臣道也”與《周易》經義“坤至柔而動也剛”之義不符，也與前節“則不疑其所行也”之義不符。當爲孔子從周爲濟世不寧日進所出。

天地變化，草木蕃。天地閉，賢人隱。《易》曰：括囊，无咎无譽。蓋言謹也。

【注】

“括囊，无咎无譽”，蓋言謹也。言所事雖爲天理，當遇害時仍應言謹也。深合經義，當爲作者所出無疑。而前段也可看出爲孔子據此之義所發揮。

君子黄中通理，正位居體（順注：此位與貴賤位矣，當不當位其義不同），美在其中而暢於四支，發於事業，美之至也。

【注】

此節言以此而爲而行者爲君子也。深合經義。當爲作者所出無疑。

陰凝於陽必戰（順注：亢極之陽與堅勢起之陰順合履霜斥剛至堅冰之謂）。爲其嫌於无陽也，故稱龍焉（順注：剛性之陽與從剛之陰起而與堅勢之陰相抗以求光明再現之謂）。猶未離其類也，故稱血焉（順注：剛性之陽與從剛之陰正在逐起之謂）。夫玄黄者，天地之雜也（順注：陰陽剛亢柔堅之間都在變之謂。以天之微色喻君子勢微，黄地色喻民，雜喻君子與民逐起抗爭天地在變化重組之謂），天玄而地黄（順注：該節文言既爲天地相背斥陰陽生變化過程之寫照，又爲商末生變化過程之寫照）。

【注】

此節文語極爲隱潛而深合經義。斷非他人能爲，當爲作者所出無疑。

六、繫辭傳上

第一章

第一節

天尊地卑，乾坤定矣。

【釋】

此爲以天行之般《易》天理法則。君爲尊、民爲卑，上爲尊、下爲卑，這是由於君上應行的爲乾天之道，民下應行的爲坤地之道所定矣。所述這是由於事物陰陽异性相錯之處過程中，一方事物情性爲健，另一方事物情性爲順之情狀所决定的（順注：這是殷商的乾天與坤地之造分説）。

卑高以陳，貴賤位矣。

【釋】

自民至地方官員而至一方大員至朝中大臣直至君王又至宗廟上王的上爲貴，下爲賤，卑高以陳，皆爲人世貴賤位次之天理所在矣。所述事物在其處中卑賤與尊貴之不同性情與作用是由其所處之如何決定着的（順注：這是殷商的思想與作爲之所在説）。

動静有常，剛柔斷矣。

【釋】

天地與人世萬物動與静變化之如何，皆是由剛柔之間的具體關係狀態之如何及過程之如何所决定着的矣。所述事物之相互動態與静態及過程如何是由之間陰陽剛柔薄順狀態之過程如何所决定着的（順注：這是殷商的運行與狀態之所由説）。

方以類聚，物以群分，吉凶生矣。

【釋】

本乎天者剛者親上，本乎地者柔者親下而類聚群分則吉見矣，如本乎天者剛者不能親上，本乎地者柔者不能親下而不能類聚群分則凶見矣。所述事物在相互之處過程中，雙方之間是不斷變化着的，如陰陽消息、陽極陰生、陰極陽生等變化，雙方的變動及其過程决定着之間的薄順吉凶之關係（順注：這是殷商的事物與過程之吉凶説）。

在天成象，在地成形，變化見矣。

【釋】

祇有天地君臣上下剛柔有序而天者君者在上不斷成象，必地者民者在下不斷成形，由此而天地人世萬物不斷變化過程見矣。所述在天地君臣上下之處關係過程中，天成春象必地成生形，天成夏象必地成長形，天成秋象必地成收形，天成冬象必地成藏形，等等，由此而萬物變化見矣（順注：這是殷商的天地與萬物之造化説）。

【注】

此爲首章首節，對首章首節不少人認爲天尊地卑是由《周易》的始（首）乾至坤説而出，此認識甚淺。如是，那《周易》之前的種種之説如何解釋？如一是《説卦傳》所載的天地定位之首天而地何出？二是乾爲天，坤爲地之首天而地又何出？三是《繫辭傳》所載的黄帝、堯、舜垂衣裳而天下治，蓋取諸乾坤之首乾而坤又爲何出？四是夏易《連山》以艮爲始（首），而夏啓征剿有扈氏何不誓山神命剿絶，而誓天命剿絶之天何來？五是殷易《歸藏》以坤爲始（首），而商湯革夏命何不誓地王命殛之，而誓天命殛之天又從何來？等等，因此不能以其《易》何爲始（首）論之。應據其内容如何論之，方能確定出自何《易》。縱觀全節所論與《周易》的乾道坤道説與全經之義不符，皆爲天尊地卑，君主民從，位别貴賤，上旨下爲之説。當爲《連山》至《歸藏》易遺文無疑。

第二節

是故剛柔相摩，八卦相盪。

【釋】

由於事物陰陽异性相錯之處而生剛柔兩儀而成剛柔薄順過程而成大極剛柔相摩過程而成八卦事物相盪過程。

鼓之以雷霆，潤之以風雨。

【釋】

剛出謂之鼓，柔進謂之潤。言由剛陽出而鼓之以雷霆，柔陰進而潤之以風雨過程而成萬物蕃生盛長之過程。

日月運行，一寒一暑。

【釋】

日爲陽，月爲陰，既爲對日而言，同時對地而言。地月之關係，地爲陽，月爲陰。日地之關係，日爲陽，地爲陰。又銀核與日之關係，銀核爲陽，日爲陰。由地與月之剛柔相摩，日與地月之剛柔相摩，銀核與日地月之剛柔相摩過程而成地之時、日、年與大周期的一寒一暑、一息一生過程。

乾道成男，坤道成女。

【釋】

在事物之處過程中，以乾道運行的必成陽成男（男者，又成男之不斷進程），以坤道運行的必成陰成女（女者，又成女之不斷進程）而成事物不斷演化之進程。

【注】

此節承首節言，與首節之義大多相左而與《周易》經義一致，當爲伏犧氏始作八卦以通神明之德以來之遺文而爲《周易》作者所承繼。

第三節

乾知大始，坤作成物。乾以易知，坤以簡能。易則易知，簡則易從。易知則有親，易從則有功。有親則可久，有功則可大。可久則賢人之德，可大則賢人之業。易簡而天下之理得矣，天下之理得而成位乎其中矣。

【注】

此節承上節言，但邏輯過程簡單，又天尊地卑所涵之義濃厚，與《周易》通過不斷艱苦努力奮鬥取得成效之義相左，同樣當爲自《連山》至《歸藏》易遺文無疑。

第二章

第一節

聖人設卦觀象，繫辭焉而明吉凶。

【釋】

此均被認爲卜筮之説而不知自古爲聖人《易》之時用。注意“設卦”二字，設卦當爲成所事之始，尤其是爲成大事之始，聖人爲成該事集天下有關事宜而成該事之所處情形爲下（内）卦，該事之世處情形爲上（外）卦而成事之卦象。“所説觀象”者，當在所成事之卦象與各爻過程一邊以深具事物一般規律過程與邏輯過程《易》之繫辭参以觀之，同時更以實際所處與世處情形参研河圖剛柔薄順之數義及其變動之數，由此而可觀所事整個象之過程（参卷首《周易》之數章節并《説卦傳》一章、二章）。“繫辭焉而明吉凶”者，由此而觀所事整個象之變化過程所繫之辭便可深明其過程之吉凶情形及至終之吉凶情形而善補過以達目的。

以美對伊戰争粗略爲例：美爲除薩達姆政權，下自民衆、中至各層、上至布什政府群情而起，加之美力量强大，當爲盛乾之象無疑。而薩達姆雖得百分之百選票，但剛勢在下、中爲壓剛之陰勢、上爲陰勢行之薩政權，當爲震象無疑，由此美伊成《易》之大壯卦象。大壯卦後《周易》爲晋卦，并参之大壯卦之錯卦觀卦與觀卦後的噬嗑卦。對此参伍河圖之數義及其變動之數而研之，美之情形過程、美伊之情形過程及伊之情形過程與應對方略皆在其中矣（西歷二○○三年十月插叙）。

從美在伊過程及交權過程觀之，西方之民主、人權理論與法制仍是從屬於一定社會、歷史狀態下生活範疇的東西，已至極。對此從根本上祇有以中國的仁義之師方能成之，也因此可見在這個世界上，中國祇能走自己的路復興，而復興重中之重必須解决我們社會的是非道德問題與積極調合人們之政治、經濟關係狀態（西歷二○○四年七月插叙）。

第二節

剛柔相推而生變化。是故吉凶者，失得之象也。悔吝者，憂虞之象也。

【釋】

承上節言。言象之變化與人應爲之道也。

變化者，進退之象也。剛柔者，晝夜之象也。六爻之動，三極之道也。

【釋】

承上而言之。“進退”者，陰長而陽消，陽長而陰息之謂。“晝夜”者，陰或陽成反變之謂。“三極之道”者，在過程中應察天道之極、地道之極、人道之極及其變化而爲之謂。即應察天時之極、地理之極、人和之極及其變化而爲之謂。

是故君子所居而安者，《易》之序也。所樂而玩者，爻之辭也。

【釋】

承上而言之。言是故君子所居以事物變化之序而爲之而安者也，爲所事深究整個關係狀態及其過程而觀之研之所效之辭而玩者也。

是故君子居則觀其象而玩其辭，動則觀其變而玩其占。是以自天祐之，吉无不利。

【釋】

承上而言之。"占"者，能準確占斷事之進程情形而爲之，故必吉而无有不利。

第三章

第一節

象者，言乎象者也。爻者，言乎變者也。

【釋】

承上章而言之。"象"者，即卦之辭。"爻"者，即效之辭也。

吉凶者，言乎其失得也。悔吝者，言乎其小疵也。无咎者，善補過也。

【釋】

承上而言之。

第二節

是故列貴賤者存乎位，齊小大者存乎卦，辯吉凶者存乎辭。

【釋】

承上而言之。言事之過程需將各種直接的與間接的情形存乎位、卦、辭而爲之也。

憂悔吝者存乎介，震无咎者存乎悔。

【釋】

承上而言之。言將事之憂悔吝者存乎其所介（進程之介），爲事成而无咎者存乎其所悔（成事之憂）而警惕行之也。

是故卦有小大，辭有險易。辭也者，各指其所之。

【釋】

承上而言之。

第四章

第一節

《易》與天地準，故能彌綸天地之道。

【釋】

承上章而言之。言《易》之變化與天地變化準，故能彌綸天地之道。

第二節

仰以觀於天文，俯以察於地理。是故知幽明之故，原始反終。故知死生之説，精氣爲物，游魂爲變。是故知鬼神之情狀。

【釋】

承上節言。説明爲成所事必須視野廣闊而研析入微。

第三節

與天地相似，故不違。知周乎萬物而道濟天下，故不過。旁行而不流，樂天知命，故不憂。安土敦乎仁，故能愛。

【釋】

承上節言。言知天地與萬物而能所事過程善使事必成就也。

範圍天地之化而不過，曲成萬物而不遺。通乎晝夜之道而知，故神无方而《易》无體。

【釋】

承上而言之。言《易》之道也。

第五章

第一節

一陰一陽之謂道。

【釋】

此章承上而進一步論《易》之道。言道由事物之處一陰一陽而立而成造分而成化生。就事物相互之處言，一陰一陽無處不見：柔者、順者方爲陰，剛者、健者方爲陽。至終而言：形方爲陰，氣方爲陽；濁方爲陰，清方爲陽。故天地言：地爲陰，天爲陽。人世言：下爲陰，上爲陽。世事言：邪爲陰，正爲陽。家庭言：子女爲陰，父母爲陽。人體言：腎爲陰，心爲陽。天人言：體爲陰，氣爲陽。等等。是故陰陽無處不在，無處不顯。由此之道而成天地至萬物造化，胚胎至形體生化，社會至世事變化之進程。

第二節

繼之者善也，成之者性也。

【釋】

承上而言之。繼之者，能成之不斷進程也，也即能由太始至造分至生化者事之善也。成之者，能使成之者事之性也。

第三節

仁者見之謂之仁，知者見之謂之知。百姓日用而不知，故君子之道鮮矣。

【釋】

承上而言之。言《易》與造化一致而無處不顯，但爲人所鮮知。

第四節

顯諸仁，藏諸用。鼓萬物而不與聖人同憂，盛德大業至矣哉。

【釋】

承上而言之。言能顯而不見其用，成造化而無需人憂，呈蓄盛而繁之功至矣哉。

第五節

富有之謂大業，日新之謂盛德。

【釋】

承上而言之。言人們應仿效而爲之。

第六節

生生之謂《易》。

【釋】

承上節言。人們能不斷仿效使萬物生生不息即《易》之道也。

第七節

成象之謂乾，效法之謂坤。

【釋】

此節疑爲首章錯簡至此，當爲《連山》至《歸藏》易遺文無疑。於此言人們之仿效。

第八節

極數知來之謂占，通變之謂事。

【釋】

承六節言。能極相關天下之萬事萬物象數而知來事謂之占（順注：占事之義是何等明白），能據此而通變成事謂之事。

第九節

陰陽不測之謂神。

【釋】

承上節言。能事通變連已呈現之事物陰陽關係過程都不能測而爲之成之則《易》之道已神矣哉。

第六章

第一節

夫《易》，廣矣大矣，以言乎遠則不禦。以言乎邇則静而正。以言乎天地之間則備矣。

【釋】

緊接上章，言《易》之道。

第二節

夫乾，其静也專，其動也直，是以大生焉。夫坤，其静也翕，其動也闢，是以廣生焉。

【釋】

承上節言。言乾陽坤陰之性及應取效法。

第三節

廣大配天地，變通配四時，陰陽之義配日月，易簡之善配至德。

【釋】

承上節言。言應取效法之所在。

第七章

第一節

子曰：《易》其至矣乎！夫《易》，聖人所以崇德而廣業也，知崇禮卑，崇效天，卑法地。

【注】

由此可見孔子爲樹周重成天下有序生活思想内容之所在，同時説明首章首節與三節之所在。

第二節

天地設位而《易》行乎其中矣，成性存存，道義之門。

【釋】

其義同上。

第八章

第一節

聖人有以見天下之賾而擬諸其形容，象其物宜，是故謂之象。聖人有以見天下之動而觀其會通，以行其典禮，繫辭焉以斷其吉凶，是故謂之爻。

【釋】

此節其義承六章。言卦象之所出，爻義之所斷。

言天下之至賾而不可惡也，言天下之至動而不可亂也。擬之而後言，議之而後動，擬議以成其變化。

【釋】

承上而言之。言所擬所議不可以己好惡而視之，應以實情如何而爲之方能成事也。

第二節

鳴鶴在陰，其子和之。我有好爵，吾與爾靡之。子曰：君子居其室，出其言善，則千里之外應之，况其邇者乎？居其室，出其言不善，則千里之外違之，况其邇者乎？言出乎身加乎民，行發乎邇見乎遠，言行君子之樞機，樞機之發，榮辱之主也。言行君子之所以動天地也，可不慎乎？

【釋】

此爲孔子對中孚九二爻之釋。

同人先號咷而後笑。子曰：君子之道，或出或處，或默或語，二人同心，其利斷金。同心之言，其臭如蘭。

【釋】

此爲孔子對同人九五爻之釋。

初六，藉用白茅，无咎。子曰：苟錯諸地而可矣。藉之用茅，何咎之有？慎之至也。夫茅之爲物，薄而用可重也，慎斯術也以往，其无所失矣。

【釋】

此爲孔子對大過初六爻之釋。

勞謙君子，有終，吉。子曰：勞而不伐，有功而不德，厚之至也。語以其功下人者也，德言盛，禮言恭。謙也者，致恭以存其位者也。

【釋】

此爲孔子對謙九三爻之釋。

亢龍有悔。子曰：貴而无位，高而无民，賢人在下位而无輔，是以動而有悔也。

【釋】

此爲孔子對乾上九爻之釋。

不出户庭，无咎。子曰：亂之所生也，則言語以爲階。君不密則失臣，臣不密則失身，幾事不密則害成，是以君子慎密而不出也。

【釋】

此爲孔子對節初九爻之釋。

子曰：作《易》者其知盜乎？《易》曰：負且乘，致寇至。負也者，小人之事也。乘也者，君子之器也。小人而乘君子之器，盜思奪之矣。上慢下暴，盜思伐之矣。慢藏誨盜，冶容誨淫。《易》曰：負且乘，致寇至。盜之招也。

【釋】

此爲孔子對解六三爻之釋。

第九章

第一節

天一，地二，天三，地四，天五，地六，天七，地八，天九，地十。天數五，地數五。五位相得而各有合。天數二十有五，地數三十。凡天地之數五十有五，此所以成變化而行鬼神也。

【釋】

此爲河圖天地陰陽奇耦薄順間協出入之數。又注：少地十即爲天五居中主宰調理改變生化的洛書之數。參卷首河圖説、洛書説與《周易》天地之數章節。

第二節

大衍之數五十，其用四十有九。分而爲二以象兩（順注：兩與二不同，非爲數義而爲不同之處義），掛一以象三，揲之以四以象四時，歸奇於扐以象閏，五歲再閏，故再扐而後掛。乾之策二百一十有六，坤之策百四十有四，凡三百有六十，當期之日。二篇之策萬有一千五百二十，當萬物之數也。是故四營而成《易》，十有八變而成卦，八卦而小成。

【釋】

此爲卜筮模仿及過程也，參卷首《周易》卜筮之數章節。

第三節

引而伸之，觸類而長之，天下之能事畢矣。顯道神德行，是故可與酬酢，可與祐神矣。

【釋】

承上節言。在卜筮模仿及過程中能深入乎其中而出必逐能知變化之在而爲之矣。

子曰：知變化之道者，其知神之所爲乎？

【釋】

言能知變化之在而深入乎其中必逐能知《易》之道矣。

第十章

第一節

《易》有聖人之道四焉：以言者尚其辭，以動者尚其變，以制器者尚其象，以卜筮者尚其占。

【釋】

言《易》與天地萬物造化準故也。并可見卜筮絶不等於對事之占斷，把卜筮説成占斷非爲《易》也。

第二節

是以君子將有爲也，將有行也，問焉而以言，其受命也如嚮。无有遠近幽深，遂知來物，非天下之至精，其孰能與於此。

【釋】

承上節言。言《易》至爲精深而能知之故也。

參伍以變，錯綜其數。通其變，遂成天地之文。極其數，遂定天下之象。非天下之至變，其孰能與於此。

【注】

“參伍”者，通乎萬物之謂。言《易》至爲變化而能極之故也。

《易》无思也，无爲也，寂然不動。感而遂通天下之故，非天下之至神，其孰能與於此。

【釋】

言《易》至爲神通而能爲之故也。

第三節

夫《易》，聖人之所以極深而研幾也。唯深也，故能通天下之志。唯幾也，故能成天下之務。唯神也，故不疾而速不行而至。

【釋】

承上節言。言唯深唯幾唯神而能通天下之志，成天下之務，行天下之事也。

子曰：《易》有聖人之道四焉者，此之謂也。

【釋】

此爲孔子對該章之概括。

第十一章

第一節

子曰：夫《易》，何爲者也？夫《易》，開物成務，冒天下之道，如斯而已者也。是故聖人以通天下之志，以定天下之業，以斷天下之疑。

【釋】

此爲孔子對《易》世用之論述。

是故蓍之德圓而神，卦之德方以知，六爻之義易以貢。

【釋】

言卜筮之德雖祇能是圓然可進而明白與神通事物變化之所在，各卦之德雖爲方然其理可知，六爻過程雖變化萬千然其義顯然可見。

聖人以此洗心，退藏於密，吉凶與民同患，神以知來，知以藏往，其孰能與於此哉。古之聰明叡知神武而不殺者夫。

【釋】

承上言。言聖人以《易》之道洗心，將世事變化及其過程面目退藏於密，吉凶與民同患而爲，神通而盡知其來，叡知而進藏其往，對此還有其孰能與於此哉。故古往今來聰明叡知神武者爲天下之業對萬物過程不有惡而殺者也。

是以明於天之道而察於民之故，是興神物以前民用，聖人以此齋戒以神明其德夫。

【釋】

承上言。是以明世事及其變化而察民之所需所求，是興所需所求之物以前民用，聖人以此爲本者以神明其德也。

第二節

是故闔户謂之坤，闢户謂之乾。一闔一闢謂之變，往來不窮謂之通。見乃謂之象，形乃謂之器，制而用之謂之法，利用出入民咸用之謂之神。

【釋】

承上言。言是故闔户謂之坤，闢户謂之乾。由求闔爲闢而成之變進，由去往迎來不窮而成之通，對此所見謂之象，所制用謂之器。由此制器而用之謂之辦法，利用出入民咸用之謂之神而化之（順注：是近代歐洲的反映論，還是先驗論？都不是，而是概括兩者又極其超越的中國天人合一之知行論）。

是故《易》有大極，是生兩儀，兩儀生四象，四象生八卦，八卦定吉凶，吉凶生大業。

【釋】

此爲《易》之根本所在，參卷首八卦説章節（順注：此節在此疑爲错簡）。

是故法象莫大乎天地，變通莫大乎四時，縣象著明莫大乎日月，崇高莫大乎富貴，備物致用立成器以爲天下利莫大乎聖人（順注：能備物致用立成器以爲天下利者皆爲時之聖人也）。探賾索隱鉤深致遠以定天下之吉凶，成天下之亹亹者莫大乎蓍龜（順注："莫大乎蓍龜"者，莫大乎神而通之謂也）。

【釋】

言能否以世事及其變化過程探賾索隱鉤深致遠以定天下之吉凶，成天下之亹亹者最終莫大乎對事之進程正確占斷也。

是故天生神物，聖人則之。天地變化，聖人效之。天垂象，見吉凶，聖人象之。河出圖，洛出書，聖人則之。

【釋】

承上言。言是故天地人世所生民所需所求之物，聖人則而爲世用之。天地人世發生變化，聖人效而爲民行之。天象變而事見吉凶，聖人以其象而爲物圖之。因此對河出之圖、洛出之書各具之理，聖人爲世爲民爲物爲使事成通則而究之。

《易》有四象所以示也，繫辭焉所以告也，定之以吉凶所以斷也。

【釋】

承上言。言對天地人世之變化《易》有薄順出入運行四象可示也，對天地人世之變化如何《易》有深具事物一般規律過程與邏輯過程之繫辭可告也，對天地人世之變化於人所事吉凶之善補如何由此可斷也。

第十二章

第一節

《易》曰：自天祐之，吉无不利。子曰：祐者助也，天之所助者順也，人之所助者信也。履信思乎順，又以尚賢也。是以自天祐之，吉无不利也。

【釋】

承上章言。此爲孔子對大有上九爻之釋。

子曰：書不盡言，言不盡意。然則聖人之意其不可見乎？子曰：聖人立象以盡意，設卦以盡情僞，繫辭焉以盡其言，變而通之以盡利，鼓之舞之以盡神。

【釋】

承上言。言八卦之象以通神明之德，六十四重卦以盡天下之事，所繫之辭以盡人世之言，人們對此究之變而通之以盡所事之利，反復研之明之以盡作爲之神化。

第二節

乾坤其《易》之緼邪？乾坤成立而《易》立乎其中矣。乾坤毀則无以見《易》，《易》不可見則乾坤或幾乎息矣。

【釋】

言由於事物之處乾剛坤柔兩儀的存在而使運行演化不止。如乾剛坤柔兩儀成晦而不明則無有事物原本之運行演化，事物之運行演化不可見則因此乾剛坤柔兩儀或幾乎息或幾乎終矣。

第三節

是故形而上者謂之道，形而下者謂之器。化而裁之謂之變，推而行之謂之通，舉而措之天下之民謂之事業。

【釋】

承上章言。言道爲天地人世萬物陰陽之化，器爲宜其變化之作（順注：由此可見衹要知此，每個人在世界上的生機都是無限的）。

第四節

是故夫象，聖人有以見天下之賾而擬諸其形容，象其物宜，是故謂之象。聖人有以見天下之動，而觀其會通以行其典禮，繫辭焉以斷其吉凶，是故謂之爻。極天下之賾者存乎卦，鼓天下之動者存乎辭，化而裁之存乎變，推而行之存乎通，神而明之存乎其人，默而成之不言而信存乎德行。

【釋】

承上而言之。言如何設卦觀象與作爲也。

七、繫辭傳下

第一章

第一節

八卦成列，象在其中矣。因而重之，爻在其中矣。

【釋】

言八卦成列天地人世萬物之所處陰陽剛柔薄順間協難易過程之象皆在其中矣，因而重之成六十四卦，天地人世萬物之所處與世處過程之效皆在其中矣。

第二節

剛柔相推，變在其中矣。繫辭焉而命之，動在其中矣。吉凶悔吝者，生乎動者也。

【釋】

承上言之。言由於剛堅相薄而相互推動，盛柔相順而相互推動等説明事物之變化已在其中矣，而所繫辭正是説明必然之動之事已在其中矣（順注：説明中國哲理正是建築在對萬物極爲深入、極爲科學的認識基礎上的產物）。

第三節

剛柔者，立本者也。變通者，趣時者也。吉凶者，貞勝者也。

【釋】

承上言之。言事物在所處與世處中剛柔薄順之關係是根本的，是不可能被抹掉的，因此在進程中應趣其情、趣其時而變通方成，而且必須所事能正固而勝者方能達到去凶難就吉祥之目的（順注：事業成功之道）。

第四節

天地之道，貞觀者也。日月之道，貞明者也。天下之動，貞夫一者也。

【釋】

承上言之。言天地運行變化之道，正固而成觀者也；日月運行變化之道，正固而成明者也；天下萬物生息造化，正固而成一理者也。

第五節

夫乾，確然示人易矣。夫坤，隤然示人簡矣。

【釋】

此節應錯簡於此。當爲連山至歸藏易遺文無疑。於此言理一也。

第六節

爻也者，效此者也。象也者，像此者也。爻象動乎内，吉凶見乎外，功業見乎變，聖人之情見乎辭。

【釋】

承二、三、四節言之。言所效所象者也。言所效立本與變通出乎内動乎内（順注：運籌帷幄之中之謂），但事之成吉、功之成就行乎外見乎外（決勝千里之外之謂），由此可見聖哲通神明之德之情已全在乎辭。

第七節

天地之大德曰生，聖人之大寶曰位。何以守位曰仁，何以聚人曰財。理財正辭禁民爲非曰義。

【釋】

承上言之。言天地合德、上下合德而萬物生焉，聖人能與民合德而成物生之寶在於所成之地位（順注：以此可見聖人各處可見）；何以守所成之地位在於爲事能生物長人，何以聚民共爲在於爲事能生財而進；在生利生財而進同時能正辭禁民爲非在於人世之義理（注意：在於人世之義理，而不在於脱離義理之條律）。

第二章

第一節

古者包犧氏之王天下也，仰則觀象於天，俯則觀法於地。觀鳥獸之文與地之宜。近取諸身，遠取諸物，於是始作八卦，以通神明之德，以類萬物之情。

【釋】

此爲對伏犧氏作成通神明之德，類萬物之情八卦及六十四卦之述。

作結繩而爲罔罟，以佃以漁。蓋取諸離。

【釋】

此足説明隨着八卦説産生而産生六十四卦。又足説明伏犧氏時是以地《易》，既要天與地相應而地相機行事之《易》。也即如何以天陽盛爲而大地成蕃相機行事用罔罟捕獲野物，以佃以漁護可食之地固可殖之注（順注：天陽盛爲而作一是取用季節之盛而作，二是取用具體之盛而作之謂）以達目的之《易》，因而以由上至下成易象。故取諸天陽盛爲而相機行事達到目的之離作爲上下之間、各地之間、萬民之間、主事與爲事之間在何時做何事與往何地及調集何等人、何等物等進行傳遞所決所爲如何之用也。

【按】

上卦麗象下卦麗象，自上至下爲麗而麗象而有以陽盛而爲之象。

第二節

包犧氏没，神農氏作。斲木爲耜，揉木爲耒，耒耨之利以教天下，蓋取諸益。

【釋】

此足説明神農氏時開始轉以天《易》，即開始轉爲要地與天相應主動行事之《易》，也即如何在天陽盛爲之前備作而爲以達目的之《易》，因而必以由上至下成易象。故取諸以耒耨之利以教天下進行備作以達目的之益作爲天下之間傳遞所決所爲如何之用也。

【按】

上卦入象下卦動象，自上至下爲入而動象而有耕作之象。

日中爲市，致天下之民，聚天下之貨。交易而退，各得其所，蓋取諸噬嗑。

【釋】

噬嗑爲食之意。故取諸噬嗑以隨天陽四時八節進程作爲天下之間傳遞所決所爲交易如何之用也。

【按】

上卦麗象下卦動象，自上至下爲麗而動象而有晴日交易之象。

第三節

神農氏没，黄帝、堯、舜氏作。通其變，使民不倦。神而化之，使民宜之。易窮則變，變則通，通則久。是以自天祐之，吉无不利。黄帝、堯、舜垂衣裳而天下治，蓋取諸乾坤。

【釋】

此足説明黄帝、堯、舜氏時繼神農氏進而轉以天《易》，即進而轉以要地與天主動相順行事以達目的之《易》。也即進而轉以如何以天陽盛衰出没主動相順作爲以達目的之《易》，因而必成由上至下成易象。故取諸使民不倦，使民宜之隨天陽四時十二月生活生産所需進程而成自天祐之，吉无不利，黄帝、堯、舜垂衣裳而天下治之乾坤作爲天下之間所決所爲所行如何之用也。

【按】

上爲自上至下健而健之乾象，下爲自上至下順而順之坤象而有天尊地卑、君主民爲之象。

刳木爲舟，剡木爲楫。舟楫之利，以濟不通，致遠以利天下，蓋取諸涣。

【釋】

説明黄帝、堯、舜氏時爲舟楫之利，以濟不通，致遠以利天下（順注：此足説明中華民族歷來是一個涣然成進的民族，而至近代以來深重之災難）而取諸涣作爲天下之間所決所爲如何之用也。

【按】

上卦入象下卦險象，自上至下爲入而險象而有入進險水之象（故有舟楫之象）。

服牛乘馬，引重致遠以利天下，蓋取諸隨。

【釋】

説明爲服牛乘馬，引重致遠以利天下而取諸隨作爲天下之間所決所爲如何之用也。

【按】

上卦説象下卦動象，自上至下爲説而動象而有説以搬運致遠之象（故有服牛乘馬之象）。

重門擊柝，以待暴客，蓋取諸豫。

【釋】

説明爲世安寧，有備無患而取諸豫作爲天下之間所決所爲如何之用也。

【按】

上卦動象下卦順象，自上至下爲動而順象而有擊柝爲順之象（故有重門擊柝之象）。

斷木爲杵，掘地爲臼。臼杵之利，萬民以濟，蓋取諸小過。

【釋】

説明爲臼杵之利，萬民以濟而取諸小過作爲天下之間所決所爲如何之用也。

【按】

上卦動象下卦止象，自上至下爲動而止之象而有杵爲臼止之象。

弦木爲弧，剡木爲矢。弧矢之利以威天下，蓋取諸睽。

【釋】

説明爲保天下不受侵犯，生活進程光明而取諸睽作爲天下之間、上下之間所決所爲如何之用也。

【按】

上卦麗象下卦説象，自上至下爲麗而説象而有爲光明而嚴説之象（故有弧矢以威之象）。

上古穴居而野處，後世聖人易之以宫室。上棟下宇，以待風雨，蓋取諸大壯。

【釋】

説明後世聖人爲世以待風雨將穴居野處易之爲宫室而取諸大壯作爲天下之間、上下之間所決所爲如何之用也。

【按】

上卦動象下卦健象，自上至下爲動而健象而有作爲剛健之象（故有建造之象）。

古之葬者，厚衣之以薪。葬之中野，不封不樹，喪期无數（順注：見着想着又哭泣之謂）。後世聖人易之以棺槨，蓋取諸大過。

【釋】

説明後世聖人爲將死者易之以棺槨葬之而取諸大過作爲天下之間、上下之間所决所爲如何之用也。

【按】

上卦説象下卦入象，自上至下爲説而入象而有哭説而送入土之象（故有死葬之象。順注：將死者入土而隨萬物之化，這是中華民族自然文明之集中體現）。

上古結繩而治，後世聖人易之以書契。百官以治，萬民以察，蓋取諸夬。

【釋】

説明後世聖人爲百官以治，萬民以察對所例十二卦等以卦結繩之用過程雖原先天下進程之事大致畢矣，然隨着進一步進程以卦結繩之用必將越煩瑣不及而取諸夬作爲天下統一逐漸將結繩之爲改成書簡之爲以成世事之爲與百官以治、萬民以察之爲之用也（順注：由此可見夬爲結繩之末而書簡之始也。也因此可見《易》對於中國文字之淵源關係，爲中國文字之始祖也。又注：也因此可見當時社會是上下能合德、百姓能平章之世，故而炎黄民族不僅能在黄河、長江中下游地區站住脚，而且萬邦能協而初成中國之基礎，至文王更是繼往開來而立，爲直至今日之中國打下基礎，這在世界上是絶無僅見的之所在）。

【按】

上卦説象下卦健象，自上至下爲説而健象而有説而剛健之象（故有剛决之象）。

第三章

是故《易》者，象也。象也者，像也。

【釋】

承上章言。

【按】

上述十三由上至下重卦，《周易》反之由下至上義亦可通，故《周易》祇改少數義實在不可通卦名。也因此可見《繫辭傳》不少爲所集遺説。

彖者，材也。爻也者，效天下之動者也。是故吉凶生而悔吝著也。

【釋】

承上而啓《易》之道。

【按】

“材”者，卦所以成象而名者。“效”者，效天下之所爲而象者。

第四章

陽卦多陰，陰卦多陽。其故何也？陽卦奇，陰卦耦。

【釋】

言陽剛爲陰盛之卦，故必多陰，必奇。陰柔爲陽盛之卦，故必多陽，必耦。

【按】

此爲就卦畫叙事物陰陽之義奇耦之理。

其德行何也？陽一君而二民，君子之道也。陰二君而一民，小人之道也。

【釋】

此爲對世之説。

第五章

《易》曰：憧憧往來，朋從爾思。子曰：天下何思何慮，天下同歸而殊塗，一致而百慮。天下何思何慮，日往則月來，月往則日來，日月相推而明生焉。寒往則暑來，暑往則寒來，寒暑相推而歲成焉。往者屈也，來者信也，屈信相感而利生焉。尺蠖之屈，以求信也。龍蛇之蟄，以存身也。精義入神，以致用也。利用安身，以崇德也。過此以往，未之或知也。窮神知化，德之盛也。

【釋】

此爲孔子對咸九四爻之闡述。

《易》曰：困于石，據于蒺藜，入于其宫，不見其妻。凶。子曰：非所困而困焉，名必辱。非所據而據焉，身必危。既辱且危，死期將至，妻其可得見邪。

【釋】

此爲孔子對困六三爻之釋。

《易》曰：公用射隼于高墉之上，獲之无不利。子曰：隼者，禽也。弓矢者，器也。射之者，人也。君子藏器於身，待時而動，何不利之有。動而不括，是以出而有獲語成器而動者也。

【釋】

此爲孔子對解上六爻之釋。

子曰：小人不恥不仁，不畏不義，不見利不勸，不威不懲，小懲而大誡，此小人之福也。《易》曰：履校滅趾，无咎。此之謂也。

【釋】

此爲孔子對噬嗑初九爻之釋。

善不積不足以成名，惡不積不足以滅身。小人以小善爲无益而弗爲也，以小惡爲无傷而弗去也。故惡積而不可掩，罪大而不可解。《易》曰：何校滅耳，凶。

【釋】

此爲孔子對噬嗑上九爻之釋。

子曰：危者，安其位者也。亡者，保其存者也。亂者，有其治者也。是故君子安而不忘危，存而不忘亡，治而不忘亂，是以身安而國家可保也。《易》曰：其亡其亡，繫于苞桑。

【釋】

此爲孔子對否九五爻之釋。

子曰：德薄而位尊，知小而謀大，力小而任重，鮮不及矣。《易》曰：鼎折足，覆公餗。其形渥，凶。言不勝其任也。

【釋】

此爲孔子對鼎九四爻之釋。

子曰：知幾其神乎？君子上交不諂，下交不瀆，其知幾乎？幾者，動之微，吉之先見者也。君子見幾而作，不俟終日。《易》曰：介于石，不終日，貞吉。介如石焉，寧用終日，斷可識矣。君子知微知彰，知柔知剛，萬夫之望。

【釋】

此爲孔子對豫六二爻之釋。

子曰：顔氏之子，其殆庶幾乎？有不善未嘗不知，知之未嘗復行也。《易》曰：不遠復，无祇悔，元吉。

【釋】

此爲孔子對復初九爻之釋。

天地絪緼，萬物化醇，男女構精，萬物化生。《易》曰：三人行，則損一人。一人行，則得其友。言致一也。

【釋】

此爲孔子對損六三爻之釋。

子曰：君子安其身而後動，易其心而後語，定其交而後求。君子修此三者故全也。危以動，則民不與也。懼以語，則民不應也。无交而求，則民不與也。莫之與則傷之者至矣。《易》曰：莫益之，或擊之。立心勿恒，凶。

【釋】

此爲孔子對益上九爻之釋。

第六章

第一節

子曰：乾坤其《易》之門邪。乾，陽物也。坤，陰物也。陰陽合德而剛柔有體，以體天地之撰，以通神明之德。

【釋】

此當爲孔子對世用《易》而言。

第二節

其稱名也雜而不越，於稽其類，其衰世之意邪。夫《易》，彰往而察來，而微顯闡幽，開而當名辨物，正言斷辭則備矣。

【釋】

此爲孔子對《易》之述。

其稱名也小，其取類也大。其旨遠，其辭文。其言曲而中，其事肆而隱。因貳以濟民行，以明失得之報。

【釋】

此同爲孔子對《易》之述。

第七章

第一節

《易》之興也，其於中古乎？作《易》者其有憂患乎？

【釋】

承上而言之。

第二節

是故履，德之基也。謙，德之柄也。復，德之本也。恒，德之固也。損，德之修也。益，德之裕也。困，德之辨也。井，德之地也。巽，德之制也。

【釋】

此爲孔子論九卦之德。

履和而至，謙尊而光，復小而辨於物，恒雜而不厭，損先難而後易，益長裕而不設，困窮而通，井居其所而遷，巽稱而隱。

【釋】

此爲孔子論九卦之義。

履以和行，謙以制禮，復以自知，恒以一德，損以遠害，益以興利，困以寡怨，井以辨義，巽以行權。

【釋】

此爲孔子論九卦之爲。

第八章

《易》之爲書也不可遠，爲道也屢遷，變動不居，周流六虚。上下無常，剛柔相易。不可爲典要，唯變所適。

【釋】

此爲《易》之道所在。言不可以經文爲搬抄，袛能以實際情形唯變所適。

其出入以度，外内使知懼，又明於憂患與故。无有師保，如臨父母。初率其辭而揆其方，既有典常，苟非其人，道不虚行。

【釋】

此爲《易》之道所用。

第九章

第一節

《易》之爲書也，原始要終以爲質也。六爻相雜，唯其時物也。

【釋】

承上章言。言《易》以所事本來就存在的和面臨的有關之天地人萬事萬物衆生情形以爲質，六爻相雜過程唯其種種及其變化之時物也。

第二節

其初難知，其上易知，本末也。初辭擬之，卒成之終。

【釋】

承上而進一步言之。

第三節

若夫雜物撰德，辨是與非，則非其中爻不備。噫，亦要存亡吉凶，則居可知矣。知者，觀其彖辭則思過半矣。二與四同功而异位，其善不同。二多譽，四多懼，近也。柔之爲道不利遠者，其要无咎，其用柔中也。三與五同功而异位，三多凶，五多功，貴賤之等也。其柔危，其剛勝邪。

【釋】

此節與《周易》經義截然不符，當爲《連山》至《歸藏》易遺説無疑。

第十章

第一節

《易》之爲書也，廣大悉備。有天道焉，有人道焉，有地道焉。兼三才而兩之，故六。六者非它也，三才之道也。

【釋】

承上章一、二節言。言《易》之過程應注意到種種天之道、人之道、地之道，兼三才而所處與世處兩之而成六爻。故六爻非它也，三才之道過程也。

第二節

道有變動，故曰爻。爻有等，故曰物。物相雜，故曰文。文不當，故吉凶生焉。

【釋】

承上而言之。言六爻三才之道過程也。

第十一章

第一節

《易》之興也，其當殷之末世、周之盛德邪，當文王與紂之事邪。

【釋】

言《易》之興所由來者。

第二節

是故其辭危。危者使平，易者使傾。其道甚大，百物不廢。懼以終始，其要无咎。此之謂《易》之道也。

【釋】

承上深入言《易》之道所用。

第十二章

第一節

夫乾，天下之至健也，德行恒易以知險。夫坤，天下之至順也，德行恒簡以知阻。

【釋】

此當爲自《連山》至《歸藏》易遺文無疑。

第二節

能説諸心，能研諸候之慮，定天下之吉凶，成天下之亹亹者。是故變化云爲，吉事有祥，象事知器，占事知來。

【釋】

言《易》之道。

天地設位，聖人成能，人謀鬼謀，百姓與能。

【釋】

此當爲孔子時之説。

八卦以象告，爻彖以情言，剛柔雜居而吉凶可見矣。

【釋】

言《易》之道。

變動以利言，吉凶以情遷。是故愛惡相攻而吉凶生，遠近相取而悔吝生，情僞相感而利害生。凡《易》之情近而不相得則凶或害之，悔且吝。

【釋】

承上言。言事因所愛所惡相攻而吉凶生，凡事不顧遠近相取而悔吝生，處事互成情僞相感而利害生。故凡事物變化之情近而不知相得則凶或害之，使悔且吝。

第三節

將叛者其辭慚，中心疑者其辭枝，吉人之辭寡，躁人之辭多，誣善之人其辭游，失其守者其辭屈。

【釋】

言以《易》之道察人事如何而成事也。

八、説卦傳

第一章

第一節

昔日聖人之作《易》也，幽贊於神明而生蓍。

【注】

“蓍”者，數也。言昔日聖人之做事用《易》也（順注：《繫辭傳》中作《易》者爲作書之謂，而此作易也以文理究之則分明做事用《易》也之謂），爲能通神明之德，類萬物之情而以蓍草數義爲用也。

第二節

參天兩地而倚數。

【釋】

承上言。

【按】

“參”者，通也。“倚”者，依也。言爲事通乎天知乎地而依倚蓍草作爲事物之處陰陽之象數義也。

第三節

觀變於陰陽而立卦。

【釋】

承上言。

【按】

“立卦”者，立易卦也。言爲成所處事物與世處事物之如何觀變於事物陰陽剛柔薄順之情性而以象數義立卦也。

發揮於剛柔而生爻。

【釋】

承上言。

【按】

“爻”者，效也。爲發揮事物剛堅盛柔與薄順難易之性情過程而生效也。

和順於道德而理於義。

【釋】

承上言。

【按】

“和”者，仁也。言爲所事之進程應有道之德而不忘世之理之義也。

窮理盡性以至於命。

【釋】

承上言。

【按】

“命”者，生命也。言爲事進程之利應窮其理盡其性而至於生命也。

第二章

第一節

昔日聖人之作《易》也，將以順性命之理。

【釋】

承上章言。

【按】

“性”者，性也。言昔日聖人爲作《易》與做事以順事物之性與生命之理而爲之也。

是以立天之道曰：陰與陽。

【釋】

言立天之道爲對地與萬事萬物衆生情性而言故曰陰與陽。

立地之道曰：柔與剛。

【釋】

言立地之道爲對世與萬事萬物衆生性情而言故曰柔與剛。

立人之道曰：仁與義。

【釋】

言立人之道爲對人與萬事萬物衆生之處而言故曰仁與義。

第二節

兼三才而兩之，故《易》六畫而成卦。

【釋】

承上節言。言《易》之道成所用應兼具有關天之道、地之道、人之道萬事萬物衆生之材而成所處之如何與世處之如何過程，是故《易》由所處與世處六畫而成卦。

分陰分陽，迭用柔剛，故《易》六位而成章。

【釋】

承上言。言成事之由始至終過程需要不斷分辨事之所處世處及其進程陰陽剛柔薄順難易之象數義如何，同時由始至終需要不斷察知成之所處與世處之事物變動如何及其而來剛堅盛柔之處關係狀態與之如何，是故《易》由初始至成終六位而成章。

【合注】

一章、二章從内容觀之當出於孔子之前無疑，但殷《易》不可能有，《彖》、《象》也無。行文上顯然有被孔子後人改動整理過的時代文語所在。應是文王後人對先人爲作《易》與做事用《易》概括之述也。又：從一章特有的觀變於陰陽、發揮於剛柔與二章特有的分陰分陽等論觀之，陽剛亢微盛與陰堅柔終始及其各種關係和它的變化過程之概念已在其中之例。

第三章

天地定位，山澤通氣，雷風相薄，水火不相射。八卦相錯。數往者順，知來者逆，是故《易》逆數也。

【注】

此爲伏犧氏則河圖極天地運行變化所作八卦之圖語（參卷首八卦説章節）。又：從逆數觀之當爲伏犧氏時以地《易》所致，反之以順數則爲天《易》。

第四章

雷以動之，風以散之。雨以潤之，日以烜之。艮以止之，兑以説之。乾以君之，坤以藏之。

【釋】

此章從逆數觀之秉承伏犧氏八卦圖説，但以其長中少過程之列與乾以君之、坤以藏之觀之當爲以天行之《歸藏》易遺文無疑（參第十章節）。

第五章

帝出乎震（順注：帝者，萬物生長蕃繁之謂），齊乎巽，相見乎離，致役乎坤，説言乎兑，戰乎乾，勞乎坎，成言乎艮。

萬物出乎震，震東方也。齊乎巽，巽東南也。齊也者，言萬物之潔齊也。離也者，明也，萬物皆相見，南方之卦也。聖人南面而聽天下，嚮明而治，蓋取諸此也。坤也者，地也，萬物皆致養焉，故曰致役乎坤。兑，正秋也，萬物之所説也，故曰説言乎兑。戰乎乾，乾西北之卦也，言陰陽相薄也。坎者，水也，正北方之卦也，勞卦也，萬物之所歸也，故曰勞乎坎。艮，東北之卦也，萬物之所成終而所成始也，故曰成言乎艮。

【釋】

此章爲以天行之中天《易》至《連山》易遺文（參卷首帝出乎震説章節）。

第六章

神也者，妙萬物而爲言者也。動萬物者莫疾乎雷，撓萬物者莫疾乎風，燥萬物者莫熯乎火，説萬物者莫説乎澤，潤萬物者莫潤乎水，終萬物始萬物者莫盛乎艮。故水火相逮，雷風不相悖，山澤通氣，然後能變化既成萬物也。

【釋】

此章與上章較之雖少乾者坤者，但過程一致，當爲以天行之中天《易》至《連山》易遺文無疑。

第七章

乾，健也。坤，順也。震，動也。巽，入也。坎，陷也。離，麗也。艮，止也。兑，説也。

【釋】

此爲八卦事物過程之性情。

第八章

乾爲馬，坤爲牛，震爲龍，巽爲鷄，坎爲豕，離爲雉，艮爲狗，兑爲羊。

【釋】

此爲以八卦事物之性情引申之物象。當爲在文字起源前所用與以物象過程做事占斷、占卜之用遺文。

第九章

乾爲首，坤爲腹，震爲足，巽爲股，坎爲耳，離爲目，艮爲手，兑爲口。

【釋】

此爲以八卦事物之性情引申之物象中象。同樣當爲在文字起源前所用與以物象中象過程做事占斷、占卜之用遺文。

第十章

乾天也，故稱乎父。坤地也，故稱乎母。震一索而得男，故謂之長男。巽一索而得女，故謂之長女。坎再索而得男，故謂之中男。離再索而得女，故謂之中女。艮三索而得男，故謂之少男。兑三索而得女，故謂之少女。

【釋】

此章與四章一樣，從逆數觀之秉承伏犧氏八卦圖説，又承繼陰陽少不變老變之説（既由長男而變少女，長女而變少男），但從其長中少之列觀之當爲以天行的故山澤通氣、水火相射、雷風相薄過程之《歸藏》易遺文無疑。

第十一章

第一節

乾爲天，爲圜，爲君，爲父，爲玉，爲金，爲寒，爲冰，爲大赤，爲良馬，爲老馬，爲瘠馬，爲駁馬，爲木果。

【釋】

此爲以乾健之性情引申之物象。當爲在文字起源前所用與以物象過程做事占斷、占卜之用遺文。

第二節

坤爲地，爲母，爲布，爲釜，爲吝嗇，爲均，爲子母牛，爲大輿，爲文，爲衆，爲柄，其於地也爲黑。

【釋】

此爲以坤順之性情引申之物象。同樣當爲在文字起源前所用與以物象過程做事占斷、占卜之用遺文。

第三節

震爲雷，爲龍，爲玄黄，爲旉，爲大塗，爲長子，爲决躁，爲蒼筤竹，爲萑葦，其於馬也爲善鳴，爲馵足，爲作足，爲的顙，其於稼也爲反生，其究爲健，爲蕃鮮。

【釋】

此爲以震動之性情引申之物象。同樣當爲在文字起源前所用與以物象過程做事占斷、占卜之用遺文。

第四節

巽爲木，爲風，爲長女，爲繩直，爲工，爲白，爲長，爲高，爲進退，爲不果，爲臭，其於人也爲寡髮，爲廣顙，爲多白眼，爲近利市三倍，其究爲躁卦。

【釋】

此爲以巽入之性情引申之物象。同樣當爲在文字起源前所用與以物象過程做事占斷、占卜之用遺文。

第五節

坎爲水，爲溝瀆，爲隱伏，爲矯輮，爲弓輪，其於人也爲加憂，爲心病，爲耳痛，爲血卦，爲赤，其於馬也爲美脊，爲亟心，爲下首，爲薄蹄，爲曳，其於輿也爲多眚，爲通，爲月，爲盜，其於木也爲堅多心。

【釋】

此爲以坎陷之性情引申之物象。同樣當爲在文字起源前所用與以物象過程做事占斷、占卜之用遺文。

第六節

離爲火，爲日，爲電，爲中女，爲甲胄，爲戈兵，其於人也爲大腹，爲乾卦，爲鱉，爲蟹，爲蠃，爲蚌，爲龜，其於木也爲科上槁。

【釋】

此爲以離麗之性情引申之物象。同樣當爲在文字起源前所用與以物象過程做事占斷、占卜之用遺文。

第七節

艮爲山，爲徑路，爲小石，爲門闕，爲果蓏，爲閽寺，爲指，爲狗，爲鼠，爲黔喙之屬，其於木也爲堅多節。

【釋】

此爲以艮止性情引申之物象。同樣當爲在文字起源前所用與以物象過程做事占斷、占卜之用遺文。

第八節

兑爲澤，爲少女，爲巫，爲口舌，爲毁折，爲附決，其於地也爲剛鹵，爲妾，爲羊。

【釋】

此爲以兑説之性情引申之物象。同樣當爲在文字起源前所用與以物象過程做事占斷、占卜之用遺文。

九、序卦傳

上篇

有天地然後萬物生焉。

【釋】

此爲序卦（上）首句。《周易》作者申叙天地間的一切事物皆爲天地陰陽异性過程所生，完全否認有其他什麼上帝的力量、神奇的力量存在，排除了其他民族直至今日的上帝説。對此根本不同近代歐洲的事物内在發展説與事物外在變化説。

盈天地之間者唯萬物。

【釋】

緊接上句言。進一步强調天地間唯萬物，絶没有上帝、神靈的存在。這是三千年前有文字可查的中華民族之科學認識論。

故受之以屯。屯者，盈也。屯者，物之始生也。物生必蒙，故受之以蒙。蒙者，蒙也，物之稺也。物稺不可不養也，故受之以需。需者，飲食之道也。飲食必有訟，故受之以訟。訟必有衆起，故受之以師。師者，衆也。衆必有所比，故受之以比。比者，比也。比必有所畜，故受之以小畜。物畜然後有禮，故受之以履。履而泰然後安，故受之以泰。泰者，通也。物不可以終通，故受之以否。物不可以終否，故受之以同人。與人同者物必歸焉，故受之以大有。有大者不可以盈，故受之以謙。有大而能謙必豫，故受之以豫。豫必有隨，故受之以隨。以喜隨人者必有事，故受之以蠱。蠱者，事也。有事而後可大，故受之以臨。臨者，大也。物大然後可觀，故受之以觀。可觀而後有所合，故受之以噬嗑。嗑者，合也。物不可以苟合而已，故受之以賁。賁者，飾也。致飾然後亨則盡矣，故受之以剥。剥者，剥也。物不可以終盡，剥窮上反下，故受之以復。復則不妄矣，故受之以无妄。有无妄然後可畜，故受之以大畜。物畜然後可養，故受之以頤。頤者，養也。不養則不可動，故受之以大過。物不可以終過，故受之以坎。坎者，陷也。陷必有所麗，故受之以離。離者，麗也。

【按】

參《周易》上經序卦過程之釋。

下篇

有天地然後有萬物。

【釋】

此爲《序卦》（下）首句。《周易》作者重申無天地之演化過程就無天地間之萬物過程，不是有什麽上帝的力量、神靈的力量而有萬物之科學認識論。

有萬物然後有男女。

【釋】

言没有天地間萬物之演化過程就没有人類之過程，人爲由萬物過程而過程之物。完全否認人類被創造之説。

有男女然後有夫婦。

【釋】

夫婦情。言個人短暫人生的夫婦之情不是有男女之欲生來就有的，而是經歷了人世之演化過程而出現而確立的，夫婦之情的確立爲世之一大進步（順注：極其科學的歷史觀）。

有夫婦然後有父子。

【釋】

父子親。言夫婦之情的確立而有父母子女之親的産生與確立，父母對子女之教養與子女對父母之奉敬關係之親不是有夫婦關係開始就有的，而同樣經歷了一定的人世男女夫婦之情至父母子女之親過程而確立起來的，特别是父與子女之親關係的確立爲世之又一大進步（順注：對此比起世上存在着的上不顧父母、下不要子女、斥父子之親關係爲封建關係者不知要進步多少）。

有父子然後有君臣。

【釋】

君臣義。言有父母子女之親的確立而有君臣相成之義的産生與確立（順注：此君臣爲主事與爲事之謂。對此比起世上大量爲君者爲己之利進行虐墨不知要進步多少）。

有君臣然後有上下。

【釋】

上下體。言有君臣之義的確立而有上下相合德爲世爲民創進之體的確立與存在（順注：義與體之關係。又注：此上下爲世之上與民之謂）。

有上下然後禮義有所錯。

【釋】

禮義治。言有上下之體的確立與存在而有人們所需要的合乎世之義理的相輔相成之人際規範的確立（順注：世之能否長治久安於此也。對此比起人治與法治來，既極大概括又極其超越）。

夫婦之道不可以不久也。

【釋】

言人生夫婦之道久而有父母子女之道，故夫婦之道不可不久也。由上至此可見作者所述事物必然規律過程與必然邏輯過程極致。作者說明人世之道德、義理、秩序、盛衰、治亂、合分由源於男女間的婚戀情形如何而成於夫婦父母子女之道的如何最終決定着的，是不以人爲意志所轉移的。這是人類對自身社會規律過程的認識，對世興盛求取的認識，對人類整個私産社會歷史時期最理想之社會生活的認識。

故受之以恒。恒者，久也。物不可以久居其所，故受之以遯。遯者，退也。物不可以終遯，故受之以大壯。物不可以終壯，故受之以晋。晋者，進也。進必有所傷，故受之以明夷。夷者，傷也。傷於外者必反其家，故受之以家人。家道窮必乖，故受之以睽。睽者，乖也。乖必有難，故受之以蹇。蹇者，難也。物不可以終難，故受之以解。解者，緩也。緩必有所失，故受之以損。損而不已必益，故受之以益。益而不已必決，故受之以夬。夬者，決也。決必有所遇，故受之以姤。姤者，遇也。物相遇而後聚，故受之以萃。萃者，聚也。聚而上者謂之升，故受之以升。升而不已必困，故受之以困。困乎上者必反下，故受之以井。井道不可不革，故受之以革。革物者莫若鼎，故受之以鼎。主器者莫若長子，故受之以震。震者，動也。物不可以終動，止之，故受之以艮。艮者，止也。物不可以終止，故受之以漸。漸者，進也。進必有所歸，故受之以歸妹。得其所歸者必大，故受之以豐。豐者，大也。窮大者必失其居，故受之以旅。旅而無所容，故受之以巽。巽者，入也。入而後説之，故受之以兑。兑者，説也。説而後散之，故受之以涣。涣者，離也。物不可以終離，故受之以節。節而信之，故受之以中孚。有其信者必行之，故受之以小過。有過物者必濟，故受之以既濟。物不可窮也，故受之以未濟終焉。

【按】

參《周易》下經序卦過程之釋。

十、雜卦傳

乾剛坤柔。比樂師憂。臨觀之義，或與或求。屯見而不失其居，蒙雜而著。震起也，艮止也。損益，盛衰之始也。大畜時也，无妄灾也。萃聚而升不來也。謙輕而豫怠也。噬嗑食也，賁无色也。兑見而巽伏也。隨无故也，蠱則飭也。剥爛也，復反也。晋晝也，明夷誅也。井通而困相遇也。咸速也，恒久也。涣離也，節止也。解緩也，蹇難也。睽外也，家人内也。否泰，反其類也。大壯則止，遯則退也。大有衆也，同人親也。革去故也，鼎取新也。小過過也，中孚信也。豐多故也，親寡旅也。離上而坎下也。小畜寡也，履不處也。需不進也，訟不親也。大過顛也。姤遇也，柔遇剛也。漸女歸待男行也。頤養正也。既濟定也。歸妹女之終也。未濟男之窮也。夬决也，剛决柔也，君子道長，小人道憂也。

【注】

《雜卦》與《序卦》相輔相成，共爲闡述《周易》全經之義。并進而可證之《周易》全經之象爲事物有規律的千變萬化過程之象與必然義理過程之象。

《雜卦》與《序卦》與《周易》經義一致，當爲文王所作無疑。一爲沉雜於經之義（如乾剛坤柔。比樂師憂。臨觀之義，或與或求。屯見而不失其居，蒙雜而著。……）。二爲反叙沉雜之義（如師比過程爲比樂師憂。泰否過程爲否泰反其類也。同人大有過程爲大有衆也，同人親也。……）。三爲雜處沉雜之義（如大過顛也。姤遇也，柔遇剛也。漸女歸待男行也。……）。而使沉潜。

以下將《雜卦》過程以《周易》六十四卦《序卦》過程而注釋之，人們將會發現與經義完全一致，皆全經精義所在。

乾剛坤柔。

【釋】

乾坤二卦爲上經之始，世道之始。乾剛坤柔説是作者爲世興隆從人們之所求，世道之根本立言所在，當爲作者全面深刻研究自虞至夏商以來及其列國不同人世之道情形，以爲衹有上下合德方世間有道方有國家真正之盛。爲鏟除殘虐萬民的黑暗世道，使世成人心所嚮不背、國家興盛不衰、世間長治久安，正是此作者申述的是以乾天坤地應順合德之剛爲天道，柔爲地道兩儀説。此既否認了夏商以來造成人世灾難的僵化的天尊地卑説，又爲乾道以剛健能應地柔陰時行而能資始資成萬物不止，坤道以柔順能承天剛陽健行而能資生資成萬物不息，使人世之道與天地之道合一。如此既秉承自五行説至伏犧八卦説至《連山》易直至《歸藏》易之精華，又開啓了《周易》哲理之門户。

屯見而不失其居，蒙雜而著。

【釋】

屯，難。始生必難。在難中爲得新生不應失其居之正。蒙，昧。物生必蒙。應區分物有不同之蒙而除啓行之方成著也。

需不進也。訟不親也。

【釋】

需，養。蒙還需養。所養不是爲急切求進，而是爲所行之事能貞固也。訟，事。所爲生訟。事不顧他人如何與侵害他人所然，故不親也。

比樂師憂。

【釋】

師，衆。起除世害。爲除得訟居尊危害萬民之禠成世之順所起之師如不能成，自身事小，天下事大而應深憂深惕而行方成也。比，除。比除小人。比除小人必成天下之事也。如此而列，是説應切記天下之順也。

小畜寡也，履不處也。

【釋】

小畜，畜物。比而成畜。小畜因不能協順而增財畜物寡也。履，禮。履禮而行。履爲事協順，相輔相成故不自處也。

否泰，反其類也。

【釋】

泰，通。履而泰安。世相互相成大道理來而與世相背小道理去而成泰安也。否，反。否之羞行。否泰反之求小事小道理而否没世理成羞叢生也。如此之列，是説否必泰去，爲泰應以世義理爲之也。

大有衆也，同人親也。

【釋】

同人，同仁。志同道合。君子志同道合爲除否没必親也。大有，多也。物成大有。世之物成大有衆歸成也。如此之列，是説由同人而成者也。

謙輕而豫怠也。

【釋】

謙，遜。謙虚遜讓。謙遜是在成績面前衆人面前輕己而重人也。豫，樂。有大而謙豫樂。喜於豫樂者事必怠而不速也。

隨无故也，蠱則飭也。

【釋】

隨，追隨。追隨所求。人們所求喜者而追隨於其本人無故，情性所以然也。猶如今時人們爲舒坦生活而爲之也。蠱，事壞。事壞除治。由於人們一味所求喜者使事壞而必須進行除治也。

臨觀之義，或與或求。

【釋】

臨，大。蠱除必大。爲光大事業人們應相與爲之，進行的過程也是求取的過程。觀，察。觀察事物。對所成事業如何人們應求取各種意見進行綜合全面考核，求取的過程也是相與的過程也。

噬嗑食也，賁无色也。

【釋】

噬嗑，生活。整治生活。爲人們生活協順進行整治也。賁，飾。賁飾喬裝。因整治擴大化而賁飾喬裝自己使之免害，而賁飾喬裝非爲事物本貌，故无色也。

剥爛也，復反也。

【釋】

剥，蝕。致飾剥蝕。世成人與事受壓抑都需致飾喬裝方能行之必使事物内在不斷遭受侵濁而剥落也。復，反。反復其道。事物被壓抑浸剥到一定情形下，必反復其道，性情也。正如與世與萬民相背而行之人與事階時必將被除去也。

大畜時也，无妄灾也。

【釋】

无妄，不妄。无妄爲灾。爲事不妄而無有灾也。大畜，大成畜物。大成增財畜物是由必然的過程所成之也。如此之列，是説由无妄而大畜，大畜而更應无妄也。

頤養正也，大過顛也。

【釋】

頤，養。觀世所養。生活所求所養應正方不成過者也。大過，太過。不協太過。離開世之協調任爲必成不協太過而顛也。

離上而坎下也。

【釋】

坎，陷。世事艱陷。所養不協太過成顛而使世事世道艱陷也。離，麗。世成光明。爲除却顛世人們向着光明爲克除其根源所在而行進也。如此之列，是説求取光明進程同時是艱陷根源除去過程也。

咸速也，恒久也。

【釋】

咸恒二卦爲下經之始，世事之始。咸速恒久説是作者爲世光明從人事之初始、世事之本源求取所在。當爲作者深入研究自虞至夏商以來及其列國各種人事之道情形，以爲祇有人際有情方人世有情方有人與鄉土之情。爲清除黑暗的世道根源，使人世協和進取、國家千秋不滅、民族永存不亡，正是此作者倡道的是情愛説，即是男女婚戀之情（順注：情者，青之心也）與人世之情結合得相互好合而相敬愛之説（順注：這應該是人類文明極其重要的又一大進步）。對此作者從根本上反對之間種種不負責任、種種祇圖愉樂無有好合致使淫悦叢生、人世醉生之性愛説，又從根本上反對之間種種極端自私、種種居心敗壞不相好合致使世情淪喪、人世悲涼之愛情説。從而使新婚家庭與原處家庭合一，與立業進取合一，與國家興盛發達合一，使與人們暫短人生的生活根本所需合一。咸，味也。生活所需。生活成之所需由相感至定奪至求取爲世事之速過程也。少男少女婚戀人事過程也一樣。而此過程應是生活成美滿，世事成協順之始也。恒，久也。持恒久遠。少男少女結合後二情相互好合而相敬愛，互盡其能，創樹業績，持恒進取必成生活之美、世事之盛也。

大壯則止，遯則退也。

【釋】

遯，退。被逼退遯。被進逼協和依存關係破壞無法容身而祇能退遯重求進展也。大壯，事壯。事業成壯。事進展成壯應求階進方成不斷進取也。猶今人謂事業發展壯大後應向高質量、高標準求進也。如此之列，是説事業壯大了不應忘記協和依存關係被破壞後無法容身而祇能退遯之事也。

晋晝也，明夷誅也。

【釋】

晋，晝。事成晋進。有如日中天之光明在前必成事之不斷晋進也。明夷，傷重。光明傷重。極以晋進不顧而行必使真理遭受極大傷害，真理祇有對其進行傷害之爲進行誅之方能重現光明也。

睽外也，家人内也。

【釋】

家人，天下大家，家庭小家。家人誅非而使相互親順家道興。故家人以内親也。睽，乖。互相睽乖。由於家道生變遭毁必使相互睽乖也。故睽成外乖也。如此之列，是説相互睽乖時不應忘記相互親順之時而應盡快釋也。

解緩也，蹇難也。

【釋】

蹇，難。事難行難。由於人們相互睽乖必使事難而行難也。解，緩。事成緩解。爲得解通過不斷努力克難除睽由緊張成緩解也。如此之列，是説得緩解應不忘其之不易也。

損益，盛衰之始也。

【釋】

損，損己益人。能處事損己不當益人而行必成世和順而事興盛也，終而使己不僅不損且受益匪淺也。益，爲益而行。爲益而行，必終成益己損人而行必使世害生而衰落也。

夬，決也，剛決柔也，君子道長，小人道憂也；姤遇也，柔遇剛也。

【釋】

夬，決。決除居尊吞益。爲決除居尊吞益之害也，故而君子道長，小人道憂也。姤，遇。世體遇害。爲進而清除世體所遇之害也。

萃聚而升不來也。

【釋】

萃，聚。事物萃聚。世體所遇之害得以清除必使物成萃聚也。升，上。事向上升。由萃聚而求高層次、高品位上升非易事，如一味求升必將升不來也。

井通而困相遇也。

【釋】

困，陷。陷入困境。由於升不來而陷入困境也。井，本。生活所本。在困境中祇要爲生活所本之事做起必能使之通也。如此之列，是說生活通了不應忘記處困之時也。

革去故也，鼎取新也。

【釋】

革，除。革而除故。革爲生活進程所需對不相適應之事物進行革除，對存在問題之事物進行改革也。鼎，新。鼎而成新。鼎爲使世成新，使存在問題之事物成新與世進程相適應也。

震起也，艮止也。

【釋】

震，起。震起爲新。震起而爲新除非也。艮，止。艮爲制止。艮爲制止在除非爲新過程中無益而有事之爲也。

漸女歸待男行也，歸妹女之終也。

【釋】

漸，漸漸行進。對世不明之事應漸漸行進視情形而爲之也。歸妹，歸妹成歸。物成所歸也。

豐多故也，親寡旅也。

【釋】

豐，盛。物成豐盛。物成所歸必豐也。但忘乎所以極求必失其居也。旅，得。爲得而旅。爲得識而出行旅也。

兑見而巽伏也。

【釋】

巽，入。深入事物。旅而爲明事物深入探究故爲伏也。兑，説。得説成事。由於深入事物而得説成事故爲見也。如此之列，是言得説成事過程仍應不忘對事物探究也。

渙離也，節止也。

【釋】

渙，離。渙然而進。人們得説而性情渙然共進必成事業之燦爛也。節，儉。節而爲儉。事成燦爛應記所取所用需節制節儉爲之方能盛而不竭也。

小過過也，中孚信也。

【釋】

中孚，中正取信。對世應行之事應中正而不畏困難行進方能取信於人於世共爲也。小過，已過。大過爲顛，小過已過。雖中正取信而行，然世事萬象微妙，變動不居。如把握不力或無有把握必使事過而災眚起也。如此之列，是説事過而災眚起情形下應中正不畏困難而行進以取信於人於世共爲也。

既濟定也，未濟男之窮也。

【釋】

既濟，力濟。力濟災眚。既濟爲濟世所起之災眚而力爲也。未濟，弗濟。弗再行濟。未濟因世之災眚所在不可補救不再濟而弗濟，進而爲成世更美而力圖也。

結語

《周易》十翼十分重要，爲入《易》之津梁，如没有十翼之文，經是不可能深知的。同時，十翼之文又是經義及與經義相聯係的許多重要内容之佐證所在。

從對全經與十翼的研究可見，作者在完成《周易》全經之後，祇作過《序卦傳》、《雜卦傳》與對乾道坤道進行闡釋之《彖》、《象》、《文言》諸篇，而没有其他所作當爲無疑。這在當時來説可能不存在問題，然對後世探究來講却是重大難題，加之語義隱潜，情形可想而知。孔子正是爲對《易》進行研究集當時所能見所能聞并説而作成《繫辭》上篇、《繫辭》下篇、集成《説卦傳》篇，并對當時業已散失與亡佚的乾坤之《彖》、《象》、《文言》進行收集，增補并説而終成十翼爲之傳，從而使我們今天能見《易》之真正面貌所在。

除此，孔子及其弟子所作的此外六十二卦之《彖》、《象》，三百七十二爻之《象》，雖與經義多有不合與相背，却同樣極爲重要，它使今人在數千年後能得見早已亡佚的《歸藏易》直至《連山易》之大致面目所在。由上至此，可見孔子對於中國之科學哲理貢獻功垂萬世矣。

十翼完。

論語今釋

序：德化社會與德化人生

中華文化的主流是儒學，而儒學的元典是《論語》。儒學就其本質而言，是一種亞細亞思想方式，也就是馬克思所剖析的亞細亞生産方式在意識形態領域的表現。馬克思提出亞細亞生産方式的理論已有一百五十多年的歷史，我們結合儒學發展的歷史，提出亞細亞思想方式却是個并不爲人熟知的新概念。接受和運用這個新概念，有助於理解和説明儒學誕生後，何以具有跨越社會形態和原生地域的特性。

我們知道，馬克思在分析東方社會形態時，遇到了一個理論難題，就是東方社會的某些本質特徵，竟能存在於幾個不盡相同的社會歷史階段中。他用亞細亞生産方式來揭示這一現象的實質。當然這不是一種孤立的現象，必然要反映到意識形態領域中來，表現爲亞細亞思想方式。這種思想方式，作爲一種原生形態的思想方式，不僅反映了它所由産生的社會存在，也具有超越時代的人類學—社會學功能，以一種普世思想要素的形式在不同的社會形態中繼承與傳播。它和那種衹産生并服務於一個特定社會形態或一個特定社會形態的一個歷史階段的意識形態是不同的，是更富有生命力的。

在中國，由於氏族社會所形成的以血緣關係爲紐帶維繫社會關係的深根始終没有中斷，隨着社會文明的前進，適應於家庭細胞與家族群落以及社會宗法、亞宗法遞嬗的需要，發展爲一種具有典範意義的倫理型文化。這種文化并非凝固不變的，而是在不斷變换形態之中豐富其内涵，以至於發展到了極致，綿延了數千年。從正面意義上説，這種文明使家庭關係普遍化、社會化，有利於增强國家與民族的凝聚力，凸顯家與國的一致性，從而保持着社會内部和諧的穩固基礎，同時使社會成員和家族成員激揚着一種一脉相傳的倫理精神，十分注重道德修養，崇尚義務道德和對社會、國家、民族與家庭奉獻一己的崇高精神。這正是在現代社會的價值觀念中萎縮與缺乏的東西。當西方文明中過度提倡的個人主義與利己主義精神越來越走向反面的時候，便把現代家庭推向了過分脆弱和鬆散的境地。當享樂主義使兩性關係達到了肆意放縱的程度，家庭這個恒久性的社會細胞便因失去了保護自我的胞膜而易於分解了。在這種思想支配下的人，雖有追求個人幸福的初衷，到頭來嘗到的却是不幸的苦果。於是，嚮往愛情專一與互相忠實的幸福感和熱望重温天倫之樂的充實感，就重新變得珍貴起來。這時，中華文明豐富的道德精神資源就顯出了它的普遍性價值。當今人類的現代性并不完全排斥傳統性中寶貴的東西；相反，傳統性中那些帶有永恒性的核心價值也必然會在現代性中得以延續發展。這種東西尤其在道德領域中的蘊藏是最爲豐富的。當然，不可否認，中華文化中的倫理精神也有它的負面作用，這就是對它的過分提倡，變成一種异化的禮教，也會束縛個人主體性的發揮，使人們對個人應享有的權利得不到合理的維護，從而對社會的進步和革新的需要失去敏鋭的感覺和缺乏足够强勁的發展自我的動力，過於沉重的“服從要求”會磨滅必要的進取精神，極易導致一種安於現狀的守舊心理，在急劇變化的時代，易於喪失可貴的歷史機遇。我們在這些方面是有深刻教訓的。從這正反兩方面的作用來看，提倡任何道德，都要把握一個適當的度，否則就會發生道德异化現象。异化了的倫理道德必然要戕害人性。這是東西方倫理道德的共同規律。

歷史反復證明，儒家倫理精神是具有上述二重性的。任何熱衷於倡導這種精神文明的人都不應當忽視這個特點。

古往今來，爲《論語》作注釋的著作多矣！單純從讀懂孔夫子的言論出發，把字詞語句解釋清楚，這樣的歷史任務，應當説早已完成。那麽，爲什麽經學家要一次再次地反復注釋呢？這是因爲，當社會發展了，歷史提出新的問題了，對儒學元典已有的注釋已經不能適合現實的需要，就會有人出來重新詮釋。因此，對《論語》的任何一次詮釋，都是依據自己對時代需要的認知，對儒學元典作出新的闡發，從而也就爲孔子學説的原創精神多多少少附加了詮釋者的一些含義、色彩。我不想對這種附加的含義和色彩作出任何評論，因爲那樣做就等於又加進了我的含義和色彩。但是，把詮釋《論語》作爲服務於德化社會與德化人生的崇高目標，我是完全贊同的，并予以高度評價。這既是《論語》的精華所在，也是時代進步所迫切需要的。

本書作者鄭張歡同志，原是浙江杭州市區的一位基層幹部，在兢兢業業地做好本職工作的同時，不忘年輕時立下的研習祖國傳統文化的宏願，先是刻苦鑽研《周易》多年，終於在二〇〇六年六月出版了他的第一部專著《周易今釋》，隨後又撰寫出這部《論語今釋》，闡發了一位同志對詮釋儒學元典的獨特的見解。他雖然不是學術圈中的專業學者，却能够經過長期的積累，關注專業領域中的學術問題，并轉换視角，通過對《論語》的今釋，系統表達了自己的見解，這是十分難能可貴的，一定會對讀者有所啓示的。

我和作者原不熟悉，承蒙他的看重，邀我爲之作序。謹以此短文爲序，以致賀也。

劉蔚華

二〇〇七年五月十五日於濟南

緒言

泛論孔子及其學説

《論語》一書，統攬群經，總括中華民族的思想文化文明，是一部儒學的極經典著作。與所有古今中外的著述不同，它是由弟子們所集一代哲學理論家、政治思想家、文化教育家孔子一生與弟子之間治學或處世交往中的一些言語行爲，包括一些弟子之間及處世交往中對孔子之道進行闡述的言語行爲的著作。《論語》深蘊《易》理，以人類特有的中華民族對事物的義理辨析與邏輯哲理爲貫穿，涉及時間起自唐堯，歷經夏、商、周過程，直至春秋末期及孔子身後戰國已開長達兩千餘年過程，對當時與古往今來的社會政治與思想文化的各個方面、各個層次及其過程所言所評極爲廣泛，所論所述極爲深入。正因爲如此，這部著作富含着一般史料無可比擬的價值，説明着孔子的哲學邏輯理論所在，展現着孔子的社會政治思想與文化教育思想。因此，《論語》一書價值非同一般，不僅是一部最富當時社會面貌史實的著作，又是一部最能體現孔子哲學理論的哲理著作，同時也是一部最能展現孔子政治思想與教育思想的紀實作品。

孔子之時，周德已衰，文、武於世協和興盛之道已微，鄙夫、斗筲小人充斥於政壇。世不寧日進，已君不像君、臣不像臣、父不像父、子不像子、夫不像夫、妻不像妻。人際禮義已崩，生活樂趣已壞，世間盜賊蜂起，一個國家、一個民族應有的社會生活秩序受到空前的嚴重挑戰。孔子就此世道，自志於學，而立後開始廣收弟子，向弟子、向社會講述中華民族的人文思想文明，講述事物的義理辨析與邏輯哲理，贊頌堯、舜、禹、湯、文、武於世之治道，倡導以仁、義、道、德、禮、恭、信、祭而行，倡導爲政以德、以民爲重，倡導君子之美，力斥小人之惡，力以光大堯、舜至文、武於世協和興盛之道，從而挽救世道，挽救民生。孔子的一生就是這樣的一生。

孔子力圖挽救世道，挽救民生，但爲權貴、鄙夫小人所不容。因此孔子除在魯國從過政，攝行過相事，被權貴、小人們逼走後，雖周游列國一邊講學，一邊力圖作爲，但終不得爲用。至晚年回到魯國仍被排斥，然爲弟子能傳承弘揚中華民族的聖賢之治道與思想文化文明，身體力行對歷代以來已散亂的各種文獻分類進行選取，按序整理成册。《論語》及其相關史料從根本上印證與説明孔子對當時業已散亂的歷代政治文告檔卷裁自唐堯起進行選取而成《尚書》，對世所能見的大量詩篇進行選取而成《詩經》，并爲樂正、雅頌各得其所而成《樂經》（順注：《樂經》亡於晋永嘉之亂而不可得見），又對各種文獻中關於禮的内容進行選取并説而成《禮記》主體，同時對《周易》在韋編三絶的基礎上序《彖》、《象》、《繫辭》、《説卦》、《文言》而成《易傳》大體，又爲春秋之世將魯史裁自隱公起至生前的哀公時止就二百四十二年過程寓己思想而成《春秋》大義所在。孔子不僅以此傳授弟子，還另行秘藏於壁保存，特别是經韋編三絶認爲哲理深奥、意義重大的《周易》更又實行弟子單傳，正是由於孔子及孔門弟子使之這些經選取成册的珍貴史書文獻逃過暴秦之火而幸存了下來。由此可見，孔子爲中國的思想文化文明與科學哲理傳承，對於整個中國乃至整個世界所作的貢獻是重大的。

孔子生前爲挽救世道、挽救民生終不得爲用，死後又遭權貴、小人們的貶斥與毁没，終致演成二百幾十年戰火不絶、民不聊生、灾難深重的戰國局面，直至所有的權貴小人們遭受滅頂之灾，有幸存的又爲暴秦所徹底滅亡。由於人世之道已没，世間父不以子爲子、子不以父爲父、夫不以妻爲妻、妻不以夫爲夫習以爲常，連秦皇嬴政自己母親也圖殺子奪權。世間禮義已無，人倫全亡，其必然結果就是空前的暴虐統治。孔子後學异議，隨之而來就是焚書坑儒。而朝内又空前的自相殘殺，不滿暴虐統治的嬴政太子扶蘇被李斯、趙高所殺，而李斯又爲胡亥、趙高所殺，至天下土崩，二世胡亥又被趙高所殺，趙高又爲扶蘇之子所殺，直至當時世界最爲强大的秦王朝迅速滅亡，整個秦皇家族徹底滅絶。孔子之道在漢興後被尊，不僅與戰國至暴秦連續二百幾十年來的深重灾難分不開，也與漢初朝政不固和人心思治分不開。自此以後，中國又繼而開始了與世界其他民族不同的以聖賢之道治世還是對世實行暴虐統治的特有社會進程，又繼而開始了中國能長期興盛於世界民族之林的特有歷史進程。

縱觀中國自虞夏商周至秦漢魏晋隋唐直至宋元明清民國的過程，凡所行有道進行治理的，世就興盛，其命就長久，商周漢唐等皆是。凡以武力實行暴虐統治的，世就凋殘不息，其命就短暫，夏桀、商紂、秦皇、曹魏等皆是。凡用小人爲政而行的，世就混濁腐朽，其命就敗落，宋末、明末等皆是。南宋末期，由於其政敗落而與元人相較力量懸殊被滅，元人雖武力强大，世界無雙，由於實行暴虐統治，不過百年而亡。明代終因後世無道，至崇禎雖欲力治但爲李自成乘清兵進逼之機自相殘殺，國爲清人所取。至明末止，中國數千年來在衆多方面始終領先於世界各國民族，在與各民族的交往中爲人類的進步事業作出了重大的貢獻。清人僅以二十萬兵力借李自成與明王朝之間自相殘殺之力取得了對整個中華大地的統治。就武力而論，清人根本不及當時元人，但清人能借助孔孟所闡述的聖賢之道進行治理，其命也長，又由於清人爲鞏固對多數民族的長遠統治，進而力行閉關鎖國，使自己在世界民族之林中迅速落伍，灾難深降而滅。清末民初期間，各列强在對中國瘋狂掠奪財物土地的同時，千方百計企圖瓜分中國，由於中國義理的思想文化原因而始終達不到目的。民國時期，由於極力搬進西歐北美的一套上帝思想文化，使人民遭到肆意奴役，又崇尚武力，終在大陸短暫而滅。

中國有兩本書，一本是居中國儒學之首的《論語》，充滿着人世之哲理，説的是人世應該如此而行。一本是孔子韋編三絶、居中國群經之首的《周易》，詳盡勾畫着天地人世萬物之哲理，説的是人世爲什麽應該如此而行。對這兩本書，世人應該進行研讀，研讀《論語》可深明《周易》的《彖》、《象》、《繫辭》、《説卦》、《文言》之理，進而可入進《周易》的經文之門。研讀《周易》可深明《論語》藴涵之理，進而可通曉中國的聖賢之治道。孔子的《論語》一書，由於文辭看似平凡而涵義宏深，一般不易入於其中，因此下述將首先對《論語》所涉及的有關問題進行研究，以深入乎其中而爲之引用。

一、人類的人文思想文化與社會形態問題

人類的人文思想，歸結即人的生與死的思想。人自生至死的一生究竟爲了什麽？應該怎樣做人？難道活着就要爲生存而辛勞，至死而一切完結嗎？一切爲生存與發展的民族與個人都在探索與力求解决着這個根本的人文問題。爲此歐洲人創造了萬能的上帝，産生出上帝創造世界，創造人與給人享用的萬物，確立生活秩序，人皆爲上帝的子女，連子女也是上帝的子女，人活着要按上帝確立的生活秩序在上帝的護佑下平等生活、自成生活而進，至死去上帝的天堂裏生活的基督教義的文化文明。這個上帝的思想文化文明深涵自成生活之理而使歐洲人直至今日人際所以淡漠，小國所以林立，但也使歐洲人在近代的世界環境中能有一個時期的崛起發展。這個文化文明從歷史上看一旦成强即極有掠奪性與殖民性。

而中國人的人文文化與之又極有不同，最根本的不同是没有神，因此也没有神確立的生活秩序，更没有死後到天堂、到神身邊、到極樂世界生活的嚮往。但中國人發現了仁德、禮義、孝祭於人於世協和興盛的重要性與視人皆爲父母的子女、子女是接父母生命之代的重要性，産生出人際要有仁德、要有禮義，子女要孝敬父母，父母要爲子孫後代創立生活，相互之間、上下之間乃至整個人際之間，要協和生活、創立生活而進，死後由子孫後代祭祀（紀念）自己的義理道德的文化文明。這個義理道德的思想文化文明使外民族的神文化在中國始終不能生根，使中國人的人際所以協和而遂成衆多人口民族之聚合、遼闊疆域之一統，并使數千年繁富强盛於世界民族之林。從歷史上看，不少民族以征服、奴役、殖民外民族爲榮，中國人則相反，而以爲恥。

研究不同的人文文化産生，自然必有其不同的生活原因、人際原因與認識原因等

所致，而但凡没有創造或產生這些人文文化的，衹有任人宰割。或原來有却有人認爲什麽都是外民族的好，千方百計廢止自己而照搬他人，最終變成什麽都不是的地區與民族，衹有離析没落。或是信念破滅又中邪而自我滅亡，美洲地區的瑪雅民族可能就是這樣一個民族。其他不見經傳的民族恐怕更多，衹不過世人少研究而鮮知罷了。

一個民族群中衹要有一部分人没有了信念，覺得做人辛勞，没有多大意思，爲什麽也不知道，那就會唯物爲是，就會野蠻，這個族群就會惡性事件不斷。如果多數人如此，那這個民族不論眼前有多少軍隊、警察、法庭，有多强大，也是一個行將死亡的民族。

二、孔子的人世之道思想與教育思想的價值問題

孔子的人世之道思想的核心就是自堯、舜、禹、湯至文、武，以中華民族義理的人文思想文化治世使世成協和興盛之治道，孔子贊揚他們的德行，贊揚唐堯的一生爲天下百姓，提拔有仁德孝行的平民虞舜爲繼任，贊揚虞舜、大禹與天下百姓同甘苦、共努力，贊揚商湯革除使萬民仇視的夏桀之命，贊揚文王仁及天下萬民，贊揚周武革除殘虐萬民的商紂之命，贊揚文王、武王、周公鑒於夏、商二代弊害所在而開創的使人世協和興盛的"郁郁乎文哉"的周之治道（順注：文武之治道集中體現在《周易》一書，參拙著《周易今釋》，齊魯書社二〇〇六年版）。

孔子不僅以此分别選取各種文獻作爲教材，向學生、向社會宣講周德的光明、有道，自春秋以來的陰暗、無道，闡述民族的人文思想文明，而且針對當時社會有重大演進，特别是對人文的仁、義、道、德、恭、信品行詳盡闡述并推向社會，引領到社會各個方面各個領域之中，對世所重視的禮、孝、祭詳盡闡述推向社會，引領到社會最基層百姓的日常生活之中。在人群中大力倡導君子之德，教導學生以道義爲人生第一價值，爲道義寧殺身以成仁，同時力斥小人之行爲；大力倡導爲政以德，禮的本質是儉固，孝的本質是敬順，祭的本質是哀思；大力倡導安民、富民、教民，并身體力行破除還存在着的神鬼思想。孔子的教育思想更是難能可貴，有教無類，廣收學生，開創了中國社會乃至整個人類社會不論貧富貴賤都有同等享受教育權利的先河，開始了中國社會仕無出身貧富貴賤、無其出族黨的歷史進程，等等，藉以提高民族整體素質，增强民族整體生命力，使民族面臨重大天災人禍後仍有復蘇的精神力量。

孔子一生及其孔門弟子不僅大量傳播了中華民族思想文化的精華於中華大地，而且培養了大量的民族精英於中華大地，這爲中華民族優秀文化的傳承弘揚與爲後世推翻秦暴虐之政，結束世之戰亂，重建有道之政，使有衆多人口的中華民族久聚不散、重創輝煌作出了不可磨滅的貢獻。可以説没有中華民族自古以來義理的人文思想文化，就不會有大一統的中華民族過程與遼闊疆域，也不會有數千年繁富興盛於世界民族之林過程，更可能不會有現在的中國人，可能當時就給周邊的一些野蠻與落後民族屠殺

或殘虐殆盡了，孔子所傳承弘揚的人世之道思想與教育思想價值的不可抹殺也在於此。楊伯峻等先生能在自“文化大革命”以來全面否定中華民族的思想文化與孔子的大氣候下，站出來以其《論語譯注》堅持爲孔子説話，不愧爲我民族正直的有學之士。作爲一個中國人，對自己民族在世界上能協和共創輝煌的思想文化加以否定，而以歐洲上帝一套的極具掠奪性的人際所以淡漠、小國所以林立的思想文化爲是，應該是問心有愧的。

三、研究、釋解《論語》的文字與語言困難問題

研究孔子的《論語》，首先碰到的是若干文字的字義問題，如對一些文字所涵之義不能分辨清楚，不僅不能釋出《論語》本身的深意所在，而且使内中思想互相抵觸與錯亂，不能一以貫之，同時也有違孔子當時的思想與孔子弟子編纂《論語》的目的。例如“説”字，兑從言爲説，《説文》曰：“説，釋也。”在孔子時代與“説”字原義仍近，在《論語》中表現爲得取、求取、贊許一類意思，而到了司馬遷時代字義就變了，在《史記》中表現爲愉悦、高興一類意思了。又如“畔”字，半從田爲畔，《説文》曰：“田界也。”在孔子時代與“畔”字原義仍近，在《論語》中表現爲相分、相别一類意思，而到了司馬遷時代字義就變了，在《史記》中表現爲謀逆、謀叛一類意思了。再如“諒”字，京從言爲諒，《説文》曰：“諒，信也。”在孔子時代與“諒”字原義仍近，在《論語》中表現爲不瑣言、往高言一類意思，而後來字義就變了，變成了小信、守信一類意思了，等等。許多《論語》釋本就是用了司馬遷時代或以後時代的字義解釋孔子時代的字義，而造成内中思想的不明、錯亂與互相抵觸，此其一。

其二是《論語》的許多文字往往一字定義，而現在所説的規範字，有許多字根本不是所説的簡體字，而是將涵義根本不同的二字并爲了一字，或并爲了另一字。如并爲“后”的“后”與“後”，“後”爲前後之義，而“后”爲輔相之義。并爲“偶”的“耦”與“偶”，“耦”爲作物之義，而“偶”爲雙對之義。并爲“于”的“于”與“於”，“于”爲事物相處之義，而“於”爲事物所處之義。并爲“无”的“无”與“無”，“无”爲經去除而没有之義，而“無”爲不存在而没有之義。又如“曆”與“歷”，“曆”爲時曆之義，而“歷”爲經歷之義，則二字被并爲了“历”字。還有諸如并爲“云”的“云”與“雲”，并爲“谷”的“谷”與“穀”，并爲“御”的“御”與“禦”，并爲“欲”的“欲”與“慾”，等等。對此應用於通俗文化當然毫無問題，但用於簡明文化就很成問題，用於《論語》，則變成不是釋解《論語》，而是變成改《論語》了（以上字義部分，請參拙著《周易今釋》關於對中國文字學的研究）。

其三是《論語》每章節文句往往字簡而涵義完整，内涵極豐，而用現在的語言一經直譯，許多章節的文句就變成了毫無價值之語，或變成了無頭之語。因此筆者在釋解《論語》文句時采用了透視整個章節涵義所在而進行釋解的辦法。

綜上所述，筆者在釋解《論語》過程中爲釋出其本身所涵之義，對字義力求按孔子時代的字義所在而釋，對有關章節的文句力求采用透視涵義所在而進行釋解。同時由於簡體并字的原因，故本文用原來的正體字釋解。

四、研究《論語》的認識誤區與哲學誤區問題

近代以來，由於種種原因，使不少人對孔子的《論語》抱有很大的偏見，姑且不論在歷史上任何一個要生存下去、要獨立於世界民族之林的民族可以不要任何政權、軍隊，不要任何治理、法庭能够生存，能够發達；也不論一些人是如何定義奴隸的，爲把孔子定義爲没落奴隸主的反動思想代表人物，比前蘇聯、東歐的一套還要更先進的史無前例，一定要把周代社會定義爲奴隸社會（順注：中國在大張旗鼓"批孔"前，史學界主流派是把周代社會定義爲封建社會的，參范文瀾《中國通史簡編》修訂本第一篇，人民出版社一九六五年版）。譬如君子與小人，一些人就根本不顧孔子對君子與小人的定義所在，總是一定要把君子説成就是統治階級，小人就是勞動人民，殊不知在《論語》中，孔子却把大多數統治者説成是鄙夫、斗筲小人，而把品行正直、求進的人稱爲君子。又如"生而知之者上也"，也根本不顧孔子自己説是學而知之者與每事問者，一定要説成是生下來就知道的人爲上等人，殊不知孔子是説通過生活獲取知識學問的人，要像這些人一樣觀察生活之理。又如"唯女子與小人爲難養也"，根本不顧孔子對女性的尊重，一定要説成鼓吹壓迫女性，殊不知孔子是反對一些人做官後或有財後妻妾成群與蓄養家奴的。又如"天"與"命"，根本不懂孔子言天言命的涵義所在，一定要説成是迷信説教，殊不知在《論語》中的天爲造化之天、萬民之天、人世之天的概括之言，命爲結果過程之命的概括之言，等等。因此閱讀、研究《論語》，一定要清除近代以來的偏見方能深入其中。

至於《論語》的哲理，如同歷史上的《黄帝内經》（參《白話黄帝内經》，中醫古籍出版社二〇〇〇年版）、《孫子兵法》（參李興斌《孫子兵法新譯》，齊魯書社一九九九年版）等許多重要著述的哲理一樣，所貫穿的是中國的事物義理辨析與邏輯哲理，這個事物的義理辨析與邏輯哲理源自既極大概括又極其超越歐洲直至近代哲理的中國易學哲理體系。而不少人總是習慣於拿近代歐洲的哲學觀念來套一下，有點可套的，就説有一點；套不上的，就説没有。殊不知歐洲自古至近代黑格爾的哲學都與上帝之神的無不存在有着深刻的聯係，如不是，則何來内在論與外在論這二大體系？而中國的哲理則是極深入於事物，徹底摒弃了神在天地萬物造化中的作用的産物（詳見拙著《周易今釋》關於對《周易》科學認識産生的研究）。哲理體系不同，又極其超越，怎麽能相套？更何况是拿有神的認識往無神的認識上套，更是不適其宜。因此，在閱讀、研究《論語》時，絶不能拿近代歐洲人的哲學觀點與邏輯觀點套到《論語》頭上，而應深入研究内中之理之義，必能發現與《周易》經傳的深刻聯係，發現貫穿整部《論

語》深奥的事物義理辨析與邏輯哲理所在。

五、《論語》二十篇應劃分爲上、下二卷的問題

孔子的《論語》共二十篇，有分爲卷的，如朱熹的《論語集注》以每二篇爲卷，共爲十卷，卷之劃分，似不見其理。有對卷無有劃分的，又難見《論語》前後之義所在。筆者認爲《論語》各篇各章節過程似無意而却深有其理其義所在，自首篇《學而篇》至第九篇《子罕篇》九篇所述，至第十篇《鄉黨篇》進行了具體叙述。而第十一篇的《先進篇》却對前十篇過程深具終而又始之義，自《先進篇》至第十九篇《子張篇》九篇所述，至第二十篇《堯曰篇》進行了總括叙述，又對整部《論語》進行了總括叙述。因此筆者認爲《論語》應分爲上、下二卷，上卷自《學而篇》至《鄉黨篇》爲一卷，下卷自《先進篇》至《堯曰篇》爲一卷，以此於理於義爲宜。至於上、下二卷分法是否適宜，文中釋解是否得當，是否能够貫通，還請學界前輩與讀者多加指正爲是。

鄭張歡

丁亥年二月，西歷二〇〇七年三月於杭州

上卷

學而篇第一

第一章

子曰：學而時習之，不亦説乎？有朋自遠方來，不亦樂乎？人不知而不愠，不亦君子乎？

【注】

説：兑從言，得取。君子：君，口從尹，所言有準；子，尊稱，二字合在一起爲所言有準值得尊敬之人稱謂。

【釋】

孔子説：對所學的能以時研習、見習之，不也感到有所得取嗎？對友朋能從遠方來聚會不也覺得快樂嗎？對人不知而能不生怒，不也如同君子嗎？

【按】

此爲《論語》首篇首章，是孔子之道與整個儒學立論所在與入門所在，既言學習與處世立人，又言事物的義理辨析（格物）與邏輯（致知）之理。首章説明要正世首先要正學，説明對所學不論難易，對友朋不論貧富，對人不知不論何事在内而能爲之做到的人，方是求上進的人，值得信賴的人，有君子器度的人。祇有這樣的人，方是能成就事業的人，方能成爲世之有用的人才。又按：《論語》從一開始就把對一個人有聯係的最普通的三種事物關係過程合在一起促成對事物的義理辨析與邏輯思維。把學與習與説如何過程聯係在一起，朋與來與樂如何過程聯係在一起，在歐洲的文化與哲理中可以找到。但把不知與不愠與君子如何聯係在一起，中國人習以爲常，而在歐洲的文化與哲理中難以找到。把這樣的三種不同事物關係過程合在一起促成對事物廣泛範疇的義理辨析與井然有序的邏輯思維，這在歐洲的文化與哲理中是絶對找不到的。用這種對事物的義理辨析與邏輯思維方式進行教育，比流行的單一灌輸教育方式不知要高出多少倍。

第二章

有子曰：其爲人也孝弟，而好犯上者鮮矣。不好犯上，而好作亂者，未之有也。君子務本，本立而道生。孝弟也者，其爲仁之本與。

【注】

有子：名若，孔子學生。道：道理。仁：二從人，生物長人。

【釋】

有子説：一個在家能孝順父母、敬重兄長的人，而在外好生事犯上者，是極少有的。不好生事犯上，而好生事作亂者，則是沒有的。君子以在家孝順父母、敬重兄長、友愛兄弟與求學上進、友朋有信、人不知而不愠爲本，由此本立則人生處世立業之道便生了。故孝弟二者，其爲處世立業能仁德之根本所在。

【按】

此章言孝悌，又言事物的義理邏輯之理。孔子學生有子此論説明一個人在家裏如何與在社會上如何的邏輯之理是合一的，所説忠臣出於孝子之門，道理即在於此。説明一個人如果在家無視父母，不要兄長，不友兄弟，到社會上則將是一個好生事犯上與好生事作亂的人，廣而論之，則社會之仁德便會喪失殆盡，故而孝悌爲人世仁德之根本所在。又按："仁"字之義可參《雍也篇》三十章的"夫仁者，己欲立而立人，己欲達而達人"與《衛靈公篇》二十四章的"己所不欲，勿施於人"之義。

第三章

子曰：巧言，令色，鮮矣仁。

【釋】

孔子説：凡巧言、令色之人，是極少有仁德的。

【按】

此章言人際，又言事物的義理辨析。孔子此論説明"巧言"與"令色"與"鮮仁"的合一所在。參《公冶長篇》二十五章的"巧言，令色，足恭"之義。

第四章

曾子曰：吾日三省吾身，爲人謀而不忠乎？與朋友交而不信乎？傳不習乎？

【注】

曾子：名參，字子輿，孔子學生。

【釋】

曾子說：吾日凡事不斷自省吾身所行，爲人謀事是否忠心所出？與友朋交往是否信守信實？所得到的傳授是否研習、見習了？

【按】

此章言忠信，又言反思之道。曾子此論說明凡敬事敬業的人思想與作爲的必然合一。參《衛靈公篇》六章的“言不忠信，行不篤敬，雖州里，行乎哉”與十八章的“信以成之”之理。

第五章

子曰：道千乘之國，敬事而信，節用而愛人，使民以時。

【注】

道：治道。乘：四匹馬拉一車爲一乘。

【釋】

孔子說：治理一個有千乘的國家，同樣需要敬事而信守信實，節約所用而愛惜人力，使用百姓時要不誤生產而成。

【按】

此章言治道，又言世義。孔子此爲一個有千乘的國家也衹有這樣做方能協和上下、協和人世，方能從根本上保持下去之論。參《爲政篇》一章的“爲政以德”之理。

第六章

子曰：弟子入則孝，出則悌，謹而信，汎愛衆而親仁，行有餘力則以學文。

【釋】

孔子說：弟子入則孝順父母，出則尊重別人，謹言而信實，友愛衆人而以仁德行事，在行中一有餘力則以學文。

【按】

此章言弟子，又言世義。孔子此爲一個弟子首先要做到的是孝悌、愛衆、親仁、學文幾個方面，由此成長爲有用人才之論。又按：中國人的文化講父母子女，故講在家應孝順父母、敬重兄長，在外應尊重別人、愛衆親仁，故人際所以協和。而歐洲人的文化則相反，根本没有孝悌、愛衆、親仁，講的是上帝子女，故講長大後應各自顧自，與父母之間是如此，更何況不是父母的人，因此除了在教堂裏，人際所以淡漠。

第七章

子夏曰：賢賢易色，事父母能竭其力，事君能致其身，與朋友交言而有信。雖曰未學，吾必謂之學矣。

【注】

子夏：姓卜名商，孔子學生。賢賢：賢惠、賢淑。色：美色。

【釋】

子夏説：一個能以自己的賢惠與賢淑女子相感交往，而不以美色相感交往成爲夫妻的人，必事父母能竭其孝，事君能致其忠，與友朋交能言而有信。對能以此相感相依的人，雖説未有學過，但我必謂之學過。

【按】

此章言品行，又言人事的義理辨析與邏輯之理。子夏此説明一個能娶妻爲賢，方是事父母以孝、事君以忠、與友朋交以信的人，方是人世真正有用的人之理。又按：從此章觀之，説明周禮的男女交往婚戀如何是自由的，對此可參《詩經》的《關雎》、《野有死麕》、《氓》等之義與拙著《周易今釋》之《咸卦》之釋。

第八章

子曰：君子不重則不威，學則不固。主忠信，無友不如己者。過，則勿憚改。

【注】

憚：懼怕。

【釋】

孔子説：君子不自重則没有威信，所學則不能固守。君子要主忠信，要有志嚮，要能處世成事。但所爲如有過失，則不應懼怕改正。

【按】

此章言自重，又言世理。孔子此説明君子需要自重、忠信與志嚮，有過不懼怕改正之重要所在。參《衛靈公篇》十八章的“君子義以爲質”與三十章的“過而不改，是謂過矣”之義。

第九章

曾子曰：慎終追遠，民德歸厚矣。

【注】

終：喪亡。遠：身前。

【釋】

曾子説：慎重地對待喪事，深情地追思前遠，必能引導民的品德逐漸歸厚（取楊伯峻説）。

【按】

此章言民德，又言世理。曾子在此説明由愼終追遠而至民德歸厚的事物邏輯之理。參《衛靈公篇》二十九章的“人能弘道”之義。

第十章

子禽問於子貢曰：夫子至於是邦也，必聞其政，求之與？抑與之與？子貢曰：夫子温、良、恭、儉、讓以得之，夫子之求之也，其諸异乎人之求之與。

【注】

子禽：陳亢，有學人士。子貢：姓端木，名賜，孔子學生。

【釋】

子禽問子貢説：您的老師至於其他邦國，必問其政如何，是求得的呢？還是别人主動告訴他的呢？子貢説：老師於人於事是靠温和、善良、恭敬、節儉、謙讓而得之，老師的求得，着實异乎人之求得。

【按】

此章言知識求取，又言世理。子貢在此説明孔子求取知識學問，勢能必得，并勢能必得眞實所在，着重説明人的品行於處世處事的重要性之理。參《述而篇》二十章孔子的“我非生而知之者”之義。

第十一章

子曰：父在觀其志，父没觀其行，三年無改於父之道，可謂孝矣。

【注】

三：通數。

【釋】

孔子説：對一個人應父親在世時觀其志嚮、在父親去世後觀其是否能擔起父的擔子，而能堅持擔起父親的擔子、伺候好母親與弟妹并且無改於父親之道，則可謂是孝順了。

【按】

此章言孝行，又言事之義理辨析。孔子在此説明人子應盡之道所在。又按：中國人與歐洲人不同，子女應該孝順父母。因爲在中國，任何一個子女的成長與日後取得成就，都與父母的盡心培育是分不開的，因此應該孝順。

第十二章

有子曰：禮之用，和爲貴。先王之道斯爲美，小大由之。有所不行，知和而和。不以禮節之，亦不可行也。

【注】

禮：禮義。

【釋】

有子說：禮的應用以協和人世爲要務，先王之道所以爲美正在於此，事無小大皆可引由之。如有所不適之處，皆以知和而和之。但雖是如此，如不以禮義進行節制，仍不可能有效行之。

【按】

此章言禮之爲用，又言世理。有子在此說明禮之用和爲貴與必須有禮義節制方成行之理。又按：此章的"禮之用和爲貴"及"小大由之"與《周易·繫辭傳》的"履以和行"及"齊小大者"其義一致。

第十三章

有子曰：信近於義，言可復也。恭近於禮，遠恥辱也。因不失其親，亦可宗也。

【注】

義：義利。復：復進（參《周易·復卦》之義）。禮：禮節。

【釋】

有子說：信守的道理近於義，其言可復進。恭行的道理近於禮，其行可遠恥辱。因信守與恭行二者相輔相成而不失其親，故亦可爲處世立業之宗旨。

【按】

此章言義與禮，又言事物的邏輯之理。有子在此說明信與恭其理近於義與禮，使言可復行可成，故人應宗之之理。

第十四章

子曰：君子食無求飽，居無求安，敏於事而慎於言，就有道而正焉，可謂好學也已。

【釋】

孔子說：君子食無求豐飽，居無求安適，應敏於所事而愼於所言，就有人生之正道了，此可謂是好學的結果。

【按】

此章言君子，又言世義。儒家的好學是什麼？在此也可見一斑。參《憲問篇》二章的"士而懷居，不足以爲士矣"與《衛靈公篇》三十二章的"君子謀道不謀食"之義。

第十五章

子貢曰：貧而無諂，富而無驕，何如？子曰：可也，未若貧而樂，富而好禮者也。

【注】

禮：禮讓。

【釋】

子貢說：貧而不對富者諂承，富而不對貧者驕横，怎樣？孔子說：雖可以，但還是貧而能樂於勤奮圖進，富而能好禮讓爲是吧。

【按】

此節言貧與富，又言世理。爲孔子與儒家的人世圖進與人世協和思想所在。

子貢曰：《詩》云：如切如磋，如琢如磨。其斯之謂與？子曰：賜也，始可與言《詩》已矣，告諸往而知來者。

【釋】

子貢說：《詩經》上說對骨、角、牙、玉要造作應切至磋，再至琢直至磨而成器，是這樣的過程嗎？孔子說：賜呀，由此開始可以同你言《詩經》的内涵了，因爲以此你已能告諸以往而知所來者了。

【按】

此節言成事，又言世理。爲孔子論述《詩經》博大精深内涵之所在。

第十六章

子曰：不患人之不己知，患不知人也。

【釋】

孔子說：不急别人不瞭解自己，我急的是自己不瞭解别人。

【按】

此章言知人，又言世理。孔子在此說明祇有知人方能善事之重要所在。

爲政篇第二

第一章

子曰：爲政以德，譬如北辰居其所而衆星共之。

【注】

德：德行。

【釋】

孔子説：爲政能以德布澤萬民，則自己必像北辰星君居中而天下百姓必像閃閃發光的衆星圍遶之。

【按】

此章言爲政，又言事物的邏輯之理。孔子在此説明爲政以德，必使政民上下協和依存一體而成世興盛發達之理。

第二章

子曰：《詩》三百，一言以蔽之曰：思無邪。

【注】

《詩》：《詩經》。

【釋】

孔子説：《詩經》三百篇，概括爲一句話，教人思想正道而無邪念。

【按】

此章言《詩》義，又言世義。《詩》三百零五篇，孔子此言三百篇，考本篇四章孔子所言的“吾十有五而志于學”，孔子集説《易傳》所言的“乾之策二百一十有六，坤之策百四十有四”等皆詳言情形觀之，當時已選取三百篇作爲教材，後又選取五篇而成三百零五篇應是事實。據《史記》等記載，孔子前《詩》有三千多篇，三百零五篇當爲孔子最終所選取而有幸流傳至今應是史實。

第三章

子曰：道之以政，齊之以刑，民免而無恥。道之以德，齊之以禮，有恥且格。

【注】

道：治道。德：德行。禮：禮義。

【釋】

孔子説：治道以政令决民决事，齊之以刑律使其政行，民必將爲免禍害而不顧榮恥行之。治道於世於民以德行，齊之以禮義，必使民顧榮恥行之而使世成正。

【按】

此章言治道，又言事物的邏輯之理。爲孔子對世不同治道產生不同結果及其危安不同之論述，孔子此所論事物必然邏輯過程之理於今仍放射出耀眼的真理光芒。

第四章

子曰：吾十有五而志于學，三十而立，四十而不惑，五十而知天命，六十而耳順，七十而從心所欲，不逾矩。

【注】

天：指人世的天。

【釋】

孔子説：我十五歲而志于學問，三十歲而立於事業，四十歲而世事如何不會被迷惑，五十歲而知天下人世事物過程之命，六十歲而對世間萬事能分辨善惡優劣如何相順而爲，到七十歲而處世處事能從心所欲而不逾矩。

【按】

此章言求進。此爲孔子向學生叙述自己所以學問積累過程與成效過程，爲孔子激勵學生上進所在。

第五章

孟懿子問孝。子曰：無違。

【注】

孟懿子：魯國大夫。

【釋】

孟懿子向孔子問孝道。孔子説：無違禮節。

樊遲御，子告之曰：孟孫問孝於我，我對曰：無違。樊遲曰：何謂也?子曰：生，事之以禮。死，葬之以禮。祭之以禮。

【注】

樊遲：名須，字子遲，孔子學生。御：駕馭。

【釋】

樊遲替孔子駕馭着車子，孔子告訴樊遲説：孟孫問孝道於我，我回答説：無違禮節。樊遲説：這是怎樣意思？孔子説：父母在的時候，事之以禮節。死，葬之以禮節。往後祭之以禮節。

【按】

此章言孝行，又言世義。中國人不信死後能去天堂生活而知將隨萬物而化，故哀戚以入土爲安，子孫以時祭祀（紀念）。而歐洲人信上帝之神，信死後能去天堂生活，故歌之以焚尸使其升天去天堂，故也不祭祀。二者人文文化截然不同，各成其理，一個是信有上帝之神的所行，一個是不信有上帝之神的所行。所别在於一個能頑强而一統，一個不僅始終不能一統至今小國林立，而且離析不鮮。中國人的對父母事之以禮、葬之以禮、祭之以禮，正是中華民族在世界民族之林中所以能前僕後繼，所以能一統，所以能有强大生命力的根本所在，許多人恐怕始終都不會懂此。又按：此章的“何謂也”與《周易·文言》的“何謂也”用語一致。

第六章

孟武伯問孝。子曰：父母唯其疾之憂。

【注】

孟武伯：孟孫之子。

【釋】

孟武伯向孔子問孝道。孔子説：父母唯其家之事與子女之事有疾是憂。

【按】

此章言孝行，又言世義。孔子此説明子女應孝順父母所在。

第七章

子游問孝。子曰：今之孝者，是謂能養。至於犬馬，皆能有養，不敬，何以别乎？

【注】

子游：姓言名偃，孔子學生。

【釋】

子游問孝道。孔子説：今之孝順，是謂能養父母。至於犬馬，皆能有人養它們，如不孝敬，怎麽有别？

【按】

此章言孝行，又言世義。孔子在此説明養與孝涵義有着根本區别所在。

第八章

子夏問孝。子曰：色難。有事，弟子服其勞。有酒食，先生饌。曾是以爲孝乎？

【釋】

子夏問孝道。孔子說：服侍父母一定要有好的容色是難事，然應設法做到。如果以有事，年輕人服其勞。有酒食，年長人請先用。難道這樣就以爲真正孝順了嗎？

【按】

此章言孝行，又言世義。孔子在此說明對待父母長輩一定要在心中認爲是完全應該的方是真正孝順之理。

第九章

子曰：吾與回言終日，不違。如愚，退而省其私，亦足以發，回也不愚。

【注】

回：顔回，字子淵，孔子得意學生。

【釋】

孔子說：我與顔回相言終日，顔回皆能言而有中。如有言錯或不當，必退回後能自省其錯或不當之處亦足以闡發，顔回很能分析領會。

【按】

此章言求進。爲孔子對學生能勤奮好學好鑽研之述，用以激勵其他學生。參《公冶長篇》九章的“回也聞一以知十”與《子罕篇》二十章的“語之而不惰者，其回也與”之義。

第十章

子曰：視其所以，觀其所由，察其所安，人焉廋哉，人焉廋哉！

【釋】

孔子說：對一個人的品行如何，應視其爲達到目的之所爲如何，應觀其所喜怒哀樂之所由，應察其安於什麼，又不安於什麼，則不會被其表象迷惑而能入乎其中看得很仔細的，看得很仔細的！

【按】

此章言事物的義理辨析。此爲孔子的命相術，說明孔子對命相之術根本不迷信，而此命相術也應是直至今日人類最科學之命相術。

第十一章

子曰：温故而知新，可以爲師矣。

【注】

師：老師。

【釋】

孔子説：温故往之事而能知如何成新而爲的，可以爲師了。

【按】

此章言成進。孔子此論爲成新必由之路所在，永遠閃爍着不可磨滅的真理光輝。

第十二章

子曰：君子不器。

【注】

器：器皿。

【釋】

孔子説：君子不應像器皿一樣，祇能做一個用處，而應對所及的人世事物多多學習鑽研，以成真正有用人才。

【按】

此章言學識，又言世用。此爲孔子對人應學多識廣、多才多藝之要求。

第十三章

子貢問君子。子曰：先行其言而後從之。

【釋】

子貢問孔子怎樣做一個君子。孔子説：自己先實行了，而後再説。

【按】

此章言君子，又言世理。孔子此所説的與有許多人自己不實行，却要規定别人去實行的正相反。

第十四章

子曰：君子周而不比，小人比而不周。

【注】

周（周）：口從用（參《周易·繫辭傳》的“知周乎萬物而道濟天下”之義）。比：争比。小人：與君子相對言之。

【釋】

孔子説：君子言有所爲而不與人争比，小人祇知争比而不知言有所爲。

【按】

此章言君子，又言世理。孔子此説明君子與小人言行之别所在。在《論語》中君子不是與僕從相對而言，小人也不是與大人相對而言，其涵義就成了所言有準值得尊敬的人與相對的人而言了。又按：整部《論語》所言“君子”、“小人”之義與《周易》與《易傳》所言“君子”、“小人”涵義一致。

第十五章

子曰：學而不思則罔，思而不學則殆。

【注】

罔：困難、艱難之意（參《周易今釋》之《大壯》、《晋》二卦“罔”字之義）。殆：危險、失敗之意（參李興斌《孫子兵法新譯》“殆”字注譯）。

【釋】

孔子説：一個人學了知識以後不去深入思考、領會，做事時就會覺得很困難、艱難；而祇思考不去認真學習基本的知識，做事時就會做不好、失敗。

【按】

此章言學問。孔子在此説明學習與思考應相輔相成方能成事之理。

第十六章

子曰：攻乎异端，斯害也已。

【注】

攻：攻讀。异：异説。

【釋】

孔子説：一個人如果以攻讀异説而進，到頭來必成害己之終。

【按】

此章言异説，又言世理。孔子在此説明一個人以攻讀异説而進，哪怕是暫時取得成功，也必害世害民，到頭來必成害己之終。説明所學必須從正之理。參《子張篇》四章的“致遠恐泥”之義。

第十七章

子曰：由，誨女知之乎？知之爲知之，不知爲不知，是知也。

【注】

由：仲由，字子路，孔子學生。

【釋】

孔子說：由，所教的你是否都已知道了？知道的爲知道，不知道的爲不知道，是知已在其中了。

【按】

此章言知。孔子在此說明最不好的是不知以爲知之理。

第十八章

子張學干祿。子曰：多聞闕疑，慎言其餘，則寡尤。多見闕殆，慎行其餘，則寡悔。言寡尤，行寡悔，祿在其中矣。

【注】

子張：顓孫師，孔子學生。干：進取。祿：官祿。尤：出錯。

【釋】

子張問孔子如何進取官祿。孔子說：凡做事多聞存在的疑惑事情，慎言其餘，則少出錯。多見存在的失敗事情，慎行其餘，則少有悔。所言少出錯，所行少有悔，則官祿已在其中了。

【按】

此章言官祿，又言世理。孔子此爲做官應積極爲世爲民辦事之述。

第十九章

哀公問曰：何爲則民服？孔子對曰：舉直錯諸枉，則民服。舉枉錯諸直，則民不服。

【注】

哀公：魯國君。錯：相錯（“錯”字之義詳見拙著《周易今釋》卷首所述）。

【釋】

哀公問孔子說：怎樣做民服？孔子回答說：舉直錯諸枉事，則民服。舉枉錯諸直事，則民不服。

【按】

此章言爲政，又言義理邏輯之理。孔子在此說明如何成社會人世上下協和、國家興盛道理所在。在《論語》中充滿着上與下、政與民、君與臣、父與子、富與窮、貴與賤、有與無、實與虛等等事物相對之關係。但孔子不言現在人們所說的之間相斥或相吸，而是超越其上言直枉，直而之間親順，枉而之間背斥而成事物興盛或閉塞變化之理。參《泰伯篇》十三章的“天下有道則見，無道則隱”之義。

第二十章

季康子問：使民敬忠，以勸，如之何？子曰：臨之以莊，則敬。孝慈，則忠。舉善而教不能，則勸。

【注】

季康子：魯哀公正卿，執政大臣。

【釋】

季康子問孔子説：要使人民敬重、忠誠國家事情，以勸導、勸勉方式進行能否成功？孔子説：你對人民的事情莊重認真，人民則敬重你。你對天下年老者孝敬，對年幼者慈愛，人民則對你忠誠。對舉善而教不能者，則進行勸導、勸勉以成。

【按】

此章言爲政，又言事物的邏輯之理。孔子在此説明要使天下人敬重你、忠誠，不是靠説的如何，而是要靠實際行爲的如何方成之理。

第二十一章

或謂孔子曰：子奚不爲政？子曰：《書》云：孝乎惟孝，友于兄弟，施於有政。是亦爲政，奚其爲爲政？

【注】

《書》：《書經》。

【釋】

有人問孔子説：您爲什麼不從事政治？孔子説：《書經》上説：孝順父母及至孝敬長者，友于兄弟及至友善少者，其影響必施行於有政之人。是故亦爲政，何必一定做官方算從事政治？

【按】

此章言教化，又言事物的邏輯之理。孔子此説明世之如何與政之如何不是相脱離而是由此確立的之理。又按：此處所云不見於在册《尚書》，説明被孔子選取成册外的文獻已多焚於暴秦之火了。

第二十二章

子曰：人而無信，不知其可也。大車無輗，小車無軏，其何以行之哉？

【注】

大車：牛車。小車：馬車。

【釋】

孔子説：人而無信，不知怎麼叫别人幫他事情。如大車没有牛拉要用的輗，小車没有馬拉要用的軏，怎麼行走呢？

【按】

此章言信實，又言事物的邏輯之理。孔子此説是雖可成之事，由於其人無信而無成，説明信實的重要性。

第二十三章

子張問：十世可知也？子曰：殷因於夏禮，所損益，可知也。周因於殷禮，所損益，可知也。其或繼周者，雖百世，可知也。

【注】

禮：禮義制度。

【釋】

子張問孔子説：今後十世是否可以知道呢？孔子説：殷代的禮義制度因於夏代的禮義制度，對其弊害與不當的去除與改進情形，可知的。周代的禮義制度因於殷代的禮義制度，對其弊害與不當的去除與改進情形，可知的。故或繼周代而天下者，雖百世，是可知的。

【按】

此章言世，又言事物的義理辨析與邏輯之理。由此可見孔子對於世事世道絶不保守，孔子説明制度必須與社會實際情形相適應，而不是相反，如不能適應必成殷代夏、周代殷與繼周之更替。雖百世可知，孔子是説明雖世道會不斷有變遷，但人們的生活根本所需與根本之理不會改變，故雖百世是可知道的。又按：從《論語》所載，如本篇二十一章的“孝乎惟孝，友于兄弟，施於有政”，《八佾篇》九章的“夏禮吾能言之”等言與二十一章哀公問社於宰我的宰我所言，《泰伯篇》十八章至二十一章的所言，《堯曰篇》一章的“允執其中”等所言觀之，皆不見於現存《尚書》篇章所載，説明在當時虞夏商周四代的文獻很豐富，由於被暴秦所焚而不可再得見，所傳下來的衹能説明孔子當時擇要教導學生所用，而被孔門及弟子所傳幸存，否則今人根本無從得見了。

第二十四章

子曰：非其鬼而祭之，諂也。見義不爲，無勇也。

【注】

鬼：死人鄙稱。

【釋】

孔子説：非其先人而祭之，是巴結權貴、進行攀附的媚諂之爲。見義不爲，則是是非不分衹爲自己的無勇之人。

【按】

此章言媚諂之人，又言世義。一邊非其鬼而祭之，一邊見義不爲，似乎水火不容，然孔子説明這是該類人的不同表現而已。

八佾篇第三

第一章

孔子謂季氏：八佾舞於庭，是可忍也，孰不可忍也。

【注】

季氏：魯國權臣。

【釋】

孔子談到季氏時説：季氏以袛有天子方能用的八佾之舞舞於庭院，對這種目無國家禮義制度的情形是可忍，孰不可忍的事。

【按】

此章言權臣，又言世義。此説明孔子爲維護天下有道心情所在。

第二章

三家者以《雍》徹。子曰：相維辟公，天子穆穆。奚取於三家之堂？

【注】

三家：魯國權臣仲孫、叔孫、季孫三家。

【釋】

魯國三家權臣在祭祖結束後唱着天子祭祖時的《雍》詩加重祭祖氣氛。孔子説：《雍》詩上諸侯助祭，天子莊嚴静穆主祭。怎麼會取於其三家之堂？

【按】

此章言權臣，又言世義。孔子此説三家還是徒勞，同爲孔子爲維護天下有道心情所在。

第三章

子曰：人而不仁，如禮何？人而不仁，如樂何？

【釋】

孔子説：人而不仁，怎樣對待人世禮義制度呢？人而不仁，又怎樣對待人世生活樂趣呢？

【按】

此章言禮樂，又言世義。孔子此是説明不仁的人最終又怎樣處世立人之理。

第四章

林放問禮之本。子曰：大哉問！禮，與其奢也，寧儉。喪，與其易也，寧戚。

【注】

林放：魯人。

【釋】

林放向孔子問禮之根本。孔子説：這是一個大的問題！禮的根本，與其鋪張而爲，寧儉樸。喪的根本，與其禮儀隆重，寧悲戚。

【按】

此章言禮，又言世義。孔子所述爲禮之根本，人們從這裏也可看到所説孔子的禮教爲何物。

第五章

子曰：夷狄之有君，不如諸夏之亡也。

【注】

夷狄：東部與北部的不同文化民族。諸夏：中國諸侯各國。

【釋】

孔子説：東部與北部的不同文化民族凡有君的地方，多是力大爲君，暴虐的多，百姓衹能聽命。不如中國雖周天子、魯君等人已名存實亡，然各邦國還没有出現暴虐統治、百姓衹能聽命的情形。

【按】

此章言夷狄。由此可見，孔子見多識廣。也因此可見，正是中國的文化文明使中國能逐成衆多人口民族的聚合、遼闊疆域的一統。

第六章

季氏旅於泰山。子謂冉有曰：女弗能救與？對曰：不能。子曰：嗚呼！曾謂泰山不如林放乎？

【注】

旅：去祭。冉有：冉求，字子有，孔子學生，時在季氏手下做事。

【釋】

魯國權臣季氏目無魯君去祭泰山。孔子對冉有說：你不能救除此事嗎？冉有回答說：没有辦法阻止。孔子說：真是的，難道是爲泰山而不如林放（見本篇四章的林放問禮之本，大約林放是泰山地區的人），會接受季氏的祭禮嗎？

【按】

此章言祭禮，又言世義。參本篇二章的“相維辟公，天子穆穆。奚取於三家之堂”之義。

第七章

子曰：君子無所争。必也射乎！揖讓而升，下而飲，其争也君子。

【注】

射：比射。

【釋】

孔子說：君子無所争。有争的必是比射等技藝的事，也是揖讓先後，完畢後而能共飲，故其争也君子。

【按】

此章言君子，又言世理。説明君子不僅謙讓，而且爲求進也相互争比。但不傷人，比而求進，比而舒暢，這是中國文化文明的比試方式，是一種促進人群團結進取的比試方式。

第八章

子夏問曰：巧笑倩兮，美目盼兮，素以爲絢兮。何謂也？子曰：繪事後素。

【注】

繪：繪畫。

【釋】

子夏問孔子說：臉蛋含笑的漂亮呀，美目顧盼的嫵媚呀，潔白的底子爲絢麗的畫呀。這幾句詩講的是怎樣的事？孔子說：是講先在白底子裏大致繪出花草人物，然後細加描繪成彩的過程。

【按】

此節言《詩》，又言世情。該幾句詩是描寫一個青年女子很開心地在白底上繪製彩畫，或繪後刺綉的情景。看來所説古代女子没有文化、深受壓迫是現在的一些人的説詞而已。

曰：禮後乎？子曰：起予者商也！始可與言《詩》已矣。

【注】

商：子夏名。

【釋】

子夏問：禮是否後來產生的？孔子説：你的話真有啓發性，如此開始已可以討論《詩經》了。

【按】

此章言禮的產生，又言《詩經》內涵。對禮的產生，《周易·序卦傳》曰："有男女然後有夫婦，有夫婦然後有父子，有父子然後有君臣，有君臣然後有上下，有上下然後禮義有所錯。"説明禮是由世有上下所以產生的，説明凡有上下之分的社會都有禮的實際存在，是任何人無法抹去的社會事實。又按：此章子夏的"何謂也"與《周易·文言》的"何謂也"用語一致。

第九章

子曰：夏禮吾能言之，杞不足徵也。殷禮吾能言之，宋不足徵也。文獻不足故也。足，則吾能徵之矣。

【注】

文：文人賢士所記之文。獻：文人賢士所述之文。

【釋】

孔子説：夏代的禮義制度我能言之，然今日他的後代杞國的世情已不足徵引了。殷代的禮義制度我能言之，然今日他的後代宋國的世情已不足徵引了。因文獻不足無法知道前後變遷過程的情形。如足，則我能對變遷情形加以徵引的。

【按】

此章言禮的變遷，又言世的變遷。明明有虞夏文明，各種歷史書籍都有明確記載，在春秋時孔子等人還可詳言虞代、夏代的文明，但我們有許多人對自己的歷史文化文明千方百計加以否認，不知究竟爲了什麼呢？

第十章

子曰：禘自既灌而往者，吾不欲觀之矣。

【注】

禘：帝從示，爲古代天子方能舉行的隆重祭禮。灌：替受祭者獻酒。

【釋】

孔子説：禘禮自替受祭者獻酒後，不想再看下去了。

【按】

此章言周之褅禮，又言世義。魯國爲周公之後，經周天子特許其能舉行褅禮，然其時周天子、魯君已名存實亡。又可能還有什麽原因，故褅禮自替受祭者獻酒後，孔子不想再看下去了。此説明孔子是一個不講禮的形式而是講禮的本身意義所在的人。

第十一章

或問褅之説。子曰：不知也，知其説者之於天下也，其如示諸斯乎！指其掌。

【釋】

有人問褅禮之所取。孔子説：不知道此事，知道其所取之理者於天下之事，其必能示諸種之義！指着手掌，猶合而能爲一，分而又能各爲其用，之間又可以極協調。

【按】

此章言褅禮，又言内涵是理。由此章内容觀之，孔子是知道褅禮之理所取的，祇是不願詳説而已。

第十二章

祭如在，祭神如神在。子曰：吾不與祭，如不祭。

【釋】

祭祖父、祖母，如覺得祖父、祖母在，祭岳飛、關羽（順注：我家前二三里有一岳王廟，西二三里老和山上原有一關帝廟，小時候大人祭祖，總是請岳老爺、關老爺一起來享用），如覺得岳飛、關羽在。孔子説：我不想祭誰，如不祭。

【按】

此章言祭祀心理。孔子説明祭是一種思想心理的敬重與懷念狀態。猶如今天紀念毛澤東的時候，就覺得毛澤東在；紀念周恩來的時候，就覺得周恩來在。如不想紀念誰，如無。這是封建迷信思想嗎？不是。這是一種完全科學的正常的人的心理狀態。

第十三章

王孫賈問曰：與其媚於奥，寧媚於竈，何謂也？子曰：不然，獲罪於天，無所禱也。

【注】

王孫賈：衛靈公大臣。奥：居住房屋西南處房屋之神。竈：居住厨間的厨竈之神。天：指萬民之天。

【釋】

王孫賈問孔子説：人説與其巴結居住房屋西南的房屋之神，還不如巴結居住廚間的廚竈之神，是怎樣的意思？孔子説：不然，衹要獲罪於天下百姓，便無所禱的。

【按】

此章言處世立人，又言世義。在《周易》經文中共有自然之天、法則之天、規律之天、造化之天、義理之天、民心之天六種天（參拙著《周易今釋》，齊魯書社二〇〇六年版）。從孔子的回答看，王孫賈此問可能是説巴結衛靈公，還不如巴結寵臣，是不是對的意思。而孔子是説爲事不正，最終衹能害己的意思。又按：此章的“何謂也”與《周易·文言》的“何謂也”用語一致。

第十四章

子曰：周監於二代，郁郁乎文哉！吾從周。

【注】

二代：夏、商二代。

【釋】

孔子説：周的禮義制度是監於夏、商二代禮義制度的弊害與不當所在，郁郁乎爲天下興盛所出的，我主張從周代的禮義制度。

【按】

此章言周代治道。周代禮義制度至孔子時衰落已久，雖天下不寧日進，但由於周代禮義制度的作用與影響，天下還不至於暴虐成性，盜賊横行，此爲孔子所以贊揚周道、從周所在。參《爲政篇》二十三章的“殷因於夏禮，所損益，可知也。周因於殷禮，所損益，可知也”與本篇五章的“夷狄之有君，不如諸夏之亡也”之義。

第十五章

子入太廟，每事問。或曰：孰謂鄹人之子知禮乎？入太廟，每事問。子聞之曰：是禮也。

【注】

太廟：周公之廟。鄹人：孔子父叔梁紇曾爲鄹地大夫。

【釋】

孔子去太廟，總是不斷向人們求取學問。便有人説：這個鄹人之子知禮嗎？爲什麼入太廟，不斷在問事。孔子聽到後説：禮問的過程就是學問求取的過程。

【按】

此章言學問求取。説明孔子之所以學識淵博，來源於他的時時處處好學、好問而有所取。

第十六章

子曰：射不主皮，爲力不同科，古之道也。

【注】

皮：靶子。

【釋】

孔子説：射箭以中靶子爲好，而不是以射穿靶子爲好，故爲力不同科（順注：即挑擔人的力永遠比不過專舉重人的力，反之舉重人的力也永遠比不過專挑擔人的力），自古以來之道。

【按】

此章言比試之道。孔子在此説明了對比賽如何一個很重要的思想認識所在。

第十七章

子貢欲去告朔之餼羊。子曰：賜也，爾愛其羊，我愛其禮。

【注】

朔：即每月初一。餼羊：殺羊供奉。

【釋】

子貢因魯君早已不聽政，名存實亡，欲去每月初一要殺一隻羊供奉魯祖廟的祖制。孔子説：賜呀，你可惜的是沒有必要再殺羊而愛羊，我愛的是魯祖廟對魯人的象徵力，愛的是禮。

【按】

此章言文化的作用力，又言世義。孔子在此是説明一個禮義文化制度作用與影響的存在如何，不僅同政之如何有極大的關係，而且同世上種種文物、文化象徵的存在如何有着極大的關係。也因此可見如今中國的人群中出現的諸多是非道德問題同“文革”以來人民群衆引爲自豪與崇敬的古文物、名物、古建築、紀念聖地幾乎被破壞殆盡有着極大的關聯。

第十八章

子曰：事君盡禮，人以爲諂也。

【釋】

孔子説：事君衹盡禮而爲，就是一種媚諂。

【按】

此章言禮，又言世義。由此章可見孔子雖重禮，但從來是講實際如何，講實際的禮而反對虛僞的禮儀。參下章的“君使臣以禮，臣事君以忠”與《里仁篇》二十六章的"事君數，斯辱矣。朋友數，斯疏矣"之義。

第十九章

定公問：君使臣，臣事君，如之何？孔子對曰：君使臣以禮，臣事君以忠。

【注】

定公：魯國君。

【釋】

定公問孔子説：君上使臣下，臣下事君上，相互之間應怎樣爲是？孔子回答説：君上使臣下應以禮而爲，臣下事君上應以忠而行。

【按】

此章言禮，又言世義。孔子此是説祇有如此方能搆成君臣上下以義的協和機制，方能進而構成政與民上下爲體的社會協和創進機制。參《子路篇》四章的"上好禮，則民莫敢不敬。上好義，則民莫敢不服。上好信，則民莫敢不用情"之義。

第二十章

子曰：《關雎》樂而不淫，哀而不傷。

【注】

《關雎》：《詩經》首篇。

【釋】

孔子説：《關雎》這篇詩，和樂而不爲荒淫，哀愁而不傷神志。

【按】

此章言詩，又言世義。此爲孔子對《關雎》詩篇就少男少女由相感而相擇成婚過程内容描述的概括（參拙著《周易今釋·咸卦》之釋）。

第二十一章

哀公問社於宰我。宰我對曰：夏后氏以松，殷人以柏，周人以栗，曰使民戰栗。子聞之曰：成事不説，遂事不諫，既往不咎。

【注】

社：土地，此指代表土地的木主。宰我：名予，字子我，孔子學生。

【釋】

哀公問宰我給土地做木主用什麼材料好。宰我回答説：夏后氏用松木，殷人用柏木，周人用栗木，栗木的意思是要大家對生養的土地勤奮、戰戰栗栗取得成效。孔子聞知後對宰我説：已成的事不要再議，已遂的事不要再諫，已往的事不要再究，意即魯君已製有土地木主，不應再説用什麽材料好的事了。

【按】

此章言木主象徵，又言世義。由此可見不僅孔子學識淵博，連孔子學生的學問也很淵博，知夏、商兩代諸多之事。同時説明孔子對以往已做已成的事情，反對爲了形式而重新再做的處事方式，也説明本篇十一章的有人問禘禮之理而説不知之所在。又按：木主是中國人的一大創造，與引進的挂照片紀念同爲一理，但其涵義更可延伸、更可聯想。也不知一些人爲什麽硬要把自己民族的木主説成是迷信，却把歐洲人的十字架看成寶物。

第二十二章

子曰：管仲之器小哉！或曰：管仲儉乎？曰：管氏有三歸，官事不攝，焉得儉？

【注】

管仲：齊國宰相。三歸：三個妻子不同家。攝事：兼事。

【釋】

孔子説：管仲的器量很小！有人問：管仲是不是節儉的原因呢？孔子説：管仲的三個妻子不同家，分别居住各有房地，他的人員從不兼事，支出浪費，怎麽能説是節儉呢？

然則管仲知禮乎？曰：邦君樹塞門，管氏亦樹塞門。邦君爲兩君之好，有反坫，管氏亦有反坫。管氏而知禮，孰不知禮？

【注】

樹：樹立。塞門：屏障。反坫：招待來訪國君的設備。

【釋】

又問：然則管仲知禮麽？孔子説：國君爲朝堂禮儀樹立了屏障，管仲照樣跟着在家裏樹立了屏障。國君爲來訪國君設置了國君享用的設備，管仲亦照樣跟着在家裏設置了招待來訪國君享用的設備。如果説管仲知禮，那還有什麽人不知禮？

【按】

此章言管仲其人。管仲器小又不節儉，又不知禮，是否隱約反映出管仲爲天下之事不能如願，還是不爲世爲民着想呢？參《憲問篇》十六、十七兩章之義。

第二十三章

子語魯大師樂，曰：樂其可知也，始作翕如也，從之純如也，皦如也，繹如也以成。

【注】

翕：合也。從：放也。純：和也。皦：明也。繹：相續不絕也（取朱熹説）。

【釋】

孔子語及魯國音樂大師的演奏過程説：凡音樂演奏過程其間之理是可知道的，開始演奏翕翕有合地進行，繼續放任下去，繼而爲和悦的色調，又繼而皦皦地明朗，直至繹繹地相繼不絕以成。

【按】

此章言音樂，又言中國的文化。孔子此説明魯大師音樂演奏過程與人們的心理活動的義理過程、社會活動的義理過程是相一致的過程之理。

第二十四章

儀封人請見，曰：君子之至於斯也，吾未嘗不得見也。從者見之，出曰：二三子何患於喪乎？天下之無道也久矣，天將以夫子爲木鐸。

【注】

儀：地名。封人：官名。木鐸：銅質木舌之鈴，召集衆人宣布事項所用（取楊伯峻説）。

【釋】

儀地一官員前來求見，説：凡君子到了這地方，我未嘗没有見着的。孔子的從者會見過後，臨走時説：你們這些人不要憂患没有官事可做，天下無道時間也已久，天下之民必將以孔子他老人家爲大任，共謀有道生活。

【按】

此章言天下無道已久，又言世義。從文義觀之，當時孔子不在而從者與之會面，也説明孔子名聲已遠播。又按：自周被犬戎所敗衰落，平王東遷而世無道起，至孔子時天下無道也久，而孔子正是爲挽救世道不可終日。司馬遷説孔子將魯史截自平王東遷的隱公起至獲麟止作《春秋》，由魯而及天下以匡天下之義，應是可信的。

第二十五章

子謂《韶》盡美矣，又盡善也。謂《武》盡美矣，未盡善也。

【注】

《韶》：虞舜時著名樂曲。《武》：周武時著名樂曲。

【釋】

孔子言及虞舜時的《韶》樂説：盡美又盡善。言及周武時的《武》樂説：盡美然未盡善。

【按】

此章言舜、武之樂，又言中國文化。這可能是舜即天子位治天下是剛柔過程相當，體現在樂曲也是如此。武王伐紂治天下可能是剛健有多，柔順過程不足，體現在樂曲上可能也是如此，體現在世事上則有後來的殷遺反叛，孔子可能是以此謂《武》樂盡美然未盡善，也可能是禘禮自灌而往者不欲觀之所在（見本篇十章、十一章之義）。

第二十六章

子曰：居上不寬，爲禮不敬，臨喪不哀，吾何以觀之哉？

【釋】

孔子說：對居上而不寬、爲禮而不敬、臨喪而不哀的人，我怎麼觀這些人呢？

【按】

此章言義，又言世理。孔子在此說明祇有居上能寬厚、爲禮能恭敬、臨喪能悲哀的人，方是值得尊敬的人之理。

里仁篇第四

第一章

子曰：里仁爲美，擇不處仁，焉得知？

【注】

里：居地。

【釋】

孔子說：居住地方的人有仁德爲美，所擇不處仁，怎麼會知道仁對於人的重要性，怎麼會長進呢？

【按】

此章言居，又言世理。孔子在此說明所處如何對人的影響重要所在。參《衛靈公篇》十七章的“群居終日，言不及義，好行小慧，難矣哉”與《陽貨篇》二章的“性相近也，習相遠也”之義。

第二章

子曰：不仁者不可以久處約，不可以長處樂。仁者安仁，知者利仁。

【釋】

孔子說：對不仁者不可以久處約，因爲仁者會守約，不仁者不會守約；不可以長處樂，因爲仁者喜的是生活的正常樂趣，不仁者喜的是生活的不正常樂趣。這是因爲仁者安於仁，知者利於仁。

【按】

此章言人際，又言世理。孔子在此說明仁者與不仁者之別所在，也是人們處世應以爲戒之所在。

第三章

子曰：唯仁者能好人，能惡人。

【釋】

孔子說：唯有仁者能對衆人好，能對惡人惡。

【按】

此章言人際，又言世理。孔子在此說明仁者不是不分是非，不是不分善惡而爲之的。參《子路篇》二十四章的“不如鄉人之善者好之，其不善者惡之”之義。

第四章

子曰：苟志於仁矣，無惡也。

【釋】

孔子說：祇要一個人志嚮於仁德，必與往後沒有壞處。

【按】

此章言仁，又言世理。孔子在此說明志嚮於仁對一個人祇有益處而沒有害處之理。

第五章

子曰：富與貴，是人之所欲也，不以其道得之，不處也。貧與賤，是人之所惡也，不以其道得之，不去也。君子去仁，惡乎成名。君子無終食之間違仁，造次必於是，顛沛必於是。

【釋】

孔子說：富與貴，是每個人之所欲，不以其正道而得之，君子不與之處。貧與賤，是每個人之所惡，不以其正道而得改變之，君子不與之去。君子如果與之去就去掉了自己的仁德，就去掉了自己的名聲。因此君子應無有爲食之間違仁，凡處事造次之間都應如此，哪怕是到了流離顛沛的地步也應如此。

【按】

此章言君子之仁，又言世義。此是孔子對一個人要成爲君子的要求，也是一個真正的君子應做到的。

第六章

子曰：我未見好仁者，惡不仁者。好仁者，無以尚之。惡不仁者，其爲仁矣，不使不仁者加乎其身。有能一日用其力於仁矣乎，我未見力不足者，蓋有之矣，我未之見也。

【釋】

此章文句別扭。大致孔子是說：我沒有見過在處事中行仁者會惡不行仁者的。由於各人所知的不同、情形的不同、面臨的不同，行仁者是無法照搬照抄同行的。惡不行仁者，歸結是爲了行仁，不使認爲別人不行仁而自己也不行仁。一個人祇要有能一日用其力於行仁，我未見力不足之人，雖説會有，但我從未見到過。

【按】

此章言行仁，又言世義。孔子在此是説明行仁由己，不能以别人行仁如何與不行仁如何而爲，衹要行仁，未見力不足之人。

第七章

子曰：人之過也，各於其黨。觀過，斯知仁矣。

【注】

黨：朋黨。

【釋】

孔子説：一個人的過，於其朋黨如何有着密切關聯。觀察一個人的過而及朋黨，可知世應以仁德教化之重要性。

【按】

此章言進行仁德教化，又言世義。孔子在此説明一個人的過不是一種孤立現象，觀過同時社會應以仁德進行教化之重要所在。

第八章

子曰：朝聞道，夕死可矣。

【注】

道：真理。

【釋】

孔子説：早上得到真理，哪怕晚上死了也不遺憾了。

【按】

此章言追求。此説明孔子一生對真理的不停追求精神。

第九章

子曰：士志於道，而恥惡衣惡食者，未足與議也。

【注】

士：有志之士。道：真理。

【釋】

孔子説：一個所説志於追求真理的人，却又是恥於衣着不好、飯菜不佳的人，是不足與其議的。

【按】

此章言事物的義理辨析。孔子在此説明一個人的外在表現應與他的内心世界合一之理，說明對一個人不能聽其志如何，而應察其爲如何。

第十章

子曰：君子之於天下也，無適也，無莫也，義之與比。

【釋】

孔子說：一個君子不論到了天下那一個地方，無求生活舒適，無求别人迎奉，而應唯義是從，以義爲最高追求。

【按】

此章言君子品德，又言世義。孔子在此是說作爲一個君子應具備的品德。

第十一章

子曰：君子懷德，小人懷土。君子懷刑，小人懷惠。

【注】

土：所得。

【釋】

孔子說：君子心中所念的是德行如何，小人所念的是所得如何。君子所念的是刑法公正如何，小人所念的是實惠多少如何。

【按】

此章言君子與小人之别。孔子此是說君子不能混同小人，應爲世爲民而行之理。

第十二章

子曰：放於利而行，多怨。

【注】

放：放任。

【釋】

孔子說：一個人如果放任於利而行，必將遭致多怨。

【按】

此章言義，又言世理。孔子在此是說一個人如衹爲利而行，終必成害之理。

第十三章

子曰：能以禮讓爲國乎，何有？不能以禮讓爲國，如禮何？

【注】

國：國政。

【釋】

孔子説：能以禮讓賢者爲國政，已看不到了，不能以禮讓賢者爲國政，他們抱着禮，實際上對禮義又是如何的呢？

【按】

此章言禮，又言世義。孔子在此説明同樣的禮，在不同當政者身上變成了截然不同的兩回事。參《衛靈公篇》二十九章的“人能弘道，非道弘人”之義。

第十四章

子曰：不患無位，患所以立。不患莫己知，求爲可知也。

【釋】

孔子説：一個人不要憂患没有自己想要的職位，而要憂患如果有了這職位能否做好事情。不要憂患自己對有關事宜不知道，衹要求爲便可知道。

【按】

此章言求進，又言世義。孔子此是説明一個人需要不斷求進之理。參《衛靈公篇》十九章的“君子病無能焉，不病人之不己知也”之義。

第十五章

子曰：參乎！吾道一以貫之。曾子曰：唯。

【注】

參：曾參。

【釋】

孔子對曾參説：參呀！吾道一以貫之。曾子説：是。

【按】

此節的這個“道”、這個“一”是什麽？從對孔子的全部思想與全部作爲看，這個“道”、這個“一”是孔子要以中華民族對人世萬物及其變化的義理辨析與邏輯之理貫穿民族的思想文化，貫穿堯、舜、禹、湯至文、武之治道，貫穿社會進程使成協和興盛之一道。

子出。門人問曰：何謂也？曾子曰：夫子之道，忠恕而已矣。

【釋】

孔子出去後。别的學生問曾參説：這是怎樣的意思？曾子説：老師之道，忠和恕而已。

【按】

此章言道。要成協和興盛之世，忠與恕固然重要，但曾子當時所言不全面是否别有原因？又按：此章的“何謂也”與《周易·文言》的“何謂也”用語一致。

第十六章

子曰：君子喻於義，小人喻於利。

【釋】

孔子説：君子講的是義與理，小人講的是利與惠。

【按】

此章言君子與小人之别。這裏所講的小人，既可講同在位的君子與小人，又可講世上的君子與小人，還可講君子處下而小人處上。參《子路篇》二十五章的“君子易事而難説也”、“小人難事而易説也”之義。

第十七章

子曰：見賢思齊焉，見不賢而内自省也。

【釋】

孔子説：一個人要見賢而思看齊，見不賢而内省是否存在類似缺陷問題。

【按】

此章言賢，又言世義。孔子在此是説一個人要向好的學，見不好的應自省是否有同樣問題存在而使改正之理。

第十八章

子曰：事父母幾諫，見志不從，又敬不違，勞而不怨。

【釋】

孔子説：對認爲父母處事有不當、不對的地方，如幾次加以告説，仍不被采納的，仍應敬而不違背，勞而不怨憤。

【按】

此章言事父母，又言世義。除暴秦時期造成父母不以子女爲子女、子女不以父母爲父母外，哪一個父母不爲子女着想？父母年長，就絶大多數言對世事比子女要見識多，對子女所言不采納必有其理存在。故見志不從，仍應敬而不違，勞而無怨，做父母的好子女。又按：此章之義與《周易·家人卦》彖辭之義一致。

第十九章

子曰：父母在，不遠遊，遊必有方。

【注】

方：義也。

【釋】

孔子說：父母在，不遠出游，游必有所爲。

【按】

此章言事父母，又言世義。此是一個民族是否能凝聚之重要所在。

第二十章

子曰：三年無改於父之道，可謂孝矣。

【按】

此章之義參《學而篇》十一章所釋之義。

第二十一章

子曰：父母之年，不可不知也，一則以喜，一則以懼。

【注】

懼：恐懼。

【釋】

孔子說：對父母的年事不可不知，一則以年事高而喜，一則以年事高、來日不多而內心恐懼、多加孝敬。

【按】

此章言事父母，又言世義。人生一世不論富貴貧賤，到老有所喜、有所安、有所得是根本所在，也是每一個人到頭來所希望的。

第二十二章

子曰：古者言之不出，恥躬之不逮也。

【注】

逮：及。

【釋】

孔子說：古時候的人言語不輕易出口，就是怕所說的做不到而感到恥辱。

【按】

此章言處世立人，又言世理。孔子此是說一個人不要言過其實，而應言行一致方是。參《憲問篇》二十七章的“君子恥其言而過其行”之義。

第二十三章

子曰：以約失之者鮮矣。

【注】

約：約束。

【釋】

孔子説：一個能對自己有約束的人，犯過失自然就少。

【按】

此章言自律，又言世理。凡犯過失不論大小，除極少數是由於特殊原因外，多數皆是自己失去約束所致，説明人應知約束。

第二十四章

子曰：君子欲訥於言而敏於行。

【注】

訥：内從言，言語慎重。

【釋】

孔子説：君子應言語慎重而行爲敏達。

【按】

此章言君子，又言世理。參《學而篇》十四章的“敏於事而慎於言”之義。

第二十五章

子曰：德不孤，必有鄰。

【注】

孤：孤立。鄰：鄰友。

【釋】

孔子説：一個人衹要德不孤立，凡事必有鄰友。

【按】

此章言德行，又言世理。孔子此言“德不孤”與《周易·文言》的“敬義立而德不孤”其義一致。

第二十六章

子游曰：事君數，斯辱矣。朋友數，斯疏矣。

【注】

數：禮數。

【釋】

子游説：事君禮數過於煩瑣，就會招致侮辱。與友朋禮數過於煩瑣，就會反被疏遠。

【按】

此章言禮義，又言世理。説明儒家講的禮是爲人們之間能合能和，而不是僅僅爲了盡禮數。參《學而篇》十二章的“禮之用，和爲貴”與《八佾篇》十八章的“事君盡禮，人以爲諂也”之義。

公冶長篇第五

第一章

子謂公冶長：可妻也，雖在縲絏之中，非其罪也。以其子妻之。

【注】

公冶長：孔子學生，齊人。縲絏：監獄代稱。

【釋】

孔子說公冶長這個人，賢淑的女子可嫁給他，雖被關在監獄之中，但不是他的罪。就把自己的女兒嫁給了他。

【按】

此章言品行，又言世義。由此可見孔子絕不虛僞、虛榮，連對婿都如此。又按：從此章及下章觀之，周禮的婚姻不僅取於少男少女的相感如何，還需取於雙方父母的贊同方美。這種婚姻文化應該比歐洲人的婚姻文化不知要進步多少，這應是中國能逐漸成衆多人口民族之聚合又一重要所在。參《學而篇》七章的"賢賢易色"等之義。

第二章

子謂南容：邦有道，不廢，邦無道，免於刑戮。以其兄之子妻之。

【注】

南容：南宮适，字子容，孔子學生。

【釋】

孔子說南容這個人，天下有道，必能盡其才，天下無道，也不會有刑獄之災。就把自己兄長的女兒嫁給了他。

【按】

此章言品行，又言進退。以孔子的學問、地位與不斷受到國君、權貴的咨詢拜望，如要巴結，自己的女兒與兄長的女兒隨便可以選一個極富貴稱心之婿，但孔子没有這樣做，這恐怕直至今日社會的許多人還根本做不到呢。

第三章

子謂子賤：君子哉若人，魯無君子者，斯焉取斯？

【注】

子賤：宓不齊，字子賤，孔子學生。

【釋】

孔子説子賤這個人，是個君子一樣的人，如果魯國没有君子了，那他的品質又是從哪裏學來的呢？

【按】

此章言品行造就。説明人要上進，也要有能得上進的所在。參《里仁篇》一章的“里仁爲美，擇不處仁，焉得知”之義。

第四章

子貢問曰：賜也何如？子曰：女，器也。曰：何器也？曰：瑚璉也。

【注】

瑚璉：貴重器皿。

【釋】

子貢問孔子説：我這個人，現在怎樣了？孔子説：你，已成器了。子貢又問：成什麼器了？孔子説：已成瑚璉之器了。

【按】

此章言器，又言世用。説明在孔子的培育教導下，子貢已成貴重之器了。參《先進篇》三章及相關内容。

第五章

或曰：雍也仁而不佞。子曰：焉用佞！禦人以口給，屢憎於人。不知其仁，焉用佞？

【注】

雍：冉雍，字仲弓，孔子學生。佞：善説詞。禦：抵禦。

【釋】

有人説冉雍這個人已有仁德而不善説詞。孔子説：何必善説詞！抵禦别人之所説，必使屢憎於人。不知其仁所在，怎麽能用是否善説詞來看待？

【按】

此章言人，又言人際。孔子在此説明仁與佞是兩個不同的範疇之理。參《學而篇》

三章的“巧言，令色，鮮矣仁”之義。

第六章

子使漆彫開仕。對曰：吾斯之未能信。子說。

【注】

漆彫開：字子開，孔子學生。

【釋】

孔子安排漆彫開做官去。漆彫開回答說：我對能否做好官事還未能有足够的信心。孔子聽後很是贊許。

【按】

此章言仕，又言所望。孔子聽後爲什麽很贊許？正是漆彫開的答話説明他一旦去做官是會兢兢業業做好事的。此説明孔子對做官人的希望。

第七章

子曰：道不行，乘桴浮于海。從我者，其由與？子路聞之喜。子曰：由也好勇過我，無所取材。

【注】

桴：木簰。由：子路。

【釋】

孔子説：天下道不行，我想乘着木簰到海外去，會跟我去的，大概是子路吧？子路聽到後很高興。孔子説：子路好勇過我，就是無所能就時就地取材爲用。

【按】

此章言世，又言才。此爲孔子對世道不行的感嘆之説，充分體現孔子的憂世之心。

第八章

孟武伯問子路仁乎？子曰：不知也。又問。子曰：由也，千乘之國可使治其賦也，不知其仁也。

【注】

賦：兵賦、兵政。

【釋】

孟武伯問孔子説子路仁德如何？孔子説：不知已怎樣了。進一步又問。孔子説：子路這人，千乘的大國可使其管理兵賦、兵政的事，但不知其仁到底怎樣了。

求也何如？子曰：求也，千室之邑，百乘之家可使爲之宰也，不知其仁也。

【注】

求：冉求。宰：總管。

【釋】

孟武伯又問冉求如何？孔子説：冉求這個人，有千室之邑、百乘之家的地方可以叫他去做總管，但不知其仁到底怎樣了。

赤也何如？子曰：赤也，束帶立於朝，可使與賓客言也，不知其仁也。

【注】

赤：公西赤，孔子學生。

【釋】

孟武伯又問公西赤如何？孔子説：公西赤這個人，可以叫他束帶（官服）立於朝堂，接待四方賓客，辦理交涉，但不知其仁到底怎樣了。

【按】

此章言器，又言世用。孔子在此説明仁與勇、仁與政、仁與佞爲不同範疇的概念，説明孔子對學生所用非常瞭解。

第九章

子謂子貢曰：女與回也孰愈？對曰：賜也何敢望回，回也聞一以知十，賜也聞一以知二。子曰：弗如也，吾與女弗如也。

【釋】

孔子問子貢説：你與顔回哪個更能些？子貢説：我何敢與顔回相比，顔回能聞一以知十。我呢，聞一祇能知二。孔子説：是弗如，我與你都弗如他。

【按】

此章言器，又言知。此説明孔子對學習認真、進步快、又能取得成效學生的期望所在。

第十章

宰予晝寢。子曰：朽木不可雕也，糞土之牆不可杇也，於予與何誅？

【注】

宰予：宰我。

【釋】

宰予白天睡覺不讀書。孔子説：朽木不可以雕刻，似糞土的牆不可以粉刷，你們何必去責備宰予呢？

子曰：始吾於人也，聽其言而信其行，今吾於人也，聽其言而觀其行，於予與改是。

【釋】

孔子說：我開始對待人，是聽其言而信其行，現在我對待人，是聽其言而觀其行，這是我從宰予的事以後改變的態度。

【按】

此章言察行。孔子在此說明人碰到原來沒有考慮到的事，應隨時相應地改變想法、做法，使之與事如何相適宜，這點非常重要。

第十一章

子曰：吾未見剛者。或對曰：申棖。子曰：棖也慾，焉得剛？

【注】

申棖：《史記·仲尼弟子列傳》爲申黨。慾：私欲。

【釋】

孔子說：我未見剛毅之人。有人說：申棖。孔子說：申棖也私欲，哪裏能够剛毅？

【按】

此章言事之義理辨析，又言世理。孔子在此說明私欲與剛毅是相斥的兩個範疇，這在今日也可謂至明。又按：孔子不言剛與柔，而言剛與欲，中國的哲理在此也可見一斑。

第十二章

子貢曰：我不欲人之加諸我也，吾亦欲無加諸人。子曰：賜也，非爾所及也。

【釋】

子貢說：我不想別人加在我上面什麼事情，我也不想加在別人上面什麼事情。孔子說：賜呀，這不是你所能決定得了的事。

【按】

此章言人際，又言世理。孔子在此是說明世上萬物瞬息都在變化而非人力所及之理。

第十三章

子貢曰：夫子之文章，可得而聞也。夫子之言性與天道，不可得而聞也。

【釋】

子貢說：老師所教的文章學問，是可得而聞知的。老師之言事物之性與天道所在，其理不可得而聞知。

【按】

此章言學問，又言天道。性與天道爲天地人世造化萬物瞬息都在變化根本所在。孔子所説的“性相近也，習相遠也”與天道的一些問題，學生必然聽得到，但性與天道問題極爲深奥，故其理一般情况下不可能得而聞知。孔子所以研《易》韋編三絶，原因正在於此。參《陽貨篇》十九章的“天何言哉？四時行焉，百物生焉”之義。

第十四章

子路有聞，未之能行，唯恐有聞。

【釋】

子路已有所聞對己之説，故在未能行前，作着努力，唯恐又有所聞。

【按】

此章言品行。説明一個人要防止有人説己，首先要端正自己的行爲之理。參《先進篇》十五章的“門人不敬子路”之義。

第十五章

子貢問曰：孔文子何以謂之“文”也？子曰：敏而好學，不恥下問，是以謂之“文”也。

【注】

孔文子：衛國大夫孔圉。文：謚號。

【釋】

子貢問孔子説：孔文子爲什麽謚他爲“文”？孔子説：孔文子敏而好學，不恥下問，所以謚之“文”字。

【按】

此章言品行。孔子在此是説明一個人當了大官以後，仍需敏而好學，不恥下問，而不應相反，想法追求享受。

第十六章

子謂子産有君子之道四焉：其行己也恭，其事上也敬，其養民也惠，其使民也義。

【注】

子産：鄭國宰相。

【釋】

孔子説子産有君子之道四者：其行爲也恭順，其事君上也敬重，其養民也恩惠，其使民也重義。

【按】

此章言品行，又言世義。鄭是小國，地處楚、晋二强國爭强不息、戰爭不斷要冲之中，祇所以由此能立國其中而受别人别國尊重，否則必亡無疑。故而孔子稱“子産有君子之道四焉”。又按：孔子此言“子産有君子之道四焉”與《周易·繫辭傳》的“《易》有聖人之道四焉”文義一致。

第十七章

子曰：晏平仲善與人交，久而敬之。

【注】

晏平仲：齊國大夫，名嬰。

【釋】

孔子説：晏平仲這個人善與人交，相交越久，會越敬重他。

【按】

此章言品行，又言世義。孔子在此説明，作爲一個高官，要在交往中能久而使人敬之是一件很不容易的事。

第十八章

子曰：臧文仲居蔡，山節藻棁，何如其知也？

【注】

臧文仲：魯國已故大夫。蔡：特大烏龜。

【釋】

孔子説：臧文仲爲養一隻大烏龜，替它造了很好的一間房屋居住，這個人迷信神龜的靈驗怎麼這樣深信不疑呢？

【按】

此章言愚人，又言世義。此説明孔子根本不相信靈驗一套迷信，但不知爲什麼現在受過高等教育的有些人在腦子深處却迷信，這難道同我們不斷搬進的歐洲上帝一套的思想文化真的無關嗎？

第十九章

子張問曰：令尹子文三仕爲令尹，無喜色。三已之，無愠色。舊令尹之政，必以告新令尹，何如？子曰：忠矣。曰：仁矣乎？曰：未知，焉得仁？

【注】

令尹：楚國宰相。子文：即鬭穀於菟。

【釋】

子張問孔子說：楚國宰相子文三仕無喜色，三去無怒色。對舊政必告之新令尹，此人怎麼樣？孔子說：够得上忠了。子張又問：是仁嗎？孔子說：僅此還未能說明，怎麼可以說是仁呢？

崔子弒齊君，陳文子有馬十乘，弃而違之。至於他邦，則曰：猶吾大夫崔子也。違之。之一邦，則又曰：猶吾大夫崔子也。違之。何如？子曰：清矣。曰：仁矣乎？曰：未知，焉得仁？

【注】

崔子：齊國大夫崔杼。齊君：齊莊公。陳文子：齊國大夫，名須無。

【釋】

子張又問崔子無理殺掉齊莊公，陳文子家有馬十乘，寧弃而違之出走，至於他國一看說：猶如我國大夫崔子。違之而去。又到一國一看說：猶如我國的大夫崔子。又違之而去。此人怎麼樣？孔子說：够得上清了。子張問：是仁嗎？孔子說：僅此還未能說明，怎麼可以說是仁呢？

【按】

此章言忠清，又言世義。孔子在此說明仁與忠、仁與清爲不同範疇的概念，不能混爲一談。

第二十章

季文子三思而後行。子聞之曰：再，斯可矣。

【注】

季文子：魯國已故大夫。

【釋】

季文子身爲魯國執政大夫，凡事三思而後行。孔子知道後說：魯國再有這樣的人，國事將會更好。

【按】

此章言所行，又言世理。孔子此是說明一個國家身居高位的人，凡事必須考慮周詳，不能想到哪裏就决策到哪裏。如是，必成害國害民結果。

第二十一章

子曰：甯武子邦有道，則知。邦無道，則愚。其知可及也，其愚不可及也。

【注】

甯武子：衛國大夫，名俞。

【釋】

孔子説：甯武子邦國有道時，則很知道國事努力作爲。邦國無道時，則成愚昧不會做事。許多人對其知雖可及，對其愚却不可及。

【按】

此章言進退見隱，又言世義。孔子在此是説許多做官的人爲俸禄、升遷，不顧是非曲直，不顧百姓如何，甚至更有過之而無不及，這些人應該學學甯武子。

第二十二章

子在陳曰：歸與，歸與！吾黨之小子狂簡，斐然成章，不知所以裁之。

【注】

陳：陳國。

【釋】

孔子在陳國説：要回去了，要回去了！我的一批學生學得很快，寫起來已斐然成章，這麼多日子下來，我已不知如何去着手指導他們了。

【按】

此章言將歸，又言教育。孔子雖在外面，但心裏還是裝着在家的學生。又按：從此章是否可以看出，孔子雖在外面，但家裏有弟子教學和繼續招收學生教學的情形呢？

第二十三章

子曰：伯夷、叔齊不念舊惡，怨是用希。

【注】

伯夷、叔齊：二人爲殷末周初孤竹君的兩個兒子。

【釋】

孔子説：伯夷、叔齊兄弟二人從來不念舊惡，故不結怨恨。

【按】

此章言情操，又言世理。孔子在此是説明一個人應有高尚的情操，衹有這樣方能利世利己而行之理。

第二十四章

子曰：孰謂微生高直？或乞醯焉，乞諸其鄰而與之。

【注】

微生高：人名，或謂尾生高。

【釋】

孔子説：誰説微生高這人直？譬如説有人燒菜剛好醯没有了，問他討點，他裝着没有却要到鄰里去討一點再給討的人。

【按】

此章言性情，又言世理。孔子在此是説明有些人似乎很直，但祇要一看他的作爲便可知了。參《爲政篇》十章的“視其所以”之義。

第二十五章

子曰：巧言，令色，足恭，左丘明恥之，丘亦恥之。匿怨而友其人，左丘明恥之，丘亦恥之。

【注】

左丘明：孔子時著名史學家。

【釋】

孔子説：對遇難巧言，於人令色，又假裝十足恭順的人，左丘明感到這樣的人可恥，我同樣感到這樣的人可恥。對藏匿其怨而友其人的人，必是有不可見人目的之人，左丘明認爲這種人可恥，我同樣認爲這種人可恥。

【按】

此章言小人，又言世義。孔子與左丘明深感可恥的這兩種人，是最不容易被察知的兩種人。孔子這是説明一個人在生活與事業中應時時留意這兩種人，以防被陷害，告誡可謂極深。

第二十六章

顔淵、季路侍。子曰：盍各言爾志。子路曰：願車馬衣輕裘與朋友共敝之而無憾。顔淵曰：願無伐善，無施勞。子路曰：願聞子之志。子曰：老者安之，朋友信之，少者懷之。

【釋】

顔淵、季路二人站在一旁陪孔子坐着。孔子説：請各言其志。子路説：願將自己的車子與看重的服飾與天下朋友共享至破敝也無有所憾。顔淵説：願無有損、有伐於天下善舉之事，無有施譽於所爲、有勞之事。子路説：願聞老師之志。孔子説：要使天下的老者能安度晚年，天下的友朋能得到信任，天下的少者能得到關懷。

【按】

此章言志嚮，又言世義。子路言志，有天下公産化的意思。顔淵言志，有爲天下興旺發達的意思。孔子言志，爲天下協和興盛發達的根本所在。

第二十七章

子曰：已矣乎，吾未見能見其過而内自訟者也。

【釋】

孔子說：到目今爲止，我還未見到我的學生中有能見其過而能自我反省的人呢。

【按】

此章言改過，又言世義。此應爲孔子對學生之言，希望學生求進之語。參《學而篇》四章曾子的“吾日三省吾身”與《雍也篇》三章的“有顏回者好學，不遷怒，不貳過”之義。

第二十八章

子曰：十室之邑，必有忠信如丘者焉，不如丘之好學也。

【注】

十室之邑：最少室家的村落。

【釋】

孔子說：哪怕是十室之邑的村落，也必有忠信如孔丘的，但沒有如孔丘這樣好學的。

【按】

此章言求進，又言世理。孔子此是說明一個人的忠信十分重要，但更重要的是好學上進之理。

雍也篇第六

第一章

子曰：雍也可使南面。

【注】

南面：主政事者代稱。

【釋】

孔子說：冉雍這人學已有所成，可使其作爲一個地方或一個部門的行政長官了。

【按】

此章言器用，又言世義。孔子此說明一個人衹有學成方能使其南面主事之理。參《里仁篇》十四章的“不患無位，患所以立”與本篇六章的“犁牛之子騂且角，雖欲勿用，山川其舍諸”之義。

第二章

仲弓問子桑伯子。子曰：可也簡。仲弓曰：居敬而行簡，以臨其民，不亦可乎？居簡而行簡，無乃大簡乎？子曰：雍之言然。

【注】

仲弓：冉雍。子桑伯子：無考，應是大夫一類高官。

【釋】

仲弓向孔子問起子桑伯子政行簡約的事。孔子說：可參照子桑伯子的簡約而行。仲弓說：若認真嚴肅對待事情而簡約進行治理，不是也可以嗎？如果考慮事情簡約而行之簡約，是不是太簡約了呢？孔子說：冉雍應該這樣考慮爲是。

【按】

此章言爲政，又言世用。從整章觀之，孔子的回答似不考察又在考察冉雍之語，可引爲我們考察所任是否爲所材之用。

第三章

哀公問：弟子孰爲好學？孔子對曰：有顏回者好學，不遷怒，不貳過，不幸短命死矣，今也則亡，未聞好學者也。

【釋】

魯哀公問孔子説：你的弟子中誰最好學？孔子回答説：有顏回好學，遇事不遷怒，也不會犯同樣的錯誤，不幸短命已死，今已沒有像顏回這樣好學的人了。

【按】

此章言好學，又言品行。此説明孔子對好學者夭折的惋惜心情，同時是對其他學生的鞭策。又按：此章的“有顏回者好學，不遷怒，不貳過”與《周易·繫辭傳》的“顏氏之子，其殆庶幾乎？有不善未嘗不知，知之未嘗復行也”其説一致。又從此章可見，孔子集説《周易·繫辭傳》時顏回可能還在。

第四章

子華使於齊，冉子爲其母請粟。子曰：與之釜。請益。曰：與之庾。冉子與之粟五秉。子曰：赤之適齊也，乘肥馬，衣輕裘。吾聞之也，君子周急不繼富。

【注】

子華：公西華，名赤，孔子學生。冉子：冉有，孔子學生。

【釋】

公西華被派出使齊國，冉有爲公西華的母親請粟。孔子説：給他六斗四升。冉有請孔子增加。孔子説：再給他二斗四升。但冉有却給了五秉（大大超過八斗八升數量）。孔子説：赤到齊國去，乘着肥馬拉的車子，穿着上好服飾。我聽説過，君子周人之急而不繼人之富——即要雪中送炭，而不要錦上添花。

【按】

此章言請益，又言世義。孔子在此説明君子應周人之急而不應繼人之富的道理。

第五章

原思爲之宰，與之粟九百，辭。子曰：毋，以與爾鄰里鄉黨乎！

【注】

原思：原憲，字子思，孔子弟子。

【釋】

原思爲孔子家總管，孔子給粟九百，原思不要。孔子説：不能不要，多了，也可以給你地方上不够吃的人吧！

【按】

此章言周濟，又言世義。孔子在此説明應周人之急道理所在。

第六章

子謂仲弓曰：犁牛之子騂且角，雖欲勿用，山川其舍諸？

【注】

犁牛：耕田之牛。騂：赤色、貴色。

【釋】

孔子對仲弓説：犁牛生下赤色且角很好的牛，雖欲勿用爲祭祀，山川怎麼肯捨弃呢？

【按】

此章言才學，又言世理。孔子在此是説明仲弓的父親雖極低下，但仲弓極有才學，哪怕是自己没有打算，或不敢有打算爲世效力，但世必將不肯放弃這樣有才學的人。意即一個人衹要努力上進，必會被世所用。

第七章

子曰：回也，其心三月不違仁，其餘則日月至焉而已矣。

【注】

回：顔回。

【釋】

孔子説：顔回這個人呀，其心總能長時間地不違仁，其餘則隨着日月過程而成自然了。

【按】

此章言仁德，又言恒常。孔子此是鞭策其他學生上進，成爲優秀人才之語。參《子罕篇》二十一章的“惜乎！吾見其進也，未見其止也”之義。

第八章

季康子問：仲由可使從政也與？子曰：由也果，於從政乎何有？曰：賜也可使從政也與？曰：賜也達，於從政乎何有？曰：求也可使從政也與？曰：求也藝，於從政乎何有？

【注】

仲由：子路。賜：端木賜。求：冉求。

【釋】

季康子問孔子説：仲由這個人是否可以用來做政事？孔子説：仲由爲事果斷，從政事何有困難？季康子又問：端木賜這個人是否可以用來做政事？孔子說：端木賜通達事理，從政事何有困難？又問：冉求這個人是否可以用來做政事？孔子說：冉求多才多藝，從政事何有困難？

【按】

此章言才能，又言世用。此說明孔子在不斷鞭策學生成才同時，也不斷向世介紹人才，推舉人才，以爲所用。

第九章

季氏使閔子騫爲費宰。閔子騫曰：善爲我辭焉，如有復我者，則吾必在汶上矣。

【注】

閔子騫：閔損，孔子學生。汶：山東汶河，魯、齊交界處。

【釋】

季氏派人請閔子騫出任費地之宰，閔子騫對使者說：善言替我辭掉吧，如還一定要我去的話，則我必在汶河地方了。

【按】

此章言才能，又言志嚮。此說明閔子騫不願仕於季氏，如季氏還是要他去，則暗示將離開魯國。也由此可見孔子學生才能各有所長，志又各有不同所在。

第十章

伯牛有疾。子問之，自牖執其手曰：亡之，命矣夫？斯人也而有斯疾也，斯人也而有斯疾也？

【注】

伯牛：冉耕，孔子學生。疾：重病。牖：南窗。

【釋】

孔子學生伯牛患重病，孔子前往探問，至伯牛家南窗口見伯牛躺在窗口床上，自窗户深入執其手說：怎麽病到無法救治的地步，這真是命吧？這樣的人怎麽會病到這樣呢，這樣的人怎麽會病到這樣呢？

【按】

此章言人生，又言師生情。此說明孔子對學生得無法挽救之重病的悲痛心情。

第十一章

子曰：賢哉，回也！一簞食，一瓢飲，在陋巷，人不堪其憂，回也不改其樂。賢哉，回也！

【注】

簞：竹碗。

【釋】

孔子説：顔回真是賢呀，一竹碗飯、一瓢水過日子，又住敝屋陋巷，换個人都會不堪憂愁，而顔回却不改其樂。顔回真是賢呀！

【按】

此章言賢良，又言性情。此説明顔回是極貧苦人家之子，但因能努力求進，特得孔子贊嘗，也可見孔子看待學生的内心世界。參《學而篇》十四章的“君子食無求飽，居無求安”之義。

第十二章

冉求曰：非不説子之道，力不足也。子曰：力不足者中道而廢，今女畫。

【注】

畫：畫地爲牢（取朱熹説）。

【釋】

冉求對孔子説：我非不想得取老師的整個學問，但是我的力不足。孔子説：力不足的人是中道而廢，而今你是畫地爲牢，不敢進取。

【按】

此章言學難，又言求進。此説明孔子對學生學業的鞭策，希望學生積極進取成之優秀人才。參《泰伯篇》十二章的“三年學，不至於穀”之理。

第十三章

子謂子夏曰：女爲君子儒，無爲小人儒。

【釋】

孔子對子夏説：你要爲君子這樣的人提供學問與幫助，不要爲小人一樣的人提供學問與幫助。

【按】

此章言器用，又言世義。爲君子這樣的人提供學問與幫助，就能造福社會與百姓。對小人一樣的人提供其所需學問與幫助，衹會敗壞社會與禍害百姓。孔子對子夏之告誡具有重要社會意義，這也應該是自戰國至暴秦孔門後學少仕與不仕之真正原因所在，也應該是子夏氏、子游氏、子張氏等非爲“賤儒”之根本所在。

第十四章

子游爲武城宰。子曰：女得人焉耳乎？曰：有澹臺滅明者，行不由徑，非公事，未嘗至於偃之室也。

【注】

澹臺滅明：字子羽，後爲孔子學生。

【釋】

子游爲武城宰後。孔子問子游説：你得到什麼人才没有？子游説：有澹臺滅明這人，辦事不按部就班而行，非爲公事，不到我這裏來商議。

【按】

此章言人才。此説明子游所得之子羽辦事幹練，行爲正道。

第十五章

子曰：孟之反不伐，奔而殿，將入門，策其馬曰：非敢後也，馬不進也。

【注】

孟之反：魯大夫，名側。不伐：作戰失利。殿：殿後、斷後。

【釋】

孔子説：孟之反在戰事失利後撤中，勇敢掩護軍隊殿後，將入城門時，鞭策其馬説：不是我敢殿後，是馬跑不快的緣故。

【按】

此章言品行。孔子此是贊揚孟之反掩護軍隊，不僅勇敢，而且能善於推辭其功的品行風格。

第十六章

子曰：不有祝鮀之佞，而有宋朝之美，難乎免於今之世矣。

【注】

祝鮀：衛國大夫。宋朝：宋國公子朝。

【釋】

孔子説：假如没有祝鮀的能言善説，而僅有公子朝的美德，在今天的世道裏也是不能免除因其美德所遭受的非難的。

【按】

此章言世情。孔子在此説明一個人的美德與世道的關係之理。

第十七章

子曰：誰能出不由户？何莫由斯道也。

【注】

户：門户。

【釋】

孔子説：誰能走出屋外而不經由門户？何不由此而知處事有道所在呢。

【按】

此章言正道。孔子在此説明了由門户而出方成與處事有道方成相同之理。

第十八章

子曰：質勝文則野，文勝質則史。文質彬彬，然後君子。

【注】

質：樸質。文：文彩。

【釋】

孔子説：樸質强於文彩，就未免粗野。文彩强於樸質，就未免虚華。應文彩與樸質相成，方成君子器質。

【按】

此章言文質，又言處世。孔子在此説明一個人不能不學習，也不能成虚華之理。

第十九章

子曰：人之生也直，罔之生也幸而免。

【注】

罔：困難、艱難。

【釋】

孔子説：一個人的生活與處事也正直，碰到不清楚困難的事也能有幸而得免。

【按】

此章言正直，又言世理。孔子在此説明一個人的生活與處事正直必能有益於己所在。

第二十章

子曰：知之者不如好之者，好之者不如樂之者。

【釋】

孔子説：對學問懂得它的人不如喜愛它的人，喜愛它的人不如以它爲樂的人（取楊伯峻説）。

【按】

此章言性情，又言世理。孔子此説明學問成進之理。

第二十一章

子曰：中人以上，可以語上也。中人以下，不可以語上也。

【釋】

孔子說：有中等水平以上學識的人，可與之語上等水平的學識。對中等水平以下學識的人，不可與之語上等水平的學識。

【按】

此章言學識，又言世理。孔子此是說明要以學識水平高下不同對待交流與處事所在。

第二十二章

樊遲問知。子曰：務民之義，敬鬼神而遠之，可謂知矣。

【釋】

樊遲向孔子問知。孔子說：務民衆之義，要使敬鬼神的人能遠離鬼神，這樣就可謂知了。

問仁。曰：仁者先難而後獲，可謂仁矣。

【釋】

樊遲又向孔子問仁。孔子說：仁者都是先不懼困難而後有獲的，由此而獲可謂仁了。

【按】

此章言知與仁，又言世義。孔子在此所言的知與仁是這樣的簡單，說明孔子對不同學生學識的引導所在。

第二十三章

子曰：知者樂水，仁者樂山。知者動，仁者静。知者樂，仁者壽。

【注】

水：險陷。山：阻止（參《周易·説卦傳》）。

【釋】

孔子說：知者樂於在險陷中進取，仁者樂於勸阻人的不當有害之爲。故知者動，仁者静。也故知者樂，仁者壽。

【按】

此章言性情，又言世義。也由此可見孔子之言不少與《周易》有着直接的聯係，捨此不能釋解。參《子罕篇》二十九章的"知者不惑，仁者不憂"之義。

第二十四章

子曰：齊一變，至於魯。魯一變，至於道。

【釋】

孔子說：齊國的政治一經改變，就至於魯國的政治了。魯國的政治一經改變，就至於有道了。

【按】

此章言國政，又言世道。孔子的一生一直希望天下有道，就此也可見一斑。

第二十五章

子曰：觚不觚，觚哉，觚哉！

【注】

觚：美觀而較難製作的酒具。

【釋】

孔子説：觚不像個觚，是觚嗎，是觚嗎！

【按】

此章言器物，又言世道。弟子記孔子此言，必有其深意所在。孔子所處時代已君不像做君的，臣不像做臣的，父不像做父的，子不像做子的，夫不像做夫的，妻不像做妻的，世事名義與實際已嚴重脱離，如任其下去而不能救正，世總有一天會走上毀滅之路的。從孔子的整個思想考之，必由此而發。參《子路篇》三章的“必也正名乎”之義。

第二十六章

宰我問曰：仁者雖告之曰，井有仁焉，其從之也？子曰：何爲其然也？君子可逝也，不可陷也；可欺也，不可罔也。

【釋】

宰我問孔子説：有一個仁者雖一邊告訴他説，井下有仁者在，一邊又同他説要下去相救，該怎麼辦呢？孔子説：爲什麼會這樣的呢？一個君子可不顧性命而爲，但不可陷於不可作爲之地；可以受到别人欺騙，但不可以使其不清楚事情如何就爲之。

【按】

此章言事物的義理辨析。孔子此説是一個君子應如何處世處事之所在，也是如何擺脱被欺被陷之道理所在，其意可謂至深。

第二十七章

子曰：君子博學於文，約之以禮，亦可以弗畔矣夫。

【注】

畔：相離。

【釋】

孔子説：君子博學於文獻世理，約之以禮義道德，就可以於世於民不相離而行了。

【按】

此章言君子，又言世用。此應是孔子教導學生日後如何成於世於民有用人才之語。

第二十八章

子見南子，子路不説。夫子矢之曰：予所否者，天厭之，天厭之！

【注】

南子：衛靈公夫人，把持朝政，且名聲不好。天：指萬民之天。

【釋】

孔子與南子相見，子路因南子名聲不好，對孔子與其相見很不贊許。孔子矢口爲之説：我如果做得有違禮義的話，連天下之人都會厭弃我的，連天下之人都會厭弃我的！

【按】

此章言禮義，又言世理。孔子此是説南子雖名聲不好，但見之如何全在於自己之理。

第二十九章

子曰：中庸之爲德也，其至矣乎！民鮮久矣。

【注】

中：正，萬物執中。庸：常，普遍之理。

【釋】

孔子説：對於人世來説，中庸之德，是最高了！世上缺少這種德已很久了。

【按】

此章言中庸之德，又言世義。孔子這裏所言的“中庸”，與《周易》之《彖》、《象》四翼等的“中正”、“中行”、“中道”等其義一致。

第三十章

子貢曰：如有博施於民而能濟衆，何如？可謂仁乎？子曰：何事於仁，必也聖乎！堯舜其猶病諸！夫仁者，己欲立而立人，己欲達而達人，能近取譬，可謂仁之方也已。

【釋】

子貢説：假如一個人能廣泛施恩惠於百姓，又能濟助衆人所需，怎麼樣？可以説是仁德了嗎？孔子説：哪裏衹是仁德，必也是聖德了！這是堯舜爲之奮力而圖達到的事哩！仁德是什麼呢，自己要站得住，也使别人站得住，自己要行得通，也使别人行得通，能够就此面臨的事一步步去做，可謂是見習仁德方法了。

【按】

此章言仁德，又言世義。孔子在此就仁德與如何實行仁德作了根本説明，説明人世應有這樣的機制，使成上下協和、萬民協和興盛發達之世所在。

述而篇第七

第一章

子曰：述而不作，信而好古，竊比於我老彭。

【注】

老彭：根據文義應是商時作出貢獻但没有留下具體著述的彭祖。

【釋】

孔子説：我祇對學生講述學問、講述世間治道而自己没有時間作著立説，所信的是自古代以來極有價值的文化、文獻研究與傳承，使後世能得見先祖的艱難創業精神與爲世興盛發達之治道所在。故祇能自比於商代的彭祖。

【按】

此章言文化傳承，又言世義。此説明孔子爲傳承中華民族思想文化之精神所在。又按：據《史記》載孔子六十八歲前確如此，那孔子此説必在六十八歲之前。但六十八歲後的序《周易》之《彖》、《繫辭》、《象》、《説卦》、《文言》與傳《書》、删《詩》、正《樂》應該是作，作《春秋》等也應該是作。

第二章

子曰：默而識之，學而不厭，誨人不倦，何有於我哉？

【釋】

孔子説：對所見所聞的事放在心裏能默而認識之，對所追求的學問能不厭其難而研習之，對人所問所求的進行教誨而能不困倦之，這些我是否都做到了呢？

【按】

此章言人生，又言文化傳承。此爲孔子一生學與教之追求所在。

第三章

子曰：德之不修，學之不講，聞義不能徙，不善不能改，是吾憂也。

【釋】

孔子說：品德不能修養，所學不能講習，聞到義不能爲是，對不善之行爲又不能改之，是我憂慮的事。

【按】

此章言人生，又言世義。此爲孔子對學生所言，也是對世所言。

第四章

子之燕居，申申如也，夭夭如也。

【釋】

孔子在家閑住時，生活很有條理，心情很是舒展。

【按】

此章言性情，又言人生。此說明孔子日常生活情形。

第五章

子曰：甚矣吾衰也，久矣吾不復夢見周公。

【注】

周公：名旦，武王之弟，周初政治家。

【釋】

孔子說：我衰老得真快，已很久沒有夢見周公了。

【按】

此章言周公，又言人生。周公爲周初的治理成興做出過不懈而艱難的努力，使周成爲一代有道之朝而享有長久天下，因而爲孔子所崇敬。

第六章

子曰：志於道，據於德，依於仁，游於藝。

【釋】

孔子說：一個人應志嚮在道，所據在德，依靠在仁，游習在技藝之中。

【按】

此章言道、德、仁、藝。此說明孔子所要造就是志在於道而有德有仁又有其才的人。

第七章

子曰：自行束脩以上，吾未嘗無誨焉。

【注】

束脩：十條肉干。

【釋】

孔子説：衹要有一點禮作爲學費，我未嘗不收做學生而教誨的。

【按】

此章言招收學生，又言教學。由此可見孔子所收學費非常低廉，故像顔回、子路這樣極窮困家庭弟子都能到孔子這裏上學，這也正是孔子對世的重大貢獻所在。參《衛靈公篇》三十九章的"有教無類"之義。

第八章

子曰：不憤不啓，不悱不發，舉一隅不以三隅反，則不復也。

【釋】

孔子説：教導學生，對所教學的東西不到學生對某些事要進一步探究時，不亂啓發；不到學生對某些事要想説而説不明白時，不亂引導；對所啓發、引導的，不能舉一以反三的，説明還不成熟，應待其成熟而進行。

【按】

此章言教學，又言各成長進。這是孔子的教學方法，正是孔子的這種教學造就了社會的種種有用人才。參《學而篇》一章的"學而時習之，不亦説乎"與《先進篇》三章的"德行：顔淵、閔子騫、冉伯牛、仲弓。言語：宰我、子貢。政事：冉有、季路。文學：子游、子夏"等之義。

第九章

子食於有喪者之側，未嘗飽也。

【釋】

孔子與有喪事人家一同就食，未曾吃飽過。

【按】

此章言處喪，又言世義。此説明孔子與人喜事、喪事一體的思想所在。

第十章

子於是日哭，則不歌。

【釋】

孔子如果這一天傷心哭泣過，則不再歌唱。

【按】

此章言情性。此説明孔子絶非虚僞之人。

第十一章

子謂顏淵曰：用之則行，舍之則藏，惟我與爾有是夫！

【釋】

孔子對顏淵說：得用就行之，不得用就藏之待用，衹有我與你二人在這樣做哩！

子路曰：子行三軍，則誰與？子曰：暴虎馮河，死而無悔者，吾不與也。必也臨事而懼、好謀而成者也。

【注】

馮河：參拙著《周易今釋》之《泰卦》九二的“包荒，用馮河”之義。

【釋】

子路問孔子說：如果老師率領軍隊，與誰共事？孔子說：徒手搏擊猛虎，徒步而涉深河，死而無悔者，我是不會與他共事的。我衹與臨事而懼、預先能善謀而成之的人共事。

【按】

此章言進退見隱，又言人事的辨析。此章說明孔子是深知軍事的，是知好謀方能事成之理的，衹不過重點在治國治世罷了。參《公冶長篇》八章的“由也，千乘之國可使治其賦也”之義。

第十二章

子曰：富而可求也，雖執鞭之士，吾亦爲之。如不可求，從吾所好。

【釋】

孔子說：當今世道如富可通過正道求得，雖做執鞭之士，我亦願意爲之。如知不可求得，還是從我的如何使世有道的事爲好。

【按】

此章言事物的義理辨析，又言世義。此說明當時之世富已不可能通過正道求得，富已爲權勢權貴們所掠取。參《八佾篇》二十四章的“天下之無道也久矣”與《顏淵篇》十八章的“季康子患盜，問於孔子”之義。

第十三章

子之所慎：齊、戰、疾。

【釋】

孔子所慎重的有三件事：一是人們祭祀前的齋戒如何，二是不斷出現的戰事如何，三是百姓的困苦疾病如何。

【按】

此章言世義，又言世道。從人們對先人的思敬情形如何，對發生的戰爭看待情形如何，對百姓困苦疾病的情形關心如何，可看出世道變化的如何、趨嚮的如何，故孔子對之慎重看待（參《爲政篇》四章的“知天命”之義）。

第十四章

子在齊聞《韶》，三月不知肉味。曰：不圖爲樂之至於斯也。

【釋】

孔子在齊國聽到舜時的《韶》樂，三個月都不知肉味。說：想不到聞《韶》樂至於如此。

【按】

此章言《韶》樂感染力。此說明孔子在齊國聽《韶》樂後，重點想到的是如何使世有道，故三月不知肉味。說明孔子的憂世之心所在。

第十五章

冉有曰：夫子爲衛君乎？子貢曰：諾，吾將問之。

【注】

衛君：衛出公，名輒，衛靈公之孫，太子蒯聵之子。

【釋】

冉有說：老師贊成與幫助衛君嗎？子貢說：好的，我去問問看。

入曰：伯夷、叔齊何人也？曰：古之賢人也。曰：怨乎？曰：求仁而得仁，又何怨？出曰：夫子不爲也。

【釋】

子貢跑進孔子屋裏問孔子說：伯夷、叔齊是怎樣的人？孔子說：是古之賢人。子貢說：他們二人推讓做國君，結果都跑到國外，是不是後來怨悔了呢？孔子說：他們二人求仁德，得到了所追求的仁德，又有何怨悔？子貢出去後對冉有說：老師不會幫助衛君。

【按】

此章言取嚮，又言世義。衛君與其父爭奪君位，而伯夷、叔齊兄弟二人却推讓君位。子貢問伯夷、叔齊如何，孔子稱贊伯夷、叔齊。故子貢出去後說：老師不會幫助衛君。由此可見子貢對老師内心思想是深知的。

第十六章

子曰：飯疏食飲水，曲肱而枕之，樂亦在其中矣。不義而富且貴，於我如浮雲。

【注】

肱：臂。

【釋】

孔子説：吃粗食飲淡水，彎着胳臂當枕用，所樂在其中。不義而得取富與貴，於我如同浮雲。

【按】

此章言樂與義。孔子的這個人生觀非常重要，爲中華民族的思想文化所培育出來的民族精神所在，對世人有着極爲重要的意義。

第十七章

子曰：加我數年，五十以學《易》，可以無大過矣。

【注】

《易》：《周易》簡稱。

【釋】

孔子説：加我幾年時間，從五十歲開始學習《周易》，就可以對世事無大的過錯了。

【按】

此章言《周易》爲用。《周易》居中國群經之首，爲中華民族哲理思想文化所在。從魯爲周公之後，又享受着周天子方可舉行的禘禮特權與韓宣子適魯見《易》象等觀之，魯有一般諸侯不可能有的《周易》及有關之典籍。據《史記》孔子五十後爲魯中都宰，又爲大司寇至攝行相事，極有可能在此期間得《周易》之籍，而五十爲起數，故曰："加我數年，五十以學《易》，可以無大過矣。"從孔子對此的研究達到韋編三絶的程度，可見對《易》的研習與喜愛不是其他典籍可比擬，故所集説《易傳》不僅重義理，又善於用可見象數解《易》（參林忠軍先生《象數易學發展史》等著作所論）。又爲世能深入探究，非同一般地單獨傳承，至漢與田何傳世本應是《周易》正本所在。由此可見孔子對於中國的哲理思想文化所作的貢獻是功垂萬世的。

第十八章

子所雅言，詩、書、執禮皆雅言也。

【注】

雅言：標準字語。

【釋】

説明孔子教學時皆是標準字語教導學生，使學生到各邦國不失其用。

【按】

此章言教學用語。雅言應該是文字字義與文字音義合一之語，這對於我們今天研究目前供識字用的字典中，不見有文字的構成法則與音義規律，不少文字字義與文字音義被改成不能相宜之弊端應大有益處。

第十九章

葉公問孔子於子路，子路不對。子曰：女奚不曰？其爲人也發憤忘食，樂以忘憂，不知老之將至云爾。

【注】

葉公：沈諸梁，字子高，楚國葉地縣令。

【釋】

葉公向子路問孔子怎樣情形，子路不答。孔子對子路説：你爲什麽不説？你衹要説用功的時候便忘記吃飯，有快樂的事情便忘記憂愁，不知老之將至，如此罷了。

【按】

此章言人生。此説明孔子的精神世界，是不是像某些人所説的是唯心主義的世界觀呢？

第二十章

子曰：我非生而知之者，好古，敏以求之者也。

【釋】

孔子説：我的學識不是由生活過程而得知的，而是好古代文獻，勤奮敏求得知的。

【按】

此章言學識進取。此説明孔子的學識是如何取得的。

第二十一章

子不語怪、力、亂、神。

【注】

怪：怪异。力：力氣。亂：亂事。神：神靈。

【釋】

孔子從來不講怪异的事，不講力大爲王的事，不講亂七八糟的事，不講神靈顯聖的事。

【按】

此章言反對之事，又言世義。此説明孔子不相信世上有怪异之事，不贊成力大奴役力小爲王，不贊成不要生活秩序、男女淫亂，不承認神靈、上帝一套神文化。參

《雍也篇》二十二章的“務民之義，敬鬼神而遠之”與《陽貨篇》二十三章的“君子有勇而無義爲亂，小人有勇而無義爲盜”之義。

第二十二章

子曰：三人行，必有我師焉，擇其善者而從之，其不善者而改之。

【釋】

孔子說：幾個人在一起或做事，必然有我的師，選擇其善者而從之，對不善者看自己身上有否類似問題而改正之。

【按】

此章言學識品行求進。此爲孔子提高自己學識與品行求進的重要途徑之一，可供世人仿效，必收事半功倍之效。

第二十三章

子曰：天生德於予，桓魋其如予何？

【注】

天：指人世之天。桓魋：宋國司馬。

【釋】

宋國的司馬桓魋意欲謀殺孔子，孔子對學生們說：由人世之天理所産生的種種品德由於我的努力已給予了我，諒桓魋也不敢在光天化日之下對我怎麼樣！

【按】

此章言天與德，又言世理。孔子在此說明一個人衹要成爲品德高尚的君子，小人是不敢在光天化日之下對你怎樣的。

第二十四章

子曰：二三子以我爲隱乎？吾無隱乎爾，吾無行而不與二三子者，是丘也。

【釋】

孔子說：你們學生中有些人以爲我有隱瞞不教的嗎？我不會有所隱瞞的，我任何學問没有一點保留，這是我孔丘的爲人。

【按】

此章言教學，又言師生情。此說明孔子對學生没有任何保留，因此换來了學生們對他的無限尊敬。

第二十五章

子以四教：文、行、忠、信。

【釋】

孔子從四個方面教導學生，學習研究中華民族對事物的哲理所在與歷代相關文獻，進行社會生活見習，倡導爲人處世忠心，對事信守信實。

【按】

此章言教學，又言世理。此説明孔子對學生實行才德兼備之教。

第二十六章

子曰：聖人，吾不得而見之矣，得見君子者，斯可矣。

【釋】

孔子説，這個世上，聖人我是見不到了，得見君子者也差不多了。

子曰：善人，吾不得而見之矣，得見有恒者，斯可矣。亡而爲有，虚而爲盈，約而爲泰，難乎有恒矣。

【釋】

孔子説：善人我是見不到了，得見有恒者也差不多了。已没而爲有、虚幻而爲實、被約而爲泰的人，是難以有恒的。

【按】

此章言世道。孔子在此是説明天下無道之世能得見君子、有恒者已差不多了之理。參《里仁篇》十章的"君子之於天下也，無適也，無莫也，義之與比"及《子路篇》二十二章的"人而無恒，不可以作巫醫"之義。

第二十七章

子釣而不綱，弋不射宿。

【注】

弋：帶鉤有綫的箭。

【釋】

孔子去抓魚，用釣而從來不用綱網把魚盡打爲食，去捉鳥，也從來不用帶鉤有綫的箭射歸宿的鳥巢，把巢拉下來。

【按】

此章言人與自然，又言性情。由此可見孔子仁及自然生物，也因此可見衹有能仁及自然生物的人，方會仁及於人之理。

第二十八章

子曰：蓋有不知而作之者，我無是也。多聞，擇其善者而從之，多見而識之，知之次也。

【釋】

孔子説：世上有不懂而以爲懂進行作爲之人，我無有此進行作爲的。對不懂的事要多聞，擇其善者而從之，并要多見而識之，這樣也就由不知逐漸成知了。

【按】

此章言知，又言作爲。孔子在此言由生活過程而得知之道理所在。參《爲政篇》十八章的“多聞闕疑”、“多見闕殆”之理。

第二十九章

互鄉難與言，童子見，門人惑。子曰：與其進也，不與其退也，唯何甚？人潔己以進，與其潔也，不保其往也。

【注】

互鄉：地名。

【釋】

互鄉這地方不潔，别人又説不進去，結果互鄉地方來了一少年受到孔子的接待，弟子們都感到困惑。孔子説：爲什麼讓他進來加以接待？因爲他已潔己而來，就應讚揚於他，説潔好的道理於他，使之不保其以往的不潔。

【按】

此章言易俗，又言世義。孔子在此是説明人衹要有進步，就應鼓勵使其進步之理。

第三十章

子曰：仁遠乎哉？我欲仁，斯仁至矣。

【釋】

孔子説：仁德這種品行是否離我們很遠？不是的，我欲仁，需仁德的事就來了。

【按】

此章言仁德，又言世義。孔子在此説明爲仁由己，而不在人。這不能是唯心主義吧？

第三十一章

陳司敗問昭公知禮乎？孔子曰：知禮。孔子退。揖巫馬期而進之曰：吾聞君子不黨，君子亦黨乎？君取於吴爲同姓，謂之吴孟子，君而知禮，孰不知禮？

【注】

陳司敗：朝官，姓陳。昭公：魯君，名裯。巫馬期：名施，字子期，孔子學生。吴孟子：昭公從吴國娶來的夫人。

【釋】

陳司敗向孔子問昭公知禮否？孔子說：知禮。孔子走後。陳司敗向孔子學生巫馬期作揖後說：我聞君子不黨，君子却也黨，昭公娶夫人爲同姓吴國人，稱之吴孟子，昭公此是知禮，還有誰不知禮？

巫馬期以告。子曰：丘也幸，苟有過，人必知之。

【釋】

陳司敗走後，巫馬期將此事告訴了孔子。孔子說：我也很幸運，如有過失，别人必知之而能指出來。

【按】

此章言禮制，又言世理。魯國與吴國是五百多年前泰伯時的同祖（考《泰伯篇》一章的“三以天下讓”之義），時過已這麽長久了，但中華民族與世界上其他民族不同，同姓不嫁娶而方有民族的人丁興旺，這應該是人類文明的重要進步。同時説明，孔子衹要有不知道的，經人指出，便會很高興。這是應該作爲我們榜樣的。

第三十二章

子與人歌而善，必使反之，而後和之。

【釋】

孔子與别人一起，如其人歌且好，必請其重來一遍，然後和其一起唱。

【按】

此章言好學，又言求進。此説明孔子在生活中不斷汲取營養充實自己。

第三十三章

子曰：文，莫吾猶人也。躬行君子，則吾未之有得。

【釋】

孔子説：在學識方面不是我都能超過别人。在見習方面做一個君子，則自己還未能有得。

【按】

此章言謙遜。此説明孔子是一個非常謙虚的人，同時孔子也隱約説自己所求爲用而未能有得。

第三十四章

子曰：若聖與仁，則吾豈敢！抑爲之不厭，誨人不倦，則可謂云爾已矣。公西華曰：正唯弟子不能學也。

【釋】

孔子説：若講到聖與仁，則我豈敢！衹不過是學而爲之不厭，教而爲之不倦，衹可謂如此而已。公西華説：這正是弟子所學不到的。

【按】

此章言謙遜。此説明孔子的謙虚及其品質所在。

第三十五章

子疾病，子路請禱。子曰：有諸？子路對曰：有之，《誄》曰：禱爾于上下神祇。子曰：丘之禱久矣。

【注】

《誄》：古代求神祇之書。

【釋】

孔子有疾病，子路請爲孔子祈禱。孔子説：有這種事嗎？子路回答説：有這種事，《誄》這本書上説：衹要祈禱你于上下神祇即可以。孔子説：我已經祈禱很久了（意即子路用不着爲此祈禱）。

【按】

此章言反對迷信無知。此説明孔子不僅不語神靈，且自已從根本上不承認神靈一套東西。參《公冶長篇》十八章的“臧文仲居蔡，山節藻棁，何如其知也”與《雍也篇》二十二章的“務民之義，敬鬼神而遠之，可謂知矣”及本篇二十一章的“子不語怪、力、亂、神”之義。

第三十六章

子曰：奢則不孫，儉則固。與其不孫也，寧固。

【注】

孫：遜。固：操守。

【釋】

孔子説：奢華是驕奢的表現，衹有儉樸方能操守。與其驕奢而爲，寧操守而行。

【按】

此章言儉樸，又言世義。此是孔子的儉樸觀，是中華民族的傳統美德所在。而有一些人却反其道而行之，一方面某些在上之人與富有之人的窮奢極欲，必是另一方面某些圖位之人與圖富之人的犯罪與刑案。儉則固，不僅對社會是固，對貴者富者之人也是固，中國的事物義理辨析與邏輯之理就是這樣的深邃而顯見。

第三十七章

子曰：君子坦蕩蕩，小人長戚戚。

【釋】

孔子説：君子做人儉樸正派而心裏平坦寬廣，小人則做人驕奢不正而經常害怕有難臨頭。

【按】

此章言處世做人，又言世理。孔子在此是説明做人應該儉樸正派而不應驕奢不正之理。參《里仁篇》五章的“貧與賤，是人之所惡也，不以其道得之，不去也”之義。

第三十八章

子温而厲，威而不猛，恭而安。

【釋】

孔子處事臨事與教學温和之中帶有嚴厲，有威儀而没有猛相，恭敬而安祥。

【按】

此章言孔子性情，也是孔子處世爲人品質的反映。

泰伯篇第八

第一章

子曰：泰伯其可謂至德也已矣，三以天下讓，民無得而稱焉。

【注】

泰伯：古公長子，文王父季歷長兄。

【釋】

孔子說：泰伯之德可謂至德，三次讓位天下，老百姓對泰伯三讓君位之舉到了無得而稱贊的地步了。

【按】

此章言至德，又言世義。泰伯由於見其侄姬昌（文王）自幼勤奮好學，聰慧能幹，有光大周國希望，三以天下讓位給姬昌的父親季歷，使君位由此傳到姬昌手中，姬昌終不負所望，使周興旺發達，得天下三分之二，至其子武王終於推翻了黑暗的商紂王朝，建立了光明的周王朝。泰伯三讓後去了遠方的吴地，至春秋戰國時已成諸夏的强國，但終因夫差的驕横、不信忠良，而被弱國越國所滅，多少代人的辛勞、心血所建立的功業也因此而付諸東流。

第二章

子曰：恭而無禮則勞，慎而無禮則葸，勇而無禮則亂，直而無禮則絞。君子篤於親，則民興於仁，故舊不遺，則民不偷。

【注】

禮：禮義。葸：難。

【釋】

孔子說：恭敬而無禮則勞事，慎重而無禮則葸難，勇爲而無禮則亂事，直率而無禮則絞事。君子篤於親和，則百姓興於仁厚，故舊親、舊友不遺，則百姓不偷私争利。

【按】

此章言事物的邏輯之理，又言世理。孔子在此把恭與勞、愼與葸、勇與亂、直與絞聯係在一起，這在歐洲的哲理中是絶對不存在的。此説明禮對於一個人的重要所在（參《周易今釋·履卦》之義）。

第三章

曾子有疾，召門弟子曰：啓予足，啓予手！《詩》云：戰戰兢兢，如臨深淵，如履薄冰。而今而後，吾知免夫，小子。

【注】

《詩》：《詩經》。

【釋】

曾子重病，召學生們進來説：動動我的脚，動動我的手！《詩經》上講：人生每件事，都應戰戰兢兢，如身臨深淵邊上，如行走薄冰之上，方能免除禍害而成事。也衹有像我這樣了而後之事方能免却，弟子們。

【按】

此章言人生，又言世理。曾子此説明人生的艱難，一個人衹有這樣行之方能免却禍害而成事之理。

第四章

曾子有疾，孟敬子問之。曾子言曰：鳥之將死，其鳴也哀；人之將死，其言也善。君子所貴乎道者三：動容貌，斯遠暴慢矣；正顔色，斯近信矣；出辭氣，斯遠鄙倍矣。籩豆之事，則有司存。

【注】

孟敬子：魯大夫孫捷。道：道理。籩豆之事：經常之事。

【釋】

曾子重病，孟敬子前來探望詢問。曾子言告説：鳥之將死，其所鳴也哀；人之將死，其所言也善。君子所應貴重的道理主要有三點：當動容貌時，對人要遠暴慢（意即要温和）；當正顔色時，對人要講信守（意即要信實）；當出語氣時，對人要遠鄙倍（意即要尊重）。對一般之事，則應有主管其事的人負責辦理（意即要善任）。

【按】

此章言人生，又言世理。曾子此言爲一個人應如何處事爲政的根本之道，其意可謂至深。

第五章

曾子曰：以能問於不能，以多問於寡，有若無，實若虛，犯而不校，昔者吾友嘗從事於斯矣。

【注】

犯：進取。校：校制（參劉大鈞、林忠軍《周易經傳白話解》之《噬嗑卦》“校”字之義）。

【釋】

曾子說：一個人雖覺很能但要問問還覺不能的人意見，雖覺多有辦法但要問問還覺少有辦法的人意見，使有若無，實若虛，祇有這樣，方能事成進取而不被校制，往昔我的一個朋友就是以此從事而得進取的。

【按】

此章言事成進取之道。曾子此言與歐洲的哲理邏輯思維根本不同，爲能事業成進取之根本所在，其理可謂至明。

第六章

曾子曰：可以託六尺之孤，可以寄百里之命，臨大節而不可奪也，君子人與？君子人也。

【注】

六尺之孤：少小身軀。百里：長遠。節：難事。

【釋】

曾子說：對一個人可以托少小之身軀，可以寄長遠之性命，事臨大難而不可奪取其志，這樣的人是君子嗎？是君子了。

【按】

此章言君子品質。曾子此說明一個人要有堅定的志嚮、百折不撓的奮進精神方能成就事業，其述可謂至確。

第七章

曾子曰：士不可以不弘毅，任重而道遠，仁以爲己任，不亦重乎？死而後已，不亦遠乎？

【注】

士：志士。

【釋】

曾子說：一個志士不可以不弘揚剛毅精神，因爲人的一生任重而道遠，以仁德爲己任，其任不是很重嗎？要死而然後已，其道不是很遠嗎？

【按】

此章言志士仁人。曾子此論與歐洲的上帝文化一套根本不同，說明志士仁人不僅應弘揚剛毅精神，而且應有死而後已的精神，如此方能得以成就，其論可謂至理。

第八章

子曰：興於《詩》，立於禮，成於樂。

【注】

《詩》：《詩經》。

【釋】

孔子説：興志於《詩經》，立根於禮義，成就於所樂。

【按】

此章言處世成業之道。孔子此説明《詩經》的詩篇，人世的禮義、進取的所樂是一個人成效的根本所在。參《季氏篇》十三章的"不學詩，無以言"與"不學禮，無以立"及《雍也篇》二十章的"好之者不如樂之者"之義。

第九章

子曰：民可使由之，不可使知之。

【釋】

孔子説：老百姓可促使其爲生活種種之創進，然不可能使其知在進程中什麼是迎奉某位主政者意圖的該進之或該節之或該止之的種種事宜。

【按】

此章粗看似乎輕民，細究則其義極深。孔子此説在一切社會現實生活中也是如此，這是一個由不同認識與立場觀點所構成的極爲複雜的社會問題，不僅孔子時代，就是當今時代與歐美各國也同樣不能得到真正解决。孔子此説可謂是至理之言。

第十章

子曰：好勇疾貧，亂也。人而不仁，疾之已甚，亂也。

【釋】

孔子説：一個人好勇而疾惡自己貧窮，必爲亂。爲人而不仁，却對别人指斥疾惡之已甚，必爲亂。

【按】

此章言人世亂事，又言世理。此爲孔子對世之亂事所舉。

第十一章

子曰：如有周公之才之美，使驕且吝，其餘不足觀也已。

【注】

周公：周公旦。吝：吝嗇（參《周易》經傳“吝”字之義）。

【釋】

孔子説：一個人如有周公的才能與美表，然驕横且吝嗇，則其餘已不足以觀了。

【按】

此章言品行，又言世理。孔子此説明一個人的爲人謙遜與仁善是最根本的品質所在之理。

第十二章

子曰：三年學，不至於穀，不易得也。

【釋】

孔子説：通過幾年讀書下來，不至於得到俸禄，學識的得取是難的。

【按】

此章言學識，又言世理。孔子此説明一個人有了學識方能成世進取之理。

第十三章

子曰：篤信好學，守死善道。危邦不入，亂邦不居。天下有道則見，無道則隱。邦有道，貧且賤焉，耻也；邦無道，富且貴焉，耻也。

【釋】

孔子説：一個人應努力好學，堅守正道。傾危的邦國不入，動亂的邦國不居。天下有道則積極奉獻才能，天下無道則退隱。邦國有道，一個人成之貧與賤，是一種恥辱；邦國無道，一個人成之富與貴，是一種恥辱。

【按】

此章言進退見隱，又言人之榮耻。孔子此説明一個人應有的是與不是、爲與不爲、榮與耻的根本所在。又按：此章的見隱榮耻與《周易·文言》的“同聲相應，同氣相求”與“天地閉，賢人隱”之義一致，也與《周易·説卦傳》的“立人之道曰：仁與義”之義一致。

第十四章

子曰：不在其位，不謀其政。

【釋】

孔子説：一個人不在其位，就不應該去謀該位之政。

【按】

此章言位與政。此爲孔子的至理名言，其旨極深。

第十五章

子曰：師摯之始，《關雎》之亂，洋洋乎盈耳哉！

【注】

師摯：魯國音樂大師。

【釋】

孔子說：師摯的演奏不同凡響，從一開始演奏，就能聽到《關雎》樂而不淫、哀而不傷的情調，一曲下來已洋洋乎滿盈於耳了。

【按】

此章言音樂。孔子此說明一個人應有用高尚的樂曲冶煉自己、促進自己的追求。

第十六章

子曰：狂而不直，侗而不願，悾悾而不信，吾不知之矣。

【注】

狂：狂妄。侗：好合。悾：無能。

【釋】

孔子說：對狂妄而事不直率、好合而事不願意、無能而事不信實的人，我不知道如何處之了。

【按】

此章言察人事。狂妄個性當爲直率，好合相處當爲互助，無能處事當爲信實，然却有相背相反之人。孔子此是說如果對此不能察之，不知如何處之，必極有害所事之成。

第十七章

子曰：學如不及，猶恐失之。

【釋】

孔子說：學問這東西不比別的，如還不及，則應猶恐失之方是。

【按】

此章言學問求進。孔子此是說明對所學的一定要懂方是，否則極有廢失可能之理。

第十八章

子曰：巍巍乎，舜禹之有天下也而不與焉。

【注】

舜、禹：夏啓前二帝。

【釋】

孔子說：舜與禹真是受人敬仰，已貴爲天子、富有天下而却一點也沒有改變自己的原來本色。

【按】

此章言舜禹之治道。孔子此說是要各個當政者自己對照一下，是否如是呢？

第十九章

子曰：大哉堯之爲君也！巍巍乎，唯天爲大，唯堯則之。蕩蕩乎，民無能名焉。巍巍乎其有成功也，焕乎其有文章。

【注】

堯：舜前之帝。天：指萬民之天。

【釋】

孔子說：大哉堯之爲君，真是受人敬仰，唯天下萬民爲大，唯爲堯所則之。真是一心爲世爲民，民無所能稱頌了。真是受人敬仰，治世如此有成就，焕發出光芒文章於大地。

【按】

此章言堯治世之道。孔子通過對堯的贊頌是希望世能出堯這樣的人成世道之治，而造福萬民所在。又按：此章的"大哉堯之爲君也"與《周易·文言》的"大哉乾乎，剛健中正，純粹精也"文理一致。"唯天爲大，唯堯則之"也與《周易·繫辭傳》的"河出圖，洛出書，聖人則之"文理一致。

第二十章

舜有臣五人而天下治。武王曰：予有亂臣十人。孔子曰：才難，不其然乎？唐虞之際，於斯爲盛。有婦人焉，九人而已。三分天下有其二以服事殷，周之德，其可謂至德也已矣。

【注】

唐虞：指堯舜之時。

【釋】

虞舜時因有能臣五人而天下得到治理。武王說：我因有能臣十人而推翻商紂的暴虐統治，使天下得到治理。孔子說：才德兼備難，不其然嗎？唐虞之時，就是因爲有才德兼備的能臣而成治世盛世。武王雖有能臣十人，其中一人是女性，除此外衹九人而已（順注：由此可見女性爲高官，在周初已有之）。殷周之際，周已三分天下有其二仍服事殷，周之德，真可謂是至德了。

【按】

此章言世所以成治理，又言女性治臣。孔子此説明世要得到治理，有才德兼備之臣是極爲重要的，并特别指出有女性能臣。由此可見孔子爲中國歷史上對女性可任高官在理論上作出説明的第一人，此功尤其不應被現今人們所忽視、抹殺。

第二十一章

子曰：禹，吾無間然矣，菲飲食而致孝乎鬼神，惡衣服而致美乎黻冕，卑宫室而盡力乎溝洫。禹，吾無間然矣。

【釋】

孔子説：對禹，我没有什麽可説的了，他對自己的飲食非常菲薄而對有功於世的古人却祭祀得很隆重，對自己的衣服最差也不講究而對參加祭祀人員的禮服禮帽却做得很講究，對自己辦公用的宫室卑敝根本不在乎而盡力於世於民的生産發展。對禹，我没有什麽可説的了。

【按】

此章言禹之德行，又言治道。孔子此説明領導者如何成爲天下萬民的表率榜樣所在，也是我中華民族的根本精神所在，同時也是我們今天應學習先聖而成世協和興盛發達道理之所在。

子罕篇第九

第一章

子罕言利與命與仁。

【釋】

孔子一生中罕有把利害得失與命運好壞與仁德如何聯係起來言的事。

【按】

此章言世理，又言世義。由此可見孔子的一生絕不是一個功利主義者，孔子的一生應是我中華民族的驕傲。

第二章

達巷黨人曰：大哉孔子，博學而無所成名。子聞之，謂門弟子曰：吾何執，執御乎？執射乎？吾執御矣。

【注】

達巷：街名。

【釋】

達巷這條街上的人説：大哉孔子，博學多才而無所追求成名。孔子聽到後，對學生們説：我應追求什麼呢，是追求把求學弟子的這輛車駕馭好？還是追求成名像箭射出在人前呢？我追求把求學弟子這輛車駕馭好就可以了。

【按】

此章言執教之職。由此可見孔子把爲世培養造就才德兼備能人作爲自己首選重要所在。

第三章

子曰：麻冕，禮也。今也純，儉，吾從衆。拜下，禮也，今拜乎上，泰也。雖違衆，吾從下。

【注】

麻冕：麻織禮帽。純：絲織。儉：儉工。

【釋】

孔子說：禮帽本是用麻織成的，現改用絲織，雖不及麻織品，但儉節工時，我從衆人的。拜見國君在堂下先拜，然後上堂再拜，這是敬重的禮，現祇上堂拜，不盡臣禮。雖違衆人，我還是堂下先拜。

【按】

此章言禮儀，又言世義。此說明孔子認爲禮儀不是一成不變的，然而君要像君，要爲世爲民，臣要像臣，要忠心耿耿爲君爲民，由這個君臣義所由的君臣禮是不能改變的，這禮的不重視就是對世事的不重視（順注：猶如今日的下屬要對領導尊重，之間關係要嚴肅，方能爲百姓辦好事情如出一轍）。由此可見孔子處世之性情所在。

第四章

子絶四：毋意，毋必，毋固，毋我。

【釋】

孔子一生杜絶四點：不隨自己主觀臆想辦事，對不明確之事不必然肯定或否定，對事情的辦法不固執己見，對衆人的想法不唯我獨是。

【按】

此章言處世爲事。孔子這四絶對於今日仍有着重要的意義。參《里仁篇》二十四章的“君子欲訥於言而敏於行”之義。

第五章

子畏於匡，曰：文王既没，文不在兹乎？天之將喪斯文也，後死者不得與於斯文也，天之未喪斯文也，匡人其如予何？

【注】

匡：地名。天：指人世之天。

【釋】

孔子被匡地百姓誤認爲陽貨而遭拘禁，孔子說：文王既没後，文王之道還不是在天地之間、老百姓之中存在着？如果人世之天理要喪文王之道，那我們將不得與於文王之道了，人世之天理既然不喪文王之道，那匡地的百姓難道會對我怎樣？

【按】

此章言天理人心。孔子此說明世之如何與世之道得人心與否是密切相聯係的，而一種世之道的能否生根如何又與人們的生活根本所需能否合一是相聯係着的之理。這也是孔子在匡地被拘禁而心中所以寬慰之所在。參《述而篇》二十三章的“桓魋其如予何”與《子路篇》十一章的“善人爲邦百年，亦可以勝殘去殺矣”之義。

第六章

太宰問於子貢曰：夫子聖者與？何其多能也？子貢曰：固天縱之將聖，又多能也。

【注】

太宰：官名。

【釋】

太宰問於子貢説：孔子是聖人嗎？因何多才多能呢？子貢回答説：這是天下之事將使他成爲聖人，使他多才多能的。

子聞之曰：太宰知我乎？吾少也賤，故多能鄙事。君子多乎哉？不多也。

【釋】

孔子知道後説：太宰怎能知道我？我少時也貧窮，故而能够會許多生活方面的事情。作爲一個君子是不是一定要會這麽多生活方面的事情呢？也不一定要會這麽多的。

【按】

此章言天縱多能。孔子此説明因何其多才多能，少時貧窮生活是造就此的一個很重要方面。

第七章

牢曰：子云：吾不試，故藝。

【注】

牢：據鄭玄説爲孔子學生。

【釋】

牢説：孔子講過由於不追求試用任職，故生活各方面多才多藝一些。

【按】

此章言生活藝能。此説明孔子一生不僅追求學問，而且對生活各方面的才藝也是不斷追求着的，故而多能。

第八章

子曰：吾有知乎哉？無知也。有鄙夫問於我，空空如也。我叩其兩端而竭焉。

【注】

鄙夫：此鄙夫指做具體事情之人。

【釋】

孔子説：我真的有知嗎？是無知的。有做具體事情的人問我什麽，我是空空的。但我會叩其事的好與壞、利與弊、當與否等兩端情形而盡力得知而言的。

【按】

此章言求知而言辦法。此爲孔子异乎一般人的求知方法，這種求知方法能快速而深入瞭解事物的面貌所在。也是我們今天調查研究事物如何的重要方法所在。

第九章

子曰：鳳鳥不至，河不出圖，吾已矣夫。

【注】

鳳鳥：吉祥之鳥。圖：河圖（史傳伏犠氏之王天下時所出）。

【釋】

孔子説：這個世界人心已不正，所以鳳鳥也不飛來了，世道已不興，所以河也不出圖了，我已是知道的事。

【按】

此章言世道。由此章之義可見，河圖是爲世成興而出已明。從孔子所説五十以學《易》與此所説河不出圖觀之，孔子是將《周易》的天地人世運行變化之道與河圖的天地人世運行變化之圖説是聯係在一起的，這從孔子集説《周易·繫辭傳》的"河出圖，洛出書，聖人則之"所言也可證之。從拙著《周易今釋》的對此之論和與此之證，從根本上可以證明《周易·繫辭傳》所載的天一至地十之數所述爲孔子所記載爲世學《易》所用的河圖之數所在。又：此章孔子所言可參《微子篇》六章的"天下有道，丘不與易也"及七章的"道之不行，已知之矣"之義。

第十章

子見齊衰者，冕衣裳者與瞽者，見之，雖少必作，過之必趨。

【注】

齊衰：喪服。

【釋】

孔子看見穿喪服的人、衣冠整齊的人與盲人，凡路上相遇，哪怕年少，孔子一定站在邊表示相讓，過去後又必回顧一下表示送意。

【按】

此章言人際禮節，又言世理。由此可見孔子對喪者、盲者體仁所在，對衣冠整齊者期望行仁所在。參《述而篇》六章的“依於仁”之義與《周易·文言》的“君子體仁足以長人”之義。

第十一章

顏淵喟然嘆曰：仰之彌高，鑽之彌堅，瞻之在前，忽焉在後。夫子循循然善誘人，博我以文，約我以禮，欲罷不能，既竭吾才，如有所立卓爾。雖欲從之，末由也已。

【釋】

顏淵感嘆地說：老師之道，仰看之彌高，鑽研之彌堅，看看就在前面了，忽又覺得遠在後面。老師所教循循然誘人，博學我以文獻，約束我以禮義，使我想停頓一下連自己都不能做到而追求下去。雖似乎有長進了，但於世所用又覺得與老師差得很遠還很不够。

【按】

此章言孔子之道，又言追求。顏淵此説明孔子哲理思想的深邃與中華民族的思想文化文明與人世的興盛發達一以貫之已到了極高的境地，同時説明自己對孔子之道的追求與抱負所在。參《里仁篇》十五章的“吾道一以貫之”與《公冶長篇》九章的“賜也何敢望回”之義。

第十二章

子疾病，子路使門人爲臣。病間曰：久矣哉，由之行詐也，無臣而爲有臣，吾誰欺？欺天乎？且予與其死於臣之手也，無寧死於二三子之手乎！且予縱不得大葬，予死於道路乎？

【注】

臣：下人。天：指人世之天。

【釋】

孔子病重，子路使門人安排下人來料理死前後事。孔子病好轉起來發現此事後説：這麼長時間了，仲由却瞞着我用下人守着安排後事，明明是没有下人成了有下人的人，這樣的事我欺騙誰去？難道欺騙天下人去？况且死在下人的手中，不如死在自己的學生手中！難道死在學生手中縱不得好好埋葬，會死於道路麼？

【按】

此章言儉固，又言世理。此反映了孔子平時所説的“奢則不孫，儉則固”完全貫徹到了自己的一切生活之中，完整體現了孔子言行一致的風格。參《述而篇》三十六章的“奢則不孫，儉則固。與其不孫也，寧固”之義。

第十三章

子貢曰：有美玉於斯，韞匵而藏諸？求善賈而沽諸？子曰：沽之哉，沽之哉！我待賈者也。

【釋】

子貢説：如有一塊美玉在我們這裏，是放在櫃子裏藏起來？還是求善貨的商賈沽價出售？孔子説：沽價吧，沽價吧！我正在等待善貨的商賈呢？

【按】

此章言才，又言世用。孔子在此是説明凡學成的弟子，都應等待善政者將他們推薦出去，以爲世所用。參《雍也篇》八章的孔子介紹學生才能之義。

第十四章

子欲居九夷。或曰：陋，如之何？子曰：君子居之，何陋之有？

【注】

九夷：淮夷地名。

【釋】

孔子欲搬到九夷去居，有人説那地方太簡陋，怎麼能住？孔子説：對君子之居來説，何簡陋之有？

【按】

此章言君子，又言儉固。孔子此説明住的地方不論如何簡陋，對一個君子來説，都不會有簡陋的感覺。參《里仁篇》九章的"士志於道，而恥惡衣惡食者，未足與議也"與《泰伯篇》二十一章禹的"卑宫室而盡力乎溝洫"之義。

第十五章

子曰：吾自衛反魯，然後樂正，《雅》、《頌》各得其所。

【釋】

孔子説：自衛國返回魯國，進行了正樂，使《雅》、《頌》各得其所。

【按】

此章言正樂，又言文化傳承。由此可見孔子把一生都貢獻給了中華民族的興盛與長治久安之道上，可謂至德了。參史載孔子歸魯後删《詩》正《樂》之述。

第十六章

子曰：出則事公卿，入則事父兄。喪事不敢不勉，不爲酒困，何有於我哉？

【釋】

孔子說：一個人學成以後，要能出則事公卿爲百姓辦事，入則事父兄爲家裏做事。要對喪事不敢不勉，要不爲酒食所困，然這些於我已都是過去的事了。

【按】

此章言人生，又言世義。從此章觀之，恐爲孔子年事已高，對學生的勉勵所出。

第十七章

子在川上曰：逝者如斯夫，不舍晝夜。

【釋】

孔子在河堤上說：消逝的時光像流去的河水一樣，學者應珍惜時間，不捨晝夜，勤奮求進（取朱熹說）。

【按】

此章言人生。爲孔子勉勵學生勤奮求進之說。

第十八章

子曰：吾未見好德如好色者也。

【釋】

孔子說：我沒有見過喜愛道德如同喜愛美色一樣的人更多。

【按】

此章言人生，又言事物的義理辨析。孔子此說明其時道德已缺和喜愛道德與喜愛美色的區別所在，這在今天看來也是如此。參《學而篇》七章的“賢賢易色”之義。

第十九章

子曰：譬如爲山，未成一簣，止，吾止也。譬如平地，雖覆一簣，進，吾往也。

【釋】

孔子說：譬如堆土爲山，還差一簣，但應該止了，我就止了。譬如填洼成地，雖還填了一簣，但需要繼續填，我就繼續填。

【按】

此章言以事而行，又言世理。此當爲孔子告誡學生之語，說明凡事應按具體情況如何而行之理。參《里仁篇》二十四章的“君子欲訥於言而敏於行”之義。

第二十章

子曰：語之而不惰者，其回也與。

【釋】

孔子説：對與之所語有不理會而能刻苦鑽研求進的，數顔回最是了。

【按】

此章言學問進取。孔子在此説明顔回勤奮好學而希望所有學生仿效成才。

第二十一章

子謂顔淵曰：惜乎！吾見其進也，未見其止也。

【釋】

孔子談到顔淵時説：可惜呀！我衹見他努力求進，未見他停頓過。

【按】

此章言學問進取。從此章觀之，當爲孔子對顔回死後之語，可見孔子對失人才之痛惜。

第二十二章

子曰：苗而不秀者有矣夫，秀而不實者有矣夫。

【釋】

孔子説：有些人已成苗了却不能長，有些人已是長了却不能結成果實。

【按】

此章言學問進取。此應是孔子激勵學生成才之語。參《雍也篇》十二章的“今女畫”之義。

第二十三章

子曰：後生可畏，焉知來者之不如今也？四十、五十而無聞焉，斯亦不足畏也已。

【釋】

孔子説：後生可畏，怎麼知道來者之人不如今者呢？如到了四十、五十歲時候還無所學問，説明也已是差不多了。

【按】

此章言學問進取。此應是孔子激勵學生努力上進成才之語。參本篇十七章的“逝者如斯夫，不舍晝夜”之義。

第二十四章

子曰：法語之言，能無從乎？改之爲貴。巽與之言，能無説乎？繹之爲貴。説而不繹，從而不改，吾末如之何也已矣。

【注】

巽：入也（參《周易·説卦傳》所載“巽”之義）。説：領會。

【釋】

孔子説：世義理法規之言，能不聽從嗎？對有相背的改之爲貴。對入理入耳之言，能不領會嗎？應繹之於行爲貴。領會而不繹之於行，聽從而不改存在之非，我是想不出辦法來説他們了。

【按】

此章言義理法規，又言處世立人。此説明孔子雖重禮義，但仍要法規，衹不過是把法規納入禮義的範疇罷了。説明對世之義理法規有相背的應改之爲貴，對入理入耳之言應繹之於行爲貴之理。

第二十五章

子曰：主忠信，毋友不如己者，過，則勿憚改。

【釋】

孔子説：一個人要主忠信，没有友朋幫助的時候不如靠自己努力，如事有過錯，則不應懼怕改正。

【按】

此章言處世立人，又言世義。參《學而篇》八章之義。

第二十六章

子曰：三軍可奪帥也，匹夫不可奪志也。

【釋】

孔子説：三軍之帥可奪取，但一個匹夫之志不可以被奪取。

【按】

此章言固志。孔子在此是説明一個人的志嚮不管遇到什麽困難挫折都不應被磨滅，衹有這樣的人方是世之有用人才之理。

第二十七章

子曰：衣敝緼袍，與衣狐貉者立而不恥者，其由也與。不忮不求，何用不臧？子路終身誦之。子曰：是道也，何足以臧？

【注】

忮：妒。臧：善。

【釋】

孔子説：衣着破舊絮袍，與衣着狐貉皮袍的人站在一起而不感有恥者，衹有仲由了。《詩經》上的不妒不貪，何來不善句子，子路終身在誦念。孔子説：子路的性情是道了，何滿足以此爲善？

【按】

此章言性情。孔子在此是説明不追求個人的衣着飲食居住是道，但不能滿足以此爲善之理。參《雍也篇》十一章的“人不堪其憂，回也不改其樂。賢哉，回也”之義。

第二十八章

子曰：歲寒，然後知松柏之後彫也。

【注】

彫：凋落。

【釋】

孔子説：衹有到寒冷的冬天，方知道松柏是最後凋落的。

【按】

此章言品行。孔子在此以松柏喻人之品行高下與求進。

第二十九章

子曰：知者不惑，仁者不憂，勇者不懼。

【釋】

孔子説：知者不會被迷惑，仁者不會擔憂自己，勇者不會懼怕困難。

【按】

此章言知仁勇。孔子在此説明知、仁、勇三者各有不同又有必然聯係之理。又按：此章的“知者”與《周易·繫辭傳》的“知者”其義一致。

第三十章

子曰：可與共學，未可與適道。可與適道，未可與立。可與立，未可與權。

【釋】

孔子説：可與共學的人，未必能共處事。可與共處事，未必能共成業。可與共成業，未必能共相主事。

【按】

此章言事物的辨析，又言立業。孔子在此説明能與共學與能否共處事、能與共處事與能否共成業、能與共成業與能否相共主事各有不同、所别之理。這是對一個人能否認識人與事物、成就事業、避免挫折的至理名言。

第三十一章

唐棣之華，偏其反而，豈不爾思？室是遠而。子曰：未之思也，夫何遠之有？

【注】

唐棣：樹名。

【釋】

唐棣開着花，在風中偏反着動蕩，豈不引起人的思念？祇是家室遠而没有辦法。孔子説：不去思念，哪有遠的感覺？

【按】

此章言詩，又言處世立業。孔子此是説明一個人要以事業爲重，對不能所及的事不要去思念爲是。參《泰伯篇》七章的“士不可以不弘毅，任重而道遠”之義。又按：此詩别已無傳，説明除孔子所選取成册外皆被秦火所焚。

鄉黨篇第十

第一章

孔子於鄉黨，恂恂如也，似不能言者。其在宗廟朝廷，便便言，唯謹爾。

【釋】

孔子在自己本鄉本土地方待人很恭順，别人問他一下，他説一下，似乎是不能言者。但他在宗廟朝廷裏則好像總是隨便在説自己的看法，衹是謹慎罷了。

【按】

此章言孔子爲官處世。對下面百姓能恭順，對上面能便便言，正與對下面百姓强横而對上面似不能言的官員相反。孔子實爲一切官員的楷模。

第二章

朝，與下大夫言，侃侃如也。與上大夫言，誾誾如也。君在，踧踖如也，與與如也。

【釋】

孔子去朝廷，與下大夫説話似很談得攏，很快樂地談着。與上大夫説話似很有準備，擇要而談着。魯君在，似很需要聽聽魯君的意見而談着。

【按】

此章言孔子上朝議事。此説明孔子在上朝時對世事的積極態度與精神。

第三章

君召使擯，色勃如也，足躩如也。揖所與立，左右手、衣前後，襜如也。趨進，翼如也。賓退，必復命曰：賓不顧矣。

【釋】

魯君召孔子去接待國家賓客，孔子必是精神持重、足步也快地行進。去到迎賓處揖所而做着準備，又左右手、衣前後使整齊。賓客趨進，孔子馬上快步迎上去。至賓客回後，必復君命說：來賓已據情接待妥然後歸。

【按】

此章言孔子接待賓客。此說明孔子接待賓客極有禮節禮貌，能不負君命使來賓有好的感受而歸去。

第四章

入公門，鞠躬如也，如不容，立不中門，行不履閾。過位，色勃如也，足躩如也，其言似不足者。攝齊升堂，鞠躬如也，屏氣似不息者。出，降一等，逞顏色，怡怡如也。没階，趨進，翼如也。復其位，踧踖如也。

【釋】

孔子去魯君那裏決定公事，一入公門就顯得很恭敬，有如没有容身地方，站立不在門中央，走路不踩着門坎。魯君招呼他坐下，面色持重，足步也快；魯君問事，孔子總是以低於魯君的聲音回答、商討、提議。待商議後到案桌決定公文時，必衣攝整齊而坐，很恭敬地書文，在書文時似屏氣不息而成。畢後出來，跨下臺階後方如釋重負，放鬆精神。回來直至走上臺階後要趨進時，方舒展地快步進入屋裏。坐下後，又爲公文考慮有關落實事宜。

【按】

此章言孔子辦理國事。此說明孔子到魯君那裏去辦理公事，能極有禮節禮貌地辦成公事而歸，又考慮着落實事宜。

第五章

執圭，鞠躬如也，如不勝。上如揖，下如授，勃如戰色，足蹜蹜如有循。享禮，有容色。私覿，愉愉如也。

【釋】

孔子代表魯君執圭出使外國，顯得很恭敬，有如不能勝任的樣子。期間所執使命對君上如在作揖，對隨行如在授命，精神持重如臨戰事一樣顏色，所行機慎如探索着險路沿循。至對方熱情接待，方心裏落實而有容色。直至對方安排私下晋覿圓滿完成使命，方顯得心情舒暢而愉快。

【按】

此章言孔子受命出使。此說明孔子出使外國不辱君命事。

第六章

君子不以紺緅飾，紅紫不以爲褻服。當暑，袗絺綌，必表而出之。緇衣，羔裘。素衣，麑裘。黄衣，狐裘。褻裘長，短右袂。必有寢衣，長一身有半。狐貉之厚以居。去喪，無所不佩。非帷裳，必殺之。羔裘玄冠不以弔。吉月，必朝服而朝。

【注】

紺：深青。緅：深灰。袗：衫衣。

【釋】

作爲一個君子日常衣着方面不應華貴而應簡遜，衣服應不以禮服的深黑顔色做衣飾，不以貴服（顯貴）的紅紫顔色做衣料。在暑天爲便於日洗方便，衫衣應領高，袖長、衣長而表外衣出之。寒日爲便於莊重做事，應在紫羔毛衣外加紫色外衣，白麑毛衣外加白色外衣，黄狐毛衣外加黄色外衣，這樣顔色不僅可以一致，又可使己平易，使人不生客臨之感。而且長衣的右手袖可略短些，便於冬日做事。晚間所睡衣被則應長一些，一身有半，以免着凉受凍。坐的地方應該用狐貉皮毛鋪好，以免坐着寒冷。作爲一個君子衹有去喪後，方能不論何種佩物可隨意佩帶。不是禮服配套的裙子（順注：古代男子上衣下裙），下邊要剪齊，以便於日常生活。凡穿着黑色（順注：古代爲吉色）衣服、戴着黑色帽子不要去喪事地方。吉月（順注：約以往有吉慶之月，當時可能是武王克紂得天下之月、魯受封建國之月等），應穿着可以去朝賀的禮服去朝賀。

【按】

此章言生活之事。説衣着禮儀等事宜，應是孔子平日對學生所言，由學生整理而成。

第七章

齊，必有明衣，布。齊必變食，居必遷坐。

【釋】

齋戒沐浴的時候，一定要有浴後乾净衣服，用巾布擦净身子穿着。齋戒的時候要變吃葷食爲素食，夫妻要分開起居，以示敬誠。

【按】

此章言生活細節。説齋戒敬誠等事宜，應是孔子平日對學生所言，由學生整理而成。

第八章

食不厭精，膾不厭細。食饐而餲。魚餒而肉敗不食，色悪不食，臭悪不食，失飪不食，不時不食，割不正不食，不得其醬不食。肉雖多，不使勝食氣。唯酒無量，不及亂。沽酒市脯不食。不撤薑食，不多食。

【釋】

吃的糧食要舂精淨，炒的肉類要切細薄。吃食時噎了要停下來。魚和肉敗壞的不要食，顏色變惡的不要食，氣味變惡的不要食，沒有燒熟的不要食，不是吃飯時候不要食，亂七八糟的不要食，不得其醬腥氣重的不要食。桌上葷菜雖多，已飽不要食。酒量雖有大小，但不要有醉。沽酒時候市面買來的乾熟肉食不經蒸燒不要食。每頓飯都應有放有薑片的菜，但不要多食。

【按】

此章言飲食細節。説飲食衛生等事宜，應是孔子平時對學生所言，由學生整理而成。

第九章

祭於公，不宿肉。祭肉不出三日，出三日，不食之矣。

【釋】

祭禮的飯菜肉要當天食，不要當天不食隔夜食。出了三天，就不應該再食用。

【按】

此章言飲食細節。説飲食衛生事宜，應是孔子平時對學生所言。

第十章

食不語，寢不言。

【釋】

吃食時候不要説話，睡覺的時候也不要言語。

【按】

此章言食寢細節。説飲食睡覺事宜，應是孔子平日對學生所言。

第十一章

雖疏食菜羹、瓜祭，必齊如也。

【釋】

雖衹有點蔬菜瓜果粗飯，也可以用來祭祀，衹要是齋戒心誠就可以了。

【按】

此章言簡祭細節。説簡約祭祀事宜，應是孔子平日對學生所言。

第十二章

席不正，不坐。鄉人飲酒，杖者出，斯出矣。

【釋】

席放在坐人不當的地方，不能盲目就座。鄉親一起飲酒，要等長輩走了方能走。

【按】

此章言坐、飲細節。説落座、飲酒事宜，應是孔子平日對學生所言。

第十三章

鄉人儺，朝服而立於阼階。

【釋】

鄉親迎神驅鬼，自己勸不住的，應穿着禮服站立於其東邊（太陽升起方嚮）的臺階上。

【按】

此章言人際細節。説如何對待迷信事宜，應是孔子平日對學生所言。也因此可見儒學是把祭祀先人與迷信鬼神作爲截然不同性質的兩回事加以區别對待的。

第十四章

問人於他邦，再拜而送之。

【釋】

托人向在外邦的親朋或好友問好説事的，應再拜而送之。

【按】

此章言人際細節。説托人問好説事事宜，應是孔子平日對學生所言。

第十五章

康子饋藥，拜而受之。曰：丘未達，不敢嘗。

【釋】

康子給孔子送藥，孔子拜而受之。又説：我對這藥不够明了，不敢服用。

【按】

此章言謹慎處事細節。孔子在此説明對人所送藥物應引起注意事宜。

第十六章

厩焚。子退朝曰：傷人乎？不問馬。

【釋】

孔子家馬房失火被焚。孔子退朝回來首先是問人傷着了没有，而不問馬的事。

【按】

此章言孔子愛人細節。此説明孔子平時以人爲根本的處世立人品質所在。

第十七章

君賜食，必正席先嘗之。君賜腥，必熟而薦之。君賜生，必畜之。侍食於君，君祭，先飯。

【釋】

國君賞賜食物，必擺正席位先嘗一下，以表感激。國君賞賜肉魚，必熟而先進薦給已故長輩，以表不忘先人。國君賞賜活物，必給予畜養，以表重視。陪侍國君同席，當君在薦祭先君先人時，先做好吃飯準備之事。

【按】

此章言尊君細節。應是孔子平日教導學生與國君相處生活細節方面所言。

第十八章

疾，君視之，東首加朝服拖紳。

【注】

東首：古代西爲卧室，門嚮東。

【釋】

生了重病，國君來探視，應面嚮東身上加可朝見禮服拖紳表示敬迎。

【按】

此章言尊君細節。應是孔子平日教導學生與國君往來生活細節方面所言。

第十九章

君命召，不俟駕行矣。

【釋】

國君有要事相召，如沒有車馬，不能等備好車馬再去，應立即想辦法前往。

【按】

此章言尊君細節。應是孔子平日教導學生與國君處理國事行爲細節方面所言。

第二十章

入太廟，每事問。

【釋】

去國家太廟裏有學問的人多，對不懂的事要多請教，求取知識。

【按】

此章言求知細節。此應是孔子平日教導學生如何求取知識所言。此與《八佾篇》十五章的“子入太廟，每事問”其義有所不同。

第二十一章

朋友死，無所歸。曰：於我殯。

【釋】

友朋死了，如果没有家人的。應該説：由我來進行收斂安葬，以盡友朋之誼。

【按】

此章言友朋喪亡之事。應是孔子平日教導學生對無所歸友朋的喪葬方面所言。

第二十二章

朋友之饋，雖車馬，非祭肉，不拜。

【釋】

友朋之間饋贈，雖爲車馬，但衹要不是祭祀先人的祭肉，衹作感謝，不作拜謝。

【按】

此章言友朋饋贈之事。應是孔子平日教導學生對友朋之間饋贈方面所言。

第二十三章

寢不尸，居不客。見齊衰者，雖狎，必變。見冕者與瞽者，雖褻，必以貌。凶服者式之，式負版者。有盛饌，必變色而作。迅雷風烈必變。

【釋】

睡的時候不要一睡就如挺尸，應自省一下白天所做之事，考慮一下明日之事，以便更好做事。家居時不要像做客一樣，應多幫父母兄弟做事，能竭其力。看見穿喪服者，雖猥狎，也一定要靠在路邊表示相讓。看見戴禮帽者與盲人，雖平常，也一定要有禮貌。見犯事而凶服者，被處負重力者，一定要以此引以爲戒。見有盛席，一定要没有違仁而作。見有迅雷烈風至，一定要認真對待方是。

【按】

此章言處世立人細節。應是孔子平日教導學生生活處世細節方面所言。

第二十四章

升車，必正立執綏。車中不内顧，不疾言，不親指。

【釋】

一個人升車後，必須正立執綏（順注：猶如今日的認真駕駛一樣）。在車内的人不要東看西望，不要高聲快語，不要對外指指劃劃（順注：猶如今日的保持車内安静，頭、手不要伸出外面一樣），以免影響車行。

【按】

此章言駕車乘坐細節。應是孔子平日教導學生駕馭乘車細節方面所言。

第二十五章

色斯舉矣，翔而後集。曰：山梁雌雉，時哉，時哉！子路共之，三嗅而作。

【釋】

幾隻在一塊的山鷄見孔子、子路二人的形色有异趕緊飛起，但飛起後没有看見二人有异樣又飛了下來，聚集在原來地方。孔子説：這幾隻山鷄幸虧遇到是我們二人，如是獵人則在劫難逃。子路聽後深有感觸，理會到對面臨的不明之事應三嗅而再作（順注：此“三嗅而作”與《公冶長篇》二十章的“季文子三思而後行”具殊塗同歸之義）。

【按】

此章言事物的深入辨析。應是孔子以此教導學生對吉凶不明之事應三嗅而作所言。從《鄉黨篇》的二十五章内容皆世事各個方面之事觀之，自首篇至九篇，孔子的仁、義、道、德、禮、忠、信、恭等是什麽？一切所涵已皆最明白而在其中之列，《鄉黨篇》是極爲重要之篇。

上卷完。

下卷

先進篇第十一

第一章

子曰：先進於禮樂，野人也。後進於禮樂，君子也。如用之，則吾從先進。

【注】

野人：未知之人、童野之人。

【釋】

孔子説：先習於禮樂世義之道而後從事世事立業的，是爲成世事立業的未知童蒙之人。先從事世事立業而後又去習禮樂世義之道的，是爲成君子的已有事業之人。如世用之，則我贊成從先習於禮樂世義之道的人中選取人才。

【按】

此爲下卷始章，爲孔子之道與整個儒學立論又一所在，既言應少小開始學習，又言世理。説明要使世人聚而和合、邦國興而發達，首先要造就使世人能聚合、邦國能發達的教育。孔子在此雖贊揚成業又去學習的人爲君子，但更贊成少小先經禮樂世義等學習而後處世立業爲世用人才，涵義宏深。又按：從我們的教育來看，從少小開始進行世理世義教育，清除從歐洲搬來的實爲上帝一套的人際所以淡漠、小國所以林立的思想文化，於我中華民族衆多人口民族的聚合、遼闊疆域的一統與興旺發達將是有百利而無一害的。

第二章

子曰：從我於陳、蔡者，皆不及門也。

【釋】

孔子說：跟從我在陳、蔡兩國的弟子，已皆處世立業不在門下了。

【按】

此章言弟子成才立業。孔子在此說明弟子一批又一批地經禮樂世義等學習後出去立業了。又按：有説孔子學生祇不過七十幾人，這可能是少數常在孔子身邊的一些弟子。如是，難道孔子幾十年教學下來每年祇能收有一兩個學生，哪怎麽教學？又怎能解説《公冶長篇》二十二章的"子在陳曰：歸與，歸與！吾黨之小子狂簡，斐然成章，不知所以裁之"之情形？同時又怎能解説孔子逝後已近三百年的漢代前期在故里教學處仍盛有學生就學之情形？由此可見司馬遷説孔子"弟子蓋三千焉"（順注：必是孔子的學生加上當時學生的學生言之），絶不會是憑空捏造之言。

第三章

德行：顔淵、閔子騫、冉伯牛、仲弓。言語：宰我、子貢。政事：冉有、季路。文學：子游、子夏。

【釋】

學生中德行方面最優秀的數顔淵、閔子騫、冉伯牛、仲弓幾人。言語方面最優秀的數宰我、子貢幾人。政事方面最優秀的數冉有、季路幾人。文學方面最優秀的數子游、子夏幾人。

【按】

此章言學生中杰出者。然從這些杰出者中觀之，絶大多數屬於孔子晚年招收的學生，那早年、中年時期的學生呢？從這裏也可看出孔子收授學生爲數極多。

第四章

子曰：回也，非助我者也，於吾言無所不説。

【釋】

孔子説：顔回呀，祇是聽我所説的，然對於我所説的無所不能領會。

【按】

此章言顔回之知。同時説明孔子認爲有人能提意見是對自己的一種幫助。

第五章

子曰：孝哉閔子騫，人不間於其父母昆弟之言。

【釋】

孔子説：閔子騫真是孝順，連家裏父母兄弟都不斷讚揚他。

【按】

此章言閔子騫之孝。孔子表揚他，其目的是使其他學生學習他的孝道。

第六章

南容三復《白圭》。孔子以其兄之子妻之。

【釋】

南容將《白圭》詩篇讀了又讀，理解了又理解。孔子就把自己兄長的女兒嫁給了他。

【按】

此章言南容之人。猶如孔子以子路不斷誦“不忮不求，何用不臧”之詩等見其人。此說明孔子以南容三復《白圭》之詩等見其人。參《公冶長篇》二章之義與《憲問篇》五章的“南宫适出，子曰：君子哉若人，尚德哉若人”之義。

第七章

季康子問：弟子孰爲好學？孔子對曰：有顏回者好學，不幸短命死矣，今也則亡。

【釋】

季康子問孔子説：學生中誰最好學？孔子説：有顏回這人好學，不幸短命已死，今也没有這樣的人了。

【按】

此章言顏回好學。從孔子的話可看出，孔子不是要求學生死讀書，而是要好學能舉一隅反三隅、貫通爲用的人才。

第八章

顏淵死，顏路請子之車以爲之椁。子曰：才不才，亦各言其子也，鯉也死，有棺而無椁。吾不徒行以爲之椁，以吾從大夫之後，不可徒行也。

【注】

顏路：顏淵之父。才：參《周易·繫辭傳》的“兼三才而兩之”的“才”字爲“材”字義，《史記》爲“材”字。

【釋】

顏淵死，其父顏路請孔子賣掉馬車爲顏淵辦棺外椁將其體面埋葬。孔子説：不是有椁與無椁、體面不體面的事，亦言你兒子我兒子，我兒子鯉死也是有棺而無椁。我不是不能徒行而賣掉車爲椁，因爲我從大夫之後，如果魯君、朝廷有事，是没法徒行辦事的。

【按】

此章言顏回之死。鯉死，孔子已年七十，一個是愛子，一個是愛徒。説明孔子直至此時還是以世事世道爲己任，况孔子此時已七十以上，正加緊裁選《詩》篇、定《禮》、正《樂》、傳《書》、叙《易傳》、作《春秋》，書簡與活動往來必也頻繁。參《述而篇》十九章孔子的“其爲人也發憤忘食，樂以忘憂，不知老之將至云爾”之義。

第九章

顏淵死。子曰：噫，天喪予！天喪予！

【注】

天：指造化之天。

【釋】

顏淵死，孔子説：噫，老天要了我的命啊！老天要了我的命啊！

【按】

此章言顏淵之死。此説明孔子對人才之失痛惜所在。又：此“噫”口語與《周易·繫辭傳》的“噫”口語一致。

第十章

顏淵死，子哭之慟。從者曰：子慟矣！曰：有慟乎？非夫人之爲慟而誰爲？

【注】

慟：極度傷心。

【釋】

顏淵死，孔子哭得極度傷心。跟從孔子的人説：孔子哭得極度傷心了！孔子説：是極度傷心了嗎？我不爲這樣的人極度傷心痛哭還要爲誰呢？

【按】

此章言顏淵之死。此説明孔子對人才之失極度傷心所在。

第十一章

顏淵死，門人欲厚葬之。子曰：不可。門人厚葬之。子曰：回也視予猶父也，予不得視猶子也，非我也，夫二三子也。

【釋】

顏淵死，孔子的學生欲從厚埋葬。孔子説：不可從厚埋葬。結果學生們爲顏淵從厚埋葬。孔子説：顏回視我如父，而我不得視之如子了，非我不視之如子，是學生們盡着與顏回同窗之誼超乎我的所能所及了。

【按】

此章言顔淵死葬。此説明孔子雖極度痛惜顔淵之死，但厚葬也不是孔子所能及。同時厚葬也不符孔子“奢則不孫，儉則固”的禮儀思想。況顔淵家貧窮，更不可求奢。由此也可見孔子所説的“葬之以禮”是什麽内容了。

第十二章

季路問事鬼神。子曰：未能事人，焉能事鬼？曰：敢問死。曰：未知生，焉知死？

【釋】

季路問孔子怎樣事鬼神？孔子説：活人還不能事好，怎麽去事鬼神？季路又向孔子問死的事情。孔子説：生的道理都還不知道，怎麽去知道死的道理？

【按】

此章言破除迷信，又言世理。此説明孔子是根本無視鬼神存在的，追求的是世上活人的道理、生的道理。又按：中國人從根本上是不相信鬼神的，故外民族説神給人類火種（直至今日的奥運會火炬應源出於此），而中國人説燧人氏鑽木取火得到火。外民族説神給人類萬物享用（直至今日的大自然恩賜給人類萬物享用説也應源出於此），而中國人説伏犧氏結繩而爲網罟，以佃以漁得到享用。外民族説神决定人的生老病死（直至今日的生物生命鐘説也應源出於此），而中國人説神農氏嘗百草治病延年益壽。外民族説神主宰大地寒暑迭往、萬物生息（直至今日的地體自轉與公轉是由於屬性説或推動説也應源出於此），而中國人説曆象日月星辰定四時八節十二月寒暑迭往、萬物生息而敬授人時。外民族説神降禍福過程不可抗拒（直至今日的自然規律過程不可抗拒説也應源出於此），而中國人説大禹治水可以改變有關規律過程以達到治理目的，等等，由此而可見中外民族認識與思想文化區别所在。

第十三章

閔子侍側，誾誾如也。子路，行行如也。冉有、子貢，侃侃如也。子樂：若由也，不得其死然。

【釋】

閔子騫侍立在側面，似很有準備，擇要而談着。子路則似信有鬼神，直口而説着。冉有、子貢則似很談得攏，快樂地談着。孔子樂了，説：隨仲由去吧，他是怕不得好好地死去吧。

【按】

此章與上章似本爲一章。此進一步説明孔子追求的是世上活人的道理、生的道理。一些人硬把自己民族無鬼神的義理文化説成是落後文化踩在脚下，而把外民族有鬼神的上帝文化説成是先進文化捧到天上，必對國家與民族産生嚴重的危害。

第十四章

魯人爲長府。閔子騫曰：仍舊貫，如之何？何必改作？子曰：夫人不言，言必有中。

【釋】

魯國的人爲翻建名叫長府的府庫問閔子騫。閔子騫説：仍舊按老樣子翻修，怎麽樣？何必一定要改作翻建呢？孔子説：這個人不大説話，但説話必能説到關鍵之處。

【按】

此章言節儉財力。此説明孔子認爲凡國家的有關建築不應求形象，而應求實求儉於世於民所在。

第十五章

子曰：由之瑟，奚爲於丘之門？門人不敬子路。子曰：由也升堂矣，未入於室也。

【釋】

孔子説：仲由彈瑟，爲什麽一定要到我這裏彈呢？弟子們對仲由這樣做也不贊成。孔子説：仲由也已入學問大堂了，衹是還没有進一步入室罷了。

【按】

此章言子路其人。此説明子路這人一有學問技藝就想表現自己。孔子是説子路不應如此表現自己，應追求入室爲是，方能成爲世之真正有用人才。

第十六章

子貢問：師與商也孰賢？子曰：師也過，商也不及。曰：然則師愈與？子曰：過猶不及。

【注】

師：顓孫師，字子張。商：卜商，字子夏。

【釋】

子貢問孔子説：子張與子夏二人誰品德學問更好些？孔子説：師也處事有過，商也處事有不及。子貢説：然則師更好些嗎？孔子説：過與不及一樣。

【按】

此章言處事之賢。孔子此説明處事過與不及都爲不當之理。

第十七章

季氏富於周公，而求也爲之聚斂而附益之。子曰：非吾徒也，小子鳴鼓而攻之，可也。

【注】

周公：約指魯君。

【釋】

季氏家已經富過魯君家了，而冉求也爲之想法聚斂而附益之。孔子説：冉求做法非爲我徒，弟子們可去公開指斥他的作爲。

【按】

此章言處事之義。此説明孔子爲世間有道，力行反對權貴者圖私益、搞名堂、搜刮聚斂民財的行徑，同時説明學生學成出去後爲世應有義的品質。

第十八章

柴也愚，參也魯，師也辟，由也喭。

【注】

柴：高柴，字子羔，孔子學生。魯：過直。

【釋】

高柴遇事遲鈍，曾參遇事過直，顓孫師遇事激動，仲由遇事粗莽。

【按】

此章言弟子個性。此爲孔子對學生不足之處的評論。對孔子所指可參看有關章節之義。

第十九章

子曰：回也其庶乎！屢空。賜不受命，而貨殖焉，億則屢中。

【注】

億：衆多（參拙著《周易今釋·震卦》“億”字之義）。

【釋】

孔子説：顏回的學問品質已不比常人了，但常窮得空空。而子貢没有人叫他去做，却自己囤積一些貨物，做生意，且衆多能中而賺錢。

【按】

此章言弟子各長。孔子在此説明人各有才志、各有所用的不同，而不可能千篇一律的道理。

第二十章

子張問善人之道。子曰：不踐迹，亦不入於室。

【釋】

子張向孔子問善人之道。孔子説：不是人家做了這件仁善事，你也跟着，或跟着照樣畫一個葫蘆。

【按】

此章言仁善之道。孔子在此是説明仁、善在己，不在别人，自己欲仁、善，要仁、善的事就來了的道理。參《顔淵篇》一章的“爲仁由己，而由人乎哉”之義。

第二十一章

子曰：論篤是與，君子者乎？色莊者乎？

【釋】

孔子説：總是説要言而有信的人，這種人究竟是君子呢？還是爲了達到自己目的呢？

【按】

此章言人事之義理辨析。孔子在此是説明同樣是説要信實，但要看對方究竟是什麽人之理。

第二十二章

子路問：聞斯行諸？子曰：有父兄在，如之何其聞斯行之？冉有問：聞斯行諸？子曰：聞斯行之。

【釋】

子路問孔子説：碰到事情是不是應即行動作爲？孔子説：有父兄在，怎麽能碰到事情就自作主張行動作爲呢？冉有問孔子説：碰到事情是不是應即行動作爲？孔子説：碰到事情應該行動作爲。

公西華曰：由也問聞斯行諸，子曰有父兄在。求也問聞斯行諸，子曰聞斯行之。赤也惑，敢問？子曰：求也退，故進之。由也兼人，故退之。

【釋】

公西華問孔子説：仲由問碰到事情是不是應該即行動作爲，老師説有父兄在，怎麽能碰到事情就自作主張行動作爲呢？冉求也問碰到事情是不是應即行動作爲，老師説碰到事情應該行動作爲。我聽了後很疑惑，敢問老師這是怎麽一回事？孔子説：冉求做事退縮，故説應該行動作爲。仲由做事總想超越别人，故説怎麽能碰到事情就自作主張。

【按】

此章言因人施教。此説明孔子在教學生學問同時，還因人而异，施不同處事立業之教，使之都能成爲有用人才。

第二十三章

子畏於匡，顔淵後。子曰：吾以女爲死矣。曰：子在，回何敢死？

【釋】

孔子在匡地被囚禁了起來，顔淵最後方到。孔子說：我以爲你被匡人害死了。顔淵說：老師在，我哪裏敢死？

【按】

此章言師生之情。此說明孔子師生在患難時的深情。

第二十四章

季子然問：仲由、冉求可謂大臣與？子曰：吾以子爲异之問，曾由與求之問？所謂大臣者，以道事君，不可則止。今由與求也，可謂具臣矣。曰：然則從之者與？子曰：弑父與君，亦不從也。

【注】

季子然：季氏族人。

【釋】

季子然問孔子說：仲由、冉求是不是可以做大臣？孔子說：我以爲你問別的什麽事情，原來是問仲由與冉求的事？所謂做大臣，就是以道事君上，如這樣不可以則止。今仲由與冉求二人，可以說已經具備做大臣的條件了。季子然又問：然則他們二人會服從嗎？孔子說：凡弑父弑君的事，他二人是不會服從的。

【按】

此章言爲臣之道。此說明孔子既希望學生學成爲邦國效能，又把握住季氏相召去做官萬一出亂的門坎。可見孔子對學生的深愛。

第二十五章

子路使子羔爲費宰。子曰：賊夫人之子。子路曰：有民人焉，有社稷焉，何必讀書，然後爲學？子曰：是故惡夫佞者。

【注】

子羔：高柴。

【釋】

子路叫子羔去當費地縣宰。孔子說：這是害人子弟。子路說：費地有百姓，有土地莊稼，何必一定要書讀好，然後學做官？孔子說：這是强詞奪理。

【按】

此章言量才爲用。孔子此是說子羔還没有學成，還不適宜去當費地縣宰，去了是要害子羔的。又按：祇有土地屬於國家所有下的民人私有，方會有民人爲保護土地的國家社稷的存在。

第二十六章

子路、曾皙、冉有、公西華侍坐。子曰：以吾一日長乎爾，毋吾以也。居則曰：不吾知也！如或知爾，則何以哉？

【注】

曾皙：名點，曾參之父，孔子學生。

【釋】

子路、曾皙、冉有、公西華四人陪孔子坐着。孔子說：以我祇是歲數比你們大，不要以我爲是。你們常說：我不知你們的處世立業志嚮！如果我想知道，你們是怎樣的打算？

子路率爾而對曰：千乘之國，攝乎大國之間，加之以師旅，因之以饑饉。由也爲之，比及三年，可使有勇，且知方也。夫子哂之。

【注】

哂，西從口。

【釋】

子路首先說：一個有千輛戰車的國家，被攝於大國之間，加上不斷用兵，又因災情歉收饑饉。仲由去治，最多三年時間，可以使人人有勇，且可以使人人知處世立業的道理。孔子聽後，似以其不能有成效而微笑了一下。

求，爾何如？對曰：方六七十，如五六十，求也爲之，比及三年，可使足民，如其禮樂，以俟君子。

【釋】

孔子問冉求，你怎麼樣？冉求回答說：方圓六七十里或方圓五六十里的地方，冉求去治，最多三年時間，可以使民足食，至於禮樂方面，要賢明君子來方成。

赤，爾何如？對曰：非曰能之，願學焉。宗廟之事，如會同，端章甫，願爲小相焉。

【釋】

孔子問公西赤，你怎麼樣？公西赤回答說：我不是已能了，願繼續學。宗廟祭祀之事，或會盟，我將端正穿戴，願做主事身邊的一個幫手。

點，爾何如？鼓瑟希，鏗爾，舍瑟而作，對曰：异乎三子者之撰。子曰：何傷乎？亦各言其志也。曰：莫春者，春服既成，冠者五六人，童子六七人，浴乎沂，風乎舞雩，詠而歸。夫子喟然嘆曰：吾與點也。

【釋】

孔子問曾點，你呢？曾點正若有所思地輕聲鼓瑟，鏗的一聲把瑟放下作答：我沒有剛纔三子所說的志嚮。孔子說：有什麼妨礙呢，衹不過各言其志罷了。曾點說：春天已過，大地萬物春象已盛，我準備會同五六個成年人，帶着六七個少年，到沂水裏去游泳洗浴，到舞雩地方迎着風嚮吹吹風舒展舒展，然後唱着歌高高興興地回來。孔子聽後感嘆地說：我想的與曾點說的是一樣的。

三子者出，曾晳後。曾晳曰：夫三子者之言何如？子曰：亦各言其志也已矣。曰：夫子何哂由也？曰：爲國以禮，其言不讓，是故哂之。唯求則非邦也與？安見方六七十，如五六十而非邦也者？唯赤則非邦也與？宗廟會同，非諸侯而何？赤也爲之小，孰能爲之大？

【釋】

子路、冉有、公西華三人走出去後，曾晳後走，說：他們三個所說的怎麼樣？孔子說：祇是各言其志罷了。曾晳說：老師何故似不能成效地笑了一下仲由呢？孔子說：爲國以禮方能治，仲由所說一點不謙遜，故覺得他不能成效而笑了一下。曾晳說：祇是冉求所說的則不會是一個國家吧？孔子說：怎麼能說方圓六七十里或五六十里的就不能是一個國家呢？曾晳說：那麼公西赤所說則不會是一個國家吧？孔子說：有宗廟，有國之間的會盟，不是國家又是什麼呢？衹是公西赤衹想着做小的事，怎麼能成大事呢？

【按】

此章各言志嚮，又言世理。四人言志，仲由總想超越別人，冉求總是有所退讓，公西赤總覺得自己不成熟（三人在其他篇章中雖事有不同，但大致如此）。曾點呢，則希望天下有道，大家能和諧生活，而這正是孔子所追求的。故孔子說：我想的與曾點說的是一樣的。孔子也正是爲此而奮鬥了一生，爲中華民族奉獻出了他生命的全部。

顔淵篇第十二

第一章

顔淵問仁。子曰：克己復禮爲仁，一日克己復禮，天下歸仁焉。爲仁由己，而由人乎哉？

【釋】

顔淵向孔子問仁。孔子説：克制自己復進禮義爲仁，有朝一日人皆能克制自己復進禮義，天下就歸仁了。爲仁全在於自己，難道還由别人嗎？

顔淵曰：請問其目。子曰：非禮勿視，非禮勿聽，非禮勿言，非禮勿動。顔淵曰：回雖不敏，請事斯語矣。

【釋】

顔淵向孔子請問其目。孔子説：不合乎禮義的事不去看，不合乎禮義的事不去聽，不合乎禮義的事不去言，不合乎禮義的事不去動。顔淵説：回雖然不聰明，但也要按照老師的話去做。

【按】

此章言克己復禮爲仁，又言世義。禮究竟是什麽？卷上《鄉黨篇》全篇各章節中已作了詳盡而具體的叙述，説明禮與仁對於人們的生活就是這樣的親近，就是這樣的依存。禮是人們社會生活中相互之間道德義理秩序的規範，而使人們能生活在相互協和依存之中，從而推進社會的穩固發達，這是中國幾千年來既不崩裂也不散分而能穩固發達的根本所在。與世界上的其他文化相較，中國人的没有任何神靈影子的禮義道德文化，是世界歷史上任何一個地區與民族文化無可比擬的，是世界歷史上最偉大的人文文化。

第二章

仲弓問仁。子曰：出門如見大賓，使民如承大祭。己所不欲，勿施於人。在邦無怨，在家無怨。仲弓曰：雍雖不敏，請事斯語矣。

【釋】

仲弓向孔子問仁。孔子説：出門見人如見大的賓客那樣禮貌，使用百姓做事如承大的祭祀那樣敬誠。自己所不欲之事，不要施加於别人。所做的一切要使社會上對你没有怨言，家裏人對你没有怨言。仲弓説：雍雖然不聰明，但也要按照老師的話去做。

【按】

此章言仁與德，又言世義。孔子在此闡明一個人在處世立業方面仁的又一所在。

第三章

司馬牛問仁。子曰：仁者，其言也訒。曰：其言也訒，斯謂之仁已乎？子曰：爲之難，言之得無訒乎！

【注】

司馬牛：名犁，孔子學生。訒：刃從言，謹慎、和氣。

【釋】

司馬牛向孔子問仁。孔子説：仁者，其言語要謹慎、和氣。司馬牛説：言語謹慎、和氣，是仁了嗎？孔子説：爲之者難，言語要做到謹慎、和氣是不容易的！

【按】

此章言仁與訒，又言世義。孔子在此闡明一個人在處世立業方面仁的又一所在。

第四章

司馬牛問君子。子曰：君子不憂不懼。曰：不憂不懼，斯謂之君子已乎？子曰：内省不疚，夫何憂何懼？

【釋】

司馬牛向孔子問君子。孔子説：君子不憂鬱，不恐懼。司馬牛説：不憂鬱、不恐懼，是君子了嗎？孔子説：内省而無有愧疚，何來憂鬱與恐懼？不就成了君子嗎？

【按】

此章言君子，又言世理。孔子在此説明作爲一個君子的首要條件。

第五章

司馬牛憂曰：人皆有兄弟，我獨亡。子夏曰：商聞之矣，死生有命，富貴在天。君子敬而無失，與人恭而有禮，四海之内皆兄弟也，君子何患乎無兄弟也。

【注】

天：指造化之天。

【釋】

司馬牛憂鬱地説：别人皆有兄弟，而我過着没有兄弟的日子。子夏説：我聽説，一個人的死生如何是由是自然與社會萬物種種相關造化過程之命如何所决定着的，富貴如何是由社會與自然萬物種種相關造化過程之天如何所確立着的（順注：參馬克思的一個極普通的人由於社會變化原因可扮演成英雄人物之論，子夏此論既爲宿命論，又爲有命論，二者就這樣有機地結合在一起，達到了爐火純青的程度，其真不愧爲《周易》之《子夏傳》作者）。君子敬事而無有所失，與人恭順而有禮義，則四海之内皆是你兄弟，何憂没有兄弟。

【按】

此章言人世，又言茫茫天理。從文義觀之，司馬牛原本有兄弟而後亡。而子夏的話則哲理、天理與世理極深。

第六章

子張問明。子曰：浸潤之譖，膚受之愬不行焉，可謂明也已矣。浸潤之譖，膚受之愬不行焉，可謂遠也已矣。

【釋】

子張向孔子問明。孔子説：對浸潤到思想深處的譖言，身心所感受的憂患之事不起作用了，可謂於事是至明了。對浸潤到思想深處的譖言，身心所感受的憂患之事不起作用了，可謂於事是至遠了。

【按】

此章言明事，又言行事。孔子在此對“明”字的定義可謂至確，而才德兼優又是實現“明”的根本所在。又按：僅此一章就可看出，《論語》比老子之學不知要高深多少。

第七章

子貢問政。子曰：足食，足兵，民信之矣。子貢曰：必不得已而去，於斯三者何先？曰：去兵。子貢曰：必不得已而去，於斯二者何先？曰：去食，自古皆有死，民無信不立。

【釋】

子貢向孔子問政。孔子説：生活足食，外憂足兵（順注：説明孔子不僅研究治道，同時重軍旅），則百姓對政自然是信的。子貢又問：如必不得已，三者中要去一者，那一者爲先？孔子説：去兵（順注：百姓信，無兵自然有兵）。子貢再問：如必不得已，二者還要去一者，那一者爲先？孔子説：去食，自古以來人皆要死的，没有不死的，衹要對百姓信守信實必能成之所立（順注：民信了可無食而成有食，無兵而成有兵，故民信爲根本中之根本)。

【按】

此章言民信之理，又言世理。孔子所言可謂是至理至深之言，説明一個國家衹要做的百姓能信，必能興旺發達起來之理。

第八章

棘子成曰：君子質而已矣，何以文爲？子貢曰：惜乎！夫子之説君子也，駟不及舌。文猶質也，質猶文也，虎豹之鞟猶犬羊之鞟。

【注】

棘子成：衛國大夫。

【釋】

棘子成對子貢説：君子衹要質地好就可以了，何必文彩爲之？子貢説：可惜，您贊許的君子，與真正的君子差别太遠了。文彩猶質地，質地猶文彩，君子與之差别如虎豹之鞟的質地文彩猶與犬羊之鞟的質地文彩差别一樣。

【按】

此章言君子文質。子貢在此説明君子之文與質合一的道理，説明這樣的合一是人類社會文明的重要所在。

第九章

哀公問於有若曰：年饑，用不足，如之何？有若對曰：盍徹乎？曰：二，吾猶不足，如之何其徹也？對曰：百姓足，君孰與不足？百姓不足，君孰與足？

【釋】

魯君問於有若説：年成不好饑饉，國家用途不足，怎麽辦呢？有若説：爲什麽不徹爲十抽一的税呢？魯君説：十抽二，我都嫌不够，怎能徹爲十抽一的税呢？有若説：百姓足起來了，君就不會不足。百姓不足，君哪來的足？

【按】

此章言民足之理，又言爲政之道。有若在此説明政用的足與不足同百姓的足與不足的合一所在之理。

第十章

子張問崇德辨惑。子曰：主忠信，徙義，崇德也。愛之欲其生，惡之欲其死，既欲其生，又欲其死，是惑也。誠不以富，亦祇以異。

【注】

祇：神祇。

【釋】

子張向孔子問崇德辨惑。孔子說：以忠誠信實爲本，以義爲是而進，就是崇德的表現。對自己所愛之物欲其生，所惡之物欲其死，既欲其生，又欲其死，就是迷惑的表現。同樣的對百姓要求庸俗平常的生活，告誡不能想法致富，亦連神祇都會認爲是异常，則是迷惑了。

【按】

此章言崇德辨惑，又言世理。此爲孔子對如何崇德辨惑之說，“誠不以富，亦祇以异”爲孔子借用《詩經》之說，其義極深。參《子路篇》九章孔子的“富之”、“教之”之義。又按：此章的“主忠信，徙義，崇德也”與《周易·繫辭傳》的“利用安身，以崇德也”文義一致。

第十一章

齊景公問政於孔子。孔子對曰：君君、臣臣、父父、子子。公曰：善哉！信如君不君、臣不臣、父不父、子不子，雖有粟，吾得而食諸？

【釋】

齊君向孔子問國政之事。孔子說：君應像君，臣應像臣，父應像父，子應像子。齊君說：對呀！如果相信君不君、臣不臣、父不父、子不子一套，即使糧食再多，我也得不到吃食。

【按】

此章言辨析去惑，又言世理。此章說明一個國家民族要存在下去應有最基本的上下之間與父母子女之間秩序，二者之中一者不是，這個國家民族將會是没有出息的國家民族；二者都不是，這個國家民族將會是没有生命力、祇能依求神靈爲是的國家民族之理。同時可見墨翟的兼愛不要父母（順注：類似於大家都是兄弟姐妹，都是上帝的子女一套）、楊朱的爲己不要君上（順注：類似於一切爲了自己，所得取富貴是上帝的恩賜一套）在當時已處萌發狀態，至孟子時已蔓延成勢所由來者。也由此可見如没有孔孟等聖賢對事物之義理不斷闡發，中國必也會創造出一個上帝之神，必也會走上歐洲小國林立的道路。所以上帝的一套在中國不是一個新鮮事物，應是中國歷史上的一個陳迹而已。一些人不知民族之間應取人之長成己之利而進，不要自己民族無神的義理人文思想文化，去追求歐洲的有上帝的人際所以淡漠、小國所以林立的人文思想文化，歸結是根本不認識這樣做産生的是不要中國現在這個國家民族的結果所在。又按：此章的“君君、臣臣、父父、子子”與《周易·家人卦》之《彖傳》的“父父、子子、兄兄、弟弟、夫夫、婦婦而家道正，正家而天下定矣”其義一致。

第十二章

子曰：片言可以折獄者，其由也與！子路無宿諾。

【釋】

孔子說：根據一方面的片言之説可以斷是非、定刑罰的，大概衹有子路做過！這是子路對一些案例求快，不拖拖拉拉的緣故。

【按】

此章言折獄之道。要在案例中對某些主要情節能據片言斷是非、定刑罰，是極不易的。衹有二者可爲，一是有間接之證而能明察，二是如今日的懷疑從無，否則必出亂子。根據全章文字文理分析，孔子是贊成子路對一般案例采取懷疑從無做法的，故説子路無宿諾。而所説的最認真者，多爲憑誣陷之詞懷疑從有，害人匪淺。

第十三章

子曰：聽訟，吾猶人也，必也使無訟乎！

【釋】

孔子說：聽訴訟，我猶訴訟之人，世道應使訟事從根本上不致産生方好！

【按】

此章言訟事所在。孔子由訟而説明訟事如何與世道如何密切相關之理。又按：此章的“必也使無訟乎”與《周易·訟卦》的“不利涉大川”其義一致。

第十四章

子張問政。子曰：居之無倦，行之以忠。

【釋】

子張向孔子問政。孔子説：對所居政事没有懈怠，要爲世爲民忠心耿耿而行。

【按】

此章言從政之道。在孔子看來，衹要每個官員都這樣了，世道也從根本上好轉了，而事實上也確如此。

第十五章

子曰：博學於文，約之以禮，亦可以弗畔矣夫。

【釋】

孔子説：一個人衹要博學於文獻世理，約之以禮義道德，亦可以於世於民不相離而行了。

【按】

參《雍也篇》二十七章所釋之義。

第十六章

子曰：君子成人之美，不成人之惡。小人反是。

【釋】

孔子説：作爲一個君子，衹促成人的美事，不促成人的惡事。小人則反是，衹促成人的惡事，不促成人的美事。

【按】

此章言君子小人之别。此爲孔子就促成事美惡之别作君子、小人之别。在今天弘揚此必對我們净化社會空氣是極爲有利的。

第十七章

季康子問政於孔子。孔子對曰：政者，正也。子帥以正，孰敢不正？

【釋】

季康子問爲政於孔子。孔子説：政者就是正。您帶頭以正，誰敢不正？

【按】

此章言爲政之道。孔子此説明世之正與不正同上之正與不正密切相關之理。

第十八章

季康子患盗，問於孔子。孔子對曰：苟子之不欲，雖賞之不竊。

【釋】

季康子苦於盗賊，問辦法於孔子。孔子説：衹要您不貪欲，雖獎賞也不會到你這裏偷盗。

【按】

此章言去盗所在。孔子此説明世間盗賊的多寡與偷盗行爲的如何同世間的爲富不仁、爲官貪欲情形的如何有着密切聯係之理。

第十九章

季康子問政於孔子曰：如殺無道，以就有道，何如？孔子對曰：子爲政，焉用殺？子欲善而民善矣，君子之德風，小人之德草。草上之風，必偃。

【注】

君子：言主政者。小人：言世人，也言被季康子視爲無道之人。

【釋】

季康子問政行於孔子説：如殺無道的人，以就有道的人，是不是可以使世變好起來（順注：直至現在我們許多人的想法也是同此）？孔子説：您爲政，怎麼能用殺戮解决事情？您舉與民相善之政而民必與您相從相善，君子在上面施德行之風，在下小人如受德風之草。受德風之行，必偃。

【按】

此章言治世以道。孔子此説明治世之道所在。事情往往是這樣，你自己不正却濫殺人，就越怕被人殺掉，往往共死於非命，古今中外這樣的事真是數不勝數，結果世色大變，國家傾危。因此倡導殺人的人，是於國於民於己極不負責的人，是極不可信的人。

第二十章

子張問：士何如斯可謂之達矣？子曰：何哉爾所謂達者？子張對曰：在邦必聞，在家必聞。子曰：是聞也，非達也。夫達也者，質直而好義，察言而觀色，慮以下人，在邦必達，在家必達。夫聞也者，色取仁而行違，居之不疑，在邦必聞，在家必聞。

【注】

士：有志的讀書之士。

【釋】

子張問孔子説：讀書之士怎樣纔算是達到了目的？孔子説：你所説的達到目的是怎樣的一個目的？子張説：在邦國必聞其名，在家族必聞其名。孔子説：你所説是達到聞名目的，不是達到處世立業目的。作爲讀書之士要達到的目的應是質直而好義，對人能察言而觀色，處事能慮及下人，這樣的人在邦必能達到立業目的，在家必能達到立業目的。作爲要達到聞名目的之人，必表面仁德而實際相違，居事以自己聞名目的打算爲之，以達到在邦必聞其名、在家必聞其名目的。

【按】

此章言事之義理辨析，又言世理。孔子在此説明一種是真正爲世爲民立業進取的士，另一種是爲己聞名圖利的士。第二種士在官場上始終存在着，衹不過世治清明時少一些，不清明則到處可見，不知這些人爲什麼既不會被黑格爾的辯證法所揚弃掉，也不會被社會的不斷發展更替所淘汰湮没掉。

第二十一章

樊遲從遊於舞雩之下，曰：敢問崇德，修慝，辨惑？子曰：善哉問！先事後得，非崇德與？攻其惡，無攻人之惡，非修慝與？一朝之忿，忘其身，以及其親，非惑與？

【釋】

樊遲陪着孔子在舞雩地方游時，說：敢問老師怎樣提高品德，消除慝怨，分辨迷惑？孔子說：問得好！先付出辛勞然後有得，不是在提高品德了嗎？攻擊其事之惡，無攻擊其人之惡意，不是在消除隱慝之怨了嗎？因爲一朝的怨忿，便忘了自身以及家中父母人等，不是迷惑嗎？

【按】

此章言事之辨析與去惑。說明孔子是因人之异而進行不同教誨的。

第二十二章

樊遲問仁。子曰：愛人。問知。子曰：知人。樊遲未達。子曰：舉直錯諸枉，能使枉者直。

【釋】

樊遲向孔子問仁。孔子說：愛護人。樊遲又問知。孔子說：知道人。樊遲不够理解。孔子又說：相處在一起要舉直事錯諸枉事，而能使諸枉事直（順注：從整段文字文義看，孔子的愛人不是空洞的，是要把所知有枉的人事引上直道、正道，正是愛護人的表現）。

樊遲退，見子夏曰：鄉也吾見於夫子而問知，子曰：舉直錯諸枉，能使枉者直，何謂也？子夏曰：富哉言乎！舜有天下，選於衆，舉皋陶，不仁者遠矣。湯有天下，選於衆，舉伊尹，不仁者遠矣。

【注】

鄉：剛纔。

【釋】

樊遲從孔子那裏出來後，見到子夏說：剛纔我見到老師問如何知，老師說：處在一起要舉直事錯諸枉事，而能使諸枉事直，是怎樣的意思？子夏說：涵義多豐富的語言！虞舜主天下的時候，在衆人中挑選，舉出了皋陶作爲他的幫手，使諸事成直成正，不仁者就難存在下去遠了。商湯主天下的時候，在衆人中挑選，舉出了伊尹作爲他的幫手，使諸事成直成正，不仁者就難存在下去遠了。

【按】

此章言愛人知人，又言舉直錯諸枉所在。參《爲政篇》十九章的“舉直錯諸枉，則民服。舉枉錯諸直，則民不服”之義。又按：此章的“何謂也”與《周易·文言》的“何謂也”用語一致。

第二十三章

子貢問友。子曰：忠告而善道之，不可則止，毋自辱焉。

【釋】

子貢向孔子問處友。孔子說：處友對枉錯事要忠告而善於用道義引導之，如不能接受遭受拒絕則應止之，不要因爲處友自己受到恥辱。

【按】

此章言處友，又言不可應止。孔子在此說明人際處友應持之道，可謂至明。

第二十四章

曾子曰：君子以文會友，以友輔仁。

【釋】

曾子說：君子以道德文采會合朋友，以朋友之會輔張仁德。

【按】

此章言處友，又言以友輔仁。曾子此言深合上章孔子所言之旨。

子路篇第十三

第一章

子路問政。子曰：先之勞之。請益。曰：無倦。

【注】

政：從政。

【釋】

子路向孔子問從政。孔子說：自己帶頭勤奮而爲。子路說：還應做些什麼？孔子說：所職範圍之事永遠不要懈怠。

【按】

此章言從政之道，又言世義。由此可見孔子心目中的官員應該是怎樣的官員。

第二章

仲弓爲季氏宰，問政。子曰：先有司，赦小過，舉賢才。

【注】

政：爲政。

【釋】

仲弓做了季氏的總管，向孔子問爲政。孔子說：先熟悉各項具體事項，對下面的小錯誤不要求全責備，挑選賢良人才舉到身邊來辦事。

曰：焉知賢才而舉之？子曰：舉爾所知，爾所不知，人其舍諸？

【釋】

仲弓說：怎麼知道誰是賢良人才舉到自己身邊來？孔子說：舉你所知的，對你所不知的，難道不能叫人推舉出來嗎？

【按】

此章言爲政之道。孔子此説明做官員首先要熟悉下面各項具體事項，對下面的小错誤不要求全責備，要舉賢良人才到身邊來共事之理。

第三章

子路曰：衛君待子而爲政，子將奚先？子曰：必也正名乎！

【釋】

子路向孔子説：衛國國君等待您去爲政，您將那件事作爲首先之事？孔子説：首先是爲所政正名之事。

子路曰：有是哉！子之迂也，奚其正？子曰：野哉，由也！君子於其所不知，蓋闕如也。名不正則言不順，言不順則事不成，事不成則禮樂不興，禮樂不興則刑罰不中，刑罰不中則民無所措手足。故君子名之必可言也，言之必可行也，君子於其言，無所苟而已矣。

【注】

野：不懂事。

【釋】

子路説：原來是這事！您怎麽這樣迂腐，怎麽正名分？孔子説：你怎麽這樣不懂事！君子於其所不知的事，不是應該這樣説的。如所要行之政的名不能正則言不能順，言不能順則事不能成，事不能成則所要興的禮與樂就不能興，所要興的禮與樂不能興則所要實施的刑罰措施就不能中，所要實施的刑罰措施不能中則民處世立業行事如何便無所措手足。故君子應先正所要行之政的名方必可言之，言之方必可行之，衹有這樣君子於其所言，方能無所苟顧而行成於世於民的功業。

【按】

此章言正名之重要性，又言事物的義理邏輯之理。孔子在此説明欲行所政，首先應正欲行之政的名方能成事之理，這在今日仍可謂至明。又按：孔子在此又説到世應有法規所在。

第四章

樊遲請學稼。子曰：吾不如老農。請學爲圃。曰：吾不如老圃。

【釋】

樊遲向孔子請學莊稼。孔子説：我不如老農民。樊遲又請學種菜。孔子説：我不如老菜農。

樊遲出。子曰：小人哉，樊須也！上好禮，則民莫敢不敬。上好義，則民莫敢不服。上好信，則民莫敢不用情。夫如是，則四方之民襁負其子而至矣，焉用稼？

【注】

小人：無抱負之人。

【釋】

樊遲走出後。孔子說：樊遲真是個没有抱負的小人！在上之人對民好禮，則民必然對在上之人敬重。在上之人對民好義，則民必然對在上之人心服。在上之人對民好信，則民必然對在上之人用情。在上之人能如是，則四方之民必會背負着幼小子女到這裏來生活，讀書之人還要用於學種莊稼取得吃食嗎？

【按】

此章言世治之重要性，又言事物的義理邏輯之理。孔子在此説明最重要的是正世治，説明世治如何是世能否興旺發達的根本所在之理。對此古往今來都是如此。

第五章

子曰：誦《詩》三百，授之以政，不達。使於四方，不能專對。雖多，亦奚以爲？

【釋】

孔子説：書本學問雖然很好，連《詩》三百篇都能熟讀背誦，但授之以政事，却辦不好事情。使於四方，却辦不好交涉。這樣的人，書本學問雖多，又有什麼用呢？

【按】

此章言真才實學之重要性。孔子此説明能否用真才實學之人於世之重要性。

第六章

子曰：其身正，不令而行。其身不正，雖令不從。

【釋】

孔子説：對下屬對百姓，其身正行事正，能不令而行。其身不正行事不正，雖三令五申都不會真正服從。

【按】

此章言身正之重要性，又言事物的義理邏輯之理。孔子在此説明作爲一個官員身正行正是根本的，一個社會的官員都能身正行正，那這個社會就有希望了之理。

第七章

子曰：魯衛之政，兄弟也。

【釋】

孔子説：魯國和衛國的政治，二者像兄弟一樣，差不多。

【按】

此章言國政。孔子此説明國與國之間雖有不同，但會有相同的政治情形。

第八章

子謂衛公子荆，善居室。始有，曰：苟合矣。少有，曰：苟完矣。富有，曰：苟美矣。

【注】

衛公子荆：衛國公子。

【釋】

孔子説衛國的公子荆，善於處世不嫌家室如何。始有些，便説：差不多够了。少有些，便説：差不多完備了。多有些，便説：已經很滿足了。

【按】

此章言處世之德，又言世義。孔子所舉的衛公子荆身爲要族，却有如此高尚的生活情操，於世於後都有極爲重要的意義。世人要以此對城鄉中流行的衣食住行攀比，連小孩子也跟着攀比之風爲恥。世諸多形形色色的攀比也是社會諸多不良現象、刑事案件發生的根本所在，故而倡導以節儉爲榮，必將是於世於民於後有百益而無一害的好事。

第九章

子適衛，冉有僕。子曰：庶矣哉！冉有曰：既庶矣，又何加焉？曰：富之。曰：既富矣，又何加焉？曰：教之。

【注】

僕：駕馭。

【釋】

孔子到衛國去，冉有爲之駕馭馬車。孔子説：這個地方人口好多。冉有説：人口這樣多，又怎樣做方好？孔子説：讓他們富起來。冉有又説：富起來後，又怎樣做方好？孔子説：教知識學問給他們。

【按】

此章言富民與教民，又言世義。孔子此是説明一個國家人口多的地方與富是可成正比的，又説明富起來後同時教知識學問給他們的重要所在。又按：一個國家如果一方面是遍布城市與整個城鄉的工廠企業等的私有制，而另一方面是整個鄉村的土地公有制，這不僅是造成這個國家衆多社會弊病的根本所在，也是造成這個國家環境污染成災的根本所在，更是造成這個國家弃農弃耕從工從商的根本所在。如果這個國家出現祖祖輩輩視爲命根子的土地都不要了而出現無人村時，那這個國家離不能自主的日子也就不遠了，世人應切記猶太人所以在二戰中遭受滅族屠殺的血的教訓。

第十章

子曰：苟有用我者，期月而已可也，三年有成。

【注】

期月：參《陽貨篇》二十一章“期”字之義。

【釋】

孔子説：祇要有國家用我，幾個月下來就可以看出變化，三年下來必定有成效。

【按】

此章言學問爲用。這也説明世間不少權貴者對有才學又正之士肆意排斥之原因所在，因爲這些人唯恐失去既得利益，唯恐見不得人的事被正人君子知道。不知爲什麽這些人同樣不會被黑格爾的辯證法揚弃掉，也不會被社會進程更替所淘汰湮没掉？

第十一章

子曰：善人爲邦百年，亦可以勝殘去殺矣，誠哉是言也。

【注】

百年：人之一生。

【釋】

孔子説：仁善之人能長久治理國政，哪怕故後也能有相當一段時期能克除殘暴、去除殺戮，這話是一點也不錯的。

【按】

此章言善政。孔子在此是説明仁善之人主政與虐惡之人主政不同，虐惡之人主政往往被趕下臺（周厲王等如是），或遭誅殺（商紂王等如是），其政也灰飛烟滅。仁善之人主政則不同，即使人去音容宛在，世仍能維持相當長一段時期的舊政，如繼而有仁善之人主政，則更是可以長久了。又按：對仁善者主政可言功過，虐惡者主政不可言功過。

第十二章

子曰：如有王者，必世而後仁。

【注】

王者：孔子心目中的堯、舜、禹、湯、文、武等人。世：代，即幾世同堂的“世”字之義。

【釋】

孔子説：如有王者出現，也必須有一定過程對現在世道進行整治方能仁德有行。

【按】

此章言整治。孔子在此説明對不正之世道衹有通過一定時間大力整治後方能仁德有行之理。

第十三章

子曰：苟正其身矣，於從政乎何有？不能正其身，如正人何？

【釋】

孔子説：一個官員能正其身正其行，從政事有何困難？不能正其身正其行，又怎樣去正人呢？

【按】

此章言正身，又言世義。參本篇六章孔子所言之義。

第十四章

冉子退朝。子曰：何晏也？對曰：有政。子曰：其事也，如有政，雖不吾以，吾其與聞之。

【釋】

冉有從朝廷回來。孔子説：怎麼這樣晚呢？冉有説：有政事。孔子説：衹是有事罷了，如有政事，朝廷雖不告訴我，但我也能聞知個大概。

【按】

此章言政與事之别。據朱熹本，時冉有爲季氏宰，因而必是季氏的事去朝廷，故孔子如此語之，稱事而不稱政。應該説孔子是有所指而言的。

第十五章

定公問：一言而可以興邦，有諸？孔子對曰：言不可以若是其幾也。人之言曰，爲君難，爲臣不易。如知爲君之難也，不幾乎一言而興邦乎？

【釋】

魯君問孔子説：一句話可以興邦國，是不是有這樣的事？孔子説：話不可以這樣簡單地去理解。有言説，爲君者難，爲臣者不易。如果大家知道爲君者難，不幾乎是一句話而興邦國嗎？

曰：一言而喪邦，有諸？孔子對曰：言不可以若是其幾也。人之言曰：予無樂乎爲君，唯其言而莫予違也。如其善而莫之違也，不亦善乎？如不善而莫之違也，不幾乎一言而喪邦乎？

【釋】

魯君又問孔子説：一句話可以喪邦國，是不是有這樣的事？孔子説：話不可以這樣簡單地去理解。有言説，我無樂趣爲國君，唯所言而不能與君相違。如君所言善而没人相違，不是好事麼？如所言不善而没人相違，不幾乎是一句話而喪邦國嗎？

【按】

此章言君言與邦國興喪。魯君問言興喪，然孔子回答的仍是善與不善，可見世間萬物其理相同。又按：此章孔子所言與《周易·繫辭傳》的“言出乎身加乎民，行發乎邇見乎遠，言行君子之樞機，樞機之發，榮辱之主也。言行君子之所以動天地也，可不慎乎”其義一致。

第十六章

葉公問政。子曰：近者悦，遠者來。

【注】

政：政治。

【釋】

葉公向孔子問政治。孔子説：所及範圍内的人愉悦，遠地方的人就會來生活。

【按】

此章言善政。孔子在此説明爲政善與不善同世能興盛發達與不能興盛發達之理。又按：説明孔子時代既有“説”字，又有“悦”字，“説”字之義非爲“悦”字之義，在此深明。

第十七章

子夏爲莒父宰，問政。子曰：無欲速，無見小利。欲速則不達，見小利則大事不成。

【注】

莒父：地名。政：政事。

【釋】

子夏當了莒父地方的縣宰，向孔子問政事。孔子説：事不能貪欲快速成就，不要喜見小獲小利。貪欲快速則達不到目的，喜見小獲小利則大獲大利的事不能成功。

【按】

此章言爲政之道，又言事物的邏輯之理。孔子在此説明於世於事需統籌全局作爲之理。

第十八章

葉公語孔子曰：吾黨有直躬者，其父攘羊，而子證之。孔子曰：吾黨之直者异於是，父爲子隱，子爲父隱，直在其中矣。

【注】

攘：行竊。

【釋】

葉公對孔子説：我們那裏有直率的人，其父親偷了羊，兒子去告發舉證。孔子説：我們那裏直率的人與你們這裏直率的人不一樣，兒子有了錯事，父親幫助兒子去消除掉；父親有了錯事，兒子幫助父親去消除掉，這樣父子之間的直也就在其中了。

【按】

此章言人世父子之道。父爲子隱，子爲父隱，單就這二句來説，是父子相互包庇隱瞞。但從全文觀之與後句的"直在其中矣"一起觀之，則爲孔子對人世義理與父慈子孝二全之論述。

第十九章

樊遲問仁。子曰：居處恭，執事敬，與人忠。雖之夷狄，不可弃也。

【釋】

樊遲向孔子問仁。孔子説：所處對人要恭謹，做事要敬業，與人交要忠信。雖到异國他鄉風俗不同地方，也不可廢弃它。

【按】

此章言處世立人之道。孔子這幾點非常重要，後世有不少中國人陸續到海外去求發展，就是憑了這幾點在海外站住了脚，并受到當地人的歡迎。

第二十章

子貢問曰：何如斯可謂之士矣？子曰：行己有恥，使於四方，不辱君命，可謂士矣。

【注】

士：讀書人。

【釋】

子貢問孔子説：怎樣做可以説是士了？孔子説：對所行自己要持有不能成效便是羞恥之心，出使於四方，不辱没君命，可以説是士了。

曰：敢問其次？曰：宗族稱孝焉，鄉黨稱弟焉。

【釋】

子貢説：敢問其次如何？孔子説：對宗族長輩要孝，對地方上的人要敬。

曰：敢問其次？曰：言必信，行必果。硜硜然小人哉，抑亦可以爲次矣。

【釋】

子貢説：敢問又其次如何？孔子説：所言必有信，所行必有果。但碰上硜硜然的小人，則言與行可以爲次要的。

曰：今之從政者何如？子曰：噫！斗筲之人，何足算也！

【釋】

子貢又説：當今的從政者怎麽樣？孔子説：噫！多是些器量狹窄、目光短淺的，算得什麽人！

【按】

此章言世上之士，又言當政小人。孔子雖講言必信、行必果，但認爲對言行不一的小人，是次要的。而對從政的大人們，在孔子眼裏則多是些何足算也的小人。這在今日對於問題存在嚴重地方的官員們，恐怕人們也會有此同感。也由此可見把孔子的學説説成是維護統治階級統治的學説，本身就是一個錯誤。應該改過來，是爲人世有道的學説纔對。參《陽貨篇》十五章鄙夫的“苟患失之，無所不至矣”之義。又按：此章孔子的“噫”之口語與《周易·繫辭傳》中的“噫”之口語一致。

第二十一章

子曰：不得中行而與之，必也狂狷乎！狂者進取，狷者有所不爲也。

【注】

狂：激進。狷：狷介。

【釋】

孔子説：不能得中正而行的人一起，必也與激進正取的人一起！因爲狂者進取，狷者正取而對不正道的不會去爲的。

【按】

此章言中正而行之德。人們從這裏也可以看出孔子絶不是於世保守之人，恰恰相反，而是爲世爲民積極進取之人。又按：此章的“中行”之義與《周易》《彖》、《象》四翼等的衆多“中行”、“中正”之義一致。

第二十二章

子曰：南人有言曰：人而無恒，不可以作巫醫。善夫！不恒其德，或承之羞。子曰：不占而已矣。

【釋】

孔子説：南方的人有言説：人而無求取知識學問的恒心，不能成爲既能觀相又知除病的巫醫。這話是很對的！《周易·恒卦》説：不恒其德，或承之羞。孔子説：不恒其德的人，即使占卜到了好的《易》辭，也是没有什麽用的，結果還是要承受羞辱的。

【按】

此章言人應恒心求進。此説明孔子一是對《周易》有極深的研究，對卦爻辭非常熟悉，可因事引證《周易》的卦爻辭并加以説明；二是説明孔子對占卜結果根本不相信；三是説明孔子認爲要想所事成功歸結，要有恒心而行方成之理。又按：此章孔子引而所言的“恒”與《周易·繫辭傳》的“恒以一德”之義一致。

第二十三章

子曰：君子和而不同，小人同而不和。

【釋】

孔子説：君子能與衆和合而又能保持自己不同見地、立場，小人衹能類聚而不能與衆和合。

【按】

此章言君子與小人之别。孔子此説明君子與小人在和與同上面的根本區别所在。

第二十四章

子貢問曰：鄉人皆好之，何如？子曰：未可也。鄉人皆惡之，何如？子曰：未可也。不如鄉人之善者好之，其不善者惡之。

【釋】

子貢問孔子説：地方上的人都説他好（意即到處不得罪人），這個人怎麽樣？孔子説：這個人不可以。子貢説：地方上的人都説他不好（意即到處得罪人），這個人怎麽樣？孔子説：這個人不可以。不如地方上仁善的人説他好、不善的人説他不好的人好。

【按】

此章言事之義理辨析。孔子在此説明不能好人、不能惡人的人是不可取用的之理。參《里仁篇》三章的“唯仁者能好人，能惡人”之義。

第二十五章

子曰：君子易事而難説也，説之不以道，不説也，及其使人也，器之。小人難事而易説也，説之雖不以道，説也，及其使人也，求備焉。

【釋】

孔子説：與君子處事容易而得贊賞難，贊賞不以正道，不贊賞，至於使用人，凡事是器重人的。與小人則處事難而得贊賞易，贊賞雖不以正道，仍贊賞，至於使用人，則是事事求全責備而行的。

【按】

此章言君子與小人之别。孔子此説明君子處事是以義重人，而小人處事是爲利輕人之所在。參《里仁篇》十六章的“君子喻於義，小人喻於利”之義。

第二十六章

子曰：君子泰而不驕，小人驕而不泰。

【釋】

孔子說：君子安祥泰然而沒有驕氣，小人驕氣十足而沒有安泰。

【按】

此章言君子與小人之別。孔子此說明君子與小人處事又一不同所在。

第二十七章

子曰：剛、毅、木、訥近仁。

【釋】

孔子說：剛强、堅毅、樸實、慎重，這四種品質近於仁的品質。

【按】

此章言品質。孔子此說明君子應具有這四種品質所在。

第二十八章

子路問曰：何如斯可謂之士矣？子曰：切切偲偲，怡怡如也，可謂士矣。朋友切切偲偲，兄弟怡怡。

【注】

士：處世之士。切：切磋。偲：思從人，思人之爲。

【釋】

子路問孔子說：怎樣做可以說是士了？孔子說：對事能切磋，能思人之爲，怡樂相處，可以說是士了。朋友之間要切磋，要思人之爲，兄弟之間要怡樂相處。

【按】

此章言處世之士，又言禮義之道。參本篇二十章子貢問士孔子不同所言之義。

第二十九章

子曰：善人教民七年，亦可以即戎矣。

【注】

七：成數（參拙著《周易今釋》）。戎：兵戎。

【釋】

孔子說：仁善之人教化、治下的百姓，衹要經過一定的時間年限，如有外敵，經過一定的軍事訓練，自然就可以成爲抵禦外侮的兵戎了。

【按】

此章言仁善之政。孔子在此説明世行仁善之政的重要所在。參《顏淵篇》七章的“去兵”與“民無信不立”之義。

第三十章

子曰：以不教民，戰，是謂弃之。

【釋】

孔子説：對民既不進行善惡世義教化，又不加應有的軍事訓練，就讓他們上陣作戰，是一種拋弃他們、拋弃自己的行爲。

【按】

此章言教化與戰事。孔子此論深合《孫子兵法·始計篇》一章的“兵者，國之大事，死生之地，存亡之道，不可不察也”之理（參李興斌《孫子兵法新譯》中對此之注譯）。

憲問篇第十四

第一章

憲問恥。子曰：邦有道，穀。邦無道，穀，恥也。

【釋】

原憲向孔子問恥事。孔子說：爲官使邦國有道，努力工作，應該領取俸禄。爲官使邦國無道，同流合污，領取俸禄是可恥的。

克、伐、怨、欲不行焉，可以爲仁矣？子曰：可以爲難矣，仁，則吾不知也。

【釋】

原憲又問：好强、自是、怨怒、貪欲四種毛病都除去了，是否可以説已是仁了？孔子說：要這四種毛病都除去是難的，至於是否可以達到仁，則我就不能知道了。

【按】

此章言榮與恥，又言立人。孔子在此對“恥”所定之義，對現實社會來説也是如此。并參《子路篇》二十七章的“剛、毅、木、訥近仁”之義。

第二章

子曰：士而懷居，不足以爲士矣。

【注】

士：有志之士。

【釋】

孔子說：一個有志之士，却留戀居所之美，是不可能成爲真正的士的。

【按】

此章言有志之士。孔子此是説明有志之士是不應留戀居所之美的，否則是不能成真正的士。參《里仁篇》九章的“士志於道，而恥惡衣惡食者，未足與議也”之義。

第三章

子曰：邦有道，危言危行。邦無道，危行言孫。

【釋】

孔子説：邦國有道，於事應當言語正直，行爲正直。邦國無道，於事則應當行爲正直，言語謹慎。

【按】

此章言爲世之道。孔子此言涵義極深。參《衛靈公篇》七章的“直哉史魚！邦有道，如矢；邦無道，如矢。君子哉蘧伯玉！邦有道，則仕；邦無道，則可卷而懷之”與《泰伯篇》十三章的“天下有道則見，無道則隱”之義。

第四章

子曰：有德者必有言，有言者不必有德。仁者必有勇，勇者不必有仁。

【釋】

孔子説：有德行的人一定有使人信服之言，有使人信服之言的人不必然有德行。有仁德的人一定有勇，有勇的人不必然有仁德。

【按】

此章言事之義理辨析，又言人際。孔子在此説明對待類似言行的人應辨析之理。

第五章

南宫适問於孔子曰：羿善射，奡盪舟，俱不得其死然。禹稷躬稼而有天下。夫子不答。南宫适出，子曰：君子哉若人，尚德哉若人！

【注】

南宫适：孔子學生南容。

【釋】

南宫适問於孔子説：羿善於射，奡能盪舟，但二人在世上俱不得其善死；而禹與稷這二人却勤於耕作得有天下。孔子没有回答。南宫适走出後，孔子説：這個人像個君子，這個人崇尚德行。

【按】

此章言崇尚德行。南宫适所問不及就裹，故孔子不答。但南宫适崇尚禹與稷，故孔子如是言。參《先進篇》六章的“南容三復《白圭》。孔子以其兄之子妻之”之義。

第六章

子曰：君子而不仁者有矣夫，未有小人而仁者也。

【釋】

孔子說：是君子而不見有仁德的地方是有的，但未有小人而有仁德的。

【按】

此章言君子與小人之别。孔子此是説明作爲一個君子有不足與過的地方也必然會有其存在的道理。

第七章

子曰：愛之，能勿勞乎？忠焉，能勿誨乎？

【釋】

孔子説：對所愛之事，能不爲之勞心嗎？對所忠之事，能不爲之盡言嗎？

【按】

此章言事物的邏輯之理。孔子此説明人們必然的情理所在，事實也確如此。

第八章

子曰：爲命，裨諶草創之，世叔討論之，行人子羽修飾之，東里子産潤色之。

【注】

命：外交命文。裨諶：鄭國大夫。世叔：太叔，名游吉。行人：執行人。子産：鄭國宰相。

【釋】

孔子説：鄭國的外交命文，是由大夫裨諶草擬後，經世叔研究討論，再由執行人子羽根據情形修飾，最後由東里的子産進行最後定稿潤色而終成的。

【按】

此章言慎重爲命。由此可見鄭國子産之决策是集各方面情況與意見而成的，故而能得上下與百姓的擁護、周邊各國的尊重。參《公冶長篇》十六章的“子謂子産有君子之道四焉”之義。

第九章

或問子産。子曰：惠人也。問子西。曰：彼哉，彼哉！問管仲。曰：人也，奪伯氏駢邑三百，飯疏食，没齒無怨言。

【注】

子西：子産同族兄弟。伯氏：齊國大夫。駢邑：地名。

【釋】

有人問子産這人怎樣？孔子説：是個惠人。問子西這人怎樣？孔子説：他呀，他呀！又問管仲這人怎樣？孔子説：是個人物，奪了伯氏在駢邑的三百户吃穿所用，伯氏家祇能吃粗菜淡飯，却一直没有怨言。

【按】

此章言爲世處事。爲孔子對子産、子西、管仲三人處世之評。

第十章

子曰：貧而無怨難，富而無驕易。

【釋】

孔子説：貧窮者要使其没有怨言難，對富裕者通過教育使其去掉驕氣易。

【按】

此章言世間之事。孔子此説明對貧窮者應讓其富起來之理。參《子路篇》九章的“富之”、“教之”之義。

第十一章

子曰：孟公綽爲趙魏老則優，不可以爲滕薛大夫。

【注】

孟公綽：魯國大夫。老：室老。

【釋】

孔子説：孟公綽去大國晋國趙氏、魏氏家當家臣，才能是綽綽有餘的，但不可能做好小國滕國、薛國的大夫。

【按】

此章言才有所適。孔子在此説明大國認爲的優秀人才到不同政治環境、不同國情的小國去不一定適宜之理。

第十二章

子路問成人。子曰：若臧武仲之知，公綽之不欲，卞莊子之勇，冉求之藝，文之以禮樂，亦可以爲成人矣。曰：今之成人者何必然？見利思義，見危授命，久要不忘平生之言，亦可以爲成人矣。

【注】

臧武仲：魯國大夫。卞莊子：魯國勇士。

【釋】

子路向孔子問如何成爲有用之人。孔子説：具有臧武仲之學識，孟公綽之不貪欲，卞莊子之勇敢，冉求之才藝，輔之以禮樂，就可以成爲有用之人了。接着又説：現今的有用之人何必要做到這麼多呢？祇要見到利能思義，見到危事能授命，時間雖久但不忘當初之諾言，就可以成爲有用之人了。

【按】

此章言成有用之才。此説明孔子的思想絶不保守，而是因時提出新的見地的人。參《子罕篇》三章的“吾從衆”之義。

第十三章

子問公叔文子於公明賈曰：信乎？夫子不言，不笑，不取乎？公明賈對曰：以告者過也，夫子時然後言，人不厭其言；樂然後笑，人不厭其笑；義然後取，人不厭其取。

【注】

公叔文子：衛國大夫。公明賈：衛人。

【釋】

孔子問公叔文子之事於公明賈説：難道是真的麼？他老人家真的不言，不笑，不取麼？公明賈説：這是告訴的人説過分了，他老人家是應該説的時候方説，故而人不厭其言；該笑的時候方笑，故而人不厭其笑；該取的以義而取之，故而人不厭其取。

子曰：其然？豈其然乎？

【釋】

孔子説：真的如此嗎？難道真的如此嗎？

【按】

此章言以時以義而爲。此説明孔子不論何時何地總是與人爲善，總是探究着社會的各個方面來充實自己的學問。參《公冶長篇》二十八章的“必有忠信如丘者焉，不如丘之好學也”之義。

第十四章

子曰：臧武仲以防求爲後於魯，雖曰不要君，吾不信也。

【釋】

孔子説：臧武仲憑借他的封地城防要求立其弟爲魯國大夫，雖有人説是要挾，是不要君，但我是不信的。

【按】

此章言以業而求立。此章之義參本篇十二章孔子的“若臧武仲之知”之義。

第十五章

子曰：晋文公譎而不正，齊桓公正而不譎。

【注】

晉、齊：春秋時二大國。

【釋】

孔子説：晉文公詭譎而不正派，齊桓公正派而不詭譎。

【按】

此章言正與譎的邏輯之理。孔子在此説明同爲大國，國君却截然不同，又説明一個人的正與不正同詭譎與不詭譎是緊密聯係在一起的。

第十六章

子路曰：桓公殺公子糾，召忽死之，管仲不死。曰：未仁乎？子曰：桓公九合諸侯，不以兵車，管仲之力也，如其仁，如其仁。

【注】

九：極數。

【釋】

子路説：齊桓公爲奪取君位殺了他的兄長公子糾，公子糾的一位師傅召忽因而自殺身死，另一位師傅管仲却不死活着。接着又説：管仲没有仁德吧？孔子説：齊桓公九合諸侯，不以兵車而使天下安寧，這是管仲之力所爲，這就是仁德，這就是仁德。

【按】

此章言管仲之仁。仁是中華民族的最高道德品質所在。在孔子看來，一個人不爲一般的事去死，而能活着爲天下百姓的生活得到安寧、除去戰禍取得成效，就是仁德。同時説明孔子對仁的觀點不是迂腐的，而是以百姓的看法爲最終標準的。參本篇六章的“君子而不仁者有矣夫”之義。

第十七章

子貢曰：管仲非仁者與？桓公殺公子糾，不能死，又相之。子曰：管仲相桓公，霸諸侯，一匡天下，民到于今受其賜。微管仲，吾其被髮左衽矣。豈若匹夫匹婦之爲諒也，自經於溝瀆而莫之知也？

【注】

被：披。諒：京從言，不瑣言。

【釋】

子貢説：管仲難道是仁德的人嗎？齊桓公殺其兄公子糾奪君位，管仲爲公子糾的師傅不能以死相抗，却又相桓公爲之。孔子説：管仲輔相桓公，稱霸諸侯，一匡天下，百姓直到今日還受着其恩賜。如没有當時管仲之力，我們現在恐怕衹能過着外民族的披着頭髮穿着露着左胸衣服的日子了（意即早被周邊民族統治，華夏已不復存在了）。

難道應像匹夫匹婦之爲不瑣言的那樣，自行了結於溝瀆之中從此湮沒嗎？

【按】

此章言管仲之德。説明管仲雖有小的不仁，但有爲了國家民族興旺發達大的仁。也説明孔子對人不是求全責備，而是以大節爲是非標準的。同時也説明一個民族如果祇求小不求大，必造成自己的淪亡之理。孔子在此章所論於國家民族涵義宏深。

第十八章

公叔文子之臣大夫僎，與文子同升諸公。子聞之曰：可以爲“文”矣。

【注】

僎：公叔文子家臣，衛國大夫。

【釋】

公叔文子的家臣僎，經公叔文子推薦做了衛國的大夫，與公叔文子一道同朝爲官。孔子知道後説：可以謚爲“文”了。

【按】

此章言薦才之德。此説明孔子對公叔文子提拔人才的贊賞。對公叔文子之事可參本篇十三章之義。

第十九章

子言衛靈公之無道也。康子曰：夫如是，奚而不喪？孔子曰：仲叔圉治賓客，祝鮀治宗廟，王孫賈治軍旅，夫如是，奚其喪？

【注】

仲叔圉：孔文子。

【釋】

孔子説到衛靈公之無道情形時。康子説：既是如此，爲什麼不喪亡？孔子説：有仲叔圉處理着與各國的關係，祝鮀處理着宗廟朝政之事，. 王孫賈處理着軍務之事，正是如此，怎麼會喪亡？

【按】

此章言人才之重要性。孔子此説明君雖無道，但臣良，國家還能撑得住，祇有臣不良了國家方會喪亡之理。猶商紂無道，“三仁”被殺的殺、囚的囚、逃的逃後，則殷商也就喪亡了。

第二十章

子曰：其言之不怍，則爲之也難。

【釋】

孔子説：一個人説大話假話而不慚愧，則其做事也必難。

【按】

此章言用人應察，又言對事物的義理辨析之理。孔子在此説明言過其實之人即華而不實之人，二者之間是成正比的之理。

第二十一章

陳成子弑簡公。孔子沐浴而朝，告於哀公曰：陳恒弑其君，請討之。公曰：告夫三子！孔子曰：以吾從大夫之後，不敢不告也。君曰：告夫三子者！

【注】

陳成子：陳恒。簡公：齊君。

【釋】

陳恒殺了齊國的國君簡公。孔子爲此沐浴而朝，告於魯君説：陳恒殺了其國君，請討伐。魯君説：將此告於執政的三大臣（順注：即孟孫、叔孫、季孫三大臣）！孔子説：因我爲大夫之後，不敢不告。魯君説：將此告於執政的三大臣！

之三子告，不可。孔子曰：以吾從大夫之後，不敢不告也。

【釋】

孔子依魯君意見將要求討伐之事告於執政的三大臣，但被拒絶。孔子説：因我爲大夫之後，不敢不告。

【按】

此章言不法之臣應誅。陳恒殺掉齊君，孔子爲什麼請討伐？有説：以臣殺君，就是以下犯上，依孔子思想非討伐誅殺不可。但從孔子贊周武伐商紂得取天下的樂曲“《武》盡美矣”（《八佾篇》二十五章）與贊商湯伐夏桀得取天下的“有罪不敢赦”（《堯曰篇》一章）之義觀之，并觀孔子所作《周易·革卦》彖辭的“天地革而四時成，湯武革命順乎天而應乎人，革之時大矣哉”之義，孔子是贊成革除無道昏君之命的。那問題就在簡公是不是無道昏君了。從齊國的崔杼殺掉齊君莊公而陳文子違之到陳恒殺掉齊君簡公而齊有一半百姓反對來看，莊公、簡公不是昏君，是由於與朝中既得利益集團發生衝突而被殺死的，因此孔子要求討伐不是没有世義準則的，而是正義的。

第二十二章

子路問事君。子曰：勿欺也，而犯之。

【釋】

子路問孔子怎樣事君。孔子説：不能欺騙他，寧可因不對之處而冒犯他。

【按】

此章言良臣應行應爲之事。説明孔子對待君上也是以世義爲準則的，準則就是忠心耿耿，而勿欺與犯之就是構成於國於民忠心耿耿的全部内容。

第二十三章

子曰：君子上達，小人下達。

【注】

小人：指在位小人。

【釋】

孔子説：君子以上達天理世義而爲，小人以下達私欲財利而爲。

【按】

此章言君子與小人之别。參《里仁篇》十六章的“君子喻於義，小人喻於利”之義。

第二十四章

子曰：古之學者爲己，今之學者爲人。

【釋】

孔子説：古時的學者爲了自己提高而學，今時的學者爲了世間有道而學。

【按】

此章言學者，又言世道。孔子此是説明周自春秋以來，世道衰落，學者應以拯世道爲己任。

第二十五章

蘧伯玉使人於孔子。孔子與之坐而問焉，曰：夫子何爲？對曰：夫子欲寡其過而未能也。使者出。子曰：使乎！使乎！

【注】

蘧伯玉：衛國大夫，名瑗。

【釋】

蘧伯玉派了一位使者來孔子處。孔子請使者坐而相問，説：他老人家這些日子怎樣？使者説：他老人家想減少自己的過失，但還沒有能够做到。使者出去後。孔子説：真是一位使者！真是一位使者！

【按】

此章言蘧伯玉其人品質。此説明孔子對於世事的各個方面及各個方面人物的如何極爲關心在意，進行着世道就正的努力。參《衛靈公篇》七章孔子的“君子哉蘧伯玉”之義。

第二十六章

子曰：不在其位，不謀其政。曾子曰：君子思不出其位。

【釋】

“不在其位，不謀其政”見《泰伯篇》十四章之義。曾子説：君子於所位應全力做好自己所擔負的職責事項。

【按】

此章言君子所位職責之在。曾子所言參《顔淵篇》十四章的“居之無倦，行之以忠”與《子路篇》一章的“先之勞之”、“無倦”之義。

第二十七章

子曰：君子恥其言而過其行。

【釋】

孔子説：君子以言過其實爲恥辱。

【按】

此章言君子言行合一所在。參《學而篇》十四章的“敏於事而慎於言”與本篇二十章的“其言之不怍，則爲之也難”之義。

第二十八章

子曰：君子道者三，我無能焉，仁者不憂，知者不惑，勇者不懼。子貢曰：夫子自道也。

【釋】

孔子説：君子之道有三，我還没能做到哩，仁者不憂愁，知者不迷惑，勇者不懼怯。子貢説：這正是他老人家已經做到的事。

【按】

此章言君子應具之道。孔子在此説明仁者知世道總會得到改變而不憂愁，知者知道世理所在而不迷惑，勇者知道世義所在而不懼怯之理。又按：此章的“知者”與《周易·繫辭傳》的“知者”所用文字與文字之義一致。

第二十九章

子貢方人。子曰：賜也賢乎哉！夫我則不暇。

【注】

方：方其義也（見《周易·文言》）。

【釋】

子貢在評說一些人的僞劣所在。孔子說：賜的評說是對的！但我還沒有時間去評說哩。

【按】

此章言世情。由此章可見孔子一生總是明言直説，因世情已無暇顧及了。這也是孔子的風格所在。

第三十章

子曰：不患人之不己知，患其不能也。

【釋】

孔子說：不要着急別人不知道我，應着急自己之不能。

【按】

此章言人之求進。孔子此是説明自己的能與不能是最根本的之理。參《里仁篇》十四章之義。

第三十一章

子曰：不逆詐，不億不信，抑亦先覺者，是賢乎？

【注】

億：衆多。

【釋】

孔子說：一個人能做到對事不逆、對人不詐而成，對疑不是衆多事例能證不爲其信之而爲，這樣的人是先覺者，還是賢者呢？

【按】

此章言成有用之才，又言事物的義理辨析之理。孔子在此説明的還是能與不能之理。參《鄉黨篇》二十五章的“子路共之，三嗅而作”與《季氏篇》十章的“君子有九思”之義。

第三十二章

微生畝謂孔子曰：丘何爲是栖栖者與，無乃爲佞乎？孔子曰：非敢爲佞也，疾固也。

【注】

微生畝：姓微生，名畝。栖：西從木。

【釋】

微生畝同孔子説：你這樣忙碌於世又不見多少效果，是不是少了能言善説的緣故？孔子説：這不是能言善説可以解決的，是世之疾已深的緣故。

【按】

此章言世疾不能巧言解決問題。孔子在此説明要使世道好轉，不是用能言善説就可以解決問題的，而是要有識有用人士的共同不斷努力方成之理。

第三十三章

子曰：驥不稱其力，稱其德也。

【注】

驥：身强力壯的馬匹。

【釋】

孔子説：對身强力壯的馬匹，不在於稱贊它的力氣，而重要的是稱贊它對於主人的品德如何。

【按】

此章言品德爲重。孔子此是説明看一個人要看他於世於義的品德如何方是之理。

第三十四章

或曰：以德報怨，何如？子曰：何以報德？以直報怨，以德報德。

【釋】

有人對孔子説：以德報怨，怎麽樣？孔子説：那怎麽報德呢？應該以正直報怨，以德報德。

【按】

此章言品德所在。孔子此是説明報怨不能没有世義的準則而爲，正直是報人之怨、改變一個人之怨的根本所在，也是改變人際關係與鞏固人際關係的根本所在之理。

第三十五章

子曰：莫我知也夫！子貢曰：何爲其莫知子也？子曰：不怨天，不尤人，下學而上達，知我者其天乎！

【注】

天：指造化之天。

【釋】

孔子説：很多人都不知道我的追求呀！子貢説：爲什麽很多人會不知道您的追求呢？孔子説：這不能怨茫茫之人世，不能責人責物，我追求的是世間最平常的知識學問而上達通曉天理世義根本所在，從而以此根本之理貫穿人世爲之用，真正知道我的祇有茫茫人世造化之天理！

【按】

此章言對真理對人世的追求。孔子此説明真理要爲人們所認識所接受不是易事，不能怨天尤人，但通過持續不斷的努力最終必會被人們所認識所接受之理。參《里仁篇》十五章的“吾道一以貫之”與《述而篇》十九章的“其爲人也發憤忘食，樂以忘憂，不知老之將至云爾”之義。又按：在此也可窺測到司馬遷説孔子作《春秋》以匡正天下成有道之世，是可信的。

第三十六章

公伯寮愬子路於季孫。子服景伯以告曰：夫子固有惑志於公伯寮，吾力猶能肆諸市朝。子曰：道之將行也與，命也。道之將廢也與，命也。公伯寮其如命何！

【注】

公伯寮：魯人。愬：警惕（見拙著《周易今釋》之《履卦》四爻“愬”字之義）。子服景伯：魯大夫，名何。

【釋】

公伯寮向季孫進讒言説對子路要警惕憂患，於季氏家不利。子服景伯知道後告知孔子説：季孫他老人家已被公伯寮迷惑，但我還有力量能把公伯寮這個小人斬首市朝示衆。孔子説：世道將興起來，這是人世事物過程之命的結果；世道將廢下去，這也是人世事物過程之命的結果。公伯寮區區之人又怎麼能決定人世事物過程之命呢？

【按】

此章言世道之命。世命是一很高深的學問，從孔子此述也可見一斑。也由此可見孔子不以殺人爲快的仁德之心，同時説明孔子堅持以仁、義、道、德化成天下之心。

第三十七章

子曰：賢者辟世，其次辟地，其次辟色，其次辟言。

【釋】

孔子説：賢者僻世而居，其次僻地而居，再次僻聲色而居，又次僻濁言而居。

子曰：作者七人矣。

【釋】

孔子説：這樣的賢者已有七人了（順注：這七人是誰已不可考，應該是指當時而言）。

【按】

此章言世道已壞。孔子此説明當時世道情形所在。又按：此章孔子所言與《周易·文言》的“天地變化，草木蕃。天地閉，賢人隱。《易》曰：括囊，无咎无譽。蓋言謹也”其義一致。

第三十八章

子路宿於石門。晨門曰：奚自？子路曰：自孔氏。曰：是知其不可而爲之者與？

【注】

石門：魯城外門。

【釋】

子路晚上住在石門。第二天早上石門開門人看到子路説：從哪裏來？子路説：從孔子家來。開門人説：是那個知其不可爲而爲之者的孔子？

【按】

此章言世道已壞。同時也説明孔子在當時爲民族之興盛所做的努力已經舉世聞名。

第三十九章

子擊磬於衛，有荷蕢而過孔氏之門者曰：有心哉，擊磬乎！既而曰：鄙哉，硜硜乎！莫己知也，斯己而已矣！深則厲，淺則揭。子曰：果哉！末之難矣。

【注】

鄙：卑微。

【釋】

孔子在衛國的住所門口擊着磬，有一個挑着草筐經過門前的人説：真是有心在擊磬！接着又説：這硜硜之聲卑微呀！像是在説没有人知道自己，衹有自己知道在做什麽而已呀！做什麽事臨深則厲，淺還可以揭衣褲而行。孔子説：説的是呀！要成是難的。

【按】

此章言世道已壞。此荷蕢人極有可能是有才避世爲農耕之人，也極有可能是有才的農耕之人。同時説明孔子的主張有很多人知道，衹不過於世爲之已難，要成已非常難而終至演成争戰殘殺不息、萬民受盡劫難的戰國時代之始。

第四十章

子張曰：《書》云：高宗諒陰，三年不言。何謂也？子曰：何必高宗，古之人皆然。君薨，百官總己以聽於冢宰三年。

【注】

高宗：殷商高宗。諒陰：不瑣言瑣事守廬。

【釋】

子張說：《尚書》上說，殷商高宗專心守廬，三年不言國事。是怎樣回事？孔子說：何必殷商高宗，古時候的人都是這樣的。先君逝世，繼君三年不向百官問國事，百官凡事聽命於冢廬總管（大約爲宰相兼任）。

【按】

此章言家、國同理。孔子在此說明不僅百姓應對父母盡孝道，就連國君皆應如此。外民族多以人死後得神、得上帝眷顧爲目的，而中國人則以人死後得子孫照料、紀念（祭祀）爲目的，這是中華民族文明與世界其他民族文明的重大區別所在，也是中華民族所以能“日新之謂盛德”而成生生不息之根本所在。同時也是中華民族所以能前僕後繼，確乎其不可拔的根本所在。又按：此章的“何謂也”與《周易·文言》的“何謂也”用語一致。

第四十一章

子曰：上好禮，則民易使也。

【釋】

孔子說：在上之人對民好禮，則百姓必對在上之人敬重而易於使事。

【按】

此章言爲上之道，又言事物的義理邏輯之理。參《子路篇》四章之義。

第四十二章

子路問君子。子曰：修己以敬。曰：如斯而已乎？曰：修己以安人。曰：如斯而已乎？曰：修己以安百姓。修己以安百姓，堯舜其猶病諸！

【注】

君子，指爲政君子。

【釋】

子路向孔子問如何成爲君子。孔子說：修養自己以敬職敬事。子路說：這樣就可以了嗎？孔子說：修養自己以安上下周圍的人（參本篇三十六章的“公伯寮愬子路於季孫”之義）。子路說：這樣就可以了嗎？孔子說：修養自己以安百姓。修養自己以安百姓，是堯舜爲之奮力而圖達到的事哩！

【按】

此章言求進之道。孔子此說明爲政君子能修養自己、提高自己，不僅是敬職敬事所在，也是能安上下周圍之人所在，更是能安百姓所在。

第四十三章

原壤夷俟。子曰：幼而不孫弟，長而無述焉，老而不死，是爲賊。以杖叩其脛。

【注】

原壤：孔子故人。夷俟：蹲踞而待。

【釋】

原壤蹲踞而待孔子。孔子説：你幼時不講理，長大以後無有所作，到老還是這個様子不改，活着衹有害。并以杖叩其小腿。

【按】

此章言少小之重要性。以此可見原壤是一種少小無家庭教養而長大，而至到老的人物。誠想一個民族如果這種人一多，那這個民族還有什麽前途呢？故孔子以杖叩其小腿，其意可謂至深。

第四十四章

闕黨童子將命。或問之曰：益者與？子曰：吾見其居於位也，見其與先生并行也，非求益者也，欲速成者也。

【注】

闕黨：孔子家鄉地名。

【釋】

孔子家鄉地方的一少年將習學問。有人問：是來追求學問上進的嗎？孔子説：我見他大模大様地坐着，進出又大模大様地與長輩并行，毫無禮貌、謙遜可言，不是一個來追求學問上進的人，而是來速成自己所需要的某種學業罷了。

【按】

此章言少小之重要性。此應該是一個從小嬌生慣養、養尊處優而長大的少年，這様的少年相當部分是不會刻苦追求學問上進的。如果一個民族這様的少年一多，那這個民族還有什麽前途呢？故孔子説非求益者也，其義可謂至深。

衛靈公篇第十五

第一章

衛靈公問陳於孔子。孔子對曰：俎豆之事，則嘗聞之矣；軍旅之事，未之學也。明日遂行。

【注】

陳：軍旅陳列。俎豆：禮儀代稱。

【釋】

衛靈公問軍旅陳列之事於孔子。孔子說：禮儀禮節之事，則有所知道；軍旅陳列之事，没有學過。第二天離開了衛國。

【按】

此章言衛靈公其人。應該説孔子對軍旅之事是有所研究的，祇不過是孔子要除無道成有道，使天下百姓免去戰争劫難而已。參《述而篇》十一章的“必也臨事而懼、好謀而成者也”之義與《憲問篇》十六、十七章的孔子對管仲評價之義。

第二章

在陳絶糧，從者病，莫能興。子路愠見曰：君子亦有窮乎？子曰：君子固窮，小人窮斯濫矣。

【注】

陳：陳國。

【釋】

孔子與弟子在陳國斷絶了糧食，弟子都餓成病，精神都振作不起來。子路很不高興地來見孔子説：難道君子也有窮得這樣的嗎？孔子説：君子可以固守窮，小人如果這樣窮就什麽事都會做出來了。

【按】

此章言君子與小人之别。孔子在此説明君子對待窮困與小人對待窮困的根本不同所在。

第三章

子曰：賜也，女以予爲多學而識之者與？對曰：然，非與？曰：非也，予一以貫之。

【釋】

孔子説：賜呀，你以爲我是多學而識廣的人嗎？子貢説：對呀，難道不是這樣的嗎？孔子説：不是這樣的，我是以對事物的義理辨析與邏輯之理對天理世義、對堯舜以來之治道、對人世萬物之作爲一以貫之而求取學問知識的。

【按】

此章言學識求進。由此可見孔子爲中華民族的興盛發達與爲在世界民族之林中的進取不斷求取學識所在。參《里仁篇》十五章的“吾道一以貫之”之義。

第四章

子曰：由，知德者鮮矣。

【注】

德：恒德。

【釋】

孔子對子路説：對求進恒以一德的人很少。

【按】

此章言求進之德。參《子路篇》二十二章的“不恒其德，或承之羞。子曰：不占而已矣”之義。

第五章

子曰：無爲而治者其舜也與！夫何爲哉？恭己正南面而已矣。

【釋】

孔子説：對民不濫用官吏、不施加刑戮而使天下達到大治唯舜了！舜又是怎樣達到人世大治目的呢？恭順天下百姓根本生活之所需爲己任而正南面聽天下之事而已。

【按】

此章言治世之德。孔子所説的無爲而治與老子所説的無爲而治是截然不同的學問範疇。此章之義參《泰伯篇》十八章的“巍巍乎，舜禹之有天下也而不與焉”與二十一章的“禹，吾無間然矣”之義及《堯曰篇》一章的“允執其中”之義。

第六章

子張問行。子曰：言忠信，行篤敬，雖蠻貊之邦，行矣。言不忠信，行不篤敬，雖州里，行乎哉？立則見其參於前也，在輿則見其倚於衡也，夫然後行。子張書諸紳。

【注】

蠻貊之邦：生活、文化落後的華夏周邊民族之邦。

【釋】

子張向孔子問世間處事之行。孔子說：言語忠信，行爲篤敬，雖在生活落後、文化落後的外民族之邦國，處事都行得通。言語不忠信，行爲不篤敬，雖在本鄉本土，怎麼行得通？站立的時候要看見這幾個字就在人站的前面，坐車子的時候要看見這幾個字就在車前的横木上面，然後再行。子張聽後把這幾個字書寫在衣服的大帶上面。

【按】

此章言處世行事。孔子在此説明一個人要事行得通，要事業有成就的根本道理所在。

第七章

子曰：直哉史魚！邦有道，如矢；邦無道，如矢。君子哉蘧伯玉！邦有道，則仕；邦無道，則可卷而懷之。

【注】

史魚：史鰌，衛國大夫。

【釋】

孔子說：多麼剛直的史魚！邦國有道，對不道如箭；邦國無道，對無道如箭。好一個君子蘧伯玉！邦國有道，則仕建功業，邦國無道，則把自己的才能收起來而懷之以待來日所用。

【按】

此章言處世爲民。此是孔子對正直的大臣們的贊譽，要當政者們爲之學習，爲之榜樣而無愧於民。

第八章

子曰：可與言而不與之言，失人；不可與言而與之言，失言。知者不失人，亦不失言。

【釋】

孔子說：可以與之言而不與之言，是自己失人；不可以與之言而與之言，是自己失言。知者不失人，也不失言。

【按】

此章言處世立業，又言對事物的義理辨析。孔子所言對每個人的人生道路如何非常重要，有時就是因爲失了人而事不能成，有時則是因爲失了言而造成災難。

第九章

子曰：志士仁人，無求生以害仁，有殺身以成仁。

【釋】

孔子説：凡有志之士、仁德之人，不會在緊要當口爲苟求自己生存而害仁，有寧願犧牲自己而成仁的品德。

【按】

此章言志士仁人。孔子此説明作爲人的第一價值所在。由此也可見中國人的文化與歐洲人的極端爲着自己私利的生命衹有一次、好好享受每一天的文化有着本質區别所在。

第十章

子貢問爲仁。子曰：工欲善其事，必先利其器。居是邦也，事其大夫之賢者，友其士之仁者。

【釋】

子貢問孔子如何於世達到爲仁目的。孔子説：做工的欲做好其事，必先利做好其事之器。不管到哪一地方，應事其大夫中的賢良者，友其世上的仁德者，方能於世達到爲仁之目的。

【按】

此章言於世爲仁。孔子雖説：我欲仁，斯仁至矣（《述而篇》三十章）。但這衹是一人的有限之仁，孔子這裏所説的則是爲世之仁，所論説之理入木三分。

第十一章

顔淵問爲邦。子曰：行夏之時，乘殷之輅，服周之冕，樂則《韶》、《舞》。放鄭聲，遠佞人。鄭聲淫，佞人殆。

【注】

《韶》：舜時之舞。《舞》：武時之舞。

【釋】

顔淵問孔子如何達到邦國治理目的。孔子説：實行對人們生活、生產有利的夏代年月曆法，乘坐便於瞭解民情、發布政令的殷代樸實車子，穿戴適合與百姓交往的周代禮儀帽服，樂則用使天下安泰的舜時之樂、舞則用除虐安民的武時之舞。放逐鄭國聲樂艷舞，斥遠巧言小人。因爲鄭國的聲樂艷舞淫穢，佞人的巧言於世危險。

【按】

此章言爲邦之道。孔子上述所言六條所涵極富，衹要以此之義而爲必能正其邦國、富其邦國、泰其邦國，爲邦國之要旨所在。又按：中國在四千多年前産生的夏代曆法，是世界最爲科學的曆法，其冬至爲天地陰陽背斥之中，其夏至爲天地陰陽親順之中，其春分爲天地陰陽由背斥轉爲親順之始，其秋分爲天地陰陽由親順轉爲背斥之始，餘類推（見拙著《周易今釋》關於對《周易》科學認識産生的研究）。或問：爲什麽歐洲人聲色淫穢，較之中國社會危害輕微？這是因爲歐洲人是上帝的亞當、夏娃二性吸引文化與平等生活、自成生活的社會制度，故人際淡漠、小國林立或各州自治。而中國則在歷史上因於義理文化而成的大一統國家，現在的制度文化又與之不同所致，盲目不斷搬進衹會加劇社會灾難與造成國家民族毁没。一方面一部分人的男男女女在臺上的淫聲艷舞，必是另一方面另一部分人的官員不像官員、父母不像父母、子女不像子女、夫不像夫、妻不像妻的淫亂與犯罪。官員坐樸實的車子，放逐淫聲艷舞，不僅對社會有利，對每個家庭同樣有利，更對國家民族在世界民族之林中進取有利。

第十二章

子曰：人無遠慮，必有近憂。

【釋】

孔子説：一個人（特别是爲政者）如果處事衹顧眼前，没有長遠的考慮，必然會有近來的憂愁出現。

【按】

此章言處事之道，又言事物的義理邏輯之理。孔子此是説明一個人（特别是爲政者）處事，特别是大事要事，一定要有長遠的切合事物本身的考慮方能成事之理。

第十三章

子曰：已矣乎！吾未見好德如好色者也。

【釋】

孔子説：唉，是啦！我没有見過喜愛道德如同喜愛美色一樣的人更多。

【按】

此章言德色之辨析，又言事物的義理邏輯之理。孔子在此嘆息時已道德缺失與喜愛美色的人同時不可能真正喜愛道德之理。參《子罕篇》十八章之義。

第十四章

子曰：臧文仲其竊位者與！知柳下惠之賢而不與立也。

【注】

柳下惠：名展獲，字禽，魯國賢者。

【釋】

孔子説：臧文仲難道不是爲其所竊據之位着想之人！明知柳下惠之賢良而不與之爲國爲民效命的機會。

【按】

此章言權臣之斥賢。此章説明相信大烏龜神靈與不給賢良效命機會看起來是兩回事，但實是完全聯係在一起的之理。參《公冶長篇》十八章的“臧文仲居蔡，山節藻梲，何如其知也”之義。

第十五章

子曰：躬自厚而薄責於人，則遠怨矣。

【釋】

孔子説：在處事中有不當多反省自己而少責備别人，則相互間的怨恨自然就遠了。

【按】

此章言處世之應行。内省而薄責於人遠怨必能最大可能協力使事呈現吉祥。參《學而篇》四章的“吾日三省吾身”與《憲問篇》四十二章的“修己以敬”之義。

第十六章

子曰：不曰如之何、如之何者，吾末如之何也已矣。

【釋】

孔子説：一個人能對一件在做的事或一種在研習的學問不説任何看法或難處，我也不知該如何説了。

【按】

此章言學識之求進。孔子此是説明一個人對不明或不懂之事應該提出來，别人方能幫助他之理。參《爲政篇》十七章的“知之爲知之，不知爲不知，是知也”之義。

第十七章

子曰：群居終日，言不及義，好行小慧，難矣哉。

【釋】

孔子説：聚在一起終日下來，所言不及義與理，而好賣弄小聰明，這樣的人是難與其言處世立人的真道理的。

【按】

此章言處友之所擇。孔子此説明一個人應居有所擇、聚有所擇之理。參《里仁篇》

一章的“里仁爲美，擇不處仁，焉得知”與《里仁篇》七章的“人之過也，各於其黨”之義。

第十八章

子曰：君子義以爲質，禮以行之，孫以出之，信以成之，君子哉！

【釋】

孔子説：君子處事以世義爲質地，以禮節而行之，謙遜而爲之，信實而成之，這是作爲一個君子所應具備的。

【按】

此章言君子之德。孔子此説明作爲一個君子需要如此自律成事之理。

第十九章

子曰：君子病無能焉，不病人之不己知也。

【釋】

孔子説：君子祇憂患自己的能力不够，而不憂患别人不知道自己的能力擔當。

【按】

此章言君子之行。參《里仁篇》十四章的“不患無位，患所以立”之義。

第二十章

子曰：君子疾没世而名不稱焉。

【釋】

孔子説：作爲一個君子最擔憂的是没世以後没有人贊許自己的品行品德。

【按】

此章言君子之求。孔子這裏所説的不是揚名的事，而是一生的所爲所行是否值得身後的人稱道的事。對此也是中國人的文化與歐洲人的文化顯著區别所在。

第二十一章

子曰：君子求諸己，小人求諸人。

【釋】

孔子説：君子處事求之於自己，小人則相反，處事求之於别人。

【按】

此章言君子與小人之别。參本篇十九章的“君子病無能焉”與《子路篇》二十五章的“小人”、“及其使人也，求備焉”之義。

第二十二章

子曰：君子矜而不争，群而不黨。

【釋】

孔子說：君子莊矜而不爲小事争論不休，善於合群而不結黨營私。

【按】

此章言君子之處。君子與小人相反，小人多爲小事争執不休，多在群體中拉幫結派、結黨營私。

第二十三章

子曰：君子不以言舉人，不以人廢言。

【釋】

孔子說：君子不以言奉承自己而舉人，不以其人有過損害自己而廢其有益之言。

【按】

此章言君子之爲，又言對事物的義理辨析之理。要做到此需要品格的修養與於事的明辨，古今中外的不少人就是因爲不能進行品格修養與缺乏於事明辨而功敗垂成。

第二十四章

子貢問曰：有一言而可以終身行之者乎？子曰：其恕乎！己所不欲，勿施於人。

【釋】

子貢問孔子說：是不是有一言可以作爲終身所行？孔子說：能寬恕乎！自己所不欲行、不欲受的，不要施加於别人去行、去受。

【按】

此章言君子之爲。孔子此言非常重要，世道爲什麽會黑暗？就是因爲不少人自己不願行、不願受的事却要强加到别人身上、强加到百姓身上所致。

第二十五章

子曰：吾之於人也，誰毁誰譽？如有所譽者，其有所試矣。斯民也，三代之所以直道而行也。

【釋】

孔子說：我對於人，所論的是非功過，對凡有所贊譽的，必有其實際於世於民的所在而説的。譬如百姓，所贊譽與否在夏、商、周三代時期皆能以直道而行評説的那樣。

【按】

此章言毀譽。孔子所言歸結不離於世於民如何，可見孔子思想崇高之所在。參《陽貨篇》十六章的“古者民有三疾”之義。

第二十六章

子曰：吾猶及史之闕文也，有馬者借人乘之，今亡矣夫。

【釋】

孔子此語從文意考之，是看到有史記載的闕文上有這樣的一回事説：當了大官有了官用馬車，下面的人急用，就先借給下面的人用，而今天這樣的事已見不到了。

【按】

此章言世情。此章之義衹能作上述理解；因爲有馬者借人乘之不應是异事，必不至於今亡矣夫；更不會因爲平時有馬者百姓借人乘之而得史官如此重視記載，若干年後又得孔子如此重視提及此事。參《鄉黨篇》二十二章的“朋友之饋，雖車馬，非祭肉，不拜”之義。

第二十七章

子曰：巧言亂德，小不忍則亂大謀。

【釋】

孔子説：聽信花語巧言必亂德行，對小事不能忍必亂及對大事所做的謀劃安排。

【按】

此章言世事。孔子在此是説明看似小大不同之事，看似無有緊要之事，但實際上存在着必然的聯係之理。

第二十八章

子曰：衆惡之，必察焉；衆好之，必察焉。

【釋】

孔子説：衆人皆對其惡之，必須察所惡之原因所在；衆人皆對其好之，也必須察所好之原因所在。

【按】

此章言成事。又言對事物的義理辨析之理。孔子此是説明一個人不能隨大流，因衆好之不察就裹就好之，因衆惡之不察就裹就惡之之理。參《子路篇》二十四章的“不如鄉人之善者好之，其不善者惡之”之義。

第二十九章

子曰：人能弘道，非道弘人。

【注】

道：治道。

【釋】

孔子説：人能創制出弘揚人世正義之道，但道無爲不能弘揚人爲（取朱熹説）。

【按】

此章言世理。夏有受萬民所擁舜禹之道，然夏桀可反其道行之，直至夏民所以説與日俱亡。商有受萬民所擁湯尹之道，然商紂可反其道行之，使世暗無天日。周有受萬民所擁文武之道，成康能弘而世盛，然厲幽可背其道行之，使世衰敗。春秋之時文武之道猶存，然這麽多君主又有多少人在弘揚而致戰禍不斷。故孔子説：非道弘人。這在今日看來也是同此。

第三十章

子曰：過而不改，是謂過矣。

【釋】

孔子説：事的所作所爲過了，又不願正式改過來，事情就真正成過了。

【按】

此章言改過。孔子此言於世於事意義都極深，參《子罕篇》二十五章的“過，則勿憚改”之義。

第三十一章

子曰：吾嘗終日不食，終夜不寢以思，無益，不如學也。

【釋】

孔子説：我何嘗不想以終日不食，終夜不寢以思天地人世之事，但無益處，不如求學識而進。

【按】

此章言求進。參《爲政篇》十五章的“學而不思則罔，思而不學則殆”之義。

第三十二章

子曰：君子謀道不謀食。耕也，餒在其中矣。學也，禄在其中矣。君子憂道不憂貧。

【釋】

孔子説：君子要謀正道而食，不正道的不食。耕種，吃食就在其中了。學問，價值就在其中了。君子應憂道正與不正，不應憂自己貧困與不貧困。

【按】

此章言君子之謀。孔子歸結一句話就是君子應憂道而不應憂自己之食。

第三十三章

子曰：知及之，仁不能守之，雖得之，必失之。知及之，仁能守之，不莊以涖之，則民不敬。知及之，仁能守之，莊以涖之，動之不以禮，未善也。

【釋】

孔子説：一個君子對所處之世事已知及之，然無仁德不能守之，雖得之，必會失之。對所處之世事已知及之，雖以仁德而能守之，然不以莊敬態度治之，則民還是不能敬之。對所處之世事已知及之，雖以仁德而能守之，并以莊敬態度進行治之，然所動不能以禮而行之，還是未盡善。

【按】

此章言處世之道。孔子在此説明對所處之世事的知與仁、與義、與禮的相輔相成之理。這在歐洲的文化與哲理中是絶對不存在的。

第三十四章

子曰：君子不可小知而可大受也，小人不可大受而可小知也。

【釋】

孔子説：作爲一個君子不可能小事皆有所知而可受大任，小人不可能受大任而可能小事皆有所知。

【按】

此章言君子與小人之别。孔子在此説明君子與小人於世能否擔當大任之别所在。

第三十五章

子曰：民之於仁也，甚於水火。水火，吾見蹈而死者矣，未見蹈仁而死者也。

【釋】

孔子説：百姓之需要世道仁德之行，大大超過日常生活所需要的水火之用。爲水火之用，我見到爲此而死的人，但我未見爲行仁德而死的人。

【按】

此章言世需仁德之行。由此也可見當時世道的大致面貌，孔子此説明世行仁德之重要性，不僅對百姓有益，更是對世有益之理。

第三十六章

子曰：當仁，不讓於師。

【釋】

孔子説：對世應爲應行之仁，就連有師長在也不能相讓。

【按】

此章言爲世之仁。參《述而篇》三十章的“我欲仁，斯仁至矣”之義。

第三十七章

子曰：君子貞而不諒。

【注】

貞：正固、信實（參拙著《周易今釋》之《乾卦》之義）。

【釋】

孔子説：一個君子於世行事應正固、信實而同時不應不顧已有衆語瑣言之事而爲。

【按】

此章言君子應有之德。此爲孔子教育學生應如何進取之言。又按：孔子此論與一些人爲事衹抓主要矛盾，不顧事物具體情節而爲根本不同。

第三十八章

子曰：事君，敬其事而後其食。

【釋】

孔子説：事君上從事國政，首先應敬爲國爲民之事而不應圖己享受。

【按】

此章言敬事之德。孔子此説明君子應把爲國爲民之事放在首要地位方是之理。參《里仁篇》十六章的“君子喻於義”之義。

第三十九章

子曰：有教無類。

【釋】

孔子説：對教育應不分富貴貧賤之别等同施行。

【按】

此章言教育。孔子此旨不僅開創中國不論貧富貴賤都有等同享受教育權力的先河，且開世界等同享受教育權力的先河。

第四十章

子曰：道不同，不相爲謀。

【釋】

孔子説：主張不同，不可以相爲謀事。

【按】

此章言世事。孔子此説明君子如與主張不同的小人爲謀，必傷及所事之理。

第四十一章

子曰：辭達而已矣。

【釋】

孔子説：言事不要浮麗，衹要明白達意即可。

【按】

此章言世風。此説明孔子對言事所追求的是明白達意爲目的，反對浮麗不實，這對文風、世風很重要。

第四十二章

師冕見，及階。子曰：階也。及席。子曰：席也。皆坐，子告之曰：某在斯，某在斯。

【釋】

一位戴着禮帽、眼瞽的師者來見孔子，及至臺階。孔子説：已至臺階了。及至坐席。孔子説：已至坐席了。及至坐下，孔子説：我坐在這裏，我坐在這裏。

師冕出，子張問曰：與師言之道與？子曰：然！固相師之道也。

【注】

相：助。

【釋】

這位戴着禮帽、眼瞽的師者辭别後，子張問孔子説：與戴着禮帽、眼瞽的師者所招呼之言是不是一種應有道理？孔子説：是呀！是指助眼瞽師者行動的一種應有道理。

【按】

此章言爲人之德。從此章所言過程可見，孔子是非常尊重人的，連對眼瞽的師者都如此。説明孔子對待學生有教無類、誨人不倦的根本精神所在。

季氏篇第十六

第一章

季氏將伐顓臾，冉有、季路見於孔子曰：季氏將有事於顓臾。孔子曰：求，無乃爾是過與？夫顓臾，昔者先王以爲東蒙主，且在邦域之中矣，是社稷之臣也，何以伐爲？

【注】

顓臾：魯附庸國家。東蒙：蒙山。

【釋】

季氏將舉兵攻伐顓臾，冉有、子路二人過來見於孔子説：季氏將攻伐顓臾。孔子説：冉求，是不是應該説是你之過呢（參《先進篇》十七章的“季氏富於周公，而求也爲之聚斂而附益之”之義）？顓臾這個國家，昔時先王以該國爲東蒙山主持祭祀，且在我魯國邦域之中，是與我魯國社稷相依的臣邦，爲什麼要去攻伐它？

冉有曰：夫子欲之，吾二臣者皆不欲也。孔子曰：求，周任有言曰：陳力就列，不能者止。危而不持，顛而不扶，則將焉用彼相矣。且爾言過矣，虎兕出於柙，龜玉毀於櫝中，是誰之過與？

【注】

周任：古代史官。柙：關柙。櫝：盒櫝。

【釋】

冉有向孔子説：季孫他老人家要攻伐，我與子路二人作爲臣屬皆不想去攻伐。孔子説：冉求，古史周任有言説：能陳言力諫就列位而行，不能做到就不再列位而去。對危事不堅持反對，對顛事不去匡扶，怎麽在爲季孫相决事宜？而且你所言過於推卸責任，老虎、犀牛從柙檻裹逃了出去，龜甲美玉在櫝盒裹遭到毁没，這是誰的過失呢？

冉有曰：今夫顓臾，固而近於費，今不取，後世必爲子孫憂。孔子曰：求！君子疾夫舍曰欲之而必爲之辭。丘也聞有國有家者，不患寡而患不均，不患貧而患不安。蓋均無貧，和無寡，安無傾。夫如是，故遠人不服，則修文德以來之，即來之，則安之。今由與求也，相夫子，遠人不服而不能來也，邦分崩離析而不能守也，而謀動干戈於邦內。吾恐季孫之憂，不在顓臾，而在蕭牆之內也。

【注】

遠人：遠邦之人。

【釋】

冉有向孔子說：今日顓臾，城池堅固而近於費地，如現在時候不攻伐占取，以後必成爲子孫們的憂慮。孔子說：冉求！君子疾惡不說自己圖謀占取却說因爲他人的原因而要占取爲言辭。孔丘也聽說凡有國有家之人，不憂患家國人丁寡衆而憂人不能均等盡能生活，不憂患貧富有所不同而憂患之間不能協和相安生活。能均等盡能而不存在言貧富，能協和相處而不存在言寡少，能上下相安而不存在言傾危。如是此，故遠邦之人還不信服，則修文德以安其來，來後則安其心在這裏。而今由與求你們二人，雖在輔相季孫，但對世事没有道而使遠邦之人不能信服而來我們這裏，所行各爲己利出發而使邦國呈現分崩離析趨嚮而不能守護，却謀動干戈於邦國之內。我恐怕季孫之憂慮不在顓臾，而在蕭墻之內使自己有所不安的事吧。

【按】

此章詳言世義世理。此說明孔子反對一切不正義的戰爭，反對各爲己利而使邦國分崩離析與愛民所在。論述深入而周詳，爲《論語》中杰出的篇章之一。又按：從此章也可看出周道是以平章百姓、協和人世爲主導而得民心得天下的，也故周能衰微之後繼續延續下來，把周代社會說成奴隸社會，不僅是不可思議的，也是難以說明整個世界的。

第二章

孔子曰：天下有道，則禮樂征伐自天子出。天下無道，則禮樂征伐自諸侯出。

【釋】

孔子說：天下秩序有道，則禮樂制度的修訂與征戰攻伐的決定由天子與中央政府而出。天下秩序無道，則禮樂制度的修訂與征戰攻伐的決定由諸侯與地方政府自行而出。

自諸侯出，蓋十世希不失矣。自大夫出，五世希不失矣。陪臣執國命，三世希不失矣。

【釋】

自地方諸侯出，天下已亂已不保能有十世而不失。自地方個别權貴出，天下已很亂已不保能有五世而不失。權貴的臣屬能以力執得國命，天下已極亂已不保能有三世而不失。

天下有道，則政不在大夫。天下有道，則庶人不議。

【釋】

天下秩序有道，則政在朝廷而不在個别權貴手中。天下秩序有道，則百姓安寧而不會怨恨議論紛紛。

【按】

此章言世道世理。孔子此説明天下秩序有道，對國家對自己對百姓都有益而無害；天下秩序無道，對國家對自己對百姓衹有百害而無一益之理。所論極爲深明。

第三章

孔子曰：禄之去公室五世矣，政逮於大夫四世矣，故夫三桓之子孫微矣。

【注】

禄：權力代稱。

【釋】

孔子説：國家權力離開朝廷已歷宣公、成公、襄公、昭公、定公五世了，政令掌握於個别權貴手中已經自文子、武子、平子至桓子四代了，是故仲孫、叔孫、季孫三位權貴雖原爲桓公的子孫至此也已懼被人取之而使國勢呈現離析衰微了。

【按】

此章言造化之理。孔子在此説明衹有天下秩序有道方能興旺發達的道理所在。

第四章

孔子曰：益者三友，損者三友。友直，友諒，友多聞，益矣。友便辟，友善柔，友便佞，損矣。

【注】

諒：往高言。

【釋】

孔子説：有益的有三種友，有損的有三種友。友處事正直的，友言事往高的，友見識多的，與之交是益的。友處事長於乖僻的，友爲人善於陰柔的，友言事長於佞説的，與之交是損的。

【按】

此章言處友之道。孔子所言益者三友、損者三友極是。又按：孔子在此所言陰柔與《易傳》所言陰柔之理一致。

第五章

孔子曰：益者三樂，損者三樂。樂節禮樂，樂道人之善，樂多賢友，益矣。樂驕樂，樂佚遊，樂宴樂，損矣。

【釋】

孔子說：有益的有三種樂，有損的有三種樂。以人世禮義節制爲樂的樂，以揚人之善爲樂的樂，以多交賢友爲樂的樂，是有益的樂。以驕横爲樂的樂，以游蕩爲樂的樂，以吃喝爲樂的樂，是有損的樂。

【按】

此章言處樂之道。孔子所言益者三樂、損者三樂極是。并由此可見樂的涵義極豐，所説的禮樂之樂絶不能用單一的音樂之樂來理解所在。

第六章

孔子曰：侍於君子有三愆，言未及之而言謂之躁，言及之而不言謂之隱，未見顔色而言謂之瞽。

【注】

君子：在位之人。愆：心從衍，着意而言。

【釋】

孔子説：侍於在位之人有三種情形應該着意，其言未完而言謂之急躁，其言已完而不言謂之隱没，不顧其顔色而言謂之眼瞽。

【按】

此章言侍事之道。孔子此言爲在下之人如何成事之道，至今仍有着現實意義。又按：此“愆”字之義與《周易·歸妹卦》九四的“愆”字之義一致。

第七章

孔子曰：君子有三戒，少之時，血氣未定，戒之在色。及其壯也，血氣方剛，戒之在鬥。及其老也，血氣既衰，戒之在得。

【注】

血氣：體能。

【釋】

孔子説：一個君子應有三戒，少年之時，體能發育還未健全結實，應戒之貪求男女之歡。及其青壯之時，體能方結實剛健，應戒之爲求所欲相鬥。及其衰老之時，體能已弱已下，應戒之以力圖謀所得爲事。

【按】

此章言應戒所在。孔子所言極是。少青之時應追求學、追求習，而不應鼓吹打破性神秘感而鼓動男歡女愛，如是，這樣的社會還會有什麼希望？及其青壯之時應鼓勵創進，而不應鼓吹心理平衡而鼓動相互相鬥，如是，這樣的社會還會有什麼協和進取？及其衰老之時應鼓勵自守已成，而不應鼓吹緊跟世潮而鼓動不顧子女求得，如是，這樣的社會還會有什麼應有風尚？又按：孔子在此所言剛健與《易傳》所言剛健之理一致。

第八章

孔子曰：君子有三畏，畏天命，畏大人，畏聖人之言。小人不知天命而不畏也，狎大人，侮聖人之言。

【注】

天：指造化之天。大人：能與天地合其德、日月合其明、四時合其序、鬼神合其吉凶的人物（見《周易·文言》）。聖人：於世事口耳皆順的人士。

【釋】

孔子說：一個君子應有三畏，畏由天地人世運行、萬物造化過程所產生的結果過程之天命，畏深明天地人世運行、萬物造化必然過程所在之大人，畏對於世事口耳皆順的聖人之言。小人則不知天命而不畏，猥狎大人，侮辱聖人之言。

【按】

此章言應畏所在。孔子在此所言性與天道之理極深，與《易傳》中所言的“乾道變化，各正性命”之義及所言的大人、聖人之義完全一致。參《子罕篇》五章孔子的“天之未喪斯文也，匡人其如予何”之義與十一章顏淵的“仰之彌高，鑽之彌堅，瞻之在前，忽焉在後”之義。由此也可見孔子“五十以學《易》”與作《易傳》之原因所在。

第九章

孔子曰：生而知之者上也，學而知之者次也。困而學之，又其次也，困而不學，民斯爲下矣。

【釋】

孔子說：通過生活過程而知世間事物的爲上者，通過學習過程而知世間事物的爲次者。被所難困住而學習而知世間事物的又爲次者，被所難困住而又不肯學習的，是世人中最爲不知世間事物的人了。

【按】

此章言世事之知。此章之義參《述而篇》二十章孔子的"我非生而知之者，好古，敏以求之者也"之義。連孔子都如是説自己，而我們的一些人却硬要把此歪曲成孔子説生下來就知道的爲上，不知爲什麼這個"生"字一定要同生孩子聯係在一起，而不能同其他有"生"字的聯係在一起？

第十章

孔子曰：君子有九思，視思明，聽思聰，色思温，貌思恭，言思忠，事思敬，疑思問，忿思難，見得思義。

【釋】

孔子説：一個君子應有九思，對所見的應思有否細節掩蓋在其中，對所聽的應思有否别的涵義在其中，對顔色應思有否温和在其中，對容貌應思有否恭讓在其中，對言語應思有否忠信在其中，對所事應思有否敬業在其中，對疑事應思有否究問在其中，對忿怨應思有否困難在其中，對見得應思有否不義在其中。

【按】

此章言事之思辨。中華民族與外民族相較文化之發達、思維境界之高深在此可見一斑。言疑思問而不言疑思卜（神靈），中華民族的主體文化不存在任何迷信色彩在此也可見一斑。言見得思義是言一個人不能唯物的如何爲追求，而應以義理的如何爲追求，這是中國的文化。祇講物，除此概斥爲唯心主義，這祇能造成社會是非道德的淪喪。

第十一章

孔子曰：見善如不及，見不善如探湯，吾見其人矣，吾聞其語矣。隱居以求其志，行義以達其道，吾聞其語矣，未見其人也。

【注】

探湯：不顧沸水而入。

【釋】

孔子説：見善舉而唯恐不及，見惡行而唯恐不除，我見到過這樣的人，我聽到過這樣的事。隱居而求其所志，行義而達其所道，我聽到過這樣的事，但没能見到這樣的人。

【按】

此章言處世之義。孔子此所言爲我中華民族優秀文化所孕育出來的大批優秀人物之品行所在。

第十二章

齊景公有馬千駟，死之日，民無德而稱焉。伯夷、叔齊餓於首陽之下，民到于今稱之，其斯之謂與？

【釋】

齊景公有四千匹馬、一千輛戰車，至死之日，民不覺得對其君有什麽德可稱頌的。而伯夷、叔齊餓死於首陽山下，民到如今還稱頌着他們二人，這是什麽原因呢？

【按】

此章言處世之德。一個國力强盛的君主死後没有民稱頌，而伯夷兄弟二人餓死於首陽之下，却得民幾百年的稱頌，其原因就在於處世之德。參《衛靈公篇》二十章的"君子疾没世而名不稱焉"之義。

第十三章

陳亢問於伯魚曰：子亦有异聞乎？對曰：未也。嘗獨立、鯉趨而過庭，曰：學詩乎？對曰：未也。不學詩，無以言。鯉退而學詩。他日，又獨立，鯉趨而過庭，曰：學禮乎？對曰：未也。不學禮，無以立。鯉退而學禮，聞斯二者。

【注】

陳亢：字子禽。趨：參《微子篇》五章的"趨"字之義。

【釋】

陳亢問於孔子兒子伯魚説：您在老師那裏有没有見聞到其他的什麽學問没有？伯魚説：没有呀。那天他一個人站在庭裏，我快着走過，他看到説：學詩没有？我説：没有呀。他説：不學詩，無以有條理言事。我退而學習詩文。過了段時間，又一個人站在庭裏，我快着走過，他説：學禮没有？我説：没有呀。他説：不學禮，無以在世上立業。我退而學習禮義，就聽聞到此二者。

陳亢退而喜曰：問一得三，聞詩，聞禮，又聞君子之遠其子也。

【釋】

陳亢回去後欣喜地説：我問了一件事得知了三件事，知道了詩，知道了禮，又知道了君子對待自己兒子的態度。

【按】

此章言育才。此説明孔子一心在學生成才的教育上，兒子在孔子看來祇是學生中的一員。又從此章的整個文義觀之，陳亢絶非爲孔子學生已甚明。

第十四章

邦君之妻，君稱之曰夫人，夫人自稱曰小童，邦人稱之曰君夫人。稱諸异邦曰寡小君，异邦人稱之亦曰君夫人。

【釋】

國君之妻，國君稱其爲夫人，夫人則自稱爲小童，國内的人稱其爲君夫人。君夫人對另外邦國的人自稱爲寡小君，另外邦國的人稱其爲君夫人。

【按】

此章言禮數。應是學生們對孔子在教學時的一些話整理成文而集於《論語》之中，參《鄉黨篇》中的有關章節。

陽貨篇第十七

第一章

陽貨欲見孔子，孔子不見，歸孔子豚。孔子時其亡也，而往拜之。

【注】

陽貨：陽虎，季氏家臣，時囚季桓把持國政。豚：從《周易》經文考之喻肥胖之猪（結合此節文義應是已熟小中肥猪）。

【釋】

季氏家臣陽貨囚禁季桓，把持國政後欲見孔子，孔子不願見，陽貨送至孔子一隻已熟小中肥猪。孔子不得不去拜謝，便挑選了一個陽貨不在的時候去拜謝。

遇諸塗，謂孔子曰：來，予與爾言。曰：懷其寶而迷其邦，可謂仁乎？曰：不可！好從事而亟失時，可謂知乎？曰：不可！日月逝矣，歲不我與！孔子曰：諾，吾將仕矣。

【釋】

結果二人在路上碰着了，陽貨向孔子說：來，我與你說說話。陽貨說：一個人懷有很大學問而迷茫其邦國之事，可以說是仁嗎？接着又說：不可以說是仁！一個人好從事於事業而又亟失時機，可以說是知嗎？接着又說：不可以說是知！日月時光在流逝，歲月不留在我們身邊！孔子聽完陽貨的話之後說：好的，我將出來爲邦國做事。

【按】

此章言行爲準則，又言世義。本章文體與《微子篇》三章相類，從内容看陽貨囚禁季桓、把持朝政後，急需孔子爲其所用，故又是送孔子禮，又是激孔子而圖爲用。孔子面對陽貨的所爲，最後衹答復將仕，意即不爲你陽貨做事，可以爲國家百姓做事，但終究孔子也没有給陽貨做事。孔子的風範體現了中國一切真正有知識學問人士的風範，而爲後世的志士仁人所敬奉。又按：此章的“知”字與《周易·繫辭傳》的“知”字其義一致。

第二章

子曰：性相近也，習相遠也。

【釋】

孔子說：每個人起初的性情都是差不多的、相近的，後來的各异是由於生活經歷的相异、潛移默化的相异原因所致。

【按】

此章言世人性情。認識孔子此言所涵非常重要，不僅說明世間有道的重要性，而且說明《堯曰篇》一章的“萬方有罪，罪在朕躬”與“百姓有過，在予一人”之義。

第三章

子曰：唯上知與下愚不移。

【釋】

孔子說：人的區別唯在於向上不斷求進與不願向上祇顧從下愚昧又不受忠告之間是不可移易的。

【按】

此章言世人性情之别。孔子在此說明人的區別唯衹有智商高又求進與智商實在太低又不願學之别，除此是没有區别的之理。又按：此章的“知”與《周易·繫辭傳》的“知”字其義一致。

第四章

子之武城，聞弦歌之聲。夫子莞爾而笑曰：割鷄焉用牛刀？子游對曰：昔者偃也聞諸夫子曰：君子學道則愛人，小人學道則易使也。

【注】

君子：指在位之人。小人：指學好之人。

【釋】

孔子到學生子游做縣宰的武城地方去，聽到琴瑟歌唱之聲。孔子莞爾而笑地對子游說：治理這樣一個地方，怎麼也用這樣大的力氣來做？子游說：在昔偃也聽過老師說：君子學了處世立人的道理後則能愛人，小人學了處世立人的道理後則能利人。

子曰：二三子，偃之言是也，前言戲之耳。

【釋】

孔子聽後對身邊的學生說：你們幾個學生，偃所說的對，我前面是說笑而已。

【按】

此章言世之教治。此説明孔子對自己教導出來的學生子游，到武城治政理民，能有如此成績給予的贊語。

第五章

公山弗擾以費畔召，子欲往。子路不説，曰：末之也已，何必公山氏之之也？子曰：夫召我者，而豈徒哉？如有用我者，吾其爲東周乎！

【注】

畔：相别。

【釋】

公山弗擾圖費地另僻治政召請孔子去，孔子欲前往。子路不贊許，説：難道没有其他地方了，何必公山弗擾召請您去就去呢？孔子説：他召請我去，難道是請我去做樣子的嗎？那地方有用我的，我將會盡其力爲東遷後的周室重興有道生活開創局面！

【按】

此章言爲世之治道。從此章文義觀之所言的"爲東周乎"應爲自平王東遷後的周室重興有道生活開創局面之義，如此不僅與《論語》所表現的孔子思想一致，也與當時的現實一致。至於公山弗擾與公山不狃是否同爲一人不詳，如公山弗擾與陽貨爲同伙，則孔子連陽貨又是送禮又是激將都不去，怎會去公山弗擾處？可見當時公山弗擾與陽貨非爲同伙。從《泰伯篇》十三章孔子的"守死善道。危邦不入，亂邦不居"與《衛靈公篇》四十章孔子的"道不同，不相爲謀"之義及《先進篇》二十五章的"子路使子羔爲費宰。子曰：賊夫人之子"之義等觀之，公山弗擾如是爲叛作亂，孔子是絶不會去的。由此也可見，"畔"字之義絶非爲"叛"字之義甚明。

第六章

子張問仁於孔子。孔子曰：能行五者於天下爲仁矣。請問之。曰：恭、寬、信、敏、惠。恭則不侮，寬則得衆，信則人任焉，敏則有功，惠則足以使人。

【釋】

子張向孔子問爲仁。孔子説：能行五種品行於天下則爲仁了。子張問是哪五種。孔子説：恭敬、寬厚、信實、敏事、惠利五種。恭敬則不會侮辱人，寬厚則會得衆，信實則會得人所用，敏事則會於作有功，惠利則足以使人相助。

【按】

此章言爲世之德行。孔子對子張所言的行此五者爲仁，對每個人來説不僅易學，而且易行，不僅益於社會，反過來又益於自己，是任何一個社會都值得倡導、值得實行的社會品德所在。

第七章

佛肸召，子欲往。子路曰：昔者由也聞諸夫子曰，親於其身爲不善者，君子不入也。佛肸以中牟畔，子之往也，如之何？

【注】

佛肸：晋趙簡子家臣，中牟縣宰。

【釋】

晋國的佛肸召請孔子去，孔子欲前往。子路説：在昔由也聽過老師説，親自在做不善之事的人那裏，君子是不去的。佛肸圖中牟那地方另僻治政，老師去了，準備怎樣呢？

子曰：然，有是言也。不曰堅乎！磨而不磷。不曰白乎！涅而不緇。吾豈匏瓜也哉，焉能繫而不食？

【注】

涅：黑色可染物。匏瓜：用於渡水之物。

【釋】

孔子説：對，我是説過的。但堅的東西，是磨損不了的！白的東西，是黑色染不上的！我豈是一種匏瓜，衹能作爲渡水之用而不能作爲食用？

【按】

此章言爲世之所用。見史雖不果，如本篇五章孔子所言，孔子是把一切放在爲世爲民基點上的，不是以一般的君子作爲可比擬的。參《子路篇》十章孔子的“茍有用我者，期月而已可也，三年有成”之義。

第八章

子曰：由也，女聞六言六蔽矣乎？對曰：未也。居，吾語女：好仁不好學，其蔽也愚；好知不好學，其蔽也蕩；好信不好學，其蔽也賊；好直不好學，其蔽也絞；好勇不好學，其蔽也亂；好剛不好學，其蔽也狂。

【釋】

孔子説：由，你言過六種品行同時就可能會有六種弊病存在嗎？子路説：没有呀。孔子説：坐下來，我同你説：一個人好仁而不好學，其蔽在於易於愚茫；好知而不好學，其蔽在於易於放蕩；好信而不好學，其蔽在於易於遭害；好直而不好學，其蔽在於易於傷事；好勇而不好學，其蔽在於易於生亂；好剛而不好學，其蔽在於易於狂妄。

【按】

此章言對品行的義理辨析與邏輯之理，又言世義。比《季氏篇》十章的“君子有九思”之義更爲深入，孔子此説明被美譽的事物、品行往往會有其蔽害的存在。而所存在的既不是我們一些人認爲的好的反面便是壞，因而不是簡單的仁與虐、知與愚、信與詐、直與僻、勇與怯、剛與柔等一對對所説矛盾之過程，而是複雜的仁與愚、知與蕩、信與賊、直與絞、勇與亂、剛與狂等一對對品行與弊病可能存在之關係與事物邏輯之必然過程。這個事物之關係理論與邏輯之哲理其義非常宏深，在歐洲的文化與哲理中是難以找到的，而此祇有在我們偉大祖國的文化與哲理中方具備。

第九章

子曰：小子何莫學夫詩？詩可以興，可以觀，可以群，可以怨。邇之事父，遠之事君，多識於鳥獸草木之名。

【釋】

孔子説：弟子們何不學些詩？詩可以興自己之志，可以觀人世之事，可以合君子之群，可以發心中對無道之怨。邇者可以知事父母之理所當然，遠者可以知事君上之爲國爲民所在，而且可以多多益於識世上鳥獸草木之名所在。

【按】

此章言詩義之所在。孔子提出要學詩、會作詩，非常重要。經孔子選取而成的《詩經》，内涵極富而哲理極深，是人類極珍貴之文化瑰寶。

第十章

子謂伯魚曰：女爲《周南》、《召南》矣乎？人而不爲《周南》、《召南》，其猶正牆面而立也與！

【注】

《周南》、《召南》：《詩經》二篇名。

【釋】

孔子對兒子伯魚説：你有没有在研讀《周南》、《召南》詩篇？作爲一個人如果不研讀《周南》、《召南》詩篇，其於世猶如正面有一道墻而立不得入内！

【按】

此章言學《周南》、《召南》詩篇之重要。孔子此説明研讀該詩篇可以深入人世之中。

第十一章

子曰：禮云禮云，玉帛云乎哉！樂云樂云，鐘鼓云乎哉！

【釋】

孔子説：禮所説的，歸結是説人生玉帛進取的興盛之道！樂所説的，歸結是説人世鐘鼓齊鳴的快樂之道！

【按】

此章言禮樂之義。孔子在此説是對禮與樂於人生人世如何的最概括、最透徹的説明。縱觀整部《論語》，所述皆此。

第十二章

子曰：色厲而内荏，譬諸小人，其猶穿窬之盜也與！

【注】

窬：俞從穴。

【釋】

孔子説：外色厲而内虚怯的人，譬如做壞事的小人，其像背地穿穴洞行偷竊之賊生怕被人發覺差不多！

【按】

此章言小人之貌。孔子在此是説明色厲而内荏之人的内心世界所在與不可告人的所在。

第十三章

子曰：鄉愿，德之賊也。

【注】

鄉愿：僞似公正。

【釋】

孔子説：僞似公正不講世事是非而蔽衆之言行，是德行之害賊所在。

【按】

此章言德行之賊。孔子在此言不是我們一些人認爲的德與殘，而是德與賊，内涵着事物宏深的複雜世處之理。

第十四章

子曰：道聽而塗説，德之弃也。

【釋】

孔子説：一個人喜於道聽塗説，必不能守住自己的德行所在。

【按】

此章言德行之弃。深涵着事物微妙的、變動不居的複雜世處之理。

第十五章

子曰：鄙夫可與事君也與哉？其未得之也，患得之。既得之，患失之，苟患失之，無所不至矣。

【注】

鄙夫：指求得官位之小人。

【釋】

孔子説：鄙夫小人，難道可與事君從政嗎？在没有得到之前，想盡辦法得到它。在得到之後，又想盡辦法保住它。當其覺得有可能要失去之時，則會無所不用其極。

【按】

此章言爲政小人。孔子此説明進入從政者中的小人，不僅是政之大害，且是世之大害之理。參《子路篇》二十章的“斗筲之人，何足算也”之義。

第十六章

子曰：古者民有三疾，今也或是之亡也。古之狂也肆，今之狂也蕩；古之矜也廉，今之矜也忿戾；古之愚也直，今之愚也詐而已矣。

【注】

廉：方正。

【釋】

孔子説：古時在百姓中存在的三種疾病，在今天的世道裏或是完全變了另一個樣。古時狂妄的人肆言而説，而今狂妄的人則變成了放蕩而爲；古時矜持的人方正而行，而今之矜持的人則變成了忿戾而爲；古時愚人直爲而行，而今之愚人則變成了枉詐而爲。

【按】

此章言人因世變而變所在。孔子此是從根本上説明人是隨着世的有道與無道而變化之理。參本篇二章的“性相近也，習相遠也”之義。

第十七章

子曰：巧言，令色，鮮矣仁。

【按】

此章言世之小人所在。參《學而篇》三章所釋之義。在此是言世被這些當政小人所害匪淺之所在。

第十八章

子曰：惡紫之奪朱也，惡鄭聲之亂雅樂也，惡利口之覆邦家者。

【注】

朱：紅色，喻政色。聲：聲色。利口：匪人之口。

【釋】

孔子說：可惡以黑紅相混的紫色政色之奪取純正鮮紅的朱色政色，可惡以鄭國害人的淫樂聲色之混亂樂而不淫的雅樂聲色，可惡以振振有詞的利口抹殺世理顛覆家國的人。

【按】

此章言小人害世所在。孔子此是說明世所以有道變爲無道，除上出無道之君、無能之君，又由無道之君、無能之君而斗筲小人、鄙夫小人充斥於政改變着政色，又由此而與世之小人順合以種種淫樂聲色混亂樂而不淫的雅樂改變着聲色，從而種種振振有詞抹殺世理顛覆家國的利口之說充斥於世。也由此可見孔子所以其時不能得用，民所以往後遭受二百幾十年戰亂至暴秦殘虐之苦所在。

第十九章

子曰：予欲無言。子貢曰：子如不言，則小子何述焉？子曰：天何言哉？四時行焉，百物生焉，天何言哉？

【注】

天：指造化之天。

【釋】

孔子說：我對於這樣的世道不想再說什麼了。子貢說：老師如果不說了，則我們做學生的如何再有所述呢？孔子說：天又說了什麼呢？隨着寒冬過去大地回春四時之行進，大地萬物也生長了，天又說了什麼呢？

【按】

此章言天地人世必然造化所在。孔子在此說明祇要天下有百姓存在，有學問存在，總有一天世之無道要成爲有道的之理。也說明爲何至晚年終不能得用後從事傳《書》，删《詩》，正《樂》，作《春秋》，序《易》之《彖》、《象》、《繫辭》、《說卦》、《文言》等所在。又按：此章之義與《周易·繫辭傳》的孔子對《咸卦》四爻所釋之義一致。

第二十章

孺悲欲見孔子，孔子辭以疾。將命者出户，取瑟而歌，使之聞之。

【注】

孺悲：魯人。

【釋】

孺悲欲事見孔子，孔子推辭身體有疾不見。將使命者支出户後，取下瑟來彈唱，使之聽聞而知。

【按】

此章言拒人不拒學問傳播。此説明孔子雖不願見孺悲其人，但還是將其所求學問通過取瑟而歌告知了使命者與其人。

第二十一章

宰我問：三年之喪，期已久矣。君子三年不爲禮，禮必壞。三年不爲樂，樂必崩。舊穀既没，新穀既升，鑽燧改火，期可已矣。

【釋】

宰我問孔子説：父母死了，三年的喪期，期也太長了。君子如果三年期間不爲禮，禮必壞。如果三年期間不爲樂，樂必崩。舊穀已完，新穀已來，連鑽燧都按季節改用不同質料取火，我看有幾個月期的居喪就可以了。

子曰：食夫稻，衣夫錦，於女安乎？曰：安。女安，則爲之！夫君子之居喪，食旨不甘，聞樂不樂，居處不安，故不爲也。今女安，則爲之！

【釋】

孔子説：父母死後不多日就吃着宴席，穿着錦綉，於你心安麽？宰我説：心安。孔子説：你心安，則去爲之！作爲一個君子之居喪，吃食覺得没有口味，聽樂覺得没有趣味，居處覺得不安，故不吃宴席，不穿錦綉。今你心安，則去爲之！

宰我出。子曰：予之不仁也！子生三年，然後免於父母之懷，夫三年之喪，天下之通喪也，予也有三年之愛於其父母乎！

【釋】

宰我走出後。孔子説：宰予真不仁呀！子女出生後，要過三年方能免於父母的懷抱，三年之居喪，天下通行之居喪，宰予也有三年時間在其父母懷抱之愛下生活的！

【按】

此章言子女對待父母應有之情與義。宰我必因世道在變壞、人際在淡漠而言。而孔子必因世已成父不父、子不子，再廢子女對父母應有之情與義，則哪會再有父母千方百計爲子女創進之爲？必直至父母不以子女爲子女，子女不以父母爲父母，丈夫不以妻子爲妻子，妻子不以丈夫爲夫之世，也即現今一些人所追求的徹底反掉中國的“封建”以自成生活過上歐洲人的人際淡漠、小國林立生活那樣。而孔子所强調的正是中國所以能興盛發達所以能一統之所在。

第二十二章

子曰：飽食終日，無所用心，難矣哉！不有博弈者乎？爲之，猶賢乎已。

【注】

博弈：古時一種游戲。

【釋】

孔子説：人而飽食終日，却無所用心，這些人做人也是難以有真正樂趣的。不是有博弈這些游戲嗎？去玩玩也可有益於身心。

【按】

此章言富貴者。此與《述而篇》十六章孔子的“飯疏食飲水，曲肱而枕之，樂亦在其中矣。不義而富且貴，於我如浮雲”與《雍也篇》十一章的“賢哉，回也！一簞食，一瓢飲，在陋巷，人不堪其憂，回也不改其樂”及《子罕篇》二十七章的“衣敝緼袍，與衣狐貉者立而不恥者，其由也與”等形成强烈反差。應是孔子對過着優越生活而不顧世道如何無所用心者最終必將劫難於己之所言。

第二十三章

子路曰：君子尚勇乎？子曰：君子義以爲上，君子有勇而無義爲亂，小人有勇而無義爲盗。

【釋】

子路問孔子説：君子崇尚勇力嗎？孔子説：君子以道義爲上，君子有勇而無道義於世爲亂，小人有勇而無道義於世爲盗。

【按】

此章言勇與義，又言事物的義理辯析與邏輯之理。孔子此是説明勇在不同的無道義的人身上，必出不同結果之理，同時説明義於人於世之重要所在。參《里仁篇》十章的“君子之於天下也，無適也，無莫也，義之與比”之義。

第二十四章

子貢曰：君子亦有惡乎？子曰：有惡，惡稱人之惡者，惡居下流而訕上者，惡勇而無禮者，惡果敢而窒者。

【釋】

子貢問孔子説：君子有所惡的嗎？孔子説：有所惡的事，所惡爲自己目的説人之惡者，所惡因自己居於下而誹謗在上者，所惡處世爲事悍勇而無禮者，所惡臨事妄爲不聽善言而致敗壞事者。

曰：賜也亦有惡乎？惡徼以爲知者，惡不孫以爲勇者，惡訐以爲直者。

【釋】

孔子問子貢説：賜，你也有所惡的嗎？子貢説：惡不要知識學問而自以爲是知者，惡目空一切而自以爲是勇者，惡生事加害而自以爲是直者。

【按】

此章言君子之惡，又言世理。孔子與子貢所言之惡，是世存在之弊病所在，也正是孔子及其弟子們力圖爲之克除所在，也應是我們今天的教育中應教育所在。

第二十五章

子曰：唯女子與小人爲難養也，近之則不孫，遠之則怨。

【注】

此女子絶非爲父母子女、兄弟姐妹、夫妻中女性的女子，而是與小人同語的女子。

【釋】

孔子説：唯成群的妻妾與奴僕難以爲養，與之近了則會無禮，與之遠了則會怨恨。

【按】

此章言世理，又言事物的邏輯之理。此是孔子對有財有勢窮奢極欲之人往往喪於非命之言，同時又是正世道之言。

第二十六章

子曰：年四十而見惡焉，其終也已。

【釋】

孔子説：一個人對自己的不善之事不能改掉，到了應不惑之年的四十歲時還是如前被人見惡，那他的一生也是不大可能歸正了。

【按】

此章言人生，又言人的性情之理。孔子在此是説明一個人需要從少小時起教好學好方成利世利己所在。參《憲問篇》四十三章的“幼而不孫弟，長而無述焉，老而不死，是爲賊”之義。

微子篇第十八

第一章

微子去之，箕子爲之奴，比干諫而死。孔子曰：殷有三仁焉。

【注】

微子：商紂之兄。箕子：商紂之叔。比干：商紂之叔，宰相。

【釋】

商紂暴虐，微子無法而走了，箕子不走爲了奴，比干爲勸諫被殺死。孔子說：殷商末期有這樣三位仁人。

【按】

此章言商末仁人，又言世義。商紂擁有當時世界上最爲强大的軍隊，由於暴虐無道，終至自焚於鹿臺，頭被周武王割下來挂於白旗上示衆，大商天下頃刻易爲大周天下，自成湯革除夏命經多少人多少代所建立之基業旦夕付諸東流。孔子此言涵義宏深。

第二章

柳下惠爲士師三黜。人曰：子未可以去乎？曰：直道而事人，焉往而不三黜？枉道而事人，何必去父母之邦？

【注】

士師：法官。

【釋】

柳下惠在某地做法官三次被罷免。有人對孔子說：您是否不會去這樣的地方？孔子說：直道而處世事人，怎麼能赴任而不被三次罷免？枉道而處世事人，又何必不在父母之邦國而要以天下爲己任呢？

【按】

此章言處世應直，又言世義。從文理文義觀之，是有人就原先柳下惠在某地爲法官時三次被罷免之事請教孔子的看法，爲此孔子如是言。這不僅因爲與孔子以天下爲己任的思想相符，且與孔子對柳下惠的評價相符（見《衛靈公篇》十四章的“知柳下惠之賢而不與立也”與本篇八章的柳下惠“降志辱身矣”之義），又與孔子的言語風格相符（見《爲政篇》十九章的“舉直”、“舉枉”與《顔淵篇》二十二章的“舉直”之言及《衛靈公篇》二十五章的“直道而行也”等言）。如爲柳下惠三黜後如此問答，於文理文義也不符，因此應爲孔子對所問如是説方是。

第三章

齊景公待孔子曰：若季氏，則吾不能，以季孟之間待之。曰：吾老矣，不能用也。孔子行。

【注】

季氏：魯之上大夫。孟氏：魯之下大夫。

【釋】

齊君景公在接待孔子時説：若像你們魯國季氏一樣，則我不能做到，可以按你們國家季氏、孟氏之間情形對待而用。之後又説：我已經老了，已不能怎樣用你了。孔子面對齊君如是之言，隨後離開了齊國。

【按】

此章言處世之志。此章的文法與《陽貨篇》一章的文法相類。此説明孔子既圖爲世爲民效能，又不圖做官，表現着能用則用、不能用則退的風範。

第四章

齊人歸女樂，季桓子受之，三日不朝。孔子行。

【釋】

齊國人所送的女樂隊已至魯國，季桓子接受之後三日不上朝議事。孔子面對季氏如是輕重顛倒，隨後離開了魯國。

【按】

此章言處世之志。此章從文義觀之，齊國必是送了類似鄭聲的女樂隊給魯國，用心十分昭然，但大權在握的季桓子不但受之，而且連國事也不顧了，三日不上朝議事，孔子時攝魯國相事，必是看不下去而又無法改變之而隨後離開了魯國。

第五章

楚狂接輿歌而過孔子曰：鳳兮，鳳兮！何德之衰？往者不可諫，來者猶可追。已而，已而，今之從政者殆而！

【釋】

一個楚國的佯狂之人一邊迎着孔子坐的車子走過來，一邊唱着歌說：鳳凰呀，鳳凰呀！你爲什麼這樣落魄呢？以往的事不必説了，來事還可追。已應知道哩，已應知道哩，當今的從政者們危險着哩！

孔子下，欲與之言。趨而辟之，不得與之言。

【釋】

孔子聽後下了車，想與他説話。但他快步地避開了，而不得與之説話。

【按】

此章言世況。此章勾畫了楚狂接輿無奈當政鄙夫小人，又向着爲世道奔波的孔子而避的人世事物之複雜關係并存的圖景，具有很高的哲理邏輯價值。楚狂接輿這些人應是有才學而又無奈世道，深知孔子的抱負所在，是來提請孔子要十分留意當政鄙夫小人們的不得已之士。又按：楚狂接輿這些人應是孔子學説得以生根、得以延綿的社會所在。

第六章

長沮、桀溺耦而耕，孔子過之，使子路問津焉。長沮曰：夫執輿者爲誰？子路曰：爲孔丘。曰：是魯孔丘與？曰：是也。曰：是知津矣。

【注】

長沮、桀溺：義同前章接輿。耦：作物（參拙著《周易今釋》“耦”字之義）。

【釋】

見長沮與桀溺二人在田裏爲作物耕耘，孔子車子過之，使子路下車去問過河津口在什麼地方。長沮人説：你爲之執輿駕車的人是誰？子路説：是孔丘。長沮人説：是魯國的孔丘嗎？子路説：是的。長沮人説：他是知道過河津口應在什麼地方的人。

問於桀溺。桀溺曰：子爲誰？曰：爲仲由。曰：是魯孔丘之徒與？對曰：然。曰：滔滔者天下皆是也，而誰以易之？且而與其從辟人之士也，豈若從辟世之士哉！耰而不輟。

【注】

耰：憂從耒。

【釋】

子路轉而問桀溺的人。桀溺人説：您是誰？子路説：叫仲由。桀弱人説：是魯國孔丘的門徒嗎？子路説：是的。桀溺人説：像滔滔江河水一樣不道的人不道的事天下皆是，而誰能改變它？像你這樣與其從避開不道之人、不道之事的人士，還豈不如從我們這樣避開世間生活的人士爲好！説完不再理會而祇顧做作物之事。

子路行以告。夫子憮然曰：鳥獸不可與同群，吾非斯人之徒與而誰與？

天下有道，丘不與易也。

【注】

憮：無從心，惘。

【釋】

子路將所問情形告訴了孔子。孔子憮惘地說：鳥與獸不可能相與同群，我不爲人世之事作爲而難道爲人世之外之事作爲？天下有道，丘是不會爲改變它而努力的。

【按】

此章言世情。長沮人、桀溺人衹爲自己避世生活，根本不顧當政鄙夫小人與天下百姓如何，不給爲改變世道的人以任何幫助，他們認爲衹要大家都避世了，世上的問題也就解决了，這些人思想應是莊周避世之學的産生與流行的社會所在。但這些人可能怎麽也想不到，正是他們這些人的不斷離世避世，并且不給救世人士以任何幫助，還要鼓動志士仁人離世避世，使世道越來越黑暗，終成人世二百幾十年嚴重戰禍之劫難。

第七章

子路從而後，遇丈人，以杖荷蓧。子路問曰：子見夫子乎？丈人曰：四體不勤，五穀不分，孰爲夫子？植其杖而芸。子路拱而立。止子路宿，殺鷄爲黍而食之，見其二子焉。

【注】

丈人：老者。杖：拄杖。蓧：《説文》曰：田器也。從字義與文義看大約爲草袋，參《憲問篇》三十九章的"蕢"爲草筐之義。

【釋】

子路落在後面，遇見一丈者，以拄杖肩負着草袋。子路問丈者説：您見到我老師没有？丈者説：四體不勤、五穀不分的人，怎麽能做老師？隨後植其拄杖而顧自在做有助莊稼生長的事。子路欲得孔子去處拱而立着。丈者請子路留宿他家再告，丈者家境不錯，殺鷄做菜并用較珍貴的黄米做飯請子路吃，并叫他的兩個兒子相見。

明日，子路行以告。子曰：隱者也，使子路反見之。至，則行矣。子路曰：不仕無義。長幼之節，不可廢也。君臣之義，如之何其廢之？欲潔其身而亂大倫。君子之仕也，行其義也。道之不行，已知之矣。

【釋】

第二天子路見到了孔子，把事情告訴了孔子。孔子説：這是隱者，叫子路反過去見丈者。子路到後，丈者要行，便一同行走了出來。子路向丈者説：老師和我們弟子是不仕無義的。既然室家父子之間的長幼之節不可廢弃，那邦國上下之間的君臣之義怎麽能被廢弃呢？如果我們每個人衹爲着自己如何而不想着别人如何，在夫妻之間必亂了男女大倫，在父子之間必亂了長幼大倫，在君臣之間必亂了邦國大倫。君子之所以仕，是行其世道之義。至於世道之不行，是已經知道的事了。

【按】

此章言世情。此丈者應是每個人當自食其力思想的隱者，反對人們爲光大民族文化與就正人世之道奔波呼號，視爲此奔波呼號的人是“四體不勤，五穀不分，孰爲夫子”的人，代表着社會一部分生活已足、自信其是的人的思想。雖孔子叫子路反見之以告，但聞不會接受。這些人思想應是李斯、韓非苛政嚴刑除蠹之學的産生與實施的社會所在。但這些人可能怎麽也想不到，正是他們這些人的不講民族思想文化，不講世道世義，直至産生着秦王朝毁滅文化的焚書坑儒與對萬民極其暴虐統治的劫難。

第八章

逸民：伯夷、叔齊、虞仲、夷逸、朱張、柳下惠、少連。子曰：不降其志，不辱其身，伯夷、叔齊與？謂柳下惠、少連，降志辱身矣，言中倫，行中慮，其斯而已矣。謂虞仲、夷逸，隱居放言，身中清，廢中權。我則异於是，無可無不可。

【注】

逸民：不得所用人士。

【釋】

對有真才而不得所用的伯夷、叔齊、虞仲、夷逸、朱張、柳下惠、少連這些人士。孔子説：能不降其志、不辱其身的，伯夷、叔齊應該説是了吧（見《季氏篇》十二章的“伯夷、叔齊餓於首陽之下，民到于今稱之”之義）？而柳下惠、少連，則已降其志已辱其身了，因其言已就中倫而言，其行已就中慮而行，其降志辱身而此（見本篇二章的“柳下惠爲士師三黜”之義）。至於虞仲、夷逸，雖隱居而不斷放言世事，衹是其身已能居中而清，其言已能廢弃從中權衡。我則异於他們的所是，認爲他們所是的無一定可以也無一定不可以。

【按】

此章言世事。孔子此既評述了世之隱士逸民，又説明了自己的處世立人所在。參《子路篇》二十一章的“不得中行而與之，必也狂狷乎！狂者進取，狷者有所不爲也”之義。

第九章

大師摯適齊，亞飯干適楚，三飯繚適蔡，四飯缺適秦，鼓方叔入於河，播鼗武入於漢，少師陽、擊磬襄入於海。

【注】

飯：次師。鼗：小鼓。

【釋】

魯國樂隊的大師摯去了齊國，二樂師干去了楚國，三樂師繚去了蔡國，四樂師缺去了秦國，打鼓的方叔已入於黄河某地，摇小鼓的武已入於漢中某地，而少樂師陽與擊磬的襄則入於海外某島國（參朱熹説）。

【按】

此章言文化傳播。應爲孔子平日所言，由學生們整理而成（參《鄉黨篇》各章節之義）。從全章内容看當時魯國的音樂文化不僅傳播於華夏各地，而且傳播於海外，從這裏也可見中外民族的交往早已有之，故而少樂師陽與擊磬的襄能入於海外島國傳藝。

第十章

周公謂魯公曰：君子不施其親，不使大臣怨乎不以。故舊無大故，則不弃也，無求備於一人。

【注】

周公：名旦，封於魯。魯公：伯禽，周公之子。

【釋】

周公旦對兒子魯君伯禽説：君子爲天下百姓而不施惠於自己的親屬友朋，不使大臣們怨乎君臣不以義。故大臣們舊無大的過錯，則不要相弃，不要求全責備於某人。

【按】

此章言爲世之政。此應是魯室所記之言，爲孔子授予學生而所録，周公此是言君要以天下爲己任，要不爲自己，對下要寬宏而成世興盛發達所在。

第十一章

周有八士：伯達、伯適、仲突、仲忽、叔夜、叔夏、季隨、季騧。

【釋】

周自革商得天下以來有八位爲世之士：伯達、伯適、仲突、仲忽、叔夜、叔夏、季隨、季騧（已皆無從可考）。

【按】

此章言爲世之士。此所言士參《泰伯篇》七章的“士不可以不弘毅，任重而道遠”之義。又接：孔子所言的周代名士而皆無從可考，説明暴秦時期對文化的毁滅并不亞於二十世紀六七十年代對文化毁滅的“十年浩劫”時期，爲暴秦樹碑實際上是爲“十年浩劫”樹碑。

子張篇第十九

第一章

子張曰：士見危致命，見得思義，祭思敬，喪思哀，其可已矣。

【注】

士：讀書之士。

【釋】

子張説：作爲一個讀書之士應見危能致命，見所得能思義，祭先人能思敬，喪長輩能思哀，其如此就可以了。

【按】

此章言士，又言世義。就《論語》所言的士觀之，子張在此所説的是讀書之士應能做到的地方。

第二章

子張曰：執德不弘，信道不篤，焉能爲有？焉能爲亡？

【釋】

子張説：對所持的品德不能光大，所信的道義不能固守，怎麽能説其已有這種品德與道義呢？還是没有這種品德與道義呢？

【按】

此章言理，又言人際。子張此是對該類人士於世之所指。

第三章

子夏之門人問交於子張。子張曰：子夏云何？對曰：子夏曰可者與之，其不可者拒之。

【釋】

子夏之學生問子張人際如何相交。子張説：子夏是怎麽説的？子夏的學生説：子夏説可以相交的交之，不可以相交的不相交。

子張曰：异乎吾所聞，君子尊賢而容衆，嘉善而矜不能，我之大賢與，於人何所不容？我之不賢與，人將拒我，如之何其拒人也？

【釋】

子張説：子夏所説的有异於我所聽聞，作爲一個君子要尊崇賢者而容合衆人，推尚善者而矜惜還不能之人，我是大賢之人，於人何所不能容合？我如是不賢之人，别人將拒之於我，如之何去拒絶别人呢？

【按】

此章言人際，又言世理。子夏所言之理與子張所言之理具體内容有所不同，子夏所言的是“不如鄉人之善者好之，其不善者惡之”之理（見《子路篇》二十四章之義）。而子張所説的則是“言忠信，行篤敬，雖蠻貊之邦，行矣”之理（見《衛靈公篇》六章之義）。

第四章

子夏曰：雖小道，必有可觀者焉，致遠恐泥，是以君子不爲也。

【釋】

子夏説：雖是旁門小道的事，必有其理所在可以觀，然這些所觀致遠有恐成極不能自拔而害世義世德，是以君子不爲其入。

【按】

此章言世理，又言爲世之道。子夏此是説明君子對旁門小道之事應有所略知其然但不可以隨之致遠之理。參《爲政篇》十六章的“攻乎异端，斯害也已”之義。又按：此章的“泥”字之義與《周易·需卦》九三的“需于泥，致寇至”與《震卦》九四的“震遂泥”的“泥”字之義一致。“致遠恐泥，是以君子不爲也”又與《周易·否卦》的“否之匪人。不利君子貞。大往小來”其義一致（參拙著《周易今釋》對此之釋）。

第五章

子夏曰：日知其所亡，月無忘其所能，可謂好學也已矣。

【釋】

子夏説：每日能知其所不知的，每月能無忘其所以學過的，可以説是好學成進的人了。

【按】

此章言學習，又言成才。子夏此是説明衹有如此方能成之知識學問的不斷積累過程與成之世有用之才過程。又按：子夏此所論與《周易·繫辭傳》的“富有之謂大業，日新之謂盛德”之義一致。

第六章

子夏曰：博學而篤志，切問而近思，仁在其中矣。

【釋】

子夏説：一個人能博學知識而堅定志嚮，切問世事而近思應行，則仁德就在其中了。

【按】

此章言學識，又言仁德。子夏此所言極是，應是爲國爲民教育之所在。

第七章

子夏曰：百工居肆以成其事，君子學以致其道。

【釋】

子夏説：各種工匠居合其才以成共事，君子學此以致共成世事之道。

【按】

此章言相共成事之理。子夏此説明君子應像百工相共成事一樣，而成就所事之業、世事之業。

第八章

子夏曰：小人之過也，必文。

【釋】

子夏説：凡小人對做壞的事情，必會加以文飾。

【按】

此章言小人之處事。參《子路篇》二十五章論述小人的“及其使人也，求備焉”之義。

第九章

子夏曰：君子有三變，望之儼然，即之也温，聽其言也厲。

【釋】

子夏説：君子對人的影響有三種情形，望之則氣度儼然，近之則温和可親，聽其所言則會感到没有偷假行弊之餘地。

【按】

此章言君子處世之事。子夏此是説明居事居業的君子於人事應嚴肅、温和、認真方成之理。

第十章

子夏曰：君子信而後勞其民，未信則以爲厲己也。信而後諫，未信則以爲謗己也。

【釋】

子夏説：君子爲事要使人感到信實而後再勞其民爲之，未能使人感到信實則民會認爲是在奴役自己爲之。諫事要使君感到信實而後諫之，未能使之感到信實則君會認爲是在誹謗自己之事。

【按】

此章言君子之處世之爲。從文義觀之應是子夏對在位君子而言。此章同時揭示出了周代社會是否應是奴隸社會之重要所在。

第十一章

子夏曰：大德不逾閑，小德出入可也。

【釋】

子夏説：一個君子應固守世理世義，而在小事上總是有出入的。

【按】

此章言君子處世之德。參《憲問篇》六章的“君子而不仁者有矣夫”之義。

第十二章

子游曰：子夏之門人小子，當洒掃應對進退，則可矣。抑末也，本之則無，如之何？

【釋】

子游説：子夏的弟子學生，叫他們打掃打掃，接待接待客人，應對應對事務，則已是可以了。但這些是普通的知識，根本的知識則沒有規定從何開始學習，這樣能行嗎？

子夏聞之曰：噫，言游過矣！君子之道，孰先傳焉？孰後倦焉？譬諸草木，區以別矣，君子之道，焉可誣也？有始有卒者，其唯聖人乎？

【釋】

子夏聽到後説：噫，這個話子游已過頭了！君子的知識學問之道，沒有分別哪一先傳授，哪一後學的？衹有草木，方可以區別爲各爲其所用，君子的知識學問之道，怎麼可以這樣説呢？難道規定那些學問自始而必成大才，這不是成了聖人了嗎？

【按】

此章言教育方法。此説明子游與子夏的不同教育方法，看來子游行的是格式化的灌輸教育方法，而子夏行的是以各成其才的教育方法。又按：此章子夏的“噫”之口語與《周易·繫辭傳》的“噫”之口語一致，“其唯聖人乎”之語與《周易·文言》的“其唯聖人乎”之語又一致，并參《顔淵篇》五章子夏對司馬牛所言“死生有命，富貴在天”之論等觀之，子夏極有可能參與過孔子集説《周易》之《彖》、《象》、《繫辭》、《説卦》、《文言》的成書之事宜。

第十三章

子夏曰：仕而優則學，學而優則仕。

【釋】

子夏曰：一個人爲仕處理事宜優秀則在於能好學，一個人在學習中能所取成績優秀則利於於世爲仕。

【按】

此章言爲政之士。子夏這裏所言的不是仕與民之事，而是仕與學之事，并由此構成了仕、政、學、民諸多方面事物錯綜的進程圖景，具有深刻的哲理邏輯意義。

第十四章

子游曰：喪致乎哀而止。

【釋】

子游説：親人喪亡，以悲哀爲是而止。

【按】

此章言喪禮。子游此説明的是喪禮的本質所在。參《八佾篇》四章的“禮，與其奢也，寧儉。喪，與其易也，寧戚”之義。

第十五章

子游曰：吾友張也爲難能也，然而未仁。

【釋】

子游説：我的朋友子張已盡了最大的努力，然而還未達到仁的地步。

【按】

此章言爲仁。此爲子游對子張仁德如何之評語。

第十六章

曾子曰：堂堂乎張也，難與并爲仁矣。

【釋】

曾子説：顯示其人高大的子張，我們所追求的仁德難以與他追求的仁德相并在一起。

【按】

此章言爲仁。此爲曾子對子張仁德如何之評語。

第十七章

曾子曰：吾聞諸夫子，人未有自致者也，必也親喪乎！

【釋】

曾子説：我聽老師説過，人未有自我而致情感的，必也在與自己親近的事上或與自己痛喪的事上方能真切地表露着！

【按】

此章言情僞。曾子所言之師言，是考察一個人表情真僞如何、内心世界真實如何之重要所在。

第十八章

曾子曰：吾聞諸夫子，孟莊子之孝也，其他可能也。其不改父之臣與父之政，是難能也。

【注】

孟莊子：魯大夫孟獻子之子，名速。

【釋】

曾子説：我聽老師説過，孟莊子的孝順，其他人也可能做到。而父死後能任用其父的臣屬與不改其父在時之政，却是難能的。

【按】

此章言孝道。曾子此説明孟莊子的真正孝順所在。

第十九章

孟氏使陽膚爲士師，問於曾子。曾子曰：上失其道，民散久矣，如得其情，則哀矜而勿喜。

【注】

陽膚：曾子弟子。

【釋】

孟氏任陽膚爲法官，陽膚爲此向曾子求教。曾子説：上面爲政的已失其治道，百姓爲此而心散與種種怨忿已久，你在審案中如審出因此原由犯罪所在，則應悲哀矜憐而不應得意。

【按】

此章言體恤民情。此説明孔子及其儒家學派是站在社會正義與民衆一邊的。參《顔淵篇》十八章的“苟子之不欲，雖賞之不竊”與《微子篇》二章的“柳下惠爲士師三黜”之義。又按：一國的律法應是一國的世理世義爲總攝爲世爲民的産物，如偏離此，則必然起不到爲世爲民目的，必使害世害民事没有其所治，害世害民者逍遥於法外而民散而傾危國家民族。

第二十章

子貢曰：紂之不善，不如是之甚也，是以君子惡居下流，天下之惡皆歸焉。

【注】

君子：指在位君子。

【釋】

子貢説：商紂之罪惡，不像後來所説的那樣所有的壞事都是他幹的，是故君子不居不善之流，否則天下的壞事都歸到他這裏了。

【按】

此章言君子爲政。子貢在此是説明君子不居不善之流，應以世理世義爲己任之理。也説明對商紂一類衹可言惡，不可言善所在。參《雍也篇》十三章的“女爲君子儒，無爲小人儒”之義。又按：桀、紂當時爲抗湯、武也應有文告等文獻，然不見於《尚書》收録，説明除被孔子收取成册有幸得以流存下來，餘皆焚於暴秦之火在此也深明。

第二十一章

子貢曰：君子之過也，如日月之食焉。過也，人皆見之，更也，人皆仰之。

【注】

君子：指在位君子。

【釋】

子貢説：君子也會有過失的時候，如日月之食一樣。過失之時，人們對此都能見到，發現過失而能改正之時，人們對此更是仰望。

【按】

此章言君子改過所在。子貢此説明君子一旦發現過失應即改正之理。參《子罕篇》二十五章的“過，則勿憚改”之義。

第二十二章

衛公孫朝問於子貢曰：仲尼焉學？子貢曰：文武之道，未墜於地，在人。賢者識其大者，不賢者識其小者，莫不有文武之道焉。夫子焉不學，而亦何常師之有。

【注】

衛公孫朝：衛國大夫公孫朝（取朱熹説）。

【釋】

衛國大夫公孫朝問於子貢説：孔子是怎樣得到學問的？子貢説：文王、武王之道并未消失，仍在人世。賢能的人能識其大的所在，不賢能的人祇能見到小的所在，然凡能見的仍莫不有文王、武王之道存在。老師怎麼會不學，這不是一般之師能有傳授的。

【按】

此章言孔子之道。能克商紂之惡而一直被人被後世稱頌的文王、武王之道，必有被世、被百姓稱頌的道理所在無疑，必也有自平王東遷後周室雖相當衰微然能繼續延續的道理所在無疑。因此對當時周道緣何還未墜於地而仍在人世爲百姓所望應是我們今天研究如何建成良性社會的重要參考課題所在。

第二十三章

叔孫武叔語大夫於朝曰：子貢賢於仲尼。子服景伯以告子貢。

【注】

叔孫武叔：魯大夫，名州仇。

【釋】

魯大夫叔孫武叔在朝庭裏對大夫們説：子貢要賢於他的老師仲尼。子服景伯見到子貢後，便把這事告訴了子貢。

子貢曰：譬之宮牆，賜之牆也及肩，窺見室家之好。夫子之牆數仞，不得其門而人，不見宗廟之美，百官之富。得其門者或寡矣，夫子之云，不亦宜乎！

【注】

窺：由洞穴視之謂之窺。仞：七尺，及肩高度。官：從政官員。

【釋】

子貢對子服景伯説：譬如宮室的室墻，我的宮室室墻祇有及肩的高度，人能窺見到我室家内的好看和我的情形。而老師宮室的室墻則有數仞之高度，猶如國家之宗廟不得其門而入，就無法見到宗廟的堂皇美麗，富有才能的百官衆多。能得其門而入者或許是少的緣故，叔孫武叔他老人家的話，不是也很自然嗎？

【按】

此章言孔子之道的高深。孔子以對事物的義理辨析與邏輯之理所一以貫之的中華民族博大精深的哲理思想文化，儘管有《周易》、《論語》、《詩經》、《尚書》及《禮記》、《春秋》等傳世，然能深入於其中得其道而出者，子貢之言如是。古往今來的持否抹者恐怕大體也如此。

第二十四章

叔孫武叔毀仲尼。子貢曰：無以爲也，仲尼不可毀也。他人之賢者，丘陵也，猶可逾也。仲尼，日月也，無得而逾焉。人雖欲自絶，其何傷於日月乎！多見其不知量也。

【釋】

叔孫武叔詆毀孔子。子貢説：叔孫武叔的所毀没有其理，孔子一以貫之的高深之道是没有辦法可以詆毀的。别人之賢之知者，最高不過是丘陵罷了，還是可能逾越的。孔子之道呢，如同日月之高，是任何人都是没有辦法逾越的。一個人欲這樣自絶，也是没有辦法損傷在天之日月的！衹是讓人多見其不自量罷了。

【按】

此章言孔子之道的無法被毁。此説明孔子之道爲從政的鄙夫小人們所讎視，故而從那時起就有人力加詆毀是自然而然的事。從此章也可明確看出，孔子之道是爲統治者統治壓迫老百姓服務的説法不知從何而生？參《子路篇》二十章的"今之從政者何如？子曰：噫！斗筲之人，何足算也"與《陽貨篇》十五章的"鄙夫可與事君也與哉"之義。

第二十五章

陳子禽謂子貢曰：子爲恭也，仲尼豈賢於子乎？子貢曰：君子一言以爲知，一言以爲不知，言不可不慎也。夫子之不可及也，猶天之不可階而升也。夫子之得邦家者，所謂立之斯立，道之斯行，綏之斯來，動之斯和。其生也榮，其死也哀，如之何其可及也？

【注】

君子：此爲尊稱。

【釋】

陳子禽對子貢説：您是恭順罷了，仲尼豈能賢能過您呢？子貢説：君子不能一言以爲已知道，一言以爲不知道，言語不可以不慎重。老師之不可及，猶如天之不可由階而登升。老師如得有邦家，真所謂邦家立之能得以確立，道義行之能得以盛行，百姓撫之能得以遠來，凡事動之能得以相和。他老人家在世，弟子們都感到極爲榮耀，他老人家逝世，弟子們都感到無限悲哀，怎麼可以相及呢？

【按】

此章言孔子之道的價值所在。子貢此既批駁了世上一些號稱有學人士對孔子的貶低，又闡明了孔子之道的意義與重大價值及他人不能相及所在。參《季氏篇》一章之義。又按：康有爲的《大同書》與孔子之道相較，可謂狗屁不通，以骨子裹如此思想進行變法，豈有不失敗之理。

堯曰篇第二十

第一章

堯曰：咨，爾舜，天之曆數在爾躬，允執其中。四海困窮，天禄永終。

【注】

曆：天地時曆之曆。數：萬物順斥之數。

【釋】

帝堯在行將退位的時候説：認真聽好，爾舜，今後天下萬民與人世造化之曆數如何在於你的身心與作爲如何，要允執世理世義與萬物生息於其中進行調治，調順人世成協和、萬物成蕃盛而爲。如果所行所爲使四海困惑、萬民怨恨，那普天之下也就不會再擁護你了，你的位禄也就永遠地終結了。

【按】

"允執其中"之義與"中庸"、"中正"、"中行"之義相較爲治道之極致。曆與數之允執其中也祇有無神的《洛書》可允執可調治，也即《洛書》四十五天地之數以五運數居於其中進行調治之義，也因此可見中華民族在當時對世界的認識已非同一般（詳見拙著《周易今釋》洛書説等章節）。外民族的文化與哲理最終都要歸結到"神"的作用或陰影上去，而中國人的文化與哲理中則找不出任何"神"的作用或陰影，這應該是中國從遠古燧人氏時期的鑽木取火至伏犧氏時期的結繩而爲罔罟、以佃以漁，到神農氏時期的耒耨之利而至黄帝氏時期戰勝蚩尤，直至堯舜氏時期的大禹治平洪水，都需要人們對自然的不斷深入認識與共同努力方成，故中國産生的是不需要"神"的護佑而需要人的協和共同努力的文化與哲理。而此在歐洲的文化與哲理中是絶對不存在的，如是，歐洲怎會直至今日人際淡漠、小國林立？總括該節雖祇短短二十四字，然哲理與世理之旨宏深，爲中國之文化與聖賢之治道根本所在。

舜亦以命禹。

【釋】

至帝舜行將退位的時候對禹也同樣講了這一番嚴肅的爲政之言。

曰：予小子履敢用玄牡，敢昭告于皇皇后帝：有罪不敢赦，帝臣不蔽，簡在帝心，朕躬有罪，無以萬方，萬方有罪，罪在朕躬。

【注】

予小子：商湯自稱。履：湯名。玄牡：暗色牡牛（“玄”字義參《周易·文言》的“天玄而地黄”之義）。皇皇后帝：夏代之前的三皇五帝。

【釋】

商湯説：予小子履敢用暗色的牡牛作爲犧牲，昭告自古以來的三皇五帝：對夏桀殘虐萬民之罪普天之下已不敢赦，帝臣商湯也不能隱瞞，罪之如何已簡明在帝所命所行之法，凡朕躬自身有罪，無以萬方百姓，凡萬方百姓有罪，罪在朕躬之身一人。

周有大賚，善人是富。雖有周親，不如仁人。百姓有過，在予一人。

【注】

賚：貝從來。

【釋】

周邦能得取天下，仁善之政是要取天下首先要取萬民之根本所在。殷商雖有衆多周親，不如我有仁德之人。凡天下百姓有過，罪在予一人。

謹權量，審法度，修廢官，四方之政行焉。興滅國，繼絶世，舉逸民，天下之民歸心焉。

【注】

權：秤錘，重量。量：斗斛，數量。法：辦法，刑律。度：尺度。

【釋】

謹慎計劃天下繁華與偏僻各地各行各業税率的收取幅度，審定各項事宜與各種所犯的辦法與所行刑律的適度，修復效能已屬低劣或已荒廢的政務系統，使天下之政令卓有成效通行於四方。興原先對萬民有功已經亡没之古國（如封舜之後爲陳國，禹之後爲杞國等），繼上代對百姓有德已經斷絶之族世（如給其土地使其生活有靠），舉爲百姓所尊敬然不得所用之賢民參政（如舉其賢能者爲官），使天下之民皆能歸心。

所重：民，食，喪，祭。

【釋】

唯所重的是天下百姓、吃穿住用、喪事以禮、祭之以禮四件大事。

寬則得衆，信則民任焉，敏則有功，公則説。

【釋】

寬厚則得衆擁，信實則得民任（用情），勤敏則於事有功，公平、公正處事則會得天下之人贊成（順注：此四句文風與上述不同，似爲孔子對上述所言）。

【按】

此章概括言中華民族思想文化與堯、舜、禹、湯、文、武之治道所在。各節應是孔子授學時對自虞至夏、商、周有關史書史料的章節輯録而言，爲弟子所録而成。該章意義重大，從帝堯以爲政之道命舜，至帝舜亦以命禹，至商湯革夏桀之命，周武革商紂之命，直至着重建立合萬民之制、順萬民之心之世，重民、食、喪、祭四件大事。説明自虞至夏、商、周四代過程所在之理，説明至春秋戰國周仍能延續所在之理，同時説明中華民族當時所以能在黄河流域站住脚跟而遂成有衆多人口民族之聚合、遼闊疆域之一統所在之理。一以貫之，爲孔子正世之道核心思想所在。

第二章

子張問於孔子曰：何如斯可以從政矣？子曰：尊五美，屏四惡，斯可以從政矣。

【釋】

子張問於孔子説：怎樣方能從好政？孔子説：尊尚五種美德，摒弃四種惡行，方能從好政。

子張曰：何謂五美？子曰：君子惠而不費，勞而不怨，欲而不貪，泰而不驕，威而不猛。子張曰：何謂惠而不費？子曰：因民之所利而利之，斯不亦惠而不費乎？擇可勞而勞之，又誰怨？欲仁而得仁，又焉貪？君子無衆寡，無小大，無敢慢，斯不亦泰而不驕乎？君子正其衣冠，尊其瞻視，儼然人望而畏之，斯不亦威而不猛乎？

【注】

君子：指爲政君子。

【釋】

子張説：哪些是五種美德？孔子説：君子惠利而不費財，勞累而不怨恨，欲得而不貪求，安泰而不驕横，威嚴而不凶猛。子張説：怎樣方能惠利而不費財？孔子説：以百姓之利所在所求而利之，這不是惠利而不費財嗎？選擇國家所利百姓所需而以時勞之，這不是雖勞累也無怨言嗎？欲做出於世於民的益舉而成之，這不是欲仁得仁而不用貪求嗎？君子於人無衆寡，於事無小大，於行無敢慢，這不是安泰而不驕横嗎？君子執事審事正其衣冠（嚴正），明其瞻視（慎辨），儼然使人望而威之，這不是威嚴而不凶猛嗎？

子張曰：何謂四惡？子曰：不教而殺謂之虐，不戒視成謂之暴，慢令致期謂之賊，猶之與人也，出納之吝謂之有司。

【注】

吝：吝嗇。

【釋】

子張説：哪些是四種惡行？孔子説：不加教導而遇事刑殺謂之虐民，不加規戒致事不合而進行處罰謂之暴民，慢令使事致期而不給所得謂之賊民，猶如與人之得一樣，應該給予民的所得報酬在付出時吝嗇謂之刁難百姓。

【按】

此章言爲政之道。孔子在此所論從世理世義出發完全站在爲世爲民的立場上，説明爲政從政者應修養五種美德、去除四種惡行而爲成協和創進興盛之世作爲之理。又按：此章的“小大”之言與《周易·繫辭傳》的“小大”之言其義一致。所言“吝”字之義也與《周易》經傳所言“吝”字之義一致。

第三章

孔子曰：不知命，無以爲君子也。不知禮，無以立也。不知言，無以知人也。

【釋】

孔子説：不知人世種種相關事物過程所産生的結果過程之命如何，不能成爲一個真正的君子（參拙著《周易今釋》之《乾卦》“見群龍无首，吉”之義）。不知人世禮義之所出所在，不能真正成就事業。不知察言所在，不能真正知人。

【按】

此章爲《論語》結語。孔子在此説明君子應知以人世萬物造化而作爲之理，應知人世義理所在而成業之理，應知人事的辨析與邏輯所在而行之理。説明一個人要爲世爲民效能，要成事成業，這是最根本所在。最終説明一個人要爲世爲民效能，要成事成業，需要不斷學而知之之理。

下卷完

老子今釋

序

恰逢北京奥運會開幕這一天，齊魯書社李興斌先生約請我爲鄭張歡先生的《老子今釋》寫一篇序言。

清人顧炎武講過："人之患，好爲人序。"并且，在我的理解中，序言總是應由高人來寫的，所以爲他人著作作序本非我輩所敢擔當。但是，興斌先生説明情况後，我最終還是答應了下來。爲什麽呢？

其一，兩年前興斌先生曾以鄭先生《周易今釋》相贈，不久前又以鄭先生《論語今釋》相贈，而《周易》、《論語》、《老子》也正是我多年來致力研究的幾部經典，因而對鄭先生就有了較深的印象。雖未曾與鄭先生謀面，但觀書識人，不亦宜乎！

其二，從鄭先生《周易今釋》、《論語今釋》二書後記中得知，鄭先生祖籍浙江蕭山，現定居杭州，并且居所就在黄龍社區，曾親炙於姜亮夫先生，學有根基。而我大學四年就讀的杭州大學正坐落於黄龍社區旁，姜亮夫先生正是我所學古典文獻專業領域中的泰斗。在校期間，姜亮夫先生雖年事已高，體弱多病，很少爲本科生授課，但我還是有幸聆聽過先生的幾次學術報告，親沐大師的風采……這都勾起了我對大學生活的回憶，對杭州的思念之情。

其三，爲鄭先生的精神所感動，這也是主要原因。鄭先生在《論語今釋》中自我介紹説："早年從事基層行政工作，愛好哲學、社會科學與自然科學，故長期從事中華傳統文化的研究。"其如此孜孜不倦於傳統文化經典的研究，且有《周易》、《論語》、《老子》系列譯注著作相繼問世，筆耕之勤奮，成果之豐碩，實令吾輩專力於此者自愧不如，感到汗顔。尤其是，在當今這個全球商業化的社會氛圍中，又身處商業風氣向來濃郁的杭州，先生能有如此定力，更令我輩感到敬佩。

其四，這一期間，我也正在構思和寫作一部有關《老子》的書，但在究竟采用哪個版本爲底本、以什麽體例和方式進行解讀等諸多問題上，猶豫不决，頗費躊躇，因而正欲與同道相互交流探討。現在，能先得鄭先生大作而讀之，本身就是一件樂事，并且也的確受到不少啓發。由此，便有一些話想説，不敢説是序，就權當讀後的一點感想吧。

在《老子今釋》之《緒言》中，鄭先生首先對《老子》一書通論，闡明了自己對於《老子》一書文本、老子之學淵源等基本的觀點和認識，確有不少獨到和精確之見，兹略述如下。

比如，老子、孔子之學孰先孰後，這是學界一直探討和在爭論的問題。鄭先生通過翔實的論證，區分老子與《老子》的年代，認爲老子之學"當發端於春秋末期孔子之學已行之時，成於爭戰、兼并已烈的戰國中期無疑"，鄭先生文中雖未提及一九九三年湖北發現的簡本《老子》，但所得出的結論確實爲簡本《老子》所證明。

再如，關於《老子》一書，很多人認爲它前後内容有密切相關的邏輯聯係，因而往往爲之强解。而鄭先生指出其"内容的前後不協、相左與抵觸之處也時有可見"、"前後重復也時有可見"、"不少章節之間缺乏連貫性，存在拼接的現象也很明顯"，於吾心頗有同感，也符合《老子》一書的實情，這是我們在研讀《老子》一書時應該注意的。

又如，曾經擔任"周守藏室之史"（《史記・老子列傳》）的老子，無疑是讀過《易經》（《周易》的經文）的，《老子》中的很多思想是受《易經》啓發而來，不通《周易》自然很難真正地理解《老子》。難能可貴的是，鄭先生兼通《周易》，因而能够融合易、道，以易圖、易理闡釋《老子》之"道"，給人以耳目一新、茅塞頓開之感。

對於《老子》正文，鄭先生采用"注"、"釋"、"按"三部分的形式，對《老子》一書中的疑難之詞、疑難之理、各章大意、章與章之間的關係等進行解釋，注釋疑難之詞而簡略得當，述大意而言簡意賅，全書層次清晰，條理分明，使人一目了然，如重門洞開，可説是研究《老子》者的一個上佳讀本。

臧守虎

二〇〇八年八月十八日於濟南

緒言

重論老子及其學説

《老子》一書，又名《道德經》，自問世以來，一直爲世所重。其不僅是一部中國道家之學的極經典著作，同時是一部人類自然邏輯之學的極經典著作。老子之學涉及世界上的哲學理論、思想文化、社會生活的各個方面，範圍極爲廣泛。今天重新研究此書，仍有着十分重要的意義，必將使我們廣爲開闊視野，進而深入認識世界，明辨人世應行所在，從而達到建成人際協和、生活美滿、世間長治久安之社會目的。

老子的自然邏輯之學講的是能蔽而新成建成大道生活之世，與孔子的義理邏輯之學講的是温故而知新建成協和興盛之世不相融合。但它首先都從根本上涉及哲理問題，涉及世界上的事物何以成生息不止、何以成運動演化的問題，涉及人世如何爲用的問題。對此，老子勾畫了事物本體的道及其道爲體用的德，勾畫了道由其内在的原因而不斷運動、不斷相异相生而産生天地人世萬物，并由於道的不斷的前進運動與萬物的不斷由産生至復歸的過程運動，使世界産生着圓周形螺旋式過程的前進運動的圖景。用以説明隨着時代的變遷進程，世理世道也跟着變遷，原先的世理世道已不再適用之理，從而説明對原先的世理世道必須進行破除，與之决别而新成爲自然之理。同時，老子以其道與德勾畫了人的思想與作爲如何法地上萬物的生息而行，地上萬物的生息如何法天上寒暑而行，天上寒暑如何法道體的周行而行，道體的周行如何法其自然變化而行的圖景。用以説明萬民如何應以世上所行制度而行，世上所行制度如何應以在上統治者决政而行，在上統治者决政如何應以其道的意志而行之理，從而説明萬民衹要尊有道的統治者，心懷其道爲體用的柔下之德，必能在統治者的無爲而無不爲統治下過上“安平泰，樂與餌，過客止”的理想大道生活之理。

老子的這個事物自然邏輯哲理及其而來的人世之理，從理論上徹底抹掉了萬物所以動静生息演化的事物義理邏輯哲理，徹底改掉了儒家尊奉的易學經典《周易》所闡述的天地合德而萬物生焉之哲理，徹底改掉了儒家尊奉的先賢所闡述的上下合德、父母子女合德、夫婦合德、萬民合德而成世興盛發達之世理，變成了統治者所需要的地以天而行、天以道而行之哲理，變成了萬民以統治者而行、統治者以其道意志而行之世理。因此，老子之學的這個哲理與世理的出現，得到了統治者們的歡迎。老子之學與消極的事物相對論結合後，産生出老莊的避世之學及其一派；與積極的事物新成論結合後，産生出黄老的治世之學及其一派。所謂黄老之學，就是以其學爲本，以刑德相成爲用之學，也就是以所説黄帝之道與老子之學同道之學。老子之學及其而來的黄老之學自戰國中期興起，至秦取天下而盛行，秦爲建立萬民無有不服從統治者的萬世基業，在實行苛政嚴律的同時，爲實現其思想統治，焚盡儒學及其有關一切書籍；爲實現其政治統治，坑殺敢有异議的儒學人士，使統治者的道與意志得到了絶然無阻的施行。然唯其學而行的秦却在短短的時間内産生了統治者之間空前的不斷殘殺與匹夫大呼、天下土崩的局面而迅速滅亡。漢初承秦制，雖改苛政嚴律，仍尊其學繼續禁義理的儒學而行，但漢初也産生了統治者之間空前的權力傾軋與互相殘殺而差點改朝换代，至漢武時終因其學的嚴重危害而被罷黜，轉尊被統治者們認爲的不能由其意志任行的儒家義理邏輯之學。

深究老子之學的自然邏輯哲理，爲事物由内在的原因而引起運動發展之哲理，這與近代歐洲最終有神的黑格爾哲理是一致的。但老子之學的以得其道的人可以對事物無爲而無不爲改變世界、達到目的之哲理，這又與近代歐洲最終有神的康德哲理是一致的。除此，老子之學的以外部世界的如何决定着人的内心思想與作爲如何之哲理，又與近代歐洲的唯物論哲理是一致的。而老子之學的以統治者的道與意志如何决定着人世生活與秩序如何之哲理，則與近代歐洲的唯心論哲理又是一致的。正是由於老子之學哲理的這些特點，使老子之學擺脱了康德哲學中的物自體是彼岸的、是不可知的哲理誤區，又擺脱了黑格爾哲學中的世界充滿着矛盾、世界是在矛盾鬥争中發展着的哲理誤區。但也正是由於老子哲學較之近代歐洲哲學的這些特點，使較之歐洲人由其哲理而來的政治學中的“人人生而平等”與相關之説更具有其截然的二重性。歐洲人由其哲理而來的政治學中的“人人生而平等”與相關之説一方面使人深感神往，但另一方面却深涵着對弱者的歧視、對女性的蹂躪，深涵着人際的冷酷與侵占，深涵着世有主僕的合理性、對人奴役的合法性。老子之學中的使天下往的“安平泰，樂與餌，過客止”與相關之説，一方面使人更感神往，但另一方面却深涵着最高統治者以其意志對世實行殘虐統治的必然性，深涵着最高統治者爲愚民對除此知識學問的排他性，深涵着最高統治者爲圖安逸享受不顧下民能否生存下去的殘酷性。老子之學的截然二重性，不僅可以從其書的内容中看出來，而且在秦與漢初時期都得到了充分的證明。

凡研習孔子義理邏輯哲理之學者，許多人爲人世義理與人世協和興盛奮不顧身，但也有不少人變得拘泥迂腐與無所作爲。而凡研習老子自然邏輯哲理之學者，除成爲消極避世與探究自然奧秘而居者，往往會對世界充滿着想象與异想天開，用於治世，就會以現實服從理想、服從其异想天開而行。這是由於老子之學從根本上離開了天地人世萬物所以生息、所以運動演化的必然義理所在的結果，這也是老子之學及因之而來的黄老之學用於治世所以造成嚴重危害的根本所在，也是其學與孔子的儒學在較量中最終不能被世認可的根本所在。但老子之學仍極有其價值，藴涵着世界最豐富、最深奥的事物辯證法之理，對此很有必要進行研究。爲對老子之學有一全面的認識，在研究《老子》一書前，將首先對老子之學所涉及的有關問題作一些必要的研究，以深入其中而知其理之所在。

一、對老子之學産生時代問題的研究

對老子之學究竟産生於孔子之學前還是後的時代問題的研究，是關於老子之學内涵的一個極其重要的研究，對此須同研究中國社會的學術思想與社會思想過程結合起來，方能明確其産生的時代。衆所周知，老子之學的“道”與“德”這兩個最重要的概念，最早見於《尚書·虞書》，也見於産生於殷商末期的《周易》等古籍。在這些古籍中，“道”爲“道路”、“道理”、“治道”一類涵義，“德”爲“品德”、“德行”、“常德”一類涵義。至春秋末期，“道”除了上述涵義外，被孔子賦予了“真理”的涵義，如“朝聞道，夕死可矣”、“士志於道，而耻惡衣惡食者，未足與議也”（《論語·里仁》）即是其證。“德”除了上述涵義外，被孔子賦予了“仁善”的涵義，如“子欲善而民善矣，君子之德風，小人之德草”（《論語·顔淵》）等即是其證。至戰國，道在《易傳》中又被孔子及其弟子賦予了“事物本源”的意義：“是故形而上者謂之道，形而下者謂之器”即是其證。“德”在《易傳》中又被孔子及其弟子賦予了“德化”的意義，如“窮神知化，德之盛也”即是其證。老子言“道”，除了上述涵義與被孔子及其弟子所賦予的涵義、意義外，又進而賦予了“萬物本體”的意義，如道“獨立不改，周行而不殆”（《二十五章》）、“大道氾兮，其可左右。萬物恃之而生而不辭”（《三十四章》）、“道生一，一生二，二生三，三生萬物”（《四十二章》）皆爲其證。老子言“德”，則是將上述涵義與被孔子及其弟子所賦予的涵義、意義改造爲“善”、“柔”的涵義、意義，并進而賦予了“道爲體用”的意義，如“上善若水。水善利萬物而不争”、“與善仁，言善信”（《八章》）、“弱者道之用”（《四十章》）、“道生之，德畜之”（《五十一章》）、“江河所以能爲百谷王者，以其善下之”（《六十六章》）皆爲其證。從上可見，老子之學“道”的涵義，是對以往與孔子及其弟子所賦予涵義、意義的承繼與發展，老子之學“德”的涵義，是對以往與孔子及其弟子所賦予涵義、意義的承繼、改造與發展，對此過程是清晰的，是無可置疑的。

其二，孔子之前學在官府，自孔子爲開端而轉爲學入民間，也即真正進入社會。孔子爲學在官府跨入社會的轉折所在，故《論語》一書，其中許多章節文句中的文字多古字義，也衹有以古字義方能釋出其義所在（見拙著《論語今釋》，齊魯書社二○○七年版）。而《老子》一書的章節文句中却很少有這種古字義的現象存在，在《論語》一書中的古字義到了《老子》一書中，基本上都成了直至今日的通用字義，少有需以古字義方能把有關章節之義釋明的現象存在。這説明，自學進入社會後，不少文字以字義爲用向文字以通俗爲用的轉折所在，對此過程也是清晰的，是無可置疑的。

其三，周公爲周初政治家，爲周成一代有道之朝制周禮，而魯爲周公之後，又享受着唯有周天子方可舉行的禘禮特權，在周衰微後被人稱頌爲“周禮盡在魯矣”（《左傳·昭公二年》），孔子也説“魯一變，至於道”（《論語·雍也》），等等，皆説明魯爲諸夏各國中周衰微後周禮盡在之國。而在魯的孔子却適周向老子問禮（順注：問與學其義不同，見《論語·八佾》的“子入太廟，每事問”之義），這不僅説明老子有其學問，而且説明有其异説，這在《禮記·曾子問》中也得到證實。孔子自“十有五而志于學，三十而立”（《論語·爲政》），一直爲世間“有道”、形體“正名”而努力，而老子却開首就説：“道可道，非常道；名可名，非常名。”（《一章》）這應該是老子之學與孔子之學最初相异相別開端所在，也説明老子對孔子爲世間“有道”、形體“正名”的態度所在。其他諸如孔子辦教學説“有教無類”（《論語·衛靈公》），老子却説“絶學無憂”（《二十章》）；孔子説“舉賢才”（《論語·子路》），孔子及其弟子在《易傳》中説“尚賢”，老子却説“不尚賢，使民不争”（《三章》）；孔子説“學如不及，猶恐失之”（《論語·泰伯》），老子却説“絶聖弃知，民利百倍”（《十九章》）；孔子説“據於德，依於仁”（《論語·述而》）、“君子義以爲上”（《論語·陽貨》），老子却説“絶仁弃義，民復孝慈”（《十九章》）；孔子説“富之”、“教之”（《論語·子路》），老子却説“絶巧弃利，盜賊無有”（《十九章》）；孔子説“人而不仁，如禮何”、“禮，與其奢也，寧儉”（《論語·八佾》），老子却説“夫禮者，忠信之薄而亂之首”（《三十八章》）；孔子説“足食，足兵，民信之矣”（《論語·顔淵》），老子却説“雖有甲兵，無所陳之；使人復結繩而用之”（《八十章》），等等。皆説明老子對孔子之學的態度所在與過程所在，對此過程同樣是清晰的，是無可置疑的。

其四，從春秋至戰國各時期觀之，周王室在春秋初期還是爲諸夏各國所尊奉，至中期則變成所扶持，在末期則變爲所認可，至戰國初期則已爲還可用而已，至中期各邦國紛紛稱王而降爲一個小國地位，至末期强國争雄而周室滅亡。與此過程同時，孔子在春秋末期言“匡天下”（《論語·憲問》），至孫子言“争於天下”（見李興斌先生《孫子兵法新譯》，齊魯書社一九九九年版），至老子則言“侯王得一以爲天下貞”（《三十九章》）與“取天下”（《四十八章》、《五十七章》）、“是爲天下王”（《七十八章》）。由此也可明確看出隨着周王室的衰微過程與人們對天下之事態度變化的過程所在，對此過程也同樣是清晰的，是無可置疑的。

其五，有説老子的“報怨以德”（《六十三章》），見之於《論語》，是老子之學早於孔子之學之證。姑且不論以此能否成立，就從孔子所言的“何以報德？以直報怨，以德報德”（《論語·憲問》）的用語來看，也絶非爲孔子適周向老子問禮的用語態度所在與之後在《禮記·曾子問》中孔子對老子所言的取用態度所在，由此可見此語僅是世人對恩怨所持的一種態度，以後爲《老子》所取用罷了。除此還有説老子的“無爲”（《二章》、《四十三章》、《六十三章》）、“爲無爲，則無不治”（《三章》），見之於《論語》有“無爲而治者其舜也與”（《論語·衛靈公》），是孔子引用老子之學之證。殊不知老子所言的“無爲”，是言無爲美惡之事、無爲聖知之事、無爲巧利之事、無爲欲望之事，常使民無知無欲，則無不治之理。而孔子所言的“無爲而治”，是言舜對民不濫用官吏、不施加刑戮爲使天下達到大治之理，是絶然不同的學問範疇，怎能扯在一起？因此，以此而説老子之學要早於孔子之學是不能成立的。

綜上所述，老子之學與孔子之學的前後過程之義是極爲清晰的，老子之學要後於孔子之學是無可置疑的。并考之老子所言“將欲取天下而爲之，吾見其不得已”（《二十九章》），但又言“取天下常以無事”（《四十八章》）、“以無事取天下”（《五十七章》）、“是爲天下王”（《七十八章》）等情形觀之，老子之學内容的時間跨度很大，當發端於春秋末期孔子之學已行之時，成於争戰、兼并已烈之時的戰國中期無疑。

二、對老子之學具體内容與作者問題的研究

老子之學的内容極爲廣泛複雜，除了論述事物本體的道及其道爲體用的德外，論述政治的有：“聖人處無爲之事，行不言之教”（《二章》），“不尚賢，使民不争”至“爲無爲，則無不治”（《三章》），“天地不仁，以萬物爲芻狗”至“多言數窮，不如守中”（《五章》），“絶聖弃知，民利百倍”至“見素抱樸，少私寡欲”（《十九章》），“絶學無憂”（《二十章》），“始制有名。名亦既有”（《三十二章》），“執大象，天下往”（《三十五章》），“吾將以爲教父”（《四十二章》），“既得其母，以知其子。既知其子，復守其母”（《五十二章》），“以正治國”（《五十七章》），“治人事天，莫若嗇。夫唯嗇，是謂早服”（《五十九章》），“治大國若烹小鮮”（《六十章》），“古之善爲道者，非以明民，將以愚之”（《六十五章》），“是以聖人執左契”（《七十九章》），“小國寡民，使有什伯之器而不用，使民重死而不遠徙”（《八十章》），等等。

論述刑律的有：“使夫智者不敢爲也”（《三章》），“大制不割”（《二十八章》），“吾將鎮之以無名之樸”（《三十七章》），“服文彩，帶利劍，厭飲食，財貨有餘，是謂盗竽。非道也哉”（《五十三章》），“法令滋彰，盗賊多有”（《五十七章》），“不曰以求得有罪以免邪”（《六十二章》），“勇於敢，則殺”、“天網恢恢，疏而不失”（《七十三章》），“若使民常畏死而爲奇者，吾得執而殺之”（《七十四章》），“民至老死不相往來”（《八十章》），等等。

論述兵家之事的有：“奈何萬乘之主，而以身輕天下”（《二十六章》），“以道佐人

主者，不以兵强天下”至“是謂不道，不道早已”（《三十章》），“夫唯兵者不祥之器”至“戰勝以喪禮處之”（《三十一章》），“人軍不被甲兵”（《五十章》），“以奇用兵”（《五十七章》），“善戰者不怒，善勝敵者不與”（《六十八章》），“用兵有言”至“哀者勝矣”（《六十九章》），“天之道不争而善勝”（《七十三章》），“是以兵强則滅”（《七十六章》），“雖有甲兵，無所陳之”（《八十章》），等等。

老子之學除了内容的廣泛複雜，其内容的前後不協與相左、抵觸之處也時有可見，如：“聖人常無心，以百姓心爲心”（《四十九章》）與“絶巧弃利”（《十九章》）其義不協，“以正治國，以奇用兵，以無事取天下”（《五十七章》）與“天下神器，不可爲也。爲者敗之，執者失之”（《二十九章》）其義不協，“將欲歙之，必固張之。將欲弱之，必固强之。將欲廢之，必固興之。將欲奪之，必固與之”（《三十六章》）與“聖人處無爲之事”（《二章》）其義相左，“知不知上，不知知病”（《七十一章》）與“常使民無知無欲”（《三章》）其義抵觸，“若使民常畏死而爲奇者，吾得執而殺之”（《七十四章》）與“善之與惡，相去若何”（《二十章》）、“聖人常善救人，故無弃人”（《二十七章》）其義抵觸，“堅强者死之徒”（《七十六章》）與“强行者有志”（《三十三章》）其義抵觸，“信言不美，美言不信”（《八十一章》）與“美言可以市尊”（《六十二章》）其義抵觸，“非道也哉”（《五十三章》）、“不道早已”（《三十章》）與“天下有道”、“天下無道”（《四十六章》）其義相悖，前者爲道家自然邏輯用語，後者爲儒家義理邏輯用語，等等。

除此，《老子》一書中内容前後重復也時有可見，如：“生而不有，爲而不恃，長而不宰，是謂玄德”四句前見於《十章》，又復出於《五十一章》中；“挫其鋭，解其紛，和其光，同其塵”四句前見於《四章》，又復出於《五十六章》中；“塞其兑，閉其門”二句前見於《五十二章》，又復出於《五十六章》中……這些類似重復現象時有可見。另外，《老子》一書不少章節之間缺乏連貫性，存在拼接的現象也很明顯。

綜上所述，《老子》一書不僅内容極爲廣泛複雜，而且内容的前後不協、相左與抵觸之處時有可見，及其内容存在的重復現象與章節存在的拼接現象，很難以其一以貫之的情形觀之；與考之上章老子之學内容的時代跨度問題情形，并考之苦縣原爲陳國，春秋末年爲楚所滅，而司馬遷《史記》却言“老子者，楚國苦縣厲鄉曲仁里人，姓李氏，名耳，謚曰聃”之義情形，可以斷言《老子》一書絶非成於一人之手，而是集發端於春秋末期的老聃，歷經其後學的不斷擴充，至戰國中期的後學李耳（謚曰聃）而成其著無疑。

三、對老子之學應用問題的研究

凡研習老子的自然邏輯哲理之學者，除於世成爲避世事不争的老莊學者外，多於世成爲强行者有志的黄老學者。老子的“道可道，非常道”（《一章》），把原先君主們應法先王美德而行之世理，從理論上改成了君主們應以其意志而行之理；“名可名，非常名”（《一章》），把原先君主們應温故知新而行之理，從理論上改成了君主們應除故新成而行之理。老子的“人法地，地法天，天法道，道法自然”（《二十五章》），更是把君主們應遵循的以民爲天（見《尚書》之《泰誓》等篇）、以民爲重（見《論語》之《堯曰》等篇）的重民之理，從理論上改成了君主們應使萬民服從於己的决民之理。其他諸如“常使民無知無欲。使夫智者不敢爲也”（《三章》）、“絶聖弃智，民利百倍。絶仁弃義，民復孝慈”（《十九章》）、“絶學無憂”（《二十章》）及其“若使民常畏死而爲奇者，吾得執而殺之”（《七十四章》），等等，則更是成爲君主們排斥世之學問、實行殘虐統治、對敢於异議者施加殘酷刑罰的理論根據所在。因此，老子之學的問世，首先得到統治者們的歡迎而流行。老子後學們爲增强其影響力，進一步成爲世用，發揮老子的“道生之，德畜之”（《五十一章》）與刑殺(《七十四章》)、“小國寡民”、“使民重死而不遠徙”（《八十章》）之説，把由此而來的刑德相成説成源於黄帝之道，稱爲“黄老之學”。一九七三年長沙馬王堆三號漢墓出土的《老子》之書與《黄帝四經》之書合抄於同一寬帛便是其證。司馬遷《史記》没有黄學單獨稱謂，而衹稱“老子之學”與“黄老之學”，其理也正在於此。由於其學爲統治者們實現其意志統治、鞏固其意志統治而用被稱爲帝王之術而迅速興起。據《史記》記載，從申不害至韓非直至漢初統治者們皆本黄老之學；據《漢書》記載，其類書在先秦戰國時期已達到十二類二十六種之多，爲世行之最。

秦時老子之學及其而來的黄老之學是否盛行？雖《史記》没有對此直言，但從秦取天下前的握秦王嬴政父子二朝大權的吕不韋，其《吕氏春秋》内容幾乎引遍了老子之言及刑德相成爲用觀之；取天下時秦王嬴政對本於黄老之學的韓非之説極爲器重，切求其人爲用觀之；取天下後老子的“使夫智者不敢爲也”（《三章》）、“絶聖弃智，民利百倍”（《十九章》）、“絶學無憂”（《二十章》）與秦的焚盡儒學之書、坑殺儒學之士，老子的“絶仁弃義”（《十九章》）與秦實行的苛政嚴律，老子的“夫禮者，忠信之薄而亂之首”（《三十八章》）與秦實行的父子、婆媳、兄弟分離之制，老子的“小國寡民”、“民至老死不相往來”（《八十章》）與秦實行的伍、什連坐之制觀之；秦王嬴政死後，老子的“善建者不拔，善抱者不脱”（《五十四章》）、“早服謂之重積德，重積德則無不克”（《五十九章》）與秦統治者除殺傾嚮儒學的行將登位的扶蘇而另立胡亥爲王觀之；同時從漢建國前與建國初没有儒學之書而有《老子》、《黄帝四經》等黄老之書可抄，與《史記》所載漢初的最高層統治者在秦時皆爲底層人士，却滿腹黄老之學爲用與繼續禁止儒家的義理邏輯之學等觀之：老子之學及由其而來的黄老之學在秦時絶對盛行無疑，而且絶對爲官學無疑。爲什麽不提老子之學及由其而來的黄老之學在秦時盛行？這應該是其後學爲抹去這一段不光彩的歷史有關，而改稱法家直至今日。總之，從其間整個歷史過程觀之，老子之學及由其而來的黄老之學自戰國中期興起至於秦漢，在整個中國大地盛行一百餘年，一直爲統治者們所尊奉，從未有過遭禁與間斷當是事實無疑。但由於其學被尊奉不能异問而盛行産生的人世灾難不僅造成秦政權的快速滅亡，也造成漢初朝政不固，差點改朝换代而失去生命力被廢黜，其學以後在唐初也被尊過，但被武則天的革弊制又差點改朝换代，以尊其學的大道治世大致情形如此。

四、對老子之學哲理所出問題的研究

深研《老子》一書的自然邏輯哲理，幾乎與近代歐洲的自然邏輯哲理所出一樣，最終都有上帝之神的存在，但老子之學與之又有些不同，較之歐洲人的上帝之神存在層次顯得更深。老子之學的自然邏輯哲理，可以説是以當時中國南方地區爲主存在着的、將地上萬物的變化如何歸於天上之事的變化、最終有神的巫學文化之哲理爲出發，結合以天行爲過程的、被人稱爲“象山之出雲，連連不絶”、周行而不殆的《連山易》之帝出乎震運行生化圖説之哲理爲所用的産物。因此與中國易學經典《周易》所闡述的世界上的事物由於异性成陰陽薄順相錯而居、同性成協間而處而成天地之生化、四時之運行、生命之生成、萬物之造化、世事之演變與進程的哲理根本不同（詳見拙著《周易今釋》，齊魯書社二〇〇六年版），也與秉承易學經典《周易》的義理邏輯哲理而成的人世之道經典《論語》（詳見拙著《論語今釋》）、人世兵家之道經典《孫子兵法》（詳見李興斌先生《孫子兵法新譯》）等經典著作所貫穿的對事物的生息、運行、演化進行義理辨析與邏輯思維的哲理根本不同。在這些經典著作中，事物的辯證法是通過思維之形成、事物之生化、義理之所在、邏輯之過程而體現的。而老子之學從根本上捨弃事物的義理，所説的是世界上存在着萬物産生所在，又爲萬物復歸所在，周行而不殆的呈圓周形螺旋式運動進程的本體的道及其爲此體用的德，與事物相异相生、相勝相克的自然辯證法及其邏輯哲理爲用之理，用以説明在有其道的統治者統治下，人世必能過上使天下往的“安平泰，樂與餌，過客止”的理想大道生活之理。

對老子之學的自然邏輯哲理所出，人們可以從以後道家所繪製的道周行而不殆的太極圖（即由太極而生陰陽魚過程圖）、先天八卦方位圖（即由陰陽魚運行過程而成先天生化過程圖）、後天八卦方位圖（即《連山易》遺文帝出乎震生息過程圖）、先天後天合一圖（即陰陽魚先天居内、後天八卦過程居外生息過程圖）看出老子之學的道周行而不殆，而成萬物不斷生息進程之理所在。并可從以後道家所繪製的先天八卦次序圖（即萬物由無成有圖）、先天後天合一六十四卦次序圖（即萬物由無成有而衆圖）可以看出老子之學的人世理想大道生活應有秩序之理所在。

附圖一：

（1）道家的道周行而不殆太極圖

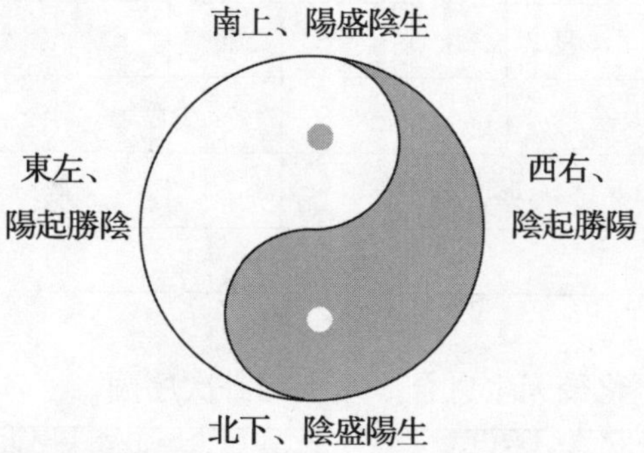

（2）道家的先天生化過程八卦方位圖

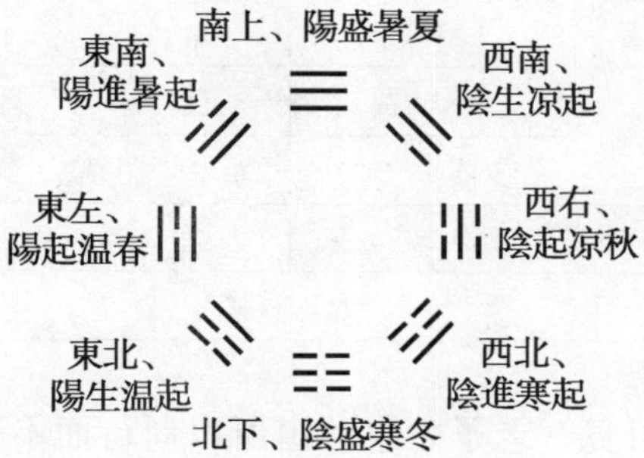

（3）道家的後天生息過程八卦方位圖

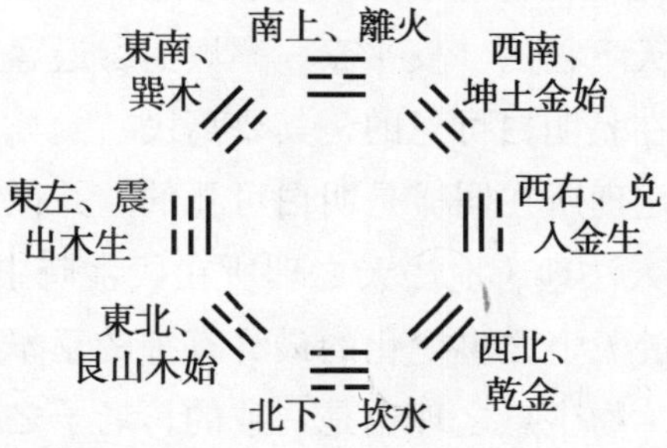

（4）道家的先天周行後天生息合一圖

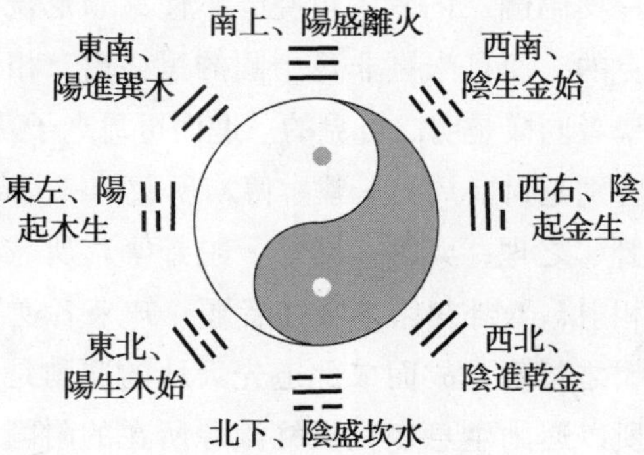

附圖二：

（1）道家的先天生化八卦次序圖

<table>
<tr><td>八卦</td><td>坤</td><td>艮</td><td>坎</td><td>巽</td><td>震</td><td>離</td><td>兑</td><td>乾</td></tr>
<tr><td>四象</td><td colspan="2">太陰</td><td colspan="2">少陽</td><td colspan="2">少陰</td><td colspan="2">太陽</td></tr>
<tr><td>兩儀</td><td colspan="4">陰</td><td colspan="4">陽</td></tr>
<tr><td>太極</td><td colspan="8">太極</td></tr>
</table>

（2）道家的先天生化後天生息合一六十四卦次序圖

<table>
<tr><td>六十四卦</td><td>坤</td><td>剥</td><td>比</td><td>觀</td><td>豫</td><td>晋</td><td>萃</td><td>否</td><td>謙</td><td>艮</td><td>蹇</td><td>漸</td><td>小過</td><td>旅</td><td>咸</td><td>遯</td><td>師</td><td>蒙</td><td>坎</td><td>涣</td><td>解</td><td>未濟</td><td>困</td><td>訟</td><td>升</td><td>蠱</td><td>井</td><td>巽</td><td>恒</td><td>鼎</td><td>大過</td><td>姤</td><td>復</td><td>頤</td><td>屯</td><td>益</td><td>震</td><td>噬嗑</td><td>隨</td><td>无妄</td><td>明夷</td><td>賁</td><td>既濟</td><td>家人</td><td>豐</td><td>離</td><td>革</td><td>同人</td><td>臨</td><td>損</td><td>節</td><td>中孚</td><td>歸妹</td><td>睽</td><td>兑</td><td>履</td><td>泰</td><td>大畜</td><td>需</td><td>小畜</td><td>大壯</td><td>大有</td><td>夬</td><td>乾</td></tr>
<tr><td>三十二卦</td><td colspan="2"></td><td colspan="2"></td><td colspan="2"></td><td colspan="2"></td><td colspan="2"></td><td colspan="2"></td><td colspan="2"></td><td colspan="2"></td><td colspan="2"></td><td colspan="2"></td><td colspan="2"></td><td colspan="2"></td><td colspan="2"></td><td colspan="2"></td><td colspan="2"></td><td colspan="2"></td><td colspan="2"></td><td colspan="2"></td><td colspan="2"></td><td colspan="2"></td><td colspan="2"></td><td colspan="2"></td><td colspan="2"></td><td colspan="2"></td><td colspan="2"></td><td colspan="2"></td><td colspan="2"></td><td colspan="2"></td><td colspan="2"></td><td colspan="2"></td><td colspan="2"></td><td colspan="2"></td></tr>
<tr><td>十六卦</td><td colspan="4"></td><td colspan="4"></td><td colspan="4"></td><td colspan="4"></td><td colspan="4"></td><td colspan="4"></td><td colspan="4"></td><td colspan="4"></td><td colspan="4"></td><td colspan="4"></td><td colspan="4"></td><td colspan="4"></td><td colspan="4"></td><td colspan="4"></td><td colspan="4"></td><td colspan="4"></td></tr>
<tr><td>八卦</td><td colspan="8">坤</td><td colspan="8">艮</td><td colspan="8">坎</td><td colspan="8">巽</td><td colspan="8">震</td><td colspan="8">離</td><td colspan="8">兑</td><td colspan="8">乾</td></tr>
<tr><td>四象</td><td colspan="16">太陰</td><td colspan="16">少陽</td><td colspan="16">少陰</td><td colspan="16">太陽</td></tr>
<tr><td>兩儀</td><td colspan="32">陰</td><td colspan="32">陽</td></tr>
<tr><td>太極</td><td colspan="64">太極</td></tr>
</table>

從上述附圖一的四圖可見，老子之學的道所以周行而不殆進行先天生化，所以産生後天萬物，又復歸萬物的呈圓周形螺旋式運動進程所出之理是明白可見的，其相异相生、相勝相克的自然辯證法的邏輯哲理同樣是明白可見的。從附圖二的兩圖可見，老子之學的要人世過上使天下往的“安平泰，樂與餌，過客止”的理想大道生活，其要建立的人世秩序之理所在是明白可見的，其要萬民“負陰而抱陽”（《四十二章》）、服從有其道的統治者統治之理所在同樣是明白可見的。并從上述的附圖一與附圖二的六圖中可見，老子之學的人法地、地法天之理所在與當時中國南方地區爲主流行的，將地上萬物的變化如何歸於天上之事變化的最終有神的巫學之理是一致的，老子之學的萬物生息之理與巫學的萬物生息之理也是一致的，老子之學與當時中國南方地區爲主流行的巫學哲理有着深刻的内涵聯係是無可置疑的。

同時，從上述附圖一與附圖二的六圖可見，不僅萊布尼茨的二進位制、黑格爾的邏輯哲學所出是明白可見的，而且朱熹非爲中國的黑格爾，相反黑格爾是朱熹通過道家圖説傳授的德國道家學者同樣是明白可見的。進而可見老子及其後學對中國《周易》等典籍是深有研究的，特别是對《周易·繫辭傳》所載的“是故易有大極，是生兩儀，兩儀生四象，四象生八卦”之理，與對《周易·説卦傳》所載的“天地定位，山澤通氣，雷風相薄，水火不相射，八卦相錯，數往者順，知來者逆”之理，是有極深研究的。衹是其學爲自然邏輯之哲理，故而成此道先天地的運動是道的屬性、生化是道的本能、爲天地人世萬物所以運動生息變化最終淵源所在的附圖一、附圖二的六圖等圖説之理。如是義理邏輯之哲理，則必成拙著《周易今釋》卷首對天地人世萬物所以運行、所以生息演化而所附的圖説之理。由此可見，義理邏輯哲理與自然邏輯哲理的思維絶然區別所在、與於世的天差地別所在，及其義理邏輯思維極高於自然邏輯思維之所在。

五、本書所用《老子》一書的文本

《老子》一書至今，已有多種文本，以河上公本爲流行最早，王弼本次之，除此還有其他文本與今之通行本。但考之各本，衹有少量文字、文句有些區別，這應該是《老子》一書在流傳抄寫時對字義、句義有所理解不同所致。隨着一九七三年長沙馬王堆三號漢墓帛書《老子》甲、乙文本的出現，除有少量文字、文句與今不同，少量章節排列與今不同及有不少錯别字外，主要是與自河上公本以來之文本上、下篇易位，但於理以不易位爲通。況河上公、王弼等必有所據古本，因此本書仍以《道經》爲上篇、《德經》爲下篇而釋。至於所用文本，筆者經參照後，覺得還是任繼愈先生在《老子新譯》（上海古籍出版社一九八二年版）中所用的通行本爲優。故本書以通行本爲底本，對其中少量於理難通之處，則考之帛書《老子》甲、乙文本的文字、文句以校正而成。至於文中釋解是否得當，是否能以其理相貫及其錯誤之處，還望學界前輩與讀者多加指正爲是。

鄭張歡

戊子年四月，西歷二〇〇八年五月於杭州

上卷

道 經

一章

道可道，非常道。名可名，非常名。

【注】

道：道理。可道：形體之道。名：形名。可名：形體之名。

【釋】

凡可道的形體之道，皆非其的恒常之道。凡可名的形體之名，皆非其的恒常之名。

【按】

此節言萬物永恒之發展，説明萬物都處在不斷發展變化過程中之理。此理對消極的人言之，産生着萬物及其變化的相對論與避世之學。對積極的人言之，産生着萬物及其變化的新成論與治世之學。從全書内容觀之，老子之學是積極爲主體的，充滿着其人世之理想。

無名，天地之始。有名，萬物之母。

【注】

“無名，天地之始”：帛書《老子》甲、乙本皆爲“無名，萬物之始”，似更勝。

【釋】

人們無可見、無可名的形體爲天地萬物由無成有所在。人們可見、可名的形體爲天地萬物由有而衆所在。

【按】

此節言萬物不斷之生化，説明天地萬物都處在不斷生息變化過程中之理。

故常無，欲以觀其妙。常有，欲以觀其徼。

【注】

徼：顯現。

【釋】

故常以事物還未形成形體之前，欲以觀其産生過程之妙所在。常以事物已成形體之有，欲以觀其生成新物過程之顯所在。

【按】

此節言人們應觀萬物生化之妙徼過程，説明應觀事物産生過程之妙與生成新物過程之徼所在之理。

此兩者同出而异名，同謂之玄。玄之又玄，衆妙之門。

【注】

門：淵源（參《六章》的"門"字之義）。

【釋】

觀事物形體産生過程之妙與生成新物過程之徼，兩者同出於觀而异名，同謂之觀其玄妙。玄妙之中又有玄妙，爲一切事物形體所以産生與生成之妙的淵源所在。

【按】

此節言人們應究萬物生化之淵源所在，説明知道了萬物形體産生與生成新物過程的玄妙之中又有玄妙之所在，就是知道了萬物産生與生成新物的玄妙淵源所在之理。

【章按】

此章爲《老子》首章，爲老子之學的立論所在與入門所在。在首章中老子闡述了事物形體之道與形體之名隨着事物的發展變化過程而改變的事物辯證法之理，同時説明了事物隨着發展變化過程都處於不斷生化過程之中的生化辯證法之理，要人們在事物形體的從無到有之妙與從有到生之徼的觀察中觀它的最終玄妙之理。

二章

天下皆知美之爲美，斯惡矣。皆知善之爲善，斯不善矣。

【釋】

人們皆知美之爲美，是由於相較有不美而所致。皆知善之爲善，是由於相較有不善而所致。

【按】

此節言事物相异相生之辯證法，説明事物的异生所在之理。

故有無相生，難易相成，長短相形，高下相傾，音聲相和，前後相隨。

【注】

音聲：參聽音聽聲之義。

【釋】

故有與無相生，難與易相成，長與短相形，高與下相傾，音與聲相和，前與後相隨而异形。

【按】

此節言事物相异相形之辯證法，説明事物的异形所在之理。

是以聖人處無爲之事，行不言之教。萬物作焉而不爲始，生而不有，爲而不恃，功成而弗居。

【注】

聖人：在《老子》書中爲得道高深之人，與孔子所言的聖人爲於世聖賢之人，其義不同（以下同此）。

【釋】

是以聖人處無爲美惡之事，行不言善惡之教。對萬物之作而不爲美善之始，生化而不有美惡之分，施爲而不恃善惡之别，功成業就而不爲之居。

【按】

此節言改變事物關係狀態之辯證法，説明以此而不使事物异生之理。參《二十章》的“善之與惡，相去若何”之義，不言之教、無爲之事後見於《四十三章》。

夫唯弗居，是以不去。

【釋】

正因爲功成業就而不爲之居，是以無爲美惡之事、不言善惡之教的功業能够不去。

【按】

此節言弗居與不去之辯證法，説明衹有弗居方能不去之理。

【章按】

此章承上章而言之，老子此章説明美與惡、善與不善皆是由相异而生而存在之理，故聖人應處無爲美惡之事、應行不言善惡之教而成世功業所在。又按：“無爲”之義往往被人理解爲任其自然，“不言”之義也往往被人理解爲以身師導，其實爲非。因自然過程會生美惡之别，師導過程也會生善惡之辨，顯然不符老子之旨。

三章

不尚賢，使民不争。不貴難得之貨，使民不爲盗。不見可欲，使民心不亂。

【注】

尚：推尚。

【釋】

人世不推尚賢能，使民不爲此而生争。人世不貴難得之財貨，使民不爲此而生盗心。人世不見有可欲，使民心不爲此而生亂心。

【按】

此節言改變事物生化之辯證法與邏輯之理，説明由此而達到使民不争、不盗、不亂之目的。參《十九章》的“絶聖弃智，民利百倍”、“絶巧弃利，盗賊無有”之義。

是以聖人之治，虚其心，實其腹，弱其志，强其骨，常使民無知無欲。

【釋】

是以聖人之治世，虚其民可欲之心，實其民安飽之腹；弱其民求進之志，强其民體魄之骨，從而達到恒常使民無有求知求欲嚮往之目的。

【按】

此節言防止事物异生之辯證法，説明由此而達到使民無知無欲，服從統治之目的。

使夫智者不敢爲也，爲無爲，則無不治。

【釋】

應使世上有知有學的人不敢有爲（參秦焚書坑儒之義），使一切無爲可知、無爲可欲，則世無成不治。

【按】

此節言世成治之辯證法與邏輯之理，説明應使世之智者不敢有爲，使萬民無爲可知、無爲可欲而達到成就統治所在（參《八十章》的“使民重死而不遠徙。雖有舟輿，無所乘之”、“使人復結繩而用之”之義）。

【章按】

此章承上章而言之，老子此章説明祇要恒常使民無知無欲，則人世必成無有不治之理。又按：恒常使民無知無欲而不敢爲，那人類又是怎樣能一步一步走過來的呢？

（自《一章》至《三章》似爲一段落。）

四章

道沖，而用之或不盈。淵兮，似萬物之宗。

【注】

道：指道體、本體之道。沖：中從水，爲其中有水之義（“沖”原爲“盅”，爲盅中有水之義，見帛書《老子》甲本“大盈若盅”之義）。

【釋】

道的本體像盅中有水一般，含有産生世界萬物的一切而不會滿盈於外。其淵源深不可測，爲天地萬物生息的根本所在。

【按】

此節言本體之道，説明本體之道爲天地萬物生息的根本所在之理。

挫其鋭，解其紛，和其光，同其塵。湛兮，似或存。吾不知誰之子，象帝之先。

【注】

湛：爲深沉之義。帝：萬物所出謂之帝（參《周易·説卦傳》的“帝出乎震”之義）。

【釋】

一切皆在其中挫着其鋒鋭，解着其糾紛，和着其輝光，同着其塵土進行着（此四句後見於《五十六章》）。深沉呀，一切似無聲息而存在着。我不知這些爲誰之子，但爲天地萬物所出之先。

【按】

此節言道體，説明道之本體混同着萬物的一切，又産生着萬物的一切之理。

【章按】

此章對道的本體及道的本體爲萬物所淵、所出進行了論述。老子以此説明萬物之處無有所義，一切皆應挫其鋭、解其紛、和其光、同其塵而處，説明人世應絶義之理。又按：老子抹殺義理，但義理在原初社會中也有它的原型，人際之間長者對幼者的愛護、男性對女性的尊重，即是我民族崇尚的義理由來所在。

五章

天地不仁，以萬物爲芻狗。聖人不仁，以百姓爲芻狗。

【注】

芻狗：草做之物，古代用於祭祀，爲應時而生、失時而息之物。

【釋】

天地以寒暑過程而行，是没有人們認爲的仁德的，對待萬物如同芻狗一樣。聖人以治世所需而行，也是没有人們認爲的仁德的，對待百姓也如同芻狗一樣。

【按】

此節言天地與人世聖人不存在人們認爲的有仁德之理。又按：此節所言的“聖人不仁”與《八章》的“與善仁”、《四十九章》的“聖人常無心，以百姓心爲心”其義不協。

天地之間其猶橐籥乎？虚而不屈，動而愈出。多言數窮，不如守中。

【注】

橐籥：古代風箱之名。

【釋】

天地人世間的一切過程像風箱生風過程一樣，似爲空虚無持，但實際不屈，一有動静便生出風來。因此對天地人世間的事不應争執多言，而應守中不言而行。

【按】

此節言化人世紛争爲篤静之理。參《十章》的“專氣致柔，能嬰兒乎”與《十九章》的"見素抱樸"之義。

【章按】

此章承上章而言之，老子此章説明天地與聖人無有所仁，人世應絶仁，萬物應歸復樸真之理。又按：老子否認仁德，但仁德在原初社會中也有它的原型，人際之間强者對弱者的體恤、健者對病者的照料，即是我民族崇尚的仁德由來所在。

六章

谷神不死，是謂玄牝。

【注】

谷：山谷之谷，似與"浴"字相類。神：神奇。

【釋】

山谷中藴涵無限，神奇生化不息，是萬物所以産生的極深淵源所在。

【按】

此節以谷神喻道之本體，説明萬物生化所在之理。

玄牝之門，是謂天地根，綿綿若存，用之不勤。

【釋】

萬物所以産生的極深淵源所在，也是天地産生的根源所在，一直延綿存在着，萬物生化不息而用之不盡。

【按】

此節言道之本體不僅極爲深遠，而且爲藴涵着特殊能量之體，參《二十五章》的"有物混成，先天地生"之義。

【章按】

此章承上章進一步叙述《四章》的"道沖，而用之或不盈。淵兮，似萬物之宗"之理所在。

（自《四章》至《六章》似爲一段落。）

七章

天長地久，天地所以能長且久者，以其不自生，故能長生。

【釋】

天是長的，地是久的，天地所以能够長久，是因以其不爲自生，故而能够長生。

【按】

此節言事物的自然辯證法，説明事物能以其不爲自生，故能長生之理。

是以聖人，後其身而身先，外其身而身存。

【釋】

是以聖人，不以其身而成身先，不爲其身而成身存（此節之義後見於《六十六章》）。

【按】

此節言事物反成之辯證法，參《六十三章》的“是以聖人終不爲大，故能成其大”之理。

非以其無私邪？故能成其私。

【釋】

正是因爲他不以其身、不爲其身之私，故能成其身之私。

【按】

此節言事物生化之辯證法，説明得道之人以此而成自己目的之理。參《六十六章》的“是以欲上民，必以言下之；欲先民，必以身後之”之理。

【章按】

此章主要論述成身先、身存、身私之所在。但老子此處所言天地不能説明天之寒暑不斷交替過程、地之不斷生息過程之理，如天地不爲自生，難道人是爲自生？顯然於理不通。

八章

上善若水。水善利萬物而不争，處衆人之所惡，故幾于道。

【釋】

世上最善之物似水一般。水善利萬物生養而不争，處於衆人衆物最下而居，故幾乎近於道。

【按】

此節言水，説明人於世應有水一樣的善德之理。

居善地，心善淵，與善仁，言善信，正善治，事善能，動善時。

【釋】

所處應像水一樣居之低處，所慮應像水一樣心之懷淵，所事應像水一樣與之仁厚，所交應像水一樣言之有信，所行應像水一樣正之所治，所作應像水一樣事之有能，所爲應像水一樣動之有時。

【按】

此節言人於世之作爲應以水一樣的種種善德而行之理。又按：此節的“與善仁”與《十九章》的“絶仁”，其義抵觸。

夫唯不争，故無尤。

【注】

尤：過失。

【釋】

正因爲像水一樣能善利萬物而不爭，故不會有過失。

【按】

此節言水無爭故無尤所生，説明人於世應此而無尤之理。

【章按】

此章承上章而言之，老子此章説明世人應像水一樣善利萬物而於世不爭，處衆人之惡而幾於道之理。又按：統治者都希望自己治下的萬民能像水一樣善利萬物而不爭、對其无尤。雖然老子也希望統治者當一個“太上，下知有之”（《十七章》）的統治者，但此章之義歸結是爲統治者統治萬民服務的，這是老子的事物辯證法與黑格爾的事物辯證法真正面貌所在。

九章

持而盈之，不如其已。揣而鋭之，不可常保。金玉滿堂，莫之能守。富貴而驕，自遺其咎。

【釋】

所持之事想要達到滿而盈之，不如適可而止。所行之事不斷揣而鋭之，必然不可常保。達到金玉滿堂，誰都莫之能守。成之富貴而驕，必使自遺其咎。

【按】

此節言自然邏輯之理，老子此説明人應少私寡欲所在。參《十六章》的“不知常，妄作，凶”與《四十四章》的“是故甚愛必大費，多藏必厚亡。知足不辱，知止不殆”之義。

功成身退，天之道。

【注】

道：道理。

【釋】

功成身應退後，這是天的道理。

【按】

此節言事物常保之辯證法，説明人不應追求突出自己所在。參《三十章》的“物壯則老，是謂不道，不道早已”之理。

【章按】

此章承上章而言之，老子此説明人應去所欲、行退讓處世之理。又按：老子的辯證法與黑格爾的辯證法的區别之處在此也可見所在。

十章

載營魄抱一，能無離乎？專氣致柔，能嬰兒乎？滌除玄覽，能無疵乎？愛國治民，能無知乎？天門開闔，能爲雌乎？明白四達，能無爲乎？

【注】

營：身。魄：心。一：一真（“一”字後見於《二十二章》、《三十九章》、《四十二章》，參《四十二章》“道生一”之義）。天門開闔：指重大變化言。

【釋】

將身與心抱而爲一真，能不相離分嗎？專氣致於柔下，能嬰兒一樣純樸嗎？消除雜念深入玄覽，能做到没有瑕疵嗎？愛國治民，能使智者不敢爲嗎（參《三章》的“使夫智者不敢爲也，爲無爲，則無不治”之理）？天地人世之事發生重大變化，能居於雌柔境地嗎？對世事明白四達，能無爲美惡之事嗎？

【按】

此節言事物守護之辯證法，説明人應能此而成之理。

生之，畜之，生而不有，爲而不恃，長而不宰，是謂玄德。

【釋】

助萬物以生，助萬物以長，對萬物生化而不有美惡之分，施爲而不有美惡之别，長成而不有美惡之宰，是謂於世於物最深遠之德。

【按】

此節言世人應有如此之德，方能成世大道生活之理。又按：此節之義前見於《二章》，之後復出於《五十一章》。

【章按】

此章承上章而言之，爲老子對處世處物之道的論述，説明以其道處世處物，方成玄德之理。

（自《七章》至《十章》似爲一段落。）

十一章

三十輻共一轂，當其無，有車之用。埏埴以爲器，當其無，有器之用。鑿户牖以爲室，當其無，有室之用。

【注】

輻：車輪輻條。轂：車輪中心有孔圓木。埏埴：用黏土做器物。鑿户牖：土坡中鑿出門户、窗户。

【釋】

由三十根輻條做成車輪，因爲轂中有圓孔而成車輪之用。以粘土做成器物，因爲内中有空虚而成器物之用。用鑿出户牖建成居室，因爲裏面有空間而成居室之用。

【按】

此節言有無相成之辯證法，説明人應懷虚而成世用之理。

故有之以爲利，無之以爲用。

【釋】

故有之以爲成所利，無之以爲成所用。

【按】

此節言有無爲用之辯證法，説明有與無互爲所利、所用之理。

【章按】

此章爲老子説明有之以爲利，無之以爲用之理所在。又按：三十輻共一轂的車輪據余明光先生所考爲戰國後期方出現的車輪（見《〈黄帝四經〉與黄老思想》一書，黑龍江人民出版社一九八九年版），總之三十輻共一轂的車輪應不是戰國初期之物爲是。

十二章

五色令人目盲，五音令人耳聾，五味令人口爽，馳騁畋獵令人心發狂，難得之貨令人行妨。

【注】

爽：有傷之義。妨：妨礙。

【釋】

絢麗繽紛變幻的色彩使人目盲，美妙動聽迅變的音樂使人耳聾，味道鮮美特别的食物使人口傷（参李興斌在《孫子兵法新譯》中對“五聲之變，不可勝聽也”、“五色之變，不可勝觀也”、“五味之變，不可勝嘗也”注釋的不同之義），馳騁田外山野打獵使人心發狂，稀有難得貴重之貨使人行受妨礙（参《四十四章》的“甚愛必大費”之義）。

【按】

此節言人對所欲之事應知傷身傷神所在，説明應少私寡欲之理。

是以聖人爲腹不爲目，故去彼取此。

【釋】

是以聖人祇爲肌體之腹而不爲聲色之欲，故去彼取此而行。

【按】

此節言聖人所以爲世人之腹而不爲世人之目爲業之理。

【章按】

此章爲老子論述人應去所欲就所實之理。爲老子對在《三章》中的“是以聖人之治，虚其心，實其腹，弱其志，强其骨，常使民無知無欲”之理，所作出的進一步論述。又按：五色、五音、五味、馳騁畋獵、難得之貨應是人類自然生活過程的産物，老子此章所言與《十章》的“生之，畜之，生而不有，爲而不恃，長而不宰，是謂玄德”、《四十九章》的“聖人常無心，以百姓心爲心”之義抵觸。

十三章

寵辱若驚，貴大患若身。

【注】

寵：寵幸。辱：羞辱。

【釋】

受到寵幸而驚喜，遭受羞辱而驚恐，這是把寵辱看成像生命軀體一樣重要所致。

【按】

此節言寵辱被人看成像生命軀體一樣重要而生若驚之理。

何謂寵辱若驚？寵爲下，得之若驚，失之若驚，是謂寵辱若驚。

【釋】

爲什麽寵辱若驚？因爲寵辱是對處下而言的，故得之而驚喜，失之而驚恐，是謂寵辱若驚。

【按】

此節言寵辱爲對處下而言而生若驚之理。

何謂貴大患若身？吾所以有大患者，爲吾有身。及吾無身，吾有何患？

【釋】

爲什麽把寵辱看成像生命軀體一樣重要？我所以看成如此重要，是因爲我想着自身。及我不想着自身，我怎麽會看成像生命軀體一樣重要呢？

【按】

此節言寵辱是由於心裏想着自身而生若驚之理。

故貴以身爲天下，若可寄天下。愛以身爲天下，若可託天下。

【釋】

故貴以天下之事當做自身之事，乃可擔當天下之事。愛以天下之民當做自身之愛，乃可擔當天下之托。

【按】

此節言人應把自身置之度外，以身爲天下，方可以寄托天下之理。參《七十八章》的“受國之垢，是謂社稷主；受國不祥，是爲天下王”之義。

【章按】

此章爲老子論述人祇有去掉寵辱若驚之患，方能寄天下、托天下之理。又按：此章之義與《二十章》的“人之所畏，不可不畏”、《六十五章》的“古之善爲道者，非以明民，將以愚之”之義相左。

（自《十一章》至《十三章》似各爲段落。）

十四章

視之不見，名曰夷。聽之不聞，名曰希。搏之不得，名曰微。

【注】

夷：夷微。希：希微。微：隱微。

【釋】

視之不能見到的，叫做夷微。聽之不能聞到的，叫做希微。搏之不能得到的，叫做隱微。

【按】

此節言非人力可及範圍之物的存在（參李興斌在《孫子兵法新譯》中對“微乎微乎，至於無形；神乎神乎，至於無聲”注釋的不同之義）。

此三者，不可致詰，故混而爲一。其上不皦，其下不昧，繩繩不可名，復歸于無物。

【注】

致詰：不可追尋計議。一：一真。

【釋】

此三者，不可追尋計議，故混而稱其爲一真之物。其上不見它的光顯，其下不見它的暗昧，無論怎樣也不可名狀，衹能復歸謂之無狀之物。

【按】

此節言非人力可及範圍的一真之物不可名狀與無狀的存在。

是謂無狀之狀，無物之象，是謂惚恍。迎之不見其首，隨之不見其後，執古之道以御今之有。

【釋】

對此是謂無狀之狀、無物之象，是謂惚恍的一真之物，人們迎之不見其首，隨之不見其後，但執着古來萬物生息變化之道駕馭着今之萬物生息變化之有。

【按】

此節言微顯之辯證法，言許多爲人們注意不到、感覺不到的事物因素是造成古往今來萬物生息變化的所在之理（參《二十一章》的“自古及今，其名不去，以閱衆甫”之義）。

能知古始，是謂道紀。

【注】

道：指生化之道。

【釋】

能知古往今來萬物生息變化的所在之理，是謂知道了萬物生息變化的法則、綱紀所在。

【按】

此節言天地人世萬物生息變化的法則、綱紀所在。

【章按】

老子在此章説明世上萬物的生息變化過程皆是由視之不見、聽之不聞、搏之不得的“無狀之狀，無物之象，是謂惚恍”的事物因素過程而成之理，懂此便是懂得萬物之古始、是謂萬物之道紀所在之理。

十五章

古之善爲士者，微妙玄通，深不可識。

【注】

士：得道之士（後見於《四十一章》）。

【釋】

古之善爲士者，對萬物之生息變化過程所在微妙玄通，對萬物生息變化之法則、綱紀所知深不可識。

【按】

此節言古往得道之士對世上萬物生息變化的極深認識所在。

夫唯不可識，故强爲之容：豫焉，若冬涉川。猶兮，若畏四鄰。儼兮，其若客。涣兮，若冰之將釋。敦兮，其若樸。曠兮，其若谷。混兮，其若濁。孰能濁以止？静之徐清。孰能安以久？動之徐生。

【注】

豫：豫喜。猶：猶得。

【釋】

正因爲對萬物生息變化所在微妙玄通，深不可識，故强爲之對得道之士形容如下：對所識豫喜時，若仍嚴冬之涉越深川。對所識猶得時，若仍畏懼四鄰之指斥。對所識儼然時，若在謹慎之會客。對所識涣然而往時，若在將釋冰河之行進。對所識敦促時，若就精微素材之雕鑿。對所識曠遠時，若處深山幽谷之困難。對所識混雜時，若入污泥濁水之尋覓。怎樣使思維對所識混濁止息？反復静思而使逐步清楚。怎樣使所識清楚又清楚？不斷深入而使逐步明生。

【按】

此節極言思維之辯證法，説明通過對事物生息變化的不斷反反復復的謹慎深入認識而成微妙玄通、深不可識所在。

保此道者不欲盈，夫唯不盈，故能蔽而新成。

【注】

“蔽而新成”：河上公等本作“蔽不新成”，其義一致，參古典文學中常見的“好不快活”等之義。

【釋】

保此微妙玄通、深不可識之道者應不斷求進，衹有不斷求進，故對所思與所事能不斷除蔽而新成。

【按】

此節言得此道而不盈，故對所思與所事能蔽而新成之理。

【章按】

此章承上章言之，爲老子對得道之士所以得道而成微妙玄通、深不可識之論述。又按：上章與此章，老子確實言之有理，但始終没有言及造成事物生息變化的真正原因與動力，給人造成很大的困惑，這應是老子之學的根本缺陷所在。

（自《十四章》至《十五章》似爲一段落。）

十六章

致虚極，守静篤。萬物并作，吾以觀復。

【注】

復：往復。

【釋】

要知萬物由始至終整個過程，應心境致虚極，思想守静篤而行。對萬物的生息并作，我觀察它的往復所在。

【按】

此節言應致虚守静而方可對萬物生息往復所在進行觀察之理。

夫物芸芸，各復歸其根。歸根曰静，是曰復命。復命曰常，知常曰明。

【釋】

萬物紛紛芸芸生長，最後各歸復於其根源。歸復於其根源是謂静，是謂復其命之始。知復其命之始是謂知常道，知常道是謂知萬物生息之明。

【按】

此節言萬物生息變化之常道與知常道之明所在。

不知常，妄作，凶。知常容，容乃公，公乃王，王乃天，天乃道，道乃久，殁身不殆。

【注】

殆：迷惑、迷失（與《論語》、《孫子兵法》的“殆”字爲“危險”、“失敗”之意不同)。

【釋】

不知萬物生息變化的常道所在而妄自作爲，必凶。知常道所在就能從容對待，能從容對待就能使萬民歸從，能使萬民歸從就能爲天下之王，能爲天下之王就能以天以道而行，能以天以道而行就能長久，就能終身不有迷惑（“殆”字後見於《二十五章》、《五十二章》等)。

【按】

此節言應以萬物生息變化之常道而成天下之業所在。

【章按】

老子在此章説明如何觀察萬物生息變化往復而知常道所在，知常道而成天下大業之理。

十七章

太上，下知有之，其次親而譽之，其次畏之，其次侮之。信不足焉，有不信焉。

【釋】

最好的統治者，人們衹知道有他而使世過上大道生活而已。其次的統治者，人們親近他、贊譽他。再次的統治者，人們畏懼他。最次的統治者，人們侮辱他。因對統治者有不足信，故有不信的親之、譽之、畏之、侮之存在着。

【按】

此節言以常道對世進行治理，世人方能信服而統治方能穩固之理。

悠兮，其貴言，功成事遂，百姓皆謂我自然。

【釋】

應悠然存心，貴以常道行治之所言，功成事遂，百姓皆謂我以萬物自然變化而成。

【按】

此節言以常道行治而必成世治、世業之理。

【章按】

此章承上章言之，老子此章説明以常道行治必能造就世的理想大道生活，達到統治者功成事遂目的之理。

(自《十六章》至《十七章》似爲一段落。)

十八章

大道廢，有仁義。

【注】

“仁義”二字在孔子時代是以其不同字義分別爲用，至孟子時代而見之二字合在一起爲遏惡揚善之義，可見《老子》書絶不能早於戰國中期爲是。

【釋】

因世之大道被廢弃，而有了世之仁義。

【按】

此節言事物生化之辯證法。又按：除中華民族的社會，其他民族的社會自原初社會後怎麽没有出現仁義？顯然，理祇有同民族的人文思想文化結合起來方能真正成理。

慧智出，有大僞。

【釋】

因世之慧智的出現，而有了世之大僞。

【按】

此節言事物异生之辯證法，説明大僞是由於慧智的出現而出現之理（參《二章》的“天下皆知美之爲美，斯惡矣”之義）。又按：夏代之前的唐虞時代有大禹治水，算不算慧智？如唐虞時代不算大道社會，那被道家稱述的黄帝時代的戰勝蚩尤，算不算慧智？如黄帝時代不算是大道社會，那神農氏時代的耒耨之利，算不算慧智？如神農氏時代還不算是大道社會，那直至燧人氏時代的鑽木取火，算不算慧智？如還不是，那什麽時代方是没有仁義與慧智的大道之世呢？由此可見老子的大道社會是無法摸到底的一種想象社會而已。

六親不和，有孝慈。

【釋】

因爲世之六親不和，而有了世之孝慈。

【按】

此節言事物异形之辯證法。又按：歐洲人從來不講六親和與不和，怎麽没有孝慈呢？顯然於理不通。

國家昏亂，有忠臣。

【注】

忠臣：貞臣（帛書《老子》甲、乙本“忠臣”皆爲“貞臣”），將“忠”（“貞”）與“臣”字合在一起指特定人物的特定品格，這在春秋時代還未出現過，明顯打上戰國已烈時代的思想烙印。

【釋】

因爲國之成爲昏亂，而有了國之忠臣。

【按】

此節言事物异化之辯證法。又按：難道國家不昏亂時，就没有忠心耿耿爲世爲民之臣了？顯然於理也不通。

【章按】

此章言事物的辯證法與邏輯之理，老子説明仁義、慧智、孝慈等都不是大道社會的東西，那麽出仁義、慧智、孝慈等之前的大道社會存在於什麽時期呢？這恐怕連老子本人也説不清楚了，故老子也衹能説："使人復結繩而用之。"（《八十章》）

十九章

絶聖弃智，民利百倍。

【注】

聖：聖賢。

【釋】

人世絶弃了聖賢與慧智，民有百倍的利益。

【按】

此節言根除异生之辯證法。又按：秦時爲絶仁弃智，焚書坑儒，却加劇了統治者們的凶殘狡詐，對民的奴役肆虐，顯然與實際不通。

絶仁弃義，民復孝慈。

【釋】

人世絶弃了仁德與義理，民能重復孝慈。

【按】

此節言根除异形之辯證法。又按："文革"時期狠批仁義，不僅不見孝慈，却形成着父母子女之間、夫婦之間、兄弟姐妹之間相鬥不息，顯然與實際不通。

絶巧弃利，盗賊無有。

【釋】

人世絶弃了巧技與所利，世能盗賊無有。

【按】

此節言根除异化之辯證法。又按："文革"時期"鬥私批修"，不僅不見安寧，却出現着砸搶盗賊的横行，顯然與實際不通。

此三者以爲文不足，故令有所屬：見素抱樸，少私寡欲。

【注】

令：政令。

【釋】

以上三者衹從世人的思想上、行動上進行還不足够，故應從制度上、政令上對民有規定所屬：見素抱樸、少私寡欲而行。

【按】

此節言應以政令强制世人實現見素抱樸、少私寡欲。參《三章》的“常使民無知無欲”、“則無不治”之理。但如此而行顯然與人世的生活、生産進程相背道而馳。

【章按】

此章承上章言之，老子此章説明世衹有絶聖弃智、絶仁弃義、絶巧弃利，并通過制度與政令的强制，民方會回復到原初的過着極簡單的見素抱樸、少私寡欲的生活中去（秦時民不敢道路拾遺，應出於此）。但原初也有聖智、仁義、巧利，方構成着群體的進取而成人類的進步，以此治世，我中華民族在世界民族之林中又怎樣能生存下去呢？又按：此章爲對《老子》《一章》、《二章》、《三章》之旨的進一步闡述，但不僅思想水準低下，且極像戰國後期或秦焚書坑儒之言，深涵着對世對民極其强虐之旨。所論雖符於自然邏輯之哲理，但於實際之理不通，這不僅是黑格爾哲學的致命之處所在，也是老子哲學的致命之處所在。

（自《十八章》至《十九章》似爲一段落。）

二十章

絶學無憂。唯之與阿，相去幾何？善之與惡，相去若何？

【注】

唯：信從。阿：指斥。

【釋】

世間絶弃了知識學問，方能無有憂患。信從與指斥，能相去幾何？善舉與惡行，又相去若何？

【按】

此節言根除异生之辯證法，説明應以此使民過着無知無欲的則無不治生活。參《六十三章》的“爲無爲，事無事，味無味”之義。

人之所畏，不可不畏，荒兮，其未央哉。

【釋】

對人之所畏懼的，不可不畏懼，這是自古以來就如此的。

【按】

此節言政令應從民所畏懼處施行方是之理。

衆人熙熙，如享太牢，如春登臺。

【注】

太牢：用大畜之宴。

【釋】

世上衆人對所欲的嚮往，如有大宴可享，如有春臺可登。

【按】

此節言世人對生活所欲追求所在。

我獨泊兮，其未兆，如嬰兒之未孩，儽儽兮若無所歸。

【釋】

而我却獨自淡泊，對此無有所行，如嬰兒剛出生那樣純樸，真不知什麼爲所歸。

【按】

此節言於世俗之事應冷眼對待方是之理。

衆人皆有餘，而我獨若遺，我愚人之心也哉。

【釋】

世上衆人對追求皆是以有餘爲是，而我對此獨若遺忘一般，於世俗我實是愚人之心。

【按】

此節言世人皆以圖利、財貨追求爲是所在。

沌沌兮，俗人昭昭，我獨昏昏。俗人察察，我獨悶悶，澹兮其若海，飂兮若無止。

【注】

察察：繁苛。悶悶：簡化（“察察”、“悶悶”後見於《五十八章》）。

【釋】

世事混沌不清，世俗之人於所欲總是昭然揭示，而我却獨若昏昏不知。世俗之人於所事總是繁苛對待，而我却獨以簡化爲是，對待無邊際似海之世俗、無間斷似風之世事。

【按】

此節言應超然世俗之人而處所在。

衆人皆有以，而我却獨頑似鄙。我獨异於人，而貴食母。

【釋】

世上衆人對所欲皆有自己的方式，而我對此却獨不沾染似鄙拙。我獨异於世人，而貴在以世俗萬物生化根源上尋求根除。

【按】

此節言應從世俗萬物的根源上尋求根除之理。參《一章》的“有名，萬物之母”與《五十二章》的“天下有始，以爲天下母。既得其母，以知其子。既知其子，復守其母，没身不殆”之義。

【章按】

老子在此章闡述得道之人應超越世俗之上，應從世俗産生的根源尋求根除之理。

二十一章

孔德之容，惟道是從。道之爲物，惟恍惟惚。惚兮恍兮，其中有象；恍兮惚兮，其中有物；窈兮冥兮，其中有精。

【注】

孔德：懷虛柔下之德。道：本體之道。

【釋】

懷虛柔下之德的容態，是惟道是從的。本體的道之爲物過程，是那樣的恍惚微妙；在惚恍過程中，其中有形象；在恍惚過程中，其中有形物；在窈冥之中，其中有真精。

【按】

此節言懷虛柔下之德惟道是從與道之爲物所在。

其精甚真，其中有信。自古及今，其名不去，以閱衆甫。

【注】

衆甫：衆物之始所在。

【釋】

其精甚爲真樸，其中有信實。自古始至今，其名始終不去，以知此而知萬物産生之始所在。

【按】

此節言世人應知萬物産生之始所在之理。

吾何以知衆甫之狀哉？以此。

【釋】

我何以知萬物之始的情狀，正是由此而知。

【按】

此節言世人應探究萬物之始情狀所在，而知世之萬物芸芸所在之理。

【章按】

老子在此章詳細敘述了道之爲萬物的過程，但在根本上老子却没有加以説明，即道之爲物過程的動力從何而來？事物的規律過程又怎樣體現呢？對此老子在《二十五章》中以“獨立不改，周行而不殆”作了説明。但這還是不能説明“周行”的動力又從何而來的問題。

（自《二十章》至《二十一章》似爲一段落。）

二十二章

曲則全，枉則直，洼則盈，敝則新，少則得，多則惑。是以聖人抱一爲天下式。

【注】

一：一真（參《十章》的“載營魄抱一，能無離乎”之義）。

【釋】

曲則能成全，枉則能成直，洼則能成盈，敝則能成新，少則能成得，多則能成惑。是以聖人抱守一真以爲處世處事方式（一真後見於《三十九章》）。

【按】

此節言事物的自然辯證法與邏輯之理。

不自見，故明；不自是，故彰；不自伐，故有功；不自矜，故長。夫唯不争，故天下莫能與之争。

【釋】

不以自見爲是，故能明事；不以自是爲是，故能彰顯；不以自高爲是，故有功績；不以自大爲是，故能長大。正因爲不自以爲是而争，故而天下莫能與之争。

【按】

此章言處世處事的辯證法與邏輯之理。

古之所謂曲則全者，豈虚言哉？誠全而歸之。

【釋】

自古以來所説的曲則能成全之理，難道是虚言嗎？爲的是事能誠全而歸之所出。

【按】

此節言事物的自然辯證法與邏輯之理，非爲虚言所在。

【章按】

此章言處世處事之道，老子在此章中詳言了人應處世處事虚懷柔下而成天下莫能與之争之理。

二十三章

希言自然，故飄風不終朝，驟雨不終日。孰爲此者？天地。天地尚不能久，而况于人乎？

【注】

飄風：暴風。

【釋】

希有能言自然變化的，故對飄風刮不到一朝，驟雨下不到一日不能知。怎會如此？這是天地的原因。連天地對此都不能久，而况於人事麼？

【按】

此節言自然之理，説明天地人世間的一切都處於不斷變化過程中之理。

故從事于道者，道者同于道，德者同于德，失者同于失。

【釋】

故從事於道的人，爲的是道的與道相同，爲的是德的與德相同，爲的是失的與失相同。

【按】

此節言事物之類别，説明天地人世間的事物所以類别之理。

同于道者，道亦樂得之。同于德者，德亦樂得之。同于失者，失亦樂得之。信不足焉，有不信焉。

【釋】

爲的是道時，對道所在亦樂得之。爲的是德時，對德所在亦樂得之。爲的是得失時，對得失所在亦樂得之。因爲所信的有不足，故有不信存在着。

【按】

此節言事物之類變，説明天地人世間的事物所以類變之理。

【章按】

此章言自然之理，言萬物之類别、類變所在。老子在此章説明世上的一切事物都處在不斷變化之中的自然辯證法之理。又按：此似爲對《一章》的“道可道，非常道。名可名，非常名”之理的進一步闡述。

二十四章

企者不立，跨者不行，自見者不明，自是者不彰，自伐者無功，自矜者不長。

【注】

企者：抬起脚跟站立者。

【釋】

抬起脚跟站立反而不立，跨大步圖行走反而不行，以自見爲是反而不明，以自是爲是反而不彰，以自高爲是反而無功，以自大爲是反而不長。

【按】

此節言事物的自然辯證法與邏輯之理，説明以自是反不是之所在。

其在道也，曰餘食贅行，物或惡之，故有道者不處。

【注】

餘食：不能之食。贅行：累贅之行。

【釋】

上述行爲就道而言，可説是不能之食、累贅之行，人們都會厭惡這些行爲，故有道的人不處。

【按】

此節言有道的人對此不處所在之理。

【章按】

此章敘述事物的自然辯證法，説明有道的人不處違背自然辯證法與邏輯之理的人事所在。

（自《二十二章》至《二十四章》似爲一段落。）

二十五章

有物混成，先天地生。寂兮寥兮，獨立不改，周行而不殆，可以爲天下母。

【注】

寂：無聲。寥：無形。殆：迷惑、衰竭。

【釋】

有一混然而成無可名的東西，先於天地而産生。這一混然而成的東西是那樣的無聲無形，它靠着自身的力量獨立而不改地運動着，周行而不會被迷惑、被衰竭而進行着，可以爲天地萬物的産生根源所在（參《一章》的“無名，天地之始”之義）。

【按】

此節言運動、生化是道的本體的屬性所在（見下二節所述）。

吾不知其名，字之曰道，强爲之名曰大。大曰逝，逝曰遠，遠曰反。

【注】

道：指本體之道。

【釋】

我對此無可名的東西不知應稱其爲何名，祇能字之曰道加以稱呼，勉强給它取名叫做最大。此最大在進程中不斷前進，在前進中不斷向遠方邁進，在邁進中不斷往復而成萬物不斷生息生化過程所在。

【按】

此節言道産生着圓周形螺旋式過程的不斷前進運動而成萬物的不斷生息生化過程所在，説明不斷前進、不斷生化是道的功能所在之理。

故道大，天大，地大，人亦大。域中有四大，而人居其一焉。

【注】

域中：指道之域中。

【釋】

故道爲第一大，天爲第二大，地爲第三大，人爲第四大。道之域中有四大，而人居其一。

【按】

此節言道爲天地間第一大所在，并言道生化過程之理。

人法地，地法天，天法道，道法自然。

【釋】

因而人法地生息過程而行，地法天寒暑交替過程而行，天法道周行過程而行，道法其自然變化過程而行。

【按】

此節言應法所在，并言民應法君、君應法其道意志而行之理。

【章按】

此章與《二十一章》有聯係，進一步論述道“先天地生”與“獨立不改，周行而不殆，可以爲天下母”所在，是老子論道的核心章節所在。

(此章似自爲一段落。)

二十六章

重爲輕根，静爲躁君。

【注】

躁：躁動。

【釋】

重是輕的根基，静是躁的君主。

【按】

此節言事物的辯證法。説明重與輕、静與躁的關係之理。

是以聖人終日行，不離輜重。雖有榮觀，燕處超然。

【釋】

是以聖人終日之行，須臾不離其所重。雖處於榮觀之中，身心却燕處超然。

【按】

此節言以事物的辯證法爲用，説明應始終知重輕、静躁關係之理。

奈何萬乘之主，而以身輕天下？輕則失根，躁則失君。

【注】

萬乘：萬輛兵車（順注：萬輛兵車之國絶非爲春秋與戰國初期之國）。

【釋】

爲什麽有萬輛兵車的君主，衹顧自己所欲而輕天下之事？如此輕重而爲必失其根基，以己躁動而行必失其君尊。

【按】

此節言雖爲萬乘之主，如不顧事物的辯證法之理而行，必將失其根基、失其君尊之理。

【章按】

此章老子向人們告誡應切記事物的辯證法及其爲用，并言存亡之理。

二十七章

善行，無轍迹。善言，無瑕讁。善數，不用籌策。善閉，無關楗而不可開。善結，無繩約而不可解。

【注】

轍迹：輪迹。繩約：用繩縛結。

【釋】

善於行車，無有輪迹。善於言語，無有瑕讁。善於計數，不需籌策。善於關閉，無需關楗而不可開啓。善於捆縛，無需繩約而不可解脱。

【按】

此節言善事之道，説明處世處事應該善事方能取得成效之理。

是以聖人常善救人，故無弃人。常善救物，故無弃物。是謂襲明。

【注】

襲：承啓。

【釋】

是以聖人常善救人之蔽，故無弃人。常善救物之蔽，故無弃物。是謂承啓之明。

【按】

此節言聖人常善救人、救物，故無弃人、弃物所在。

故善人者，不善人之師。不善人者，善人之資。不貴其師，不愛惜其資，雖智大迷，是謂要妙。

【釋】

故善於救人之蔽者，爲不善人之師長。不善人者，爲善於救人之蔽者的資材。不貴其師長，不愛惜其資材，雖智而實爲大迷，對此是謂要妙所在。

【按】

此節言救人與去蔽要妙之道，説明貴救人之蔽的師長、惜蔽者的資材之重要所在。

【章按】

此章承上章而言之，老子此章説明惜資材是善救人之蔽者取得成效所在，貴師長是蔽者去蔽長進所在之理。又按：此章之旨與《二章》、《三章》之義不協，也與《二十章》“絶學無憂”之義不協。

二十八章

知其雄，守其雌，爲天下谿。爲天下谿，常德不離，復歸于嬰兒。

【注】

谿：積水谷地（參李興斌《孫子兵法新譯》中對“若決積水於千仞之谿者”之“谿”字注釋）。

【釋】

知其之剛雄，守己之柔雌，而爲天下之溪谿。爲天下之溪谿，懷虛柔下之常德就能不離分，就能復歸於似嬰兒一般的純樸柔順而成盈蓄。

【按】

此節言面對剛雄而守其柔雌，而成物蓄之所在。

知其白，守其黑，爲天下式。爲天下式，常德不忒，復歸于無極。

【注】

忒：差失。

【釋】

知其之光亮，守己之暗昧，而爲天下之方式。爲天下之方式，懷虛柔下之德就能不差失，就能復歸於似無極一般的應變自如而成變化。

【按】

此節言面對光亮而守其暗昧，而成物變之所在。

知其榮，守其辱，爲天下谷。爲天下谷，常德乃足，復歸于樸。

【釋】

知其之榮耀，守己之屈辱，爲天下之山谷。爲天下之山谷，懷虛柔下之德乃已充足，就能復歸於真樸狀態而成世爲用。

【按】

此節言面對榮耀而守其屈辱，而成真樸而成世爲用所在。

樸散則爲器。聖人用之，則爲官長，故大制不割。

【釋】

真樸發揮則爲世之器用。聖人用之，則爲世治之官長，故能世之大道之制不被宰割。

【按】

此節言由真樸成爲世之器用，成爲世之官長，而能使世治的大道之制不被宰割之理。

【章按】

此章承上章而言之，老子此章説明衹有懷虛柔下之德充足的人爲世之器用，爲世之官長，而能世大道之制不被宰割，説明統治者應將具此類柔德的人引以爲用之理。

（自《二十六章》至《二十八章》似爲一段落。）

二十九章

將欲取天下而爲之，吾見其不得已。天下神器，不可爲也。爲者敗之，執者失之。

【注】

神器：神奇器物。

【釋】

誰想取天下而爲之，我看是達不到目的的。天下是神奇器物，是不可以力而爲的。以力而爲者必敗之，以力而執者必失之（此二句後見於《六十四章》）。

【按】

此節言想以力取天下而爲之者，必達不到目的所在。又按：從此節内涵觀之，當絶對出於"取天下常以無事"（《四十八章》）、"以無事取天下"（《五十七章》）等言時期之前無疑。

故物或行或隨，或歔或吹，或强或羸，或挫或隳。

【注】

隳：毁滅（見李興斌《孫子兵法新譯》"隳"字之注釋）。

【釋】

故物或行取或隨和，或嘆歔或急吹，或强爲或羸失，或挫敗或毁滅。

【按】

此節言對天下神器非以力可爲可執之理。

是以聖人去甚，去奢，去泰。

【釋】

是以聖人去力爲者所求之極，所求之華，所求之成而爲之。

【按】

此節言得道聖人不以常人圖取天下而爲之所在。

【章按】

老子此章説明取天下非力可爲，如以力而爲必成敗之、失之所在之理。

三十章

以道佐人主者，不以兵强天下，其事好還。

【注】

道：指事物的辯證法之道。

【釋】

以道輔佐人主的人，不以兵力强天下，其事就好還轉。

【按】

此節言不能單靠兵力强天下之理。又按：從此節觀之也明顯地打上了争戰、兼并已烈的戰國中期印記。

師之所處，荆棘生焉。大軍之後，必有凶年。

【釋】

師之所處争戰激烈地方，必成荆棘荒草叢生之地。動員大量兵力作戰以後，來時必有灾荒凶年。

【按】

此節言事物的辯證法，説明用兵與生産、國力、生活關係之理。

善有果而已，不敢以取强。

【釋】

用兵衹要達到一定的目的、效果就可以了，不要以强爲所欲爲。

【按】

此節言每次用兵以達到目的、守住目的爲是之理。

果而勿矜，果而勿伐，果而勿驕，果而不得已，果而勿强。

【釋】

達到目的後不要自大爲是，不要自高爲是，不要自驕爲是，應知爲達到目的是不得已的，因此達到目的後不要一再逞强而行。

【按】

此節言統治者用兵如何處不敗之地所在之理。

物壯則老，是謂不道，不道早已。

【釋】

如果不斷以兵强爲是，必致國力不能維持衰竭，此是謂不道，不道必然早已（此節文句後見於《五十五章》）。

【按】

此節極言强用兵必然早已的事物辯證法之理。

【章按】

此章承上章而言之，老子在此章向統治者極言如何用兵而成逐步得取天下之理。又按：老子之學爲統治者的服務性質就此也可見一斑。

三十一章

夫唯兵者不祥之器，物或惡之，故有道者不處。

【釋】

唯兵者爲世不祥之器物，世上的人與物都懼兵相强而存亡之事，故有道的人不處身其中。

【按】

此節言兵者何爲於世不祥的器物之理。

君子居則貴左，用兵則貴右。兵者不祥之器，非君子之器，不得已而用之，恬淡爲上，勝而不美。

【注】

君子：指得道之君子。

【釋】

君子居事則應往兵者可少用方面看，用兵則應往災禍方面想。兵者爲世不祥之器物，非爲君子之器物，祇有在爲達目的不得已的情况下用之，用兵時應以恬淡爲上，勝了不要作爲天下美事而自喜居功。

【按】

此節言用兵時既能保全自己不失，又能籠絡天下民心之理。

而美之者，是樂殺人。夫樂殺人者，則不可以得志於天下矣。

【釋】

勝了作爲天下美事而自喜居功者，必是用兵時凶殘殺人者。而用兵時凶殘殺人者，則不可能得到天下人擁護而得志於天下的。

【按】

此節言統治者在用兵時應以籠絡民心爲重，而得志於天下之理。

吉事尚左，凶事尚右。偏將軍居左，上將軍居右。言以喪禮處之。

【釋】

有吉事應往好的方面看，有凶事要往壞的方面想。用兵時應讓偏將軍居於利戰處，統帥的上將軍居於險要處。所言應以懼傷亡態度處之。

【按】

此節言統治者在用兵同時應以籠絡軍心以懼傷亡爲重，而得志於天下之理。

殺人之衆，以哀悲涖之，戰勝以喪禮處之。

【注】

涖：對待。

【釋】

對殺人之衆，以悲哀態度爲是對待之，戰勝後，面對傷亡應以哀喪之禮爲上撫恤之。

【按】

此節總言統治者在用兵後仍應以籠絡民心、軍心爲重所在。

【章按】

此章承上章而言之，老子在此章説明兵者祇有在爲達目的不得已情況下所用之器，説明統治者在用兵同時應以籠絡民心、軍心爲重，而得志於天下之理。

（自《二十九章》至《三十一章》似爲一段落。）

三十二章

道常無名，樸雖小，天下莫能臣也。侯王若能守之，萬物將自賓。

【注】

道：指本體之道。無名：無可名狀（始見《一章》）。樸：真樸（前見於《二十八章》）。侯王：由侯而爲王者（順注：由此也可見《老子》書出於戰國中期無疑）。

【釋】

道永遠是無可名狀的，真樸雖極微極小，但天下莫能使其臣服。侯王若能守之而爲，天下萬物將會自動賓從。

【按】

此節言道與真樸，言侯王若能法道守樸，天下萬物將自動賓從所在。

天地相合以降甘露，民莫之令而自均，始制有名。

【釋】

侯王祇要守此而爲必使天地相合以降甘露，使民莫之令而能自均和，而使所需訂立的制度始出有名。

【按】

此節言侯王應如何對臣民進行統治所在。

名亦既有，夫亦將知止。

【釋】

始制之名既有，則不應成之繁苛而應知止。

【按】

此節言侯王應訂立制度的要領所在。

知止可以不殆，譬道之在天下，猶川谷之於江海。

【釋】

知止可以不迷失，譬如道之在天地人世，使民猶如川谷之歸於江海一般。

【按】

此節言統治者應以萬民如何歸結於自己爲目的之理。

【章按】

此章言統治者如何對萬民進行統治，如何訂立使萬民服從的制度，以及如何使萬民歸結於自己所在。又按：老子之學爲統治者服務的性質，就此又可見一斑。

三十三章

知人者智，自知者明，勝人者有力，自勝者强。

【釋】

知道别人的人是智，知道自己的人是明，能勝人的人是有力，能克服自己不是的人是真强。

【按】

此節言智、明、力、强之理。又按：此節之義與《三章》的“常使民無知無欲”、“則無不治”之義相左，應是對統治者而言之。

知足者富，强行者有志，不失其所者久，死而不亡者壽。

【釋】

知足的人是富，强行的人是有志，所爲不失其所的人能久，已處死地而不亡的人爲長壽。

【按】

此節言富、志、久、壽之理。又按：此節與《七十四章》的“若使民常畏死而爲奇者，吾得執而殺之”其義不協，應同是對統治者而言之。

【章按】

此章承上章而言之，説明統治者處事處世應持之道所在。又按：此章的“勝人者有力”、“强行者有志”也與《二章》的“聖人處無爲之事，行不言之教”之義不合。

（自《三十二章》至《三十三章》似爲一段落。）

三十四章

大道氾兮，其可左右。萬物恃之而生而不辭，功成不名有。

【注】

氾：泛濫。辭：推辭。

【釋】

大道像江河的水一樣泛濫，周流於左右大地。萬物恃之而生而不推辭，功成業就而不名有。

【按】

此節言大道於萬物的功德所在。

衣養萬物而不爲主，常無欲，可名於小。萬物歸焉而不爲主，可名爲大。

【釋】

衣養了萬物而不爲其主，恒常以來無有自己所欲，可以説其名極小。萬物成歸而不爲其主，可以説其名極大。

【按】

此節言大道於萬物的功績所在。

以其終不自爲大，故能成其大。

【釋】

因爲其終不自以爲大，故所以能成其大。

【按】

此節言事物的自然辯證法之理。

【章按】

老子此章説明大道於世萬物的功德、功績與於世所以能成其大之理。

三十五章

執大象，天下往，往而不害。

【注】

大象：世象。

【釋】

能以道執世之大象而行，天下萬民必會嚮往而行，如此而往必使萬事利而不害。

【按】

此節言統治者以道執世大象而行必成其大業之理。

安平泰，樂與餌，過客止。

【注】

餌：美食。

【釋】

如此而行必使天下萬民生活能安居、平和、泰成，充滿着快樂與享受，如有過往客人見此後也必不願再離去。

【按】

此節爲老子給世人所設計的在大道下的生活美景。

道之出口，淡乎其無味，視之不足見，聽之不足聞，用之不足既。

【注】

既：竭。

【釋】

大道泛濫而出來的東西，淡而無其味，視之不足見，聽之不足聞，但用之却永遠不會被用盡。

【按】

此節言世人衹要跟從以道執世之大象的統治者而往，即能達到大道生活目的之所在。

【章按】

此章承上章而言之，老子此説明統治者能以道執世之大象而往，必能使天下萬民過上“安平泰，樂與餌，過客止”的大道美滿生活之理。又按：在這裏人們不得不聯想，這個道真的有這麽好、這麽神奇麽？爲什麽信此道的當過人質之子而成秦王的嬴政、出身卑微而握大權的李斯，以及漢初皆出身低下而成統治者的權貴都用於對付下民身上，而不願自己真正實行呢？看來這是其學説存在的最大問題所在。

（自《三十四章》至《三十五章》似爲一段落。）

三十六章

將欲歙之，必固張之。將欲弱之，必固强之。將欲廢之，必固興之。將欲奪之，必固與之。

【注】

歙：收縮。

【釋】

統治者遇到不利之事，想要對其收縮的，必固有目的擴張之，致其有間而成之。想要對其削弱的，必固有目的加强之，致其有間而成之。想要對其廢止的，必固有目的興起之，致其有間而成之。想要對其奪取的，必固有目的給與之，致其有間而成之。

【按】

此節言統治者處不利情況下，如何達到目的之運作。又按：老子此節所言與《二章》的“聖人處無爲之事，行不言之教”、《六十六章》的“江海所以能爲百谷王者”之義不協。

是謂微明，柔弱勝剛强。

【釋】

對此是謂深沉微妙之明，是處柔弱而勝剛强之道。

【按】

此節言以微明運作而達到柔弱勝剛强之目的所在。

魚不可脱於淵，國之利器不可以示人。

【釋】

微明運作必須如魚一樣不可脱離於深淵之中，使人不能爲之測；如國之利器不可有所示人，使人不能爲之度而成之。

【按】

此節言微明運作要有手段與需在隱秘情形下之進行所在。

【章按】

此章言如何以事物的辯證法爲用達到目的。老子之學歷來爲統治者們所偏愛，被稱爲帝王之術，在此也可看出其一斑。

三十七章

道常無爲而無不爲，侯王若能守之，萬物將自化。

【注】

侯王：由侯而王者（前見於《三十二章》）。

【釋】

道是恒常無爲人世私欲之事而無不爲人世大道之事的，侯王若能守此，天下人世萬物將自化（“無爲而無不爲”後見於《四十八章》）。

【按】

此節言統治者以道而行必成大業之事。

化而欲作，吾將鎮之以無名之樸。

【注】

無名之樸：即《三十二章》所言的由真樸而成之世制。

【釋】

對化而還欲作之人與事，我將鎮之以由真樸而成之世制。

【按】

此節言統治者對不從其大業的人與事應鎮之以其制所在。

無名之樸，夫亦將不欲。不欲以静，天下將自定。

【釋】

鎮之以由真樸而成之世制，則使世人與世事不再有私欲之舉。不再有私欲之舉將使世歸於清静，歸於清静天下將自定。

【按】

此節言統治者應對民鎮之以世制而使天下成自定所在。

【章按】

此章承上章而言之，老子在此章説明統治者要成就世之大業，對不從的人與事必需鎮之以世制而使天下成自定之理。又按：老子之學所以受到統治者的歡迎，統治者所以説“道生法”、所以重刑法治民，此章已是一目了然。

（自《三十六章》至《三十七章》似爲一段落。）

上卷完。

下卷

德 經

三十八章

上德不德，是以有德。下德不失德，是以無德。

【注】

德：德行。

【釋】

高上之德不見其有具體的德，却於世有德。低下之德可見其有具體的德，但於世却無有德。

【按】

此節言上德與下德於世不同之所在，并深涵着對最高統治者們的粉飾與美化。

上德無爲而無以爲，下德爲之而有以爲，上仁爲之而無以爲，上義爲之而有以爲，上禮爲之而莫之應。

【釋】

高上之德無爲美惡之事而世人無以爲是德，低下之德爲之美惡之事而世人有以爲是德，高上之仁爲之美惡之事而世人無以爲是仁，高上之義爲之美惡之事而世人有以爲是義，高上之禮爲之美惡之事而世人莫之與應。

【按】

此節言上德、下德、上仁、上義、上禮的於世於人不同以爲所在。

則攘臂而扔之，故失道而後德，失德而後仁，失仁而後義，失義而後禮。

【注】

攘臂而扔之：舉臂而層層揭示下去之謂。

【釋】

從上德至下德、至上仁、至上義、至上禮的揭示過程觀之，從德至仁、至義、至禮是有一層一層的層次過程的：故失道而後方有德，失德而後方有仁，失仁而後方有義，失義而後方有禮。

【按】

此節言自道至德、至仁、至義、至禮的自然邏輯層次過程之理。雖然老子之學的這個哲理與黑格爾的哲理一致，但既不符《周易·序卦傳》的“有上下然後禮義有所錯”之理（見拙著《周易今釋》），也不符世上道、德、仁、義、禮的種種并存之所在，顯然與實際生活不通。

夫禮者，忠信之薄而亂之首。前識者，道之華而愚之始。

【注】

道：道行。

【釋】

因而世之禮者，是與忠信的相薄而爲人世所亂之首。衹識當前的人世之禮而不知由失道的過程而來，是道行的虛華而愚昧的開始。

【按】

此節言應追根究底而還原至原初生活之理。

是以，大丈夫處其厚，不居其薄。處其實，不居其華，故去彼取此。

【釋】

因此，大丈夫處其道行之厚而不處其薄。處道行之實而不處其華，故去彼取此。

【按】

此節言大丈夫爲成世大道之業應去彼取此而行之理。又按：言大丈夫者便是言禮，此其一；要成大道之世需有超越萬民之上的大丈夫去彼取此而行，這說明老子之學的人世需要有救世主的統治，自然最終需要有神靈的作用。

【章按】

此章爲《德經》始章，老子在此章說明“上德不德，是以有德”與世所重的人際禮義，是道行的虛華、愚昧之始，與應破除所在。又按：從此章也可見老子之學與孔子之學的針鋒相對所在，參《十九章》的“絶仁弃義，民復孝慈”之義。

三十九章

昔之得一者，天得一以清，地得一以寧。神得一以靈，谷得一以盈。萬物得一以生，侯王得一以爲天下貞。其致之。

【注】

一：一真（參《十章》的“載營魄而抱一，能無離乎”與《二十二章》的“聖人抱一爲天下式”之義)。侯王：前見於《三十二章》、《三十七章》。

【釋】

自古昔至今得其一真的，天得其一真以清，地得其一真以寧。神得其一真以靈，谷得其一真以盈。萬物得其一真以生，侯王得其一真以爲天下貞。這些皆是得其一真而得所以然的。

【按】

此節言天地人世萬物得其一真而得所以然之理。

天無以清，將恐裂。地無以寧，將恐發。神無以靈，將恐歇。谷無以盈，將恐竭。萬物無以生，將恐滅。侯王無以高貴，將恐蹶。

【釋】

如無有得其一真，天必無以清，將恐破裂。地必無以寧，將恐發震。神必無以靈，將恐被歇。谷必無以盈，將恐枯竭。萬物必無以生，將恐絶滅。侯王必無以高貴，將恐國蹶。

【按】

此節言天地人世萬物如失其一真，必將不復存在之理。

故貴以賤爲本，高以下爲基。是以侯王自謂孤、寡、不穀。此非以賤爲本耶？非乎？

【釋】

故而貴以賤爲根本，高以下爲根基。是以侯王自稱爲孤家、寡人、不穀（此句後見於《四十二章》)。這不是貴以賤爲根本嗎？難道不是麼？

【按】

此節言事物貴賤與高下的辯證法之理。

故致數輿無輿，不欲琭琭如玉，珞珞如石。

【注】

琭琭：美麗貌。珞珞：堅固貌。

【釋】

故欲乘數輿反而無乘輿，所以應不欲琭琭如美玉，寧爲珞珞如堅石。

【按】

此節言事物應抱守其一真的辯證法之理。

【章按】

此章承上章而言之，老子在此章説明萬物應得其一真與應抱守其一真之理。（自《三十八章》至《三十九章》似爲一段落。）

四十章

反者道之動，弱者道之用。

【注】

反：返歸。道：道體。弱：柔弱。

【釋】

使世上萬事萬物向得其的一真返歸，是道的運動。在返歸過程中以柔下之德處世處事，是道的體用。

【按】

此節言道體之運動與柔德之體用所在。

天下萬物生於有，有生於無。

【釋】

天下萬物都生於看得見已有事物形體，而最終看得見的事物則生於看不見的無形無象的無形體之物，即有生於無（參《一章》的"無名，天地之始。有名，萬物之母"之義）。

【按】

此節言萬物生於有，而有生於無之理。

【章按】

老子在此章説明道體之運動與柔德之體用所在。又按：老子的有生於無與黑格爾的有生於無其理一致，在數理上也與歐洲人有神的世界由上帝創造的〇至九的數義一致，而與義理的顯生於微的一至十的數義則完全不同，可見老子之學的最終有神之所在。

四十一章

上士聞道，勤而行之。中士聞道，若存若亡。下士聞道，大笑之。不笑不足以爲道。

【注】

上士：體道之士。中士：初涉之士。下士：不信之士（"士"字始見於《十五章》）。

【釋】

上士聞知道體使世上萬事萬物向其一真返歸的運動之事，勤快而行之。中士聞知道體使世上萬事萬物向其一真返歸的運動之事，將信而將疑。下士聞知道體使世上萬事萬物向其一真返歸的運動之事，認爲不可能而大笑之。不笑不足以説明道體蘊涵的無形功能所在。

【按】

此節言道體的運動祇有體道的上士而能知之理。

故《建言》有之：明道若昧，進道若退，夷道若纇，上德若谷，大白若辱，廣德若不足，建德若偷，質真若渝。

【注】

《建言》：似爲書簡名稱。纇：崎嶇。

【釋】

故而《建言》有説：明白道似在暗昧中求取，進取道似在退縮中行動，引用道似在崎嶇中舉步，高上之德似如低谷，大白之德似如卑辱，廣大之德似如不足，建樹之德似如偷利，質真之物似需疏理。

【按】

此節言道體之理與常理不同，體道之士與常人又不同之理。

大方無隅，大器晚成，大音希聲，大象無形，道隱無名。

【注】

隅：邊角。道：道行。

【釋】

爲大方必無邊角，爲大器必至晚成，爲大音必將希聲，爲大象必成無形，爲道行必是隱昧無名。

【按】

此節言體道之士作爲的必然所在之理。

夫唯道，善貸且成。

【釋】

祇有道行，方善於輔助世上萬事萬物向其一真成之的返歸。

【按】

此節言通過體道之士的道行過程必使萬物向其一真成之的返歸。

【章按】

此章承上章而言之，老子此章言道體之理與常理的不同與道體的運動祇有體道之士方知，與祇有道行方能使世上萬事萬物向其一真成之返歸所在。

（自《四十章》至《四十一章》似爲一段落。）

四十二章

道生一，一生二，二生三，三生萬物。

【注】

道：指本體之道。

【釋】

本體之道産生真樸混成之物一，真樸混成之物一産生天、地之形物二，天、地之形物二産生天、地、人之形物三，天、地、人之形物三産生天地人世形體萬物（參

《二十五章》的“域中有四大，而人居其一焉”之義)。

【按】

此節言道所以生萬物之理。

萬物負陰而抱陽，沖氣以爲和。

【注】

陰：地陰。陽：天陽。

【釋】

萬物都負着地陰而抱着天陽，由谷中之水氣使在天陽地陰之間得到相和。

【按】

此節言萬物所以“長之育之，亭之毒之”(《五十一章》)之理。

人之所惡，唯孤、寡、不穀，而王公以爲稱。

【釋】

世人之所惡，唯居成孤家、處成寡人、食成不穀，而王公君主作爲自己的稱呼。

【按】

此節言王公君主們以此爲得“水氣”，使在上下之間相和之理（孤、寡、不穀前見於《三十九章》，後復見於此)。

故物或損之而益，或益之而損。

【釋】

故世界上的事與物或由於減損鋒芒而得其益，或由於圖益力得而受其損。

【按】

此節言事物損、益之辯證法。

人之所教，我亦教之。强梁者不得其死，吾將以爲教父。

【釋】

對人或損之而益、或益之而損之所教，我也如此教之。對處世處事强梁者必不得其結果之道理，我將以此作爲教人的根本。

【按】

此節言以事物或損之而益、或益之而損的辯證法之理教人所在。

【章按】

此章老子言道生萬物與沖氣以爲和之理，并言或損而益、或益而損的事物辯證法之理。

四十三章

天下之至柔，馳騁天下之至堅，無有入無間。

【釋】

天下之至柔之物，能馳騁天下最至堅之物，如無有不入其間而行。

【按】

此節言以柔弱勝剛强。又按：此節之義前見於《三十六章》，後見於《七十八章》之中。

吾是以知無爲之有益。

【釋】

我由此是以知於世於事無爲强梁之有益。

【按】

此節復述《二章》的無爲而言無爲强梁之有益（在《二章》中老子言無爲美惡之事，此章中言無爲强梁之益）。

不言之教，無爲之益，天下希及之。

【釋】

不言圖益之教，無爲强梁之益，天下之人對此希有及之。

【按】

此節言天下之人不知事物損、益的辯證法之理而希及之所在。

【章按】

此章承上章而言之，老子復言物或益之而損、或損之而益的事物辯證法之理，與不言圖益之教、無爲强梁之益所在。

四十四章

名與身孰親？身與貨孰多？得與亡孰病？

【釋】

名利與身軀哪一个更是親切？身軀與財貨哪一个更多重要？得取與亡失哪一个更爲攸關？

【按】

此節言利弊得失之理。

是故甚愛必大費，多藏必厚亡。

【釋】

是故甚愛名利、財貨、得取必大費其身，以此多藏必遭致厚亡。

【按】

此節言事物存亡之辯證法。

知足不辱，知止不殆，可以長久。

【釋】

因此知足不會遭致羞辱，知止不會遭致迷失，而可以長久。

【按】

此節言事物長久之辯證法，説明知足、知止爲長久之道所在。

【章按】

此章承上章而言之，復述《九章》之旨。老子在此章説明世人應明“甚愛必大費，多藏必厚亡”所在，與“知足不辱，知止不殆”的道理。

四十五章

大成若缺，其用不弊。大盈若沖，其用不窮。

【釋】

於世所事已經大成然以爲還若短缺，則其所用不會有弊害。已經大盈然以爲還若很少，則其所用不會有窮盡。

【按】

此節言事物的盈虛弊窮之理。

大直若屈，大巧若拙，大辯若訥。

【釋】

祇有大直還若枉屈，大巧還若笨拙，大辯還若遲鈍方是。

【按】

此節言懷虛而成進取之道。又按：“訥”字之義不能作慎重之義解，而祇能作遲鈍、遲笨之義解，也可見《老子》一書於戰國中期而成無疑（見拙著《論語今釋》對“訥”字之義所解）。

躁勝寒，静勝熱，清静爲天下正。

【釋】

躁動能勝寒冷，心静能勝暑熱，事清心静可以爲天下萬事萬物之正。

【按】

此節言事物勝出之辯證法，説明事能清、心能静可以爲天下正之理。

【章按】

此章承上章而言之，老子在此章中重申盈虛之理與持盈之道，説明清静可以爲天下正的事物辯證法之理。

（自《四十二章》至《四十五章》似爲一段落。）

四十六章

天下有道，却走馬以糞。天下無道，戎馬生於郊。

【注】

道：治道。糞：不值錢之物（參揮金如糞土之義）。

【釋】

天下有道，農耕之人視走馬不值錢似糞土。天下無道，農耕之人視走馬爲財路，用於作戰的馬匹在郊野不斷生養出來。

【按】

此節言天下有道無道與馬匹值錢不值錢之所在。又按：此節所言的有道、無道爲儒學之理，與《三十章》的“不道早已”、《五十三章》的“非道也哉”的道家之理，其義相悖。

禍莫大於不知足，咎莫大於欲得。

【釋】

禍莫大於君主的不知足而争戰兼并不止，咎莫大於世人的爲欲得而繁殖戰馬不息，而使世生灾難。

【按】

此節言世之灾禍所出，老子在此節把君主與世人混爲一談。

故知足之足，常足矣。

【釋】

故做到知足之足，爲常足，而使世無有灾禍。

【按】

此節言事物成完滿之所在。參《九章》的“持而盈之，不如其已”之義。

【章按】

老子此章言由於世上上下下的不知足而造成人世灾難，説明上下祇要知足世就可以過上“安平泰，樂與餌，過客止”的大道美滿生活之理。

四十七章

不出户，知天下。不闚牖，見天道。

【注】

闚：由門縫視之謂之闚。道：道理。

【釋】

祇要知道了世事之如何，不出户門，就能知天下。不窺窗户，就能見天道了。

【按】

此節言祇要知道了世事之如何，就知道了天下之如何，見到了天道之如何。

其出彌遠，其知彌少。

【釋】

不能知道世事之如何，哪怕其出很遠，其知也很少。

【按】

此節言能否知道世事之如何是根本所在之理。

是以聖人不行而知，不見而名，不爲而成。

【釋】

是以聖人不自行而能知，不自見而能名，不自爲而能成。

【按】

此節言得道聖人能此之所在。

【章按】

此章承上章而言之，老子此章所言與近代歐洲的康德哲理頗有相似之處，説明衹要知道了世事之如何，就能不出門户知天下、不窺窗户見天道與順其然而成事之理。

四十八章

爲學日益，爲道日損。

【注】

學：學問。道：道行。

【釋】

爲學問者求對身心之所欲日益求進，爲道行者求對身心之私欲日損求取。

【按】

此節言爲學與爲道的不同所在。

損之又損，以至於無爲，無爲而無不爲。

【釋】

對身心之所欲損之又損，以至於無爲私欲之事，無爲私欲之事就能無不爲天下之事（“無爲而無不爲”前見於《三十七章》）。

【按】

此節言無爲私欲之事就能無不爲天下之事所在。

取天下常以無事，及其有事，不足以取天下。

【釋】

要取天下應恒常無有對民掠取之事，及其對民有掠取之事，則不足以取天下。

【按】

此節言統治者如何得取天下之理，從此節所言觀之當出自爭戰兼并已烈的戰國中期無疑。又按：此節所言與《二十九章》所言的“天下神器，不可爲也”其義時期有前後之别無疑。

【章按】

此章承上章而言之，老子此章説明以其道無爲而無不爲得取天下之理。（自《四十六章》至《四十八章》似爲一段落。）

四十九章

聖人常無心，以百姓心爲心。

【注】

“聖人常無心”：通行本爲“聖人無常心”，據帛書《老子》甲、乙本改。

【釋】

聖人恒常無有其如何之心，而是以百姓之心如何爲心。

【按】

此節言得道聖人以百姓之心爲心所在。又按：此節與《十九章》的“絶巧弃利”其義不協。

善者吾善之，不善者吾亦善之，德善。

【釋】

百姓中善的，我善之；百姓中不善的，我亦善之：此謂德善（此節之義後見於《六十二章》中）。

【按】

此節言聖人在百姓中的德善所在。

信者吾信之，不信者吾亦信之，德信。

【釋】

百姓中對我信的，我信之；百姓中有對我不信的，我亦信之：此謂德信。

【按】

此節言聖人在百姓中的德信所在。

聖人在天下，歙歙爲天下渾其心，百姓皆注其耳目，聖人皆孩之。

【注】

歙：收縮（前見於《三十六章》）。

【釋】

聖人治理天下，以德善、德信縮小與渾合世人之心。對百姓皆注重其耳聞目見之所欲，聖人皆像對待孩子一樣教化他們使之遂成。

【按】

此節言聖人在百姓中的教化所在。

【章按】

老子在此章説明聖人在天下，歙歙爲天下渾其心，與聖人對待百姓皆像孩子一樣教化而使遂成之理。

五十章

出生入死，生之徒十有三；死之徒十有三；人之生，動之死地亦十有三。

【釋】

人爲達到所欲目的出生入死而行，達到目的而生之徒十有三分之一；達不到目的而死之徒十有三分之一；爲達到目的掙扎於死地的十有三分之一。

【按】

此節言世人爲達到所欲目的而造成的生死所在。

夫何故？以其生生之厚。

【釋】

這是何故？這是因爲人的不斷求取所欲之厚而所致。

【按】

此節言所以造成生死，是世人所欲之厚造成之理。

蓋聞善攝生者，陸行不遇兕虎，入軍不被甲兵。

【注】

兕：犀牛。

【釋】

凡是所聞善於攝生的人，陸行不會遇到犀牛、老虎，入軍不會受到甲兵殺戳。

【按】

此節言善於攝生的人能避凶難之所在。

兕無所投其角，虎無所措其爪，兵無所容其刃。

【注】

刃：刀刃。

【釋】

犀牛無所向其投角，老虎無所向其用爪，甲兵無所向其揮刃。

【按】

此節言善於攝生的人能避凶難而成事之所在。

夫何故？以其無死地。

【釋】

這是何故？這是因爲善於攝生的人不會進入死地。

【按】

此節言世人應避所欲之凶難而成無有死地之理。

【章按】

此章承上章而言之，老子此章言善於生存的人不會進入死地之理。

（自《四十九章》至《五十章》似爲一段落。）

五十一章

道生之，德畜之，物形之，勢成之。

【注】

道：指本體之道。德：指懷虛柔下之德。

【釋】

萬物皆由道體的過程而産生之，皆由道爲體用的懷虛柔下之德而聚蓄之，皆由所聚蓄之物而形態之，皆由所形態之勢而成就之。

【按】

此節言萬物所生、所蓄、所形、所成之理。又按：在此節也可見，老子始終不能説明其動力何在。

是以萬物莫不尊道而貴德。道之尊，德之貴，夫莫之命而常自然。

【釋】

是以萬物莫不尊其所以生之道，而貴其所以蓄而形之、成之的懷虛柔下之德。道之被尊，德之被貴，使萬物不有所命而恒常以自然過程成其生化。

【按】

此節言萬物尊道貴德而成其自然生化之理。又按：這可能是老子的自然動力論所在。

故道生之，德畜之，長之育之，亭之毒之，養之覆之。

【注】

亭：成熟（參亭亭玉立之意）。毒：結果。

【釋】

故道使萬物生之，德使萬物蓄之而成生長之、化育之、成熟之、結果之，而成人生活所需的養護之、覆蓋之所在。

【按】

此節言道與德於萬物之生成，世人之所需的功業所在。

生而不有，爲而不恃，長而不宰，是謂玄德。

【釋】

使萬物産生而不爲己所有，施爲而不爲己所恃，長成而不爲己所宰，是謂最深遠的德行（此節文句前見於《十章》，主體之義前見於《二章》）。

【按】

此節言道與德利世利民的深遠功德之所在。

【章按】

此章言生物所在與成物所在，老子在此章說明萬物所生所成與對人的所養所覆，及其道與德的玄德所在之理。

五十二章

天下有始，以爲天下母。既得其母，以知其子。既知其子，復守其母，没身不殆。

【釋】

天下的一切事物如何皆有其根始，其根始爲其後事物如何之母所在。既知其先根始之所母，以知之後事物如何之所子。既知其子之如何，復守其母之如何，可以没身不有迷失。

【按】

此節言事物的自然邏輯之理，也即龍生龍、鳳生鳳之理。又按："殆"爲"迷惑"、"迷失"之義，始見於《十六章》，又見於此，也可證之《老子》一書成書於戰國中期已無疑（參李興斌《孫子兵法新譯》中對"殆"字之注釋）。

塞其兑，閉其門，終身不勤。

【注】

勤：勞累。

【釋】

既知其子之如何，復守其母之如何，可以不以他人之所言、他人之所見而終身於事不勞累而成（"塞其兑，閉其門"後見於《五十六章》）。

【按】

此節言以事物的自然邏輯之理而行，可以終身不勤而成。

開其兑，濟其事，終身不救。

【釋】

不以知其子而復守其母行事，而以他人之所言、他人之所見行事，終身不可救藥。

【按】

此節言如不以事物的自然邏輯之理行事，則終身不可救藥之理。

見小曰明，守柔曰强。用其光，復歸其明，無遺身殃，是謂習常。

【釋】

見細小所在是明，守柔弱之爲是强。用其母子過程之光影，復歸其母子過程之顯明，則必於行事無遺身殃，是謂熟習世事之常道。

【按】

此節言熟習事物的自然邏輯之理爲常道所在。

【章按】

此章承上章而言之，老子在此章説明人應知所事之本原如何而行與習常道所在之理。

五十三章

使我介然有知，行於大道，唯施是畏。

【注】

施：施加、引誘。

【釋】

已使我確然有知世之常道所在，然行於世之大道之中，還是唯被所欲之物引誘是畏。

【按】

此節言雖熟習常道，然還是唯物欲引誘是畏所在。

大道其夷，而民好徑。

【注】

夷：寬廣（“夷”字前見於《四十一章》）。

【釋】

世之大道雖其爲寬廣，而民却因被物欲引誘而好捷徑。

【按】

此節言民被物欲引誘所在。又按：此節的“而民好徑”與《六十四章》的“以輔萬物之自然而不敢爲”其義相左。

朝甚除，田甚蕪，倉其虚。服文彩，帶利劍，厭飲食，財貨有餘，是謂盜竽。非道也哉。

【釋】

正因爲世人的物欲而好捷徑，使世有朝甚除勞作，田甚是荒蕪，倉甚爲空虚之人。也使世有衣着文彩服飾，帶着鋒刃利劍，厭倦精美飲食，財貨所用有餘，是謂霸道取奪之人。這些都是非大道應有之物。

【按】

此節言受物欲引誘而民成貧窮，也成盜竽層出之所在。又：商鞅變法的重農耕抑商賈應源出於此。

【章按】

此章承上章而言之，老子此章言世人因受物欲引誘而使世出現非大道之物所在。

（自《五十一章》至《五十三章》似爲一段落。）

五十四章

善建者不拔，善抱者不脱，子孫以祭祀不輟。

【注】

輟：停止。

【釋】

善於建立大道之業的，不可被拔。善於抱持大道之業的，不可被脱。能成就大道之業的，必可得子孫後代的紀念而不停。

【按】

此節言世人應爲大道生活之業所在。

修之於身，其德乃真。修之於家，其德乃餘。修之於鄉，其德乃長。修之於國，其德乃豐。修之於天下，其德乃普。

【釋】

爲大道之業修之於身，其德乃可純真。修之於家，其德乃可有餘。修之於鄉，其德乃可成長。修之於國，其德乃可豐大。修之於天下，其德乃可普遍。

【按】

此節言爲世大道之業，應修之於身而至修之於天下之理。

故以身觀身，以家觀家，以鄉觀鄉，以國觀國，以天下觀天下。吾何以知天下然哉？以此。

【釋】

故而以自身觀他人之身，以自家觀他人之家，以自鄉觀他人之鄉，以自國家觀他人之國家，以自所在天下觀他人所在之天下，可以知所修之情形。我爲什麽能知天下之事如何與應如何？以此而知。

【按】

此節言何以知天下之事如何與應如何之理。參《四十七章》的“不出户，知天下”之義。

【章按】

此章承上章而言之，老子此章言建大道之業乃至修身至於修天下，觀身至於觀天下以知天下之事如何與應如何之理。

五十五章

含德之厚，比於赤子，毒蟲不螫，猛獸不據，攫鳥不搏，骨弱筋柔而握固。

【注】

攫鳥：惡鳥。

【釋】

一個人含有德之厚度，能像幼子般的不爲世之物欲而行，則世之毒蟲不會對其螫咬，猛獸不會對其撲食，攫鳥不會對其抓搏，雖骨弱筋柔而對人生握持堅固。

【按】

此節言含德成厚不會被世之物欲所惑，而不會被世之毒蟲、猛獸、攫鳥所侵害之理。

未知牝牡之合而峻作，精之至也。終日號而不嗄，和之至也。

【注】

牝牡之合：男女之交。峻：陽性生殖器。嗄：沙啞。

【釋】

赤子雖不知男女之交，而他的小生殖器却常勃起，這是肌軀之精氣所致。終日號哭而他的聲音不會沙啞，這是肌軀之淳和所致。

【按】

此節言含德成厚必使肌軀精氣之至、淳和之至所在。

知和曰常，知常曰明，益生曰祥。

【釋】

知淳和而持是謂常，知常道而持是謂明，以此益於身心是謂祥。

【按】

此節言能知淳和而持益於身心是謂祥之理。

心使氣曰强，物壯則老，謂之不道，不道早已。

【釋】

以心所欲致意氣用事是謂强，不斷相强用事必致自己之力衰竭、不能維持，此是謂不道，不道必然早已（此節文句前見於《三十章》）。

【按】

此節言心使氣强必致早已的事物辯證法之理。

【章按】

此章承上章而言之，老子在此章説明修身之重要所在與物壯則老、不道早已之理。

五十六章

知者不言，言者不知。

【釋】

知益生之理的人不亂言，亂言的人不知益生之理。

【按】

此節言知者與不知者之別所在。

塞其兑，閉其門，挫其鋭，解其紛，和其光，同其塵，是謂玄同。

【釋】

不以物欲之人所言，不以物欲之人所見（此二句前見於《五十二章》），挫其世之鋒鋭，解其世之糾紛，和其世之輝光，同其世之塵土（此四句前見於《四章》），是謂最深遠的世之和同所在。

【按】

此節言成世玄同所在。

故不可得而親，不可得而疏。不可得而利，不可得而害。不可得而貴，不可得而賤。故爲天下貴。

【釋】

成世之玄同應超越常人，於人於物不可得而親與疏、利與害、貴與賤，故而能爲天下之貴。

【按】

此節言成之天下貴所在。

【章按】

此章承上章而言之，老子此章言以益生而至益世而爲天下之貴所在，言成之天下貴的事物自然邏輯過程之理。

（自《五十四章》至《五十六章》似爲一段落。）

五十七章

以正治國，以奇用兵，以無事取天下。吾何以知其然哉？以此。

【釋】

以正人之所欲而治國，以出奇之制勝而用兵，以無有掠取百姓之事而取天下。我爲什麽能知其所以然？以此而知。

【按】

此節言如何取天下之理。又按：此節的“以無事取天下”與《二十九章》的“天下神器，不可爲也”其義時期有前後之別無疑。

天下多忌諱而民彌貧，民多利器，國家滋昏；人多伎巧，奇物滋起；法令滋彰，盜賊多有。

【注】

忌諱：禁忌。

【釋】

天下多有禁忌而民越陷貧困，民多鋒利之器以爲用，説明國家已滋昏亂；人多伎巧之作以爲利，説明奇物怪事已滋起；世多種種法令以爲治，説明各種盜賊已多有。

【按】

此節言所治應察世利弊所在而行，説明正人所欲而治之重要所在。

故聖人云：我無爲而民自化，我好静而民自正，我無事而民自富，我無欲而民自樸。

【釋】

故而聖人説：我無爲虛華之事而民自化，我好操守而民自正，我没有掠取之事而民自富，我無肆欲而民自樸。

【按】

此節言世治之理，言事物成治的辯證法之理。

【章按】

老子此章説明上之如何與民之如何的關聯所在，説明以正治國、以無事取天下之理所在。

五十八章

其政悶悶，其民淳淳。其政察察，其民缺缺。

【注】

悶悶：簡化。察察：繁苛（“悶悶”、“察察”前見於《二十章》）。

【釋】

國家政令對民簡化，其民必然淳樸。國家政令對民繁苛，其民必然不滿。

【按】

此節言國家之政令，言辯證法的邏輯之理。

禍兮，福之所倚；福兮，禍之所伏。

【釋】

禍事，福事就倚其旁；福事，禍事就伏其中。

【按】

此節言禍福之倚伏，言事物倚伏的辯證法之理。

孰知其極？其無正。正復爲奇，善復爲妖。人之迷，其日固久。

【釋】

怎知禍福其極所在？其實是没有正式其極所在的。正可以變爲奇，善可以變爲妖。世人對此之不知，其日已久了。

【按】

此節言禍福之變化，言事物生變的辯證法之理。

是以聖人方而不割，廉而不劌，直而不肆，光而不耀。

【注】

割：割裂。劌：傷害。

【釋】

是以聖人於世於事方而不割裂，廉而不傷害，直而不肆行，光而不顯耀而爲。

【按】

此節言得道聖人對此把持而爲所在。

【章按】

此章承上章而言之，老子在此章説明禍福倚伏與禍福無界，説明祇有人們對此加以把持方能守福之理。

五十九章

治人事天，莫若嗇。

【注】

嗇：吝嗇、劃爲一。

【釋】

治理人世事奉天下，莫若其政劃爲一行治。

【按】

此節言治人事天應取之道。

夫唯嗇，是謂早服。早服謂之重積德，重積德則無不克，無不克則莫知其極。莫知其極，可以有國。有國之母，可以長久。

【釋】

正因爲劃爲一行治，是謂能使世人早信服。能使世人早信服謂之重積德，重積德則於所事無不克，於所事無不克則莫知其所極。莫知其所極，可以有國。有國之根本，其命可以長久。

【按】

此節言劃爲一行治，可以重積德，可以無不克，可以有國之母，可以長久之理。

是謂深根、固柢、長生、久視之道。

【注】

道：道理。

【釋】

此是謂國之深根、固之所係、長遠之生、久存之視所在之道。

【按】

此節言以此道行治必成國之長生久視之理。

【章按】

此章承上章而言之，老子此章説明治人事天於世應劃爲一而行治，以此行治必成深根、固柢、長生、久視所在之理。

（自《五十七章》至《五十九章》似爲一段落。）

六十章

治大國若烹小鮮。

【注】

小鮮：味道鮮美的小菜。

【釋】

治理一個大的國家，如同烹調一道味美的小菜，應有章法進行方能烹調成功。

【按】

此節言治國若烹小鮮道理一樣所在之理。

以道莅天下，其鬼不神。

【注】

道：大道。鬼神：言隱憂之事。

【釋】

以大道的章法治天下之事，則世之隱憂就不再神。

【按】

此節言以大道治理，可以排除世的隱憂之患。

非其鬼不神，其神不傷人。非其神不傷人，聖人亦不傷人。

【釋】

非其隱憂不再神，而是其神不能再傷人。非其神不能再傷人，而是聖人的大道之治不會傷及人。

【按】

此節言以大道治世，其隱憂之事不能再神、不能再傷人之所在。

夫兩不相傷，故德交歸焉。

【釋】

正因爲聖人的大道之治使兩不相傷，故德於世成交歸了。

【按】

此節言聖人之治使德於世成交歸之理。

【章按】

此章言聖人於世大道之治所在，老子此章説明聖人爲天下百姓大道生活之事，百姓爲世大道之業德成交歸之理。

六十一章

大國者下流，天下之交，天下之牝，牝常以静勝牡。

【注】

静：操守（前見於《五十七章》）。

【釋】

大國於小國應像百川之於江海一般居之下流，天下之相交，猶天下之雌性，雌性常以操守而勝雄性。

【按】

此節言雌性、雄性之相交，而言大國應居下流之理。

以静爲下，故大國以下小國，則取小國。小國以下大國，則取大國。

【釋】

以操守居下，故大國以下小國，則得取小國之力。小國以下大國，則得取大國之助。

【按】

此節言大國、小國相交之理。

故或下以取，或下而取。大國不過欲兼畜人，小國不過欲入事人。夫兩者各得其所欲。大者宜爲下。

【釋】

故或下以取小國之力，或下而取大國之助。大國不過是欲兼畜人，小國不過是欲入事人。大國、小國之間兩者各爲的是得其所欲，因此大國宜爲下。

【按】

此節言大國、小國各得其所，言事物互利之辯證法。

【章按】

此章老子言大國、小國兩者之間如何相互各得其所欲之理。又按：此章所述與孔子時代的大國、小國之間關係已極爲不同，也可證之《老子》一書出於争戰兼并已烈的戰國中期無疑。

六十二章

道者，萬物之奥，善人之寶，不善人之所保。

【注】

道：大道。奧：參《三十四章》的“萬物恃之而生而不辭”之義。

【釋】

道是世上萬物恃之而生而不辭之所在，它是世上善人之寶所在，也是不善人之所以保所在。

【按】

此節言道爲善人之寶，不善人之所以保所在。

美言可以市尊，美行可以加人。人之不善，何弃之有？

【釋】

使人信從的言語可以獲得人們的尊敬，爲人贊譽的行爲可以得到人們的看重。因此雖有不善的人，何相弃之有呢（參《二十章》的“善之與惡，相去若何”之義）？

【按】

此節言對不善之人何弃之有所在。

故立天子，置三公，雖有拱璧以先駟馬，不如坐進此道。

【注】

拱璧：捧璧，璧爲信物。

【釋】

故人世立的天子，置的三公，雖有捧璧之信駟馬難追，還不如坐進善人之寶、不善人之所以保的道爲是。

【按】

此節言治天下不如坐進此道以治之所在。

古之所以貴此道者何？不曰以求得有罪以免邪？故爲天下貴。

【注】

罪：過失。

【釋】

古往今來所以貴重此道是爲什麼呢？不是説以求得此道，以往的過失可以免除了嗎？故所以爲天下之貴。

【按】

此節言道所以爲天下貴之所在。

【章按】

此章言道於世之貴，老子此章説明祇有以道而行，天下方能得到治理目的之理。（自《六十章》至《六十二章》似爲一段落。）

六十三章

爲無爲，事無事，味無味。大小多少，報怨以德。

【釋】

於世所爲應無爲圖欲之爲，所事應無有强梁之事，所味應無有怨忿之味。於人於事不論大小多少之忿，用報怨以德進行化解。

【按】

此節言操守與報怨以德之所在。

圖難於其易，爲大於其細。

【釋】

難事應從易處着手，大事應從細處進行。

【按】

此節言處事之要領所在。

天下難事必作於易，天下大事必作於細。是以聖人終不爲大，故能成其大。

【釋】

天下難事必作於易始，天下大事必作於細始。是以聖人對天下難事、大事必作於易始、細始，故能成其大事。

【按】

此節言聖人能成其大事所在。

夫輕諾必寡信，多易必多難。是以聖人猶難之，故終無難矣。

【注】

諾：應承。

【釋】

輕而應承必成少有信用，多見容易必成多有難處。是以聖人注重多從難處看問題，故終能無難處。

【按】

此節言聖人克難成功之道。

【章按】

老子此章説明人應操守與報怨以德化解怨忿，同時説明圖難於其易、爲大於其細以取得成功的事物辯證法之理。

六十四章

其安易持，其未兆易謀，其脆易泮，其微易散。爲之於未有，治之於未亂。

【注】

泮：半從水，掌握言。

【釋】

其事還安穩時容易維持，還未徵兆時容易謀劃，還脆弱時容易掌握，還細微時容易散没。因此應爲之於未有之始，治之於未亂之時。

【按】

此節言應爲之未有，治之於未亂之理。

合抱之木，生於毫末。九層之臺，起於累土。千里之行，始於足下。爲者敗之，執者失之。

【釋】

生於毫末已成合抱之木。起於累土已成九層之臺。始於足下已成千里之行。至事已此再欲力爲者必敗之，再圖力執者必失之（此二句前見於《二十九章》）。

【按】

此節言至事已成必使爲者敗之、執者失之所在。

是以聖人無爲故無敗，無執故無失。

【釋】

是以聖人無爲已至之事，故無敗；無執已成之事，故無失。

【按】

此節言聖人無敗，無失之所在。

民之從事，常於幾成而敗之。慎終如始，則無敗事。

【釋】

民之從事，經常於幾乎成功之時而敗之。故而於事應謹慎至終如同初始，則必然没有敗事。

【按】

此節言於事應慎終如初，則無敗事之所在。

是以聖人欲不欲，不貴難得之貨；學不學，復衆人之所過：以輔萬物之自然而不敢爲。

【釋】

是以聖人所欲的不以世俗之欲，不貴重難得之財貨；所學的不以世俗之學，不重復衆人之所過：以輔助萬物之自然生息變化所在而不敢爲。

【按】

此節言聖人之所欲，所學與以輔萬物之自然而不敢爲之所在。又按：此節的“以輔萬物之自然而不敢爲”與下章的“民之難治，以其智多”其義相左。

【章按】

此章承上章而言之，老子在此章説明應“爲之於未有”、“治之於未亂”與“慎終如始”、“不復衆人之所過”、“以輔萬物之自然而不敢爲”之理所在。

六十五章

古之善爲道者，非以明民，將以愚之。

【注】

道：大道。

【釋】

古來善於爲世之大道的人，對世上財、智之事，非以明民去爲，而是將以愚之使民不爲。

【按】

此節言善爲道者應作爲所在。又按：此節之義難道與秦的焚書坑儒之旨無關嗎？

民之難治，以其智多。故以智治國，國之賊。不以智治國，國之福。

【釋】

民所以難於治理，是以其爲財貨、利益之事的智多。故以明民之智治國，是國家的賊人。不以明民之智治國，是國家的福祉。

【按】

此節言以絶聖弃智、絶巧弃利治國是國家之福所在（順注：與“文革”時期有着驚人的相似）。又按：此節的“民之難治，以其智多”與《四十九章》的“聖人常無心，以百姓心爲心”其義抵觸，也與《四十二章》的“道生一，一生二，二生三，三生萬物”其義抵觸，難道智不是由道生的嗎？

知此兩者亦稽式，常知稽式，是謂玄德。

【釋】

應知以智治國與不以智治國兩者禍福所在之治式，恒常知禍福所在之治式，是謂最深遠之德。

【按】

此節言不以智之治式，是謂最深遠之德所在。

玄德深矣，遠矣，與物反矣，然後乃至大順。

【釋】

玄德之旨極深、極遠，與物欲相反，以此玄德之旨而行，必致世成大順。

【按】

此節言以此玄德而行，必致世成大順之理。

【章按】

此章承上章而言之，老子此章説明世應不以智治國之玄德而行，而使世成大順所在之理。

（自《六十三章》至《六十五章》似爲一段落。）

六十六章

江海所以能爲百谷王者，以其善下之，故能爲百谷王。

【釋】

江海所以能爲百谷川流歸集之王者，是由於江海善於居百谷川流之下，故能爲百谷川流之王者。

【按】

此節言江海所以能爲百谷川流王者之理。

是以欲上民，必以言下之；欲先民，必以身後之。

【釋】

是以欲上於民，必以其言能下其民之言而爲之；欲先於民，必以其身能下其民之身而成之（此節之義前見於《七章》）。

【按】

此節言事物的辯證法之理。説明所以能上民、先民之理。

是以聖人處上而民不重，處前而民不害。

【釋】

是以聖人處民之上而民不見有重，處民之前而民不覺有害。

【按】

此節言得道聖人處世處事能得民從之理。

是以天下樂推而不厭，以其不争，故天下莫能與之争。

【釋】

是以天下之民對其樂於推舉而不厭，正因爲其與世與民不争，故而天下莫能與之争。

【按】

此節言天下莫之與能争之理。

【章按】

老子在此章説明得道聖人於世所以能處民之上的事物辯證法之理。

六十七章

天下皆謂我道大，似不肖。夫唯大，故似不肖。若肖，久矣其細也夫。

【注】

道：道行。

【釋】

天下之人皆謂我的道行大，然所行似不像大的樣子。正因爲大，故而似不像大的樣子。若像大的樣子，早就成爲小的樣子了。

【按】

此節言事物的辯證法，説明正因爲大而不像大之理。

我有三寶，持而保之，一曰慈，二曰儉，三曰不敢爲天下先。

【釋】

我有三件寶，所以能持而保之道大，一是於人寬慈，二是於物儉樸，三是於世不敢爲天下之先。

【按】

此節言以三寶而保持道大之所在。

慈，故能勇。儉，故能廣。不敢爲天下先，故能成器長。

【釋】

因能寬慈，故而能勇爲。因能儉樸，故而能寬廣。因能不敢爲天下之先，故而能成器物長大。

【按】

此節言三寶益於道大之所在。

今舍慈且勇，舍儉且廣，舍後且先，死矣。

【釋】

今一些人捨去於人寬慈而求狹隘，捨去於物儉樸而求奢侈，捨去於世不敢爲天下先而求先前，則衹能是行不通的死路。

【按】

此節言捨去三寶而求勇爲、寬廣、先前，必是行不通的死路之理。

夫慈，以戰則勝，以守則固；天將救之，以慈衛之。

【釋】

正因爲於人寬慈而能得人，能以戰則勝，以守則固；所以對天下將救之事，用寬慈而得人護衛之。

【按】

此節言慈爲三寶之首所在。

【章按】

此章承上章而言之，老子此章説明以慈、儉、不敢爲天下先三寶持而保之道大，與以慈爲用得人成事之理。

（自《六十六章》至《六十七章》似爲一段落。）

六十八章

善爲士者不武，善戰者不怒，善勝敵者不與，善用人者爲之下。

【注】

士：將士。

【釋】

善爲將士者不以動武爲是，善爲戰事者不以怒忿爲是，善於勝敵者不以争拼爲是，善於用人者以身居下爲是。

【按】

此節言事物相勝之辯證法，説明以柔勝剛之理。

是謂不争之德，是謂用人之力。

【釋】

以此是謂於對方不争之德，是謂於己方用人之力。

【按】

此節言善戰善事之道。

是謂配天，古之極。

【釋】

對此是謂配天之道，自古以來成事之極。

【按】

此節言配天成事之道所在。

【章按】

老子此章説明不争之德、用人之力是謂配天成事之極所在之理。

六十九章

用兵有言：吾不敢爲主而爲客，不敢進寸而退尺。

【釋】

用兵之道有言：我用兵不敢仗力爲主而反柔下爲客，不敢盲目進寸而反謹慎退尺。

【按】

此節言謹慎用兵之道。

是謂行無行，攘無臂，扔無敵，執無兵。

【注】

攘：舉。扔：爲。

【釋】

是謂所行似無行，所舉似無臂，所爲似無敵，所執似無兵而成。

【按】

此節言兵於敵應成無形、無聲、無可捉摸之存在。

禍莫大於輕敵，輕敵幾喪吾寶。

【釋】

戰事之災禍莫大於輕敵所致，輕敵將幾乎喪失我善勝敵者不與之法寶。

【按】

此節言用兵過程絶不能輕敵之所在。

故抗兵相加，哀者勝矣。

【釋】

故兩軍抗決，以哀、以懼者勝。

【按】

此節言用兵最終以柔以懼勝之理。

【章按】

此章承上章言之，老子在此章説明用兵應謹慎、無可捉摸及以懼而取得成功之理。（自《六十八章》至《六十九章》似爲一段落。）

七十章

吾言甚易知，甚易行。天下莫能知，莫能行。

【釋】

我的以柔、以懼用事之言很易知，很易行。然天下莫有人能知，莫有人能行。

【按】

此節言天下人衹知以剛、以强用事所在。

言有宗，事有君。夫惟無知，是以不我知。知我者希，則我者貴。

【注】

宗：宗旨。

【釋】

所言應有宗旨，爲事應有所成。由於世人的無知，不知我言的深刻之理。故而知我的稀少，能取法我的更少。

【按】

此節言世人的無知所在。

是以聖人，被褐懷玉。

【注】

褐：粗布衣服。

【釋】

是以聖人身穿着極普通的粗衣，懷内却藏着極罕見的美玉。

【按】

此節言得道聖人的被褐懷玉所在。

【章按】

此章言知行，老子此章説明聖人的言行不能被常人所知之理。

七十一章

知不知上，不知知病。

【釋】

知道有不知道的事爲上，不知道的事以爲知道的是病（順注：俗語謂之毛病）。

【按】

此節言知與不知之别所在。

夫惟病病，是以不病。

【釋】

祇有以不知道的事爲不知道，是以不有病。

【按】

此節言祇有以不知爲不知，方是不病之理。

聖人不病，以其病病，是以不病。

【釋】

聖人是不有病的，因爲聖人以不知道的事爲不知道而究尋，是以不有病。

【按】

此節言聖人是以不病之理。

【章按】

此章承上章而言之，老子此章説明人們應知事知物之所在。又按：此章與《三章》的“常使民無知無欲”、《六十五章》的“古之善爲道者，非以明民，將以愚之”其義抵觸。

（自《七十章》至《七十一章》似爲一段落。）

七十二章

民不畏威，則大威至。

【釋】

民至不再畏懼其上的威嚇逼迫，則世之上下與世之種種威嚇逼迫的事就將至了。

【按】

此節言統治者對世對民行威不能亂來之理。又按：故由此而來出黄老之學的威應有法有度之論。

無狎其所居，無厭其所生。

【注】

狎：低視。

【釋】

應不低視民之所居所業，不厭煩民之所生所養。

【按】

此節言統治者如何變亂爲治所在。

夫唯不厭，是以不厭。

【釋】

衹有從根本上不厭煩民之所生所養，是以不會再厭煩政之所行。

【按】

此節言衹有從根本上着手改變方能成治之所在。

是以聖人自知不自見，自愛不自貴，故去彼取此。

【釋】

是以聖人以自知而不以自見爲是，以自愛而不以自貴爲是，故而去彼取此而行。

【按】

此節言知事有端倪就應着手，如至自見已遲、自貴已晚之理。

【章按】

老子此章説明統治者於世應自知與自愛之重要所在。

七十三章

勇於敢，則殺。勇於不敢，則活。

【釋】

世上勇於敢爲的，則被除殺。勇於不敢爲的，則爲活。

【按】

此節言統治者的世治所在。

此兩者或利或害，天之所惡，孰知其故？是以聖人猶難之。

【釋】

由此兩者於世所産生的或利或害結果來看，茫茫天之所惡，人們怎知它的所在？因此聖人對此兩者也很注重從難處看問題。

【按】

此節言世對茫茫天之所惡的不知。

天之道不争而善勝，不言而善應，不召而自來，繟然而善謀。

【注】

道：道理。繟然：緩然。

【釋】

天的道理與人與物不爭而善勝，不言而善應，不召而自來，繟然而善謀。

【按】

此節言天道無親，常與善人之理。又按：以此節之義天爲有意志之物，參《七十七章》的“天之道，損有餘而補不足”之義。

天網恢恢，疏而不失。

【釋】

對人對物的所犯如何，天網極爲深廣，雖疏而從來没有漏失過。

【按】

此節言有犯者終逃不出恢恢天網所在之理。

【章按】

此章承上章而言之，老子在此章言世治又言天道，説明統治者衹要善爲必能成事之理。

（自《七十二章》至《七十三章》似爲一段落。）

七十四章

民不畏死，奈何以死懼之？

【釋】

民不是什麽事都是畏死的，怎麽能單單用死威嚇他們？

【按】

此節言不應單單用死懼民之理。

若使民常畏死而爲奇者，吾得執而殺之。

【釋】

若使民常有畏死之事而敢於觸犯的人，我得執而殺之（參《八十章》的“使民重死而不遠徙”之義）。

【按】

此節言統治者應制定出使民畏死之刑律，對敢於犯者進行除殺之理。又按：此節與《二十章》的“善之與惡，相去若何”、《二十七章》的“聖人常善救人，故無弃人”其義抵觸。

孰敢？常有司殺者殺。

【釋】

怎麽不敢執而除殺？恒常以來是有司殺者在殺的。

【按】

此節言應有刑殺機構進行實施之所在。

夫代司殺者殺，是代大匠斲。夫代大匠斲，希有不傷其手者矣。

【注】

斲：砍木。

【釋】

如果以自己代司殺者進行刑殺，是謂代替大匠砍木。如果代替大匠砍木，稀有不傷及自己的呢。

【按】

此節言統治者不要自己出面直接殺人，應由刑殺機構根據統治者定出的刑律進行刑殺之理。

【章按】

老子此章説明世應有使民重死之刑律，由刑殺機構根據統治者的意志進行實施之理。又按：此章之義應是黄老之學的學派中重刑名法術一派的所在。

七十五章

民之饑，以其上食税之多，是以饑。

【釋】

民之所以饑餓，是其上的食税之多所致，是以饑餓。

【按】

此節言民之饑餓是其上食税之多所在。

民之難治，以其上之有爲，是以難治。

【釋】

民之所以難治，是其上爲得失極欲所致，是以難治。

【按】

此節言民之難治是其上爲得失極欲所在。

民之輕死，以其上求生之厚，是以輕死。

【釋】

民之所以輕死，是其上爲求長生之厚所致，是以輕死。

【按】

此節言民之輕死是其上爲求長生之厚所在。

夫唯無以生爲者，是賢於貴生。

【釋】

衹有没有辦法以生爲希望的人，方把死看得比生還好。

【按】

此節言衹有無以爲生者方把死看成比生還好所在。

【章按】

此章承上章言之，老子此章説明統治者除用刑律外，還應恩威并用，使民實腹重死方能達到目的之理。此章與上章合在一起，説明其治世的事物辯證法之理，這也應是秦時黄老學派强逼民加强勞作與實行苛政嚴律并行的理論根據之所在。又按：從此章觀之，當時爲争戰兼并已烈的大國要占取小國，强國要占取弱國，而小國、弱國則拼命保存自己，而民處於把死看成比生還好的戰國中期無疑。

七十六章

人之生也柔弱，其死也堅强。萬物草木之生也柔脆，其死也枯槁。

【釋】

人之生時肌軀也柔弱，至死時肌軀也堅强。萬物草木之生時植軀也柔脆，至死時植軀也枯槁。

【按】

此節言柔生强死之理，并言統治者應以柔治世之理。

故堅强者死之徒，柔弱者生之徒。

【釋】

故而堅强者爲死一類事物，柔弱者爲生一類事物。

【按】

此節言統治者應取之道所在。又按：此節與《三十三章》的“强行者有志”其義不協。

是以兵强則滅，木强則折。堅强處下，柔弱處上。

【釋】

是以兵逞强則滅，木逞强則折。因此堅强者處下，柔弱者處上。

【按】

此節復言統治者應取之道所在。

【章按】

此章承上章言之，老子在此章説明統治者以柔治世治事之重要所在。

（自《七十四章》至《七十六章》似爲一段落。）

七十七章

天之道，其猶張弓歟？高者抑之，下者舉之。有餘者損之，不足者補之。

【注】

道：道理。

【釋】

天的道理，不是像張開的弓一樣嗎？高了會壓下來一些，低了會舉起來一些。對有餘者會減損下去一些，對不足者會補足起來一些。

【按】

此節言天道，爲有一定意志的天，這是由於老子的道最終有神的作用存在所致。

天之道，損有餘而補不足。人之道則不然，損不足以奉有餘。

【釋】

天的道理，是損有餘而補不足的。人的道理則不然，是損不足而奉有餘的。

【按】

此節言人之道則不然，那理又何在？

孰能有餘以奉天下？唯有道者。

【釋】

怎能做到以有餘而奉天下呢？唯有道行的人方能做到。

【按】

此節言要改變人道，唯道者。在這裏老子明確説有道之人要與統治者共享權力。

是以聖人爲而不恃，功成而不處，其不欲見賢。

【釋】

是以聖人施爲而不恃有餘與不足之有别，功成業就而不爲之處，使世不欲見其賢能。

【按】

此節言唯有得道聖人能使世人得到均和生活所在。

【章按】

此章言奉天下，老子在此章明確宣告衹有具其道的人參與統治方能使世人過上“安平泰”的生活所在。

七十八章

天下莫柔弱於水，而攻堅强者莫之能勝，其無以易之。

【注】

易：替代。

【釋】

天下最柔弱之物莫過於水，而攻堅强之物的没有能够勝過它的，對此没有其他之物可以替代（此節之義前見於《四十三章》）。

【按】

此節言最柔弱之水可攻最堅强之物而無以易之所在。

弱之勝强，柔之勝剛，天下莫不知，莫能行。

【釋】

弱之能勝强，柔之能勝剛，天下之人莫不知道，但莫能行（“柔弱勝剛强”前見於《三十六章》）。

【按】

此節言天下對此莫不知而莫能行所在。

是以聖人云：受國之垢，是謂社稷主；受國不祥，是爲天下王。

【釋】

是以聖人説：受國於深辱之中而能使之站立起來的，是謂社稷之主；受國於重難之中而能使之安泰起來的，是爲天下之王。

【按】

此節言能克此而成是謂社稷主，是爲天下王之所在。

正言若反。

【釋】

這是正言若反的話。

【按】

此節言事物的辯證法之理。

【章按】

此章言成天下之事，老子此章説明柔弱勝剛强與能使世擺脱屈辱、災難的人爲社稷主、天下王之理。又按：老子此章爲争戰兼并已烈，人世灾難已重，君主們想取天下的寫照。

（自《七十七章》至《七十八章》似爲一段落。）

七十九章

和大怨，必有餘怨，安可以爲善？

【釋】

人們之間大的怨忿可以解決，然具體存在的餘怨却是不可能一下子得到消除，對此如何使之善起來呢？

【按】

此節言化人際怨憤爲平和之事。

是以聖人執左契，而不責於人。

【注】

契：契約，即合約一類。

【釋】

是以聖人執其所過所失之約左契在手，而不再責於其人。

【按】

此節言得道聖人所采取之法。

有德司契，無德司徹。

【注】

司契：從容對待。司徹：計較對待。

【釋】

聖人對餘怨能主動進行消除的有德之人從容對待而行，而對餘怨不能主動進行消除的無德之人計較對待而行。

【按】

此節言得道聖人所實行之法。

天道無親，常與善人。

【釋】

天道對任何人都是沒有親疏的，但恒常與爲善的人在一起。

【按】

此節言善有善報之理。又按：此節的天道是否有意志？應該説沒有，因爲這裏所説的天道，實際上是世人之心而已。

【章按】

此章言和怨，老子在此章中説明得道聖人對和怨所采取之法與所實行之法所在。

(此章似自爲一段落。)

八十章

小國寡民，使有什伯之器而不用，使民重死而不遠徙。

【注】

國：帛書《老子》甲本爲“邦”字。什伯之器：指當時邦國所用的各種器物。

【釋】

應建立王朝强有力管理下的小國寡民式的社會結構形式，使原有邦國的什伯之器没有所用，使民重視其生死而不遠遷移。

【按】

此節所言爲世界上構想最早的在基層實行政體與生活、生産合爲一的體制形式所在，秦時的伍、什連坐之制應出於此。

雖有舟輿，無所乘之；雖有甲兵，無所陳之；使人復結繩而用之。

【注】

結繩：用繩子打上各種不同之結以記事、傳遞信息，此期應開始於伏犧氏時期之前的河圖用五十五陰點、陽點時期，至於黃帝氏時期。

【釋】

使世雖有舟船、車輿，而無有所乘之；雖有甲兵、軍旅，而無有所陳之；使世人過着復結繩而用之的生活。

【按】

此節言一切在最高（太上）統治者的統治下，使世過着"常使民無知無欲。使夫智者不敢爲也，爲無爲，則無不治"的生活，這是老子之學的核心思想所在，也是老子根據其事物辯證法與邏輯之理而勾畫産生的社會理想大道生活圖景所在。

甘其食，美其服，安其居，樂其俗。

【釋】

使民甘於其所飽腹之食，美於其所御寒之服，安於其所避息之居，樂於其所生活之俗：使萬民過着無追求而淳樸的生活。

【按】

此節言一切在最高（太上）統治者的統治下，使民過着"見素抱樸，少私寡欲"、"知足不辱，知止不殆，可以長久"的生活，這同是老子之學的核心思想所在，也是老子根據其事物辯證法與邏輯之理而勾畫産生的社會理想美滿生活圖景所在。

鄰國相望，鷄犬之聲相聞，民至老死不相往來。

【釋】

各基層生活政體區之間相互可以望見，鷄犬之聲相互可以聽見，但民至老死都不存在有往來必要之事。

【按】

此節言一切在最高（太上）統治者的統治下，使世使民過着"安平泰，樂與餌，過客止"的生活，這也是老子之學的核心思想所在，也是老子根據其事物辯證法與邏輯之理而勾畫産生的社會理想幸福生活圖景所在。

【章按】

此章言世應在最高統治者的統治管理下，建立小國寡民式的社會生活體制。老子在此章説明世要根除不安、戰爭與災難，祇有如此方能做到、實現之理。又按：由此章可見，不同的社會生活模式圖景是由於不同的哲理而勾畫所致，老子的這個社會生活模式圖景即是其證，但實現了這樣的理想社會，不知人們有否想過，中華民族在世界民族之林中是不是還有前途呢？

八十一章

信言不美，美言不信。善者不辯，辯者不善。知者不博，博者不知。

【釋】

誠實話不漂亮，漂亮話不誠實。於人善者不佞説，佞説之人於人不善。真知之人不吹噓，吹噓之人不是真知。

【按】

此節言應分辨人言之所在，説明世的大道之言是不美的、不佞説的、不吹噓的所在之理。

聖人不積，既以爲人己愈有，既以與人己愈多。

【注】

積：保留。

【釋】

聖人對真言是没有保留的，既盡力爲世人而自己愈有，既盡力與世人而自己愈多。

【按】

此節言聖人真言之所在，又言聖人爲世實現大道生活之成有所在。

天之道，利而不害。聖人之道，爲而不争。

【釋】

天之道理，衹對世對民有利而没有害處。聖人之道，衹爲世爲民能過上“安平泰，樂與餌”的理想美滿生活而不有相争。

【按】

此節言世人應向着天之道、聖人之道、成世幸福大道生活所在。

【章按】

此章承上章而言之，爲《德經》結語之章，同時爲《老子》全書結語之章。爲老子對全書内容的總括之敘述所在。

（自《八十章》至《八十一章》似爲一段落。）

下卷完。

附録

馬王堆漢墓帛書《老子》釋文

因《老子今釋》文本與所校核的帛書甲、乙文本均據任繼愈先生本，兹全文以任繼愈先生馬王堆漢墓帛書《老子》釋文附録如下。

長沙馬王堆三號漢墓出土的《老子》帛書，有兩種寫本。甲本字體在篆隸之間，不避漢高帝劉邦諱，抄寫年代可能在高帝時期（公元前二〇六年至公元前一九五年）。乙本字體爲隸書，避高帝劉邦字諱而不避惠帝劉盈諱，抄寫年代可能在惠帝或吕后時期（公元前一九四年至公元前一八〇年）。

爲了便於閲讀，根據通行本分章，每章另行起，次序根據帛書。原件的古體字、异體字，釋文中部分用通行字體排印，并用圓括號注明是今之某字。原來塗改過的廢字，在字下加點標出。缺字可據另一本補出的，即據補；兩本均缺，據今通行本補；補出的文字外加方括號。作者改動的文字外加方框。句前有◉號者，是帛書原件劃分章節處（原作·號），但已殘缺不全，僅録其存者。

帛書《老子》甲本

［上德不德，是以有德。下德不失德，是以無］德。上德無［爲，而］無以爲也。上仁爲之，［而無］以爲也。上義爲之，而有以爲也。上禮［爲之而莫之應也，則］攘臂而乃（扔）之。故失道而後德，失德而後仁，失仁而後義，［失義而後禮。夫禮者，忠信之泊（薄）也，而亂之首也。前識者，］道之華也，而愚之首也。是以大丈夫居其厚而不［居］其泊（薄），居［其實而不居其華。故去］皮（彼）取此。

昔之得一者，天得一以清，地得［一］以寧，神得一以霝（靈），浴（谷）得一以盈，侯［王得一以爲天下正。］其至之也，天毋已清將恐［裂］，胃（謂）地毋［已寧將］恐［發，］胃（謂）神毋已霝（靈）［將］恐歇，胃（謂）浴（谷）毋已盈將恐渴（竭），胃（謂）侯王毋已貴［以高將恐蹶。］故必貴而以賤爲本，必高［矣］而以下爲基。夫是［以］侯王自胃（謂）孤寡不槖（穀），此其［以賤之本與，非也?］故致數與無與。是故不欲［禄禄若］玉，［珞珞若石。］

［上士聞道，堇（勤）而行之。中士聞道，若存若亡。下士聞道，大笑之。弗笑，不足以爲道。是以建言有之曰："明道如費（昧），進道如退，夷道如類。"上德如浴（谷），大白如辱，廣德如不足。建德如輸，質真如渝，大方無禺（隅）。大器免（晚）成，大音希聲，天象無刑（形），道隱無名。夫唯道，善始且善成。］

［反也者，］道之動也。弱也者，道［之用也。天下之物生於有，有生於無。］

［道生一，一生二，二生三，三生萬物。萬物負陰而抱陽，］中氣以爲和。天下之所惡，唯孤寡不槖（穀），而王公以自名也。勿或敗（損）之［而益，或益］之而敗（損）。［人］所教，夕議而教人。故强良者不得死，我［將］以爲學父。

天下之至柔，［馳］騁於天下之致堅。無有人於無間，五（吾）是以知無爲之益。不［言之］教，無［爲］之［益，天］下希能及之矣。

名與身孰親？身與貨孰多？得與亡孰病？甚［愛必大費，多藏必厚亡。］故知足不辱，知止不殆，可以長久。

大成若缺，其用不敝。大盈若盅（盅），其用不窮（窘）。大直如詘（屈），大巧如［拙，］大赢如炳。趮（躁）勝寒，靚（静）勝炅，請（清）靚（静）可以爲天下正。

◉［天下］有［道，却走馬以］糞。天下無道，戎馬生於郊。◉罪莫大於可欲，𥚃（禍）莫大於不知足，咎莫憯於欲得。［故知足之足，］恒足矣。

不出於户，以知天下。不規（窺）於牖，以知天道。其出也彌（彌）遠，其［知彌少。是以聖人不行而知，不見而名，弗］爲而［成。］

［爲學者日益，聞道者日損。損之又損，以至於無爲，無爲而無不爲。取天下，恒無事，及其有事也，不足以取天下。］

［聖人恒無心，］以百姓心爲［心。］善者善之，不善者亦善［之，德善也。信者信之，不信者亦信之，］［德］信也。［聖人］之在天下，歙歙焉，爲天下渾心，百姓皆屬［其耳目，］聖人皆［孩之。］

［出］生，［入死。生之徒十有三，死之］徒十有三，而民生生，動皆之死地之十有三。夫何故也？以其生生也。蓋［聞善］執生者，陵行不［辟］兕虎，入軍不被甲兵。矢（兕）無所椯其角，［虎無］所昔（措）其蚤（爪），兵無所容［其刃，夫］何故也？以其無死地焉。

◉道生之而德畜之，物刑（形）之而器成之。是以萬物尊道而貴［德。道］之尊，德之貴也。夫莫之时（爵），而恒自然也。◉道，生之、畜之，長之、遂之，亭［之、毒之，養之、覆之。生而］弗有也，爲而弗寺（恃）也，長而弗宰也，此之謂玄德。

天下有始，以爲天下母。既得其母，［以］知其［子，］復守其母，没身不殆。◉塞其悶（悶），閉其門，終身不堇（勤）。啓其悶，濟其事，終身［不救。見］小曰［明，］守柔曰强。用其光，復歸其明。毋遺身央（殃），是胃（謂）襲常。

◉使我［介］有知，［行於］大道，唯［施是畏。大］道甚夷，民甚好解（嶰）。朝甚除，田甚蕪，倉甚虚，服文采，帶利［劍，厭］食［而齎財有餘，是謂盗桍。盗桍，非道也。］

［善建者不］拔，［善抱者不脱，］子孫以祭祀［不絶。修之身，其德乃真。修之家，其德有餘。修之鄉，其德乃長。修之邦，其德乃夆（豐）。修之天下，其德乃博。以身觀］身，以家觀家，以鄉觀鄉，以邦觀邦，以天［下］觀［天下。吾何以知天下之然兹？以此。］

［含德之厚者，］比於赤子。蜂㾨（蠆）蝎蛇弗螫，攫鳥猛獸弗搏。骨弱筋柔而握固。未知牝［牡之會而朘怒，］精［之至］也。終日號而不发（嚘），和之至也。和曰常，知和曰明，益生曰祥，心使氣曰强。［物壯］即老，胃（謂）之不道，不道［早已。］

［知者］弗言，言者弗知。塞其悶，閉其［門，和］其光，同其墊（塵），坐

（銼）其［鋭而解］其紛，是胃（謂）玄同。故不可得而親，亦不可得而疏；不可得而利，亦不［可］得而害；［不可得］而貴，亦不可得而淺（賤）。故爲天下貴。

◉以正之（治）邦，以畸（奇）用兵，以無事取天下。吾［何以知其然］也戋（哉）？夫天下［多忌諱，］而民彌（彌）貧。民多利器，而邦家兹（滋）昏。人多知（智），而何（奇）物［滋起。法物滋章，而］盗賊［多有。是以聖人之言曰：］我無爲也，而民自化。我好静，而民自正。我無事，民［自富。我欲不欲，而民自樸。］

［其正（政）閔閔，其民屯屯。］其正（政）察察，其邦夬（缺）夬（缺）。𥚃（禍），福之所倚；福，［禍之所伏。孰知其極？其無正也？正復爲奇，善復爲祆。人之迷也，其日固久矣。是以方而不割，廉而不刺，直而不紲，光而不曜。］

［治人事天，莫若嗇。夫惟嗇，是以蚤（早）服。蚤（早）服是謂重積德。重積德則無不克，無不克則莫知其極。莫知其極，］可以有國。有國之母，可以長久。是胃（謂）深根固［柢，長生久視之道也。治大國若亨（烹）小鮮。以道沍天下，］其鬼不神。非其鬼不神也，其神不傷人也。非其申（神）不傷人也，聖人亦弗傷［也。夫兩］不相［傷，故德交］歸焉。

大邦者，下流也，天下之牝也。天下之郊（交）也，牝恒以靚（静）勝牡。爲其靚（静）［也，故］宜爲下。大邦［以］下小邦，則取小邦。小邦以下大邦，則取於［大］邦。故或下以取，或下而取。［故］大邦者不過欲兼畜人，小邦者不過欲入事人。夫皆得其欲，［則大者宜］爲下。

［道］者，萬物之注也，善人之琛（葆）也，不善人之所琛（葆）也。美言可以市（持）奠（尊），行可以賀人。人之［不善，何弃］之有？故立天子，置三卿，雖有共之璧以先四馬，不善（若）坐而進此。古之所以貴此［道者何？不曰求以］得，有罪以免與？故爲天下貴。

◉爲無爲，事無事，味無未（味）。大小多少，報怨以德。圖難［於其易］也，［爲大於其細也。］天下之難作於易，天下之大作於細。是以聖人冬（終）不爲大，故能［成其大。夫輕諾必寡信，多易必］多難，是［以聖］人［猶］難之，故冬（終）於無難。

其安也，易持也。［其未兆也，易謀也。其脆也，易判也。其微也，易散也。爲之於其未有也，治之於其未亂也。合抱之木，生於］毫末。［九成］之臺，作於羸（蔂）土。百仁（仞）之高，台（始）於足［下。爲之者敗之，執之者失之。是以聖人無爲］也，［故無敗也；］無執也，𡆠無失也。民之從事也，恒於其成事而敗之。故慎終若始，則［無敗事矣。是以聖人欲不］欲，而不貴難得之膶（貨）；學不學，而復衆人之所過；能輔萬物之自［然，而］弗敢爲。

故曰：爲道者非以明民也，將以愚之也。民之難［治］也，以其知也。故以知知邦，邦之賊也；以不知知邦，［邦之］德也；恒知此兩者，亦稽式也。恒知稽式，此胃

（謂）玄德。玄德深矣、遠矣，與物［反］矣，［乃至大順。］

［江海所］以能爲百浴（谷）王者，以其善下之，是以能爲百浴（谷）王。是以聖人之欲上民也，必以其言［下之；欲先民也，］必以其身後之。故居前而民弗害也，居上而民弗重也。天下樂隼（推）而弗猒（厭）也，非以其無［諍（争）與？故天下莫能與］諍（争）。

◉小邦寡民，使十百人之器毋用，使民重死而遠徙。有車周（舟）無所乘之，有甲兵無所陳［之。使民復結繩而］用之。甘其食，美其［服］，樂其俗，安其居。鄰邦相望，鷄狗之聲相聞，民［至老死不相往來。］

［信言不美，美言不信。知者］不博，博者不知。善［者不多，多］者不善。◉聖人無［積，既以爲人己愈有；既以予人，己愈多。故天之道，利而不害；人之道，爲而弗争。］

［天下皆謂我大，不肖。夫唯大，］故不宵（肖）。若宵（肖），細久矣。我恒有三葆，之。一曰兹（慈），二曰［儉，三曰不敢爲天下先。夫慈，故能勇；儉，］故能廣；不敢爲天下先，故能爲成事長。今舍其兹（慈），且勇；舍其後，且先；則必死矣。夫兹（慈），［以戰］則勝，以守則固。天將建之，女（如）以兹（慈）垣之。

善爲士者不武，善戰者不怒，善勝敵者弗［與，］善用人者爲之下。［是］胃（謂）不諍（争）之德。是胃（謂）用人，是胃（謂）天，古之極也。

◉用兵有言曰："吾不敢爲主而爲客，吾不進寸而芮（退）尺。"是胃（謂）行無行，襄（攘）無臂，執無兵，乃無敵矣。𥜿（禍）莫［大］於於無適（敵），無適（敵）斤（幾）亡吾吾葆矣。故稱兵相若，則哀者勝矣。

吾言，甚易知也，甚易行也；而人莫之能知也，而莫之能行也。言有君。事有宗。其唯無知也，是以不［我知。知我者希，則］我貴矣。是以聖人被褐而褱玉。

知不知，尚矣。不知不知，病矣。是以聖人之不病，以其［病病也，是以不病。］

［民之不畏威，則大威將至］矣。◉毋閘（狎）其所居，毋猒（厭）其所生。夫唯弗猒（厭），是［以不猒（厭）。是以聖人，自知而不自見也，自愛］而不自貴也。故［去彼］取此。

◉勇於敢者［則殺，勇於不敢則活。兩者或利或害。天之所惡，孰知其故？天之道，不戰而善勝，］不言而善應，不召而自來，彈而善謀。［天罔（網）恢恢，疏而不失。］

［若民恒不畏死，］奈何以殺思（懼）之也？若民恒是（畏）死，則而爲者吾將得而殺之，夫孰敢矣？若民［恒且］必畏死，則恒有司殺者。夫伐（代）司殺者殺，是伐（代）大匠斲也。夫伐（代）大匠斲者，則［希］不傷其手矣。

◉人之飢也，以其取食逆（税）之多也，是以飢。百姓之不治也，以其上有以爲［也，］是以不治。◉民之巠（輕）死，以其求生之厚也，是以巠（輕）死。夫唯無以生爲者，是賢貴生。

◉人之生也柔弱，其死也𦺫（㮶）仞（韌）賢（堅）强。萬物草木之生也柔脆，其死也椁（枯）薧。故曰：堅强者，死之徒也；柔弱微細，生之徒也。兵强則不勝，木强則恒。强大居下，柔弱微細居上。

天下［之道，猶張弓］者也，高者印（抑）之，下者舉之，有餘者敗（損）之，不足者補之。故天之道，敗（損）有［餘而益不足；人之道，敗（損）不足而］奉有餘。孰能有餘而有［以□］奉於天者，此［有道者乎？是以聖人爲而弗又（有），成功而弗居也。若此其不欲見賢也。］

［天下莫柔弱於水，而攻］堅强者莫之能［勝］也，［以］其［無以］易［之也。水之勝剛也，弱之勝强也，天下莫弗知也，而莫之能］行也。故聖人之言云（損）曰：受邦之訽，是胃（謂）社稷之主；受邦之不祥，是胃（謂）天下之王。［正言］若反。

和大怨，必有餘怨，焉可以爲善？是以聖右介（契）而不以責於人。故有德司介（契），［無］德司徹。夫天道無親，恒與善人。

◉道，可道也，非恒道也。名，可名也，非恒名也。無名，萬物之始也。有名，萬物之母也。［故］恒無欲也，以觀其眇（妙）；恒有欲也，以觀其所噭。兩者同出，异名同胃（謂）。玄之有（又）玄，衆眇（妙）之［門。］

天下皆知美爲美，惡已；皆知善，訾（斯）不善矣。有、無之相生也，難、易之相成也，長、短之相［刑］（形）也，高、下之相盈也，意（音）聲之相和也，先、後之相隋（隨），恒也。是以聲（聖）人居無爲之事，行［不言之教。萬物昔而弗始］也，爲而弗之（恃）也，［成］功而弗居也。夫唯居，是以弗去。

不上賢，［使民不爭。不貴難得之貨，使民不爲盜。不見可欲，］使民不亂。是以聲（聖）人之［治也：虛其心，實其腹；弱其志，强其骨。恒使民無知、無欲也。使夫知不敢，弗爲而已，則無不治矣。］

［道沖，而用之有弗］盈也。瀟（淵）呵始（似）萬物之宗。銼其（兊），解其紛；和其［光，］同［其塵。湛呵似］或存。吾不知［誰］子也，象帝之先。

天地不仁，以萬物爲芻狗。聲（聖）人不仁，以百姓［爲芻］狗。天地［之間，］其猶橐籥與？虛而不淈，踵而俞出。多聞數窮，不若守於中。

浴、神、［不］死，是胃（謂）玄牝。玄牝之門，［是謂天］地之根。緜緜呵若存，用之不菫。

天長，地久。天地之所以能［長］且久者，以其不自生也，故能長生。是以聲（聖）人芮（退）其身而身先，外其身而身存。不以其［無私］與？故能成其［私。］

上善治（似）水。水善利萬物而有（不）静（争），居衆之所惡，故［幾於道矣。居善地，］心善瀟（淵），予善信，正（政）善治，事善能，踵善時。夫唯不静（争），故無尤。

揎而盈之，不［若其已。揣而梲之，］不可常葆之。金玉盈室，莫之守也。貴富而驕，自遺咎也。功述（遂）身芮（退），天［之道也。］

［戴營袙（魄）抱一，能毋離乎？槫氣致柔，］能嬰兒乎？脩除玄藍（覽），能毋疵［乎？愛民栝（治）國，能毋以知乎？天門啓闔，能無雌乎？明白四達，能毋以知乎？生］之、畜之，生而弗［有，長而弗宰也，是謂玄］德。

卅［楅同一轂，當］其［無有，車之用也。撚］埴𡈽器，當其無，有埴［之用也。鑿户牖，當其無，］有［室之］用也。故有之以爲利，無之以爲用。

五色使人目明（盲），馳騁田臘使人［心發狂。］難得之貨，使人之行方（妨）。五味使人之口啪（爽），五音使人之耳聾。是以聲（聖）人之治也，爲腹［而不爲目。］故去罷（彼）耳（取）此。

龍（寵）辱若驚，貴大梡（患）若身。苛（何）胃（謂）龍（寵）辱若驚？龍（寵）之爲下，得之若驚，［失之］若驚，是胃（謂）龍（寵）辱若驚。何胃（謂）貴大梡（患）若身？吾所以有大梡（患）者，爲吾有身也。及吾無［身，］有何梡（患）？故貴爲身於爲天下，若可以迈（託）天下矣；愛以身爲天下，女可以寄天下。

視之而弗見，名之曰聾（微）。聽之而弗聞，名之曰希。揗之而弗得，名之曰夷。三者不可至計，故园（捆）［而爲一。］一者，其上不攸，其下不忽。尋尋呵不可名也，復歸於無物。是胃（謂）無狀之狀，無物之［象。是謂忽恍。隨而不見其後，迎］而不見其首。執今之道，以御今之有。以知古始，是胃（謂）［道紀。］

［古之善爲道者，微眇（妙）玄達（徹），］深不可志（識）。夫唯不可志（識），故强爲之容，曰：與呵其若冬［涉水，猶呵其若］畏四［鄰，嚴呵］其若客，［涣］呵其若淩澤（釋），（沌）呵其若［樸，］湷［呵其若濁，湛呵其］若浴。濁而情（静）之，余（徐）清。女以重之，余（徐）生。葆此道不欲盈。夫唯不［欲盈，是以能敝而不］成。

至虚，極也；守情（静），表也；萬物旁作，吾以觀其復也。夫物雲（芸）雲（芸），各復歸於其［根。歸根曰］情（静）。情（静），是胃（謂）復命。復命，常也；知常，明也；不知常，帀（芒）帀（芒）作兇。知常容，容乃公，公乃王，王乃天，天乃道，［道乃久，］沕（没）身不怠（怠）。

大上下知有之，其次親譽之，其次畏之，其下母（侮）之。信不足，案有不信。［猶呵，］其貴言也。成功遂事，而百省（姓）胃（謂）我自然。

故大道廢，案有仁義。知悛（識）出，案有因僞。六親不和，案［有孝］兹（慈）。邦家閲（昏）亂，案有貞臣。

絶聲（聖）弃知，民利百負（倍）。絶仁弃義，［民］復畜（孝）兹（慈）。絶巧弃利，盗賊無有。此三言也，以爲文未足，故令之有所屬。見素抱［樸，少私寡欲。］

［絶學無憂。］唯與訶，其相去幾何？美與惡，其相去何若？人之所［畏，］亦不

［可以不畏人。望（恍）呵其未央才（哉）！衆人熙熙，］若鄉（饗）於大牢，而春登臺。我泊焉未兆，若［嬰兒未咳。纍呵，似無所歸。衆人］皆有餘，我獨遺。［我愚］人之心［也，湷］湷呵。［鬻（俗）人昭昭，我獨］閒（昏）呵。鬻（俗）人蔡（察）蔡（察），我獨閩（悶）閩（悶）呵。忽呵其若［海，］望（恍）呵其若無所止。［衆人皆有以，我獨頑］以悝（俚）。吾欲獨异於人，而貴食母。

孔德之容，唯道是從。道之物，唯望（恍）唯忽。［忽呵望（恍）］呵，中有象呵。望（恍）呵忽呵，中有物呵。灣（幽）呵鳴（冥）呵，中有請（精）也。其請（精）甚真，其中［有信。］自今及古，其名不去，以順衆父。吾何以知衆父之然？以此。

炊（跨）者不立，自視不章，［自］見者不明，自伐者無功，自矜者不長。其在道，曰粽（餘）食贅行。物或惡之，故有欲者［弗］居。

曲則金（全），枉則定，窪則盈，敝則新，少則得，多則惑。是以聲（聖）人執一，以爲天下牧。不［自］視故明，不自見故章，不自伐故有功，弗矜故能長。夫唯不争，故莫能與之争。古［之所謂曲全者，幾虚］語才（哉）？誠金（全）歸之。

希言自然。飄風不冬（終）朝，暴雨不冬（終）日。孰爲此？天地，［而弗能久有，況於人乎？］故從事而道者同於道，德者同於德，者（失）者同於失。同於［德者，道亦德之。同於失］者，道亦失之。

有物昆（混）成，先天地生。繡（淵）呵繆（寥）呵，獨立［而不垓，］可以爲天地母。吾未知其名，字之曰道，强爲之名曰大。［大曰筮，］筮（逝）曰遠，［遠曰反。道大，］天大，地大，王亦大。國中有四大，而王居一焉。人法地，［地］法［天，天法道，道］法［自然。］

［重］爲巠（輕）根，清（静）爲躁君。是以君子衆（終）日行，不離其甾（輜）重。唯（雖）有環（營）官（館），燕處［則昭］若。若何萬乘之王而以身巠（輕）於天下？巠（輕）則失本，躁則失君。

善行者無勶（轍）迹，［善］言者無瑕適（謫），善數者不以檮（籌）箖（策）。善閉者無閘（關）籥，而不可啓也。善結者［無纆］約，而不可解也。是以聲（聖）人恒善怵（救）人，而無弃人，物無弃財，是胃（謂）忡明。故善［人，善人］之師；不善人，善人之齎（資）也。不貴其師，不愛其齎（資），唯（雖）知乎大眯。是胃（謂）眇要。

知其雄，［守］其雌，爲天下雞（谿）。爲天下雞（谿），恒德不雞（離）。恒德不雞（離），後歸嬰兒。知其白，守其辱，爲天下［浴（谷）。］爲天下浴（谷），恒德［乃足，復歸於樸。］知其，守其黑，爲天下式。爲天下式，恒德不貣。德不貣，復歸於無極。楃（樸）散［則爲器，聖］人用則爲官長，夫大制無割。

將欲取天下而爲之，吾見其弗［得已。天下，神］器也，非可爲者也。爲者敗之，執者失之。物［或］行或［隨,］或炅或［吹，或强或硽,］或培或橢（墮）。是以聲（聖）人去甚，去大（太），去楮（奢）。

以道佐人主，不以兵强［於天下。具事好還，師之］所居，楚［棘］生之。善者果而已矣，毋以取强焉。果而毋驕（驕），果而勿矜，果而［勿伐,］果而毋得已居，是胃（謂）［果］而不强。物壯而老，是胃（謂）之不道，不道蚤（早）已。

夫兵者，不祥之器［也。］物或惡之，故有欲者弗［居。］君子居則貴左，用兵則貴右，故兵者非君子之器也。［兵者］不祥之器也，不得已而用之，銛襲爲上；勿美也！若美之，是樂殺人也。夫樂殺人，不可以得志於天下矣。是以吉事上左，喪事上右；是以便（偏）將軍居左，上將軍居右，言以喪禮居之也。殺人衆，以悲依（哀）涖之；戰勝，以喪禮處之。

道恒無名，楃（樸）唯（雖）［小而天下弗敢臣，侯］王若能守之，萬物將自賓。天地相合，以俞（渝）甘洛（露）。民莫之［令，而自均焉。始制有名。名亦既有，夫亦將知止，知止所以不殆。］俾道之在［天下也，猶小］浴（谷）之與江海也。

知人［者，知也。自知者，明也。勝人］者，有力也。自勝者，［强也。知足者，富］也。强行者，有志也。不失其所者，久也。死不忘（亡）者，壽也。

道，［渢（汎）呵其可左右也，成功］遂事而弗名有也。萬物歸焉而弗爲主，則恒無欲也，可名於小。萬物歸焉［而弗］爲主，可名於大。是［以聲（聖）］人之能成大也，以其不爲大也，故能成大。

執大象，［天下］往。往而不害，安平大（太）。樂與餌，過格［客）止。故道之出言也，曰：談（淡）呵，其無味也。［視之,］不足見也。聽之，不足聞也。用之，不可既也。

將欲拾（翕）之，必古（固）張之。將欲弱之，［必固］强之。將欲去之，必古（固）與之。將欲奪之，必古（固）予之。是胃（謂）微明。友（柔）弱勝强。魚不［可脱於淵,］邦利器不可以視（示）人。

道恒無名，侯王若守之，萬物將自憃（化）。憃（化）而欲［作，吾將闐之以無］名之楃（樸）。闐之以無名之楃（樸），夫將不辱。不辱以情（静），天地將自正。

帛書《老子》乙本

上德不德，是以有德。下德不失德，是以無德。上德無爲，而無以爲也。上仁爲之，而無以爲也。上德（義）爲之，而有以爲也。上禮爲之而莫之應也，則攘臂而乃（扔）之。故失道而后德，失德而句（后）仁，失仁而句（后）義，失義而句（后）禮。夫禮者，忠信之泊（薄）也，而乚（亂）之首也。前識者，道之華也，而愚之首也。是以大丈夫居［其厚而不］居其泊（薄），居其實而不居其華。故去罷（彼）而取此。

昔得一者，天得一以清，地得一以寧，神得一以霝（靈），浴（谷）得一盈，矦王得一以爲天下正。其至也，胃（謂）天毋已清將恐蓮（裂），地毋已寧將恐發，神毋已［靈將恐歇，］谷毋已［盈將恐］渴（竭），矦王毋已貴以高將恐欮（蹶）。故必貴以賤爲本，必高矣而以下爲圻［基］。夫是以侯王自胃（謂）孤寡不槖（轂），此其賤之本與，非也？故至數輿無輿。是故不欲禄禄若玉而硌硌若石。

上［士聞］道，堇（勤）能行之。中士聞道，若存若亡。下士聞道，大笑（笑）之。弗笑（笑），［不足］以爲道。是以建言有之曰："明道如費（昧），進道如退，夷道如類。"上德如浴（谷），大白如辱，廣德如不足。建德如［輸，］質［真如渝，］大方無禺（隅）。大器免（晚）成，大音希聲，天象無刑（形），道隱無名。夫𠥓道，善始且善成。

［反也］者，道之動也。［弱也］者，道之用也。天下之物生［於］有，有［生］於無。

道生一，一生二，二生三，三生［萬物。萬物負陰而抱陽，沖氣］以爲和。人之所亞（惡），［唯孤］寡不槖（轂），而王公以自［稱也。故物或損］之而益，［或益之而損。人之所教，亦我之教人。强梁者不得其］死，吾將以［爲學］父。

天下之至柔，馳騁於天下［之至堅。出於無有，入於］無間。吾是以知［無爲之有］益也。不［言之教，無爲之益，天下希能及之］矣。

名與［身孰親？身與貨孰多？得與亡孰病？是故甚愛必大費，多藏必厚亡。故知足不辱，知止不殆，可以長久。］

［大成如缺，其用不敝。大］盈如沖，其［用不窮。大直如詘，大辯如訥。大］巧如拙，［大贏如］絀。趮（躁）朕（勝）寒，［靜勝熱。知清靜，可以爲天下正］。

［天下有］道，卻走馬［以］糞。無道，戎馬生於郊。罪莫大［於］可欲，禍［莫大於不知足，咎莫憯於欲得。故知足之足，恒］足矣。

不出於户，以知天下。不規（窺）於［牖，以］知天道。其出籋（彌）遠者，其知籋（彌）［尠。是以聖人不行而知，不見］而名，弗爲而成。

爲學者日益，聞道者日云（損），云（損）之有（又）云（損），以至於無［爲，無爲而無不爲。將欲］取天下，恒無事。及其有事也，［又不］足以取天［下矣。］

［聖］人恒無心，以百省（姓）之心爲心。善［者善之，不善者亦善之，德］善也。信者信之，不信者亦信之，德信也。耶（聖）人之在天下也，欱欱焉；［爲天下，渾渾焉；百］生（姓）皆注其［耳目，聖人皆咳之。］

［出］生，入死。生之［徒十有三，］死之徒十又（有）三，而民生生，僮（動）皆之死地之十有三。夫何故也？以其生生。蓋聞善執生者，陵行不辟冢（兕）虎，入軍不被兵革。冢（兕）無［所投其角，虎無所錯］其蚤（爪），兵［無所容其刃，夫何故］也？以其［無死地焉。］

道生之，德畜之，物刑（形）之，而器成之。是以萬物尊道而貴德。道之尊也，德之貴也，夫莫之爵也，而恒自然也。道，生之、畜之，［長之、育］之，亭之、毒之，養之、覆之。［生而弗有，爲而弗恃，長而］弗宰，是胃（謂）玄德。

天下有始，以爲天下母。既得其母，以知其子，既得知其子，復守其母，没身不佁（殆）。塞其垸（閲），閉其門，冬（終）身不堇（勤）。啓其垸（閲），齊其［事，終身］不救。見小曰明，守［柔曰］强。用［其光，復歸其明。無］遺身央（殃），是胃（謂）［襲］常。

使我介有知，行於大道，唯施是畏。大道甚夷，民甚好解（懈）。朝甚除，田甚蕪，倉甚虚。服文采，帶利劍，猒（厭）食而齎（資）財［有餘，是謂］盜杅（竽）。盜杅（竽），非［道］也。

善建者［不拔，善抱者不脱，］子孫以祭祀不絶。脩之身，其德乃真。脩之家，其德有餘。脩之鄉，其德乃長。脩之國，其德乃夆（豐）。脩之天下，其德乃愽（溥）。以身觀身，以家觀［家，以鄉觀鄉，以國觀］國，以天下觀天下。［奚以］知天下之然兹（哉）？以［此。］

含德之厚者，比於赤子。蜂癘（蠆）蟲蛇弗赫（螫），攫鳥孟（猛）獸弗捕，骨筋弱柔而握固。未知牝牡之會而朘怒，精之至也。冬（終）日號而不嚘，和［之至也。知和曰］常，知常曰明，益生［曰］祥，心使氣曰强。物［壯］則老，胃（謂）之不道，不道蚤（早）已。

知者弗言，言者弗知。塞其境（閲），閉其門，和其光，同其塵，銼其兑（鋭）而解其紛。是胃（謂）玄同。故不可得而親也，亦［不可得而疏，不］可得而害利，［亦不可］得而害；不可得而貴，亦不可得而賤。故爲天下貴。

以政之（治）國，以畸（奇）用兵，以無事取天下。吾何以知其然也才（哉）？夫天下多忌諱，而民彌（彌）貧。民多利器，［國家滋］昏。［民多智慧，而邪事滋起。法］物兹章，而［盗賊多有。］是以［聖］人之言曰：我無爲，而民自化；我好静，而民自正；我無事，而民自富；我欲不欲，而民自樸。

其正（政）閑（閔）閑（閔），其民屯屯。其正（政）察察，其［民缺缺。］福［呵，禍］之所伏，孰知其極？［其］無正也？正［復爲奇，］善復爲［祆。人］之悉（迷）也，其日固久矣。是以方而不割，兼（廉）而不刺，直而不紲，光而不眺（耀）。

治人事天，莫若嗇。夫唯嗇，是以蚤（早）服。蚤（早）服是胃（謂）重積［德。重積德則無不克，無不克則］莫知其［極。莫知其極，可以］有國。有國之母，可［以長］久。是胃（謂）［深］根固氐（柢），長生久視之道也。

治大國若亨（烹）小鮮。以道立（莅）天下，其鬼不神。非其鬼不神也，其神不傷人也。非其神不傷人也，［聖人亦］弗傷也。夫兩［不］相傷，故德交歸焉。

大國［者，下流也，天下之］牝也。天下之交也，牝恒以静朕（勝）牡。爲其静也，故宜爲下也。故大國以下［小］國，則取小國。小國以下大國，則取於大國。故或下［以取，或］下而取。故大國者不［過］欲并畜人，小國不［過］欲入事人。夫［各得］其欲，則大者宜爲下。

道者，萬物之注也，善人之璪（寶）也，不善人之所保也。美言可以市（持）奠（尊），行可以賀人。人之不善，何［弃之有？故］立天子，置三鄉（卿），雖有［拱］璧以先四馬，不若坐而進此。古［之所以貴此道者何也？不曰求］以得，有罪以免與？故爲天下貴。

爲無爲，［事無事，味無味。大小多少，報怨以德。圖難於其易也，爲大］於其細也。天下之［難作於］易，天下之大［作於細。是以聖人冬（終）不爲大，故能成其大。］夫輕若（諾）［必寡］信，多易必多難，是以耶（聖）人［猶難］之，故［終於無難。］

［其安也易持，其未兆也易謀，其脆也易判，其微也易散。爲之於其未有也。治之於其未亂也。合抱之］木，［生］於毫末；九成之臺，作於虆土；百千（仞）之高，始於足下。爲之者敗之，執者失之。是以耶（聖）人無爲［也，故無敗也；無執也，故無失也。］民之從事也，恒於其成而敗之。故曰："慎冬（終）若始，則無敗事矣。"是以耶（聖）人欲不欲，而不貴難得之貨；學不學，復衆人之所過；能輔萬物之自然，

而弗敢爲。

古之爲道者，非以明［民也，將以愚］之也。夫民之難治也，以其知也。故以知知國，國之賊也；以不知知國，國之德也；恒知此兩者，亦稽式也。恒知稽式，是胃（謂）玄德。玄德深矣、遠矣，［與］物反也，乃至大順。

江海所以能爲百浴（谷）［王者，以］其［善］下之也，是以能爲百浴（谷）王。是以耶（聖）人之欲上民也，必以其言下之；其欲先民也，必以其身後之。故居上而民弗重也，居前而民弗害。天下皆樂誰（推）而弗猒（厭）也，不［以］其無爭與？故天下莫能與爭。

小國寡民，使有十百人器而勿用，使民重死而遠徙。又（有）周（舟）車無所乘之，有甲兵無所陳之。使民復結繩而用之。甘其食，美其服，樂其俗，安其居。𨚗（鄰）國相朢（望），雞犬之䜀［相］聞，民至老死不相往來。

信言不美，美言不信。知者不博，博者不知。善者不多，多者不善。耶（聖）人無積，既以爲人，已俞（愈）有；既以予人矣，已俞（愈）多。故天之道，利而不害；人之道，爲而弗爭。

天下［皆］胃（謂）我大，大而不宵（肖）。夫唯不宵（肖），故能大，若宵（肖），久矣其細也夫。我恒有三琛（寶），市（持）而琛（寶）之，一曰玆（慈），二曰檢（儉），三曰不敢爲天下先。夫玆（慈），故能勇；檢（儉），敢（故）能廣；不敢爲天下先，故能爲成器長。［今］舍其玆（慈），且勇；舍其檢（儉），且廣；舍其後，且先；則死矣。夫玆（慈），以單（戰）則朕（勝），以守則固。天將建之，如以玆（慈）垣之。

故善爲士者不武，善單（戰）者不怒；善朕（勝）敵者弗與，善用人者爲之下。是胃（謂）不爭［之］德。是胃（謂）用人，是胃（謂）妃（配）天，古之極也。

用兵又（有）言曰："吾不敢爲主而爲客，不敢進寸而退尺。"是胃（謂）行無行，攘無臂，執無兵，乃無敵。禍莫大於無敵，無敵近亡吾琛（寶）矣。故抗兵相若，而依（哀）者朕（勝）［矣。］

吾言，易知也，易行也；而天下莫之能知也，莫之能行也。夫言又（有）宗，事又（有）君。夫唯無知也，是以不我知。知者希，則我貴矣。是以耶（聖）人被褐而褱（懷）玉。

知不知，尚矣。不知知，病矣。是以耶（聖）人之不［病］也，以其病病也，是以不病。

民之不畏畏，則大畏將至矣。毋伄（狎）其所居，毋猒（厭）其所生。夫唯弗猒（厭），是以不猒（厭）。是以耶（聖）人，自知而不自見也，自愛而不自貴也。故去罷（彼）而取此。

勇於敢則殺，勇於不敢則活，［此］兩者或利或害。天之所亞（惡），孰知其故？

天之道，不單（戰）而善朕（勝），不言而善應，弗召而自來，單（繟）而善謀。天罔（網）柽（恢）柽（恢），疏而不失。

若民恒且畏不畏死，若何以殺曜（懼）之也？使民恒且畏死，而爲畸（奇）者［吾］得而殺之，夫孰敢矣？若民恒且必畏死，則恒又（有）司殺者。夫代司殺者殺，是代大匠斲。夫代大匠斲，則希不傷其手。

人之飢也，以其取食跷（税）之多，是以飢。百生（姓）之不治也，以其上之有以爲也，［是］以不治。民之輕死也，以其求生之厚也，是以輕死。夫唯無以生爲者，是賢貴生。

人之生也柔弱，其死也胻（桓）信（伸）堅强。萬［物草］木之生也柔椊（脆），其死也楎（枯）槁。故曰：“堅强，死之徒也；柔弱，生之徒也。”［是］以兵强則不朕（勝），木强則競（桓）。故强大居下，微細居上。

天之道，酉（猶）張弓也，高者印（抑）之，下者舉之，有余者云（損）之，不足者［補之。故天之道，］云（損）有余而益不足；人之道，云（損）不足而奉又（有）余。夫孰能又（有）余而［有以］奉於天者，唯又（有）道者乎？是以耶（聖）人爲而弗又（有），成功而弗居也。若此其不欲見賢也。

天下莫柔弱於水，［而攻堅强者莫之能勝，］以其無以易之也。水之朕（勝）剛也，弱之朕（勝）强也，天下莫弗知也，而莫［之能行］也。是故耶（聖）人之言云（損），曰：“受國之訽（詬），是胃（謂）社稷之主。受國之不祥，是胃（謂）天下之王。”正言若反。

［和大怨，必有余怨，安可以］爲善？是以聖（聖）人執左芥（契）而不以責於人。故又（有）德司芥（契），無德司徹。［天道無親，常與善人。］

《德》三千卌一

道，可道也，［非恒道也。名，可名也，非］恒名也。無名，萬物之始也。有名，萬物之母也。故恒無欲也，［以觀其眇（妙）；］恒又（有）欲也，以觀其所噭。兩者同出，异名同胃（謂）。玄之又玄，衆眇（妙）之門。

天下皆知美之爲美，亞（惡）已。皆知善，斯不善矣。［有、無之相］生也，難、易之相成也，長、短之相刑（形）也，高、下之相盈也，音（意）、聲之相和也，先、後之相隋（隨），恒也。是以耶（聖）人居無爲之事，行不言之教。萬物昔而弗始，爲而弗侍（恃）也，成功而弗居也。夫唯弗居，是以弗去。

不上賢，使民不争。不貴難得之貨，使民不爲盜。不見可欲，使民不乿（亂）。是以耶（聖）人之治也；虚其心，實其腹；弱其志，强其骨。恒使民無知、無欲也。使夫知不敢，弗爲而已，則無不治矣。

道沖，而用之有弗盈也。淵呵，佁（似）萬物之宗。銼其兑（鋭），解其芬

（紛）；和其光，同其塵。湛呵，佁（似）或存。吾不知其誰之子也，象帝之先。

天地不仁，以萬物爲芻狗。耶（聖）人不仁，以百姓爲芻狗。天地之閒，其猷（猶）橐籥輿（與）？虚而不淈，動而俞（愈）出。多聞數窮，不若守於中。

浴神、不死，是胃（謂）玄牝。玄牝之門，是胃（謂）天地之根。綿綿呵，其若存，用之不堇（勤）。

天長，地久。天地之所以能長且久者，以其不自生也，故能長生。是以耶（聖）人退其身而身先，外其身而身先，外其身而身存。不以其無私輿（與）？故能成其私。

上善如水。水善利萬物而有［不］争，居衆人之所亞（惡），故幾於道矣。居，善地；心，善淵；予，善天；言，善信；正（政），善治；事，善能；動，善時。夫唯不争，故無尤。

揎（殖）而盈之，不若其已。掫（揣）而允之，不可長葆也。金玉盈室，莫之能守也。貴富而驕，自遺咎也。功遂身退，天下之道也。

戴營袙（魄）抱一，能毋離（麗）乎？槫（摶）氣至柔，能嬰兒乎？脩除玄監，能毋有疵乎？愛民栝（治）國，能毋以知乎？天門啓闔，能爲雌乎？明白四達，能毋以知乎？生之，畜之，生而弗有，長而弗宰也，是胃（謂）玄德。

卅楅（輻）同一轂，當其無，有車之用也。燃（埏）埴而爲器，當其無，有埴器之用也。鑿户牖，當其無，有室之用也。故有之以爲利，無之以爲用。

五色使人目盲，馳騁田臘（獵）使人心發狂。難得之貨，人使人之行仿（妨）。五味使人之口爽，五音使人之耳聾。是以耶（聖）人之治也，爲腹而不爲目。故去彼而取此。

弄（寵）辱若驚，貴大患若身。何胃（謂）弄（寵）辱若驚？弄（寵）之爲下也，得之若驚，失之若驚，是胃（謂）弄（寵）辱若驚。何胃（謂）貴大患若身？吾所以有大患者，爲吾有身也。及吾無身，有何患？故貴爲身於爲天下，若可以橐（託）天下［矣；］愛以身爲天下，女（如）可以寄天下矣。

視之而弗見，［命］之曰微。聽之而弗聞，命之曰希。聽揺之而弗得，命之曰夷。三者不可至（致）計（詰），故絽（緄）而爲一。一者，其上不謬，其下不忽。尋尋呵，不可命也，復歸於無物。是胃（謂）無狀之狀，無物之象。是胃（謂）沕（惚）望（恍）。隋（隨）而不見其後，迎而不見其首。執今之道，以御今之有。以知古始，是胃（謂）道紀。

古之善爲道者，微眇（妙）玄達，深不可志（識）。夫唯不可志（識），故强爲之容，曰：與呵，其若冬涉水。猷呵，其若畏四哭（鄰）。嚴呵，其若客。渙呵，其若淩澤（釋）。沌呵，其若楃。湷呵，其若濁。湛呵，其若浴。濁而静之，徐清。女以重之，徐生。葆此道［者不］欲盈。是以能褩（敝）而不成。

至虚，極也；守静，督也；萬物旁作，吾以觀其復也。夫物秐（云）秐（云），各復歸於其根曰静。静，是胃（謂）復命。復命，常也；知常，明也；不知常，芒芒作囚。知常容，容乃公，公乃［王，王乃］天，天乃道，道乃［久。］沒身不殆。

大上，下知又（有）［之;］其［次，］親，譽之；其次，畏之；其下，母（侮）之。信不足，安有不信。猷呵，其貴言也。成功遂事，而百姓胃（謂）我自然。

故大道廢，安有仁義。知（智）慧出，安有大［僞。］六親不和，安又（有）孝玆（慈）。國家閩（昏）乚（亂），安有貞臣。

絶耶（聖）弃知（智），而民利百倍。絶仁弃義，而民復孝玆（慈）。絶巧弃利，盜賊無有。此三言也，以爲文未足，故令之有所屬。見素抱樸，少私而寡欲。

絶學無憂。唯與呵，其相去幾何？美與亞（惡），其相去何若？人之所畏，亦不可以不畏人。朢（恍）呵，其未央才（哉）！衆人配（熙）配（熙），若鄉（饗）於大牢，而春登臺。我博（怕）焉未垗（兆），若嬰兒未咳。纍呵，佁（似）無所歸。衆人皆又（有）余。我愚人之心也，湷湷呵，鬻（俗）人昭昭，我獨若閩（昏）呵。鬻（俗）人察察，我獨閩（悶）閩（悶）呵。沕（惚）呵，其若海。朢（恍）呵，若無所止。衆人皆有以，我獨門（昏）元（頑）以鄙。吾欲獨异於人，而貴食母。

孔德之容，唯道是從。道之物，唯朢（恍）唯沕（惚）。沕（惚）呵朢（恍）呵，中又（有）象呵。朢（恍）呵沕（惚）呵，中有物呵。幼（窈）呵冥呵，其中有請（精）呵。其請（精）甚真，其中有信。自今及古，其名不去，以順衆父。吾何以知衆父之然也？以此。

炊（跨）者不立。自視者不章，自見者不明，自伐者無功，自矜者不長。其在道也，曰："粽（餘）食、贅行。"物或亞（惡）之，故有欲者弗居。

曲則全，汪（枉）則正；窪則盈，敝（敝）則新；少則得，多則惑。是以耶（聖）人執一，以爲天下牧。不自視故章，不自見也故明，不自伐故有功，弗矜故能長。夫唯不争，故莫能與之争。古之所胃（謂）曲全者，幾語才（哉）？誠全歸之。

希言自然。薊（飄）風不冬（終）朝，暴雨不冬（終）日。孰爲此？天地而弗能久有，兄（況）於人乎？故從事而道者同於道，德者同於德，失者同於失。同於德者，道亦德之。同於失者，道亦失之。

有物昆（混）成，先天地生。蕭（寂）呵漻（寥）呵，獨立而不玹（改），可以爲天地母。吾未知其名也，字之曰道。吾强爲之名曰大。大曰筮（逝），筮（逝）曰遠，遠曰反。道大，天大，地大，王亦大。國中有四大，而王居一焉。人法地，地法天，天法道，道法自然。

重爲輕根，静爲趮（躁）君。是以君子冬（終）日行，不遠其甾（輜）重。雖有環（營）官（館），燕處則昭若。若何萬乘之王而以身輕於天下？輕則失本，趮（躁）則失君。

善行者無達（徹）迹，善言者無瑕適（謫），善數者不用檮（籌）忓（策）。善數閉者無闗籥，而不可啓也。善結者無纆約，而不可解也。是以耶（聖）人恒善怵（救）人，而無弃人，物無弃財，是胃（謂）申明。故善人，善人之師，不善人，善人之資也。不貴其師，不愛其資，雖知（智）乎大迷。是胃（謂）眇要。

知其雄，守其雌，爲天下雞（谿）。爲天下雞（谿），恒德不離。恒德不離，復［歸於嬰兒。知］其白，守其辱，爲天下恒浴（谷）。爲天下浴（谷），恒德乃足。恒德乃足，復歸於樸。知其白，守其黑，爲天下式。爲天下式，恒德不貸（忒）。恒德不貸（忒），復歸於無極。樸散（散）則爲器，耶（聖）人用則爲官長，夫大制無割。

將欲取［天下而爲之者，吾見其不］得已夫。天下，神器也，非可爲者也。爲之者敗之，執之者失之。或炅成行或隋（隨），或熱，或硿，或陪（培）或墮。是以耶（聖）人去甚，去大（太），去諸（奢）。

以道佐人主，不以兵强於天下，其［事好還，師之所處，荆］棘生之。善者果而已矣，毋以取强焉。果而毋驕，果而勿矜，果而［毋］伐，果而毋得已居。是胃（謂）果而强。物壯而老，胃（謂）之不道，不道蚤（早）已。

夫兵者，不祥之器也。物或亞（惡）［之，故有道者不處。是以君］子居則貴左，用兵則貴右，故兵者非君子之器。兵者不祥［之］器也，不得已而用之，銛龍爲上，勿美也！若美之，是樂殺人也。夫樂殺人，不可以得志於天下矣。是以吉事［尚左，凶事尚］右；是以偏將軍居左，而上將軍居右，言以喪禮居之也。殺［人衆，以悲哀］立（莅）之，單（戰）朕（勝）而以喪禮處之。

道恒無名。樸唯（雖）小而天下弗敢臣，矦王若能守之，萬物將自賓。天地相合，以俞（渝）甘洛（露）。［民莫之］令，而自均焉。始制有名，名亦既有，夫亦將知止，知止所以不殆。卑［道之］在天下也，猷（猶）小浴（谷）之與江海也。

知人者，知（智）也。自知，明也。朕（勝）人者，有力也。自朕（勝）者，强也。知足者，富也。强行者，有志也。不失其所者，久也。死而不忘者，壽也。

道，渢（汎）呵，其可左右也，成功遂［事而］弗名有也。萬物歸焉而弗爲主，則恒無欲也，可名於小。萬物歸焉而弗爲主，可命（名）於大。是以耶（聖）人之能成大也，以其不爲大也，故能成大。

執大象，天下往。往而不害，安平大。樂與［餌,］過格（客）止。故道之出言也，曰："淡呵，其無味也。視之，不足見也。聽之，不足聞也。用之，不可既也。"

將欲擒（翕）之，必古（固）張之。將欲弱之，必古（固）張强之。將欲去之，必古（固）與之。將欲奪之，必古（固）予［之。］是胃（謂）微明。柔弱朕（勝）强。魚不可說（脱）於淵，國利器不可以示人。

道恒無名，矦王若能守之，萬物將自化。化而欲作，吾將闐之以無名之樸。闐之以無名之樸，夫將不辱。不辱以静，天地將自正。

《道》二千四百廿六

孫子兵法今釋

序

前不久，老朋友興斌先生給我來電話，囑托爲他擔任編輯的《孫子兵法今釋》寫篇序言。這些年，我也曾爲一些書寫過序言，不過作者多是學術界相交多年的諍友，或者自已的學生輩，説話自可以隨便些。現在則要爲一位素未謀面、衹是共同喜愛中國兵法智慧的朋友寫序，確實頗費躊躇。

學術著作卷頭放置一篇或多篇序言，在近年來已成慣例。惟寫序的規矩是什麽，應當説哪些内容，似乎還没有個固定章法。有人談與作者的交往和著書、編書的甘苦；有人評價著述的學術地位和理論創新；甚至有人洋洋灑灑，由作序引申開去，闡發的却是自已的卓見高論；當然兼而有之的也不少。我全無上述信息優勢和學術功力，姑且僅作爲書稿較早的讀者之一，談點個人感想吧。

毫無疑問，隨着“《孫子兵法》熱”在當今世界持續升温，受到中外各國領導人、企業界人士及專家學者的普遍重視，《孫子兵法》研究已成爲一門顯學。從不同角度，以不同觀點闡釋這部世界現存最早的軍事名著的著述可謂多矣。那麽，《孫子兵法今釋》有哪些不同的特點呢？我以爲有兩點頗值得關注：

一、不是照搬慣常的西學套路，而是站在中國傳統文化的立場上，力争用中國傳統語匯來説話

中華文化歷史悠久，博大精深，在世界文明發展的歷史進程中具有重要的地位。但隨着十九世紀西方文化大規模進入中國，“舶來”的西學範疇和概念成爲挂在許多人嘴邊的常見詞匯，一些研究中華文化的學術著述也多用西方的學術體系、範疇和概念來套用或解釋中國傳統文化，頗有削足適履之嫌。

《孫子兵法今釋》從中華民族所信奉的事物義理邏輯的哲理（即易學的哲理）和事物自然邏輯的哲理（即其唯心論與唯物論、形而上學與辯證法的哲理）出發，認爲孫武不僅受到以義理之世治思想文化的影響，同時也受到義理之兵治思想文化的影響，或也不同程度地受到孔子的儒家之學與老子的道家之學的影響，最後進行深入辨析、

取捨，創立了與儒學相輔相成的兵家之學。所以，對《孫子兵法》的理論，更應當從與《易經》、《論語》、《老子》等中華元典的比較中去體悟，去把握。在歐洲文化的視野之下，對於中華兵學所論及的陰與陽、剛與柔、勝與負、攻與守、進與退、衆與寡、强與弱、奇與正、虛與實、利與害、勇與怯等諸範疇，持形而上學觀念的人認爲是相對而言的，是事物的一種外在差别；持辯證法觀念的人認爲是比較而言的，是事物的一種内在矛盾。對於中華傳統文化背景下産生的《孫子兵法》而言，這衹不過是一種在事物异性相處的過程中，一事物爲求發展而産生的過程的内容與表現而已。在這一認識的基礎上，本書闡發《孫子兵法》十三篇文意時，着重强調了中華文化中自强不息、愈挫愈奮、勇於進取的精神，强調《孫子兵法》的政治價值更甚於軍事價值，强調孫子思想學説所建構的一幅民能生、國能保、世能安的社會圖景。

上述看法是否有道理，相信每位讀者在閱讀本書後，都會有自己的判斷。惟我對這種用“中國話”來詮釋中國文化的做法舉雙手贊成。畢竟用“外國瓶子裝中國酒”的路數讓我們多年來在解説中國文化内涵時常有深恨“言不盡意”之苦。當人們可以把打捲的舌頭伸平時，説起話來便順暢多了，也容易辭達其義。

二、不盲目信從他人解釋，而是通過比較分析，形成自己的新見解

自漢末曹操注《孫子》以來，注家蜂起，講本繁多，見仁見智，理解不一。《孫子兵法今釋》無疑充分吸收了前人成果，却并不甘於人云亦云，做現成的“文抄公”，而是在創新上狠下了點功夫。

作者創新的途徑主要有三：一是以《孫子兵法》書内各篇文字相互印證發明。如談《兵勢篇》的“兵之所加，如以碫投卵者，虛實是也”一句，就要求參考《始計篇》的“攻其無備，出其不意”，參考《虛實篇》的“進而不可禦者，衝其虛也”。二是比較《孫子兵法》與《論語》、《老子》、《周易》諸書，説明它們在思想理念上的共通性。《孫子兵法今釋》的作者把兵家著作《孫子兵法》稱爲“用兵之書”，把儒家著作《論語》稱爲“治世之書”，認爲這兩部書雖然在中國歷史上分别用來處理戰時或平時社會問題，但其思想理念却極爲相似。如在思維方式上，在戰爭與政治的關係上，在領導者的素質上，在對暴力手段和非暴力手段的選擇上等方面不乏相通之處，可以幫助人們理解《孫子》文義。其對《謀攻篇》“不戰而屈人之兵”的解説，引用了孔子的“桓公九合諸侯，不以兵車，管仲之力也”（《論語·憲問》）；對《行軍篇》的“令素行以教其民”一語，引用了孔子的“民無信不立”（《論語·顔淵》），都是從兵儒融合、兵儒相通這一理念出發的。對《行軍篇》的“平陸處易，右背高”，引用《周易·師卦》的“師左次”，説明“右爲退，左爲進”的道理，也是基於兵家與易學在方法論上相通的緣故。三是引用中國革命戰爭的典型戰例，印證《孫子兵法》的作戰原則。這方面最典型的例子，是在解説《兵勢篇》時，以解放戰爭初期胡宗南雖然

占領了延安，却始終無法找到我軍主力，更找不到黨中央和總部機關，很快陷入被動挨打的境地這個例子，説明强弱易勢、攻守轉換的關鍵所在。

應當説，《孫子兵法今釋》一書之所以頗有“見人所不見，言人所未言”之處，與其上述努力是分不開的。

學術研究没有止境，它的每一個進步也都不可能盡善盡美。如果説《孫子兵法今釋》還有什麽值得進一步改進的地方，我以爲作者今後在處理學術問題時還可以更加審慎。如作者因疑《九變篇》中有錯簡之處，在没有充分論證的情况下，就把“將受命於君，合軍聚衆”數字删去，似稍嫌輕縱。我説這話并非認爲這一删除就是錯的，而是希望作者的論證能更加充分些，更令讀者信服，同時也寄希望於作者不斷有新的、質量更佳的學術成果問世。

劉　慶

己丑年秋月紅葉初染時於北京西山寓所

緒言

縱論孫子及其兵學

《孫子兵法》一書，簡稱《孫子》，居中國兵家著作之首，與《周易》、《論語》、《老子》同爲中華民族衆多典籍中最爲重要的四部經典著作，自問世以來一直爲後世之政治家、軍事家所高度重視。所以，其不僅是一部中國古代兵家之學的極經典著作，而且是一部世界軍事之學的極經典著作。《孫子兵法》一書還極大地涉及了中華民族的人文思想與哲理思想，因此不但具有重大的兵學價值，而且更具有重大的哲學價值。今天，結合《周易》、《論語》、《老子》三書深入研究此書，對於一個民族如何立於世界民族之林并求得發展，仍有着不可低估的價值。

然而，在我國，有一些人似乎總是看不到這一點。他們凡事總要用近代歐洲的對事物的認識與理論來套一下，於是孔子義理的世治思想被套上了唯心論的先驗論與形而上學的帽子，從而遭到排斥與咒罵。孫子的命運算好一些，其在軍事理論方面的巨大成就雖已經爲造詣高深的學者所指出，但按某些人搬來的歐洲的理論套一下，最高也衹能授以樸素唯物主義與辯證法的稱號，離唯物論辯證法還有很大一段距離。這些做法，使得我中華民族科學的哲理思想文化被某些自己人所排斥、抛弃，以至於行將湮没，這對於我們這個自强不息的民族是極不公平的。

通過研究《孫子兵法》一書的深刻哲理，可以使我們看到孫子通過此書把天地萬物造化之理、陰陽五行萬物生克之義生動形象地展示在世人面前，可以使我們清楚地看到中國的易學哲理極爲博大精深之所在，同時還可以使我們清楚地看到中國的這個哲理不僅與近代歐洲的唯心論的先驗論截然不同，也與其唯物論的實踐論截然不同，不但與其事物的變化由外在原因引起的形而上學之論截然不同，也與其事物的變化由内在原因引起的辯證法之論截然不同。因此，孫子兵學對於人們認識的提升及其在其他方面的價值自是不言而喻。也正因爲如此，今天深入研究《孫子兵法》一書的人文思想與哲理思想就顯得更爲重要，使我們不僅可以深入瞭解自己民族的思想文化理念所在，更可以深入瞭解自己民族的思想文化理念所以與别人的思想文化理念之區别，而這對於民族素質的真正提高是極爲重要的。

縱觀《孫子兵法》一書所闡述的用兵思想，與孔子的《論語》一書所闡述的世治思想相輔相成，貫穿着中華民族自强不息的民爲邦本、上下依存、天下協和而成事業的思想文化理念，對後世中國乃至近代中國乃至世界都産生了極爲深刻的影響。

從歷史上看，歐洲的一些國家與當時中國周邊的一些民族，一旦强大，對外即多以武力燒殺搶掠、擄人爲奴及進行殖民統治爲榮，而對内又多視民爲奴爲僕。如中世紀的英國就有以暴力驅除人民、焚燒民居、大肆圈地之事。但是，中國則相反，是以追求協和相處爲目的，即使强盛起來也不以武力爲手段對其他民族進行燒殺搶掠，也不擄其他民族的人爲奴，更不對其他民族進行殖民統治，對以武力爲手段燒殺搶掠别的國家、民族不是以爲榮而是以爲耻，對内則多追求治道，追求國泰民安。所以，當時未融入中華民族社會的一些民族中，有些民族一旦强盛則以武力爲手段燒殺搶掠，而一旦融入中華民族後就再也没有燒殺搶掠過别的民族和國家。

從存亡興廢看，歐洲乃至世界上其他地方的一些國家、民族，與當時中國周邊的一些民族，如歐洲在歷史上就有過幾次走向統一的局面，出現過羅馬帝國、亞歷山大帝國、奥匈帝國等時期，由於人們持有生命衹有一次，應好好享受每一天而追求侈靡生活、崇尚自然的思想文化理念和社會價值觀念，從而對外多以燒殺搶掠爲榮，内部上下之間人際之間則往往淡漠而冷酷，并且都是靠强大的武力維持其統治的，最終則再次地土崩瓦解而致小國林立的局面，或一旦被其他國家民族以武力征服或分割，則永遠不能再行復興與聚合統一。然而中國則相反，由於持有追求上爲國家民族昌盛、下爲子孫後代造福而崇尚義理的思想文化理念與社會價值觀念，不僅對外以燒殺搶掠爲耻，而且内部以得人心爲上而追求上下之間人際之間的協和，故能幾經分裂而再行統一，幾經覆滅而頑强復興。

從近代看，自清末至民初以來的長達一百多年間，列强不斷以武力大舉侵略中國，瘋狂燒殺搶掠，在極力奪取財物與土地的同時，千方百計企圖瓜分與消滅中國，但中國的各民族、中國的衆百姓，却有列强們預想不到的、世界上其他國家與民族無可比擬的凝聚力，面對深重灾難與威逼利誘始終堅持統一，始終奮發抵抗，始終能屹立於世界東方。這在世界上應該是絶無僅有的，這些都是中國與歐洲及世界其他地方一些國家、民族由於不同的思想文化理念所産生的根本區别之所在。由此可見，我們現在有些人凡事總以歐美等國家、民族的種種理念爲是，總是説自己的文化不行、思想愚昧，不斷對自己的思想文化與歷史進行詆毁，而不明白自明清之際以至清末所以行“寧贈友邦，不予家奴”之政策而備受燒殺侵掠之害的歷史原因之所在，應該是有愧於我們優秀的文化傳統，有愧於我們自强不息的國家和民族的。

爲了對《孫子兵法》一書所闡述的以義理邏輯哲理爲核心的兵學思想有所認識，并能通過《孫子兵法》一書對中國義理邏輯哲理文化與歐洲及其他一些民族自然邏輯哲理文化的巨大差异有所瞭解，在研究《孫子兵法》一書前，將首先對孫子兵學所涉及的一些問題作一些必要的闡述，以深入其中而明瞭其義理與哲理之所在。

一、對孫子兵學思想與理論所出問題的研究

孫子名武，其《孫子兵法》一書充滿着上兵伐謀與保國安民以共成生活的思想理念，與古來歐洲一些國家及當時中國周邊一些民族崇尚武力、肆行殺戮、殖民他人、據爲己有的思想理念截然不同。這固然同中國人信奉事物義理邏輯的哲理（即易學的哲理）與其信奉事物自然邏輯的哲理（即其唯心論與唯物論、形而上學與辯證法的哲理）息息相關，但孫子具體的兵學理論究竟源自哪裏？這是研究孫子兵學的一個首要問題。

考之史料，孫子爲齊人。而齊國係著有《太公兵法》輔佐文、武兩王克除惡貫滿盈的紂王而平定天下的姜尚的封地。姜尚爲四岳之後人，他所建立的齊國在諸夏中歷來重視以武力保國安民而爲軍事强國，殷商遺民反叛後他曾率兵消滅支持叛亂的强國蒲姑等。春秋時，姜尚後人桓公任管仲又重爲修列太公之法安天下。齊國與毗鄰的魯國情形有所不同，魯注重以義理邏輯哲理的思想文化治世，周室衰微後韓宣子等曾稱頌“周禮盡在魯矣”（《左傳・昭公二年》）。齊則爲注重以義理邏輯哲理的思想文化進行兵治之國，周室衰微後孔子曾稱頌“管仲相桓公，霸諸侯，一匡天下，民到于今受其賜”（《論語・憲問》）。但這兩個毗鄰之國情形又極相似。孔子雖説“齊一變，至於魯。魯一變，至於道”（《論語・雍也》），是説齊的義理世治不及魯，却又能“在齊聞《韶》，三月不知肉味”（《論語・述而》），是説齊的先聖文化過於魯。由此可見，齊與魯雖有不同，但都爲中華民族先聖先賢之治道思想盛行之國。孫子生長於齊國，與孔子、老子等同爲春秋末期人，由於世之争戰與紛亂迭起，魯國的孔子爲挽救世道、挽救民生而積極辦學、奔走呼號并創立了儒學。老子見周室衰微，復興無望，認爲世道不可救，需改變世道建立大道生活之世而一反孔子的儒學，并創立了道家之學。齊國的孫子因不僅受到中華民族傳統的以義理之世治思想文化的深刻影響，同時受到中華民族傳統的義理之兵治思想文化的深刻影響，或也不同程度地受到孔子的儒家之學（順注：孔子有較長一段時間適齊，并在齊教授學生）與老子的道家之學的影響，最後進行深入辨析、取捨，創立了與儒學相輔相成的兵家之學。孫子於是成爲吴國將帥，由是吴“西破强楚，入郢，北威齊晋，顯名諸侯”（見《史記・孫子吴起列傳》）。這説明，孫子深受中華民族聖賢思想的影響，深受中華民族特有的義理邏輯哲理的世治與兵治思想的薰陶，從而著成傳世名作《孫子兵法》，反過來又極大地影響了中國特有

的治世安世的哲理思想文化體系的形成。

二、對孫子兵學思想與孔子儒學關係問題的研究

研究《孫子兵法》之書而對照《論語》之書（見拙著《論語今釋》，齊魯書社二〇〇七年版），雖前者爲用兵之書，後者爲治世之書，但人們可以發現，二者的思想理念極爲相同，如出一轍。

如孔子重視《易》學的運用，講“加我數年，五十以學《易》，可以無大過矣”（《論語·述而》）；孫子亦極重視《易》學的運用，講天地之化、陰陽之變、剛柔兼得、五行之勝，講“天者，陰陽、寒暑、時制也。地者，遠近、險易、廣狹、死生也”（《始計篇第一》）、“五行無常勝，四時無常位”（《虛實篇第六》）、“難知如陰”（《軍爭篇第七》）、“通九變之利”、“知九變之術”（《九變篇第八》）、“剛柔皆得，地之理也”（《九地篇第十一》），等等。

又如，孔子講“足食、足兵，民信之矣”，孫子開首就講“兵者，國之大事”；孔子講“仁”與“義”，孫子亦講“仁”與“仁義”；孔子講“道千乘之國，敬事而信，節用而愛人，使民以時”，孫子亦講“道者，令民與上同意，可與之死，可與之生，而不畏危也”、“明主慎之，良將警之”；孔子講“舉賢才”，孫子亦講“將孰有能”、“知兵之將”；孔子講君子“智”、“信”、“仁”、“勇”、“重”，孫子亦講“將者，智、信、仁、勇、嚴也”；孔子講“桓公九合諸侯，不以兵車，管仲之力也”，孫子亦講“不戰而屈人之兵，善之善者也”；孔子講“政者，正也”，孫子亦講“正以治”；孔子講“民無信不立”，孫子亦講“令不素行以教其民，則民不服”；孔子講“修己以安百姓”，孫子亦講“修道而保法”；孔子講“刑罰不中則民無所措手足”，孫子亦講“法令孰行”、“賞罰孰明”；孔子講“以不教民，戰，是謂弃之”，孫子亦講“兵衆孰强”、“士卒孰練”；孔子講“富之”、“教之”，孫子亦講“人情之理，不可不察也”；孔子講三軍之帥“必也臨事而懼、好謀而成者也”，孫子亦講“能因敵變化而取勝者，謂之神”；孔子講“君子之於天下也，無適也，無莫也，義之與比”，孫子亦講上將“進不求名，退不避罪，唯民是保”；孔子“不語怪、力、亂、神”，孫子亦“禁祥去疑”、講“不可取於鬼神”；孔子講“苟有用我者，期月而已可也，三年有成”，孫子亦講“將聽吾計，用之必勝，留之”，等等。

二書對照，不勝枚舉，可見二者的思想理念幾乎相同，衹是學術方嚮實踐領域有所不同而已。因此，如果像我們的有些人那樣，一定要把孔子定義爲反動没落的奴隸主階級的思想代表人物，那孫子不就應定義爲反動没落的奴隸主階級的兵家代表人物了嗎？那麽，又如何理解毛澤東等老一代革命家在戰爭中指揮革命軍隊以落後武器打敗擁有現代化武器的敵人時，對孫子兵學的高度贊揚呢？所以，這些人由於不懂得孫子兵學思想與孔子儒學思想的相輔相成，構成着與古往今來與歐洲及其他一些國家、

民族以燒殺搶掠他人、進行殖民統治的思想理念完全不同的中華民族特有的文化理念，從而方能够有中華民族在世界民族之林中長久存在的局面與自强不息、愈挫愈奮、勇於進取的精神而流傳後世。因而，中華民族的這個由孔子、孫子等聖賢傳承光大的主體文化理念，不僅不應該受到詆毁，而且值得我們尊崇，從而成爲我們在實現民族偉大復興過程中汲取精神力量的源泉。

三、對孫子兵學思想應用問題的研究

《孫子兵法》一書不僅軍事價值重大，而且政治價值更甚於軍事價值，其學説勾畫了一個民能生、國能保、世能安的圖景。

在統攝全書的首篇中，孫子首先强調君主的治世與用兵之道、將帥的能力作爲與用兵征戰之事。他强調君主應“有道”，將帥應“有能”，應以“智、信、仁、勇、嚴”爲本。他認爲，判斷君主是否“有道”，必須考察百姓能否與君主意志相通，能否做到“可與之死，可與之生，而不畏危”。這是中國歷來朝政多以追求“有道”、追求上下依存、重民之所在，也是中華民族區别於其他國家民族爲政之所在。

在第二篇中，孫子强調“不盡知用兵之害者，則不能盡知用兵之利”，并强調在用兵過程中應十分注意“國之貧”、“百姓貧”的問題，從而提出了“兵貴勝，不貴久”的思想。這是中國歷來朝政多以追求少用兵及與民休息之國策的思想理論來源之所在，也是中華民族之爲政區别於其他民族之爲政的區别之所在。從二十世紀下半葉强大的蘇聯因對小國阿富汗的戰争不能决而導致被拖垮，當今世界可謂最富强的美國因對伊拉克和阿富汗兩小國的戰争拖延不能决而導致出現嚴重金融危機等的重大事件中，完全可以看出這一思想真乃顛撲不破的真理。

在第三篇中，孫子强調國與國之間應化敵對爲不敵對、化從敵爲從我、化不從敵也不從我爲友我而立於天下的思想，强調“夫用兵之法，全國爲上，破國次之；全軍爲上，破軍次之；全旅爲上，破旅次之；全卒爲上，破卒次之；全伍爲上，破伍次之。是故百戰百勝，非善之善者也。不戰而屈人之兵，善之善者也”的“必以全争於天下”的使世能安的進取之道，這是中華民族區别於世界上任何一個崇尚武力以殺戮殖民爲進取之道的國家民族之根本所在，也是中國以往在强盛時也從不以武力燒殺搶掠别的民族而與周邊民族能够和睦相處之根本所在。

在第四篇中，孫子强調“能自保而全勝”的“善用兵者，修道而保法，故能爲勝敗之政”的思想。這是古來歷代名將、軍事家所以體恤士兵，所以不擾百姓而得兵民擁護之重要原因所在，也是毛澤東、劉少奇、周恩來、朱德、鄧小平及其他共和國將帥所以愛兵、所以得民擁護而立於不敗之地的重要原因所在。

在第五篇中，孫子强調“凡治衆如治寡，分數是也。鬥衆如鬥寡，形名是也。三軍之衆，可使必受敵而無敗者，奇正是也。兵之所加，如以碫投卵者，虚實是也”的治軍與用兵相統一的思想。

在第六篇中，孫子强調“兵無常勢，水無常形，能因敵變化而取勝者，謂之神”的藝術用兵的思想。這一藝術用兵的思想，是古來名將、軍事家所以受敵不敗而能制勝之重要原因所在，也是毛澤東、劉少奇、周恩來、朱德、鄧小平及共和國其他將帥所以能够受敵不敗并克敵制勝的重要原因所在。

在具體用兵問題上，自第七篇中孫子强調的“以迂爲直”的用兵思想，第八篇中孫子强調的“通九變之利”、“知九變之術”的因敵應變既得地利又得人用的用兵思想，這是古來歷代名將、軍事家所以能使敵無可勝我而被我勝之重要原因所在，也是毛澤東、劉少奇、周恩來、朱德、鄧小平及其他共和國將帥所以能够使敵無可勝我而被我所勝之的重要原因所在。

在第九篇中孫子强調的“兵非貴益多，唯無武進，足以并力、料敵、取人而已”的精兵思想，在第十篇中孫子强調的“知彼知己，勝乃不殆；知天知地，勝乃可全”的必勝、全勝思想，這是古來歷代名將、軍事家所以能以少擊衆讓敵防不勝防之重要原因所在，也是毛澤東、劉少奇、周恩來、朱德、鄧小平及其他共和國將帥所以能以少勝多讓敵防不勝防的重要原因所在。

在第十一篇中孫子强調的“齊勇若一，政之道也；剛柔皆得，地之理也”與“九地之變，屈伸之利，人情之理，不可不察也”的携手決敵的思想，在第十二篇中孫子强調的“戰勝攻取而不修其功者凶”、“主不可以怒而興師，將不可以愠而致戰”的“明主慎之，良將警之”的安國全軍的思想，在第十三篇中孫子最後强調的“相守數年，以争一日之勝，而愛爵禄百金，不知敵之情者，不仁之至也，非人之將也，非主之佐也，非勝之主也”與“昔殷之興也，伊摯在夏；周之興也，吕牙在殷。故明君賢將，能以上智爲間者，必成大功。此兵之要，三軍所恃而動也”的應世應民的思想，這是古來歷代名將、軍事家成就大功之根本原因所在，也是毛澤東、劉少奇、周恩來、朱德、鄧小平及其他共和國將帥所以能得人心并成就事業的根本所在。

通過上述分析，我們不難看出，孫子兵學思想對於整個中國乃至整個世界的真理性與重大價值之所在，這也是我們今天所以要深入研究它之重要原因所在。

四、對孫子兵學哲理來源問題的研究

《孫子兵法》一書的哲理，與《老子》一書（見拙著《老子今釋》，齊魯書社二〇〇八年版）的哲理截然不同。《老子》一書所貫穿的是自然邏輯哲理的思想，與歐洲及其他一些外民族的哲理思想相類，而《孫子兵法》一書所貫穿的是義理邏輯哲理的思想，與《論語》一書的哲理思想一致，但主要用於戰場上的克敵制勝，同爲中華民族特有的對事物進行義理辨析而用於實踐的哲理思想。它與歐洲及其他一些民族由感受到相應思維而至作爲所產生的哲學邏輯理論截然不同。歐洲及其他一些民族所產生的哲學邏輯理論可歸結於他們對日由東出至西而落的情形過程由感受而產生的相應的認識，并由相應的認識產生出教會的地心説與後來哥白尼的日心説，產生出近代歐洲的唯心論的先驗論與唯物論的實在論、形而上學的事物運動的外在引起論與辯證法的事物運動的内在引起論及其自然邏輯的哲學理論。

《孫子兵法》深貫易理，所闡述的是由感受至義理思維而至作爲所產生的哲學邏輯的理論，所產生的哲學邏輯理論可同樣歸結於人們對日由東出至西而落的情形過程由感受而至深入的義理辨析，從而得出天地與人世萬物凡异性之間皆處於互動互變的過程之中的深刻認識。這在五千年前伏犧氏始作“以通神明之德，以類萬物之情”的八卦圖説中就極而言之，并由此產生出把异性相處中以呈現剛性健性者爲陽、呈現柔性順性者爲陰，從而察看在事物叢中的异性之處事物各表現爲不同的複雜的互動互變情形的整個過程而爲之用的義理邏輯的哲學理論。

對此，整部《周易》有充分的論述（見拙著《周易今釋》，齊魯書社二〇〇六年版）。其後，周代的《逸周書》稱“天道尚左，日月西移。地道尚右，水道東流。人道尚中，耳目役心”，《黄帝内經》則稱地憑“大氣舉之”，漢代馬融注《周易》稱“日隨天左旋也”，如此等等，不一而足。因而，中華民族的這些文化元典所闡述的觀念也就與歐洲及其他一些民族截然不同。對歐洲及其他一些民族來説，陰與陽、剛與柔、勝與負、攻與守、進與退、衆與寡、强與弱、奇與正、虚與實、利與害、勇與怯等，持形而上學觀念的人認爲是相對而言的，是事物的一種外在差别；而持辯證法觀念的人則認爲是比較而言的，是事物的一種内在矛盾。而孫子通過其書，説明這是一種在事物异性相處的過程中，一事物爲求發展而產生的過程的内容與表現而已。這個義理的認識及其哲理，正是中華民族區别於其他民族的原因所在，這也應該是人類直至今日對天地人事萬物所以運行變化而爲用的認識與哲理的真正真理之所在。

這個義理的哲學邏輯理論出自於中國的易學哲理體系。孫子兵學的哲理正是以此爲根據，它以中國易學天地萬物陰陽造化法則爲本，以五行之生息勝克規律爲用。《孫子兵法》全書以此爲綱，自首篇始而至十三篇終，一以貫之，深奥幽微，精妙無窮，把天地萬物陰陽造化之理、五行生息勝克之義，淋灕盡致地展現在人們的面前，閃爍着中華民族所特有的哲理思想的光輝，與《論語》殊途而同歸，實爲治世安世經典中之經典。

附圖：中國易學天地萬物之陰陽造化圖（見拙著《周易今釋 · 卷首》）

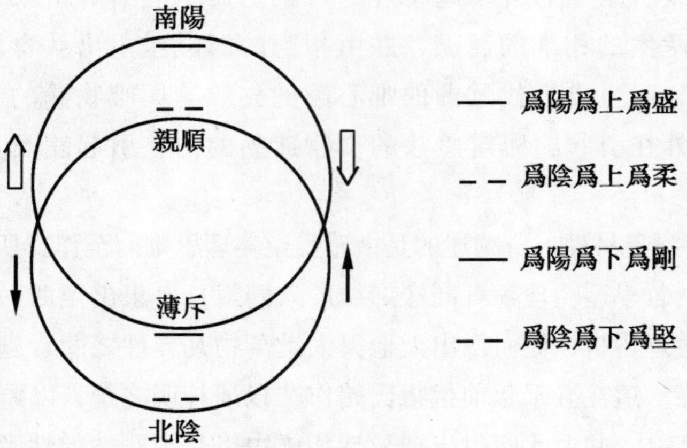

1. 此圖明天地萬物异性相錯而處之理，明事物异性親順而存在薄斥、同性相協而存在間別之理；明事物因异性相錯之處而生南上陽盛陰柔相親順、北下陽剛陰堅相薄斥兩儀而生相錯運行之理，明萬物因陰陽异性之處而生運行演化之理。

2. 此圖明事物异性之處而生互動互變過程之理，明陰陽异性之處事物各表現爲不同的互動互變情形過程之理，明人的感受如何由其的事物异性之處如何而生之理。

3. 此圖明孫子的“兵者，國之大事，死生之地，存亡之道，不可不察也”之理。

4. 此圖明事物异性之處雙方可互易、高下可重成、趨勢可瞬變之理，明孫子所以“能而示之不能”、“不可勝在己，可勝在敵”之理。

5. 此圖明事物异性之處過程中，陽方如不能剛起必與陰柔順合而没，陰方如不能柔生必被剛陽除斥而別而必成性命之絶、造化之終之理。

附圖：中國易學五行萬物之生息勝克圖（見拙著《周易今釋 · 卷首》）

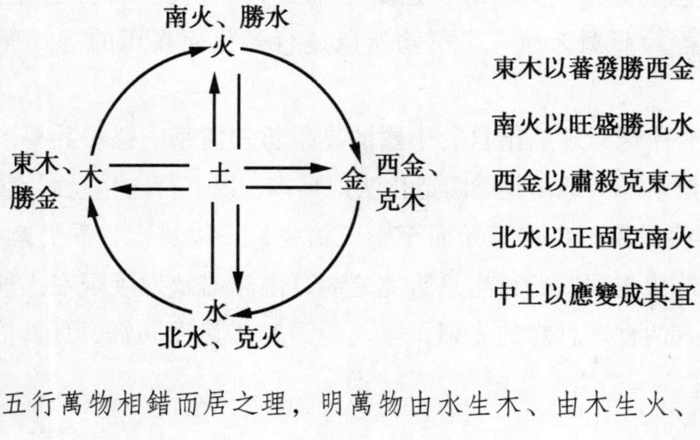

1. 此圖明五行萬物相錯而居之理，明萬物由水生木、由木生火、由火生金、由金生水之理。

2. 此圖明事物异性對應而生勝克之理，明水需金而成寒水克火、木需水而成春木勝金、火需木而成炎火勝水、金需火而成秋金克木之理。

3. 此圖明要辦成一事情應察視與此有關的各個事物對此之生息勝克情形及它們之間的關聯之理，明對敵我事物的生息勝克需隨機應變爲用而成事成業之理。

4. 此圖明五行萬物運行變化無窮，在事物的互動互變情形過程中生息勝克玄機重重之理。

5. 此圖明孫子的"能因敵變化而取勝者，謂之神"、"故五行無常勝，四時無常位。日有短長，月有死生"之理，明孫子的"知彼知己，勝乃不殆；知天知地，勝乃可全"之理。

從對上述二圖的研究可見，孫子兵學以中國易學天地萬物陰陽造化之理爲本，以五行生息勝克之義爲用，并以此統攝而成國家之興師、將帥之用兵在各種複雜危難的情形下克敵制勝之所在。由此可見，不懂我中華民族易學天地萬物陰陽造化之理、五行生息勝克之義，而以近代歐洲的一套爲是、不去進行認真研究的人，是不可能真正理解《孫子兵法》的極爲深刻的科學哲理的。

五、本書所用《孫子兵法》的文本

《孫子兵法》一書流傳至今有兩大文本，一是在宋代時編纂的《武經七書·孫子》，一是至宋代的《十一家注孫子》。兩個文本之間差异并不大。拙著以李興斌先生所著《孫子兵法新譯》（齊魯書社二〇〇一年版）一書所用《武經七書·孫子》爲底本，對原文中不當、欠缺或錯簡之處，則進行了一定的改動與損益，對改動與損益的地方均以方括號注出，或在注文中加以說明，對没有改動的錯簡地方則也在注文中加以說明，以供讀者參考。而於注文，則主要吸收李興斌先生的成果，并附以筆者的淺見。

對《孫子兵法》十三篇，筆者覺得應分爲二卷爲宜：上卷自首篇《始計篇第一》至《虛實篇第六》，此六篇主要論述用兵之宏觀的戰略問題；下卷自《軍争篇第七》至尾篇《用間篇第十三》，此七篇主要論述用兵之具體的戰術問題。至於各篇中章節劃分，則參考了李氏的劃分而取之爲用。

總之，拙著吸收李興斌先生的成果甚多，特在此說明。至於上、下卷劃分是否妥當，文中所注所釋是否準確、恰當，解說能否一以貫之，以及書中存在的錯誤之處，還需請學界前輩與讀者不吝賜教，本人將不勝感激。

鄭張歡

己丑年五月，西曆二〇〇九年六月於杭州

上卷

始計篇第一

計，計議、計謀。李氏曰："計，本義是計算，引申爲謀劃、制定（作戰計劃）和計謀之意。""篇"字，原本無，據《十一家注孫子》文本補，下同。

一章

孫子曰：兵者，國之大事，死生之地，存亡之道，不可不察也。

【注】

兵者：人世保國安民之剛物，今謂之鋼鐵軍隊，泛指兵衆、兵器、兵戎，又指興師用兵之道。死生、存亡：指人世陰陽生變、剛柔相易之事。

【釋】

孫子説：兵衆的素質、兵器的優劣、兵戎的如何及興師用兵之道的如何，關係到國家於世於民所行的元、亨、利、貞四德之政的大事，關係到將帥與兵衆在争戰之地的死生，關係到上至君主下至萬民賴以生存的社稷之道的存亡。因此，對兵衆的素質、兵器的優劣、兵戎的如何及其興師用兵之道的如何，不可以不詳加察視與計議。

【按】

此爲《孫子兵法》首篇首章，孫子在開首就以兵事言事物的義理辨析與邏輯之理，説明兵事的如何關係到整個國家的政治、經濟與生活各個方面之事如何，與用戰將士死生之事如何、萬民生存之事如何的陰陽之變化、剛柔之相易，説明兵事如何於保國安民之重要所在，强調國家對兵事如何必須十分重視并詳加察視與計議之重要所在。參孔子的"足食，足兵，民信之矣"（《論語・顏淵》）之義。

【章按】

此章爲孫子兵學的整個立論與入門的綱要所在。孫子在此章貫穿着中國易學的陰陽之所化、剛柔之所得之理，説明重視兵事對於保國安民之重要所在。從孫子的這一以兵事之道保國安民的思想中可以看到，與遠祖黄帝於國之艱難創業克勝四帝而有中華之始，直至唐堯、虞舜、大禹爲保國安民克除凶頑的能勝侵掠而有中華之興的世治與兵事之道思想是一脉相承的；同時還可以看到，孫子的這一兵學思想理念與古來歐洲的一些國家和當時中國周邊的一些民族以武力燒殺搶掠、殖民别國的思想理念截然不同。

二章

故經之以五事，校之以計而索其情：一曰道，二曰天，三曰地，四曰將，五曰法。

【注】

五事：即與興師用兵相關的五行之事。道：治道。李氏曰："道，本義爲道路，引申爲道理、規律等。這裏指統治者的爲政狀况。"

【釋】

故而對國家的興師用兵如何應首先察視與此相關的互有聯係的五行之事，爲進行研究校核産生計劃而必須探索獲取其真實情形：其一爲治道如何，其二爲天時如何，其三爲地利如何，其四爲將才如何，其五爲法令如何。

【按】

此節孫子言對興師用兵的五行之事如何進行義理辨析，説明興師用兵産生計劃應探索與此相關的互有聯係的五行之事。而在索其情中，孫子首先提出的是治道如何的問題，也即爲君爲上者於世於民的爲政情形是否可以用兵的問題。由此可見，孫子的思想中貫穿着孔子所贊揚的堯、舜、禹、湯至文、武於世之治道的理念。

道者，令民與上同意，可與之死，可與之生，而不畏危也。

【注】

同意：二字之義古今有所差别，此指爲上下同心，贊同、擁護之義。李氏曰：令民與上同意，就是要讓民衆與國君同心一意。

【釋】

爲君爲上者治世有道，合乎民之所嚮，必使百姓贊同擁護爲君爲上者的主張，可與之爲興師用兵之事死，可與之爲興師用兵之事生，而不會畏懼危難之所在。

【按】

此節孫子言治道如何於兵事的義理辨析與邏輯之理，説明衹有爲君爲上者治世有道，方能萬民不畏危難而有用兵之偉力，從而説明爲君爲上者於世有道與無道是能否興師用兵的關鍵所在。對此，即使以今之世界上的國家而言，也仍是顛撲不破的真理。

天者，陰陽、寒暑、時制也。

【注】

陰陽：這裏泛指陰陽順逆之理。時制：指掌握有利天時之可乘時機爲己所用。

【釋】

在興師用兵中，要掌握以天時之順利還是反逆、豐兆還是災情、寒閑還是暑忙等有利、可乘之機爲己所用。

【按】

此節孫子言天時如何於兵事之義理辨析與邏輯之理，説明以天時的制用如何興師用兵，即以天時的有利可乘時機而興師用兵之重要所在。孫子在此把天時作爲五行之二是有特殊意義的，如二戰中希特勒進攻前蘇聯因不曾計議嚴寒冬天來臨而致敗潰即是典型的一例。

地者，遠近、險易、廣狹、死生也。

【釋】

在興師用兵中，要掌握以地利之是遠還是近、是險還是易、是廣還是狹等以成敵死我活之局面。

【按】

此節孫子言地利如何於兵事的義理辨析與邏輯之理，説明以地利的情形如何興師用兵，即以地利的趨利避患爲用而用兵之重要意義。孫子在此把地利作爲五行之三同樣具有特殊意義，如毛澤東、劉少奇、周恩來、朱德、鄧小平及其他共和國將帥在戰勝持先進武器的强大敵人時，多是以地利爲用而成敵死我活之勝局的。

將者，智、信、仁、勇、嚴也。

【釋】

在興師用兵中，將帥的作用是非常重要的，將帥料敵取勝要有智慧，於君於民要有誠信，對自己的兵士和對敵方的百姓要有仁德，臨敵突如其來要有勇氣，治軍行師要紀律嚴明。

【按】

此節孫子言將才如何於兵事的義理辨析與邏輯之理，説明選用將才的具體標準如何。孫子在此把將才作爲五行之四同樣具有特殊意義，如毛澤東、劉少奇、周恩來、朱德、鄧小平及其他共和國將帥確定戰略方案後，選派合適將領去應對去完成，就是知人善任之例。

法者，曲制、官道、主用也。

【注】

曲制：曲，《尚書·洪範》曰“木曰曲直”，即草木初生爲曲而爲直。辰從曲爲農，即由曲爲直草木之培育需從辰起而爲農。由此可見曲制者，是言於世之種種法令要與用兵之道相適應，使參戰將士兵衆能由曲成直成爲勝敵之力量。

【釋】

在興師用兵中，世之相適應的法令不僅對參戰將士的作用非常重要，而且君主之於參戰將士的具體政策、措施的實施也同樣非常重要，使參戰將士能以此而成戰時之勇猛頑强。

【按】

此節孫子言法令如何於兵事的義理辨析與邏輯之理，説明以法令的相應如何興師用兵，即以世之法令與措施的相應而激勵將士及用兵之重要所在。實事求是地説，孫子在此把法令作爲最終之五具有特殊的重要意義。

凡此五者，將莫不聞，知之者勝，不知者不勝。

【釋】

凡此道、天、地、將、法之於興師用兵的五行之事如何，將帥應莫不心中有數，對此能知能爲用者勝，不能知不能爲用者不勝。

【按】

此節孫子言應知興師用兵如何的五行之事，説明爲將者必須知此五事并能用之者方能獲勝。

故校之以計而索其情，曰：主孰有道，將孰有能，天地孰得，法令孰行，兵衆孰强，士卒孰練，賞罰孰明。吾以此知勝負矣。

【注】

此節的“故校之以計而索其情”與此章首節的“校之以計而索其情”相較，二句之義有别：前者爲國家的興師用兵言；後者多一“故”字，爲將帥的用兵作戰言。

【釋】

故而將帥對用兵經戰如何應從七個方面之情形進行研究：其一爲如何以實際情況上達君主并能調撥相應兵力、提供相應保障、頒行相應法令、落實相應措施，以成用兵經戰勝算之道（參《用間篇第十三》的“五間之事，主必知之”之義）；其二爲如何使各軍將領能根據戰情，或獨當一面，或有機配合，或臨危不懼，或謀劃請纓，以成戰敵之用；其三爲如何以天時之變化成其所利、化其所弊與地利之險易成其所爲、避其所害，以成擊敵之用；其四爲如何使世之法令與軍之法令在軍中貫徹落實，使將士皆覺合法合理，使軍心凝聚，以成攻敵之用；其五是如何使兵衆在遭遇强敵突襲、勁敵相决、敵利我弊、敵强我弱等情況下能頑强作戰，以成抗敵之用；其六爲如何使士卒應對所臨的複雜艱難戰局進行操練使之過硬，以成勝敵之用［參孔子的“以不教民，戰，是謂弃之”（《論語·子路》）之義］；其七爲如何使經戰將士功之大小多少能不冒報虚報又不遺漏遺忘而行奬勵，對過之大小能察明實情、分明職責，恰如其分進行處罰，以成後績之用。我以此七個方面之事觀之，則能知其軍經戰能勝還是不能勝之所以然了。

【按】

此節孫子言用兵經戰之七情，説明將帥必須明此七情，勵精而治，則勝已在其掌握中之理。對此，世界上能勝之軍莫不如此（參《軍形篇第四》的“不可勝在己，可勝在敵”之義）。以孫子所言，觀今日世界，知其仍是顛撲不破的真理。又按：從此節也可看出，孫子把君主作爲兵事之首而以將帥圖治爲用之根本所在。

【章按】

此爲《孫子兵法》首篇二章，孫子爲興師用兵之道進一步立論，貫穿着中國易學的五行萬物生息勝克之義，説明國家的興師用兵如何需以相關的互有聯係的五行之事索取其情，即以興師用兵五事的“五曰法”爲東春木成蕃發、“四曰將”爲西秋金成肅殺、“三曰地”爲北寒水成貞固、“二曰天”爲南暑火成通達、“一曰道”爲中土君成所宜的五行嚴整之列布而索取其情；將帥的用兵經戰如何需以此而求索七方面之情形。由此可見，孫子是把其兵學建築在中國易學的嚴密科學基礎之上的。

三章

將聽吾計，用之必勝，留之。

【釋】

君主與將帥如果聽從我上述的興師用兵五行之事及其用兵經戰七情之事的計議，能認真謀劃落實，用之經戰必勝，我就留下。

【按】

此節孫子言世義，説明君主與將帥如能聽從上述興師用兵五行之事與經戰七情之事的計議，用之經戰必勝之所在。

將不聽吾計，用之必敗，去之。

【釋】

君主與將帥如果不聽從我的上述計議，用之經戰必敗，我就不能與之共事，必須離去。

【按】

此節孫子言世理，説明君主與將帥如不能聽從上述興師用兵五行之事與經戰七情之事的計議，用之經戰必敗之理。

【章按】

此章孫子言世義世理，强調了國家用兵的五行之事與將帥經戰的七情之事的重要性，説明對此衹有認真謀劃落實方能克敵制勝之理。

四章

計利以聽，乃爲之勢，以佐其外。

【注】

勢：所行謂之勢。

【釋】

對國家興師用兵五行之事、將帥用兵經戰七情之事，大家能知計其利而聽，則應以此爲依據興師布勢，以佐成對敵之戰事。

【按】

此節孫子言事物的義理邏輯之理，説明對所言國家用兵五行之事、將帥經戰七情之事，能實現并踐行，則必佐成對敵戰事之要害所在。

勢者，因利而制權也。

【注】

權：李氏曰："權，本指秤砣，引申爲權變、權衡。"這裏是形象地説明要像操縱秤砣稱量物體輕重那様根據是否有利而采取相應的權變行動。

【釋】

至於對興師用兵五行之事、用兵經戰七情之事在具體問題上的如何實行，則君主與將帥應根據如何趨利避害從各方面加以權衡并付諸實施。

【按】

此節孫子言事物的義理辨析，説明對興師用兵五行之事與用兵經戰七情之事，君主與將帥應從各方面進行權衡，然後趨利避害，付諸實施，以佐成戰事之要害所在。

【章按】

此章孫子總言國家對興師用兵相關的五行之事與將帥用兵經戰有關的七情之事的落實，必須深入辨析，權衡利弊，而佐成對敵戰事之理。

五章

兵者，詭道也。

【注】

詭道：以詭爲而成克敵制勝之道。

【釋】

將帥用兵經戰，應以詭爲而成克敵制勝之道。

【按】

此節孫子言萬物演化變遷無窮之理，説明用兵經戰，將帥應以詭爲而成克敵制勝之道所在。如二戰時盟軍成功登陸諾曼底，就是此道之用。

故能而示之不能，用而示之不用；近而示之遠，遠而示之近。

【釋】

故用兵經戰的將帥，於敵應以能而示之不能、用而示之不用、近而示之遠、遠而示之近爲經戰之道。

【按】

此節孫子言以物形的如何因變爲用，説明將帥於敵經戰絶不可有所輕視而又企圖克敵制勝之道理所在。

利而誘之，亂而取之；實而備之，强而避之；怒而撓之，卑而驕之；佚而勞之，親而離之。

【釋】

使敵覺得有利可圖而加以引誘，在敵未站穩脚跟混亂時而乘機攻取；在敵力量充實時防備它，在敵力量强大時則避開它；在敵忿怒尋戰時撓亂其心，在敵受挫卑守時則使其驕傲；在敵安頓休整時使其疲勞，在敵相互親近時則離間它。

【按】

此節孫子言以物情的如何因變爲用，説明用兵經戰將帥應誘敵、勝敵、防敵、避敵、亂敵、驕敵、勞敵、間敵而成克敵制勝之局的道理所在。

攻其無備，出其不意。

【釋】

應攻敵之没有準備或不及準備之時，出敵之不曾料想或不及料想之間。

【按】

此節孫子言以物隙的如何因變爲用，説明經戰將帥應借此而成克敵制勝之局的道理所在。

此兵家之勝，不可先傳也。

【釋】

凡此種種而成克敵制勝之結局，都有因時因地因敵各種情形的不同而有戰爭實踐的不同，因此不可能先有具體的定式而傳授給各軍將領。

【按】

此節孫子言戰事之變化層出不窮，説明凡事應根據敵人的實際情況及其變化如何方能做出切實的舉措而勝敵之道理所在。

【章按】

此章孫子總言將帥應以事物及其變化的情形爲用而成克敵制勝之道，同時也從反面論述了應刻意防敵而不被敵所乘之道理所在，并强調對具體戰局不可先有定式傳授之理。

六章

夫未戰而廟算勝者，得算多也。

【注】

廟：將帥用兵的中樞宫室，即現在的高層軍事謀劃、指揮機構。廟算：李氏曰：“古代出兵作戰之前，一般要在廟堂中舉行會議，分析利弊得失，謀劃作戰方略，預測戰爭勝負，故稱‘廟算’。算，本爲‘筭’，爲計數用的籌碼，多用竹子製成，這裏是計算之義。古人所説的算、筭、策，均爲計算工具，又可引申爲計算、運籌、决策之義。”

【釋】

在經戰前，將帥應集結各軍將領、謀僚對己之用兵七情之事與敵之用兵七情之事，進行各個方面的優劣利弊比較與辨析，揚長避短，因敵變化，從而算出所以得勝的情形，則各方面的得算必多而切中要害。

【按】

此節孫子言戰前應對敵我事物進行深入辨析計議與謀算，説明將帥絶不能盲目用戰之道理所在。參見《軍形篇第四》的“是故勝兵先勝而後求戰，敗兵先戰而後求勝”之義。

未戰而廟算不勝者，得算少也。

【釋】

未經戰前的辨析計議與謀算認爲是不能得勝的，必是不能詳盡地進行揚長避短與因敵變化的謀劃原因，結論是得算少的緣故。

【按】

此節孫子言辨析計議與因敵謀算之重要，説明用戰前認爲不能得勝的必是得算少而致之的道理所在。參見《兵勢篇第五》的“兵之所加，如以碫投卵者，虚實是也”之義。

多算勝，少算不勝，而况於無算乎！

【釋】

雖兵力有足與不足，戰地有遠與近，供給有便與不便，天時、地利之得有多與少等不同，但通過細密謀算可由不利變爲有利，從而克敵制勝，否則就難以克敵制勝，更何况没有謀算而先從表面現象論成敗呢！

【按】

此節孫子言以中國易學的事物互動互變法則爲用之理，説明以多加謀算而成取敵勝敵之道理所在。又按：這是唯心主義呢，還是唯物主義呢？

吾以此觀之，勝負見矣。

【釋】

我以謀算之是否細密且切中要害觀之，便可預見勝負了。

【按】

此節孫子言事物的義理辨析與邏輯之理，説明事在人爲，在於如何謀劃計算所遇到的難題之道理所在。參孔子的三軍之帥“必也臨事而懼、好謀而成者也”（《論語·述而》）之義。

【章按】

此章孫子總言敵我雙方在各方面同等或不同等的情況下，將帥因敵謀算如何是決定勝負的關鍵所在，說明以敵我事物的互動互變法則爲用，而謀算舉措是勝敵成事的關鍵所在之理。

作戰篇第二

一章

孫子曰：凡用兵之法，馳車千駟，革車千乘，帶甲十萬。

【注】

法：辦法、法式。馳車：李氏曰："戰車，亦稱輕車或攻車。"周、秦間，戰車爲四馬挽拽，上有甲士三人，左主射，右任格鬥，中爲馭手，後有徒兵十人。其後，車後之徒兵逐漸增加，至春秋末期已增至七十二人。革車：李氏曰："指重車，又稱守車或輜車。"主要用於運載糧草和兵械等軍需物資。"

【釋】

孫子説：凡用兵出戰的一般法式要求，需有四馬拉的衝鋒陷陣的戰車一千輛，加上馬拉或牛拉運載糧草軍械的重車一千輛，方能滿足十萬甲兵之師的作戰需要。

【按】

此節孫子言事物的構成之道，説明應有用兵作戰所必需的一般配置，方能成軍隊規模與軍事行動之道理所在。又按：孫子言軍隊必不可少的配置問題，這在今日也是同理。

千里饋糧，内外之費，賓客之用，膠膝之材，車甲之奉，日費千金。

【注】

膠漆之材：李氏曰："古時用來製作、維護弓矢等軍械的材料。"

【釋】

軍隊在外作戰，要運送糧草保障供給，内外的費用很高，加上爲對敵作戰派遣出使有關諸侯國的人員、接待來訪使者、聘請各種人才與製作和維修軍械的工匠以及采辦其他軍需物資、材料的費用，戰車與輜重車的補給，作戰物資的供應，將士傷殘的治療，等等，每日需要花費千金方能解決。

【按】

此節孫子言軍隊的生存之道，説明爲保障軍隊對敵作戰，每日需要花費大量的物力、財力方能應對之道理所在。

然後十萬之師舉矣。

【釋】

衹有馳車千駟、革車千乘等的配置確實落實，對敵作戰的糧草、軍械及種種需要的供給確實保障，然後方能出動十萬兵衆用於戰事。

【按】

此節孫子言軍隊的因此成舉，説明須有作戰部隊的各種配置、種種保障落實方能有效行動進行作戰之道理所在。

【章按】

此章孫子總言興師用兵對於國家與百姓帶來的軍械造作、糧草供給、兵員徵集等各種開支負擔所在之理。

二章

其用戰也，勝久則鈍兵挫鋭，攻城則力屈。

【釋】

在用兵作戰中，如果花費了很多兵力、很久時間方能最終取勝，則必然會使出戰部隊遭到重創，鋭氣受損，這時再去進攻敵之目標城市，將會力屈而不達目的。

【按】

此節孫子言用戰的義理辨析與邏輯之理，説明用兵戰敵不能速勝，再去進攻敵方城市將會力屈之道理所在。

久暴師則國用不足。

【注】

暴師：李氏曰："部隊在外作戰稱'暴師'。"

【釋】

作戰部隊在外用很多兵力，花很久時間方取勝，不顧力屈再進攻敵方城市，則必然會使國内供應不足，在再度徵集物資、兵員等時出現困難。

【按】

此節孫子言用戰的義理辨析與邏輯之理，説明久暴師於國於民所帶來的危害之所在。

夫鈍兵挫鋭，屈力殫貨，則諸侯乘其弊而起，雖有智者，不能善其後矣。

【注】

屈力殫貨：李氏曰："力量耗盡，經濟枯竭。"

【釋】

在外作戰部隊如已損失嚴重，兵衆已鋭氣挫没，而國内力量耗盡，財貨枯竭，則各諸侯國必定會乘機或進行要挾，或進行掠奪，或進行攻戰。這時，即使國家有智慧之人，也是很難善其後了。

【按】

此節孫子言用戰的義理辨析與邏輯之理，説明爲逞强暴師用兵會給國家帶來嚴重險情之原因所在。又按：老子所言"是以兵强則滅"（《老子·七十六章》），其理應源出於此。

故兵聞拙速，未睹巧之久也。

【釋】

故而用兵作戰衹聽説以笨拙辦法求速勝的，没有看見出於機巧而久戰不决反可成事的道理。

【按】

此節孫子言用戰的義理辨析，説明兵貴速勝而不貴久之理。參《始計篇第一》的"攻其無備，出其不意"與《謀攻篇第三》的"十則圍之，五則攻之，倍則分之"之義。

夫兵久而國利者，未之有也。

【釋】

用兵時間久而利於國家與百姓的，是從來没有過的事。

【按】

此節孫子言用戰的義理辨析，説明國家應避免長時間在外用兵之道理所在。

故不盡知用兵之害者，則不能盡知用兵之利也。

【釋】

故而不能盡知用兵對於國家與百姓之害的人，則不可能盡知如何用兵對於國家與百姓方是有利。

【按】

此節孫子言用戰的義理辨析，説明衹有盡知用兵對於國家與百姓利害所在的人方可用兵之道理所在。又按：老子所言"夫唯兵者不祥之器，物或惡之"（《老子·三十一章》），其理應源出於此。

【章按】

此章孫子總言用兵對於國家、百姓可造成嚴重危害之道理所在，説明衹有盡知用兵之利害所在的人方可用兵，方能達到目的之理。參《謀攻篇第三》的"必以全争於天下”之義。

三章

善用兵者，役不再籍，糧不三載。

【注】

役不再籍：李氏曰：“兵役不一再徵集。”三：通數。糧不三載：李氏曰：“糧草不多次運送。”

【釋】

因此善於用兵的將帥，兵員不必從百姓那裏一再抽調、徵集，糧草也不必從國內不斷運送過來。

【按】

此節孫子言用兵之事，說明將帥必須善於用兵，以保障國内的生産與經濟發展、百姓的生活，將戰争對國内産生的影響降到最低程度而避免陷於貧乏的困境。

取用於國，因糧於敵，故軍食可足也。

【釋】

雖所需軍械及補給主要取用於國家，但糧草一類所需應時刻注重從敵人那裏獲得，這樣不僅可以減輕國内的負擔，而且可使軍中糧草充盈、將士足食。

【按】

此節孫子言用兵之事，說明在外作戰的部隊應注重從敵人那裏奪取糧草之道理所在。

【章按】

此章孫子總言統兵作戰的將帥必須善於用兵，應注重減輕國内負擔，從敵人那裏獲得糧草等供給，而使軍食可足之理。

四章

國之貧於師者遠輸，遠輸則百姓貧。

【注】

貧：貧乏。

【釋】

造成國家力量的貧乏，主要是與給遠道出征作戰隊伍運輸軍械、糧草等物資以確保供給所花費的人力、財力有關，如此也必然會造成百姓的貧困與匱乏。

【按】

此節孫子言用兵之害，說明因不斷給遠道出征作戰部隊運輸軍械、糧草等，必然會造成國力貧困、百姓匱乏之道理所在。又按：這在今日也是至理。如雖早已現代化且又是强國的美國，但由於伊拉克、阿富汗戰争的種種費用及運輸，也使其不堪重負，并且在一定程度上也導致了其國内金融危機的出現。

近師者貴賣，貴賣則百姓財竭。

【釋】

由於國内也有遠近之途的運輸問題，因此對作戰部隊所需物資，必然是靠近軍隊駐扎的地方貴賣，而貴賣則衹能讓商賈獲利而致百姓用於生産生活的財物枯竭。

【按】

此節孫子言用兵之害，説明作戰部隊所需物資由於國内運輸道路的遠近，必造成商賈獲利而致百姓財力枯竭之道理所在。

財竭則急於丘役，力屈中原，内虚於家。

【注】

丘役：李氏曰："丘，古代一級地方組織的名稱。古時國都以外的地方分爲鄉、遂和都鄙三部分。都鄙在最外層，又分爲六級，即井、邑、丘、甸、縣、都。"中原：與現在所説的"中原"之義有所不同，爲原野之義。

【釋】

由於國家與百姓財力枯竭，則國家爲作戰部隊所需物資衹能急於以丘爲單位向百姓索取，這樣必然會使國家力屈於原野，而致百姓家中空虚。

【按】

此節孫子言用兵之害，説明由於遠途運輸必將造成國家與百姓財力大量耗費内中空虚之道理所在。

百姓之費，十去其七；公家之費，破車罷馬；甲胄矢弩，戟楯矛櫓，丘牛大車，十去其六。

【注】

戟楯矛櫓：泛指各種兵械。李氏曰："戟，一種兼有戈、矛功能的兵器。楯，同'盾'，即盾牌。櫓，古时攻城用的大盾牌。"丘牛：以丘爲單位徵集之牛。

【釋】

由於遠途運輸，百姓的財力與日虚耗已經十去其七，公家（順注：那時指邦國爲公家，可見當時社會形態之一斑）的財力耗費已經不堪重負，已成車輛破敝、馬匹疲憊之局面，而用於作戰的各種兵器軍械和用於運輸的丘牛大車則已經十去其六。

【按】

此節孫子言用兵之害，説明由於作戰需要，運輸難度加劇，必使整個國家陷入難以應付的困難局面之道理所在。

故智將務食於敵，食敵一鍾，當吾二十鍾；萁秆一石，當吾二十石。

【注】

鍾：李氏曰："古代容量單位。一鍾六十四斗。"萁秆：李氏曰："農作物秸秆。"

【釋】

故而明智的將帥應爲國家和百姓着想，盡可能因糧於敵，食敵糧食一鍾，敵少一鍾，我多一鍾，即是二鍾，加上遠途運輸與敵少我多等計算，可當我二十鍾。食敵萁秆一石，敵少一石，我多一石，即是二石，加上遠途運輸與敵少我多等計算，可當我二十石。

【按】

此節孫子言以取食於敵去害取利，説明聰明的將帥務必取食糧草於敵之道理所在。參《九地篇第十一》的"掠於饒野，三軍足食"之義。

【章按】

此章孫子總言爲減輕國家與百姓用於糧草供給及遠途運輸等造成的負擔，以及保障國内百姓生産生活和維護國家穩定等出發，必須取食糧草於敵之理。

五章

故殺敵者，怒也；取敵之利者，貨也。

【釋】

故而殺敵之動力所在，在於對敵人進行侵掠與戰爭的忿怒；取敵之利於我之動力所在，在於從敵人手中奪取我所需要的財貨。

【按】

此節孫子言以擊敵取利，説明用兵作戰期間將帥務必取財貨軍需於敵之道理所在。

車戰，得車十乘以上，賞其先得者，而更其旌旗。

【注】

更其旌旗：指更换、另升旌旗之類，此乃使之榮耀之事。

【釋】

在與敵的作戰中，能得敵戰車十乘以上的，應着重獎賞帶頭奪取敵戰車者，同時更换、另升其隊伍旌旗，以使之顯榮。

【按】

此節孫子言以擊敵取利，説明對有功將士不僅需要獎賞激勵，同時需要榮譽激勵，從而激發全軍將士勇往直前之道理所在。

車雜而乘之，卒善而養之，是謂勝敵而益强。

【注】

善：善待、優待。

【釋】

將奪取的敵方戰車雜在我方軍中乘之而使敵畏懼之，善待從敵方俘獲來的兵卒并養在我方軍中而攻敵之心，如此則會戰勝敵人而自己愈加强大。

【按】

此節孫子言以擊敵成利，説明使敵畏懼與攻敵之心而使我愈强之道理所在。看來，毛澤東、劉少奇、周恩來、朱德、鄧小平及其他共和國將帥爲戰勝敵人的善待俘虜政策，很可能與孫子有一定關係。

【章按】

此章孫子總言爲減輕國家與百姓的財貨、軍械供給及其運輸負擔，保障國内百姓的生產生活秩序與維護國内穩定勝敵出發，必須取用敵之軍械與攻敵之心之道理所在。

六章

故兵貴勝，不貴久。

【釋】

故而用兵作戰貴在盡可能短的時間裏勝敵，不貴久暴師在外而使國用貧乏。

【按】

此孫子言用兵應取之道，説明將帥用兵貴勝而不貴久之道理所在。

【章按】

此章孫子總言將帥用兵應先有細密謀劃而成一舉勝敵的結局，以達利國利民目的之道理。參《軍形篇第四》的“是故勝兵先勝而後求戰，敗兵先戰而後求勝”之義。

七章

故知兵之將，民之司命，國家安危之主也。

【釋】

故而能盡知用兵之害與利的將帥，方能肩負民衆之托付，方能肩負國家戰時安危之主謀職責（參《用間篇第十三》的“非勝之主也”之義）。

【按】

此處孫子言用兵將帥所肩負的重任與職責，説明將帥應盡知用兵於國於民之利與害的重要性之所在。

【章按】

此章孫子總言用兵作戰的將帥應盡知用兵的利與害，否則必成誤國害民之人的道理，説明君主選用將才必須賢能之重要性所在。參《始計篇第一》的“將者，智、信、仁、勇、嚴也”之義。又按：從美國二十一世紀初所以爆發金融危機觀之，其中一個相當重要的原因，就是所任用之將帥雖多從著名軍校出來，但實際上均非真正的知兵者。

謀攻篇第三

一章

孫子曰：夫用兵之法，全國爲上，破國次之；全軍爲上，破軍次之；全旅爲上，破旅次之；全卒爲上，破卒次之；全伍爲上，破伍次之。

【釋】

孫子說：凡將帥用兵取敵之法應該是以兵威與人世義理加於敵，使其國家知人世之義理心生畏懼而不敢再行敵對、不敢再行侵略爲上，以攻破其國家爲次；以使其軍隊知人世之義理心生畏懼而不敢再行攻擊、不敢再持其力爲上，以攻破其軍隊爲次；以使其兵旅知人生之義理心生畏懼而不敢再生妄想、不敢再行爭戰爲上，以攻破其兵旅爲次；以使其隊卒知人生之義理心生畏懼而不敢再生戰心、不敢再行殺戮爲上，以攻破其隊卒爲次；以使其戰伍知生活之道心生畏懼而不敢再生邪念、不敢再行搶掠爲上，以破其戰伍爲次。

【按】

此節孫子言以兵威與義理除敵化敵，從此節可以看出，孫子用兵，是以兵威與義理攻其心，衹要其國、其軍、其旅、其卒、其伍不敢再生侵略搶奪之心，即任其改過自新，可見其至仁至義之所在。參《九地篇第十一》的“夫王霸之兵，伐大國，則其衆不得聚；威加於敵，則其交不得合”與“威加於敵，故其城可拔，其國可隳”之義。

是故百戰百勝，非善之善者也。

【釋】

是故對敵國、敵軍衹以戰，即使百戰百勝，亦非最好的結局。

【按】

此節孫子言化敵去敵之重要性，説明雖以武力與智謀能百戰百勝，亦非最可取者。

不戰而屈人之兵，善之善者也。

【釋】

與敵雖不戰，但能以兵威與義理屈敵之兵，使其不敢再犯，乃是善中最善的攻敵之法。

【按】

此節孫子言化敵爲善之重要性，説明以兵威與義理屈人之兵，而成善之善者的結局之理。參孔子的“桓公九合諸侯，不以兵車，管仲之力也”（《論語·憲問》）之義。

【章按】

此章孫子總言用兵取敵之法，説明以全爲上，以破爲次，雖與敵能百戰百勝，但非善之善者；能不戰而屈人之兵，方是善之善者，方能達到保國安民的最終目的之理。

二章

故上兵伐謀，其次伐交，其次伐兵，其下攻城。

【注】

伐交：李氏曰：“破壞敵方的外交，使之陷入孤立。”

【釋】

故而上等的用兵之法是以兵威與人世義理屈敵之兵，使之能主動停止侵略而化敵爲善；其次是努力通過邦交途徑使敵陷於孤立無援，不得不停止侵略而消除戰禍；再次是以武力殲滅其有生力量，使之不敢再行侵略而得安寧；最下是上述各法皆不能奏效，衹有興師攻取其城市、毀滅其國都而達到目的。

【按】

此節孫子言不戰化敵爲上，説明孫子用兵於世之理義所在與以和平爲目的之理念所在。

攻城之法，爲不得已。修櫓轒轀，具器械，三月而後成；距堙，又三月而後已。

【注】

修櫓轒轀：李氏曰：“整治攻城用的樓櫓和四輪車。”三：通數。距堙：據字義文義似爲攻城時防止敵居高臨下攻我，既能保護自身又能進攻敵人的一種大型械具。

【釋】

要攻取敵之城市，屬不得已而爲之。一般來説，集結工匠修造能够達到攻破一座城市所用的樓櫓與四輪車及相關器械，從頭至尾需要數月時間方能完成；再造作攻城時能够保護自身又能進攻敵人的一批大型軍器械具，也需要數月時間方能完成。

【按】

此節孫子言攻取敵城爲下，説明要攻取敵之城市，首先是自己要耗費大量的人力、物力、財力方能做好準備，尤其是要攻取敵之堅固且守衛力量强大的城市，實屬不得已而爲之。又按：由此可見，中華民族從歷史上就是愛好和平的民族。

將不勝其忿而蟻附之，殺士卒三分之一而城不拔者，此攻之灾也。

【注】

蟻附：李氏曰："形容像螞蟻一樣爬梯攻城。"

【釋】

取敵之城市的器械、軍械完成以後，如果將帥由於種種原因對敵不勝忿怒而求速戰，盲目指揮兵衆像螞蟻一樣爬梯攻城，結果士卒大量死傷，甚至已達兵員總數的三分之一而城仍不拔，這就是攻敵城市之灾難了；若此時敵人外援又乘機殺到，則更成攻敵城市之灾難了。

【按】

此節孫子言應制止將帥因忿攻城，説明將帥用兵切不可以一時之忿怒而指揮兵士作無謂犧牲之理。由此亦可看出孫子愛惜士卒之仁心。

故善用兵者，屈人之兵而非戰也，拔人之城而非攻也，毁人之國而非久也。

【釋】

故而善於用兵的將帥，以兵威與義理屈敵之兵而不是以戰争來解决問題，以各種手段與途徑拔敵之城而不是以强攻來解决問題，以智謀與速决毁敵之國而不是以久戰來解决問題。

【按】

此節孫子言將帥應善於用兵，説明對敵之兵威與人世義理的重要性、手段與途徑的重要性、智謀與速决的重要性之理，并可見也衹有如此勝敵方能利國利民之道理所在。

必以全争於天下，故兵不頓而利可全。此謀攻之法也。

【釋】

因此一定要以完全之策争勝敵於天下，而不是以争戰、强攻、持久的辦法争勝敵於天下。這樣，軍隊可以不遭受大的損失而國家百姓的利益可以保全。這是將帥用兵以謀攻勝敵之法。

【按】

此節孫子言將帥應以謀而攻，説明用兵一定要以全争勝於天下，也衹有如此方能真正利國利民之理。

【章按】

此章孫子總言用兵之法，説明全爲上、破爲次、攻爲下、爲不得已之理，與在用兵中應不以争戰、攻城、持久來解决問題之理。

三章

故用兵之法，十則圍之，五則攻之，倍則分之。

【注】

倍則分之：李氏曰：“兵力兩倍於敵就設法分散它。”

【釋】

用兵的方法，兵力十倍於敵時就設法包圍它、消滅它，兵力五倍於敵時就設法攻擊它、消滅它大部，兵力兩倍於敵時就設法分散它、消滅它的一部。

【按】

此節孫子言將帥應采取的用兵之法，説明如何消滅敵全部、大部、一部的用兵方法。

敵則能戰之，少則能逃之，不若則能避之。

【釋】

應靈活能動地布陣與宿營，有敵突如其來時能戰之，營宿不亂而有效抗擊之；力量過少於敵時能迅速撤走；力量大不及敵時能左次轉移而避之。

【按】

此節孫子言將帥凡事應有安排，説明如何應對敵突如其來的襲擊之法。

故小敵之堅，大敵之擒也。

【注】

大敵之擒：謂遇大敵之後束手無策而爲敵所擒。

【釋】

故而戰鬥力雖强但力量遠不及自己的敵人而又不能逃之、避之時，則難逃被强大敵人擒獲與消滅的命運。

【按】

此節孫子言將帥需因敵而動，説明祗有如此方能在不斷消滅敵人的同時，有效地保存自己的力量，進而達到消滅敵人的目的之理。

【章按】

此章孫子總言將帥對敵應十則圍之，五則攻之，倍則分之，最終消滅之，與敵則能戰，少則能走，不若則能避之，以免成小敵之堅、大敵之擒之結局之理。所論可謂深刻至極，即使對今日之戰爭仍有指導意義。

四章

夫將者，國之輔也。輔周則國必强，輔隙則國必弱。

【注】

輔周：李氏曰："輔佐嚴密周詳。" 輔隙：李氏曰："輔佐不周到，有疏漏。"

【釋】

凡指揮軍隊作戰的將帥，是國家在戰事中保國安民之輔佐。輔佐嚴密周詳，則必損失少而能使國家强大；輔佐不周到有疏忽，則必損失大而導致國家被削弱。

【按】

此節孫子言將帥肩負的職責，説明將帥在國家戰事中的重要性，將帥之才與國家命運如何密切相關之理。參《始計篇第一》的"將孰有能"之義。

故君之所以患於軍者三：不知軍之不可以進而謂之進，不知軍之不可以退而謂之退，是謂縻軍；不知三軍之事而同三軍之政，則軍士惑矣；不知三軍之權而同三軍之任，則軍士疑矣。

【注】

縻軍：盲目指揮軍隊，打亂攻防戰局，導致軍隊失利。

【釋】

故而君主如有下述三種情況出現就非常值得經戰將帥憂慮：一是不知軍隊之不可對敵進攻而下令對敵進攻，不知軍隊之不可退却而下令退却，這是君主不知戰事變化盲目指揮軍隊，無端打亂攻防戰局，使可不損失而損失，可勝敵而未能勝敵，或可勝敵而反爲敵所敗；二是不知軍隊之獎功罰罪情形而作出不合實際、失去所宜的決定，這是君主不知應當如何獎懲而無端擾亂軍隊之正常管理，如此則必使三軍將士心生迷惑而嚴重影響戰争結局；三是不知軍隊人事調整的正常需要而行違背常理、失去所宜的任免決定，這是君主由於不懂軍隊人事調整的重要性而無端更换軍隊要職，如此則必使三軍將士感到疑慮，從而嚴重影響戰争結局。

【按】

此節孫子言君主應用人不疑、疑人不用，信任所選派的將帥，説明君主切不可不明就裏，盲目干預作戰部隊的必要管理，應尊重所選派將帥的臨機决斷與指揮之理。

三軍既惑且疑，則諸侯之難至矣，是謂亂軍引勝。

【釋】

君主盲目干預，必定使三軍將士感到迷惑與疑慮，如是則君主與國家之難將至，這就是所謂的自己搞亂軍隊而引敵取勝。

【按】

此節孫子言君主信用所選派將帥的重要性，説明君主如盲目干預，必致引敵取勝，而成國破家亡之理。又按：是謂亂軍引勝，這是近代歐洲的唯物的事物邏輯論，還是唯心的事物邏輯論？是近代歐洲的形而上學的事物外在邏輯論，還是辯證法的事物内在邏輯論？都不是，這是中國的事物義理邏輯之論。

【章按】

此章孫子總言君主應信用所選派、任命的三軍將領，不要不知具體情形而盲目干預軍隊的管理與指揮事務，否則將很容易自己搞亂軍隊而引敵取勝之理。

五章

故知勝有五，知可以與戰不可以與戰者勝，識衆寡之用者勝，上下同欲者勝，以虞待不虞者勝，將能而君不御者勝。

【注】

知勝有五：與勝敵、取敵相關的五行之事。同欲：李氏曰："同心。"御：駕馭。

【釋】

故而軍之勝負可以從五個與此相關且互有聯係的方面考察：其一爲知道自己可以與敵戰不可以與敵戰者勝；其二爲懂得兵員衆寡不同情形之如何安排、使用兵力者勝（參《兵勢篇第五》"凡治衆如治寡，分數是也"之義）；其三爲能做到上下同欲、齊心協力者勝；其四爲能以有因敵準備應對無準備者勝；其五爲將帥有能力而君主不盲目干預者勝。

【按】

此節孫子言知勝的五行之事，説明軍隊勝敵取敵如何應知與此相關的互有聯係的五行之事的情形，即以知勝有五的其五將能而君不御爲南暑火能旺盛，其四能以虞待不虞爲北寒水能正固，其三能上下同欲爲中土將能宜物，其二能識衆寡之用爲東春木能蓄發，其一能知可以與戰不可以與戰爲西秋金能肅殺的五行嚴整之列布而知其情。由此可見，凡事能以五行之事進行思維，可極大地開闊視野而知應該如何處置。然而，此絕非近代歐洲的形而上學的外在作用論之説與辯證法的內在矛盾論之説可以解釋與勝任的。

此五者，知勝之道也。

【釋】

以此五行之事而視而爲，是知軍隊的勝敵取敵之道所在了。

【按】

此節孫子言將帥知勝五行之事的重要性，可見在《孫子兵法》中陰陽之理、五行之義貫穿於始末。

【章按】

此章孫子總言將帥應以知勝五行爲用而成勝敵、取敵之局的道理。

六章

故曰：知彼知己，百戰不殆。不知彼而知己，一勝一負。不知彼不知己，每戰必敗。

【注】

殆：李氏曰："危險。這裏是失敗的意思。"

【釋】

所以說：既知敵人的各方面情況又知自己的各方面情況，作戰就會常勝不敗。不知道敵人的情況而祇知自己的情況，作戰就會有勝有敗。既不知道敵人的情況又不知道自己的情況，作戰就會祇敗不勝。

【按】

此節孫子言將帥應知敵我之事的重要性，說明"知彼知己，百戰不殆"之理。這是科學的真理，曾在中國漫長的革命戰爭過程中被毛澤東等倍加贊揚。

【章按】

此章孫子總言將帥對敵作戰應知彼知己而戰，說明祇有如此方能取敵勝敵之理。

軍形篇第四

形，李氏曰："形，含有形象、形體等義，在戰爭中指一切客觀的、可見的、相對穩定的各種與實力有關的因素。"

一章

孫子曰：昔之善戰者，先爲不可勝，以待敵之可勝；不可勝在己，可勝在敵。

【釋】

孫子説：以往善於用兵作戰的將帥，總是先做到自己不可能被敵人戰勝，以待敵人出現可以被戰勝的機會；所以，不可被敵人戰勝在於自己，可以戰勝敵人則在於敵人。

【按】

此節孫子言事物的互動互變之理，説明以形惑敵而待敵之機戰勝敵人與不可被敵人戰勝在己、可勝在敵之道理所在。

故善戰者，能爲不可勝，不能使敵之必可勝。

【釋】

故而善於用兵作戰的將帥，能够做到不被敵人戰勝，却不能任由己使敵人必定被我所戰勝。

【按】

此節孫子言將帥應重於備戰，説明自己絶不能出現防備疏漏而使敵有機可乘之理。

故曰：勝可知，而不可爲。不可勝者，守也；可勝者，攻也。

【釋】

所以説：能否取勝的情形可以知道，却不可能由着自己去强求勝利。不可能戰勝敵人時，應嚴密防守不出疏漏；而出現可以戰勝敵人的機會時，則應以迅雷不及掩耳之勢進攻取勝。

【按】

此節孫子言攻守之理，說明用兵作戰時將帥應知勝可知而不可爲與應取進攻或防守之勢之道理所在。

守則不足，攻則有餘。善守者，藏於九地之下；善攻者，動於九天之上。故能自保而全勝也。

【釋】

取守勢是因爲還不具備進攻的條件，取攻勢則是因爲已經勝算在握，饒有餘力。善於防守的將帥，其兵力猶如藏於九地之下，使敵不知所嚮，無法進攻；善於攻敵的將帥，其出擊猶如動於九天之上，使敵不知所措，無法抵抗。所以，方能足以自保而全勝克敵。

【按】

此節孫子言將師應善於攻守，說明將帥應如何防守與如何攻敵之理。

【章按】

此章孫子總言用兵作戰將帥絶不可盲目行動、勉强應對，而應待敵可勝之機用兵之理，説明善守、善攻而足以自保與全勝之道理所在，可謂深刻、明瞭至極。

二章

見勝不過衆人之所知，非善之善者也；戰勝而天下曰善，非善之善者也。

【釋】

能見到的勝敵方法不過是衆人之所知，非爲完全、周到的謀劃舉措；花極大代價戰勝敵人雖天下人皆贊揚其功，但絶非全勝、最好的用兵之法。

【按】

此節孫子言將帥的謀略與用兵，說明指揮用兵作戰的將帥不能混同於平常人之智慧，應有全面、周到之謀劃，對敵不能衹求成功、不問代價，方爲利國利民之舉。

故舉秋毫不爲多力，見日月不爲明目，聞雷霆不爲聰耳。

【注】

秋毫：李氏曰："鳥獸秋天長出的絨毛，因其極細小，故常用以比喻分量輕微。"

【釋】

所以，能舉起秋毫之物不算力多，能看見日月不算目明，能聽到雷霆不算耳聰。

【按】

此節孫子言將帥應以自己的作戰能力和周密謀劃克敵制勝，否則就不能算是力多、目明、耳聰。

古之所謂善戰者，勝於易勝者也。故善戰者之勝也，無智名，無勇功。

【釋】

以往所說善於用兵作戰的將帥，均是勝於敵人出現疏漏而易於取勝之時，故而真正善戰的將帥之克敵制勝，在天下人面前没有智慧之名，没有勇戰之功。

【按】

此節孫子言將帥指揮作戰應具有不爲名利的精神，説明可以不花極大代價而花極大代價勝敵者，就不是善於指揮作戰的將帥之理。

故其戰勝不忒。不忒者，其所措勝，勝已敗者也。

【注】

不忒：李氏曰："没有差錯。"

【釋】

所以，在於能真正克敵制勝而不出差錯。所謂不出差錯，是因爲其謀劃與舉措皆已勝券在握，敵人敗局已經確定。

【按】

此節孫子言將帥應以勝券在握用戰，説明古往今來善戰的將帥所以能没有差錯而克敵制勝之原因所在。

故善戰者，立於不敗之地，而不失敵之敗也。

【釋】

所以，善於指揮作戰的將帥，能始終立於不敗之地，而又能牢牢抓住導致敵人失敗的有利時機。

【按】

此節孫子言善於指揮作戰的將帥所應當做到的，説明古來善於指揮作戰的將帥所以能自保而全勝之原因所在。

是故勝兵先勝而後求戰，敗兵先戰而後求勝。

【釋】

所以，能打勝仗的軍隊總是先在舉措、謀劃上勝券在握而後與敵開戰，而打敗仗的軍隊總是先盲目與敵開戰然後求取勝利。

【按】

此節孫子言將帥的取敵之道，説明善打勝仗的軍隊與總打敗仗的軍隊的根本區别之所在。

善用兵者，修道而保法，故能爲勝敗之政。

【釋】

善於用兵的將帥，總是修明政治，加强軍隊團結，確保各項法令制度的貫徹執行，所以能够成爲勝負的主宰。

【按】

此節孫子言將帥的勝敵之道，説明善於用兵的將帥修道保法是其克敵制勝的重要保障之所在。又按：修道而保法，主要是靠國君、將帥品行的修養，這已被歷史證明是可成和有效的，然而長期以來却被有的人錯誤地指爲唯心論的先驗論，這是應當予以説明的。

【章按】

此章孫子總言如何以自己最少的損失换取最大的勝利成果，强調應在謀劃、舉措上確已勝券在握時用兵之理，并指出修道保法是克敵制勝之保障所在。

三章

《兵法》：“一曰度，二曰量，三日數，四曰稱，五曰勝。”

【注】

《兵法》：極有可能是指《太公兵法》或《司馬兵法》。

【釋】

《兵法》上説：“一是要首先知道戰場上敵我雙方的情况如何，二是要知道由此而來的具體攻防的用兵總量、軍械需要如何，三是要知道由此而來的方略謀劃、舉措如何，四是要知道由此而來的關鍵戰地的敵我强弱對比情形如何，五是要知道由此而來的取敵勝算如何。”

【按】

此節孫子言事物的義理辨析與邏輯之理，説明將帥用兵作戰應當取法之因素與情形所在。又按：這是近代歐洲的唯心論的精神决定論嗎？不是，這是以物爲心用而達目的之論；這是近代歐洲的唯物論的物質决定論嗎？也不是，這是以心用物而達目的之論——這是極其概括并超越近代歐洲的唯心論與唯物論的中國易學的心物合一之論。

地生度，度生量，量生數，數生稱，稱生勝。故勝兵若以鎰稱銖，敗兵若以銖稱鎰。

【注】

以鎰稱銖：李氏曰：“比喻以絶對優勢之兵力對處於劣勢之敵人。鎰、銖，均爲古代重量單位。一鎰爲二十四兩（一説爲二十兩），一兩爲二十四銖。”

【釋】

因此，戰場敵我形勢如何，由該地域的遠近、險易、廣狹如何而生；需要兵員、軍械之總量如何，由該地域的形勢如何而生；對敵的謀劃、舉措方略如何，由雙方兵員、軍械情况而生；具體的敵我强弱對比情况如何，由對敵的謀劃、舉措方略如何而生；取得勝利的把握程度如何，由具體的敵我强弱對比情况如何而生。所以，能够取得勝利的將帥用兵好比以鎰稱銖，而注定要失敗的將帥用兵則好比以銖稱鎰。

【按】

此節孫子言事物的義理辨析與邏輯之理，説明將帥如何因敵用兵、如何對敵謀劃、如何稱敵取勝之道。又按：這是近代歐洲的形而上學的外在力量決定論，還是近代歐洲的辯證法的內在矛盾決定論？都不是，這是以中國易學的事物互動互變爲用之論。

【章按】

此章孫子總言由度至量至數至稱至勝之理，并言以地生度、以度生量、以量生數、以數生稱、以稱生勝之道理所在。所論既極其概括，又遠遠高出近代歐洲的唯心論與唯物論、形而上學與辯證法之論。

四章

［故善］勝者之戰，若决積水於千仞之谿者，形也。

【注】

故善：爲增文，不僅使與上下文相協，且與《兵勢篇第五》的“故善戰人之勢，如轉［巨］石於千仞之山者，勢也”對舉，也與孫子文體一致。原文必是脱字，今補之。千仞：李氏曰：“形容極高。仞，古代長度單位，一仞爲八尺（一説七尺）。”形：所顯謂之形。

【釋】

所以，善於勝敵的將帥用兵作戰，如立於極高之山頂，對敵若突然决開深達千仞之溪谷積水洶湧而下，使敵根本無從抵禦而獲勝，這就是以軍所成物形爲用的道理。

【按】

此處孫子言善勝，説明以鎰稱銖之理，説明善於勝敵的將帥用兵必定會造就如此之物形爲用而成克敵制勝之道理所在。

【章按】

此章孫子總言善於克敵制勝的將帥，用兵必會造成如此之物形爲用的道理。

兵勢篇第五

勢，李氏曰："勢，態勢，指戰爭中由於'形'所處之不同位置、狀態而形成的潛在、易變、隨機和能動的力量因素。"

一章

孫子曰：凡治衆如治寡，分數是也。

【注】

分：分別。數：相順與逆斥之數。

【釋】

孫子説：凡治理衆多部屬如同治理寡少部屬一樣，靠的是區分功過的奬懲，與用戰時相順與逆斥之數的調治（參《行軍篇第九》的"故令之以文，齊之以武，是謂必取"之義）。

【按】

此節孫子言以分數治軍，説明軍隊治理要區分功過與調治順逆之數的重要性所在。

鬥衆如鬥寡，形名是也。

【注】

形：所顯謂之形。形名：形象、形體之稱謂。

【釋】

動員大量兵衆與强大敵人作戰如同指派少量將士與小股敵人作戰一樣，靠的是每個參戰將士對榮譽的追求與對怯陣者的憎惡（參《九地篇第十一》的"使無法之賞，懸無政之令，犯三軍之衆，若使一人"之義）。

【按】

此節孫子言以形名鬥敵，説明軍隊作戰，要使每個參戰將士能對榮譽努力追求與對怯陣者共同憎惡之重要性所在。

三軍之衆，可使必受敵而無敗者，奇正是也。

【注】

正：正固、貞固。奇：出敵意料的戰法之謂。

【釋】

所有部隊，不論作戰與宿營，可使遭受强大敵人攻擊而不潰敗，靠的是軍隊能正固以治（參《九地篇第十一》的“正以治”之義）與能出奇制勝。

【按】

此節孫子言以奇正應敵，説明能正固以治與能出奇制勝是軍隊受敵不敗的根本原因。又按：“奇正是也”，老子的“以正治國，以奇用兵”（《老子·五十七章》），應源於此，這是老子試圖以治軍之法用於治世，而成其正人之所欲而建成大道生活之世。

兵之所加，如以碬投卵者，虛實是也。

【注】

碬：李氏曰：“磨刀石，泛指極堅硬的石頭。”

【釋】

我之兵加於敵，能够如以極堅硬的石頭投擊脆弱的鳥卵一般，靠的是對敵虛實之處的準確把握與認真謀劃（參《始計篇第一》的“攻其無備，出其不意”與《虛實篇第六》的“進而不可禦者，衝其虛也”之義）。

【按】

此節孫子言以虛實擊敵，説明以碬投卵必須對敵虛實之處準確把握與認真謀劃之理。

【章按】

此章孫子總言治軍之分數、鬥敵之形名、受敵之奇正、兵加之虛實於一支軍隊能否生存、能否取敵的重要性之理。

二章

凡戰者，以正合，以奇勝。

【釋】

凡作戰的將帥，必須以正固合衆之制度章程聚合將士，以出奇制勝之手段打擊敵之死穴。

【按】

此節孫子言軍隊之以正合、以奇勝，以此對用兵作戰的將帥提出了兩個極爲重要的原則，而這兩個原則是使軍隊立於不敗之地的重要保證。

故善出奇者，無窮如天地，不竭如江海。

【釋】

所以，善於出奇制勝的將帥，應智慧無窮如天地一樣廣闊，謀略不竭如江海一樣深奥。

【按】

此節孫子言軍隊之善出奇，説明善於出奇的將帥必須具有豐富的智慧與謀略。參《始計篇第一》的“多算勝，少算不勝，而况於無算乎”之義。

終而復始，日月是也；死而更生，四時是也。

【釋】

在用兵作戰中，當處於極爲不利的情形與處境時，要像日没月落一樣隱没不露，要像四時循環一樣不見動静，但當形勢一旦有利於我時，則要像日月之重出、四時之更替一樣勢不可擋而克敵制勝。

【按】

此節孫子言軍隊因敵情之變化，説明富於智慧的將帥必須具有偕時隱現的能力。解放戰争初期，胡宗南占領延安後，始終找不到彭德懷、習仲勛所部主力，更找不到我黨中央所在何處，并且很快陷入被動，最終被迫逃離，即是顯例。

聲不過五，五聲之變，不可勝聽也。

【注】

五聲：李氏曰：“指宫、商、角、徵、羽五個音階。”

【釋】

能聽到的音樂不過五個音階，但五個音階的各種錯綜複雜的生息勝克變化，可使人們有聽不完的美妙音樂。

【按】

此節孫子言聲樂之變的五行之義，以人能聽到的五個音階的五行生息勝克變化而成聽不完的美妙音樂，説明五行的生息勝克變化没有窮盡之理。又按：由此亦可見中國當時已有種種聽不完的美妙音樂之所在。

色不過五，五色之變，不可勝觀也。

【注】

五色：李氏曰：“指青、黄、赤、白、黑五種基本顔色。”

【釋】

所觀看的色調不過五種顔色，但五種顔色錯綜複雜的生息勝克變化，可使人們有觀看不盡的美妙畫卷。

【按】

此節孫子言色彩之變的五行之義，以所能看到的五種顔色的五行生息勝克變化而成觀不盡的美妙畫卷，説明五行的生息勝克變化没有窮盡之理。又按：由此亦可見中國當時已有種種觀看不盡的美妙畫卷之所在。

味不過五，五味之變，不可勝嘗也。

【注】

五味：李氏曰："指酸、甜、苦、辣、咸五種味道。"

【釋】

所能品嘗到的滋味不過五種，但五種滋味錯綜複雜的生息勝克變化，可使人們有嘗不盡的佳肴美味。

【按】

此節孫子言物味之變的五行之義，以所能品嘗到的五種滋味的五行生息勝克變化而成嘗不盡的佳肴美味，説明五行生息勝克變化没有窮盡之理。又按：由此亦可見中國當時已有種種嘗不盡的佳肴美味之所在。

戰勢不過奇正，奇正之變，不可勝窮也。

【釋】

作戰之態勢由天地陰陽運行之理、五行生息勝克之義而來歸結不過奇、正二術，但以正固合衆與出奇制勝二者於攻守的各種錯綜複雜之應用變化，可變化出不可窮盡的克敵制勝之手段。

【按】

此節孫子言戰勢之變的五行之義，以作戰之態勢的以正合、以奇勝二術的五行生息勝克變化，説明克敵制勝之策的無可窮盡之理。

奇正相生，如循環之無端，孰能窮之哉？

【釋】

出奇制勝可以進一步正固軍隊，也衹有正固的軍隊可以隨時真正達到出奇制勝之目的，二者相生猶如良性循環之無端，難道能够窮盡嗎？

【按】

此節孫子言戰勢之演進的五行之義，説明奇正之相生如循環之無端之理。又按：近代以來不少人把中國哲學的陰陽之理、五行之義貶斥爲一種毫無價值的循環理論，這是由於這些人根本不瞭解中國哲理極爲博大精深的内涵所致。

【章按】

此章孫子總言天地萬物陰陽之理、五行生息勝克之義，説明奇、正二術變化的不可窮盡與奇、正相生的没有終端之理。從《孫子兵法》中可以看出，中國哲學的陰陽之理、五行之義是極爲深奥且極具生命力的。

三章

激水之疾，至於漂石者，勢也。鷙鳥之疾，至於毁折者，節也。

【注】

鷙鳥：李氏曰："鷹、雕、鷲之類凶猛的鳥。"

【釋】

洶涌奔騰的流水，以至於漂起巨大石塊，這是由於水勢疾速的緣故。凶猛翱翔的鷹隼，以至於捕獲飛奔出没的野獸，這是由於把握時機和節奏準確的緣故。

【按】

此節孫子言行勢與取節，以激水漂石説明任勢之理，以鷙鳥毀折説明握節之理，可謂深知造化之妙，深明予奪之義。

故善戰者，其勢險，其節短；勢如彍弩，節如發機。

【注】

彍弩：李氏曰："張滿待發之弩。彍，把弓拉滿之意。"發機：李氏曰："觸發弩機。機，弩機，古代兵器弩上控制箭矢射出的機件，類似槍之扳機。"

【釋】

所以，善於用兵作戰的將帥，他所造成的戰場對敵態勢極爲險峻，他所控制的攻擊節奏極爲準確迅速；戰場對敵態勢之險峻猶如張滿欲射的弩箭，攻擊節奏之時節把握猶如一觸即發的弩機。

【按】

此節孫子言將帥造勢應險與控節應短，將陰陽造化之理變爲用兵作戰之道，説明如此方爲善戰將帥之道理所在。

【章按】

此章孫子以萬物陰陽造化之理説明將帥用兵作戰之道，總言善戰的將帥應取此道而成克敵制勝之奥術。

四章

紛紛紜紜，鬥亂而不可亂。渾渾沌沌，形圓而不可敗。

【釋】

在紛紜雜亂的戰場決戰中，一切參戰將士均須努力殺敵而能不自亂。在敵情不明突然遭襲的渾沌混亂中，所有參戰部隊都要互應勢成圓陣迎敵而能不被擊敗。

【按】

此節孫子言將帥之控制和掌握部隊，説明如何應對險惡戰事與如何應對遭受突襲方能使之不亂不敗之理。

亂生於治，怯生於勇，弱生於强。

【釋】

混亂可以產生於嚴整，膽怯可以產生於勇敢，虚弱可以產生於堅强。

【按】

此節孫子言將帥之能爲，指出混亂可以産生於嚴整，膽怯可以産生於勇敢，虚弱可以産生於堅强的辯證道理，説明將帥的管理與指揮能力對於全軍的治、勇、强具有重要意義。

治亂，數也；勇怯，勢也；强弱，形也。

【釋】

軍隊在嚴酷的戰争環境中之亂還是不亂，取决於將帥指揮作戰相順與逆斥之數的能否調治；士卒在戰場上之勇敢還是膽怯，取决於將帥指揮作戰能否造成有利於己而不利於敵的態勢；兵衆在與敵對陣時之堅强還是虚弱，取决於將帥能否出奇地運用布局手段。

【按】

此節孫子言將帥之職責，説明軍隊的治亂、勇怯、强弱如何在於將帥之理。又按：對此，形而上學論者衹會説治亂、勇怯、强弱是外在的種種因素所致，而辯證法論者衹會説治亂、勇怯、强弱是内在的一對對矛盾有條件的轉化。這兩種觀點其實是很有問題的，值得我們認真加以探討并指出其謬誤之處。

【章按】

此章孫子總言如何使軍隊鬥亂而不可亂、形圓而不可敗之道理所在，説明軍隊的治亂、勇怯、强弱關鍵在於將帥之理。

五章

故善動敵者，形之，敵必從之；予之，敵必取之。以利動之，以本待之。

【注】

本：指以取敵爲本。

【釋】

所以，善於調動敵人的將帥，示其不固不利之形於敵，敵必從所視不固不利處進行攻擊；此時有所給予敵人，敵必取之。必須使敵覺得有利可圖而調動之，待其被調動後再以出奇制勝的手段擊敗之。

【按】

此節孫子言在事物的互動互變中以形爲用，説明對敵以虚弱之形爲用而成取敵勝敵之結局的道理所在，進而説明《始計篇第一》的“兵者，詭道也。故能而示之不能，用而示之不用”之理。

故善戰者，求之於勢，不責於人，故能擇人而任勢。

【釋】

所以，善於用兵作戰的將帥，對敵用兵時求之於能否成勢的指揮，而不是衹知指責下屬將士不勇敢，故能據戰爭需要選擇精悍將士而成其有利的態勢。

【按】

此節孫子言在事物的互動互變中以勢爲用，説明軍隊對敵作戰是否勇敢、堅强取决於將帥用兵時能否造成有利態勢的道理。

任勢者，其戰人也，如轉木石。木石之性，安則静，危則動，方則止，圓則行。

【釋】

善於造成有利態勢的將帥，其指揮對敵作戰，恰如轉動木石。木石之性情，安放在那裏就平静，形成危險的態勢它就要轉動，爲方者着地就會停止在那裏，成圓者觸坡就會滚轉起來。

【按】

此節孫子言在事物的互動互變中以勢勝敵，説明善於任勢的將帥還需在作戰中因敵制勝以成其勢不可擋之理。

【章按】

此章孫子總言以形、勢爲用克敵制勝之理，説明將帥在指揮作戰中必須擅長此道。

六章

故善戰人之勢，如轉［巨］石於千仞之山者，勢也。

【注】

巨：原爲“圓”。李氏曰：“圓：十一家注本與底本同。《續古逸叢書·武經七書》本無此字。”今按文理將“圓”字改爲“巨”字。

【釋】

所以，善於戰敵的將帥之造勢，如立於極高之山頂，對敵突然轉動成堆巨石直奔而下，使敵根本無法抗拒而獲勝，這就是以軍所成物勢爲用勝敵之理。

【按】

此處孫子言將帥之善戰，説明善於指揮作戰的將帥用兵必須造成如此之態勢爲用而成克敵制勝局面之理。

【章按】

此章孫子總言善於指揮作戰的將帥用兵應能因敵造成如此之險的態勢爲用而成克敵制勝之理。

虛實篇第六

虛實，李氏曰："竹簡本作'實虛'。"

一章

孫子曰：凡先處戰地而待敵者佚，後處戰地而趨戰者勞。

【釋】

孫子説：凡用兵作戰中被敵我都看重的要地，或認爲有價值需占領的地方，總是先到其地而待敵者即屬以逸待勞，勢將主動；反之，後到其地而趨戰者即屬以勞對逸，勢將被動。

【按】

此節孫子言事物的義理辨析，説明先處戰地與後處戰地將必然面臨不同處境之理。

故善戰者，致人而不致於人。能使敵人自至者，利之也；能使敵人不得至者，害之也。

【注】

致人而不致於人：李氏曰："調動敵人而不被敵人所調動。致人：使人至，引申爲調動。"

【釋】

故而善於指揮作戰的將帥，能調動敵人而不被敵人所調動。能使敵自動前來，是由於示之以利使然；能使敵無法到達，在於給敵人設置了陷阱使然。

【按】

此節孫子言以事物的互動互變爲用，説明善於用兵作戰的將帥，即使後處戰地也能調動敵人達到目的之理。

故敵佚能勞之，飽能饑之，安能動之。

【釋】

所以，敵逸而能使其勞，敵飽而能使其饑，敵安而能使其躁。

【按】

此節孫子言以事物的互動互變爲用而達到目的，説明善於用兵作戰的將帥雖後處戰地也能改變敵我處境與事在人爲之理。

【章按】

此章孫子總言先處戰地者逸、後處戰地者勞與善於用兵作戰的將帥通過運用謀略可以改變這一狀況之所在，説明事在人爲之理。

二章

出其所不趨，趨其所不意。行千里而不勞者，行於無人之地也。

【釋】

善於指揮作戰的將帥，應出敵所不趨或不及趨之路徑，應趨敵所意想不到或不及意想之地。其所以能行千里之程而不勞頓，這是因爲所行之處如無人之境使然。

【按】

此節孫子言以敵物隙爲用，説明善於指揮作戰的將帥應出之路徑、應趨之地爲何，以及使部隊行千里而不勞之原因所在。

攻而必取者，攻其所不守也。守而必固者，守其所不攻也。

【釋】

要進攻即必定取之者，是因爲攻擊了敵人所未防守或不及防守之地。要防守即必固之者，是因爲所防守的是敵人所無法進攻或不敢進攻之地。

【按】

此節孫子言以敵物情爲用，説明善於指揮作戰的將帥應攻、應守之道理所在，從而達到克敵制勝之目的。

故善攻者，敵不知其所守；善守者，敵不知其所攻。

【釋】

所以，善於進攻的將帥，敵人不知如何進行防守；善於防守的將帥，敵人不知從哪裏進攻。

【按】

此節孫子言以物形隱現爲用，説明善於進攻或防守的將帥能使敵人守時不知如何守而攻時不知從哪裏攻。

微乎微乎，至於無形；神乎神乎，至於無聲。故能爲敵之司命。

【釋】

由於所出所趨所攻所守能做到微乎其微而至於無形無影，神乎其神而至於無聲無息。所以能成爲敵之命運的主宰。

【按】

此節孫子言以物形之隱現爲用而達目的，説明軍事行動必須微妙至於無形、神奇至於無聲，方能使敵莫測奥秘而致失敗之理。

【章按】

此章孫子總言善出善趨善攻善守的將帥應如此而成自保與勝敵之奥秘所在。縱觀此章，頗有當年我軍游擊戰中攻守之意味，所以其似曾爲毛澤東、劉少奇、周恩來、朱德、鄧小平及其他共和國將帥所使用，從而成爲打敗强大敵人的一個重要手段。

三章

進而不可禦者，衝其虚也；退而不可追者，速而不可及也。

【注】

禦：抵禦。

【釋】

進而敵不可抵禦，是因爲攻擊了敵人關鍵虚弱之處；退而敵不可追及，是因爲撤退的速度快而讓敵人追不上。

【按】

此節孫子言以虚實進退爲用，説明進攻應把握準確敵人關鍵之虚而進，退却應迅捷快速讓敵無法追及之理。

故我欲戰，敵雖高壘深溝，不得不與我戰者，攻其所必救也；我不欲戰，雖畫地而守之，敵不得與我戰者，乖其所之也。

【釋】

所以，我欲與敵戰，敵雖有高壘與深溝加以防護，但也不得不與我戰，是因爲我所攻擊的是敵必須援救之地；我不欲與敵戰，我雖祇畫地爲城池而守，敵也不得與我開戰，是因爲怕我設法調動敵人，使之改變了進攻的想法。

【按】

此節孫子言以事物的互動互變所在爲用，説明應以事物必然的變與不變爲用而成進攻與防守之有利態勢之理。

故形人而我無形，則我專而敵分。我專爲一，敵分爲十，是以十攻其一也，則我衆敵寡。能以衆擊寡者，則吾之所與戰者約矣。

【注】

約：李氏曰："少，寡。"

【釋】

所以，讓敵人暴露形迹而我却深藏無形，則我即可兵力集中而致敵人兵力分散。

我之兵力集中在一處，敵人的兵力分散在十處，則我即可以十倍的兵力攻敵之一部，如此則我爲衆而敵爲寡。而能以衆擊寡者，正是我每次與敵交戰時敵之兵力少的緣故。

【按】

此節孫子言以物形之有無爲用而達目的，説明我應以無形專一之兵力攻滅有形且分散之敵的道理。

吾所與戰之地不可知，不可知則敵所備者多，敵所備者多，則吾所與戰者寡矣。

【釋】

我所要與敵交戰之地敵不可知，敵不可知則需要守備的地方就多，敵所需要守備的地方多，則我要與敵戰的地方敵之兵力必然寡弱。

【按】

此節孫子言以物勢之隱現爲用，説明以我要與戰之地敵不可知而達克敵制勝目的之奥妙所在。

故備前則後寡，備後則前寡，備左則右寡，備右則左寡，無所不備則無所不寡。寡者，備人者也；衆者，使人備己者也。

【釋】

所以，防備了前面則必然後面兵力單薄，防備了後面則必然前面兵力單薄，防備了左面則必然右面兵力單薄，防備了右面則必然左面兵力單薄，如果没有不防備的地方則没有地方不單薄。所以，兵力變得單薄者往往是防守的一方，而兵力變得衆多者往往是讓敵人防備自己的一方。

【按】

此節孫子言以易學萬物必然的不完整性之理爲用，説明敵人所以兵力薄弱是因爲在防備别人，而我所以兵力衆多是因爲在讓敵人防備自己的道理。

【章按】

此章孫子所論，結合前二章，可知其與毛澤東、劉少奇、周恩來、朱德、鄧小平及其他共和國將帥面對强大敵人開展游擊戰争而不斷克敵制勝，并進而以農村包圍城市最終奪取城市以至於解放全國的戰争歷程，十分契合。這説明，毛澤東、劉少奇、周恩來、朱德、鄧小平及其他共和國將帥在自己的革命生涯中，曾以孫子之兵學思想爲用，并且發展了孫子的兵學思想。

四章

故知戰之地，知戰之日，則可千里而會戰。

【釋】

所以，能知所戰之地爲何地最關鍵，能知所戰之日爲何時最有利，就可以充分做好準備而長驅千里，前去與敵會戰。

【按】

此節孫子言“知彼知己，百戰不殆”之理，說明絶不可打無把握、無準備之仗。

不知戰地，不知戰日，則左不能救右，右不能救左，前不能救後，後不能救前，而況遠者數十里、近者數里乎？

【釋】

不知戰場究竟在何地，不知戰時究竟在何日，而盲目進兵，就會遭致敵攻而左翼不能援救右翼，右翼不能援救左翼，前軍不能援救後軍，後軍不能援救前軍，更何況那些相距遠達數十里的部隊或者相距雖近但也有數里的部隊呢？

【按】

此節孫子言“死生之地，存亡之道”，說明作戰部隊絶不能在根本不瞭解敵情的情况下盲目進兵，否則將必然會被動挨打甚至遭致覆滅之理。

以吾度之，越人之兵雖多，亦奚益於勝哉？故曰：勝可爲也，敵雖衆，可使無鬥。

【注】

越人：李氏曰：“即越國人。其時吴越爲敵國。”

【釋】

以我的忖度，越國人的兵衆雖多，對於取勝又有什麽益處呢？所以説我們的勝利是可以取得的，敵兵雖然衆多，可以使其無法與我相鬥。

【按】

此節孫子言以敵因變爲用而達目的，説明越兵盲目進軍，不知戰地、戰日爲何，衹能被動挨打之道理所在。

【章按】

此章孫子總言絶不能打無把握、無準備之仗，説明作戰部隊絶不能不知敵情而盲目進兵之理，以及越人之兵雖多，但由於不知我戰地、戰日而無法與我相鬥之理。

五章

故策之而知得失之計，作之而知動静之理，形之而知死生之地，角之而知有餘不足之處。

【注】

此節内涵極爲豐富，哲理極爲深奥。策、作：李氏曰：“策，策度、預測。”“作，動作，引申爲挑動。”形之、角之：李氏曰：“形之，示形於敵。”“角之，與敵較量一番。”

【釋】

所以，通過對敵情的分析判斷，可以瞭解敵人在謀劃安排上的得失；通過挑動敵人并使之行動，可以發現敵人的活動規律情形；通過有目的進行示形而誘使敵人改變布局，可以知道敵人死生之地的所在；通過與敵人進行一定的較量，可以明瞭敵人兵力配備上的有餘不足之處。

【按】

此節孫子言以策之、作之、形之、角之對事物深入義理辨析之爲用，説明在大戰前應深知敵我雙方的得失之計、動静之理、死生之地、有餘不足之處之意義所在。孫子所論哲理極爲深奥，中國易學對事物義理的深入辨析與以事物互動互變的必然邏輯所在爲用之哲理於此可見一斑，中國易學之博大精深於此亦可見一斑。

故形兵之極，至於無形。

【釋】

因此，佯動示形達到了極致，就應該使自己不暴露任何形迹。

【按】

此節孫子言以隱形爲用，説明克敵制勝的正確謀略與相應舉措完備後，即應深藏不露而至無形之理。

無形則深間不能窺，智者不能謀，因形而措勝於衆，衆不能知。

【注】

深間：深藏之間諜。窺：偷視謂之窺。

【釋】

深藏不露而至無形則深藏之間諜不能窺見，敵之智者也無法爲謀，我則因敵之形而將勝利擺在衆人之前，衆人却不知其奥秘所在。

【按】

此節孫子言以隱形克敵，説明隱於無形之中因敵形如何而克敵制勝之重要意義所在。

人皆知我所以勝之形，而莫知吾所以制勝之形。故其戰勝不復，而應形於無窮。

【釋】

人們都知道我所以能戰勝敵人的具體方式，却不知道我用這種方式爲什麽能戰勝敵人。所以，每次戰勝敵人的辦法都不能再重復，而要根據具體情况的不斷變化做出無窮的變化。

【按】

此節孫子言因敵應形無窮，説明因敵形如何而應形，不能照搬舊法爲用之道理所在。這對於凡事不明白别人思想文化的特點與根源，衹知照搬照抄的人來説也應該有很好的啓發意義。

【章按】

此章孫子總言知敵、因敵而謀劃舉措的重要性與形兵之極至於無形、因敵而應形於無窮之奥秘所在，其理可謂深焉。

六章

夫兵形象水，水之形避高而趨下，兵之形避實而擊虛。水因地而制流，兵因敵而制勝。

【釋】

兵形如同水形，水流之形避高而趨下成流，兵勢之形避實而擊虛成勢。水因地勢有高低而制其流爲形，兵因敵有虛而制其勝爲形。

【按】

此節孫子言以形物之性情趨勢爲用，説明用兵需以兵勢所以爲形之理爲用，對此要辦好天地人世之事與此同理。

故兵無常勢，水無常形，能因敵變化而取勝者，謂之神。

【釋】

所以兵無固定不變之勢，水無固定不變之形，能因敵之變化如何而應形行勢取勝於敵，可謂是神通兵形兵勢爲用了。

【按】

此節孫子言因敵應形行勢，説明任何事物都無固定不變之形之勢與能因敵變化而取勝之道理所在。

【章按】

此章孫子總言兵形如同水形一樣，兵因敵有虛而制其勝爲形，并言世上萬物都無固定不變之形之勢之理。

七章

故五行無常勝，四時無常位。

【釋】

所以，隨着世上萬物的生成與消亡，在五行生息勝克中没有哪一種事物能保持常勝不敗，有如四時之春夏秋冬没有哪一個季節能恒定不變一樣。

【按】

此節孫子言萬物陰陽造化之理、五行勝克之義，説明在世上萬物的生成與消亡過程中生息勝克關係也處在不斷變化中之道理所在。

日有短長，月有死生。

【釋】

即使剛陽之日也有使大地寒冷、萬物收藏之冬短日與使大地炎熱、萬物盛長之夏長日，柔陰之月也有使夜間伸手不見五指之晦暗與使夜間如同白晝之明亮，更何況萬物此消彼長過程中的種種重大變化。

【按】

此節孫子言以應變適從爲用，説明凡事需因事物此消彼長之變化而變化的客觀規律，而成克敵制勝之結局的道理。

【章按】

此章孫子總言天地萬物陰陽造化之理、五行勝克之義，説明能因事物變化而變化達到固己與進取的目的，方可謂之神通萬物及其變化的道理。

上卷完。

下卷

軍争篇第七

争，争奪、争勝。李氏曰：“兩軍争奪作戰的有利條件，亦即争奪先機之利、争奪戰場主動權的意思。”

一章

孫子曰：凡用兵之法，將受命於君，合軍聚衆，交和而舍。

【注】

舍：捨弃，有距離之義。參《論語·子罕》的“不舍晝夜”、《左傳》晋文公的“退避三舍”，并參《用間篇第十三》的“導而舍之”的“舍”字之義。

【釋】

孫子説：凡用兵作戰之法，將帥受命於君主後，組合部隊聚集兵衆，使所屬將士各明其責，應以世理世義交和同處而捨弃相互之間的私情私怨奉命戰敵。

【按】

此節孫子言立軍之道，説明將帥受命於君主合軍聚衆後，相互之間能否以世理世義交和同處而捨弃相互之間的私情怨情，是用兵作戰能否取勝的先决條件之理。

莫難於軍争，軍争之難者，以迂爲直，以患爲利。

【釋】

將士以世義理交和同處而捨弃相互間的私情私怨、軍容嚴整後，最難者莫過於與敵争奪戰場主動權，争奪戰場主動權需以迂爲直、以患爲利方能達到目的。

【按】

此節孫子言軍争之關鍵與要害，説明要争奪戰場主動權衹有以迂爲直、以患爲利方能出敵不意而達到目的之理。

故迂其途而誘之以利，後人發，先人至，此知迂直之計者也。

【釋】

故而應迂其所進之途而誘敵以利，使敵産生錯覺，這樣方能後人進發而先人到達理想戰場，此爲知以迂爲直之計要害所在。

【按】

此節孫子言軍争之計，説明衹有如此方能在敵始料不及中奪取戰場主動權之理。

【章按】

此章孫子總言將帥合軍聚衆、相互交和而捨的重要性，與要争奪戰場主動權衹能以迂爲直而達到後人發、先人至的目的之理。

二章

軍争爲利，軍争爲危。舉軍而争利則不及，委軍而争利則輜重捐。

【注】

委軍：李氏曰："丢下輜重裝備而輕軍前進。"

【釋】

争奪戰場主動權應是一件有利的事情，但争奪戰場主動權又是一件危險的事情。如果舉軍携帶輜重糧草去争利，由於大部隊行動遲緩往往無法達到目的；如果捨弃輜重糧草輕軍去争利，那麽到達戰場補給又成了嚴重問題。

【按】

此節孫子言軍争之利與危，説明輕軍前進與敵争奪戰場主動權將必然出現的問題所在。

是故捲甲而趨，日夜不處，倍道兼行，百里而争利，則擒三將軍；勁者先，疲者後，其法十一而至。

【注】

捲甲而趨：李氏曰："捲起鎧甲疾速前進。"

【釋】

所以，爲輕軍而捲起鎧甲輕裝前進，日夜不停，倍道兼行，長驅上百里路去争奪戰場之利，則三軍將領就會被敵人擒獲；因爲體力强的趕在前面，體力弱的落在後面，其結果是衹有十分之一的人員能够先到達目的地。

【按】

此節孫子言軍争之危，説明其具體表現之一爲何。

五十里而争利，則蹶上將軍，其法半至。

【注】

蹶：李氏曰："跌倒，跌下，引申爲挫折、損失。"

【釋】

赶五十里路去争利，就會折損上將軍，因爲其結果是衹有一半的人員能够先到達目的地。

【按】

此節孫子言軍争之危，説明其具體表現之二爲何。

三十里而争利，則三分之二至。

【釋】

赶三十里路去争利，則會衹有三分之二的人員能够先到達目的地。

【按】

此節孫子言軍争之危，説明其具體表現之三爲何。

是故軍無輜重則亡，無糧食則亡，無委積則亡。

【注】

無委積：似爲無備用輜重糧草之意。李氏亦曰："委積：指物資儲備。"

【釋】

所以，軍隊没有輜重就會敗亡，没有糧食就會敗亡，没有物資儲備就會敗亡。

【按】

此節孫子言軍争之慮，説明作戰將士的輜重、糧草、物資準備如何對於戰争的重要意義。

【章按】

此章孫子總言舉軍與敵争奪戰場之利的各種危險所在，輜重、糧草、物資對於作戰部隊來説是何等的重要，説明爲將不能不顧客觀情形與戰争準備是否充分而强行實施不合實際的作戰計劃，否則將會造成重大損失。

三章

故不知諸侯之謀者，不能豫交；不知山林、險阻、沮澤之形者，不能行軍；不用鄉導者，不能得地利。

【釋】

所以，在軍争過程中，不知諸侯所謀如何，不能掉以輕心與之密切交往；不知所要經過的山林、險阻、沮澤情形如何，不能盲目行軍；不用可靠鄉導的帶路，不能得地利之宜。

【按】

此節孫子言軍争之應注意的問題，説明與諸侯交往、考察行軍路綫情况與使用鄉導等之重要性所在。參《用間篇第十三》的"令吾間必索知之"之義。

故兵以詐立，以利動，以分合爲變者也。

【釋】

所以，戰爭中是靠詐敵之道立於不敗之地的，是看是否有利決定如何行動的，是以分開或集中作爲機變手段的。

【按】

此節孫子言軍爭之基本原則，說明以詐立、以利動、以分合爲變實係軍爭原則的重要內容。

故其疾如風，其徐如林，侵掠如火，不動如山，難知如陰，動如雷震。

【注】

難知如陰：非指陰陽難易之理，乃泛指陰陽隱現之理。

【釋】

所以，在軍爭過程中，凡易進時其快速要似疾風之行，難進時其徐緩要似林木之長，侵掠時其威勢要似烈火之熾，防守時其營地要似山陵之固，敵間來時其難知要似不測之陰，攻敵時其動作要似震雷之降。

【按】

此節孫子言軍爭之各種具體行爲方式及其所必須具備的特點，說明軍隊在軍爭過程中所以能勝敵一籌之原因所在。

掠鄉分衆，廓地分利，懸權而動，先知迂直之計者勝，此軍爭之法也。

【注】

懸權而動：李氏曰："根據對利弊得失的權衡而采取行動。"

【釋】

掠取的敵國鄉邑財貨，除自己根據所需取用（參《作戰篇第二》的"因糧於敵"之義）外，應分給當地難以度日之百姓（參《火攻篇第十二》的"夫戰勝攻取而不修其功者凶"之義）；所掠奪的敵國山川土地，除自己根據所需固守外，應分給友邦以利控制，所有這些均應根據對利弊得失的權衡而采取相應的舉措；能先掌握了迂直之計奧秘的，就能獲得勝利。以上就是軍爭的法則。

【按】

此節孫子言軍爭之應以迂爲直的道理，說明以迂爲直是軍爭的一個基本法則。

【章按】

此章孫子總言在軍爭過程中如何結交諸侯、如何行軍、如何使用鄉導以及兵以詐立、以利動、以分合爲變的基本原則和先知迂直之計奧秘者勝的基本法則，所言極爲深刻。

四章

《軍政》曰：“言不相聞，故爲之金鼓；視不相見，故爲之旌旗。”

【注】

《軍政》：李氏曰：“古兵書，已佚。”又注：此處言《軍政》，在《軍形篇第四》言《兵法》，在《行軍篇第九》言“凡此四軍之利，黄帝之所以勝四帝也”，可見孫子在齊所見古兵書之多。

【釋】

《軍政》説：“（戰場上）言語互相聽不到，所以用金鼓作爲信號；眼睛互相看不到，所以用旌旗進行指揮。”

【按】

此節孫子言所以使用金鼓、旌旗的原因，説明在古代通信聯絡極不發達的情况下，衹能用既能有效傳遞信息又可鼓舞鬥志的金鼓、旌旗作爲指揮工具。

夫金鼓、旌旗者，所以一人之耳目也。人既專一，則勇者不得獨進，怯者不得獨退，此用衆之法也。

【釋】

金鼓和旌旗，是用來統一將士們的行動的。將士們的行動既然統一了，那麼勇敢的就不能獨自前進，怯懦的也不能獨自後退，這就是指揮衆多兵力作戰的法式。

【按】

此節孫子言金鼓、旌旗的作用，説明在作戰中如何以金鼓、旌旗使將士行動協調、心志專一，是指揮衆多兵力作戰之關鍵所在。

故夜戰多金鼓，晝戰多旌旗，所以變人之耳目也。

【釋】

所以，夜間指揮作戰就要多用金鼓，白天指揮作戰就要多用旌旗，其目的不僅要通過將士們的耳朵和眼睛來指揮他們、協調他們的行動，而且可起威懾敵人之效果。

【按】

此節孫子進一步言金鼓、旌旗的作用，説明夜戰所以多用金鼓、晝戰所以多用旌旗的道理所在。

【章按】

此章孫子總言在戰場上如何發揮金鼓、旌旗的作用，以達到有效指揮部隊克敵制勝的目的之理。

五章

三軍可奪氣，將軍可奪心，是故朝氣鋭，晝氣惰，暮氣歸。

【釋】

對於敵方的軍隊，可以奪取他們的士氣；對於敵方的將領，可以動搖他們的信心。因爲，對於一支軍隊來説，早晨士氣最旺盛，白天士氣就會低落，傍晚士氣則將衰竭。

【按】

此節孫子言如何以敵心力爲用，説明把握最佳時機擊敵之重要意義。

善用兵者，避其鋭氣，擊其惰歸，此治氣者也。

【注】

治氣：李氏曰："指掌握和利用部隊士氣變化。"

【釋】

善於用兵經戰的將帥，應避敵士氣旺盛之時，而攻擊其士氣低落以至衰竭欲歸之時，這是掌握和利用敵部隊士氣變化的原則。

【按】

此節孫子言如何以敵部隊士氣變化爲用，説明在作戰中何爲"治氣"及其意義所在。

以治待亂，以静待嘩，此治心者也。

【注】

治心：李氏曰："指掌握和利用部隊心理變化。"

【釋】

以我之嚴整待敵之混亂，以我之安寧待敵之喧嘩，這是掌握和利用敵將士心情變化的原則。

【按】

此節孫子言如何以敵將士心情變化爲用，説明在作戰中何爲"治心"及其意義所在。

以近待遠，以佚待勞，以飽待饑，此治力者也。

【注】

治力：李氏曰："指掌握和利用部隊體力變化。"

【釋】

以我之近捷待敵之迂遠，以我之安逸待敵之疲勞，以我之飽食待敵之饑餓，這是掌握和利用敵部隊體力變化的原則。

【按】

此節孫子言如何以敵將士體力變化爲用，説明在作戰中何爲"治力"及其意義所在。

無邀正正之旗，勿擊堂堂之陳，此治變者也。

【注】

治變：李氏曰："掌握并實施機變。"

【釋】

不要邀擊旗鼓嚴整的敵人，也不要進攻陣容强大的敵人，這是因敵而實施機變的原則。

【按】

此節孫子言如何因敵實施機變爲用，説明在作戰中何爲"治變"及其意義所在。

【章按】

此章孫子總言在具體的軍争中如何以治氣、治心、治力、治變爲用，以達到克敵制勝之目的。

六章

故用兵之法，高陵勿嚮，背丘勿逆，佯北勿從，鋭卒勿攻，餌兵勿食，歸師勿遏，圍師必闕，窮寇勿迫，此用兵之法也。

【注】

逆：謂逆戰。歸師勿遏：李氏曰："對撤退回國的敵人不要攔截。"

【釋】

所以，用兵的法則是：對占領高地的敵人不要仰攻，對背靠丘陵的敵人不要從正面打擊，對佯裝敗退的敵人不要尾追，對精鋭的敵人不要進攻，對敵人的利誘不要上當，對撤退回國的敵人不要攔截，讓其回家，對被包圍的大隊敵人要留出缺口，對力量仍存而敗走的敵人不要逼迫太甚。這些，都是用兵打仗的具體方略。

【按】

此節孫子言對敵用戰之理，説明在作戰中有所不嚮、不逆、不追、不攻、不食、不遏、必闕、不迫之道理所在，實爲用兵争戰之將師所應取法。參《謀攻篇第三》的"知可以與戰不可以與戰者勝"之義。

【章按】

此章孫子總言將帥在與敵作戰中如何克敵制勝而保全自己的具體方略，體現了孫子不尚武力而愛惜將士之仁心所在。

九變篇第八

九，極數。九變，李氏曰："多變的意思。"

一章

孫子曰：凡用兵之法，圮地無舍，衢地合交，絶地無留，圍地則謀，死地則戰。

【注】

此"凡用兵之法"與"圮地無舍"之間原有"將受命於君，合軍聚衆"一語，但如此則文理不通，當爲上篇（即《軍爭篇第七》）之文錯簡於此，因此删去。圮地、衢地、絶地、圍地、死地：李氏曰："圮地：指山林、險阻、沼澤等一切難於通行之地。""衢地：指數國交界、四通八達之地。""絶地：難以生存之地。""圍地：進路狹、退路遠、敵可以少擊吾衆多之地。""死地：走投無路之地。"

【釋】

孫子説：用兵作戰的一般法則是：將領從國君那裏接受了命令，要調集兵員，組成軍隊，然後出兵。出兵後，如果遇到"圮地"不要無端捨棄，遇到"衢地"要注意與鄰國結交，遇到"絶地"不要停留，進入"圍地"要善用謀略，陷入"死地"則必須殊死拼殺。

【按】

此節孫子言以事物的義理辨析爲用，説明在各種地域情況下所應采取的措施爲何。

途有所不由，軍有所不擊，城有所不攻，地有所不争，君命有所不受。

【釋】

有的道路不要去走，有的敵人不要去主動打擊，有的城邑不要前去進攻，有的地方不要與敵人争奪，國君的命令在必要時有的也可以不予接受。

【按】

此節孫子言遇到某些特殊情況下的謀略與舉措，説明將帥應根據戰時具體情況下利弊如何决定途經的由否、敵軍的擊否、城邑的攻否、地方的争否、君命的受否等。

【章按】

此章孫子總言將帥用兵一切應根據戰時的需要與具體情況下利弊存在與否采取謀略與舉措之理。

二章

故將通於九變之利者，知用兵矣。將不通九變之利，雖知地形，不能得地之利矣。

【釋】

所以，將帥通曉“九變”之利的，就算懂得用兵了。將帥如果不通曉“九變”之利，即使瞭解地形，也不能獲得地域人際財貨方面的便利。

【按】

此節孫子言變弊爲利之重要意義，説明將帥在戰時需因敵情如何并通於“九變之利”方屬懂得用兵，否則，如不能通於“九變之利”，即使懂得地形，也“不能得地之利”而達到克敵制勝的目的。

治兵不知九變之術，雖知五利，不能得人之用矣。

【注】

五利：據上下文觀之應是指“途有所不由，軍有所不擊，城有所不攻，地有所不争，君命有所不受”的五利。

【釋】

治理軍隊，却又不懂“九變”之術，即使知道“途有所不由，軍有所不擊，城有所不攻，地有所不争，君命有所不受”等“五利”，也不能充分發揮將士們的作用得人之用。

【按】

此節孫子言變弊爲利之術，説明將帥在戰時如不懂“九變之術”，則“不能得人之用”而達到克敵制勝的目的。

【章按】

此章孫子總言將帥在戰時應通於九變之利、知九變之術而成克敵制勝之理，所論極爲深刻。

三章

是故智者之慮，必雜於利害：雜於利，而務可信也；雜於害，而患可解也。

【釋】

所以，明智的將帥考慮問題，必定兼顧利與害兩個方面：在不利的情況下仔細分析有利的因素，可以樹立起必勝的信心；在有利的情況下認真分析不利的因素，則隱患就可以預先化解。

【按】

此節孫子言以取利除害爲慮，説明明智的將帥慮事必須雜於敵我的各種利害進行考慮方能達到克敵制勝目的之理。

是故屈諸侯者以害，役諸侯者以業，趨諸侯者以利。

【釋】

要想使諸侯屈從於我，可以采取各種手段使他知不屈之損害；要想使諸侯爲我所役使，可以促使他從事各種因我得利的事業；要想讓諸侯爲我所調動，可以用某種利益去聯結他。

【按】

此節孫子言“屈”、“役”、“趨”諸侯以利我的具體辦法，説明祇要方法得當，諸侯是完全可以調動起來爲我所利的。

故用兵之法，無恃其不來，恃吾有以待之；無恃其不攻，恃吾有所不可攻也。

【釋】

所以，將帥用兵之法，不必擔心敵人來，而應自己有所準備而等待之；不必擔心敵人攻，而應自己準備充分讓敵人無法攻和不敢攻。

【按】

此節孫子言將帥對敵來與不來和攻與不攻應取之基本態度，説明將帥祇有對敵事前有所準備而且準備充分，方能立於不敗之地之理。

【章按】

此章孫子總言凡明智將帥慮事必須雜於敵我雙方各種利害考慮問題，説明將帥應統觀全局、寄希望利於自身之局方能克敵制勝、立於不敗之理。

四章

故將有五危：必死可殺，必生可虜，忿速可侮，廉潔可辱，愛民可煩。

【注】

必死、必生、忿速：李氏曰：“必死：指輕於生死，勇於決鬥。”“必生：指貪生怕死，但求保命。”“忿速：指性格易於憤怒、激動且急於求成。”

【釋】

所以，將帥有五種致命的弱點應警覺：輕於生死，勇於決鬥，就可能被敵人設計誘殺；貪生怕死的，就可能被敵人生俘；急躁易怒，就可能中敵人故意激怒之的奸計；廉潔自愛，就可能上敵人故意侮辱之的圈套；愛護民衆，就可能被敵人故意采取的種種暴行所煩擾。

【按】

此節孫子言事物的義理辨析，説明將帥由於各自的不同心理狀態而被敵以不同方式駕馭、左右而致危險結局以及循敵方將帥心理弱點而達成目的之理。又按：把人的心理作爲衆物中之一物，把將帥的不同心理特點與勝負結果聯係起來，對於那些持近代歐洲的唯物論的實在論者來説，應該是不可理解的，這也是中華民族優秀文化所以被這些人指爲唯心主義之根本所在。

凡此五者，將之過也，用兵之灾也。覆軍殺將，必以五危，不可不察也。

【釋】

以上五種情況，是由於將帥性格上的缺陷所造成的，這是用兵作戰的巨大灾難。軍隊的覆滅和將帥的被殺，必定是由這五種危險弱點所導致的，因而不可不予以高度重視并認真加以考察。

【按】

此節孫子言事物的義理辨析，指出用兵作戰將帥必須防敵利用我之心理弱點勝我之道理所在，説明如不以此戒備，必成用兵之灾而致覆軍殺將，使國家與百姓處於危難之中，因此不可不察。又按：必以五危，即致危的隱潛五行之事。

【章按】

此章孫子總言在敵我事物的互動互變之中，人的心理爲衆物叢中一物之所在，不僅我可以此克敵制勝，敵亦能無孔不入以此勝我，説明絶不可低估將帥的心理狀況在萬物造化中的利弊作用之理。

行軍篇第九

行，行動。行軍，為行動軍隊或軍隊行動之意。

一章

孫子曰：凡處軍相敵，絶山依谷，視生處高，戰隆無登，此處山之軍也。

【釋】

孫子説：凡指揮、處置部隊，觀察、判斷敵情，必須遵照下述原則：跨山越嶺，要選擇可行山谷行進；停軍宿營，要居於利生之高地；山地作戰，不要仰攻已經占領高地的敵人。這是在山地行軍作戰時處置部隊的原則。

【按】

此節孫子言在山地環境行軍作戰的基本原則，説明敵我雙方均處在山地環境時己方應當避免的做法和應當采取的措施。

絶水必遠水；客絶水而來，勿迎之於水内，令半濟而擊之，利；欲戰者，無附於水而迎客；視生處高，無迎水流。此處水上之軍也。

【釋】

渡過江河之後，要迅速遠離江河。敵人渡河來攻，不要在水中迎擊它，而要乘其渡過一半的時候再發起進攻，這樣方最為有利；要想與敵人交戰，不要在水邊排兵布陣以迎擊敵人；部隊在江河地帶駐扎，要部署在高而能進退有據的地方，切不可部署在敵人下游正對着水流的地方。這是在江河地帶行軍作戰時處置部隊的原則。

【按】

此節孫子言在江河地帶行軍作戰的基本原則，説明敵我雙方均處在江河環境時己方應當避免的做法和應當采取的措施。

絶斥澤，唯亟去無留；若交軍於斥澤之中，必依水草而背衆樹。此處斥澤之軍也。

【注】

斥澤：李氏曰："指鹽碱沼澤地帶。斥，鹽碱地。"

【釋】

部隊越過鹽碱沼澤地帶的時候，要迅速通過，切勿停留；如果在鹽碱沼澤地帶與敵人交戰，必須旁依水草而背靠樹林。這是在鹽碱沼澤地帶行軍作戰時處置部隊的原則。

【按】

此節孫子言在鹽碱沼澤地帶行軍作戰的基本原則，説明敵我雙方均處在鹽碱沼澤地帶時己方應當避免的做法和應當采取的措施。

平陸處易，右背高，前死後生。此處平陸之軍也。

【注】

右：右爲退，左爲進（參《周易·師卦》的"師左次"之義）。

【釋】

在平原地帶駐軍，要在便於用戰的地方，而且應後側有可以依托、據守的高地，前可置敵人於死地，後方補給又方便有利於我方生存之地。這是在平原上行軍作戰時處置部隊的原則。

【按】

此節孫子言在平原地帶行軍作戰的基本原則，説明敵我雙方均處在平原地帶時己方應當避免的做法和應當采取的措施。

凡此四軍之利，黄帝之所以勝四帝也。

【注】

黄帝：中華民族開國創業之始祖。四帝：李氏曰："指四方之帝，即周邊部族聯盟首領。一般泛指炎帝、蚩尤等人，或曰指赤、青、黑、白四帝。"竹簡本《黄帝伐赤帝》："（南伐赤帝）……東伐（青）帝……北伐黑帝……西伐白帝……已勝四帝，大有天下。"

【釋】

上述四種處置部隊的原則所帶來的好處，正是當初黄帝所以能够戰勝四帝的重要原因所在。

【按】

此節孫子言黄帝所以勝四帝，説明上古黄帝以此四軍之利而成中華民族數千年之基業。

【章按】

此章孫子總言如何成四軍之利，并言黄帝之所以勝四帝而成中華民族數千年基業之原因所在。

二章

凡軍好高而惡下，貴陽而賤陰，養生處實，軍無百疾，是謂必勝。

【注】

貴陽而賤陰：非指剛柔相濟之理，爲泛指陰陽順逆之理。養生處實：李氏曰：“指部隊要駐扎在便於生活、生存并且軍需物資供應便利的地方。實，一説指地勢較高的地方。”

【釋】

大凡行軍作戰，要力争占領高敞之地，力避居於低洼之地，重視嚮陽乾燥之地，不駐少陽光潮濕之地，駐地物産要豐富，軍需供應要方便，要有利於人們生存，這樣將士們就會百病不生，是謂用戰必勝。

【按】

此節孫子言陰陽順逆之理，説明所處之軍駐地如何，是否有利於軍隊駐扎、生存，這是克敵制勝的重要因素。

丘陵堤防，必處其陽而右背之，此兵之利，地之助也。

【注】

必處其陽：泛指所處之地陰陽有順之理。

【釋】

部隊駐地如果有丘陵堤防，一定要居於嚮陽的一面，并且後側要有可供依托、據守的高地，這些都是對用兵作戰有好處的措施，也是對有利地形的借助。

【按】

此節孫子言地利剛柔兼得之理，説明處軍應以丘陵堤防等爲所用而成克敵制勝之局。

上雨，水沫至，欲涉者，待其定也。

【釋】

上游如有暴雨，山洪將至前必有水沫先至，將士欲涉者，必須等水勢平穩下來，以防因水勢洶湧而生不測。

【按】

此節孫子言需明察徵象而安全涉水，説明軍隊在下游行動而上游有大雨，如需涉越河川，必防山洪突至之理。

凡地有絶澗、天井、天牢、天羅、天陷、天隙，必亟去之，勿近也。

【注】

絶澗、天井、天牢、天羅、天陷、天隙：李氏曰：“絶澗：指兩岸陡峭、水流其間的險惡地形。”“天井：指四周高聳、中間深陷的地形。”“天牢：指險山環繞、易進難出、形如牢獄的地形。”“天羅：指荆棘叢生、有如羅網、不易通過的地形。”“天陷：指地勢低洼、泥濘易陷的地形。”“天隙：指兩山之間狹窄難行的地形。”

【釋】

凡遇到“絶澗”、“天井”、“天牢”、“天羅”、“天陷”、“天隙”等地形，一定要迅速離開，不要靠近。

【按】

此節孫子言各種絶險之地，説明軍隊行動凡遇極爲險惡地形地勢應亟去而勿近，以免陷於困境而致毀敗之理。

吾遠之，敵近之；吾迎之，敵背之。

【釋】

我軍遠離它們，就是敵人靠近它們；我軍面嚮它們，就是敵人背靠它們。

【按】

此節孫子言事物的義理邏輯之理，説明軍隊在行動中對極其險惡的地形地勢，應保持高度的警惕性，自己“遠之”、“迎之”，而使敵人“近之”、“背之”。

軍旁有險阻、潢井、蒹葭、林木蘙薈者，必謹覆索之，此伏奸之所也。

【注】

潢井：以文義考之，似爲潮濕而有進出口的洞穴。蒹葭，李氏曰：“蘆葦，這裏指水草叢生之地。”

【釋】

部隊旁邊如果有障礙險阻之地、洞穴低洼沼澤之地以及蘆葦、林木、雜草叢生之地，一定要仔細地反復搜索，因爲這些地方容易隱藏敵兵和奸細。

【按】

此節孫子言防敵奸細，説明在軍隊駐扎之地附近必須進行嚴密搜索，以免中敵伏擊和被敵奸細所偵察。參《用間篇第十三》的“微哉！微哉，無所不用間也”之義。

【章按】

此章孫子總言軍隊行軍作戰或宿營時可能遇到的各種險惡地形，説明面臨各種險惡地形時所應注意的問題和具體應對的措施。

三章

近而静者，恃其險也；遠而挑戰者，欲人之進也。

【釋】

敵人離我軍雖然很近但仍能保持鎮静，是因爲他們自恃占據着險要地形；敵人離我軍雖然很遠却主動前來挑戰，是企圖引誘我軍前進。

【按】

此節孫子言事物的義理辨析，説明戰場上應明辨敵之鎮静與主動挑戰的原因，以免墮入敵之圈套。

其所居易者，利也；衆樹動者，來也；衆草多障者，疑也；鳥起者，伏也；獸駭者，覆也；塵高而鋭者，車來也；卑而廣者，徒來也。

【注】

覆：李氏曰："傾覆，覆没。引申爲敵軍鋪天蓋地、大舉來襲。"

【釋】

敵人占領方便用戰之地，是其之利；樹叢摇曳擺動，表明敵人正向我軍隱蔽前來；草叢之中障礙很多，是敵人故意設下的疑兵；鳥雀受驚飛起，表明其下定有敵人埋伏；群獸驚駭奔逃，表明敵人正在大舉來襲；飛塵高而尖鋭，表明敵人的戰車正向我軍馳來；飛塵低而寬廣，表明敵人的步兵正在向我攻來。

【按】

此節孫子言事物的義理辨析，説明戰場上應明察各種徵象，借以判斷敵人的意圖，使自己能及時有所準備之理。

散而條達者，樵采也；少而往來者，營軍也；辭卑而益備者，進也；辭强而進驅者，退也；輕車先出居其側者，陳也；無約而請和者，謀也；奔走而陳兵者，期也。

【注】

輕車：即戰車。

【釋】

樹枝摇動而分散，是敵人正在打柴；敵軍很少而且來回走動，是敵人正在營軍；敵人的使者言辭謙卑且備禮物，是敵人在加緊備戰正準備向我軍進攻；敵人的使者言辭强硬且敵軍正在向我軍進逼，表明敵人實際是準備撤退；敵人的輕車先出來并且居於兩翼，表明敵人是要排兵布陣；敵人事先没有約定而突然派人前來講和，表明其必有陰謀；敵人頻繁調動并布局戰陣，説明他們是要與我軍進行决戰。

【按】

此節孫子言事物的義理辨析，説明戰場上應根據敵人的各種徵象判斷敵人是"樵采"、"營軍"，還是"進"、"退"、"陳"、"謀"、"期"之理。

半進半退者，誘也；杖而立者，饑也；汲而先飲者，渴也；見利而不進者，勞也；鳥集者，虚也；夜呼者，恐也。

【釋】

敵人半進半退，説明他們企圖引誘我軍向前；敵軍士兵拄着兵器站立，這是他們非常饑餓的表現；敵軍士兵若打了水自己先喝足，這是他們十分乾渴的表現；敵人明知有利却不肯前進，這是他們疲勞已極的表現；敵人營中飛鳥聚集，表明這已經是一座軍力已少之營；敵軍夜間突然驚呼，這是他們已很驚恐的表現。

【按】

此節孫子言事物的義理辨析，説明戰場上應根據敵人的一些徵象判斷其情形與是否已處於不利的境地。

軍擾者，將不重也；旌旗動者，亂也；吏怒者，倦也；殺馬肉食者，軍無糧也；懸缻不返其舍者，窮寇也。諄諄諭諭徐與人言者，失衆也；數賞者，窘也；數罰者，困也；先暴而後畏其衆者，不精之至也；來委謝者，欲休息也。

【注】

諄諄諭諭：李氏曰："懇切和順、絮叨不休的意思。"

【釋】

敵軍紛擾混亂不休，説明他們的將領没有威嚴；敵軍旌旗亂動無序，表明其隊伍已亂不整；敵軍官佐動輒發怒，是敵卒疲倦厭戰的表現；敵軍殺掉戰馬爲食，是他們已經無糧；炊具仍在而敵人不返，將其捨棄，説明他們已經成爲打算死戰突圍的窮寇；敵軍將領懇切和順、絮絮叨叨地與部屬講話，表明其已經失掉部衆的擁護；敵軍頻繁地賞賜，表明其已經陷入窘境；敵軍不斷地處罰，表明其已經陷入困境；敵軍將領對部衆先是粗暴，後是畏懼，是其最不精明的表現；敵人前來賠禮謝罪，是希望暫時休兵罷戰。

【按】

此節孫子言事物的義理辨析，説明戰場上祇要出現了上述徵象，則敵人應已經處於極爲不利的境地。

兵怒而相迎，久而不合，又不相去，必謹察之。

【釋】

凡所屬之兵衆相見怒而相迎，久而不能和合，又不見能有好轉，則將帥必須對此謹慎地加以觀察并及時處理。

【按】

此節孫子言察兵之情，説明指揮作戰的將帥對兵衆糾紛必須謹慎觀察并及時而妥善地進行處理，以免不戰自敗。

【章按】

此章孫子總言用兵作戰的將帥應對事物進行義理辨析，能知敵之動、形、情而因之，并應察軍之情，察兵之情，體恤部屬，謹慎觀察并及時而妥善地處理部衆之糾紛，説明祇有如此方能克敵制勝并避免不戰自敗之理。

四章

兵非貴益多，唯無武進，足以并力、料敵、取人而已。

【釋】

兵力并不是越多越好，祇要不專恃武力，輕舉妄動，足以固結軍衆力量、判明敵情并能戰勝敵人就可以了。

【按】

此節孫子言將帥之用兵，説明將帥用兵作戰以能固結軍衆力量、準確判斷敵情并能克敵制勝爲上。

夫唯無慮而易敵者，必擒於人。

【釋】

那種既不深思熟慮而爲又輕敵的將帥，勢必成爲敵人的俘虜。

【按】

此節孫子言將帥之用兵，説明用兵作戰的將帥不可魯莽，不可輕敵，否則勢必會因戰敗而成爲敵人的俘虜。

【章按】

此章孫子總言將帥指揮作戰應因敵用兵，而非兵力越多越好；同時要有謀略，不可僅憑武力而魯莽行事。

五章

卒未親附而罰之，則不服，不服則難用。

【釋】

將帥所統士卒還未親附就施行懲罰，則士卒必然不服，士卒不服就會難以用於作戰。

【按】

此節孫子言事物的義理邏輯之理，説明將帥應嚴於律己，以人世之理、之義使兵衆親附自己。參《始計篇第一》的“將者，智、信、仁、勇、嚴也”之義。

卒已親附而罰不行，則不可用。

【釋】

將帥所統士卒已經親附，但有過失却不行懲罰，則同樣不可用於作戰。

【按】

此節孫子言事物的義理邏輯之理，説明將帥在士卒已經親附的情况下，應令行禁止、嚴明賞罰，否則就將無法指揮他們作戰。參《兵勢篇第五》的“凡治衆如治寡，分數是也”之義。

故令之以文，齊之以武，是謂必取。

【釋】

所以，平時對士卒既要用軍紀要求來教育、團結他們，又要用實戰要求來訓練、提高他們，這樣方能戰則必勝。

【按】

此節孫子言事物的義理邏輯之理，説明將帥用兵平時應既重視軍紀教育，又要重視軍隊實戰的建設，如此方能戰則必勝。參《兵勢篇第五》的“鬥衆如鬥寡，形名是也”之義。

令素行以教其民，則民服；令不素行以教其民，則民不服。令素行者，與衆相得也。

【釋】

平時能嚴格執行軍令，并以此教育部衆，部衆就會養成服從命令的習慣；平時不能嚴格執行軍令，并且不能以此教育部衆，部衆就無法養成服從命令的習慣。平時命令能够得到嚴格執行，表明將吏能嚴於律己，能得士卒的信賴并與其相處融洽。

【按】

此節孫子言事物的義理邏輯之理，説明軍隊必須養成服從命令的習慣，而軍隊能養成服從命令的習慣靠的是將吏的律己與對部衆平時的嚴格管理與教育；同時，部隊能嚴格執行命令，則表明士卒對將帥信賴、關係融洽。參孔子的“民無信不立”（《論語·顔淵》）之義與《謀攻篇第三》的“夫將者，國之輔也。輔周則國必强，輔隙則國必弱”之義。

【章按】

此章孫子總言國家與軍隊對百姓對兵衆之令應建立在是否得民心、得軍心的基礎之上，并言命令應考慮將帥能否與衆相得并成真正“素行”之理，説明以威行令不僅民心、軍心不服，而且絶對不可能長久。

地形篇第十

一章

孫子曰：地形有通者，有挂者，有支者，有隘者，有險者，有遠者。

【注】

通、挂、支、隘：李氏曰："通形：指四通八達、平坦便利的地形。""挂形：指複雜多礙、易進難退的地形。""支形：指雙方均有險可憑、先出者不利的地形。""隘形：指兩側高山聳峙、中有深谷可通的地形。"

【釋】

孫子説：地形有四通八達的通地、易進難退的挂地、先出者不利的支地、中有深谷可通的隘地、中間激流兩邊峭壁的險地和敵我相距甚遠的遠地這樣六種地形。

【按】

此節孫子言地形之别，説明各種不同的地形地勢對於軍隊作戰會有不同的影響之理。

我可以往，彼可以來，曰通。通形者，先居高陽，利糧道，以戰則利。

【注】

先居高陽：泛指陰陽能順之理。

【釋】

作戰中我可以往、敵可以來之地爲"通形"。在通形之地作戰，應先搶占高而有利於生活又有利於糧草補給之地，與敵交戰則會有利於我。

【按】

此節孫子言"通形"之地，説明在"通形"之地作戰宜采取的應對之策。

可以往，難以返，曰挂。挂形者，敵無備，出而勝之；敵若有備，出而不勝，難以返，不利。

【釋】

我可以前往、遇敵有防備難以返回的地域叫做“挂形”。在這種地形上作戰，如果敵人没有防備，我軍可以出擊，并可戰而勝之；如果敵人已有防備，我軍出擊不勝，便難以返回，就很爲不利。

【按】

此節孫子言“挂形”之地，説明在“挂形”之地作戰宜采取的應對之策。

我出而不利，彼出而不利，曰支。支形者，敵雖利我，我無出也；引而去之，令敵半出而擊之，利。

【釋】

我軍出擊不利、敵軍出擊也不利的地域叫做“支形”。在這樣的地形上作戰，敵人雖然以小利引誘我方，我方也不可出戰，而應當率軍假裝撤退，誘使敵人出動一半時再回擊，如此方有利。

【按】

此節孫子言“支形”之地，説明在“支形”之地作戰宜采取的應對之策。

隘形者，我先居之，必盈之以待敵；若敵先居之，盈而勿從，不盈而從之。

【注】

盈：李氏曰：“充盈，充滿。這裏指兵力配備充足的意思。”

【釋】

在險隘的地形上作戰，我方應當先敵占領隘口并配備足够的兵力以待與敵人用戰；如果敵人先我占領隘口并且用重兵把守，那麽我軍就不可硬攻，如果敵人并没有重兵防守，那麽我軍仍然可以進攻。

【按】

此節孫子言“隘形”之地，説明在“隘形”之地作戰宜采取的應對之策。

險形者，我先居之，必居高陽以待敵；若敵先居之，引而去之，勿從也。

【注】

必居高陽：泛指陰陽有逆之理。

【釋】

在險要的地形上作戰，如果我軍先敵到達，一定要占領高而有利於作戰、有利於生活之地，以待與敵人用戰；如果敵人先我占領，那麽我軍就應當主動撤退，而不可貿然進攻。

【按】

此節孫子言“險形”之地，説明在“險形”之地作戰宜采取的應對之策。

遠形者，勢均，難以挑戰，戰而不利。

【釋】

在敵我相距甚遠的地域内作戰，雙方勢均力敵，難以正面挑戰，勉强出戰就會陷於不利的地位。

【按】

此節孫子言“遠形”之地，説明在“遠形”之地作戰宜采取的應對之策。

凡此六者，地之道也，將之至任，不可不察也。

【釋】

上述六點，是作戰時運用地形的原則。掌握這些原則，是將帥的重大責任，因而不可不認真加以考察和研究。

【按】

此節孫子言對事物的義理辨析爲用，説明戰時如何以地形地勢的利弊爲用，是將帥的重大責任，因而不可不認真考察、研究之理。

【章按】

此章孫子總言各種不同的地形地勢對於軍隊作戰的不同影響，并因而詳加説明，强調必須因事物的差异而適其變化之理所在，意義甚爲重大。又按：地形地勢對於戰争的重要性，不僅古代如此，就是現代戰争也同樣如此，如朝鮮戰争、越南戰争等就是顯例。

二章

故兵有走者，有弛者，有陷者，有崩者，有亂者，有北者。

【注】

走、弛、北：李氏曰：“走：敗走，逃走。”“弛：涣散、鬆弛之意。”“北：敗北。”

【釋】

軍隊作戰會出現“走”、“弛”、“陷”、“崩”、“亂”、“北”六種情況。

【按】

此節孫子言兵形，説明由於將帥處事不當戰敵不力會引發不同的局面結果。

凡此六者，非天地之灾，將之過也。

【釋】

這些情況，不是由天地所生之灾難，而是將領自身的過錯造成的。

【按】

此節孫子言將帥之過，説明將帥用兵作戰因不知如何根據敵情料敵、不知如何任將、不知如何治軍用戰從而引發灾禍之理。

夫勢均，以一擊十，曰走；卒强吏弱，曰弛；吏强卒弱，曰陷；大吏怒而不服，遇敵懟而自戰，將不知其能，曰崩；將弱不嚴，教道不明，吏卒無常，陳兵縱横，曰亂；將不能料敵，以少合衆，以弱擊强，兵無選鋒，曰北。

【注】

懟：李氏曰："怨恨。這裏有意氣用事的意思。"合衆：《周易·序卦傳》曰："嗑者，合也。"選鋒：類似今之突擊隊、敢死隊。

【釋】

敵我力量相當，却以一擊十，叫做"走"；士卒强悍，將吏懦弱，因而軍紀鬆懈，叫做"弛"；將吏强悍，士卒懦弱，因而作戰不肯用命，叫做"陷"；偏裨將領易怒，不服所决，遇敵怨憤，擅自爲戰，主將又不瞭解其能力，叫做"崩"；將帥軟弱，缺乏威嚴，管理、教育無方，軍吏和士卒没有紀律約束，陣容不整，叫做"亂"；將帥不能準確判斷敵情，以寡擊衆，以弱擊强，又没有精鋭士卒做前鋒，叫做"北"。

【按】

此節孫子言事物的義理辨析與邏輯之理，説明將帥由於自身問題可導致種種不利局面。

凡此六者，敗之道也，將之至任，不可不察也。

【釋】

凡此以上六種情形，是導致軍隊失敗之原因所在，將帥負有重大責任，對此不可不詳加考察與計議。

【按】

此節孫子言將帥之至任。説明將帥用兵作戰，必須克服自身存在的各種問題，而達克敵制勝之目的。

【章按】

此章孫子總言將帥由於自身處事的種種缺陷而嚴重影響軍隊的兵形兵勢，造成不僅不能克敵制勝，自己反被敵人所勝之原因所在，説明將帥對自身處事的種種缺陷必須加以克服方能克敵制勝之理。又按：孫子此論與近代歐洲形而上學之論與辨證法之論的最大區别是：形而上學論者與辯證法論者的出發點歸結都是以如何加强力量、創造條件從而克敵制勝爲根本所在，而孫子此論的出發點却是以如何克服自己不易發現的問題從而克敵制勝爲根本所在。孫子所論，細致入微，實屬典型的中國易學的以衆物的互動互變爲用的認識論與方法論。

三章

夫地形者，兵之助也；料敵制勝，計險阨遠近，上將之道也。

【注】

上將：謂上智將帥。李氏曰："上將，古時軍中將之最尊者，非指上軍之將。一說指高明、賢能之將。"

【釋】

所謂地形，是用兵作戰時用來幫助我們戰勝敵人的輔助所在；準確地瞭解、判斷敵情，積極謀劃制勝方略，研究地形的險厄、計算道路的遠近對敵我雙方的利弊與化弊爲利，這些都是賢能將帥的職責。

【按】

此節孫子言上將之道，說明以地形、兵形與謀略三者的如何合一爲用克敵制勝是軍中將帥的責任所在，所論深刻入微、奧義無窮。

知此而用戰者必勝，不知此而用戰者必敗。

【釋】

懂得這些道理而指揮作戰的，必定能勝利；不懂得這些道理而指揮作戰的，則必定要失敗。

【按】

此節孫子言知此對於將帥指揮作戰的重要影響，說明將帥能否懂得這些道理是克敵制勝的重要因素之理。

故戰道必勝，主曰無戰，必戰可也；戰道不勝，主曰必戰，無戰可也。

【釋】

所以，將帥從戰爭的情勢看必定能獲勝時，即使國君說不要打，也應該堅決地打；從戰爭的情勢看不能獲勝時，即使國君說要打，也應該堅決地不打。

【按】

此節孫子言將帥與君主之關係，說明指揮作戰的將帥在決定戰與不戰時，應一切以能否克敵制勝爲出發點，而不應以君主所令爲轉移。參《九變篇第八》的"君命有所不受"之義。

故進不求名，退不避罪，唯民是保，而利於主，國之寶也。

【釋】

所以，進不求名，退不避罪，唯一的目的是保護民衆、利於君主，這樣的將帥對國家來說是最可寶貴的。

【按】

此節孫子言將帥之個人修爲，說明將帥應具備"進不求名"、"退不避罪"，以保民、利主爲唯一目的品德。參孔子的"君子之於天下也，無適也，無莫也，義之與比"（《論語·里仁》）之義。又按：由此可見中國的兵學理論與古來歐洲人的一些國家及世界上其他一些民族崇尚武力的兵學理論的區別所在。

【章按】

此章孫子總言地形、兵形與謀略三種因素對於戰爭的綜合作用，以及能够做到“進不求名”、“退不避罪”，以保民、利主爲唯一目的的將帥方爲“國之寶”的道理。

四章

視卒如嬰兒，故可與之赴深谿；視卒如愛子，故可與之俱死。

【釋】

對待士卒就像對待自己的嬰兒一樣照看，所以方可以率領他們赴湯蹈火；對待士卒就像對待自己的愛子一樣用心，所以方可以與他們同生共死。

【按】

此節孫子言如何方能携手若使一人，説明指揮作戰的將帥應愛護、關心士卒，如此方能使士卒與將帥一起赴湯蹈火、同生共死之理

愛而不能令，厚而不能使，亂而不能治，譬如驕子，不可用也。

【釋】

但是，如果一味溺愛而指揮不動他們，一味厚待而驅使不了他們，他們即使違法亂紀也不加以懲治，那麽士卒就會像嬌縱慣了的孩子，是不能用來作戰的。

【按】

此節孫子言治軍應剛柔相濟、寬嚴爲用之理，説明將帥對待士兵應愛而能令、厚而能使、亂而能治，以使之可用。

【章按】

此章孫子總言將帥對士卒應關愛也應約束，以達上下一心、克敵制勝之目的。

五章

知吾卒之可以擊，而不知敵之不可擊，勝之半也；知敵之可擊，而不知吾卒之不可以擊，勝之半也。

【釋】

將帥如果衹知道自己兵卒軍紀嚴明與訓練有素、兵力强可以出擊，而不知由於敵情的原因不可以出擊，勝利的可能性衹有一半；衹知道敵情可以出擊，而不知由於自己兵卒軍紀不嚴與訓練不行、兵力不强的原因不可以出擊，勝利的可能性也衹有一半。

【按】

此節孫子言事物的義理辨析，説明衹有既知道自己的情况如何又知道敵人的情况如何方能打有把握之仗之理。

知敵之可擊，知吾卒之可以擊，而不知地形之不可以戰，勝之半也。

【釋】

如果衹知道敵情可以出擊，自己兵卒也可以出擊，而不知地形地勢之原因不可以出擊，勝利的可能性也衹有一半。

【按】

此節孫子言事物的義理辨析，説明用戰衹有既知道自己的情況如何，又知道敵人的情況如何，也知道地形地勢是否有利，方能打真正有把握之仗之理。

故知兵者，動而不迷，舉而不窮。故曰：知彼知己，勝乃不殆；知天知地，勝乃可全。

【注】

不殆：李氏曰："没有危險。殆，危險。"

【釋】

所以，懂得用兵藝術的將帥，有所行動而不會迷失，有所舉措能應變無窮。因此説：既瞭解敵人，又瞭解自己，方能獲勝而没有危險；既知天時，又知地利，勝利方能萬無一失。

【按】

此節孫子言事物的深入義理辨析，并言以中國易學的衆物互動互變爲用而達目的之理，説明衹有如此方能最大限度地獲得萬無一失的勝利。

【章按】

此章孫子總言將帥用兵一定要能既知道敵情如何，又知道己情如何，同時又知道天時地利如何，方能最大限度地獲取萬無一失的勝利之理，説明衹有如此方是善於用兵的將帥之道。不難看出，孫子所論直至今日仍放射出耀眼的真理光輝。

九地篇第十一

一章

孫子曰：用兵之法，有散地，有輕地，有争地，有交地，有衢地，有重地，有圮地，有圍地，有死地。

【注】

散地：謂兵力不能集中易於潰散之地。輕地、争地、交地、重地：李氏曰："輕地：進入敵境不深，士卒可以輕易返回，故稱。""争地：我得利、彼得亦利之地必争，故稱。""交地：指地勢平坦、道路縱横、交通便利之地。""進入敵方境内深、背後有衆多敵方城邑的地區，叫'重地'。"衢地、圮地、圍地、死地：見《九變篇第八》所釋。

【釋】

孫子説：根據用兵原則，作戰的地形地勢可以分爲"散地"、"輕地"、"争地"、"交地"、"衢地"、"重地"、"圮地"、"圍地"、"死地"九種。

【按】

此節孫子言作戰地形地勢之種類，説明將帥用兵應首先對地形地勢之差异有清醒的認識。

諸侯自戰其地者，爲散地。入人之地而不深者，爲輕地。我得亦利、彼得亦利者，爲争地。我可以往、彼可以來者，爲交地。諸侯之地三屬，先至而得天下之衆者，爲衢地。入人之地深、背城邑多者，爲重地。山林、險阻、沮澤，凡難行之道者，爲圮地。所由入者隘、所從歸者迂、彼寡可以擊吾之衆者，爲圍地。疾戰則存、不疾戰則亡者，爲死地。

【注】

三：通數。

【釋】

諸侯在自己的國土上對敵作戰，這樣的作戰地域叫做“散地”。進入敵國境内不深，這樣的作戰地域叫做“輕地”。我軍占領有利，敵軍占領也有利，這樣的作戰地域叫做“争地”。我軍可以去，敵軍也可以去，這樣的作戰地域叫做“交地”。幾個諸侯國相互毗鄰，先到達就可以得到各國之利，這樣的作戰地域叫做“衢地”。進入敵人境内深，背後有衆多敵方城邑，這樣的作戰地域叫做“重地”。山林、險阻、沼澤等地形難以通過，這樣的作戰地域叫做“圮地”。進路狹窄險隘，退路迂遠曲折，敵人可以用少量兵力對我方進行打擊，這樣的作戰地域叫做“圍地”。迅速拼死奮戰就能生存，不迅速拼死奮戰就將全軍覆没，這樣的作戰地域叫做“死地”。

【按】

此節孫子進一步言上述九種地形地勢之特徵，説明將帥用兵應對地形地勢之特徵及其對作戰的具體影響有充分的瞭解，以達到應變爲用之目的。

是故散地則無戰，輕地則無止，争地則無攻，交地則無絶，衢地則合交，重地則掠，圮地則行，圍地則謀，死地則戰。

【釋】

所以，在“散地”不要戀戰，在“輕地”不要遲緩，在“争地”不要强攻，在“交地”不要與盟國斷絶聯係，在“衢地”要設法與各諸侯國結交，在“重地”要掠取敵方的物資，遇到“圮地”要迅速通過，處於“圍地”要巧於謀劃，陷入“死地”要拼死搏鬥。

【按】

此節孫子進一步言不同地形地勢情况下的應對策略，説明將帥面對不同的地形地勢必須采取不同的策略，否則必將陷入困境。

【章按】

此章孫子總言將帥用兵應首先對各種不同的地形地勢有清醒的認識，同時説明要因地應變，根據不同的地形地勢做出正確的决斷，以達克敵制勝之目的。

二章

古之善用兵者，能使敵人前後不相及，衆寡不相恃，貴賤不相救，上下不相收，卒離而不集，兵合而不齊。合於利而動，不合於利而止。

【注】

衆寡：李氏曰：“此處指同一方之大部隊與小部隊。”貴賤：《周易·繫辭傳》曰：“卑高以陳，貴賤位矣。”亦即指主營與從營之陳，或謂主營與屬營之陳。如現時的軍、師、團、營、連間的主從關係。

【釋】

以往善於用兵的將帥，能使敵軍前隊與後隊無法相互顧及，大隊人馬與小隊人馬之間無法相互依恃，主營與從營之間無法相互救應，將帥與兵卒之間無法相互靠攏，士卒離散而不能集中，即使集中起來陣形也無法整齊。凡情勢對我有利就快速行動，如情勢産生不利就停止行動。

【按】

此節孫子言攻敵及利動原則，説明古代善於用兵的將帥能以中國易學的衆物互動互變爲用，遵循利動原則，達到瓦解敵陣而克敵制勝與保全自己之目的。

敢問：敵衆整而將來，待之若何？曰：先奪其所愛，則聽矣。

【釋】

試問：敵人衆多而且嚴整，將要向我方進發，用什麼辦法對付他們呢？回答是：先打擊并奪取其要害之處，他們就會聽從我們的擺布了。

【按】

此節孫子言擊敵要害，説明將帥應以中國易學的衆物互動互變爲用，打擊敵之要害之處，以收致敵被動之效果。

兵之情主速，乘人之不及，由不虞之道，攻其所不戒也。

【釋】

用兵打仗的一個基本特點在於神速，要乘敵人來不及準備，由敵人想不到的路徑，攻擊其没有加强戒備的要害地方。

【按】

此節孫子言兵情之基本特點，説明將帥用兵應乘敵來不及反應，“由不虞之道”，準確神速地攻擊其没有加强戒備的要地。

【章按】

此章孫子總言將帥用兵應以中國易學的衆物互動互變爲用，以達主動、有效、神速克敵制勝之目的。

三章

凡爲客之道，深入則專，主人不克；掠於饒野，三軍足食；謹養而勿勞，并氣積力，運兵計謀，爲不可測。

【注】

客：李氏曰：“古時稱主動前往進攻的一方和在敵國境内作戰的軍隊爲客軍。”

【釋】

大凡進入敵國境内作戰，一般的規律是：我軍深入敵國境内，軍心就會專一，從而使敵人無法戰勝；在敵人豐饒的原野上掠取糧草，三軍的給養也就有了保障；要注意休養士卒，使他們不要過於疲勞，激勵士氣，蓄積力量，部署兵力，運劃計謀，使敵人無法判斷我方的真實意圖。

【按】

此節孫子言攻入敵境作戰，說明攻入敵境之後，軍心必將專一，祇要能“因糧於敵”，保持戰力，運劃計謀，就完全可以克敵制勝。

投之無所往，死且不北，死焉不得，士人盡力。兵士甚陷則不懼，無所往則固，入深則拘，不得已則鬥。

【釋】

把部隊置於似無路可走而可走的境地，士卒就會即使戰死也不後退；戰死已無什麼怨言，士卒就一定會竭盡全力。士卒深陷危境，心裏反而會不再恐懼；似無路可走而可走，軍心就會穩固；進入敵人境內越深，軍心就會越一致；到了迫不得已的時候，士卒就會殊死搏鬥。

【按】

此節孫子言深入敵境作戰，說明深入敵境之後將士們所以會“盡力”、“不懼”、“不得已則鬥”的原因所在。

是故其兵不修而戒，不求而得，不約而親，不令而信，禁祥去疑，至死無所之。

【注】

禁祥去疑：李氏曰：“禁止談論和預卜吉凶禍福，消除軍中的疑慮和謠言。”

【釋】

所以，這時候的軍隊，不待管理就會自動戒備，不待要求就會拼死效力，不待約束就會互相團結，不待申令就會遵守紀律，禁絕迷信，消除疑慮，他們至死都會在一起。

【按】

此節孫子仍言深入敵境作戰，進一步說明深入敵境作戰的益處和擯弃鬼神迷信、消除軍中疑慮及謠言的重要性。參孔子的“不語怪、力、亂、神”（《論語·述而》）之義。又按：孫子所述“禁祥去疑”非常重要，這一思想也是爲中國歷代名將所奉行的；同時，這也是中國人無神論的義理文化與歐洲人有神論的上帝文化的重要區別所在。

吾士無餘財，非惡貨也；無餘命，非惡壽也；令發之日，士卒坐者涕沾襟，偃卧者涕交頤；投之無所往，諸、劌之勇也。

【注】

諸：指春秋時吴國勇士專諸，公元前五一五年爲吴公子光刺殺吴王僚，自己也當場被殺。劌：底本作‘歲’，即曹劌，又作曹沫，春秋時魯國勇士，曾在齊魯柯地（今山東陽穀東北阿城鎮）會盟時劫持齊桓公，迫其與魯國定立盟約，歸還所侵魯國土地。

【釋】

我軍將士没有餘財，不是不愛財；没有多餘的性命，也不是不喜歡有壽；作戰命令發布之日，士卒坐着的都泪濕衣襟，躺着的都泪流滿面，説明他們是愛惜自己的生命的；然而，一旦把他們置於似無路可走而可走的境地，他們就會像專諸和曹劌一樣勇敢。

【按】

此節孫子言深入敵境作戰，説明深入敵境後祇要將帥士卒一心，運兵計謀得當，士卒雖也愛財惜命，但也會産生專諸和曹劌一樣的勇氣與行動。

【章按】

此章孫子總言深入敵境作戰，詳盡説明深入敵境作戰後需將士一心“并氣積力”、“運兵計謀”、“禁祥去疑”、拼力克敵、爲國效能之理。

四章

故善用兵者，譬如率然。率然者，常山之蛇也，擊其首則尾至，擊其尾則首至，擊其中則首尾俱至。

【注】

率然：古時傳説中的一種蛇。《神异經·西荒經》：“西方山中有蛇，頭尾差大，有色五彩。人、物觸之者，中頭則尾至，中尾則頭至，中腰則頭尾并至，名曰‘率然’。”常山：李氏曰：“本作‘恒山’，五岳中之北岳，西漢時爲避文帝諱，故稱‘常山’。”

【釋】

故而善於用兵的將帥，他所指揮的部隊就像率然一樣。這裏所説的率然，指的是常山的一種蛇，這種蛇打它的頭部尾部就會來救應，打它的尾部則頭部就會來救應，打它的腰部則頭尾會一齊來救應。

【按】

此節孫子言將帥之受敵，説明善於用兵的將帥其指揮兵衆會像“率然”一樣靈活，遇敵攻擊必能相互救應。參《兵勢篇第五》的“形圓而不可敗”之義。

敢問：可使如率然乎？曰：可。夫吴人與越人相惡也，當其同舟濟而遇風，其相救也，如左右手。是故方馬埋輪，未足恃也。

【注】

方馬埋輪：李氏曰：“把戰馬并列拴在一起，把車輪埋起來。這是古代作戰時一種固結軍心的辦法。方，并列。”

【釋】

試問：可以使部隊像“率然”一樣靈活嗎？回答是：可以。吴國人和越國人是互相仇視爲敵的，我們應當像同船渡河遇到大風時，相互救援就會像左手與右手一樣密切配合。所以，想用并拴戰馬、深埋車輪的辦法來穩定軍心，是靠不住的。

【按】

此節孫子言固結軍心，説明將帥指揮作戰應使全體將士如同舟共濟之人一樣密切配合，共同對敵，而不能靠“方馬埋輪”來固結軍心。

齊勇若一，政之道也；剛柔皆得，地之理也。故善用兵者，携手若使一人，不得已也。

【注】

“剛柔皆得，地之理也”：爲中國易學的陰陽合德、剛柔相濟而成事成業之理。參《周易·繫辭傳》的“陰陽合德而剛柔有體”與《周易·説卦傳》的“是以立天之道曰：陰與陽。立地之道曰：柔與剛”之義。

【釋】

使將士同心協力奮勇作戰如同一人，是將帥統御軍隊應當遵循的原則；要想使部屬互相配合發揮更大作用，將帥就必須懂得恰當制定出各種相應的嚴明措施的道理。所以，善於用兵的人，指揮三軍就好像指揮一個人，這是因爲他把部隊置於不得不如此的境地的緣故（分别參《始計篇第一》的“主孰有道”、“將孰有能”與《謀攻篇第三》的“上下同欲者勝”之義，《軍形篇第四》的“善用兵者，修道而保法，故能爲勝敗之政”與《地形篇第十》的“進不求名，退不避罪，唯民是保，而利於主，國之寶也”之義）。

【按】

此節孫子言何爲善用兵者，説明要使士衆齊勇若一、剛柔皆得、相互配合猶如一人，需靠君主與將帥的共同努力與治理有方。

【章按】

此章孫子總言將帥所統兵衆要如同常山率然之蛇一樣靈活，遇敵能相互救應，以及要使兵衆百姓齊勇若一、剛柔兼得，必須君主有道、將帥有能與治理有方之理。

五章

將軍之事，静以幽，正以治，能愚士卒之耳目，使之無知。易其事，革其謀，使人無識。易其居，迂其途，使人不得慮。

【釋】

作爲一名統帥軍隊指揮作戰的將帥，應當沉着鎮静而幽深莫測，嚴明公正而有條不紊（參《周易·文言》的“貞固足以幹事”之義），能蒙蔽士卒的耳目，使他們對核心事情都毫無所知（參《虛實篇第六》的“無形則深間不能窺”之義）。要不時地變動易知的部署，改變計劃，使敵人無法識破己方的計謀和策略（參《虛實篇第六》

的使敵“智者不能謀”之義）。要因敵更變布局，故意使行軍路綫變得迂途，使敵人無法準確判斷我方的真正意圖（參《始計篇第一》的“兵者，詭道也”與《軍爭篇第七》的“兵以詐立”之義）。

【按】

此節孫子言如何爲將帥，主張將帥應能“能愚士卒之耳目”，能“使人無識”、“使人不得慮”。

帥與之期，如登高而去其梯；帥與之深入諸侯之地而發其機，若驅群羊，驅而往，驅而來，莫知所之。

【注】

發其機：李氏曰：“將帥帶領部隊深入敵境之後，像扣動弩機射出箭矢一樣，使士卒一往無前。”

【釋】

將帥向部隊部署作戰任務，要像讓其登高後去掉梯子一樣，使之能有進無退。將帥帶領部隊深入諸侯之地後，要像扣動弩機射出箭矢那樣，使之一往無前，像驅趕着羊群一樣，趕過去，趕過來，而他們却不知道究竟要到哪裏去。

【按】

此節孫子言將帥之如何擊敵，認爲將帥用兵應如“登高去梯”，如“發其機”，如“驅群羊”（參《兵勢篇第五》的“激水之疾，至於漂石者，勢也。鷙鳥之疾，至於毀折者，節也”與“勢如彍弩，節如發機”之義）。

聚三軍之衆，投之於險，此將軍之事也。

【釋】

集中三軍兵力，投入到與敵爭戰的危險境地，使之拼死戰鬥，這是將帥應當能够做到的事情。

【按】

此節孫子言將帥之如何克敵，認爲將帥應有“聚三軍之衆，投入之於險”的能力，因爲不如此則難以克敵制勝。

九地之變，屈伸之利，人情之理，不可不察也。

【釋】

而對各種地形地勢不同特點的所有差异與變化，作戰中進退攻守究竟怎樣方算有利，人情世態條件下所導致的將士心理變化規律，將帥均不可不認真加以考察和研究。

【按】

此節孫子言將帥之任，認爲將帥必須詳察“九地之變，屈伸之利，人情之理”，否則將難以達到克敵制勝之目的。

【章按】

此章孫子總言將帥處置軍機之事責任重大，宜膽略才智無所不備，人情世故無所不通，説明將帥應通達中國易學的衆物互動互變所在爲用方能克敵制勝之理。

六章

凡爲客之道，深則專，淺則散。去國越境而師者，［争］地也；四通者，衢地也；入深者，重地也；入淺者，輕地也；背固前隘者，圍地也；無所往者，死地也。

【注】

［争］地也：原文爲“絶地也”。以文義與文理，并參《九變篇第八》的“絶地無留”之義，應爲“争地也”，“絶”字當爲錯簡而致或轉鈔而誤。李氏亦曰：“對‘九地’衹提到了‘衢地’、‘重地’、‘輕地’、‘圍地’、‘死地’而未及‘交地’、‘争地’、‘圮地’和‘散地’，但却多出了‘絶地’，且其有關解釋是‘去國越境而師者’。據前文可知，‘去國越境而師者’，‘不深’則爲‘輕地’，‘深’則爲‘重地’，并無‘絶地’之説，故此處很有可能有錯簡或訛誤。”無所往者與“投之無所往”，其意根據文義有所不同，“投之無所往”爲似無路可走而可走的境地，“無所往者”其意應爲已無路可走的境地。

【釋】

大凡出國作戰，一般的規律是：進入敵國境内越深，軍心就越是專一；進入敵國境内越淺，軍心就越是容易分散。離開本國，越過邊境，進入敵國，這樣的作戰地域叫做“争地”；四通八達，交通便利，這樣的作戰地域叫做“衢地”；進入敵國境内深遠，這樣的作戰地域叫做“重地”；進入敵國境内淺近，這樣的作戰地域叫做“輕地”；背後地勢險要，前面進路狹隘，這樣的作戰地域叫做“圍地”；四周情勢險要，無路可走，這樣的作戰地域叫做“死地”。

【按】

此節孫子言將帥統兵進入敵國後所可能遇到的各種地域與兵形情況，如“［争］地”、“衢地”、“重地”、“輕地”、“圍地”、“死地”等。

是故散地吾將一其志，輕地吾將使之屬，争地吾將趨其後，交地吾將謹其守，衢地吾將固其結，重地吾將繼其食，圮地吾將進其途，圍地吾將塞其闕，死地吾將示之以不活。

【釋】

所以，對不能集中兵力取敵之“散地”，我將統一將士們的意志；對臨近我方邊境之“輕地”，我將加强修其功；對需進行争奪之“争地”，我將迂其途而後發先至；對敵我雙方都可以往來之“交地”，我將謹慎地進行守禦；對四通八達交通便利之“衢地”，我將努力鞏固與友鄰的關係；對敵城邑多而富饒之“重地”，我將掠其糧草財物爲我用；對道路崎嶇難行之“圮地”，我將指揮部隊迅速通過；對後險前狹之“圍地”，我將派兵堵塞住其缺口以防敵人攻擊；對已處險境没有出路之“死地”，我將對兵衆表明死戰到底的决心。

【按】

此節孫子言不同地域環境對作戰的影響，説明將帥在各種類型的地域環境中應當采取的不同兵形舉措。

故兵之情，圍則禦，不得已則鬥，過則從。

【注】

禦：抵禦。

【釋】

所以，將士的一般心情特點是：被敵人包圍就會設法抵禦，迫不得已就會殊死搏鬥，陷入絶境就會更加團結，聽從指揮。

【按】

此節孫子言將士在一般情况下的心情特點，説明將帥應遵循客觀規律和人之性情用兵。

【章按】

此章孫子總言進入敵境後可能遇到的種種地域與兵形情况，認爲將帥不僅要懂得在不同地域中的應對策略，而且還要善於循客觀規律和人之性情用兵。

七章

是故四五者，一不知，非［王霸］之兵也。夫［王霸］之兵，伐大國，則其衆不得聚；威加於敵，則其交不得合。

【注】

是故四五者：宋傳本在“是故”與“四五者”之間有“不知諸侯之謀者，不能豫交；不知山林、險阻、沮澤之形者，不能行軍；不用鄉導者，不能得地利”數語，前見於《軍爭篇第七》，復出於此，於此文義文理不適，當有錯簡所致，故刪。李氏亦曰：“此句已見《軍爭》，這裏疑係衍文。”四五者：四，備也，具備也；五，運也，運行也（見拙著《周易今釋》卷首《緒論·入經研究》之《關於對中國文字學的研究》）。從對孫子常有用“一”、“三”、“九”之字義觀之，孫子是將“一”作爲始數，“三”作爲通數，“九”作爲極數之義而用的，因此“四”爲孫子泛指在南北東西、天時地利、陰陽剛柔、地勢兵勢中我於事是否已經有所準備而言，“五”爲孫子泛指在敵我雙方事物的互動互變與衆物的互動互變中我於事是否已能掌控生息勝克之規律而言（參《虛實篇第六》的“故五行無常勝，四時無常位”之義）。王霸：宋傳本爲“霸王”，竹簡本作“王霸”，今從竹簡本改。

【釋】

所以，將帥用兵作戰對南北東西、天時地利、陰陽剛柔、地勢兵勢方面的所用是否已經有所準備，與對敵我雙方事物的互動互變以及衆物的互動互變中是否已能掌控生息勝克之規律，如有一項不知，則不可能成爲輔佐王業稱霸諸侯之兵。因爲真正的輔王業、霸諸侯之兵（順注：從孫子在《謀攻篇第三》中所言的“必以全争於天下”思想來看，是齊桓公與管仲的輔王業、霸諸侯之兵，而非爲奪取王業之兵），征討大國，則其國的兵衆不能得以聚集；威加於敵，則其國的邦交不能得以聯合。

【按】

此節孫子言何爲“王霸”之兵，認爲將帥必知“四五者”之事，方能統帥軍隊成爲輔佐王業稱霸諸侯之兵。

是故不争天下之交，不養天下之權。信己之私，威加於敵，故其城可拔，其國可隳。

【注】

不養天下之權：李氏曰：“没有必要在别國中培植自己的勢力。”隳：李氏曰：“同‘墮’，意爲毁滅。”

【釋】

所以，没有必要争着與諸侯們結交，也没有必要在别國中培植自己的勢力。要相信自己的力量和智慧，把兵威加到敵人的頭上，就能攻拔其城邑，摧毁其國都。

【按】

此節孫子言外交與在敵國培植自己的勢力，認爲與增强自己的國力、戰力相比較，這些都不是非常重要的，重要的是萬不得已必須具有拔敵城、毁敵國的軍事實力。揆諸當今之世界，只要不走向片面和極端，我們不能不説孫子所論的確是極其深刻的。

使無法之賞，懸無政之令，犯三軍之衆，若使一人。犯之以事，勿告以言；犯之以利，勿告以害。投之亡地然後存，陷之死地然後生。夫衆陷於害，然後能爲勝敗。

【注】

懸、犯：李氏曰：“懸：懸挂。引申爲頒發、頒布。”“犯：驅使，使用。”

【釋】

施行超出慣例的奬賞，頒布打破常規的法令，指揮三軍將士就像指揮一個人一樣。向軍衆部下布置任務，不告訴他們其中的意圖；衹告訴他們有利的情形，不告訴他們驚恐不利的因素。以此將部隊投入争戰絶地，方能使部隊得以保全；將部隊陷於拼戰死地，方能使部隊得以生存。這是因爲，軍隊衹有陷於危亡境地，方能轉敗爲勝。

【按】

此節孫子言將帥在與敵決勝時，應如何使全體士衆拼死向前、死戰求生（勝），説明戰場上必死則生、欲生則死的辯證道理。

故爲兵之事，在順詳敵之意，并敵一嚮，千里殺將，是謂巧能成事。

【注】

順詳：李氏曰："順察，慎察。順，通'慎'。詳，詳悉、知悉。"

【釋】

所以，用兵打仗，關鍵在於謹慎地觀察敵人的意圖，然後集中兵力於一個方嚮，千里奔襲而擒殺敵之將領。這就是所謂的巧於用兵而能完成作戰任務。

【按】

此節孫子言將帥之如何决勝，説明即使面對强敵，衹要能"順詳敵之意"并且"并敵一嚮"，就能"千里殺將"、"巧能成事"的道理。

【章按】

此章孫子總言用兵作戰將帥必須知"四五者"之事及如何指揮三軍與敵戰場决勝并能獲得勝利的道理。

八章

是故政舉之日，夷關折符，無通其使，厲於廊廟之上，以誅其事。

【注】

夷關折符：李氏曰："封鎖各處關卡，廢除通行憑證。夷，削平、毁滅，引申爲封鎖。符，古代的通行憑證。"

【釋】

所以，當决定對敵用兵時，要封鎖各處關卡，廢除通行憑證，不準敵國使者往來，而在廟堂之上反復籌劃，以求作出正確的戰略决策。

【按】

此節孫子與《始計篇第一》呼應，言"政舉之日"一些重要的具體措施，説明戰争并非單純的軍事問題。

敵人開闔，必亟入之，先其所愛，微與之期，踐墨隨敵，以决戰事。是故始如處女，敵人開户；後如脱兔，敵不及拒。

【注】

微：不明確。

【釋】

敵人一旦有隙可乘，則務必迅速乘虚而入，首先奪取敵人的戰略要地，却不輕易地與敵人約期决戰。既要按照既定的作戰計劃行動，又要因敵制變，靈活地根據敵情采取措施。開始要像處女那樣沉静，敵人一旦放鬆戒備，就要像奔脱的野兔那樣迅速出擊，使敵人措手不及、無法抵抗。

【按】

此節孫子言如何乘敵之隙和如何出其不意，説明以静制動、以速制敵的道理。

【章按】

此章孫子總言“政舉”之後的具體措施和如何乘敵之隙，説明戰爭之綜合性與動態性特點。

火攻篇第十二

一章

孫子曰：凡火攻有五：一曰火人，二曰火積，三曰火輜，四曰火庫，五曰火隊。

【注】

火隊：李氏曰："一説，'隊'同'隧'，通'路'，'火隊'即焚燒敵之運輸設施。一説，指焚燒敵軍隊伍。一説'隊'指攻城的衝鋒隊或地道（具體可參見《墨子·備城門》）。這裏權取第一説。"

【釋】

孫子説：凡火攻有五種：一是燒絶敵軍人馬，二是燒絶敵軍儲備，三是燒絶敵軍輜重，四是燒絶敵軍倉庫，五是燒絶敵軍運輸設施。

【按】

此節孫子言以火爲用，説明以火攻敵的五種方式。又按：這裏雖衹言用火，但可見孫子指導作戰是處處以按五行之事索情作爲出發點的。

行火必有因，烟火必素具。發火有時，起火有日。時者，天之燥也。日者，月在箕、壁、翼、軫也。凡此四宿者，風起之日也。

【注】

箕、壁、翼、軫：李氏曰："二十八宿中四座星宿的名稱。古人認爲，當月亮運行經過這四座星宿時，就會起風。"

【釋】

實施火攻必須具備一定的能動性，而烟火之物必須提前準備好。發動火攻還要看天時，何時縱火也要看準時日。所謂天時，是指氣候乾燥的時節。所謂時日，是指月亮運行經過箕、壁、翼、軫四座星宿的時候。因爲凡是月亮經過這四座星宿的時候，也就是起風的日子。

【按】

此節孫子言火攻要事先有所準備，并選擇良好的天時和看準起風的時日。又按：火攻之重要可從後漢周瑜、諸葛亮赤壁火燒曹操數十萬大軍略見一斑。

【章按】

此章孫子總言以火攻方式克敵制勝，與火攻必須依據良好的天時、看準刮風的時日方能奏效之理，説明依據良好天時與起風時日之重要性所在。

二章

凡火攻，必因五火之變而應之。火發於内，則早應之於外，火發而其兵静者，待而勿攻，極其火力，可從而從之，不可從而止。火可發於外，無待於内，以時發之。火發上風，無攻下風。晝風久，夜風止。

【釋】

凡用火攻，必須根據上述五種火攻方式的變化而調動兵力進行策應。若是從敵軍内部放火，就要事先派兵從外部策應；火已燃起，而敵軍却依然鎮静，這時就要等待一下，可以進攻就進攻，不可以進攻就不要進攻；火攻也可以從敵軍外部發動，但這樣就不必等待内應，祇要抓住可行時機放火就行了；火攻要從上風發起，不要從下風進攻。一般説，白天風刮得時間長，而夜間則容易停住。

【按】

此節孫子言火攻過程中之具體問題，説明火攻必須根據敵情之不同而采取具體應變之策的道理，充分體現了孫子因時因敵用兵的思想。

凡軍必知五火之變，以數守之。故以火佐攻者明，以水佐攻者强。水可以絶，不可以奪。

【注】

數：即敵我事物在互動互變中於我順利與逆斥之指數。參《周易·繫辭傳》的“參伍以變，錯綜其數。通其變，遂成天地之文。極其數，遂定天下之象”與《周易·説卦傳》的“參天兩地而倚數”之義。

【釋】

凡軍隊將帥必知需根據五種火勢所成敵之不同變化，以於我順利與逆斥之數如何而爲用。所以，軍隊必須懂得五種火攻方式的具體變化，并能準確地掌握好時機，靈活地加以運用。以火輔佐進攻效果顯著，以水輔佐進攻威力强大。但是，水祇能將敵人淹没與隔絶開來，却不能徹底擊敗敵人。

【按】

此節孫子言知火之數用，此處雖亦言水但不多言，可見孫子并不願多絶敵兵衆之性命。又按：孫子既言必知以五火之變化與所成事物互動互變爲用，又言於我順利與逆斥之數如何而守之以克敵制勝。於此，亦可見中國易學博大精深之一斑。

【章按】

此章孫子總言以五火之變於敵不同情形之變，與以其數之如何爲用之理，說明將帥應知此而成克敵制勝之局。全章隱含着孫子對敵攻心爲上、殺戮爲下之至仁至義情懷。

三章

夫戰勝攻取而不修其功者凶，命曰費留。故曰：明主慮之，良將修之。

【注】

不修其功：李氏曰："一說，指不能鞏固勝利成果。一說，指不能及時論功行賞以鞏固勝利成果。一說，指不能建立'戰勝攻取'的功業。一說，指'戰勝攻取'後不能適可而止。四說有接近處，有不同處。這裏取第一說。"

【釋】

戰勝攻取而不能鞏固勝利成果的，叫做"費留"，其結果是很危險的。所以說：明智的君主會慎重地考慮這個問題，優秀的將帥會嚴肅地對待這個問題。

【按】

此節孫子言世理與自修功德，說明戰勝攻取後，對其地百姓自修功德之重要性所在。又按：由此也可見中國人的哲理思想文化，與古來歐洲一些國家及世界其他一些民族祇知掠取之思想文化截然不同之所在。同時也可見中國人所以能成衆多人口聚合、遼闊疆域統一國家之原因所在。

非利不動，非得不用，非危不戰。主不可以怒而興師，將不可以愠而致戰，合於利而動，不合於利而止。

【釋】

沒有利處不要妄動，沒有獲勝的把握不要用兵，不到危急關頭不要輕易開戰。國君不可因爲一時的惱怒而興兵，將帥不可因爲一時的怨恨而交戰。要符合我們的利益而動，不符合我們的利益就應停止。

【按】

此節孫子言世義與克制戰爭衝動，說明祇有如此方是明君良將之道理所在。

怒可以復喜，愠可以復說，亡國不可以復存，死者不可以復生。故明主慎之，良將警之，此安國全軍之道也。

【注】

說：兑從言，得取、得釋。《說文》曰："說，釋也。"（順注：由"說"字之義可見，傳本《孫子兵法》之成書時間無疑幾近於《論語》。）

【釋】

惱怒可以再變得歡喜，怨恨可以再變得釋懷，但已經滅亡的國家不可能繼續存在下去，已經死了的人也不可能重新活過來。所以，明智的君主對待戰爭一定要慎重，優秀的將帥對待戰爭一定要警惕。這是安定國家和保全軍隊的根本原則。

【按】

此節孫子言保民與安國全軍，説明君主與將帥不可以因怒而成國亡、因愠而致軍滅局面之道理所在。又按：這也是中國歷來朝政所以不對周邊民族進行侵略，而倡導國家民族之間和諧相處而成興盛之世之重要原因所在。

【章按】

此章孫子總言戰勝攻取後應自修其功，克制戰爭衝動，與君主不可以因怒而興師、將帥不可以因愠而致戰之理，説明一切應遵循以國家與百姓之利益而動而止之安國全軍之道行事。孫子所論，體現着中華民族優秀傳統文化的根本所在，意義極其重大。

用間篇第十三

一章

孫子曰：凡興師十萬，出征千里，百姓之費，公家之奉，日費千金；內外騷動，怠於道路，不得操事者，七十萬家。

【注】

“不得操事者，七十萬家”：李氏曰：“據説，古代井田制規定，八家爲一生産單位，一家有人出征，其餘七家都要供給其費用，故興師十萬，就會使七十萬家不能正常安排農事。”

【釋】

孫子説：凡是動用十萬兵力，千里征戰，百姓的費用，公室的開支，每天的花費需千金之多。國家將會動蕩不安，民夫爲供應部隊給養及其他差役要疲憊地在途中奔走，不能正常從事耕作生産的可達到七十萬家。

【按】

此節孫子言興師用兵之耗財損民，説明興師用兵將會給百姓生活和國家安定帶來巨大影響。參《始計篇第一》的“兵者，國之大事”之義。

相守數年，以争一日之勝，而愛爵禄百金，不知敵之情者，不仁之至也，非人之將也，非主之佐也，非勝之主也。

【釋】

與敵人相持數年，目的無非是要争一日之勝，然而却又吝惜爵禄和金錢，不肯重用知情者，以至於對敵人的情况一無所知，實在是最不仁不義的了，這樣的人既不配做軍隊的統帥，也不配做國君的助手，更不會成爲勝利的主謀者。

【按】

此節孫子言不應因愛爵禄百金而不肯重用知情者，從而導致不知敵情，認爲這樣的將帥不僅“不仁之至”，不是君主的良好輔佐，而且“非勝之主”。參《火攻篇第十二》的“亡國不可以復存，死者不可以復生”之義。

故明君賢將，所以動而勝人，成功出於衆者，先知也。

【釋】

因此，英明的國君和賢能的將帥，其所以出兵就能克敵制勝，建立的功業超出衆人，在於他們能事先掌握敵情。

【按】

此節孫子言“先知”，説明“先知”是明君賢將所以“能動而勝人”，所以能“成功出於衆”的根本原因。參《地形篇第十》的“知彼知己，勝乃不殆”之義。

先知者，不可取於鬼神，不可象於事，不可驗於度，必取於人，知敵之情者也。

【注】

不可象於事：李氏曰：“不可以相似的事物簡單地進行類比。李零認爲，‘象事’指易筮的‘象數之學’，故此句意思爲：不可依靠象數占筮。這裏取後説。”

【釋】

要事先瞭解掌握敵情，不能靠求神問鬼，不能靠占卜算卦，不能靠察看天象，必須而且衹能求之於人，即從瞭解敵情的人那裏去獲得有用的情報。

【按】

此節孫子言“先知”，認爲“先知”“不可取於鬼神，不可象於事，不可驗於度”。此論意義重大，説明中華民族主體文化中之無神論思想早已産生。參孔子的“入太廟，每事問”（《論語·鄉黨》）之義。

【章按】

此章孫子總言興師用兵對國家與百姓的嚴重影響，認爲明君賢將不可以不慎重對待，務必要重用知敵情之間者，以求得“先知”，爲“動而勝人”打下堅實基礎。

二章

故用間有五：有因間，有内間，有反間，有死間，有生間。

【釋】

使用間者有五種形式，即“因間”、“内間”、“反間”、“死間”、“生間”。

【按】

此節孫子言用間之形式（或曰間者之類型），説明用間大致有五種形式（或曰間者大致有五種類型）。又按：孫子此言的“用間有五”，比上篇所言的“火攻有五”更加精微，更能體現其思慮縝密、措施周詳的用兵特點。

五間俱起，莫知其道，是謂神紀，人君之寶也。

【注】

神紀：李氏曰："奥妙神秘、莫測其實的辦法。紀，辦法、原則、法則。"

【釋】

這五種用間形式同時運作起來，没有人能知道其中的奥秘，這就是所謂的神秘之法，它是國君制勝的法寶。

【按】

此節孫子言"五間俱起"之妙，認爲這是明君賢將瞭解敵情、克敵制勝的法寶。

因間者，因其鄉人而用之。内間者，因其官人而用之。反間者，因其敵間而用之。死間者，爲誑事於外，令吾間知之，而傳於敵間也。生間者，反報也。

【注】

誑：狂從言，誑言。誑事：上有人識而誑言者。又注：此節與上文的"五間俱起"一節似倒簡，衹有與上節調動方與下面的"故三軍之事"一節通順，必是曾有錯簡所致。

【釋】

所謂"因間"，是指利用敵方的當地人充當間者。所謂"内間"，是指利用敵方的官員充當間者。所謂"反間"是指利用敵方的間者充當我方間者。所謂"死間"，是指故意製造并散布假情報，讓我方間者知道，然後傳給敵間，而一旦敵人上當、真情暴露後，間者將難免一死。所謂"生間"，是指能活着回來報告敵情的間者。

【按】

此節孫子具體言究竟何爲"五間"，説明不同之間者需要有不同之人前去從事。

故三軍之事，莫親於間，賞莫厚於間，事莫密於間。非聖智不能用間，非仁義不能使間，非微妙不能得間之實。

【注】

仁義：此處有至厚至密而至生殺之意。參下節的"間事未發而先聞者，間與所告者皆死"之義。

【釋】

所以，在三軍之中，論與主帥關係親密程度的，没有超過間者的；論獎賞之豐厚程度的，没有超過間者的；論事情之秘密程度的，没有超過間者的。不是聖賢睿智的人不能使用間者，不是至仁至義的人不能指揮間者，不是精細巧妙的人不能得到間者的真實情報。

【按】

此節孫子言間者與主帥之關係，認爲主帥與間者的關係應至親、至厚、至密，非

"聖智"、"仁義"、"微妙"則不能"用間"、"使間"與"得間之實"。

微哉，微哉！無所不用間也。間事未發而先聞者，間與所告者皆死。

【釋】

間事微之又微，簡直事事處處都可以使用間者！用間的事還沒有開始行動，而秘密却已經泄露，間者與其所告者必須一律處死。

【按】

此節孫子言間事之極密嚴肅，認爲間事如有泄露則必須采取非常之嚴厲手段。

【章按】

此章孫子總言間者之不同類型、其對戰爭勝負之重要影響、主帥與間者之重要關係等，認爲主帥必厚待間者，但對間事未發而泄密之間者則必須采用非常手段。又按：孫子勾畫的用五間與處理間事之圖景一直演繹至今，無論敵我皆用之不絶而未超越之，説明孫子智慧謀略之極其超前性。

三章

凡軍之所欲擊，城之所欲攻，人之所欲殺，必先知其守將、左右、謁者、門者、舍人之姓名，令吾間必索知之。

【注】

謁者、門者：李氏曰："謁者：負責傳達情況的官員。""門者：負責守門的官員。"舍：有距離之義（參《軍争篇第七》的"交和而舍"的"舍"字之義）。舍人：即在外而能近之人。李氏亦曰："舍人：主將的門客及幕僚。"

【釋】

凡是部隊要對敵人進行打擊，或是要奪取其城邑，或是要殺掉其有關人員，必須首先瞭解對方的將領、左右親信、負責傳達命令的官員、守門官吏和門客幕僚的姓名，務必讓我方間者把這些情況打探清楚。

【按】

此節孫子言己方間者所應當"索知"的情報，認爲將帥用兵前必須將對方軍隊、城池、將領等所有有關情況偵察清楚。

必索敵間之來間我者，因而利之，導而舍之，故反間可得而用也。因是而知之，故鄉間、内間可得而使也。因是而知之，故死間爲誑事，可使告敵。因是而知之，故生間可使如期。

【釋】

必須查出敵方派來偵探我方情況的間者，并且加以收買，再對其進行引導，然後放他回去，這樣他就成爲反間而爲我所用了。通過反間掌握了敵情，因而鄉間、内間也就同時可以利用起來了。通過反間掌握了敵情，因而想通過死間傳播的假情報便可以讓他去告訴敵人了。通過反間掌握了敵情，因而就可以使生間按預定時間回來報告消息。

【按】

此節孫子言使用“五間”的具體方法，認爲“五間”之中“反間”是關鍵，祇有用好“反間”，其他各種類型的間者方可能發揮其應有作用。

五間之事，主必知之，知之必在於反間，故反間不可不厚也。

【釋】

關於如何使用這五種間者的事情，國君必須知道，而其中的關鍵在於如何使用反間，所以對反間不可不給予優厚的待遇。

【按】

此節孫子進一步言“反間”的作用，并强調君主與將帥必須厚待“反間”。

【章按】

此章孫子總言用間的重要性、“五間”的具體使用方法和“反間”的關鍵作用所在，説明軍欲擊、城欲破、人欲殺必須先以間索取敵情爲用，“五間”之中必須首先重視“反間”，并應厚待之理。

四章

昔殷之興也，伊摯在夏；周之興也，吕牙在殷。

【注】

伊摯、吕牙：李氏曰：“伊摯：即伊尹。本夏桀大臣，後歸商湯，商湯用他爲相，遂滅夏。”“吕牙：即周之開國功臣姜尚，又名吕尚、姜子牙，俗稱姜太公。本爲殷紂王之臣，後被周武王用以爲師，遂助周滅商。”

【釋】

從前殷商所以能够興起，是由於伊摯曾經長期在夏桀那裏，他十分瞭解夏的情况；周朝所以能够興起，是由於吕牙曾經長期在殷紂王那裏，他十分瞭解殷商的情况。

【按】

此節孫子言伊摯在夏至商和吕尚在商至周之事，認爲二人分别是商、周這兩個王朝所以能够興隆的關鍵所在。

故明君賢將，能以上智爲間者，必成大功。此兵之要，三軍所恃而動也。

【釋】

所以，明智的國君和賢能的將帥，凡是能使用最有智慧的人爲間者的，必然能够成就大功業。這是在用兵方面最爲關鍵最爲重要的事情，因爲全軍上下都要依靠他們提供的情形，來决定究竟應當如何行動。

【按】

此節孫子繼續言用間的重要意義，認爲凡“能以上智爲間者”則“必成大功”，這是用兵的要害所在，也是三軍一切行動的依據。

【章按】

此章孫子總言明君賢將要以史爲鑒，認爲明君賢將一定要重用具有上等智慧的人才充當間者，如此方能克敵制勝并使國家興盛發達。

下卷完。

後 記

《周易》、《論語》、《老子》、《孫子兵法》四部著名國學經典，不僅在國内影響極其深遠，而且在世界範圍的影響也非常之大。作爲一個中國人，應當閲讀和研究它們，以便從中汲取營養并用來指導自己的日常生活與社會實踐。

筆者所以會愛上這四部著名經典，并且最後北上齊魯出版關於它們的釋解作品，説起來還真有一段值得回憶的人生經歷。

筆者祖籍爲浙江上虞百官，至祖父鄭玉安時遷居蕭山德勝殿，後來父親鄭傳錦和母親錢鳳英又携當時尚爲幼童的我移居杭州黄龍洞。黄龍洞東靠省政府大院，西靠浙江大學，南靠浙江文藝學校，北靠杭州大學，生活環境政治與文化氣息極爲濃厚，使我很早就對哲學、社會科學和自然科學産生了廣泛的興趣，故而陸陸續續閲讀了《資本論》、《世界通史》、《歐洲哲學史》、《中國通史》以及大量有關宇宙、人世、科技等内容的書籍。

“文革”後期，中國社會上上下下都在批判、清算孔子，孔子愛研讀的《周易》一書更被當做宣揚迷信的書而遭到唾罵和毁弃。不想，這反而激發起我的興趣，想探究一下它到底爲什麽會被批判和咒罵。然而，這個時候想找一本《周易》已非常困難，因爲它已成禁書，早就被掃進了歷史的垃圾箱。於是，我便跑到離家祇有百米之遥的著名國學大家、杭州大學古籍研究所所長姜亮夫教授的家裏去借。姜亮夫先生聽説我要研究《周易》，非常高興，不僅把他的宋本十三經中的《周易》借給我，還轉借了古本桐城版《老子》給我，同時還把包括《論語》在内的有關古籍書也一并送給了我。特别重要的是，姜老先生還非常熱心地爲我指明了學術研究尤其是《周易》研究的路徑。最後，姜老先生又向我介紹了著名易學專家、吉林大學教授金景芳先生。不久，杭州大學著名歷史學教授徐明德先生得知我在研究《周易》，便向我推薦介紹了他的老師、著名易學專家黎子耀先生；杭州大學哲學系教授邊鵬飛先生則向我提供了許多有關哲學與社會科學的參考書籍；浙江大學馬克思主義教研室顔一謙教授得知後，也源源不斷地爲我提供了大量關於當代科學與哲學的書籍。

自從開始研究《周易》後，筆者又面臨着對文字學進行研究和對《周易》一書科學認識的産生及相關學科知識進行研究等問題。所以，隨着研究的深入，需要瞭解的知識越來越多，需要探究的問題越來越多。如此日復一日，年復一年，經過二十多年的持續努力，筆者終於認識到，《周易》一書所藴涵的哲理極其科學與深奥，絶非歐洲乃至世界其他民族所可比擬；同時，筆者還認識到，如果以歐洲人的所謂先進思想文化來否定我中華民族優秀的傳統思想文化，必將給國家與民族造成極其嚴重的惡果。

拙著《周易今釋》完稿後，姜亮夫先生已經仙逝，筆者無緣再向他求教。此外，自己也找不到出版的地方，因而一時頗感無奈。實在没有辦法，只好向老朋友、時爲西湖區科委領導的都力軍先生訴説了自己的難處。都力軍先生詳細詢問了有關情況後，把我介紹給了時任杭州出版社副總編輯左亞琳女士。左亞琳女士爲我聯係過多家出版社，但終因拙著得不到有關專家的評介和肯定而無法出版。最後她對我説："齊魯書社長期以來一直堅持以弘揚傳統文化爲己任，學術實力很强，出版過大量有關傳統文化的學術著作，其中就有不少關於《周易》的書，咱們把書稿寄給他們試試。"我想，事已至此，也衹能聽天由命了。

讓我没有想到的是，齊魯書社第二編輯室主任李興斌先生在收到拙作後，非常重視，很快就委托給著名易學專家、中國周易學會秘書長、山東大學易學與中國古代哲學研究中心教授林忠軍先生審閲、鑒定。林先生在認真閲讀過全部書稿之後，作了充分肯定，認爲拙作持之有故，言之成理，見解獨到，完全可以出版；但同時，他也指出了書中尚存在的問題和不足，建議筆者認真修改一下。在得到這些消息後，我的心終於放了下來，而拙著也終於在此後不久順利出版。至此，即二〇〇六年六月，距筆者開始研究《周易》，已歷三十二個春秋矣！

《周易今釋》出版後的第二年，也就是二〇〇七年十月，筆者又出版了《論語今釋》；又次年，即二〇〇八年十月，筆者接着出版了《老子今釋》；二〇一〇年一月，筆者又出版了《孫子兵法今釋》。這幾部書的出版，終於圓了我學習傳統文化、研究傳統文化、比較東西方文化之特點與優劣并將有關成果正式出版公之於世的夢想！

在後三種書的出版過程中，筆者依然得到了齊魯書社領導的熱情關懷和責任編輯李興斌先生的具體幫助。同時，還得到了原中國孔子基金會常務副會長、山東孔子學會會長、著名學者劉蔚華教授，山東中醫藥大學教授、著名古籍研究專家臧守虎先生，中國人民解放軍軍事科學院研究員、中國孫子兵法研究會副秘書長、著名兵學專家劉慶先生的指導和幫助。三位學者不弃後進，甘爲人梯，應我所求還分别爲這三種書撰寫了序言。李興斌先生本身就是國内一位知名的兵學專家，他誠懇無私，把自己多年來研究《孫子兵法》的許多心得體會無保留地送給了我，保證了《孫子兵法今釋》一書的順利完稿和出版。

現在，《周易今釋》、《論語今釋》、《老子今釋》和《孫子兵法今釋》都已經重印，得到讀者的廣泛認可。在齊魯書社領導的關懷和支持下，筆者的四種釋解著作又以“國學四大經典今釋”之名合而爲一出版，并由李興斌先生爲之撰寫總序，由劉玉林先生擔任責任編輯校審整編，筆者感到非常榮幸！

最後，筆者謹借此機會向已故的學界前輩姜亮夫先生和金景芳先生，向大力支持我進行學術研究的徐明德先生、邊鵬飛先生、顏一謙先生，向關懷和幫助拙著出版的齊魯書社領導以及爲之付出辛勞的左亞琳女士和李興斌先生、劉玉林先生，向給予筆者具體指導并爲之作序的劉蔚華先生、林忠軍先生、臧守虎先生、劉慶先生，表示真誠的感謝！同時，也借此機會向始終關注、支持筆者進行學術研究和寫作的原杭州西湖區、西湖街道的老領導張維福先生、范成品先生，原西湖區科委領導都力軍先生，和西湖靈隱街道的領導謝作珍女士、姜寧先生，杭州黄龍國際商務中心和黄龍社區的領導陳躍明先生、李忠海先生、盧瑩女士、秦容笛女士，深表謝意！

拙著付印之前，作者根據劉玉林先生的意見，又對原書重新進行了仔細的校正和修訂，但恐怕還是難免错誤和疏漏，并且在思想和觀點上也難免有不妥甚至謬誤之處，在此敬祈讀者諸君不吝賜教。

鄭張歡

二○一一年十一月二十六日於杭州黄龍社區

圖書在版編目(CIP)數據

國學四大經典今釋／鄭張歡著．—濟南：齊魯書社，2013．9

ISBN 978-7-5333-2796-5

Ⅰ．①國… Ⅱ．①鄭… Ⅲ．①《周易》②儒家③道家④兵法－中國－春秋時代 Ⅳ．①B22②E892．25

中國版本圖書館 CIP 數據核字(2013)第 157389 號

國學四大經典今釋

鄭張歡 著

出版發行	齊魯書社
社　　址	濟南市英雄山路 189 號
郵　　編	250002
網　　址	www. qlss. com. cn
電子郵箱	qilupress@ 126. com
印　　刷	山東新華印務有限責任公司
開　　本	787mm×1092mm　1/16
印　　張	45．5
插　　頁	4
字　　數	950 千
版　　次	2013 年 9 月第 1 版
印　　次	2013 年 9 月第 1 次印刷
標準書號	ISBN 978-7-5333-2796-5
定　　價	**160．00 圓**